실력 수학의 정석®

확률과 통계

홍성대 지음

동영상 강의
www.sungji.com

성지출판(주)

머 리 말

중학교와 고등학교에서 수학을 가르치고 배우는 목적은 크게 두 가지로 나누어 말할 수 있다.

첫째, 수학은 논리적 사고력을 길러 준다. “사람은 생각하는 동물” 이라고 할 때 그 ‘생각한다’는 것은 논리적 사고를 이르는 말일 것이다. 우리는 학문의 연구나 문화적 행위에서, 그리고 개인적 또는 사회적인 여러 문제를 해결하는 데 있어서 논리적 사고 없이는 어느 하나도 이루어 낼 수가 없는데, 그 논리적 사고력을 기르는 데는 수학이 으뜸가는 학문인 것이다. 초등학교와 중 · 고등학교 12년간 수학을 배웠지만 실생활에 쓸모가 없다고 믿는 사람들은, 비록 공식이나 해법은 잊어버렸을 망정 수학 학습에서 얻어진 논리적 사고력은 그대로 남아서, 부지불식 중에 추리와 판단의 발판이 되어 일생을 좌우하고 있다는 사실을 미처 깨닫지 못하는 사람들이다.

둘째, 수학은 모든 학문의 기초가 된다는 것이다. 수학이 물리학 · 화학 · 공학 · 천문학 등 이공계 과학의 기초가 된다는 것은 상식에 속하지만, 현대에 와서는 경제학 · 사회학 · 정치학 · 심리학 등은 물론, 심지어는 예술의 각 분야에까지 깊숙이 파고들어 지대한 영향을 끼치고 있고, 최근에는 행정 · 관리 · 기획 · 경영 등에 종사하는 사람들에게도 상당한 수준의 수학이 필요하게 됨으로써 수학의 바탕 없이는 어느 학문이나 사무도 이루어지지 않는다는 사실을 실감케 하고 있다.

나는 이 책을 지음에 있어 이러한 점들에 바탕을 두고서 제도가 무시험이든 유시험이든, 출제 형태가 주관식이든 객관식이든, 문제 수준이 높든 낮든 크게 구애됨이 없이 적어도 고등학교에서 연마해 두어야 할 필요충분한 내용을 담는 데 내가 할 수 있는 최대한의 정성을 모두 기울였다.

따라서, 이 책으로 공부하는 제군들은 장차 변모할지도 모르는 어떤 입시에도 소기의 목적을 달성할 수 있음은 물론이거니와 앞으로 대학에 진학해서도 대학 교육을 받을 수 있는 충분한 기본 바탕을 이루리라는 것이 나에게는 절대적인 신념으로 되어 있다.

이제 나는 담담한 마음으로 이 책이 제군들의 장래를 위한 좋은 벗이 되기를 빌 뿐이다.

끝으로 이 책을 내는 데 있어서 아낌없는 조언을 해주신 서울대학교 윤옥경 교수님을 비롯한 수학계의 여러분들께 감사드린다.

1966. 8. 31.

지은이 홍 성 대

개정판을 내면서

지금까지 수학 Ⅰ, 수학 Ⅱ, 확률과 통계, 미적분 Ⅰ, 미적분 Ⅱ, 기하와 벡터로 세분되었던 고등학교 수학 과정은 2018학년도 고등학교 입학생부터 개정 교육과정이 적용됨에 따라

수학, 수학 Ⅰ, 수학 Ⅱ, 미적분, 확률과 통계,
기하, 실용 수학, 경제 수학, 수학과제 탐구

로 나뉘게 된다. 이 책은 그러한 새 교육과정에 맞추어 꾸며진 것이다.

특히, 이번 개정판이 마련되기까지는 우선 남진영 선생님과 박재희 선생님의 도움이 무척 컸음을 여기에 밝혀 둔다. 믿음직스럽고 훌륭한 두 분 선생님이 개편 작업에 적극 참여하여 꼼꼼하게 도와준 덕분에 더욱 좋은 책이 되었다고 믿어져 무엇보다도 뿌듯하다.

또한, 개정판을 낼 때마다 항상 세심한 조언을 아끼지 않으신 서울대학교 김성기 명예교수님께는 이 자리를 빌려 특별히 깊은 사의를 표하며, 아울러 편집부 김소희, 송연정, 박지영, 오명희 님께도 감사한 마음을 전한다.

「수학의 정석」은 1966년에 처음으로 세상에 나왔으니 올해로 발행 51주년을 맞이하는 셈이다. 거기다가 이 책은 이제 세대를 뛰어넘은 책이 되었다. 할아버지와 할머니가 고교 시절에 펼쳐 보던 이 책이 아버지와 어머니에게 이어졌다가 지금은 손자와 손녀의 책상 위에 놓여 있다.

이처럼 지난 반세기를 거치는 동안 이 책은 한결같이 학생들의 뜨거운 사랑과 성원을 받아 왔고, 이러한 관심과 격려는 이 책을 더욱 좋은 책으로 다듬는 데 큰 힘이 되었다.

이 책이 학생들에게 두고두고 사랑 받는 좋은 벗이요 길잡이가 되기를 간절히 바라마지 않는다.

2017. 3. 1.

지은이 홍 성 대

차 례

11. 통계적 추정Ⅱ(모비율의 추정)

1. 경우의 수

§ 1. 경우의 수

기본정석

① 합의 법칙

사건 A가 일어나는 경우의 수를 m, 사건 B가 일어나는 경우의 수를 n이라고 하자.

(1) 두 사건 A, B가 동시에 일어나지 않을 때,
사건 A 또는 사건 B가 일어나는 경우의 수는 $m+n$이다.

(2) 두 사건 A, B가 동시에 일어나는 경우가 l가지 있을 때,
사건 A 또는 사건 B가 일어나는 경우의 수는 $m+n-l$이다.

② 곱의 법칙

사건 A가 일어나는 경우의 수가 m이고, 이 각각에 대하여 사건 B가 일어나는 경우의 수가 n일 때,

두 사건 A, B가 동시에 일어나는 경우의 수는 $m\times n$이다.

Advice 1° 경우의 수는 수학(하)에서 공부했지만, 앞으로 공부할 순열, 조합, 확률 등을 이해하는 데 기초가 되므로 여기에서 다시 한번 다룬다.

Advice 2° 합의 법칙

이를테면 두 지점 P, Q 사이에

버스 노선이 $\boldsymbol{a}$, $\boldsymbol{b}$, $\boldsymbol{c}$의 세 가지, 지하철 노선이 $\boldsymbol{x}$, $\boldsymbol{y}$의 두 가지

가 있다고 하자. 어떤 사람이

버스(a, b, c) 또는 지하철(x, y)을 타고 **P**에서 **Q**로 간다

고 할 때, 그 경우의 수는

$$a,\ b,\ c,\ x,\ y \Longrightarrow 3+2=5$$

이다.

이때, 버스를 타면 지하철을 탈 수 없고, 지하철을 타면 버스를 탈 수 없으므로 이 두 사건은 동시에 일어날 수 없다는 것에 주의해야 한다.

이와 같은 합의 법칙은 어느 두 사건도 동시에 일어나지 않는 세 개 이상의 사건에 대해서도 성립한다.

보기 1 진돗개 3마리, 삽살개 4마리, 풍산개 2마리 중에서 한 마리를 분양 받는 경우의 수를 구하여라.

연구 합의 법칙에 의하여 $3+4+2=\mathbf{9}$

보기 2 자연수 x, y에 대하여 $x+y\le5$를 만족시키는 순서쌍 $(x,\ y)$의 개수를 구하여라.

연구 x, y가 자연수이므로 $x+y\le5$를 만족시키는 $x+y$의 값은 2, 3, 4, 5이다.

(i) $x+y=2$일 때 $(x,\ y)=(1,\ 1)$의 1개

(ii) $x+y=3$일 때 $(x,\ y)=(1,\ 2),\ (2,\ 1)$의 2개

(iii) $x+y=4$일 때 $(x,\ y)=(1,\ 3),\ (2,\ 2),\ (3,\ 1)$의 3개

(iv) $x+y=5$일 때 $(x,\ y)=(1,\ 4),\ (2,\ 3),\ (3,\ 2),\ (4,\ 1)$의 4개

따라서 순서쌍 $(x,\ y)$의 개수는 합의 법칙에 의하여

$$1+2+3+4=\mathbf{10}$$

Advice 3° 합의 법칙과 집합

합의 법칙을 집합의 개념에서 생각하면 이해하기 쉬울 때가 있다.

이를테면 한 개의 주사위를 던져서 홀수의 눈이 나오는 사건을 A라고 하자. 이때, 나오는 눈의 수를 집합으로 나타내면 $\{1,\ 3,\ 5\}$이므로 사건 A와 집합 $\{1,\ 3,\ 5\}$를 같은 것으로 보아

$$\mathrm{A}=\{1,\ 3,\ 5\}$$

와 같이 나타내기로 하면 사건 A가 일어나는 경우의 수는 이 집합의 원소의 개수와 같다. 곧, 사건 A가 일어나는 경우의 수는 $n(\mathrm{A})$이다.

한편 두 사건 A, B에 대하여 사건 A 또는 사건 B가 일어나는 사건은 $\mathrm{A}\cup\mathrm{B}$로, 사건 A와 사건 B가 동시에 일어나는 사건은 $\mathrm{A}\cap\mathrm{B}$로 나타낼 수 있으므로 ⇦ p. 79 시행과 사건

$$n(\mathrm{A}\cup\mathrm{B})=n(\mathrm{A})+n(\mathrm{B})-n(\mathrm{A}\cap\mathrm{B})$$ ⇦ 앞면의 합의 법칙 (2)

가 성립한다.

여기서 두 사건 A, B가 동시에 일어나지 않을 때에는 $\mathrm{A}\cap\mathrm{B}=\varnothing$이므로

$$n(\mathrm{A}\cup\mathrm{B})=n(\mathrm{A})+n(\mathrm{B})$$ ⇦ 앞면의 합의 법칙 (1)

가 성립한다.

정석 $\mathbf{A\cap B\neq\varnothing}$일 때 $\boldsymbol{n(\mathrm{A}\cup\mathrm{B})=n(\mathrm{A})+n(\mathrm{B})-n(\mathrm{A}\cap\mathrm{B})}$

$\mathbf{A\cap B=\varnothing}$일 때 $\boldsymbol{n(\mathrm{A}\cup\mathrm{B})=n(\mathrm{A})+n(\mathrm{B})}$

보기 3 1부터 20까지의 정수 중에서 다음 수의 개수를 구하여라.

(1) 3 또는 7의 배수　　　　　　　(2) 2 또는 3의 배수

연구 1부터 20까지의 정수 중에서 k의 배수의 집합을 A_k라고 하자.

(1) $A_3=\{3, 6, 9, 12, 15, 18\}$, $A_7=\{7, 14\}$

이때, $A_3\cap A_7=\varnothing$이므로

$$n(A_3\cup A_7)=n(A_3)+n(A_7)=6+2=8$$

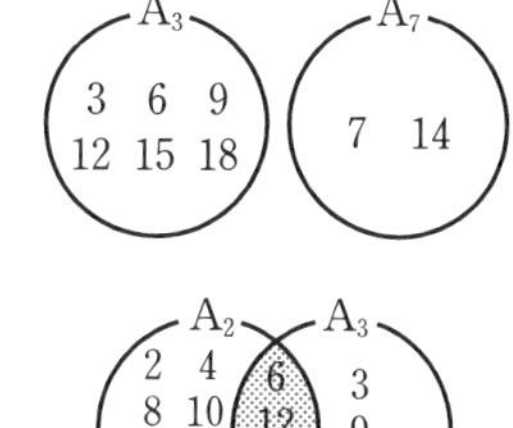

(2) $A_2=\{2, 4, 6, 8, 10, 12, 14, 16, 18, 20\}$,

$A_3=\{3, 6, 9, 12, 15, 18\}$

이때, $A_2\cap A_3=\{6, 12, 18\}$이므로

$$n(A_2\cup A_3)=n(A_2)+n(A_3)-n(A_2\cap A_3)$$
$$=10+6-3=\mathbf{13}$$

Advice 4° 곱의 법칙

p. 7의 예에서 어떤 사람이 P에서 Q를 다녀오려고 하는데

갈 때는 버스($\boldsymbol{a}$, $\boldsymbol{b}$, $\boldsymbol{c}$)를, 올 때는 지하철($\boldsymbol{x}$, $\boldsymbol{y}$)을 탄다

고 하면 이 경우의 수는

$$a<^{x}_{y}\qquad b<^{x}_{y}\qquad c<^{x}_{y}\quad\Longrightarrow 3\times2=6$$

이다. 곧, 버스 노선이 세 가지(a, b, c)가 있고, 이 각각에 대하여 돌아오는 길은 지하철 노선이 두 가지(x, y)가 있으므로 3×2가지이다.

이와 같은 곱의 법칙은 동시에 일어나는 세 개 이상의 사건에 대해서도 성립한다.

보기 4 학급 문고에 소설책 6권, 시집 3권, 잡지 4권이 있다. 다음을 구하여라.

(1) 소설책 중에서 1권, 시집 중에서 1권을 택하는 경우의 수

(2) 소설책, 시집, 잡지 중에서 각각 1권씩 택하는 경우의 수

연구 (1) 소설책 중에서 1권을 택하는 경우는 6가지이고, 이 각각에 대하여 시집 중에서 1권을 택하는 경우가 3가지씩 있다.

따라서 구하는 경우의 수는 곱의 법칙에 의하여　$6\times3=\mathbf{18}$

(2) 같은 방법으로 생각하면 구하는 경우의 수는　$6\times3\times4=\mathbf{72}$

***Note** (1) 소설책을 a, b, c, d, e, f라 하고, 시집을 x, y, z라고 하면

$$a\begin{array}{l}x\\y\\z\end{array}\quad b\begin{array}{l}x\\y\\z\end{array}\quad c\begin{array}{l}x\\y\\z\end{array}\quad d\begin{array}{l}x\\y\\z\end{array}\quad e\begin{array}{l}x\\y\\z\end{array}\quad f\begin{array}{l}x\\y\\z\end{array}$$

와 같이 나타낼 수 있다.

필수 예제 1-1 다음 그림과 같이 P지점과 Q지점 사이의 길 중에는 중간의 A, B, C지점을 경유하는 길이 몇 개씩 있다.

P, Q 사이를 한 번 왕복하는데 P에서 A 또는 B 또는 C를 경유하여 Q로 갔다가 돌아올 때는 A 또는 B를 경유하는 경우, B 또는 C를 경유하는 경우, C 또는 A를 경유하는 경우의 수가 각각 72, 63, 27이라고 한다.

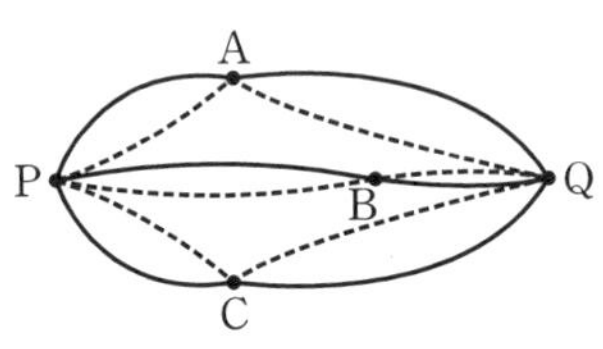

갈 때는 A 또는 C를 경유하고, 돌아올 때는 B를 경유하는 경우의 수를 구하여라. 단, 중간의 A, B, C지점 사이에는 길이 없다.

정석연구 이를테면 P와 Q 사이에 오른쪽 그림과 같은 도로망이 있다고 할 때, P에서 Q로 가는 경우를 생각하면

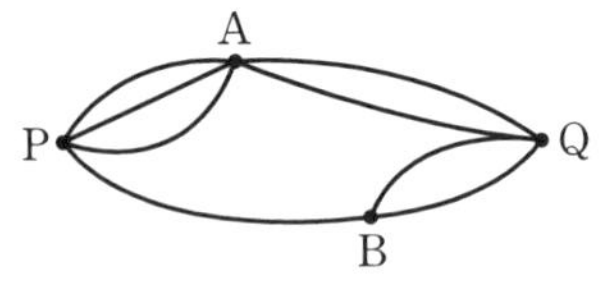

P ⟶ A ⟶ Q의 경우 : $3\times2=6$(가지)

P ⟶ B ⟶ Q의 경우 : $1\times2=2$(가지)

이므로 경우의 수는 $6+2=8$이다.

정석 경우의 수 ⟹ 합의 법칙, 곱의 법칙을 이용하여라.

모범답안 P에서 A 또는 B 또는 C를 경유하여 Q로 가는 경우의 수를 모두 x라 하고, 그중에서 A, B, C를 경유하는 경우의 수를 각각 a, b, c라고 하자.

문제의 조건으로부터

$x(a+b)=72$ ⋯① $x(b+c)=63$ ⋯② $x(c+a)=27$ ⋯③

①+②+③하면 $x(2a+2b+2c)=162$

$a+b+c=x$이므로 $2x^2=162$ $\therefore x=9$ ($\because x>0$)

이 값을 ①, ②, ③에 대입하고 연립하여 풀면 $a=2$, $b=6$, $c=1$

따라서 구하는 경우의 수는 $(2+1)\times6=$**18** ⟵ 답

유제 **1**-1. A, B, C, D의 네 지점 사이에 오른쪽 그림과 같은 도로망이 있다.

같은 지점은 많아야 한 번 지난다고 할 때, 다음을 구하여라.

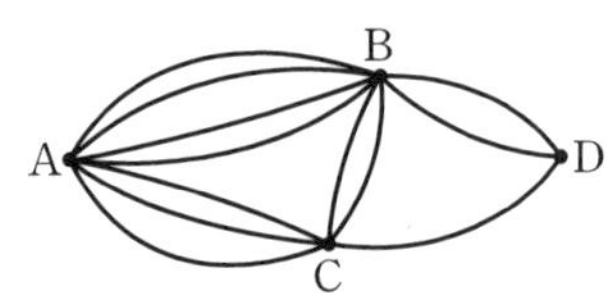

(1) A에서 D로 가는 경우의 수

(2) A에서 D를 다녀오는 경우의 수

답 (1) **31** (2) **48**

필수 예제 1-2 100원, 50원, 10원의 세 종류의 동전이 있다.

이들을 적어도 1개씩 써서 420원을 지불하려면, 각 동전을 몇 개씩 사용해야 하는가? 단, 사용하는 동전은 총 15개 이하로 한다.

모범답안 100원짜리 동전은 3개까지 사용할 수 있다.

(i) **100원짜리 동전이 1개일 때**

50원, 10원짜리 동전으로 320원을 지불해야 하므로 각 동전의 개수를 순서쌍으로 나타내면

$$(1,\ 27),\ (2,\ 22),\ (3,\ 17),\ (4,\ 12),\ (5,\ 7),\ (6,\ 2)$$

그런데 문제의 조건으로부터 두 동전의 개수의 합은 14를 넘을 수 없으므로 가능한 쌍은 위의 붉은색으로 나타낸 두 경우이다.

(ii) **100원짜리 동전이 2개일 때** (iii) **100원짜리 동전이 3개일 때**

에도 같은 방법으로 조사하면 오른쪽 표의 검은 숫자가 가능한 개수이다.

100원	**1**	0	**1**	0	**2**	1	**2**	1	**3**	2	**3**	2
50원	**5**	4	**6**	5	**3**	2	**4**	3	**1**	0	**2**	1
10원	**7**	6	**2**	1	**7**	6	**2**	1	**7**	6	**2**	1

Advice 1° 세 종류의 동전을 각각 적어도 한 개는 사용해야 하므로

$$\text{잔액}:\ \mathbf{420-(100+50+10)=260}\text{(원)}$$

을 12개 이하의 100원, 50원, 10원짜리로 지불하는 방법을 생각해도 된다.

이는 위의 표에서 초록 숫자 부분이다. 여기에 각각 1을 더한 값(검은 숫자 부분)이 420원을 지불할 때 사용해야 하는 동전의 개수이다.

2° 경우의 수를 다루는 데 있어서는 빠짐없이, 중복되지 않게 가능한 모든 경우를 생각하는 방법을 익혀 두어야 한다.

이를테면 우리가 사용하는 영한사전과 같이

a가 다 끝나면 b가 나오고, b가 다 끝나면 c가 나오고,
c가 다 끝나면 d가 나오고, $\cdots$하는

사전식 나열법

을 이용하여 단계별로 빠짐없이 구하는 것이 기본이다.

정석 경우의 수를 구할 때에는 ⟹ 빠짐없이, 중복되지 않게!

유제 **1**-2. 100원, 50원, 10원의 세 종류의 동전을 모두 사용하여 280원을 지불하려면 각각 몇 개씩 사용해야 하는가? 단, 사용하는 동전은 총 10개 이하로 한다. 답 **1**개, **3**개, **3**개 또는 **2**개, **1**개, **3**개 (100원, 50원, 10원 순)

필수 예제 1-3 오른쪽 그림의 A, B, C, D, E에 주어진 다섯 가지 색의 전부 또는 일부를 사용하여 칠하려고 한다. 같은 색을 여러 번 사용해도 좋으나 이웃한 부분에는 서로 다른 색을 칠하는 경우의 수를 구하여라.

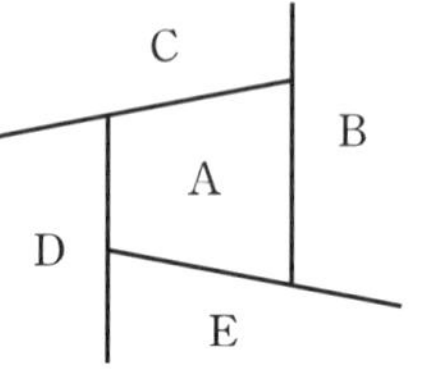

정석연구 단순히 A에는 5가지, B에는 4가지, C에는 3가지, D에는 A, C에 칠한 색을 빼고 3가지, E에는 A, B, D에서 칠한 색을 빼고 2가지라고 하면 안 된다. 왜냐하면 B와 D의 색이 같은 경우 E는 3가지 색이 가능하고, B와 D의 색이 다른 경우 E는 2가지 색이 가능하기 때문이다. 따라서

B와 D의 색이 같은 경우와 다른 경우로 나누어 생각해야 한다

는 것을 알 수 있다.

정석 경우의 수를 구할 때에는 ⟹ 빠짐없이, 중복되지 않게!

모범답안 (i) **B와 D의 색이 같은 경우** A에는 5가지, B에는 4가지, C에는 3가지, E에는 3가지 색이 가능하므로 곱의 법칙에 의하여

$$5\times4\times3\times3=180(\text{가지})$$

(ii) **B와 D의 색이 다른 경우** A에는 5가지, B에는 4가지, C에는 3가지, D에는 2가지, E에는 2가지 색이 가능하므로 곱의 법칙에 의하여

$$5\times4\times3\times2\times2=240(\text{가지})$$

따라서 구하는 경우의 수는 합의 법칙에 의하여 $180+240=$**420** ← 답

**Note* 다음과 같이 순열의 수로 생각할 수도 있다.

(i) 3가지 색을 사용하는 경우 : B와 D가 같은 색, C와 E가 또 다른 같은 색이고, A는 제3의 색을 칠하여 구별하는 방법은 ${}_5\mathrm{P}_3=60$(가지)

(ii) 4가지 색을 사용하는 경우 : B와 D 또는 C와 E가 같은 색이고, 다른 3개의 부분에는 다른 색을 칠하여 구별하는 방법은 ${}_5\mathrm{P}_4\times2=240$(가지)

(iii) 5가지 색을 사용하는 경우 : $5!=120$(가지)

따라서 합의 법칙에 의하여 $60+240+120=$**420**

유제 **1**-3. 오른쪽 그림의 A, B, C, D에 주어진 네 가지 색의 전부 또는 일부를 사용하여 칠하려고 한다. 같은 색을 여러 번 사용해도 좋으나 한 변을 공유하는 부분은 서로 다른 색을 칠하는 경우의 수를 구하여라. 답 **84**

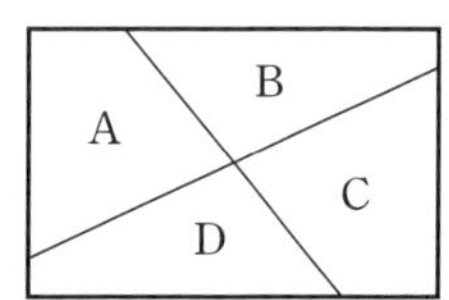

필수 예제 **1**-4 다음 물음에 답하여라.

(1) 540의 양의 약수의 개수와 이들 약수의 총합을 구하여라.

(2) 양의 정수 a의 양의 약수의 개수를 $n(a)$로 나타낼 때,

$$n(108)\times n(32)\times n(x)=5400$$

을 만족시키는 양의 정수 x의 최솟값을 구하여라.

정석연구 이를테면 18을 소인수분해하면 $18=2^1\times3^2$이다.

따라서 2^1의 양의 약수인 2^0, 2^1 중 하나를 뽑고, 3^2의 양의 약수인 3^0, 3^1, 3^2 중 하나를 뽑아 곱한 것은 모두 18의 양의 약수이다.

그 개수는 오른쪽 표에서와 같이 모두

$\times$	3^0	3^1	3^2
2^0	$2^0\times3^0$	$2^0\times3^1$	$2^0\times3^2$
2^1	$2^1\times3^0$	$2^1\times3^1$	$2^1\times3^2$

$$2\times3=6$$

이고, 이때의 6은 $2^1\times3^2$에서 지수인 1, 2에 각각 1을 더한 수인 $(1+1)$과 $(2+1)$의 곱과 같다.

한편 위의 6개의 약수들은 $(2^0+2^1)(3^0+3^1+3^2)$을 전개할 때 나오는 각 항과 같다. 따라서 18의 양의 약수의 총합은 다음과 같다.

$$(2^0+2^1)(3^0+3^1+3^2)=3\times13=39$$

정 석 자연수 N이 $\mathbf{N}=a^\alpha b^\beta$과 같이 소인수분해될 때,

N의 양의 약수의 개수 $\Longrightarrow (\alpha+1)(\beta+1)$

N의 양의 약수의 총합 $\Longrightarrow (a^0+a^1+\cdots+a^\alpha)(b^0+b^1+\cdots+b^\beta)$

모범답안 (1) $540=2^2\times3^3\times5^1$이므로

약수의 개수 : $(2+1)(3+1)(1+1)=\mathbf{24}$ ← 답

약수의 총합 : $(2^0+2^1+2^2)(3^0+3^1+3^2+3^3)(5^0+5^1)=\mathbf{1680}$ ← 답

(2) $n(108)=n(2^2\times3^3)=(2+1)(3+1)=12,\quad n(32)=n(2^5)=5+1=6$

이것을 조건식에 대입하면 $12\times6\times n(x)=5400 \quad \therefore n(x)=75$

그런데 $75=75\times1=25\times3=15\times5=5\times5\times3$이므로

각각의 경우에 최소인 수는 2^{74}, $2^{24}\times3^2$, $2^{14}\times3^4$, $2^4\times3^4\times5^2$이다.

이 네 수 중에서 최솟값은 $2^4\times3^4\times5^2=\mathbf{32400}$ ← 답

**Note* 0이 아닌 실수 a에 대하여 $a^0=1$이다. ⇦ 수학 I

유제 **1**-4. 126의 양의 약수의 개수와 이들 약수의 총합을 구하여라.

답 약수의 개수 : **12**, 약수의 총합 : **312**

유제 **1**-5. 양의 약수의 개수가 다음과 같은 최소의 자연수를 구하여라.

(1) 6 (2) 15 (3) 30

답 (1) **12** (2) **144** (3) **720**

필수 예제 1-5 둘레의 길이가 60이고, 세 변의 길이가 모두 자연수인 삼각형 중에서 합동이 아닌 것의 개수를 구하여라.

정석연구 세 변의 길이를 a, b, c라고 할 때, $a\ge b\ge c$라고 가정하고 풀어도 된다. 또,

정석 $\boldsymbol{a, b, c\,(a\ge b\ge c>0)}$가 삼각형의 세 변의 길이 $\Longrightarrow$ $\boldsymbol{b+c>a}$

이므로 문제의 조건으로부터

$$a+b+c=60,\quad b+c>a,\quad a\ge b\ge c$$

를 만족시키는 자연수 a, b, c의 순서쌍의 개수를 구하면 된다.

먼저 가능한 a의 값을 구한 다음, 각 경우 가능한 b, c의 개수를 구한다.

정석 경우의 수는 $\Longrightarrow$ 사전식 나열법을 이용!

모범답안 세 변의 길이를 a, b, c (a, b, c는 자연수, $a\ge b\ge c$)라고 하면

$$a+b+c=60 \quad\cdots\cdots①\qquad b+c>a \quad\cdots\cdots②$$

$c\le a$, $b\le a$이고 ②에 의하여 $a+b+c>2a$이므로

$$2a<a+b+c\le 3a \quad \therefore\ 2a<60\le 3a \qquad \Leftarrow ①$$

$$\therefore\ 20\le a<30$$

a는 자연수이므로 $a=20, 21, 22, \cdots, 29$ ······③

또, $a\ge b\ge c\ge 1$이고 $b+c=60-a$이므로 ⇐ ①

$$2b\ge 60-a \quad \therefore\ \frac{60-a}{2}\le b\le a \quad\cdots\cdots④$$

③의 a의 값에 대하여 ④를 만족시키는 b의 개수를 조사하면

a의 값	20	21	22	23	24	25	26	27	28	29
b의 개수	1	2	4	5	7	8	10	11	13	14

이고, 각 경우에 대하여 c의 값은 하나로 정해진다.

따라서 구하는 개수는 합의 법칙에 의하여

$$1+2+4+5+7+8+10+11+13+14=\mathbf{75} \longleftarrow \boxed{답}$$

유제 **1**-6. a, b, c (단, $a\ge b\ge c$)는 삼각형의 세 변의 길이가 될 수 있는 세 자연수라고 한다. $a+b+c=24$일 때, 다음 물음에 답하여라.

(1) a, b, c를 세 변의 길이로 하는 삼각형의 개수를 구하여라.

(2) a, b, c를 세 변의 길이로 하는 이등변삼각형의 개수를 구하여라.

답 (1) **12** (2) **5**

연습문제 1

기본 **1-1** 두 종류의 주사위 A, B를 동시에 던질 때, 나오는 눈의 수의 합이 3의 배수가 되는 경우의 수를 구하여라.

1-2 1부터 800까지의 정수 중 800과 서로소인 수는 몇 개인가?

1-3 1부터 7까지의 숫자가 각각 적힌 빨간색 카드 7장, 1부터 5까지의 숫자가 각각 적힌 파란색 카드 5장, 1부터 3까지의 숫자가 각각 적힌 노란색 카드 3장이 있다. 이 15장의 카드 중에서 색도 다르고 숫자도 다른 3장의 카드를 뽑는 경우의 수를 구하여라.

1-4 오른쪽 정육면체 ABCD-EFGH에서

(1) 임의로 세 꼭짓점을 택하여 만들 수 있는 직각삼각형의 개수를 구하여라.

(2) 점 A에서 출발하여 모서리를 따라 점 B에 도달하는 길은 몇 가지인가?

단, 모서리 AB를 지나는 길은 제외하고, 같은 꼭짓점은 많아야 한 번 지난다.

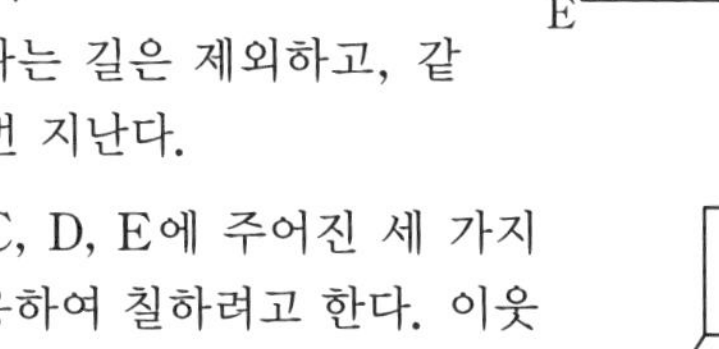

1-5 오른쪽 그림의 A, B, C, D, E에 주어진 세 가지 색의 전부 또는 일부를 사용하여 칠하려고 한다. 이웃한 부분에는 서로 다른 색을 칠하고, A와 D에도 서로 다른 색을 칠할 때, 5개의 부분에 색을 칠하는 방법의 수를 구하여라.

단, B와 D, C와 E는 이웃하지 않은 것으로 본다.

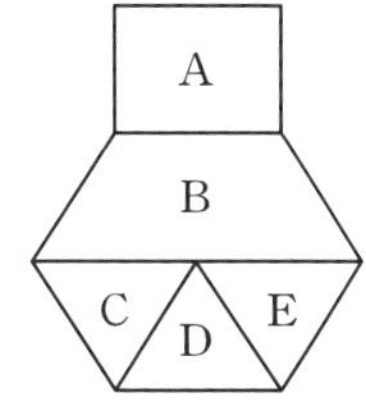

1-6 오른쪽 그림과 같은 길이 있다. A에서 출발하여 B에 도달하는 경우의 수를 다음 각각에 대하여 구하여라.

(1) 오른쪽과 위로만 간다.

(2) 오른쪽, 위, 오른쪽 위(사선 방향)로만 간다.

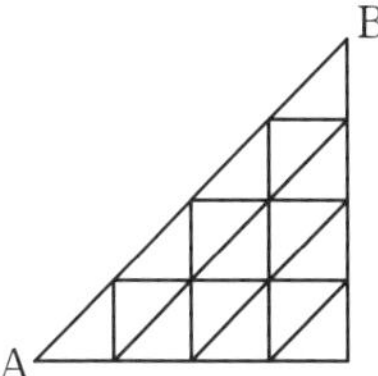

실력 **1-7** 집합 $A=\{1, 2, 3, 4\}$가 있다. 집합 A에서 집합 A로의 함수 f 중에서 다음을 만족시키는 함수 f의 개수를 구하여라.

(1) 집합 A의 모든 원소 n에 대하여 $f(n) \ge n$이다.

(2) 집합 A의 모든 원소 n에 대하여 $n+f(n)$은 홀수이다.

(3) f는 일대일대응이고, $n \le 3$일 때 $f(n) \ge n$이다.

1-8 5개의 숫자 1, 2, 3, 4, 5를 일렬로 나열한 것을 a_1, a_2, a_3, a_4, a_5라고 할 때, $a_1 \neq 1$, $a_2 \neq 2$, $a_3 \neq 3$, $a_4 \neq 4$, $a_5 \neq 5$를 모두 만족시키는 경우의 수를 구하여라.

1-9 a, b, c, d, e를 모두 사용하여 만든 다섯 자리 문자열 중에서 다음 세 조건을 만족시키는 문자열의 개수를 구하여라.

(가) 첫째 자리에는 b가 올 수 없다.
(나) 셋째 자리에는 a도 올 수 없고 b도 올 수 없다.
(다) 다섯째 자리에는 b도 올 수 없고 c도 올 수 없다.

1-10 A, B, C, D의 네 학교에서 각각 2명의 테니스 선수가 나와 오른쪽 그림과 같이 토너먼트로 시합을 한다. 같은 학교에서 나온 선수는 같은 조가 될 수 없도록 할 때, 만들어질 수 있는 대진표는 몇 가지인가?

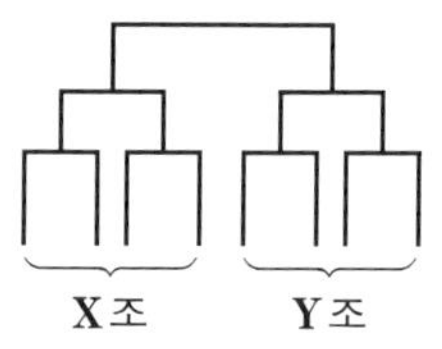

1-11 오른쪽 그림과 같은 길을 따라 A에서 B까지 가는 방법 중 다음을 만족시키는 경우의 수를 구하여라.

(1) 먼 거리로 가도 되지만 서쪽으로 가서는 안 되고, 한 번 지나온 길을 다시 지나갈 수는 없다.
(2) (1)의 조건을 만족시키고, P와 Q를 지나지 않는다.

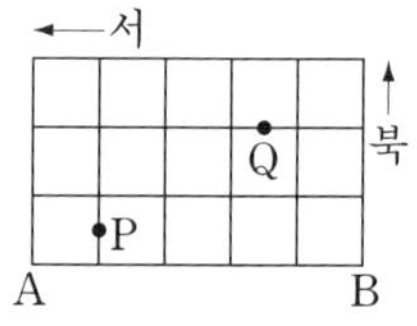

1-12 정$6n$각형의 서로 다른 세 꼭짓점을 연결하여 삼각형을 만든다. 이때, 다음 삼각형의 개수를 구하여라. 단, n은 자연수이다.

(1) 정삼각형　　(2) 직각삼각형　　(3) 이등변삼각형

1-13 서로 같은 흰 공 3개, 서로 같은 검은 공 6개를 원형으로 나열하는 방법의 수를 구하여라. 단, 회전하여 일치하는 것은 같은 것으로 생각한다.

1-14 오른쪽 그림과 같이 직사각형을 6개의 삼각형으로 나눈 다음, 빨강, 파랑, 노랑의 세 가지 색을 사용하여 다음 조건을 모두 만족시키도록 칠하려고 한다.
그 방법은 몇 가지인가?

(가) 각각의 삼각형을 빨강, 파랑, 노랑 중 한 가지 색만으로 칠한다.
(나) 한 변을 공유하는 두 삼각형을 서로 다른 색으로 칠한다.
(다) 빨강, 파랑, 노랑 중에서 사용하지 않는 색은 없다.

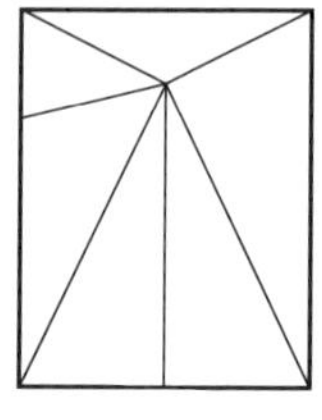

2. 순　열

§1. 순　열

기본정석

① 순열의 수와 $_n\mathrm{P}_r$

서로 다른 n개에서 $r(n\ge r)$개를 택하여 일렬로 나열하는 것을 서로 다른 n개에서 r개를 택하는 순열이라 하고, 이 순열의 수를 기호로 $_n\mathrm{P}_r$로 나타내며, 다음과 같이 계산한다.

$$_n\mathrm{P}_r=\underbrace{n(n-1)(n-2)\times\cdots\times(n-r+1)}_{r\text{개}}$$

② $_n\mathrm{P}_r$의 변형식과 기호의 정의

(1) $_n\mathrm{P}_n=n!$　　(2) $_n\mathrm{P}_r=\dfrac{n!}{(n-r)!}$　(단, $0\le r\le n$)

(3) $0!=1$　　(4) $_n\mathrm{P}_0=1$

*Note　$_n\mathrm{P}_r$에서 P는 Permutation(순열)의 첫 글자이다.

Advice 1°　순열은 수학(하)에서 공부했지만, 앞으로 공부할 중복순열, 같은 것이 있는 순열, 원순열을 이해하는 데 필요한 개념이므로 여기에서 다시 한번 다룬다.

Advice 2°　순열의 수와 $_n\mathrm{P}_r$

이를테면 1, 2, 3, 4를 사용하여 만들 수 있는 세 자리 자연수(단, 각 자리의 숫자는 모두 다른 것)는 모두 몇 개인가를 알아보자.

사전식 나열법

을 이용하여 수형도를 만들면

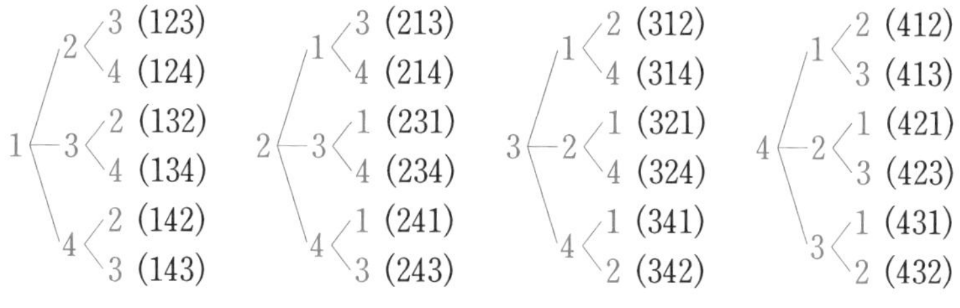

```
   ┌2 ┬3 (123)      ┌1 ┬3 (213)      ┌1 ┬2 (312)      ┌1 ┬2 (412)
   │  └4 (124)      │  └4 (214)      │  └4 (314)      │  └3 (413)
 1 ┼3 ┬2 (132)    2 ┼3 ┬1 (231)    3 ┼2 ┬1 (321)    4 ┼2 ┬1 (421)
   │  └4 (134)      │  └4 (234)      │  └4 (324)      │  └3 (423)
   └4 ┬2 (142)      └4 ┬1 (241)      └4 ┬1 (341)      └3 ┬1 (431)
      └3 (143)         └3 (243)         └2 (342)         └2 (432)
```

이고, 이들 세 자리 자연수는 모두 24개임을 알 수 있다.

여기에서 백의 자리, 십의 자리, 일의 자리에 올 수 있는 숫자의 개수를 살펴보면 다음을 알 수 있다.

(i) 백의 자리에는 1, 2, 3, 4의 어느 숫자라도 올 수 있으므로 4개

(ii) 십의 자리에는 백의 자리에 쓴 숫자를 제외한 나머지 3개의 숫자 중 어느 숫자라도 올 수 있으므로 3개

1, 2, 3, 4

백의 자리	십의 자리	일의 자리
4 ×	3 ×	2

(iii) 일의 자리에는 백, 십의 자리에 쓴 숫자를 제외한 나머지 2개의 숫자 중 어느 숫자라도 올 수 있으므로 2개

따라서 세 자리 자연수의 개수는 곱의 법칙에 의하여 $4\times3\times2=24$

이와 같은 나열의 수는 '1, 2, 3, 4의 4개의 숫자에서 3개의 숫자를 택하여 이것을 일렬로 나열하는 방법의 수'와 같고, 이것을 수학에서는

서로 다른 4개에서 3개를 택하는 순열의 수

라고 하며, $_4\mathbf{P}_3$이라는 기호로 나타낸다. 곧,

$$_4\mathrm{P}_3=4\times3\times2=24$$

여기에서 $_4\mathrm{P}_3$은 4부터 시작하여 하나씩 작은 수를 3개 곱한 것이다.

보기 1 다음을 계산하여라.

(1) $_4\mathrm{P}_2$ (2) $_5\mathrm{P}_4$ (3) $_6\mathrm{P}_3$

연구 (1) $_4\mathrm{P}_2=4\times3=\mathbf{12}$ ⇦ 4개에서 2개를 택하는 순열의 수

(2) $_5\mathrm{P}_4=5\times4\times3\times2=\mathbf{120}$ ⇦ 5개에서 4개를 택하는 순열의 수

(3) $_6\mathrm{P}_3=6\times5\times4=\mathbf{120}$ ⇦ 6개에서 3개를 택하는 순열의 수

***Note** $_5\mathrm{P}_4=120$, $_6\mathrm{P}_3=120$에서 알 수 있듯이 일반적으로 $_\mathrm{N}\mathbf{P}_\mathrm{R}={}_n\mathbf{P}_r$라고 해서 반드시 $\mathbf{N}=\boldsymbol{n}$, $\mathbf{R}=\boldsymbol{r}$인 것은 아니다.

보기 2 1, 2, 3, 4, 5를 사용하여 만들 수 있는 네 자리 자연수(단, 각 자리의 숫자는 모두 다른 것)의 개수를 구하여라.

연구 서로 다른 5개에서 4개를 택하는 순열의 수이므로

$$_5\mathrm{P}_4=5\times4\times3\times2=\mathbf{120}$$

보기 3 학생이 30명인 학급에서 회장, 부회장, 총무부장을 각각 한 사람씩 선출하는 방법의 수를 구하여라.

연구 서로 다른 30개에서 3개를 택하는 순열의 수이므로

$$_{30}\mathrm{P}_3=30\times29\times28=\mathbf{24360}$$

Advice 3° ${}_n\mathbf{P}_r$의 변형식과 $\boldsymbol{n}!$, $\mathbf{0}!$, ${}_n\mathbf{P}_0$의 정의

(i) 특히 서로 다른 n개에서 n개 모두를 택하는 순열의 수는

$$ {}_n\mathbf{P}_n=\boldsymbol{n}(\boldsymbol{n}-\mathbf{1})(\boldsymbol{n}-\mathbf{2})\times\cdots\times\mathbf{3}\times\mathbf{2}\times\mathbf{1} $$

이고, 이것은 1부터 n까지의 자연수를 모두 곱한 것이다.

이것을 간단히 $\boldsymbol{n}!$로 나타내고, $\boldsymbol{n}$ 팩토리얼(factorial) 또는 $\boldsymbol{n}$의 계승이라고 읽는다.

정의 $n!=n(n-1)(n-2)\times\cdots\times3\times2\times1$

(ii) 또, ${}_n\mathrm{P}_r$를 변형하면 $0<r<n$일 때

$$ \begin{aligned} {}_n\mathrm{P}_r&=n(n-1)(n-2)\times\cdots\times(n-r+1) \\ &=\frac{n(n-1)(n-2)\times\cdots\times(n-r+1)\times(n-r)(n-r-1)\times\cdots\times2\times1}{(n-r)(n-r-1)\times\cdots\times2\times1} \\ &=\frac{n!}{(n-r)!} \end{aligned} $$

이다. 곧,

정석 ${}_n\mathrm{P}_r=\dfrac{\boldsymbol{n}!}{(\boldsymbol{n}-\boldsymbol{r})!}$

이 식에 특히 $r=n$, $r=0$을 각각 대입하면

$$ {}_n\mathrm{P}_n=\frac{n!}{(n-n)!}=\frac{n!}{0!}, \qquad {}_n\mathrm{P}_0=\frac{n!}{(n-0)!}=\frac{n!}{n!} $$

따라서 $0!=1$, ${}_n\mathrm{P}_0=1$로 정의하면 위의 **정석**은 $r=n$, $r=0$일 때에도 성립한다.

정의 $0!=1$, ${}_n\mathrm{P}_0=1$

보기 4 다음을 간단히 하여라.

(1) $3!$ (2) $5!$ (3) $\dfrac{{}_n\mathrm{P}_2}{n!}$ (4) $\dfrac{n!}{n^2-n}$

연구 (1) $3!=3\times2\times1=\mathbf{6}$ (2) $5!=5\times4\times3\times2\times1=\mathbf{120}$

(3) $\dfrac{{}_n\mathrm{P}_2}{n!}=\dfrac{n!}{(n-2)!}\times\dfrac{1}{n!}=\dfrac{\mathbf{1}}{(\boldsymbol{n}-\mathbf{2})!}$ (4) $\dfrac{n!}{n^2-n}=\dfrac{n!}{n(n-1)}=(\boldsymbol{n}-\mathbf{2})!$

보기 5 다섯 사람을 일렬로 나열하는 방법의 수를 구하여라.

연구 다섯 사람을 일렬로 나열하는 방법의 수

$\Longleftrightarrow$ 서로 다른 5개에서 5개를 택하여 일렬로 나열하는 방법의 수

$\Longleftrightarrow$ 서로 다른 5개에서 5개를 택하는 순열의 수

$\Longleftrightarrow$ ${}_5\mathrm{P}_5$

$\Longleftrightarrow$ $5!=5\times4\times3\times2\times1=\mathbf{120}$

필수 예제 **2**-1 다음 물음에 답하여라.

(1) 다음 식을 만족시키는 자연수 n의 값을 구하여라.

$$5({}_{n}\mathrm{P}_{3}+{}_{n+1}\mathrm{P}_{4})=12\,{}_{n+1}\mathrm{P}_{3}$$

(2) n, r가 자연수이고 $1\le r<n$일 때, 다음 등식을 증명하여라.

$${}_{n}\mathrm{P}_{r}={}_{n-1}\mathrm{P}_{r}+r\times{}_{n-1}\mathrm{P}_{r-1}$$

정석연구 (1) ${}_{n}\mathrm{P}_{r}$의 계산은

정 의 $${}_{n}\mathrm{P}_{r}=\boldsymbol{n(n-1)(n-2)\times\cdots\times(n-r+1)}$$

을 이용한다. 이때, $n\ge r$에 주의한다.

(2) ${}_{n}\mathrm{P}_{r}$의 변형식인

정 석 $${}_{n}\mathrm{P}_{r}=\frac{\boldsymbol{n!}}{\boldsymbol{(n-r)!}}\quad(\boldsymbol{0\le r\le n})$$

을 이용한다.

모범답안 (1) 준 식의 좌변, 우변을 각각 풀어 쓰면

$$5\{n(n-1)(n-2)+(n+1)n(n-1)(n-2)\}=12(n+1)n(n-1)$$

그런데 $n\ge3$에서 $n(n-1)\ne0$이므로 양변을 $n(n-1)$로 나누면

$$5\{(n-2)+(n+1)(n-2)\}=12(n+1)$$

$$\therefore\ 5n^2-12n-32=0 \qquad \therefore\ (5n+8)(n-4)=0$$

$n\ge3$이므로 $5n+8\ne0$ $\quad\therefore$ $\boldsymbol{n=4}$ ← 답

(2) $$(\text{우변})=\frac{(n-1)!}{(n-1-r)!}+r\times\frac{(n-1)!}{\{(n-1)-(r-1)\}!}$$

$$=\frac{(n-1)!}{(n-r-1)!}+r\times\frac{(n-1)!}{(n-r)!}=\frac{(n-1)!}{(n-r-1)!}\times\left(1+\frac{r}{n-r}\right)$$

$$=\frac{(n-1)!}{(n-r-1)!}\times\frac{n}{n-r}=\frac{n!}{(n-r)!}={}_{n}\mathrm{P}_{r}=(\text{좌변})$$

유제 **2**-1. 다음 식을 만족시키는 자연수 n 또는 r의 값을 구하여라.

(1) ${}_{n}\mathrm{P}_{2}=72$ (2) ${}_{4}\mathrm{P}_{r}\times5!=2880$ (3) ${}_{n}\mathrm{P}_{2}+4\,{}_{n}\mathrm{P}_{1}=28$

(4) ${}_{n}\mathrm{P}_{6}=20\,{}_{n}\mathrm{P}_{4}$ (5) ${}_{3n}\mathrm{P}_{5}=98\,{}_{3n}\mathrm{P}_{4}$

답 (1) $\boldsymbol{n=9}$ (2) $\boldsymbol{r=3,\ 4}$ (3) $\boldsymbol{n=4}$ (4) $\boldsymbol{n=9}$ (5) $\boldsymbol{n=34}$

유제 **2**-2. 다음 등식을 증명하여라.

(1) ${}_{n}\mathrm{P}_{r}=n\times{}_{n-1}\mathrm{P}_{r-1}$ (단, n, r는 $1\le r\le n$인 자연수)

(2) ${}_{n}\mathrm{P}_{r+1}+(r+1)\,{}_{n}\mathrm{P}_{r}={}_{n+1}\mathrm{P}_{r+1}$ (단, n, r는 $0\le r<n$인 정수)

(3) ${}_{n}\mathrm{P}_{l}\times{}_{n-l}\mathrm{P}_{r-l}={}_{n}\mathrm{P}_{r}$ (단, l, n, r는 $0\le l\le r\le n$인 정수)

필수 예제 2-2 다음 물음에 답하여라.

(1) 30개의 역이 있는 철도 노선이 있다. 출발역과 도착역을 표시한 차표의 종류는 몇 가지인가?

단, 왕복표와 일반실, 특실의 구별은 없다.

(2) 서로 다른 지역에 사는 다섯 명의 친구 집을 한 번씩 모두 방문하는 방법은 몇 가지인가?

[정석연구] (1) 30개의 역을 각각 A_1, A_2, $\cdots$, A_{30}이라고 할 때, 이 중에서 2개를 택하는 순열의 수와 같다.

(2) 거꾸로 다섯 명의 친구가 자기 집에 방문하는 순서의 수와 같다.
그리고 이것은 다섯 명의 친구를 일렬로 나열하는 방법의 수와 같다.

정석 경우의 수 문제 $\Longrightarrow$ 때로는 주객을 바꾸어 보아라.

[모범답안] (1) 30개의 역에서 출발역과 도착역을 정하는 방법의 수는 30개에서 2개를 택하는 순열의 수와 같으므로

$${}_{30}P_2=30\times29=\mathbf{870}\text{(가지)} \longleftarrow \boxed{\text{답}}$$

(2) 다섯 명의 친구를 일렬로 나열하는 방법의 수와 같으므로

$${}_5P_5=5!=5\times4\times3\times2\times1=\mathbf{120}\text{(가지)} \longleftarrow \boxed{\text{답}}$$

[유제] **2**-3. A, B, C, D, E의 다섯 사람 중에서 위원장, 부위원장, 총무를 한 사람씩 뽑으려고 한다.

(1) 모두 몇 가지 경우가 있는가?

(2) 위원장으로 A가 뽑히는 경우는 몇 가지인가?

(3) 위원장으로 A, 총무로 C가 뽑히는 경우는 몇 가지인가?

[답] (1) **60**가지 (2) **12**가지 (3) **3**가지

[유제] **2**-4. 야구 선수 9명의 타순을 정하려고 한다.

(1) 모두 몇 가지 방법이 있는가?

(2) 3루수를 3번 타자로 정하는 방법은 몇 가지인가?

[답] (1) **362880**가지 (2) **40320**가지

[유제] **2**-5. 10명의 학생이 있다.

(1) 이 10명을 일렬로 세우는 경우의 수를 구하여라.

(2) 이 10명 중에서 3명을 뽑아 일렬로 세우는 경우의 수를 구하여라.

(3) 이 10명 중에서 n명을 뽑아 일렬로 세우는 경우의 수가 90일 때, n의 값을 구하여라.

[답] (1) **3628800** (2) **720** (3) $\boldsymbol{n=2}$

필수 예제 2-3 다섯 개의 숫자 0, 1, 2, 3, 4로 만들 수 있는 자연수 중에서 다음과 같은 수의 개수를 구하여라.

단, 같은 숫자는 두 번 이상 사용하지 않기로 한다.

(1) 다섯 자리 수 (2) 네 자리 수 중 짝수

(3) 네 자리 수 중 3의 배수

정석연구 (1) 0, 1, 2, 3, 4에서 5개를 택하는 순열 중에서, 이를테면 01234, 02134, ···와 같이 맨 앞자리의 숫자가 0인 것은 다섯 자리 수가 아니다.

정석 자연수를 만드는 문제 ⟹ 맨 앞자리의 **0**에 주의하여라.

(2) 역시 맨 앞자리의 숫자가 0인 것은 제외하고

×××0, ×××2, ×××4인 경우의 순열의 수를 생각한다.

(3) 각 자리의 숫자의 합이 3의 배수이면 이 수는 3의 배수임을 이용한다.

모범답안 (1) 만의 자리에는 0이 올 수 없으므로 만의 자리에 올 수 있는 숫자는 1, 2, 3, 4의 4개이다.

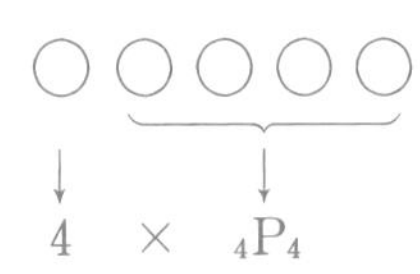

이 각각에 대하여 천, 백, 십, 일의 자리에는 만의 자리에 온 숫자를 제외한 나머지 4개의 숫자가 올 수 있으므로 $_4P_4=4!$(개)이다.

따라서 구하는 개수는

$4\times4!=4\times24=\mathbf{96}$ ← 답

(2) 일의 자리에 0, 2, 4가 오면 짝수이다.

×××0 ⟶ $_4P_3$
×××2 ⟶ $3\times{}_3P_2$
×××4 ⟶ $3\times{}_3P_2$

따라서 구하는 개수는

$_4P_3+3\times{}_3P_2\times2=24+3\times6\times2=\mathbf{60}$ ← 답

(3) 각 자리의 숫자의 합이 3의 배수이면 이 수는 3의 배수이므로 (0, 1, 2, 3), (0, 2, 3, 4)로 만들 수 있는 네 자리 수의 개수와 같다.

따라서 구하는 개수는 $3\times3!+3\times3!=3\times6+3\times6=\mathbf{36}$ ← 답

Advice | 0을 포함한 순열의 수에서 맨 앞자리에 0이 오는 순열의 수를 빼면 되므로 다음과 같이 구해도 된다.

(1) $5!-4!$ (2) $_4P_3+2\times({}_4P_3-{}_3P_2)$ (3) $2\times(4!-3!)$

유제 **2**-6. 일곱 개의 숫자 0, 1, 2, 3, 4, 5, 6에서 서로 다른 숫자를 네 개 뽑아 네 자리 자연수를 만들 때, 다음 물음에 답하여라.

(1) 네 자리 자연수는 모두 몇 개인가?

(2) 짝수는 모두 몇 개인가?

답 (1) **720**개 (2) **420**개

필수 예제 **2**-4 서로 다른 5개의 문자 a, b, c, d, e를 모두 써서 만들 수 있는 120개의 순열을 사전식으로 $abcde$부터 시작하여 $edcba$까지 나열할 때, 다음 물음에 답하여라.

(1) 순열 $bdcea$는 몇 번째에 오는가?

(2) 60번째에 오는 순열은 무엇인가?

정석연구 (1) $bdcea$보다 앞에 오는 것은

ⓐ○○○○,　ⓑⓐ○○○,　ⓑⓒ○○○,　…

의 꼴이다. 각각의 개수를 구한 다음 더하면 된다.

(2) ⓐ○○○○, ⓑ○○○○, ⓒ○○○○의 꼴이 각각 $4!(=24)$개씩 있으므로 60번째는 ⓒ○○○○의 꼴이다. ⇦ $2\times24<60<3\times24$

같은 방법으로 ⓒ 다음에 오는 문자를 차례로 구하면 된다.

정 석 사전식 나열법을 익혀라.

모범답안 (1) $bdcea$보다 앞에 오는 경우는

ⓐ○○○○의 경우 : $4!=24$개
ⓑⓐ○○○의 경우 : $3!=6$개
ⓑⓒ○○○의 경우 : $3!=6$개
ⓑⓓⓐ○○의 경우 : $2!=2$개
ⓑⓓⓒⓐⓔ의 경우 : 1개
} 39개

$bdcae$ 다음에 $bdcea$가 오므로 40번째이다. 답 **40번째**

(2) 60번째가 나올 때까지 ⓐ○○○○의 꼴부터 순열의 수를 조사한다.

ⓐ○○○○의 경우 : $4!=24$개
ⓑ○○○○의 경우 : $4!=24$개 } 48개
ⓒⓐ○○○의 경우 : $3!=6$개 } 54개
ⓒⓑ○○○의 경우 : $3!=6$개 } 60개

따라서 ⓒⓑ○○○의 꼴 중에서 마지막 순열이다. 답 $\boldsymbol{cbeda}$

유제 **2**-7. 5개의 숫자 1, 2, 3, 4, 5를 모두 나열하여 만들 수 있는 다섯 자리 자연수에 대하여 다음 물음에 답하여라.

(1) 32000보다 큰 것은 몇 개인가?

(2) 32000보다 작은 5의 배수는 몇 개인가? 답 (1) **66**개 (2) **14**개

유제 **2**-8. 6개의 숫자 0, 1, 2, 3, 4, 5를 모두 써서 만들 수 있는 여섯 자리 자연수를 작은 순서로 나열할 때, 122번째 수를 구하여라. 답 **201354**

필수 예제 2-5 여학생 3명, 남학생 4명이 일렬로 설 때,

(1) 여학생끼리 이웃하여 서는 경우의 수를 구하여라.

(2) 여학생끼리는 서로 이웃하지 않게 서는 경우의 수를 구하여라.

정석연구 이를테면 A, B, C, D의 네 사람이 일렬로 설 때, A, B가 서로 이웃하여 서는 경우를 나열하면

(AB)CD, C(AB)D, CD(AB), (AB)DC, ⋯

(BA)CD, C(BA)D, CD(BA), (BA)DC, ⋯

이다.

따라서 이와 같은 경우의 수는 다음과 같은 방법으로 구한다.

(i) (AB)와 C, D의 세 사람이 일렬로 서는 방법을 생각하고,

(ii) (AB)의 A, B가 AB, BA인 경우를 생각하면 된다.

정석 A, B가 서로 이웃하여 선다고 하면

(i) A, B를 묶어 하나로 생각하고,

(ii) A, B끼리 바꾸어 서는 경우를 생각하여라.

모범답안 (1) 여학생 3명을 묶어 한 사람으로 보면 모두 5명이므로 이 5명이 일렬로 서는 방법은 5! 가지이고, 이 각각에 대하여 묶음 속의 여학생 3명이 일렬로 서는 방법은 3! 가지이다.

따라서 구하는 경우의 수는 $5!\times3!=120\times6=$**720** ← 답

(2) 남학생 4명이 일렬로 서는 방법은 4! 가지이고, 이 각각에 대하여 양 끝과 남학생 사이의 5개의 자리 중에서 3개의 자리에 여학생 3명이 서는 방법은 ${}_5P_3$가지이다.

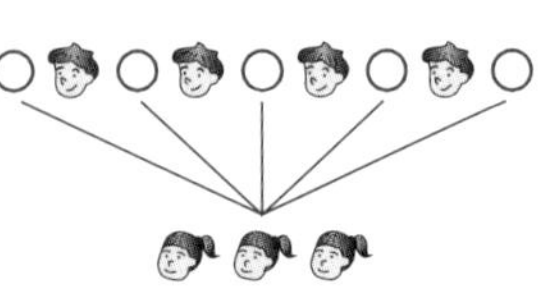

따라서 구하는 경우의 수는

$4!\times{}_5P_3=24\times60=$**1440** ← 답

유제 **2**-9. 서로 다른 국어책 4권, 서로 다른 수학책 3권, 서로 다른 영어책 2권을 일렬로 나열할 때, 다음을 구하여라.

(1) 수학책 3권이 이웃하는 경우의 수

(2) 국어책은 국어책끼리, 수학책은 수학책끼리 이웃하는 경우의 수

(3) 수학책끼리는 서로 이웃하지 않는 경우의 수

답 (1) **30240** (2) **3456** (3) **151200**

필수 예제 2-6 triangle의 문자를 모두 사용하여 만든 순열에 대하여 다음을 구하여라.

(1) t와 a 사이에 두 개의 문자가 들어 있는 경우의 수

(2) 적어도 한쪽 끝에 자음이 오는 경우의 수

정석연구 (1) t와 a 사이에 두 개의 문자를 넣어 ⓣ○○ⓐ를 묶어 하나로 생각한다.

(2) 양 끝에 자음 또는 모음이 오는 것은 다음 네 경우가 있다.

따라서 적어도 한쪽 끝에 자음이 오는 경우의 수는

(전체 순열의 수)−(양 끝에 모음이 오는 순열의 수)

를 계산하는 것이 능률적이다.

정석 「적어도 ···」 하면 ⟹ 여집합을 생각하여라.

모범답안 (1) (i) t와 a 사이에 두 개의 문자가 들어가는 순열의 수는 ${}_6P_2$　　○ ⓣ ○ ○ ⓐ ○ ○ ○

(ii) t와 a를 서로 바꾸는 순열의 수는 2!

(iii) ⓣ○○ⓐ를 한 묶음으로 보면 전체 순열의 수는 5!

따라서 구하는 경우의 수는

$${}_6P_2\times2!\times5!=30\times2\times120=\mathbf{7200}$$ ← 답

(2) 전체 순열의 수는 8!이고, 양 끝에 모두 모음이 오는 순열의 수는 모음 i, a, e 중에서 두 개를 택하여 양 끝에 나열한 후 나머지 6개를 나열하는 방법의 수이므로 ${}_3P_2\times6!$이다.

따라서 구하는 경우의 수는

$$8!-{}_3P_2\times6!=6!(8\times7-{}_3P_2)=720(56-6)=\mathbf{36000}$$ ← 답

유제 **2**-10. equations의 문자를 모두 사용하여 만든 순열 중에서

(1) q와 t 사이에 3개의 문자가 들어 있는 것은 몇 가지인가?

(2) 한쪽 끝에 자음, 다른 쪽 끝에는 모음이 오는 것은 몇 가지인가?

(3) 적어도 한쪽 끝에 자음이 오는 것은 몇 가지인가?

답 (1) **50400**가지 (2) **201600**가지 (3) **262080**가지

§ 2. 중복순열

기본정석

중복순열의 수와 ${}_n\Pi_r$

서로 다른 n개에서 중복을 허락하여 r개를 택하는 순열을 서로 다른 n개에서 r개를 택하는 **중복순열**이라 하고, 이 중복순열의 수를 기호로 ${}_n\Pi_r$와 같이 나타내며, 다음과 같이 계산한다.

$${}_n\Pi_r=\boldsymbol{n^r}$$

**Note* ${}_n\Pi_r$에서 Π는 Product(곱)의 첫 글자 P에 해당하는 그리스 문자이다.

Advice | 이를테면 1, 2, 3, 4를 사용하여 만들 수 있는 세 자리 자연수 중 각 자리의 숫자가 같은 것이 있어도 상관없는 것은 몇 개인가를 알아보자.

(i) 백의 자리에는 1, 2, 3, 4의 어느 숫자라도 올 수 있으므로 4개

(ii) 이 각각에 대하여 십의 자리에는 백의 자리에 사용한 숫자라도 올 수 있으므로 4개

(iii) 이 각각에 대하여 일의 자리에도 4개이다.

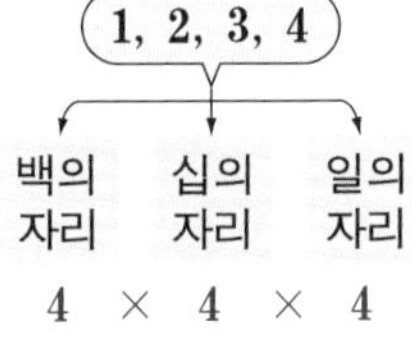

따라서 세 자리 자연수는

$$4\times4\times4=4^3(\text{개})$$

이다. 이와 같이 중복을 허락하는 순열의 수를 '서로 다른 4개에서 3개를 택하는 중복순열의 수'라 하고, ${}_4\Pi_3$으로 나타낸다. 곧,

$${}_4\Pi_3=4\times4\times4=4^3$$

**Note* ${}_nP_r$는 $n\ge r$일 때만 의미를 가지지만, ${}_n\Pi_r$에서는 $n<r$이어도 된다. 왜냐하면 중복을 허락하여 뽑기 때문이다.

보기 1 5개의 숫자 1, 2, 3, 4, 5를 써서 만들 수 있는 세 자리 자연수 중에서

(1) 각 자리의 숫자가 모두 다른 것은 몇 개인가?

(2) 각 자리의 숫자가 같은 것이 있어도 상관없을 때에는 몇 개인가?

연구 (1) 5개에서 3개를 택하는 순열의 수와 같으므로 ${}_5P_3=\boldsymbol{60}$(개)

(2) 5개에서 3개를 택하는 중복순열의 수와 같으므로 ${}_5\Pi_3=5^3=\boldsymbol{125}$(개)

보기 2 5통의 편지를 3개의 우체통에 넣는 방법은 몇 가지인가?

연구 3개의 우체통에서 중복을 허락하여 편지를 넣을 우체통 5개를 택하는 중복순열의 수와 같으므로 ${}_3\Pi_5=3^5=\boldsymbol{243}$(가지)

필수 예제 2-7 다섯 개의 숫자 0, 1, 2, 3, 4가 있다.

(1) 중복을 허락할 때, 이 숫자를 써서 만들 수 있는 세 자리 자연수는 몇 개인가?

(2) 중복을 허락할 때, 이 숫자를 써서 만들 수 있는 세 자리 이하의 자연수는 몇 개인가?

정석연구 **필수 예제 2-3**은 중복을 허락하지 않는 경우이다. 그러나 이 문제는 중복을 허락하는 경우로 이를테면 111, 112와 같이 같은 숫자를 거듭 사용한 세 자리 자연수도 포함된다. 따라서

정 의 n개에서 r개를 택하는 중복순열의 수 ⟹ ${}_n\Pi_r$

를 이용한다.

이때, 012, 011, 002 등은 세 자리 자연수가 아님에 주의한다.

정 석 자연수를 만드는 문제 ⟹ 맨 앞자리의 0에 주의하여라.

모범답안 (1) 백의 자리에는 0이 올 수 없으므로 백의 자리에 올 수 있는 숫자는 1, 2, 3, 4의 4개이다.

이 각각에 대하여 십의 자리, 일의 자리에는 0, 1, 2, 3, 4의 어느 숫자가 중복하여 와도 되므로 ${}_5\Pi_2$개이다.

따라서 세 자리 자연수는

$$4\times{}_5\Pi_2=4\times5^2=\mathbf{100}(\text{개}) \longleftarrow \boxed{\text{답}}$$

*Note ${}_5\Pi_3-{}_5\Pi_2=5^3-5^2=100$과 같이 구해도 된다.

(2) 위의 결과로부터 세 자리 자연수는 $(4\times{}_5\Pi_2)$개

같은 방법으로 하면 두 자리 자연수는 $(4\times{}_5\Pi_1)$개

또, 한 자리 자연수는 1, 2, 3, 4의 4개이다.

따라서 세 자리 이하의 자연수는

$$4\times{}_5\Pi_2+4\times{}_5\Pi_1+4=4\times5^2+4\times5^1+4=\mathbf{124}(\text{개}) \longleftarrow \boxed{\text{답}}$$

*Note 위의 풀이는 이와 같은 유형의 순열의 수를 구하는 일반적인 방법을 썼으나, 이 문제의 경우는 다음과 같이 구해도 된다.

$${}_5\Pi_3-1=5^3-1=\mathbf{124}(\text{개})$$ ⇦ 0은 제외

유제 **2**-11. 중복을 허락할 때, 0, 1, 2, 3, 4, 5를 써서 만들 수 있는 여섯 자리 자연수의 개수와 네 자리 자연수의 개수를 구하여라.

답 **38880, 1080**

필수 예제 2-8 두 집합 A={1, 2, 3, 4}, B={a, b, c, d, e}가 있다.

(1) 집합 A에서 집합 B로의 함수의 개수를 구하여라.

(2) 집합 A에서 집합 B로의 일대일함수의 개수를 구하여라.

정석연구 실력 수학(하)의 p.171에서는 수형도를 그려 함수의 개수와 일대일대응의 개수를 구했다.

여기에서는 아래 **모범답안**과 같이 순열과 중복순열을 이용하여 함수, 일대일함수, 일대일대응의 개수를 구해 보자.

먼저 함수의 정의를 확실하게 알아 두자.

모범답안 (1) 집합 B의 원소 a, b, c, d, e에서 중복을 허락하여 네 개를 뽑아

$1 \rightarrow \square,\quad 2 \rightarrow \square,\quad 3 \rightarrow \square,\quad 4 \rightarrow \square$

의 $\square$ 안에 나열하는 경우의 수와 같으므로 구하는 함수의 개수는

$_5\Pi_4=\mathbf{625}$ ← 답

(2) 집합 B의 원소 a, b, c, d, e에서 서로 다른 네 개를 뽑아

$1 \rightarrow \square,\quad 2 \rightarrow \square,\quad 3 \rightarrow \square,\quad 4 \rightarrow \square$

의 $\square$ 안에 나열하는 경우의 수와 같으므로 구하는 함수의 개수는

$_5\mathrm{P}_4=\mathbf{120}$ ← 답

Advice | 일반적으로 다음과 같이 정리할 수 있다.

정석 $\mathbf{A}=\{\boldsymbol{a}_1,\ \boldsymbol{a}_2,\ \boldsymbol{a}_3,\ \cdots,\ \boldsymbol{a}_r\}$, $\mathbf{B}=\{\boldsymbol{b}_1,\ \boldsymbol{b}_2,\ \boldsymbol{b}_3,\ \cdots,\ \boldsymbol{b}_n\}$일 때,

A에서 **B**로의 함수의 개수는 ⟹ $_n\Pi_r$

A에서 **B**로의 일대일함수의 개수는 ⟹ $_n\mathbf{P}_r$ (단, $\boldsymbol{n}\ge\boldsymbol{r}$)

특히 $\boldsymbol{n}=\boldsymbol{r}$일 때

A에서 **B**로의 일대일대응의 개수는 ⟹ $_n\mathbf{P}_n=\boldsymbol{n}!$

유제 2-12. 다음 경우에 집합 A에서 집합 B로의 함수의 개수와 집합 A에서 집합 B로의 일대일함수의 개수를 구하여라.

(1) A={1, 2}, B={a, b, c}

(2) A={1, 2, 3, $\cdots$, m}, B={1, 2, 3, $\cdots$, n} 단, $m\le n$이다.

답 (1) **9, 6** (2) $\boldsymbol{n}^{\boldsymbol{m}}$, $_n\mathbf{P}_m$

유제 2-13. 집합 A={1, 2, 3}에 대하여 다음을 구하여라.

(1) 집합 A에서 집합 A로의 함수의 개수

(2) 집합 A에서 집합 A로의 일대일대응의 개수

답 (1) **27** (2) **6**

§ 3. 같은 것이 있는 순열

기본정석

같은 것이 있는 순열

n개 중에서 같은 것이 각각 p개, q개, r개, $\cdots$, s개가 있을 때, n개를 모두 택하여 일렬로 나열하는 순열의 수는

$$\frac{n!}{p!\times q!\times r!\times\cdots\times s!}$$

Advice | 이를테면 5개의 문자 a, a, a, b, c를 일렬로 나열하는 순열의 수를 알아보자.

만일 3개의 a가 서로 다른 문자 a_1, a_2, a_3이라고 하면 5개의 문자 a_1, a_2, a_3, b, c를 일렬로 나열하는 방법의 수는 $5!$이다.

그러나 a, a, a, b, c에서는 3개의 a가 서로 같은 문자이므로 a끼리 바꾸어도 동일한 나열이 되어 $5!$이 아님은 분명하다.

그러면

a_1, a_2, a_3, b, c를 ⟶ 일렬로 나열하는 방법의 수 $5!$,

a, a, a, b, c를 ⟶ 일렬로 나열하는 방법의 수 x

라고 할 때, $5!$과 x의 관계를 알아보자.

오른쪽과 같이 b, c의 위치와 a의 세 위치 (●○○●●)가 정해졌다고 하면(● 표시가 a의 위치이다) 세 위치 ●○○●●에 대하여 a_1, a_2, a_3을 나열하는 방법은 $3!$가지이며, a, a, a를 나열하는 방법은 1가지이다.

a의 위치가 ●○●○●일 때에도 마찬가지이다.

$$\left.\begin{matrix} a_1 & b & c & a_2 & a_3 \\ a_1 & b & c & a_3 & a_2 \\ a_2 & b & c & a_1 & a_3 \\ a_2 & b & c & a_3 & a_1 \\ a_3 & b & c & a_1 & a_2 \\ a_3 & b & c & a_2 & a_1 \end{matrix}\right\} 3!\text{가지}$$

이와 같이 생각하면 다음 관계가 성립한다.

$$x\times3!=5! \quad \text{곧, } x=\frac{5!}{3!}=20$$

정석 $\underbrace{a, a, \cdots, a}_{p\text{개}}, \underbrace{b, b, \cdots, b}_{q\text{개}}, c, d$ (n개)의 순열의 수 $\Longrightarrow \dfrac{n!}{p!\times q!}$

보기 1 statistics의 10개의 문자 모두로 이루어지는 순열의 수를 구하여라.

연구 s가 3개, t가 3개, i가 2개이므로 $\dfrac{10!}{3!\times3!\times2!}=$**50400**

필수 예제 2-9 네 문자 a, b, c, d 중에서 한 문자는 두 번 사용하고 나머지 세 문자는 한 번씩 사용하여 모두 다섯 개의 문자를 일렬로 나열한다고 하자.

(1) 나열하는 방법은 모두 몇 가지인가?

(2) 양 끝에 같은 문자가 오도록 나열하는 방법은 몇 가지인가?

(3) 같은 문자가 이웃하도록 나열하는 방법은 몇 가지인가?

(4) c를 두 번 사용하거나 d를 두 번 사용하는 방법 중에서 a와 b가 서로 이웃하도록 나열하는 방법은 몇 가지인가?

(5) 양 끝에 다른 문자가 오도록 나열하는 방법은 몇 가지인가?

정석연구 a, b, c, d에서 한 문자는 두 번, 다른 세 문자는 각각 한 번씩 사용하는 방법은 다음과 같다.

$$\boldsymbol{aabcd}, \quad \boldsymbol{abbcd}, \quad \boldsymbol{abccd}, \quad \boldsymbol{abcdd}$$

모범답안 (1) 두 번 사용하는 문자를 고르는 방법이 4가지 있으므로

$$4\times\frac{5!}{2!}=4\times60=\mathbf{240}(\text{가지}) \longleftarrow \boxed{\text{답}}$$

(2) 두 번 사용하는 문자를 양 끝에 나열하는 방법은 4가지이고, 가운데에 있는 3개는 모두 다르므로 ⇦ $abcda$, $bacdb$, $cabdc$, $dabcd$

$$4\times3!=4\times6=\mathbf{24}(\text{가지}) \longleftarrow \boxed{\text{답}}$$

(3) 두 번 사용하는 문자를 고르는 방법이 4가지이고, 같은 문자는 하나로 생각하면 되므로 $4\times4!=4\times24=\mathbf{96}(\text{가지}) \longleftarrow \boxed{\text{답}}$

(4) a와 b가 서로 이웃하므로 a, b를 하나로 생각하여 ab, c, c, d를 일렬로 나열하는 방법을 생각하고, 여기에 a, b의 순서를 바꾸는 방법을 생각한다.

또, 두 번 사용하는 문자가 d인 경우도 마찬가지이므로

$$\frac{4!}{2!}\times2!\times2=12\times2\times2=\mathbf{48}(\text{가지}) \longleftarrow \boxed{\text{답}}$$

(5) 모든 나열 방법에서 양 끝이 같은 것을 제외하면 되므로 ⇦ (1), (2)

$$240-24=\mathbf{216}(\text{가지}) \longleftarrow \boxed{\text{답}}$$

유제 **2**-14. success의 문자 7개를 모두 일렬로 나열할 때,

(1) 양 끝에 s가 오도록 나열하는 방법의 수를 구하여라.

(2) 세 개의 s가 모두 이웃하도록 나열하는 방법의 수를 구하여라.

답 (1) **60** (2) **60**

필수 예제 2-10 오른쪽 그림은 A지점과 D지점 사이의 길을 나타낸다.

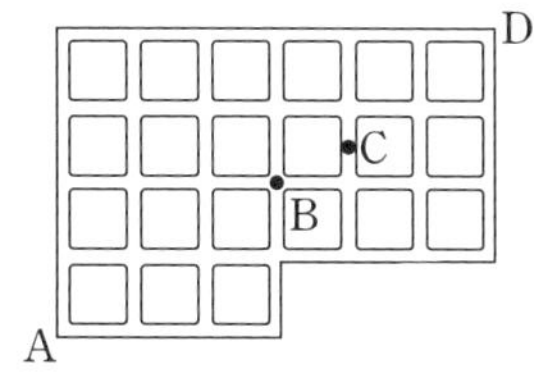

(1) A에서 D로 가는 최단 거리의 길은 모두 몇 가지인가?

(2) (1)에서 점 B를 지나지 않는 길은 몇 가지인가?

(3) (1)에서 점 C를 지나지 않는 길은 몇 가지인가?

(4) (1)에서 점 B와 점 C를 모두 지나지 않는 길은 몇 가지인가?

[정석연구] A에서 B로 가는 최단 거리의 길을 생각해 보자.

오른쪽 그림과 같이 가로의 한 구간을 a, 세로의 한 구간을 b라고 할 때, 화살표 방향의 경로는

$$\boldsymbol{a,\ b,\ a,\ a,\ b}$$

에 대응된다. 이와 같이 A에서 B까지 최단 거리로 가려면 세 개의 a와 두 개의 b를 거쳐야 하므로

A에서 **B**까지 최단 거리로 가는 길의 가짓수는
⟹ $\boldsymbol{a,\ a,\ a,\ b,\ b}$의 순열의 수와 같다.

[모범답안] (1) 오른쪽 그림에서

$$\mathrm{A} \longrightarrow \mathrm{P} \longrightarrow \mathrm{D},\quad \mathrm{A} \longrightarrow \mathrm{Q} \longrightarrow \mathrm{D},$$
$$\mathrm{A} \longrightarrow \mathrm{R} \longrightarrow \mathrm{D},\quad \mathrm{A} \longrightarrow \mathrm{S} \longrightarrow \mathrm{D}$$

의 경로를 잡으면 되므로

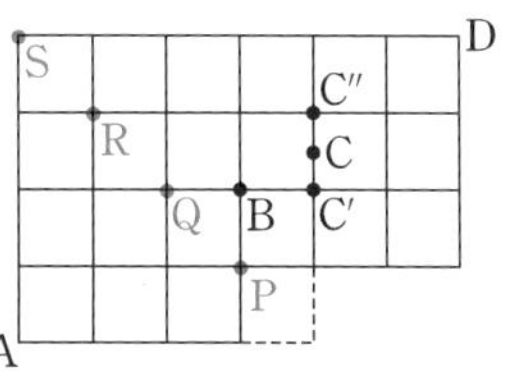

$$\frac{4!}{3!}\times\frac{6!}{3!3!}+\frac{4!}{2!2!}\times\frac{6!}{4!2!}+\frac{4!}{3!}\times\frac{6!}{5!}+1$$
$$=80+90+24+1=\mathbf{195}(\text{가지}) \longleftarrow \boxed{\text{답}}$$

(2) B를 지나는 경로$(\mathrm{A} \longrightarrow \mathrm{B} \longrightarrow \mathrm{D})$를 제외하면 되므로

$$195-\frac{5!}{3!2!}\times\frac{5!}{3!2!}=195-100=\mathbf{95}(\text{가지}) \longleftarrow \boxed{\text{답}}$$

(3) C를 지나는 경로$(\mathrm{A} \longrightarrow \mathrm{C}' \longrightarrow \mathrm{C}'' \longrightarrow \mathrm{D})$를 제외하면 되므로

$$195-\left(\frac{6!}{4!2!}-1\right)\times1\times\frac{3!}{2!}=195-(15-1)\times3=\mathbf{153}(\text{가지}) \longleftarrow \boxed{\text{답}}$$

(4) B 또는 C를 지나는 경로를 제외하면 되므로

$$195-\left(100+42-\frac{5!}{3!2!}\times1\times1\times\frac{3!}{2!}\right)=195-(142-30)=\mathbf{83}(\text{가지}) \longleftarrow \boxed{\text{답}}$$

Advice | (3)에서, A에서 C′까지 최단 거리로 가는 길의 가짓수를 구할 때, 그림의 점선 부분의 길이 있다고 가정하여 모든 길의 가짓수를 구한 다음, 점선 부분을 거쳐 C′까지 가는 길의 가짓수(길은 1가지)를 뺀 것이다.

유제 **2**-15. 오른쪽 그림과 같은 길이 있다.

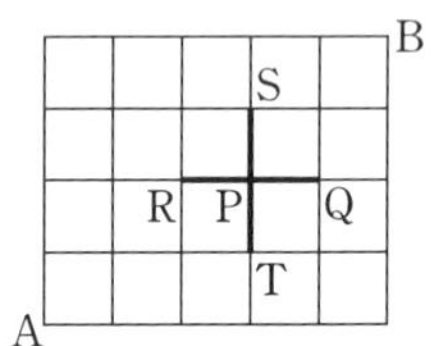

(1) A에서 PS를 거쳐 B까지 최단 거리로 가는 방법은 몇 가지인가?

(2) PQ, PR, PS, PT의 네 길이 없을 때, A에서 B까지 최단 거리로 가는 방법은 몇 가지인가?

답 (1) **30**가지 (2) **66**가지

유제 **2**-16. 오른쪽 그림과 같은 길이 있다.

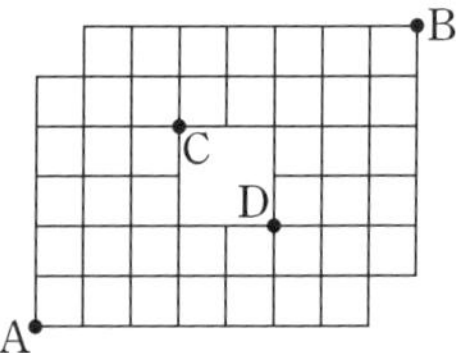

(1) A에서 B까지 최단 거리로 가는 방법은 몇 가지인가?

(2) A에서 B까지 최단 거리로 가는 길을 잡을 때, C에 도착하게 되면 D에서, D에 도착하게 되면 C에서 다시 출발하고, C에서 D, D에서 C로 이동하는 방법의 수는 생각하지 않기로 한다. 방법은 몇 가지인가?

답 (1) **1776**가지 (2) **1972**가지

유제 **2**-17. 오른쪽 그림과 같은 길을 따라 A에서 B까지 최단 거리로 가는 방법의 수를 구하여라.

답 **80**

유제 **2**-18. 오른쪽 그림과 같은 바둑판 모양의 도로망이 있다. 교차로 P와 Q에서 직진과 우회전은 할 수 있으나 좌회전은 할 수 없을 때, A에서 B까지 최단 거리로 가는 방법의 수를 구하여라.

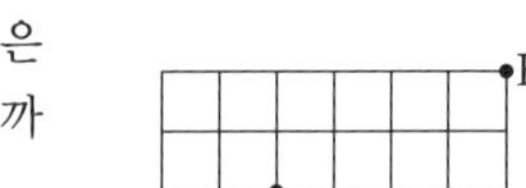

답 **171**

유제 **2**-19. 오른쪽 그림과 같은 바둑판 모양의 도로망이 있다. 다음 조건을 만족시키며 A에서 B까지 최단 거리로 가는 방법의 수를 구하여라.

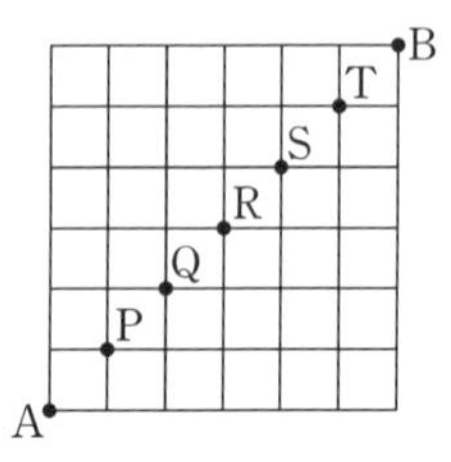

(1) 5개의 지점 P, Q, R, S, T 중 적어도 어느 한 지점은 지나지 않는다.

(2) 5개의 지점 P, Q, R, S, T 중 어느 한 지점도 지나지 않는다.

답 (1) **860** (2) **84**

§4. 원 순 열

기본정석

원순열의 수

서로 다른 n개를 원형으로 나열하는 순열을 원순열이라 하고, 원순열의 수는 다음과 같이 계산한다.

정석 서로 다른 $\boldsymbol{n}$개를 원형으로 나열하는 방법의 수 $\Longrightarrow$ $(\boldsymbol{n}-1)!$

Advice 1° 서로 다른 $\boldsymbol{n}$개의 원순열의 수 : $(\boldsymbol{n}-1)!$

이를테면 A, B, C를 일렬로 나열하는 방법의 수와 원형으로 나열하는 방법의 수를 비교해 보자.

일 렬 로 ⟶ ABC　CAB　BCA　ACB　CBA　BAC

원형으로 ⟶

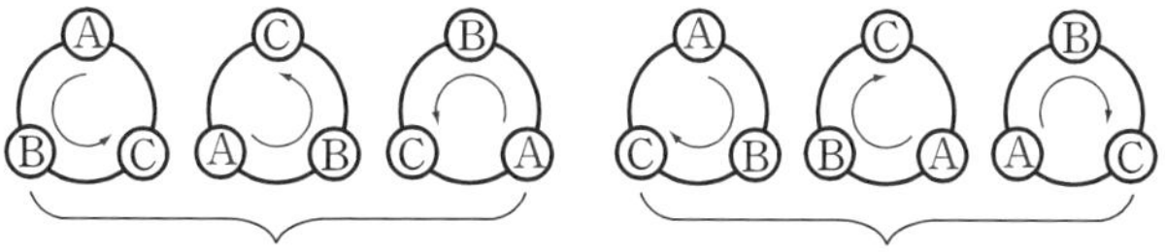

이들은 같은 방향으로 회전했을 때 일치하므로 같은 원순열이다.

이들은 같은 방향으로 회전했을 때 일치하므로 같은 원순열이다.

이와 같이 서로 다른 3개를 일렬로 나열한 순열을 원형으로 고쳐 놓으면 회전했을 때 일치하는 것이 3개씩 있으므로 원순열의 수는 순열의 수의 $\dfrac{1}{3}$이다. 곧, $3!\times\dfrac{1}{3}=2!$이다.

일반적으로 서로 다른 n개를 일렬로 나열한 순열을 원형으로 고쳐 놓으면 회전하여 일치하는 것이 n개씩 있게 된다. 원순열에서는 이를 모두 같은 순열로 본다.

따라서 원순열의 수는 순열의 수의 $\dfrac{1}{n}$이므로 $n!\times\dfrac{1}{n}=(n-1)!$이다.

**Note* 원순열의 수 $(n-1)!$은 다음과 같이 생각하여 얻을 수도 있다.

서로 다른 n개를 원형으로 나열하는 방법의 수는

$\boldsymbol{n}$개 중에서 어느 하나를 고정할 때

나머지 $(n-1)$개를 일렬로 나열하는 방법의 수와 같으므로 $(n-1)!$이다.

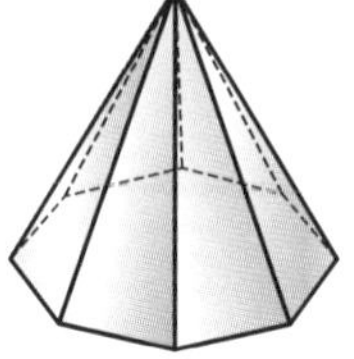

보기 1 오른쪽 그림과 같이 밑면은 정팔각형이고, 옆면은 모두 합동인 이등변삼각형인 정팔각뿔이 있다.

옆면을 서로 다른 8가지 색을 모두 사용하여 칠하는 방법의 수를 구하여라.

연구 이와 같은 유형의 문제는

정석 서로 다른 n개를 원형으로 나열하는 방법의 수 $\Longrightarrow$ $(n-1)!$

을 이용한다.

정팔각뿔의 옆면은 모두 합동이므로 8가지 색을 원형으로 나열하는 방법의 수와 같다.

따라서 구하는 방법의 수는 $(8-1)!=\mathbf{5040}$

Advice 2° (고등학교 교육과정 밖) **n개의 염주순열의 수 : $\dfrac{1}{2}(n-1)!$**

이를테면 A, B, C, D, E를 원형으로 나열할 때, 오른쪽 그림의 ①, ②의 경우는 회전했을 때 일치하지 않으므로 서로 다르다. 그러나 이것을 뒤집어 놓을 수 있다면(염주나 목걸이 등) ①, ②의 경우는 같게 된다.

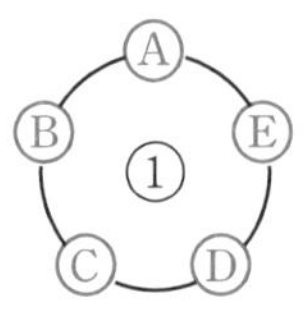

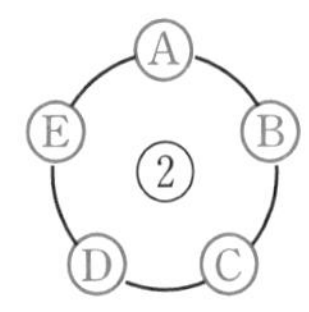

이와 같이 원순열에서는 같지 않던 것이 이것을 뒤집어 놓을 수 있는 경우에는 같아지는 것이 두 개씩 있다.

따라서 뒤집어 놓을 수 있는 원순열의 수는 원순열의 수의 반과 같게 된다. 이와 같은 순열을 염주순열이라고 부르기도 한다.

보기 2 서로 다른 5개의 구슬이 있다. 다음 물음에 답하여라.

(1) 이 구슬을 일렬로 나열하는 방법은 몇 가지인가?

(2) 이 구슬을 원형으로 나열하는 방법은 몇 가지인가?

(3) 이 구슬을 원형으로 실에 꿰어서 목걸이를 만드는 방법은 몇 가지인가?

연구 순열, 원순열, 염주순열을 서로 구별할 수 있어야 한다.

정석 서로 다른 n개의 구슬을

일렬로 나열하는 방법의 수는 $\Longrightarrow$ $n!$

원형으로 나열하는 방법의 수는 $\Longrightarrow$ $(n-1)!$

원형으로 실에 꿰어서 목걸이를 만드는 방법의 수는 $\Longrightarrow$ $\dfrac{1}{2}(n-1)!$

(1) $5!=\mathbf{120}$(가지) (2) $(5-1)!=\mathbf{24}$(가지) (3) $\dfrac{1}{2}(5-1)!=\mathbf{12}$(가지)

필수 예제 2-11 한 쌍의 부부와 네 쌍의 약혼자가 원탁에 둘러앉을 때, 다음 물음에 답하여라.

(1) 부부가 서로 이웃하여 앉는 방법의 수를 구하여라.

(2) 부부는 부부끼리, 약혼자는 약혼자끼리 서로 이웃하여 앉는 방법의 수를 구하여라.

(3) 부부가 서로 마주 보고 앉는 방법의 수를 구하여라.

(4) 남자와 여자가 서로 교대로 앉는 방법의 수를 구하여라.

정석연구 (1), (2) 순열의 수에서와 마찬가지로

정석 **A, B**가 서로 이웃하여 앉는다고 하면
(i) **A, B**를 묶어 하나로 생각하고,
(ii) **A, B**끼리 바꾸어 앉는 경우를 생각한다.

모범답안 (1) 부부를 한 사람으로 보면 모두 9명이고, 이 9명이 원탁에 둘러앉는 방법의 수는 $(9-1)!$이다.

이 각각에 대하여 부부가 바꾸어 앉는 방법의 수는 $2!$이므로

구하는 방법의 수는　$(9-1)!\times2!=40320\times2=\mathbf{80640}$ ← 답

(2) 부부를 한 사람, 각 쌍의 약혼자를 각각 한 사람으로 보면 모두 5명이고, 이 5명이 원탁에 둘러앉는 방법의 수는 $(5-1)!$이다.

이 각각에 대하여 부부끼리, 또 약혼자끼리 바꾸어 앉는 방법의 수는 $2!\times2!\times2!\times2!\times2!$이므로 구하는 방법의 수는

$$(5-1)!\times2!\times2!\times2!\times2!\times2!=\mathbf{768} \leftarrow \text{답}$$

(3) 남편의 자리를 고정하면 아내의 자리도 자연히 고정되므로 나머지 8명의 약혼자를 앉히는 방법만 생각하면 된다.

따라서 구하는 방법의 수는　$8!=\mathbf{40320}$ ← 답

(4) 남자 5명이 원탁에 둘러앉는 방법의 수는 $(5-1)!$이고, 이 각각에 대하여 여자 5명이 남자와 남자 사이에 앉는 방법의 수는 $5!$이다.

따라서 구하는 방법의 수는

$$(5-1)!\times5!=24\times120=\mathbf{2880} \leftarrow \text{답}$$

유제 **2**-20. A, B 두 개의 원탁이 있어 A에는 두 쌍의 부부가, B에는 세 쌍의 약혼자가 둘러앉는다고 한다.

부부는 부부끼리, 약혼자는 약혼자끼리 서로 이웃하여 앉는 방법의 수를 구하여라.　답 **64**

필수 예제 2-12 어느 고등학교에서는 토론식 면접을 하기 위하여 지원한 남학생 4명과 여학생 4명을 오른쪽 그림과 같이 정사각형 모양의 탁자 둘레에 나열된 8개의 의자에 앉히려고 한다.

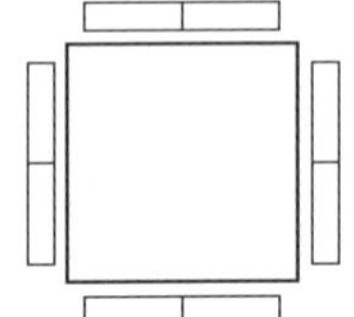

(1) 학생들이 의자에 앉는 방법의 수를 구하여라.

(2) 서로 붙어 있는 의자에는 반드시 남녀 학생이 1명씩 앉는 방법의 수를 구하여라.

정석연구 8명이 원탁에 둘러앉는 방법의 수는 $(8-1)!$ 이다.

그러나 이 8명이 정사각형 모양의 탁자 둘레에 앉을 때에는 아래 그림과 같이 ①을 어디에 고정하느냐에 따라 서로 다른 경우가 2가지씩 생긴다.

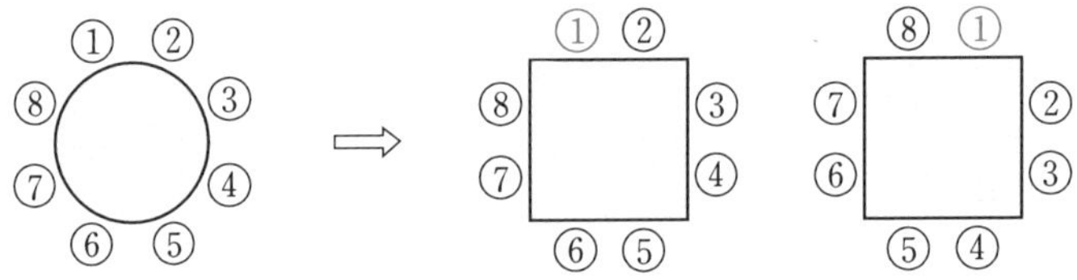

모범답안 (1) 8명의 학생이 원탁에 둘러앉는 방법의 수는 $(8-1)!$ 이다.

이 각각에 대하여 정사각형 모양의 탁자 둘레에 나열된 의자에 앉히는 방법의 수는 2이므로 구하는 방법의 수는

$$(8-1)!\times2=\mathbf{10080} \longleftarrow \text{답}$$

(2) 남학생 4명을 네 방면에 배정하는 방법의 수는 $(4-1)!$ 이다.

이 각각에 대하여 여학생 4명을 네 방면에 배정하는 방법의 수는 $4!$ 이고, 각 방면에 배정된 남학생과 여학생이 서로 바꾸어 앉는 방법은 각각 $2!$ 가지씩 있으므로 구하는 방법의 수는

$$(4-1)!\times4!\times2!\times2!\times2!\times2!=\mathbf{2304} \longleftarrow \text{답}$$

유제 **2**-21. 다음 그림과 같은 정삼각형, 정사각형, 직사각형 모양의 탁자에 각각 6명, 6명, 10명이 둘러앉는 방법의 수를 구하여라.

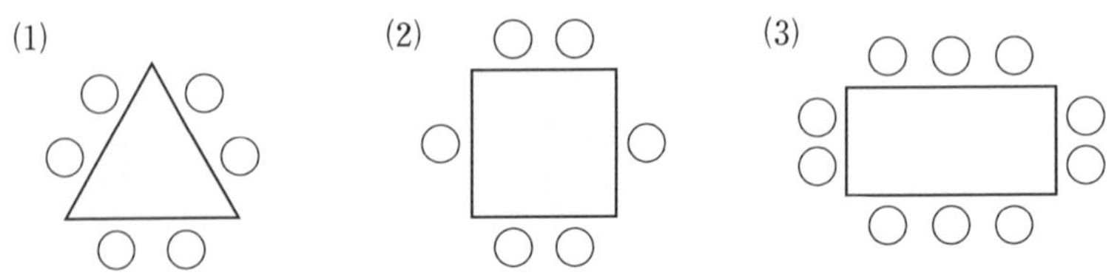

답 (1) **240** (2) **360** (3) **1814400**

연습문제 2

기본 **2-1** 네 개의 숫자 1, 2, 3, 4를 일렬로 나열할 때, 이웃한 두 숫자의 차가 2인 쌍이 있는 경우의 수를 구하여라.

2-2 문자 a, b, c에서 중복을 허락하여 세 개를 뽑아 만든 단어를 전송하려고 한다. aab와 같이 단어에 a가 연속되면 수신이 불가능하다고 할 때, 수신 가능한 단어의 수를 구하여라.

2-3 기호 •, ━를 나열하여 전신 부호를 만들 때, 50가지 부호를 만들려면 이 기호를 최소한 몇 개까지 사용해야 하는가?

2-4 0, 1, 1, 1, 2, 2, 3을 모두 사용하여 일곱 자리 자연수를 만들 때, 다음 물음에 답하여라.

(1) 만들 수 있는 일곱 자리 수는 모두 몇 개인가?

(2) (1)에서 만들어진 일곱 자리 수 중 짝수는 몇 개인가?

(3) 홀수가 홀수 번째에 있는 일곱 자리 수는 몇 개인가?

2-5 friend의 모든 문자를 사용하여 만든 순열 중에서 i는 e보다 앞자리에 오고, d와 f는 홀수 번째 자리에 오는 것의 개수를 구하여라.

2-6 오른쪽 그림과 같이 상자 9개가 쌓여 있다. 이 상자들을 위에서부터 차례대로 한 번에 한 개씩 트럭으로 모두 옮기는 방법의 수를 구하여라.

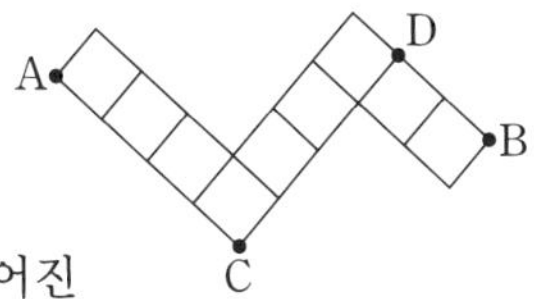

2-7 오른쪽 그림과 같은 도로망을 따라 A에서 출발하여 C와 D를 지나지 않고 B까지 최단 거리로 가는 방법의 수를 구하여라.

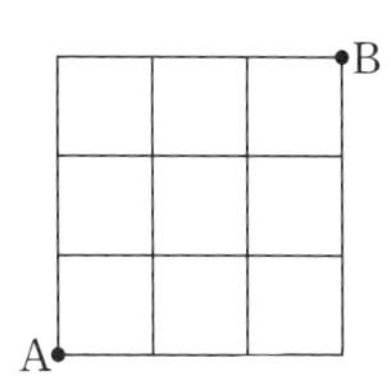

2-8 오른쪽 그림과 같은 정사각형 모양으로 이루어진 도로망이 있다. 갑은 A에서 B로, 을은 B에서 A로 각각 최단 거리를 택하여 간다고 할 때, 갑, 을 두 사람이 서로 만나지 않고 각각 B, A에 도착하는 방법의 수를 구하여라. 단, 두 사람은 동시에 출발하여 같은 속력으로 간다.

B

A

2-9 어른 3명, 어린이 6명이 원탁에 앉을 때, 다음을 구하여라.

(1) 어른끼리는 서로 이웃하지 않게 앉는 경우의 수

(2) (1)에서 어른과 어른 사이에 앉는 어린이의 수가 모두 다른 경우의 수

2-10 오른쪽 그림과 같이 밑면과 윗면이 모두 정사각형이 아닌 직사각형이고 옆면이 모두 등변사다리꼴인 사각뿔대가 있다. 이 사각뿔대의 여섯 개의 면에 서로 다른 6가지 색을 모두 사용하여 칠하는 방법의 수를 구하여라.

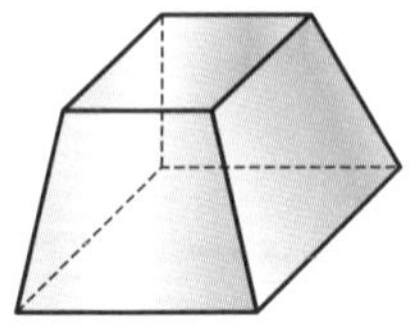

실력 **2-11** 다음 두 식을 동시에 만족시키는 자연수 m, n의 값을 구하여라.

$$m\times{}_n\mathrm{P}_5=72\times{}_n\mathrm{P}_3, \qquad {}_n\mathrm{P}_6=m\times{}_n\mathrm{P}_4$$

2-12 여섯 개의 숫자 1, 2, 3, 4, 5, 6 중에서 서로 다른 네 숫자를 사용하여 네 자리 자연수를 만들 때, 다음 물음에 답하여라.

(1) 일의 자리 수가 1인 것은 몇 개인가?

(2) 모든 네 자리 자연수의 합을 구하여라.

2-13 5개의 숫자 0, 1, 3, 5, 7에서 서로 다른 세 수를 택하여 a, b, c라고 할 때, $ax^2+bx+c=0$이 이차방정식이 되는 경우의 수를 구하여라. 또, 이 중에서 실근을 가지는 이차방정식이 되는 경우의 수를 구하여라.

2-14 문자 A, B, C, D, E, F를 모두 사용하여 만든 여섯 자리 문자열 중에서 다음 세 조건을 만족시키는 문자열의 개수를 구하여라.

(가) A의 바로 다음 자리에 B가 올 수 없다.

(나) B의 바로 다음 자리에 C가 올 수 없다.

(다) C의 바로 다음 자리에 A가 올 수 없다.

2-15 중복을 허락하여 네 숫자 0, 1, 2, 3으로 다섯 자리 자연수를 만들 때, 0과 1은 모두 포함하고 0끼리는 이웃하지 않는 자연수의 개수를 구하여라.

2-16 -1, 1, 2, 4에서 중복을 허락하여 뽑은 여섯 개의 수로 이루어진 순서쌍 $(x_1, x_2, x_3, x_4, x_5, x_6)$ 중에서 $x_1x_2x_3x_4x_5x_6=4$인 것의 개수를 구하여라.

2-17 좌표평면 위의 점 (x, y)에서 네 점

$$(x+1, y), \quad (x+1, y+1), \quad (x+1, y-1), \quad (x, y+1)$$

중 한 점으로 이동하는 것을 점프라고 할 때, 다음을 구하여라.

(1) 점 A$(-2, 0)$에서 점 B$(2, 0)$까지 4번의 점프로 이동하는 경우의 수

(2) 점 C$(0, 0)$에서 점 D$(3, 2)$까지 7번 이상의 점프로 이동하는 경우의 수

2-18 좌표평면 위의 원점에 점 P가 있다. 주사위를 던져서 나온 눈의 수 n이 홀수일 때 점 P는 x축의 양의 방향으로 n만큼 이동하고, n이 짝수일 때 점 P는 y축의 양의 방향으로 n만큼 이동한다. 이 시행을 반복할 때, 점 P가 점 $(4, 4)$에 도달할 수 있는 경우의 수를 구하여라.

2-19 오른쪽 그림과 같이 정육면체의 각 면의 중앙을 지나도록 십자 모양의 선을 그었다. A지점에서 B지점까지 모서리나 십자 선을 따라 최단 거리로 움직이는 방법의 수를 구하여라.

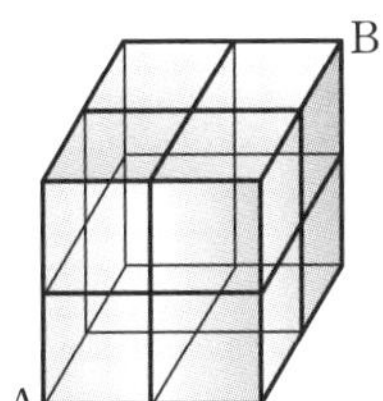

2-20 오른쪽 그림과 같이 직사각형 모양의 잔디밭에 반지름의 길이가 같은 원 8개가 서로 외접하고 있는 형태의 산책로가 있다.

A지점에서 출발하여 산책로를 따라 B지점까지 최단 거리로 가는 방법의 수를 구하여라. 단, 원 위에 표시된 점은 원과 직사각형 또는 원과 원의 접점을 나타낸다.

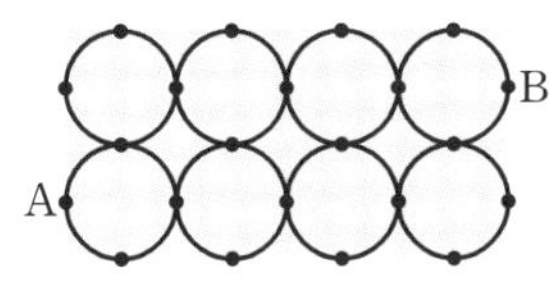

2-21 오른쪽 그림과 같이 가로 길의 간격과 세로 길의 간격이 각각 같은 길이 있다. 갑은 A에서 C까지 굵은 초록 선을 따라 걷는다. 또, 을은 B에서 D까지, 병은 C에서 A까지 최단 거리를 따라 걷는다.

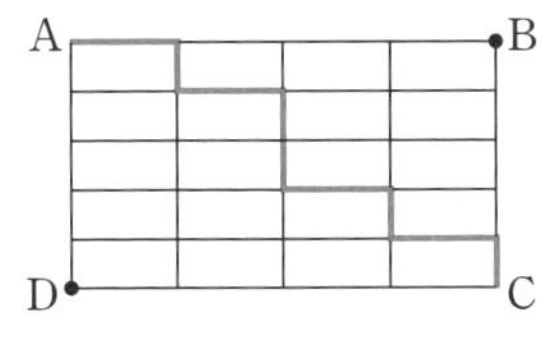

단, 갑, 을, 병 세 사람은 동시에 A, B, C를 출발하여 같은 속력으로 걷는다고 하자.

(1) 갑과 을이 만나게 되는 경우의 수를 구하여라.

(2) 세 사람이 동시에 같은 지점을 통과하도록 걸을 때, 을의 경우의 수를 구하여라.

2-22 오른쪽 그림과 같이 정사각형 모양의 밭 12개가 있다. 첫째 가로줄의 밭 6개에서 3개의 밭에는 배추를, 2개의 밭에는 파를, 1개의 밭에는 마늘을 심고, 둘째 가로줄의 밭 6개에도 3개의 밭에는 배추를, 2개의 밭에는 파를, 1개의 밭에는 마늘을 심으려고 한다. 이때, 같은 세로줄에는 서로 다른 농작물을 심는 경우의 수를 구하여라.

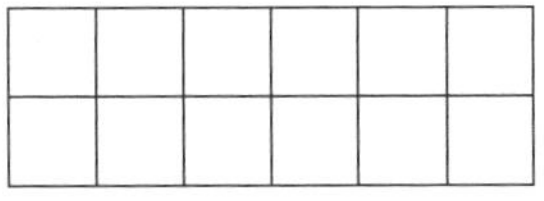

2-23 검은 구슬 6개, 흰 구슬 4개, 붉은 구슬 1개가 있다. 같은 색의 구슬은 서로 구별할 수 없다고 할 때, 다음 물음에 답하여라.

(1) 이 구슬을 전부 사용하여 원형으로 나열하는 방법은 몇 가지인가?

(2) (1)에서 붉은 구슬을 중심으로 좌우 대칭인 것은 몇 가지인가?

(3) 이 구슬을 원형으로 전부 실에 꿰어서 몇 가지의 목걸이를 만들 수 있는가?

3. 조 합

§1. 조 합

기본정석

1 조합의 수와 ${}_n\mathrm{C}_r$

서로 다른 n개에서 순서를 생각하지 않고 $r(n\ge r)$개를 택하는 것을 서로 다른 n개에서 r개를 택하는 조합이라 하고, 이 조합의 수를 기호로 ${}_n\mathrm{C}_r$와 같이 나타낸다.

2 ${}_n\mathrm{C}_r$를 계산하는 방법과 기호의 정의

(1) ${}_n\mathrm{C}_r=\dfrac{{}_n\mathrm{P}_r}{r!}=\dfrac{n!}{r!(n-r)!}$ (단, $0\le r\le n$)

(2) ${}_n\mathrm{C}_r={}_n\mathrm{C}_{n-r}$ (단, $0\le r\le n$) (3) ${}_n\mathrm{C}_0=1$

**Note* ${}_n\mathrm{C}_r$에서 C는 Combination(조합)의 첫 글자이다.

Advice 1° 조합은 수학(하)에서 공부했지만, 앞으로 공부할 중복조합을 이해하는 데 필요한 개념이므로 여기에서 다시 한번 다룬다.

Advice 2° 순열과 조합의 차이점

이를테면 A, B, C의 3명 중에서

반장, 부반장을 각각 **1**명씩 뽑는 경우, 대표 **2**명을 뽑는 경우

그 방법의 수는 어떻게 다른지 알아보자.

(i) 반장, 부반장을 각각 **1**명씩 뽑는 경우

이를테면 A, B의 2명을 뽑는다면

① A → 반장, B → 부반장

② B → 반장, A → 부반장

일 때는 서로 다른 방법이다. 따라서 오른쪽과 같이 여섯 가지 방법이 있다.

	반장	부반장
①	A	B
②	B	A
③	B	C
④	C	B
⑤	C	A
⑥	A	C

(ii) 대표 **2**명을 뽑는 경우

이때에는 ①, ②의 경우는 구별되지 않고 같은 방법이다. 곧, 대표 2명이 A, B이든 B, A이든 순서에는 관계없다. ③과 ④의 경우, 또 ⑤와 ⑥의 경우 역시 같은 방법이다. 따라서 세 가지 방법이 있다.

위의 (i)의 경우는 3명 중에서 2명을 뽑아서 그것을 나열하는 순서까지 생각한 것으로 방법의 수는 ${}_3P_2$이다.

그러나 (ii)의 경우는 3명 중에서 순서를 생각하지 않고 2명을 뽑는 방법만을 생각한 것이므로 (i)의 경우와는 다르다.

이와 같이 순서를 생각하지 않고 뽑는 것을 3명 중에서 2명을 택하는 조합이라 하고, 이 조합의 수를 기호로 ${}_3\mathbf{C}_2$와 같이 나타낸다.

Advice 3° ${}_n\mathbf{C}_r$를 계산하는 방법

이제 ${}_3P_2$와 ${}_3C_2$의 관계를 알아보자.

3명 중에서 대표 2명을 뽑는 조합의 수 ${}_3C_2$에 $2!$(뽑은 2명에서 반장, 부반장의 순서를 생각하는 방법의 수)을 곱한 ${}_3C_2\times 2!$은 3명 중에서 반장, 부반장 각각 1명씩 2명을 뽑는 순열의 수인 ${}_3P_2$와 같으므로

$$ {}_3C_2\times 2!={}_3P_2 \qquad \text{곧, } {}_3C_2=\frac{{}_3P_2}{2!} $$

일반적으로 조합의 수 ${}_nC_r$와 순열의 수 ${}_nP_r$ 사이에는

$$ {}_nC_r\times r!={}_nP_r \qquad \text{곧, } {}_nC_r=\frac{{}_nP_r}{r!} \qquad \cdots\cdots① $$

이 성립한다.

한편 ${}_nP_r=\dfrac{n!}{(n-r)!}$이므로 $\quad {}_nC_r=\dfrac{{}_nP_r}{r!}=\dfrac{n!}{r!(n-r)!} \qquad \cdots\cdots②$

그리고 ②의 공식을 이용하면

$$ {}_nC_{n-r}=\frac{n!}{(n-r)!\{n-(n-r)\}!}=\frac{n!}{(n-r)!r!}=\frac{n!}{r!(n-r)!} $$

이므로

정석 ${}_nC_r={}_nC_{n-r}$

가 성립한다. 이 공식은 ${}_{100}C_{98}$, ${}_{10}C_7$, ${}_6C_4$와 같이 ${}_nC_r$에서 r가 $\dfrac{n}{2}$보다 클 때 이용하면 훨씬 간편하게 계산할 수 있다.

**Note* $0!=1$, ${}_nP_0=1$이므로 ①이 $r=0$일 때 성립하도록 ${}_nC_0=1$로 정의한다.

보기 1 한국지리, 세계지리, 세계사, 동아시아사, 경제 중에서 두 과목을 선택하는 방법의 수를 구하여라.

연구 5개 중에서 2개를 택하는 조합의 수와 같으므로 ${}_5C_2$이다.

${}_5C_2$의 값은 다음 두 가지 방법 중 어느 한 방법으로 계산한다.

$$ {}_5C_2=\frac{{}_5P_2}{2!}=\frac{5\times4}{2\times1}=\mathbf{10}, \qquad {}_5C_2=\frac{5!}{2!(5-2)!}=\frac{5!}{2!3!}=\mathbf{10} $$

보기 2 ${}_{100}C_{98}$을 계산하여라.

연구 ${}_{100}C_{98}={}_{100}C_{100-98}={}_{100}C_2=\dfrac{{}_{100}P_2}{2!}=\dfrac{100\times99}{2\times1}=\mathbf{4950}$

필수 예제 3-1 다음 물음에 답하여라.

(1) $12\times{}_n\mathrm{C}_4-9\times{}_n\mathrm{P}_2={}_n\mathrm{P}_3$을 만족시키는 자연수 n의 값을 구하여라.

(2) ${}_{15}\mathrm{C}_{2r^2+1}={}_{15}\mathrm{C}_{r+4}$를 만족시키는 자연수 r의 값을 구하여라.

(3) ${}_{n+1}\mathrm{C}_{n-2}+{}_{n+1}\mathrm{C}_{n-1}=35$를 만족시키는 자연수 n의 값을 구하여라.

정석연구 다음을 이용한다.

정석 $${}_n\mathrm{P}_r=n(n-1)(n-2)\times\cdots\times(n-r+1)$$
$${}_n\mathrm{C}_r=\frac{{}_n\mathrm{P}_r}{r!}=\frac{n!}{r!(n-r)!}\quad(0\le r\le n)$$
$${}_n\mathrm{C}_r={}_n\mathrm{C}_{n-r}$$

모범답안 (1) $12\times\dfrac{n(n-1)(n-2)(n-3)}{4\times3\times2\times1}-9n(n-1)=n(n-1)(n-2)$

$n\ge4$에서 $n(n-1)\neq0$이므로 양변을 $n(n-1)$로 나누고 정리하면

$$n^2-7n-8=0\quad\therefore\ (n-8)(n+1)=0$$

그런데 n은 $n\ge4$인 자연수이므로 $\boldsymbol{n=8}$ ← 답

(2) $2r^2+1=r+4$일 때 $2r^2-r-3=0\quad\therefore\ (2r-3)(r+1)=0$

$2r^2+1=15-(r+4)$일 때 $2r^2+r-10=0\quad\therefore\ (2r+5)(r-2)=0$

그런데 r는 $0\le2r^2+1\le15$, $0\le r+4\le15$를 만족시키는 자연수이므로

$\boldsymbol{r=2}$ ← 답

(3) ${}_{n+1}\mathrm{C}_{n-2}={}_{n+1}\mathrm{C}_{(n+1)-(n-2)}={}_{n+1}\mathrm{C}_3,\quad{}_{n+1}\mathrm{C}_{n-1}={}_{n+1}\mathrm{C}_{(n+1)-(n-1)}={}_{n+1}\mathrm{C}_2$

이므로 준 식은 ${}_{n+1}\mathrm{C}_3+{}_{n+1}\mathrm{C}_2=35$

$$\therefore\ \frac{(n+1)n(n-1)}{3\times2\times1}+\frac{(n+1)n}{2\times1}=35\qquad\cdots\cdots①$$

$\therefore\ n^3+3n^2+2n-210=0\quad\therefore\ (n-5)(n^2+8n+42)=0$

그런데 n은 $n\ge2$인 자연수이므로 $\boldsymbol{n=5}$ ← 답

*Note ①에서 $n(n+1)(n+2)=5\times6\times7$이고, n은 자연수이므로 $\boldsymbol{n=5}$

유제 **3**-1. 다음 물음에 답하여라.

(1) ${}_n\mathrm{P}_4=1680$일 때, ${}_n\mathrm{C}_4$의 값을 구하여라.

(2) ${}_n\mathrm{C}_5=56$일 때, ${}_n\mathrm{P}_5$의 값을 구하여라.

답 (1) **70** (2) **6720**

유제 **3**-2. 다음 등식을 만족시키는 자연수 n의 값을 구하여라.

(1) ${}_{n+2}\mathrm{C}_n=21$ (2) ${}_8\mathrm{C}_{n-2}={}_8\mathrm{C}_{2n+1}$

(3) ${}_n\mathrm{P}_3-2\times{}_n\mathrm{C}_2={}_n\mathrm{P}_2$ (4) ${}_n\mathrm{C}_2+{}_n\mathrm{C}_3=2\times{}_{2n}\mathrm{C}_1$

답 (1) $\boldsymbol{n=5}$ (2) $\boldsymbol{n=3}$ (3) $\boldsymbol{n=4}$ (4) $\boldsymbol{n=5}$

필수 예제 3-2 다음 물음에 답하여라.

(1) ${}_{n-1}\mathrm{P}_r : {}_n\mathrm{P}_r = 3 : 11$, ${}_n\mathrm{C}_r : {}_{n+1}\mathrm{C}_r = 1 : 3$을 동시에 만족시키는 자연수 n, r의 값을 구하여라.

(2) $1 \le r < n$일 때, ${}_n\mathrm{C}_r = {}_{n-1}\mathrm{C}_{r-1} + {}_{n-1}\mathrm{C}_r$가 성립함을 보여라.

정석연구 다음을 이용한다.

정석 $0 \le r \le n$일 때 $\quad {}_n\mathrm{P}_r = \dfrac{n!}{(n-r)!}, \quad {}_n\mathrm{C}_r = \dfrac{n!}{r!(n-r)!}$

모범답안 (1) $\dfrac{{}_{n-1}\mathrm{P}_r}{{}_n\mathrm{P}_r} = \dfrac{(n-1)!}{(n-1-r)!} \times \dfrac{(n-r)!}{n!} = \dfrac{n-r}{n} = \dfrac{3}{11}$,

$\dfrac{{}_n\mathrm{C}_r}{{}_{n+1}\mathrm{C}_r} = \dfrac{n!}{r!(n-r)!} \times \dfrac{r!(n+1-r)!}{(n+1)!} = \dfrac{n-r+1}{n+1} = \dfrac{1}{3}$

각각 정리하면 $8n - 11r = 0$, $2n - 3r + 2 = 0$

연립하여 풀면 $\boldsymbol{n=11}$, $\boldsymbol{r=8}$ ← 답

(2) $(우변) = \dfrac{(n-1)!}{(r-1)!\{(n-1)-(r-1)\}!} + \dfrac{(n-1)!}{r!\{(n-1)-r\}!}$

$= \dfrac{(n-1)!}{(r-1)!(n-r)!} + \dfrac{(n-1)!}{r!(n-r-1)!}$

$= \dfrac{(n-1)!}{(r-1)!(n-r-1)!} \times \left(\dfrac{1}{n-r} + \dfrac{1}{r}\right)$

$= \dfrac{(n-1)!}{(r-1)!(n-r-1)!} \times \dfrac{n}{r(n-r)} = \dfrac{n!}{r!(n-r)!} = {}_n\mathrm{C}_r = (좌변)$

Advice | 조합의 수 ${}_n\mathrm{C}_r$는 1, 2, 3, $\cdots$, $n-1$, n에서 r개를 택하는 방법의 수와 같다. 이와 같은 조합의 뜻과 연결 지어 (2)는 다음 방법으로 성립함을 보일 수도 있다.

(i) r개 중에 n이 포함되는 경우 : n을 제외한 나머지 $(n-1)$개의 수 1, 2, 3, $\cdots$, $n-1$에서 $(r-1)$개를 택하는 경우이므로 ${}_{n-1}\mathrm{C}_{r-1}$

(ii) r개 중에 n이 포함되지 않는 경우 : n을 제외한 나머지 $(n-1)$개의 수 1, 2, 3, $\cdots$, $n-1$에서 r개를 택하는 경우이므로 ${}_{n-1}\mathrm{C}_r$

(i), (ii)는 동시에 일어나지 않으므로 ${}_n\mathrm{C}_r = {}_{n-1}\mathrm{C}_{r-1} + {}_{n-1}\mathrm{C}_r$

Note* **필수 예제 2-1의 (2)도 이와 같은 방법으로 설명할 수 있다.

유제 **3**-3. 다음 등식을 만족시키는 자연수 n, r의 값을 구하여라.

${}_n\mathrm{C}_{r-1} : {}_n\mathrm{C}_r : {}_n\mathrm{C}_{r+1} = 3 : 4 : 5$ 답 $\boldsymbol{n=62}$, $\boldsymbol{r=27}$

유제 **3**-4. $1 \le r \le n$일 때, $r \times {}_n\mathrm{C}_r = n \times {}_{n-1}\mathrm{C}_{r-1}$이 성립함을 보여라.

필수 예제 3-3 야구 선수 9명, 농구 선수 5명이 있다.

(1) 이 중에서 3명의 야구 선수와 2명의 농구 선수를 뽑는 방법은 몇 가지인가?

(2) 이 중에서 5명을 뽑을 때, 야구 선수 대표인 A와 농구 선수 대표인 B가 포함되는 방법은 몇 가지인가?

(3) 이 중에서 3명을 뽑을 때, 야구 선수와 농구 선수 중에서 각각 적어도 1명의 선수가 포함되는 방법은 몇 가지인가?

정석연구 (3) 전체 경우의 수에서 야구 선수만 뽑는 경우의 수와 농구 선수만 뽑는 경우의 수를 빼면 된다.

정석 「적어도 …」 하면 ⟹ 여집합을 생각한다.

모범답안 (1) 야구 선수 9명 중 3명을 뽑는 방법은 ${}_9C_3$가지이고, 농구 선수 5명 중 2명을 뽑는 방법은 ${}_5C_2$가지이므로 구하는 방법은

$${}_9C_3\times{}_5C_2=84\times10=\mathbf{840}\text{(가지)} \longleftarrow \boxed{\text{답}}$$

(2) A와 B는 미리 뽑아 놓고, 나머지 12명 중 3명의 선수를 뽑는 방법을 생각하면 되므로 구하는 방법은 ${}_{12}C_3=\mathbf{220}$(가지) ⟵ 답

(3) 전체 선수 14명 중 3명을 뽑는 방법은 ${}_{14}C_3$가지이고, 야구 선수 9명 중 3명을 뽑는 방법은 ${}_9C_3$가지이며, 농구 선수 5명 중 3명을 뽑는 방법은 ${}_5C_3$가지이므로 구하는 방법은

$${}_{14}C_3-({}_9C_3+{}_5C_3)=364-(84+10)=\mathbf{270}\text{(가지)} \longleftarrow \boxed{\text{답}}$$

*Note ${}_9C_2\times{}_5C_1+{}_9C_1\times{}_5C_2=\mathbf{270}$(가지)

유제 **3**-5. 남학생 5명, 여학생 7명 중 4명의 대표를 뽑을 때,

(1) 특정한 남학생 1명과 여학생 1명이 포함되는 방법은 몇 가지인가?

(2) 적어도 여학생 1명이 포함되는 방법은 몇 가지인가?

(3) 적어도 남학생, 여학생 1명씩이 포함되는 방법은 몇 가지인가?

답 (1) **45**가지 (2) **490**가지 (3) **455**가지

유제 **3**-6. 남자 5명, 여자 4명이 있다. 이 중에서

(1) 남자 3명, 여자 2명을 뽑아 일렬로 세우는 방법의 수를 구하여라.

(2) 남자 3명, 여자 3명을 뽑아 원탁에 앉히는 방법의 수를 구하여라.

답 (1) **7200** (2) **4800**

유제 **3**-7. 남녀 합하여 20명인 모임에서 2명의 대표를 선출하는데 적어도 여자 1명이 포함되는 모든 경우의 수가 124라고 한다.
이때, 남자는 몇 명인가?

답 **12**명

필수 예제 3-4 A, B를 포함한 8명 중에서 4명을 뽑아 일렬로 세운다.

(1) A, B 두 사람을 모두 포함하는 경우의 수를 구하여라.

(2) A는 포함하고, B는 포함하지 않는 경우의 수를 구하여라.

(3) A, B 두 사람을 모두 포함하지 않는 경우의 수를 구하여라.

(4) A, B 두 사람을 모두 포함하고, 또 이웃하는 경우의 수를 구하여라.

정석연구 먼저 4명을 뽑는 방법을, 다음에 일렬로 세우는 방법을 생각한다.

정석 먼저 조합의 수를 생각하여라.

모범답안 (1) 우선 4명을 뽑는 방법은 A, B를 미리 뽑아 놓고, 나머지 6명 중 2명을 뽑는 방법만 생각하면 되므로 ${}_6C_2$가지이다.

A, B, ○, ○, ○, ○, ○, ○ → ${}_6C_2$ → ○ ○ ○ ○

또, 이들 4명을 일렬로 세우는 방법은 4!가지이다.

∴ ${}_6C_2\times4!=15\times24=$**360** ← 답

(2) 우선 4명을 뽑는 방법은 A를 미리 뽑아 놓고, B는 없는 것으로 생각하고, 나머지 6명 중 3명을 뽑는 방법만 생각하면 되므로 ${}_6C_3$가지이다.

A, B, ○, ○, ○, ○, ○, ○ → ${}_6C_3$ → ○ ○ ○ ○

또, 이들 4명을 일렬로 세우는 방법은 4!가지이다.

∴ ${}_6C_3\times4!=20\times24=$**480** ← 답

(3) 우선 4명을 뽑는 방법은 A, B는 없는 것으로 생각하고, 나머지 6명 중 4명을 뽑는 방법만 생각하면 되므로 ${}_6C_4$가지이다.

A, B, ○, ○, ○, ○, ○, ○ → ${}_6C_4$ → ○ ○ ○ ○

또, 이들 4명을 일렬로 세우는 방법은 4!가지이다.

∴ ${}_6C_4\times4!=15\times24=$**360** ← 답

(4) A, B를 포함하여 4명을 뽑는 방법은 위의 (1)과 같이 하면 ${}_6C_2$가지이고, 이 각각에 대하여 A, B 두 사람이 이웃하는 경우는 $3!\times2!$가지이다.

∴ ${}_6C_2\times3!\times2!=15\times6\times2=$**180** ← 답

유제 **3**-8. 9개의 숫자 1, 2, 3, 4, 5, 6, 7, 8, 9를 사용하여 만들 수 있는 다섯 자리 자연수는 몇 개인가? 단, 각 자리의 숫자는 모두 다르고, 3개의 홀수와 2개의 짝수를 포함해야 한다. 답 **7200**개

필수 예제 3-5 10개의 숫자 0, 1, 2, $\cdots$, 9 중에서 세 개를 뽑아 만든 세 자리 자연수의 백의 자리 숫자를 a, 십의 자리 숫자를 b, 일의 자리 숫자를 c라고 하자. 이때, 다음 물음에 답하여라.

단, 같은 숫자를 여러 번 뽑아도 된다.

(1) 이 세 자리 자연수는 모두 몇 개인가?

(2) $a>b>c$를 만족시키는 자연수는 모두 몇 개인가?

(3) $a\ge b\ge c$를 만족시키는 자연수는 모두 몇 개인가?

정석연구 (1) 백의 자리에는 0을 뺀 9개가 올 수 있다. 그리고 같은 숫자를 여러 번 뽑을 수 있으므로 십의 자리에는 10개, 일의 자리에는 10개가 올 수 있다.

(2) 이를테면 1, 2, 3 세 숫자를 모두 써서 만들 수 있는 세 자리 자연수는 모두 ${}_3\mathrm{P}_3=3\times2\times1=6$(개)이지만, 이 중에서 $a>b>c$를 만족시키는 경우는 321의 한 가지뿐이다.

곧, 서로 다른 세 수를 뽑은 다음 이것을 크기 순으로 나열해야 하므로 순서를 생각하지 않고 세 수를 뽑는 것과 같다.

정석 순서가 정해진 경우의 수는 $\Longrightarrow$ 조합을 생각한다.

(3) $a>b>c$, $a>b=c$, $a=b>c$, $a=b=c$인 경우로 나누어 생각한다.

모범답안 (1) $9\times10\times10=\mathbf{900}$(개) ← 답

(2) 서로 다른 10개의 숫자 중에서 서로 다른 3개를 뽑는 경우의 수와 같다.

따라서 조건을 만족시키는 자연수는 ${}_{10}\mathrm{C}_3=\mathbf{120}$(개) ← 답

(3) $a>b>c$인 경우는 (2)에서 120개

$a>b=c$인 경우는 서로 다른 10개의 숫자 중에서 서로 다른 2개를 뽑는 경우와 같으므로 ${}_{10}\mathrm{C}_2=45$(개)

$a=b>c$인 경우도 ${}_{10}\mathrm{C}_2=45$(개)

$a=b=c$인 경우는 9개

따라서 조건을 만족시키는 자연수는

$$120+45+45+9=\mathbf{219}\text{(개)} \longleftarrow \text{답}$$

유제 **3**-9. 7개의 숫자 0, 1, 2, 3, 4, 5, 6 중에서 중복을 허락하여 네 개를 뽑아 만든 네 자리 자연수의 천의 자리 숫자를 a, 백의 자리 숫자를 b, 십의 자리 숫자를 c, 일의 자리 숫자를 d라고 하자. 이때, $a\le b\le c<d$를 만족시키는 자연수의 개수를 구하여라. 답 **70**

필수 예제 3-6 다음 그림과 같이 가로줄 네 개와 세로줄 다섯 개가 같은 간격으로 수직으로 만나도록 그어져 있다.

(1) 직사각형의 개수를 구하여라.

(2) 정사각형이 아닌 직사각형의 개수를 구하여라.

(3) 20개의 교점에서 세 점을 택하여 만들 수 있는 삼각형의 개수를 구하여라.

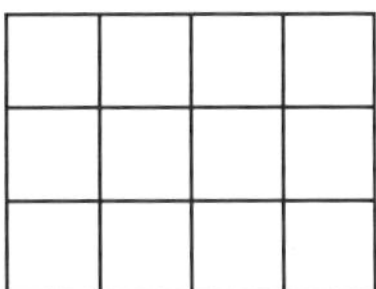

모범답안 (1) 가로줄 4개 중 2개와 세로줄 5개 중 2개에 의하여 하나의 직사각형이 결정되므로 직사각형의 개수는 $_4C_2\times{}_5C_2=\mathbf{60}$ ← 답

(2) 정사각형의 개수는 $4\times3+3\times2+2\times1=20$이므로
정사각형이 아닌 직사각형의 개수는 $60-20=\mathbf{40}$ ← 답

(3) 20개의 점 중에서 3개의 점을 택하는 방법의 수는 $_{20}C_3$이다.
이 중에서 3개의 점이 같은 직선 위에 있어서 삼각형이 만들어지지 않는 것은 다음 네 경우이다.

(i) 직선의 기울기가 0일 때(직선이 가로줄일 때) $_5C_3\times4=40$

(ii) 직선의 기울기가 $\pm\frac{1}{2}$일 때 $2\times2=4$

(iii) 직선의 기울기가 ±1일 때 $2(2\times{}_4C_3+2)=2(2\times4+2)=20$

(iv) 직선이 세로줄일 때 $_4C_3\times5=4\times5=20$

따라서 삼각형의 개수는 $_{20}C_3-(40+4+20+20)=\mathbf{1056}$ ← 답

유제 **3**-10. 다음 도형 위의 점을 꼭짓점으로 하는 삼각형의 개수를 구하여라.

(1)

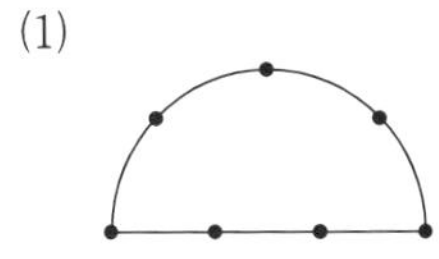

(2)

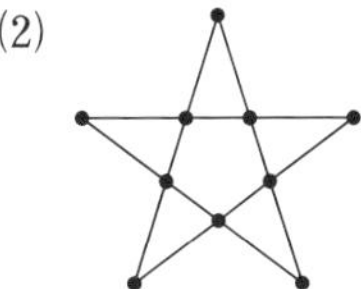

답 (1) **31** (2) **100**

유제 **3**-11. 평면에서 세 개의 평행선이 이것과 평행하지 않은 다른 네 개의 평행선과 서로 같은 간격으로 만나고 있다.

(1) 이들로 이루어지는 평행사변형의 개수를 구하여라.

(2) 마름모가 아닌 평행사변형의 개수를 구하여라.

(3) 이들 평행선이 만나는 점을 꼭짓점으로 하는 삼각형의 개수를 구하여라.

답 (1) **18** (2) **10** (3) **200**

필수 예제 3-7 7개의 문자 a, a, b, b, c, d, e가 있다.

(1) 4개를 뽑아 만들 수 있는 조합의 수를 구하여라.

(2) 4개를 뽑아 만들 수 있는 순열의 수를 구하여라.

정석연구 7개의 문자를 전부 사용하여 만들 수 있는 순열의 수가 $\dfrac{7!}{2!2!}$인 것은 이미 공부하였다. 여기에서는 7개의 문자를 전부 뽑는 경우가 아니고, 이 중에서 4개만 뽑는 경우 만들 수 있는 조합의 수와 순열의 수를 생각해 보라는 것이다.

물론 7개의 문자가 서로 다른 문자 a_1, a_2, b_1, b_2, c, d, e라고 하면

조합의 수는 ${}_7\mathrm{C}_4$, 순열의 수는 ${}_7\mathrm{P}_4$

인 것은 두말할 나위가 없다. 그러나 이 문제에서는 같은 문자가 a가 2개, b가 2개 있다는 것에 주의해야 한다.

모범답안 (i) **같은 문자 2개를 2쌍 (a, a, b, b) 포함한 경우**

조합의 수 : 1, 순열의 수 : $\dfrac{4!}{2!2!}=6$ ⇦ $aabb$의 순열

(ii) **같은 문자 2개를 1쌍만 (a, a 또는 b, b) 포함한 경우**

조합의 수 : aa를 포함할 때 나머지 2개는 b, c, d, e에서 두 개를 뽑는 경우의 수로 ${}_4\mathrm{C}_2$이고, bb를 포함할 때에도 마찬가지이므로

$${}_4\mathrm{C}_2\times2=12$$

순열의 수 : 각각의 조합에 대하여 이를테면 $aabd$에 대한 순열의 수는 $\dfrac{4!}{2!}$이므로 ${}_4\mathrm{C}_2\times2\times\dfrac{4!}{2!}=6\times2\times12=144$

(iii) **모두 다른 문자로 된 경우**

조합의 수 : a, b, c, d, e에서 4개를 뽑는 조합의 수로 ${}_5\mathrm{C}_4=5$

순열의 수 : 각각의 조합에 대한 순열의 수는 $4!$이므로

$${}_5\mathrm{C}_4\times4!=5\times24=120$$

(i), (ii), (iii)에서

(1) $1+12+5=$**18** ← 답 (2) $6+144+120=$**270** ← 답

유제 **3**-12. parabola의 8개의 문자에서 3개를 뽑는 조합의 수와 순열의 수를 구하여라. 답 조합의 수 : **26**, 순열의 수 : **136**

유제 **3**-13. 5556.78에서 각 자리의 숫자의 순서를 바꾸고 소수점 이하를 버림하여 얻은 서로 다른 자연수는 몇 개인가? 답 **72**개

Advice | 정다면체 색칠하기

정다면체에는 정사면체, 정육면체, 정팔면체, 정십이면체, 정이십면체의 5가지가 있다. 이 중에서 정사면체, 정육면체, 정팔면체, 정십이면체의 모든 면을 각각 서로 다른 4, 6, 8, 12가지의 색을 모두 사용하여 칠하는 방법의 수를 구해 보자.

(i) 정사면체 색칠하기 : 1가지 색을 한 면에 칠하여 밑면으로 고정한 다음, 나머지 3가지 색을 남은 세 면에 원형으로 나열하여 칠하는 방법과 같으므로 구하는 방법의 수는

$$(3-1)!=\mathbf{2}$$

(ii) 정육면체 색칠하기 : 1가지 색을 한 면에 칠하여 밑면으로 고정한 다음, 나머지 5가지 색 중에서 1가지 색을 택하여 윗면에 칠한다. 이 각각에 대하여 나머지 4가지 색을 밑면과 이웃한 네 개의 옆면에 원형으로 나열하여 칠하는 방법과 같으므로 구하는 방법의 수는

$${}_5C_1\times(4-1)!=\mathbf{30}$$

(iii) 정팔면체 색칠하기 : 1가지 색을 한 면에 칠하여 밑면으로 고정한 다음, 나머지 7가지 색 중에서 1가지 색을 택하여 윗면에 칠한다. 이 각각에 대하여 나머지 6가지 색 중에서 3가지 색을 택하여 밑면과 이웃한 세 개의 면에 원형으로 나열하여 칠하고, 나머지 3가지 색을 윗면과 이웃한 세 개의 면에 일렬로 나열하여 칠하는 방법과 같으므로 구하는 방법의 수는

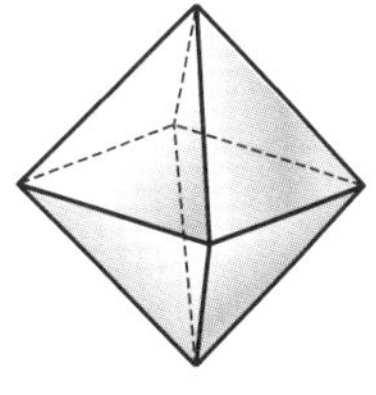

$${}_7C_1\times{}_6C_3\times(3-1)!\times3!=\mathbf{1680}$$

(iv) 정십이면체 색칠하기 : 1가지 색을 한 면에 칠하여 밑면으로 고정한 다음, 나머지 11가지 색 중에서 1가지 색을 택하여 윗면에 칠한다. 이 각각에 대하여 나머지 10가지 색 중에서 5가지 색을 택하여 밑면과 이웃한 다섯 개의 면에 원형으로 나열하여 칠하고, 나머지 5가지 색을 윗면과 이웃한 다섯 개의 면에 일렬로 나열하여 칠하는 방법과 같으므로 구하는 방법의 수는

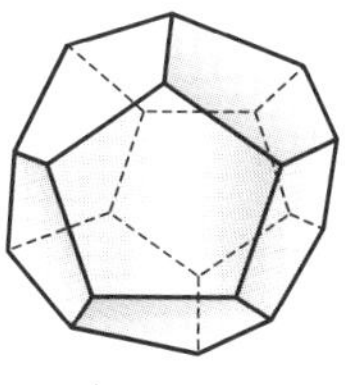

$${}_{11}C_1\times{}_{10}C_5\times(5-1)!\times5!=\mathbf{7983360}$$

필수 예제 3-8 10명의 학생을 3명, 3명, 4명의 세 조로 나누기로 하였다. 10명 중 2명은 여학생이고, 여학생은 같은 조에 넣기로 할 때, 나누는 방법의 수를 구하여라.

정석연구 이를테면 서로 다른 문자 a, b, c, d를 1개, 3개의 두 묶음으로 나누는 경우와 2개, 2개의 두 묶음으로 나누는 경우를 생각해 보자.

(i) **1개, 3개로 나누는 방법**

a, b, c, d에서 1개를 뽑고, 나머지 3개에서 3개를 뽑으면 되므로 곱의 법칙으로부터

$${}_4C_1\times{}_3C_3\text{가지}$$

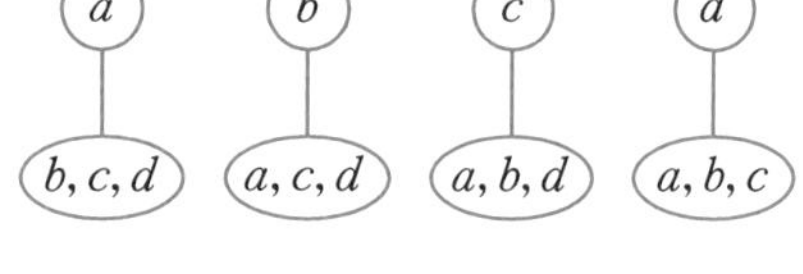

(ii) **2개, 2개로 나누는 방법**

a, b, c, d에서 2개를 뽑고, 나머지 2개에서 2개를 뽑으면 ${}_4C_2\times{}_2C_2$가지

이 중에서 같은 것이 2가지씩(엄밀하게는 2! 가지씩) 생기므로 2!로 나누어

$${}_4C_2\times{}_2C_2\times\frac{1}{2!}\text{가지}$$

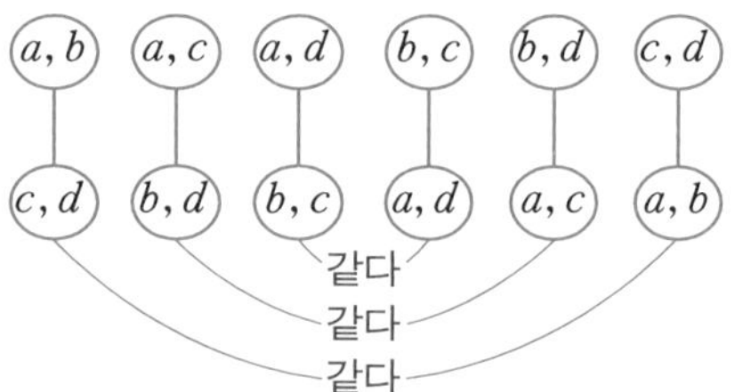

이와 같이 두 묶음으로 나누는 경우 각 묶음에 속한 것의 개수가 같은 경우와 같지 않은 경우는 서로 다르다는 사실을 알 수 있다.

일반적으로

정석 같은 수의 묶음이 n개일 때에는 $n!$로 나누어라.

이를테면 서로 다른 12개를

① 3개, 4개, 5개의 세 묶음으로 나누는 방법은 ⟶ ${}_{12}C_3\times{}_9C_4\times{}_5C_5$

② 5개, 5개, 2개의 세 묶음으로 나누는 방법은 ⟶ ${}_{12}C_5\times{}_7C_5\times{}_2C_2\times\dfrac{1}{2!}$

③ 4개, 4개, 4개의 세 묶음으로 나누는 방법은 ⟶ ${}_{12}C_4\times{}_8C_4\times{}_4C_4\times\dfrac{1}{3!}$

가지이다.

한편 이것은 세 묶음으로 나누는 방법의 수만 생각한 것이고, 이것을 각각 세 사람에게 나누어 주는 방법까지 생각해야 할 때에는 ①, ②, ③의 결과에 각각 3!을 다시 곱해 주어야 한다.

이상을 정리하면 다음과 같다.

정석 서로 다른 n개를 p개, q개, r개$(p+q+r=n)$의
세 묶음으로 나누는 방법의 수는
p, q, r가 서로 다르면 $\Longrightarrow$ ${}_{n}\mathrm{C}_{p}\times{}_{n-p}\mathrm{C}_{q}\times{}_{r}\mathrm{C}_{r}$
p, q, r 중 어느 2개만 같으면 $\Longrightarrow$ ${}_{n}\mathrm{C}_{p}\times{}_{n-p}\mathrm{C}_{q}\times{}_{r}\mathrm{C}_{r}\times\dfrac{1}{2!}$
$p=q=r$이면 $\Longrightarrow$ ${}_{n}\mathrm{C}_{p}\times{}_{n-p}\mathrm{C}_{q}\times{}_{r}\mathrm{C}_{r}\times\dfrac{1}{3!}$

모범답안 (i) 여학생 2명을 3명의 조에 넣는 경우의 수는 남학생 8명을 1명, 3명, 4명의 세 조로 나누는 방법의 수와 같으므로

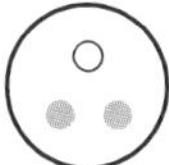
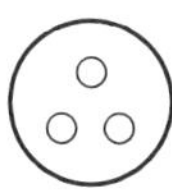
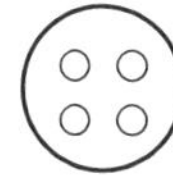

$${}_{8}\mathrm{C}_{1}\times{}_{7}\mathrm{C}_{3}\times{}_{4}\mathrm{C}_{4}=8\times35\times1=280$$

(ii) 여학생 2명을 4명의 조에 넣는 경우의 수는 남학생 8명을 3명, 3명, 2명의 세 조로 나누는 방법의 수와 같으므로

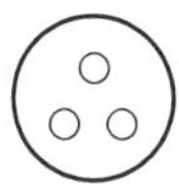
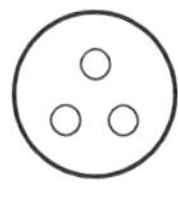
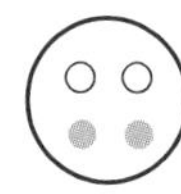

$${}_{8}\mathrm{C}_{3}\times{}_{5}\mathrm{C}_{3}\times{}_{2}\mathrm{C}_{2}\times\frac{1}{2!}=56\times10\times1\times\frac{1}{2}=280$$

따라서 구하는 방법의 수는 $280+280=\mathbf{560}$ ← 답

유제 **3**-14. 10명의 학생이 있다.
(1) 4명, 6명의 두 조로 나누는 방법의 수를 구하여라.
(2) 5명, 5명의 두 조로 나누는 방법의 수를 구하여라.

답 (1) **210** (2) **126**

유제 **3**-15. 서로 다른 꽃 15송이가 있다.
(1) 5송이씩 세 묶음으로 나누는 방법의 수를 구하여라.
(2) 5송이씩 세 사람에게 나누어 주는 방법의 수를 구하여라.

답 (1) **126126** (2) **756756**

유제 **3**-16. 10명의 여행객이 3명, 3명, 4명으로 나누어 세 개의 호텔에 투숙하는 방법의 수를 구하여라.
단, 특정한 2명은 같은 호텔에 투숙한다. 답 **3360**

유제 **3**-17. 8명을 2명씩 네 조로 나눈 다음, 두 조는 시합을 하고 한 조는 심판을 보는 방법의 수를 구하여라. 답 **1260**

필수 예제 3-9 서로 다른 공 5개를 상자 3개에 빈 상자가 없도록 나누어 넣으려고 한다.

(1) 서로 같은 상자 3개에 넣는 방법의 수를 구하여라.

(2) 서로 다른 상자 3개에 넣는 방법의 수를 구하여라.

정석연구 (1) 상자의 구분이 없으므로 서로 다른 공 5개를 세 묶음으로 나누는 방법의 수를 구하면 된다. 이때, 빈 상자가 없어야 하므로 5개의 공을 1개, 1개, 3개 또는 1개, 2개, 2개씩 묶을 수 있다. 여기서 공의 개수가 같은 묶음이 있으므로 다음 **정석**을 이용한다.

정석 서로 다른 $\boldsymbol{n}$개를 $\boldsymbol{p}$개, $\boldsymbol{p}$개, $\boldsymbol{q}$개$(\boldsymbol{2p+q=n})$의
세 묶음으로 나누는 방법의 수 $\Longrightarrow$ $\boldsymbol{{}_{n}C_{p}\times{}_{n-p}C_{p}\times{}_{q}C_{q}\times\frac{1}{2!}}$

(2) 상자의 구분이 있으므로 서로 다른 공 5개를 세 묶음으로 나눈 다음, 묶음을 나열하는 방법도 함께 생각해야 한다.

정석 서로 다른 상자에 넣는 경우의 수
$\Longrightarrow$ (서로 같은 상자에 넣는 경우의 수)×(묶음을 나열하는 경우의 수)

모범답안 (1) 서로 다른 공 5개를 세 묶음으로 나누는 방법의 수와 같다.

(i) 1개, 1개, 3개로 나누는 방법 : ${}_{5}C_{1}\times{}_{4}C_{1}\times{}_{3}C_{3}\times\frac{1}{2!}=10$

(ii) 1개, 2개, 2개로 나누는 방법 : ${}_{5}C_{1}\times{}_{4}C_{2}\times{}_{2}C_{2}\times\frac{1}{2!}=15$

(i), (ii)에서 합의 법칙에 의하여 $10+15=\mathbf{25}$ ← 답

(2) 서로 다른 공 5개를 세 묶음으로 나눈 다음, 묶음을 나열해야 한다.

(i) 1개, 1개, 3개로 나누는 방법 : ${}_{5}C_{1}\times{}_{4}C_{1}\times{}_{3}C_{3}\times\frac{1}{2!}\times3!=60$

(ii) 1개, 2개, 2개로 나누는 방법 : ${}_{5}C_{1}\times{}_{4}C_{2}\times{}_{2}C_{2}\times\frac{1}{2!}\times3!=90$

(i), (ii)에서 합의 법칙에 의하여 $60+90=\mathbf{150}$ ← 답

**Note* (2)는 (1)의 결과에 묶음을 나열하는 경우의 수인 3!을 곱한 것과 같다. 곧,
$25\times3!=\mathbf{150}$

유제 **3**-18. 서로 다른 꽃 6송이를 서로 다른 꽃병 3개에 빈 꽃병이 없도록 나누어 꽂는 방법의 수를 구하여라. 답 **540**

유제 **3**-19. 서로 다른 책 9권을 세 사람에게 나누어 주는 방법의 수를 구하여라. 단, 각 사람에게 2권 이상 나누어 주기로 한다. 답 **11508**

필수 예제 3-10 두 집합 A={1, 2, 3, 4, 5}, B={6, 7, 8}에 대하여 함수 f : A ⟶ B 중에서 치역과 공역이 서로 같은 함수의 개수를 구하여라.

정석연구 이를테면 아래 그림과 같은 함수 중에서 ①은 치역과 공역이 서로 같은 함수이고, ②, ③은 치역과 공역이 서로 같지 않은 함수이다.

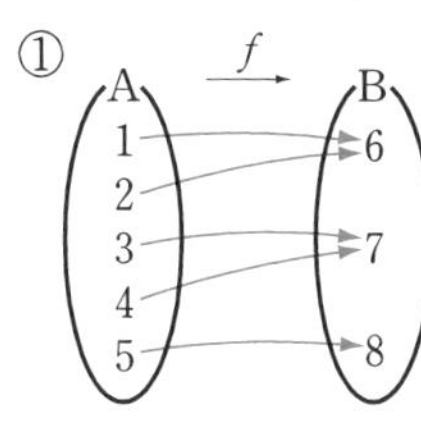

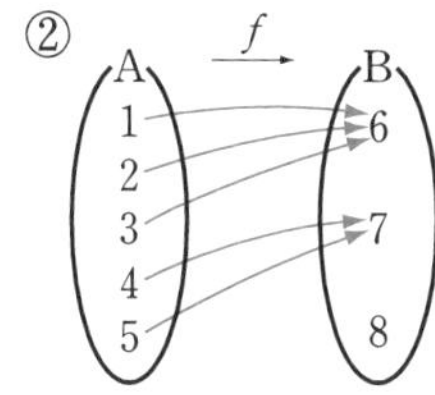

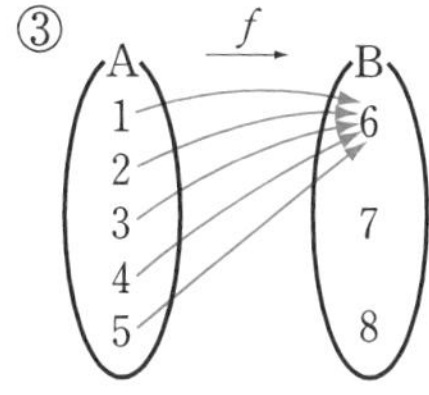

(i) 함수 f의 개수는 ${}_3\Pi_5=243$이다.

(ii) 이 중 ③과 같이 치역이 {6}인 함수는 1개이고, 치역이 {7}, {8}인 함수도 각각 1개이므로 치역의 원소의 개수가 1인 함수의 개수는 $1\times3=3$이다.

또, ②와 같이 치역이 {6, 7}인 함수의 개수는 $({}_2\Pi_5-2)$이다. 여기에서 2를 빼는 이유는 ${}_2\Pi_5$개 중에는 치역이 {6}인 것과 {7}인 것도 포함되기 때문이다. 치역이 {6, 8}, {7, 8}인 경우도 마찬가지이므로 치역의 원소의 개수가 2인 함수의 개수는 $({}_2\Pi_5-2)\times3$이다.

따라서 f 중 치역과 공역이 서로 같은 함수의 개수는

$${}_3\Pi_5-\left\{1\times3+({}_2\Pi_5-2)\times3\right\}=243-93=\mathbf{150}$$

또는 **모범답안**과 같이 세 묶음으로 나누어 함수의 개수를 구해도 된다.

모범답안 A의 원소 1, 2, 3, 4, 5를 세 묶음으로 나누어 B의 원소 6, 7, 8에 분배하는 방법의 수를 구한다. 이때, 각 묶음은 적어도 한 개의 원소를 포함해야 하므로 세 묶음으로 나누는 방법은 1개, 1개, 3개 또는 1개, 2개, 2개의 두 가지이다.

따라서 f 중 치역과 공역이 서로 같은 함수의 개수는

$$\left({}_5C_1\times{}_4C_1\times{}_3C_3\times\frac{1}{2!}+{}_5C_1\times{}_4C_2\times{}_2C_2\times\frac{1}{2!}\right)\times3!=\mathbf{150}$$ ⟵ 답

Note A의 원소 1, 2, 3, 4, 5에 이를테면 (6, 6, 6, 7, 8), (6, 6, 7, 7, 8)과 같은 순열을 대응시키는 것으로 생각하여 같은 것이 있는 순열을 이용해도 된다. 곧,

$$\frac{5!}{3!}\times3+\frac{5!}{2!2!}\times3=\mathbf{150}$$

유제 **3**-20. 두 집합 A={1, 2, 3, 4}, B={a, b, c}에 대하여 함수 f : A ⟶ B 중에서 치역과 공역이 서로 같은 함수의 개수를 구하여라.

답 36

§2. 중복조합

기본정석

중복조합의 수와 $_n\mathrm{H}_r$

서로 다른 n개에서 중복을 허락하여 r개를 택하는 조합을 서로 다른 n개에서 r개를 택하는 **중복조합**이라 하고, 이 중복조합의 수를 기호로 $_n\mathrm{H}_r$와 같이 나타내며, 다음과 같이 계산한다.

$$_n\mathrm{H}_r={}_{n+r-1}\mathrm{C}_r$$

*Note $_n\mathrm{H}_r$에서 H는 Homogeneous(동질)의 첫 글자이다.

Advice 1° 중복순열과 중복조합의 차이점

이를테면 (갑), (을), (병)의 세 명의 선거인이 A, B 두 후보자에게

기명 투표할 경우, 무기명 투표할 경우

개표 결과의 가짓수는 어떻게 다른지 알아보자.

(갑), (을), (병)이 각각 A, B의 어느 한 사람에게 투표하는 방법은 오른쪽과 같이 8가지의 경우가 있다.

	(갑)	(을)	(병)
①	A	A	A
②	A	A	B
③	A	B	A
④	B	A	A
⑤	A	B	B
⑥	B	A	B
⑦	B	B	A
⑧	B	B	B

(i) 기명 투표를 할 때

②, ③, ④의 경우 투표 결과는 A가 2표, B가 1표로 모두 같다.

그러나 기명 투표이므로 A가 얻은 2표는 (갑), (을)이 투표한 것, (갑), (병)이 투표한 것, (을), (병)이 투표한 것의 세 가지 경우가 모두 다르다. 곧, ②, ③, ④의 AAB, ABA, BAA는 모두 다른 경우이다.

⑤, ⑥, ⑦의 경우도 역시 서로 다른 경우임을 알 수 있다.

(ii) 무기명 투표를 할 때

이때에는 무기명이므로 ②, ③, ④의 경우 투표 방법은 다르지만, 개표 결과는 AAB, ABA, BAA의 어느 경우든 구별되지 않고 A가 2표, B가 1표라는 한 가지 경우만 나타난다.

위의 (i)의 경우는 A, B의 두 개에서 중복을 허락하여 세 개를 택하여 그것을 나열하는 순서까지 생각한 것(이 방법의 수는 $_2\Pi_3$)이다.

그러나 (ii)의 경우는 A, B의 두 개에서 중복을 허락하여 세 개를 택하되 그것을 나열하는 순서는 생각하지 않으므로 (i)의 경우와는 다르다.

이와 같이 순서에 관계없이 중복을 허락하여 택하는 것을 2개에서 3개를 택하는 중복조합이라 하고, 이 중복조합의 수를 기호로 ${}_2\mathbf{H}_3$과 같이 나타낸다.

Advice 2° ${}_n\mathbf{H}_r$를 계산하는 방법

이를테면 두 개의 숫자 1, 2에서 중복을 허락하여 세 개를 택하는 방법은 다음 네 가지이다.

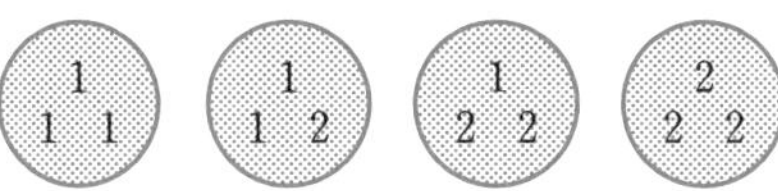

①	②
1 1 1 ⟶	1 2 3
1 1 2 ⟶	1 2 4
1 2 2 ⟶	1 3 4
2 2 2 ⟶	2 3 4

이것을 크기 순서로 정리하면

(1, 1, 1), (1, 1, 2), (1, 2, 2), (2, 2, 2) ⋯①

이다.

여기에서 오른쪽과 같이 첫째 수에는 0을, 둘째 수에는 1을, 셋째 수에는 2를 더하면

(1, 2, 3), (1, 2, 4), (1, 3, 4), (2, 3, 4) ⋯②

가 되어 네 개의 숫자 1, 2, 3, 4에서 세 개를 택하는 조합과 같아진다.

따라서 두 개에서 세 개를 택하는 중복조합의 수는 네 개에서 세 개를 택하는 조합의 수와 같다. 곧,

$${}_2\mathrm{H}_3={}_4\mathrm{C}_3 \qquad \Leftarrow 4=2+(3-1)$$

일반적으로 다음 관계가 성립한다.

정석 ${}_n\mathbf{H}_r={}_{n+r-1}\mathbf{C}_r$

보기 1 ${}_2\mathrm{H}_1$, ${}_2\mathrm{H}_5$를 계산하여라.

연구 ${}_2\mathrm{H}_1={}_{2+1-1}\mathrm{C}_1={}_2\mathrm{C}_1=\mathbf{2}$, ${}_2\mathrm{H}_5={}_{2+5-1}\mathrm{C}_5={}_6\mathrm{C}_5={}_6\mathrm{C}_1=\mathbf{6}$

보기 2 10명의 선거인이 3명의 후보자에게 투표할 때, 기명 투표하는 경우와 무기명 투표하는 경우, 개표 결과 일어날 수 있는 경우는 각각 몇 가지인가?

단, 어떤 선거인이든 한 사람의 후보자에게만 투표할 수 있으며, 기권이나 무효표는 없는 것으로 한다.

연구 앞면에서 다음을 공부하였다.

정석 기명 투표 ⟹ 중복순열,　　무기명 투표 ⟹ 중복조합

(i) 기명 투표의 경우 : ${}_3\Pi_{10}=\mathbf{3^{10}}$(가지)

(ii) 무기명 투표의 경우 : ${}_3\mathrm{H}_{10}={}_{3+10-1}\mathrm{C}_{10}={}_{12}\mathrm{C}_{10}={}_{12}\mathrm{C}_2=\mathbf{66}$(가지)

Advice 3° ${}_n\mathbf{P}_r$, ${}_n\Pi_r$, ${}_n\mathbf{C}_r$, ${}_n\mathbf{H}_r$의 차이점

지금까지

순열, 중복순열, 조합, 중복조합

에 관하여 공부하였다.

그러나 실제 문제를 대하고 보면 그것이 그것 같아서 자신 있게 구별하기 어려울 때가 많다.

이들을 간단히 정리하면

순서를 생각한다. 중복을 허락하지 않는다. ⟹ 순열
순서를 생각한다. 중복을 허락한다. ⟹ 중복순열
순서를 생각하지 않는다. 중복을 허락하지 않는다. ⟹ 조합
순서를 생각하지 않는다. 중복을 허락한다. ⟹ 중복조합

이다.

이를테면 서로 다른 세 문자 a, b, c가 있다고 하자. 이 중에서

(i) 두 문자를 택하여 일렬로 나열하는 방법은

ab, ba, ac, ca, bc, cb ⟶ ${}_3\mathrm{P}_2$가지(순열)

(ii) 중복을 허락하여 두 문자를 택하여 일렬로 나열하는 방법은

ab, ba, ac, ca, bc, cb, aa, bb, cc ⟶ ${}_3\Pi_2$가지(중복순열)

(iii) 순서를 생각하지 않고 두 문자를 택하는 방법은

ab, ac, bc ⟶ ${}_3\mathrm{C}_2$가지(조합)

(iv) 순서를 생각하지 않고 중복을 허락하여 두 문자를 택하는 방법은

ab, ac, bc, aa, bb, cc ⟶ ${}_3\mathrm{H}_2$가지(중복조합)

보기 3 네 개의 숫자 1, 2, 3, 4에서 두 개를 택하는 순열, 중복순열, 조합, 중복조합을 나열하고, 그 개수를 구하여라.

연구 (i) 순열 : 12, 21, 13, 31, 14, 41, 23, 32, 24, 42, 34, 43

순열의 수 : ${}_4\mathrm{P}_2=\mathbf{12}$

(ii) 중복순열 : 12, 21, 13, 31, 14, 41, 23, 32, 24, 42, 34, 43, 11, 22, 33, 44

중복순열의 수 : ${}_4\Pi_2=\mathbf{16}$

(iii) 조합 : 12, 13, 14, 23, 24, 34

조합의 수 : ${}_4\mathrm{C}_2=\mathbf{6}$

(iv) 중복조합 : 12, 13, 14, 23, 24, 34, 11, 22, 33, 44

중복조합의 수 : ${}_4\mathrm{H}_2={}_{4+2-1}\mathrm{C}_2={}_5\mathrm{C}_2=\mathbf{10}$

필수 예제 3-11 방정식 $x+y+z+w=20$에 대하여 다음을 구하여라.

(1) 음이 아닌 정수해의 개수 (2) 양의 정수해의 개수

정석연구 방정식 $x+y+z+w=20$에서

(i) 음이 아닌 정수해 : 이를테면 x, y, z, w에서 중복을 허락하여 20개를 택하는 중복조합의 하나인 $xxxxxxxxxxyyyyyyzzzz$는 위의 방정식의 음이 아닌 정수해의 하나인 $x=10,\ y=6,\ z=4,\ w=0$에 대응된다.

그런데 x, y, z, w에서 20개를 택하는 중복조합의 수는 ${}_4H_{20}$이므로 위의 방정식의 음이 아닌 정수해의 개수는 ${}_4H_{20}$이다.

(ii) 양의 정수해 : x, y, z, w는 적어도 1은 되어야 하므로 위의 방정식의 양의 정수해의 개수는 x, y, z, w에서 $16(=20-4)$개를 택하는 중복조합의 수 ${}_4H_{16}$과 같다.

> **정석** 방정식 $\boldsymbol{x_1+x_2+x_3+\cdots+x_n=r}$에서
> 음이 아닌 정수해의 개수는 $\Longrightarrow$ ${}_n\mathbf{H}_r$
> 양의 정수해의 개수는 $\Longrightarrow$ ${}_n\mathbf{H}_{r-n}$ $(\boldsymbol{r\ge n})$

모범답안 (1) 구하는 개수는 네 문자 x, y, z, w에서 중복을 허락하여 20개를 택하는 중복조합의 수와 같으므로

$${}_4H_{20}={}_{4+20-1}C_{20}={}_{23}C_{20}={}_{23}C_3=\mathbf{1771} \longleftarrow \boxed{답}$$

(2) $x+y+z+w=20$에서

$x=a+1,\ y=b+1,\ z=c+1,\ w=d+1$($a, b, c, d$는 음이 아닌 정수)로 놓으면

$$(a+1)+(b+1)+(c+1)+(d+1)=20 \quad \therefore\ a+b+c+d=16$$

따라서 구하는 개수는 네 문자 a, b, c, d에서 중복을 허락하여 16개를 택하는 중복조합의 수와 같으므로

$${}_4H_{16}={}_{4+16-1}C_{16}={}_{19}C_{16}={}_{19}C_3=\mathbf{969} \longleftarrow \boxed{답}$$

Note $x+y+z+w=20$에서 ${}_nH_{r-n}$을 이용하면 구하는 개수는 ${}_4H_{20-4}$이다.

유제 **3**-21. 방정식 $x+y+z=11$에 대하여 다음을 구하여라.

(1) 음이 아닌 정수해의 개수 (2) 양의 정수해의 개수

(3) 모두 양의 홀수인 해의 개수 (4) $x\ge0,\ y\ge1,\ z\ge2$인 정수해의 개수

답 (1) **78** (2) **45** (3) **15** (4) **45**

유제 **3**-22. 방정식 $x+y+z+w^2=10$을 만족시키는 음이 아닌 정수해의 개수와 양의 정수해의 개수를 구하여라. 답 **152, 38**

필수 예제 3-12 $a+b+c+d=16$인 자연수 a, b, c, d가 다음 조건을 만족시킬 때, a, b, c, d의 순서쌍 (a, b, c, d)의 개수를 구하여라.

(1) $a\times b\times c$는 홀수 (2) a, b, c는 d의 배수 (단, $d\geq 2$)

정석연구 (1) $a\times b\times c$는 홀수이고 $a+b+c+d$는 짝수이므로 a, b, c, d는 모두 홀수이다. 따라서 $a=2k+1$, $b=2l+1$, $c=2m+1$, $d=2n+1$로 놓고, $(2k+1)+(2l+1)+(2m+1)+(2n+1)=16$을 만족시키는 음이 아닌 정수 k, l, m, n의 순서쌍 (k, l, m, n)의 개수를 구하면 된다.

(2) a, b, c는 d의 배수이므로 16도 d의 배수이다. ⇦ d는 16의 약수

한편 $a\geq d$, $b\geq d$, $c\geq d$이므로 $a+b+c+d\geq 4d$에서 $d\leq 4$이다.

따라서 $d=2, 4$이므로 이 두 경우로 나누어 생각한다.

정석 합이 일정한 정수의 순서쌍의 개수

⟹ 조건에 맞도록 식을 변형한다.

모범답안 (1) a, b, c, d는 모두 홀수이므로 $a=2k+1$, $b=2l+1$, $c=2m+1$, $d=2n+1$(k, l, m, n은 음이 아닌 정수)로 놓으면

$$(2k+1)+(2l+1)+(2m+1)+(2n+1)=16 \quad \therefore k+l+m+n=6$$

따라서 순서쌍 (k, l, m, n)의 개수는

$${}_4H_6={}_{4+6-1}C_6={}_9C_6=\mathbf{84} \longleftarrow \text{답}$$

(2) a, b, c는 d의 배수이므로 16도 d의 배수이다.

한편 $a\geq d$, $b\geq d$, $c\geq d$이므로

$$a+b+c+d\geq 4d \quad \therefore 16\geq 4d \quad \therefore d\leq 4$$

또, $d\geq 2$이고 d는 16의 약수이므로 $d=2, 4$

(i) $d=2$일 때, $a=2p$, $b=2q$, $c=2r$(p, q, r는 자연수)로 놓으면

$$2p+2q+2r+2=16 \quad \therefore p+q+r=7$$

$p=p'+1$, $q=q'+1$, $r=r'+1$(p', q', r'은 음이 아닌 정수)로 놓으면

$$(p'+1)+(q'+1)+(r'+1)=7 \quad \therefore p'+q'+r'=4$$

따라서 순서쌍 (p', q', r')의 개수는 ${}_3H_4={}_{3+4-1}C_4={}_6C_4=15$

(ii) $d=4$일 때, $a=b=c=d=4$이므로 순서쌍 (a, b, c, d)는 1개이다.

(i), (ii)에서 구하는 순서쌍의 개수는 $15+1=\mathbf{16}$ ⟵ 답

유제 **3**-23. 다음 두 조건을 만족시키는 자연수 a, b, c, d의 순서쌍 (a, b, c, d)의 개수를 구하여라.

(가) $a+b+c+d=14$

(나) a, b, c, d 중에서 홀수는 2개이다. 답 **210**

필수 예제 3-13 A={1, 2, 3, 4}, B={5, 6, 7, 8, 9}일 때, 함수 f : A ⟶ B 중 다음 조건을 만족시키는 함수의 개수를 구하여라.

(1) $i\neq j$이면 $f(i)\neq f(j)$　　(2) $i<j$이면 $f(i)<f(j)$

(3) $i<j$이면 $f(i)\leq f(j)$

모범답안 (1) A의 서로 다른 원소에 B의 서로 다른 원소가 대응하는 경우이므로 f는 일대일함수이다.

따라서 함수 f의 개수는 ${}_5\mathrm{P}_4=$**120** ← 답

정의 $i\neq j$이면 $f(i)\neq f(j)$ ⟺ f는 일대일함수

(2) 오른쪽과 같이 A의 원소 1, 2, 3, 4에, B의 원소 5, 6, 7, 8, 9 중에서 서로 다른 4개의 원소를 뽑아 이것을 크기 순서로 대응시키면 된다.

여기에서 크기 순서로 대응시키므로 B에서 4개의 원소를 뽑는 방법 한 가지에 대하여 대응시키는 방법은 한 가지뿐이다.

따라서 함수 f의 개수는 ${}_5\mathrm{C}_4=$**5** ← 답

A : 1 2 3 4
↓ ↓ ↓ ↓
5 6 7 8
5 6 7 9
⋯

(3) 오른쪽과 같이 A의 원소 1, 2, 3, 4에, B의 원소 5, 6, 7, 8, 9 중에서 중복을 허락하여 4개의 원소를 뽑아 이것을 크기 순서로 대응시키면 된다.

따라서 함수 f의 개수는 ${}_5\mathrm{H}_4=$**70** ← 답

*Note 중복을 허락하는 것은 $f(i)=f(j)$인 경우도 가능하기 때문이다.

A : 1 2 3 4
↓ ↓ ↓ ↓
5 6 7 8
5 5 7 8
5 6 6 6
⋯

유제 **3**-24. 집합 A={a, b, c}에서 집합 B={1, 2, 3, 4, 5}로의 함수 f 중에서 다음 조건을 만족시키는 함수의 개수를 구하여라.

(1) $f(a)<f(b)<f(c)$　　(2) $f(a)\leq f(b)\leq f(c)$

답 (1) **10** (2) **35**

유제 **3**-25. 집합 A={1, 2, 3, ⋯, m}에서 집합 B={1, 2, 3, ⋯, n}으로의 함수 f 중에서 다음 조건을 만족시키는 함수의 개수를 구하여라.

단, $n\geq m$이다.

(1) $i\neq j$이면 $f(i)\neq f(j)$　　(2) $i<j$이면 $f(i)<f(j)$

(3) $i<j$이면 $f(i)\leq f(j)$

답 (1) ${}_n\mathbf{P}_m$ (2) ${}_n\mathbf{C}_m$ (3) ${}_n\mathbf{H}_m$

연습문제 3

기본 **3-1** 다음 두 식을 동시에 만족시키는 자연수 n, r의 값을 구하여라.

$${}_nP_r=60, \qquad {}_nC_r=10$$

3-2 여학생 수와 남학생 수가 같은 어느 동아리에서 남녀 구분 없이 3명의 대표를 선출하는 경우의 수는 여학생 중에서 3명의 대표를 선출하는 경우의 수의 10배일 때, 이 동아리의 여학생 수를 구하여라.

3-3 7개의 숫자 1, 2, 3, 4, 5, 6, 7에서 서로 다른 5개의 숫자를 뽑아 다섯 자리 자연수를 만든다. 1과 2를 모두 포함한 것 중에서

(1) 맨 앞자리의 숫자가 1인 것은 몇 개인가?

(2) 양 끝자리의 숫자가 1이 아닌 것은 몇 개인가?

3-4 20개의 자연수 1, 2, 3, $\cdots$, 20에서 서로 다른 세 수를 뽑을 때,

(1) 뽑은 세 수의 곱이 짝수인 경우의 수를 구하여라.

(2) 뽑은 세 수의 곱이 4의 배수인 경우의 수를 구하여라.

3-5 어느 사회 복지사가 방문해야 할 곳은 A, B를 포함하여 모두 6곳이다. 이 중에서 A, B를 포함한 4곳을 오늘 방문하려고 하는데, B보다 A를 먼저 방문하려고 한다. 오늘 방문할 곳을 택하고 방문 순서를 정하는 경우의 수를 구하여라.

3-6 똑같은 10자루의 연필이 들어 있는 필통에서 한 번에 1자루 또는 2자루를 꺼낸다고 할 때, 모든 연필을 꺼내는 방법의 수를 구하여라.

3-7 집합 $U=\{1, 2, 3, 4, 5, 6\}$의 두 부분집합 A, B에 대하여 $A\cup B=U$, $A\cap B=\varnothing$이고, 집합 A에서 집합 B로의 함수 f가 일대일대응일 때, 함수 f의 개수를 구하여라.

3-8 오른쪽 그림과 같은 원판의 8곳에 서로 다른 8가지 색을 모두 사용하여 칠하려고 한다. 한 곳에 한 가지 색만을 칠할 때, 그 방법의 수를 구하여라.

단, 두 원의 중심은 같고, 두 선분은 원의 중심에서 수직으로 만난다.

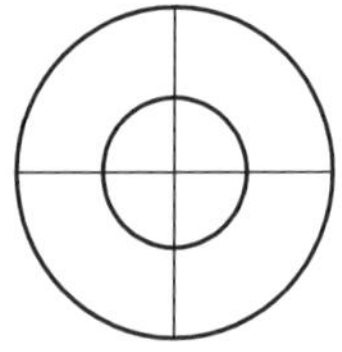

3-9 사면체의 여섯 개의 모서리 가운데 몇 개의 모서리를 골라 푸른색으로 칠하는 방법 중에서 푸른색의 모서리를 따라 네 꼭짓점이 모두 연결되는 경우의 수를 구하여라.

3-10 오른쪽 그림과 같은 6개의 빈칸에 2, 2^2, 2^3, 2^4, 2^5, 2^6의 6개의 수를 하나씩 써넣으려고 한다. 첫째 세로줄, 둘째 세로줄, 셋째 세로줄의 두 수의 합을 각각 a_1, a_2, a_3이라고 할 때, $a_1<a_2<a_3$이 되도록 빈칸을 채우는 경우의 수를 구하여라.

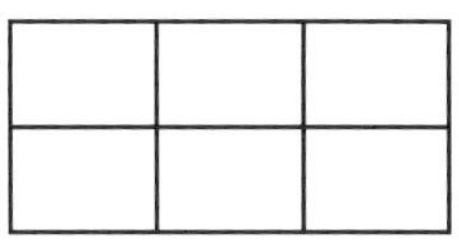

3-11 서로 다른 공 4개를 서로 다른 상자 5개에 넣을 때, 공이 1개도 들어가지 않은 상자가 3개 있도록 넣는 방법의 수를 구하여라.

3-12 학생 7명이 물놀이를 가서 정원이 5명인 두 대의 고무보트에 나누어 타려고 한다.

(1) 두 대의 고무보트가 서로 같을 때, 나누어 타는 방법의 수를 구하여라.

(2) 두 대의 고무보트가 서로 다를 때, 나누어 타는 방법의 수를 구하여라.

3-13 자연수 2310에 대하여 다음 물음에 답하여라.

(1) 1보다 큰 두 자연수의 곱으로 나타내는 방법의 수를 구하여라.

(2) 1보다 큰 세 자연수의 곱으로 나타내는 방법의 수를 구하여라.

(3) 1보다 큰 세 자연수 a, b, c가 $abc=2310$을 만족시킬 때, a, b, c의 순서쌍 (a, b, c)의 개수를 구하여라.

3-14 한 개의 주사위를 다섯 번 던질 때, k번째에 나오는 눈의 수를 a_k (단, $k=1, 2, 3, 4, 5$)라고 하자. 이때, 다음 조건을 만족시키는 경우의 수를 구하여라.

(1) $a_1<a_2<a_3<a_4<a_5$　　　(2) $a_1\le a_2\le a_3\le a_4\le a_5$

3-15 $3\le|a|\le|b|\le|c|\le9$를 만족시키는 정수 a, b, c의 순서쌍 (a, b, c)의 개수를 구하여라.

3-16 자연수 n에 대하여 $abc=4^n$을 만족시키는 1보다 큰 자연수 a, b, c의 순서쌍 (a, b, c)의 개수가 55일 때, n의 값을 구하여라.

3-17 다음 식을 전개하여 동류항끼리 정리했을 때, 서로 다른 항의 개수를 구하여라.

(1) $(a+b+c)^8$　　　(2) $(a+b)^6(x+y+z)^4$

3-18 흰 공 2개, 붉은 공 4개, 검은 공 7개가 있다. 이 13개의 공을 세 명에게 나누어 주는 방법은 몇 가지인가? 단, 같은 색의 공은 구별되지 않고, 검은 공은 세 명 모두 받아야 한다.

3-19 서로 같은 공 7개를 서로 다른 상자 3개에 나누어 넣으려고 한다.

(1) 빈 상자가 있어도 된다고 할 때, 넣는 방법의 수를 구하여라.

(2) 빈 상자가 없도록 넣는 방법의 수를 구하여라.

(3) 넣은 공의 개수가 각각 홀수가 되도록 넣는 방법의 수를 구하여라.

실력 **3-20** 여덟 개의 a와 네 개의 b를 모두 사용하여 만든 12자리 문자열 중에서 다음 두 조건을 만족시키는 문자열의 개수를 구하여라.

(가) b는 연속해서 나올 수 없다.

(나) 첫째 자리 문자가 b이면 마지막 자리 문자는 a이다.

3-21 어느 연구소에서는 외부인의 출입을 통제하기 위하여 각 자리의 숫자가 0 또는 1로 이루어진 여섯 자리 숫자열의 보안 카드를 사용하고 있다. 숫자열에 포함된 숫자 중에서 0이 3개이거나, 숫자열에 숫자 1이 연속하여 3개 이상 나오면 이 연구소의 출입문을 통과할 수 있다. 출입문을 통과할 수 있는 서로 다른 보안 카드의 개수를 구하여라.

3-22 1부터 20까지의 자연수 중에서 서로 다른 4개의 수를 뽑을 때, 4개의 수 중에서 두 번째로 작은 수가 k인 경우의 수를 a_k라고 하자.

(1) a_3을 구하여라. (2) $\sum_{k=1}^{20} a_k$의 값을 구하여라.

3-23 오른쪽 그림과 같이 서로 외접하고 크기가 같은 원 3개와 이 세 원의 중심을 꼭짓점으로 하는 정삼각형으로 만들어지는 7개의 영역에 서로 다른 7가지 색을 모두 사용하여 칠하려고 한다.

한 영역에 한 가지 색만을 칠할 때, 가능한 경우의 수를 구하여라. 단, 회전하여 일치하는 것은 같은 것으로 본다.

3-24 다음 왼쪽 그림과 같이 크기가 같은 정육면체 모양의 투명한 상자 12개로 직육면체를 만들었다. 이 중에서 상자 4개를 같은 크기의 초록색 상자로 바꾸어 넣은 직육면체를 위에서 내려다본 모양이 (가)와 같이 되고, 옆에서 본 모양이 (나)와 같이 되도록 만들 수 있는 방법의 수를 구하여라.

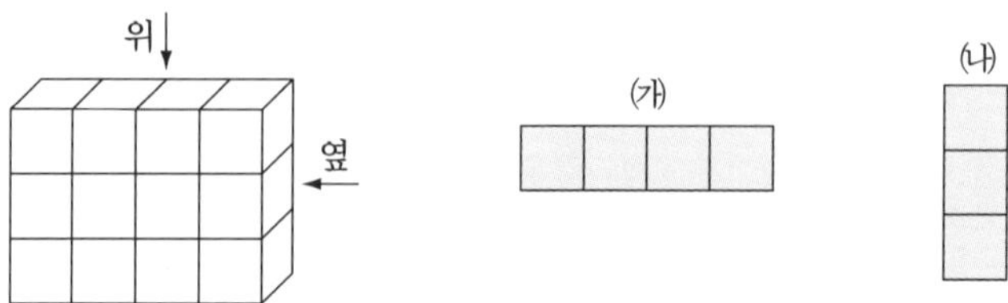

3-25 A, B를 포함한 8명이 오른쪽과 같이 토너먼트로 시합을 할 때, A와 B는 어떤 경우에도 결승전 이외의 경기에서는 서로 시합하지 않도록 대진표를 만드는 경우의 수를 구하여라.

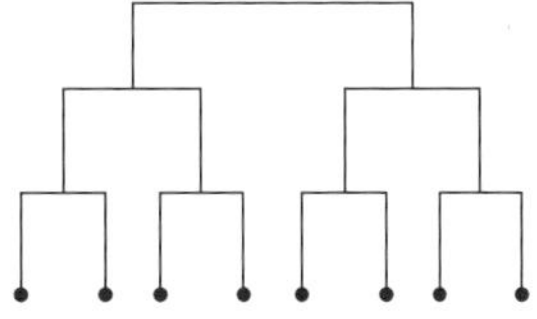

3-26 서로 다른 과일 8개를 서로 같은 접시 3개 이하에 담으려고 한다.
각 접시에 담은 과일이 1개 이상 4개 이하가 되도록 담는 방법의 수를 구하여라.

3-27 집합 $A=\{1, 2, 3, 4, 5\}$에서 집합 A로의 함수 f 중에서 모든 a에 대하여 $(f\circ f)(a)=a$를 만족시키는 함수의 개수를 구하여라.

3-28 서로 다른 소수 a, b, c에서 중복을 허락하여 10개를 뽑은 다음, 이들을 모두 곱하여 자연수를 만들려고 한다.

(1) 몇 가지 자연수를 만들 수 있는가?

(2) 이들 서로 다른 자연수의 모든 곱은 $(a\times b\times c)^n$의 꼴로 나타낼 수 있다. 자연수 n의 값을 구하여라.

3-29 다음 부등식의 음이 아닌 정수해의 개수를 구하여라.

$$x+y+z+w<6$$

3-30 다음 두 조건을 만족시키는 음이 아닌 정수 a, b, c, d의 순서쌍 (a, b, c, d)의 개수를 구하여라.

(가) $a+b+c+3d=10$　　(나) $2^a\times4^b$은 8의 배수이다.

3-31 다음 두 조건을 만족시키는 음이 아닌 정수 a, b, c, d, e의 순서쌍 (a, b, c, d, e)의 개수를 구하여라.

(가) $a+b+c+d+e=15$　　(나) a, b, c, d, e 중에서 1은 2개이다.

3-32 10000원짜리 지폐 10장이 있다. 이것을 A, B, C, D, E 다섯 사람에게 적어도 한 장씩 나누어 주려고 한다. D, E 두 사람에게는 같은 액수를 주기로 할 때, 나누어 줄 수 있는 모든 경우의 수를 구하여라.
단, 지폐는 서로 구분되지 않는다.

3-33 A, B, C, D 네 종류의 사탕 중에서 15개를 택하려고 한다. A는 4개 이하, B는 3개 이상, C는 2개 이상, D는 1개 이상을 택하는 경우의 수를 구하여라. 단, 각 종류의 사탕은 15개 이상씩 있다.

4. 이항정리

§1. 이항정리

기본정석

이항정리

n이 자연수일 때, $(a+b)^n$을 전개하면 다음과 같다.

$$(a+b)^n={}_n\mathrm{C}_0\,a^n+{}_n\mathrm{C}_1\,a^{n-1}b+{}_n\mathrm{C}_2\,a^{n-2}b^2+\cdots+{}_n\mathrm{C}_r\,a^{n-r}b^r+\cdots+{}_n\mathrm{C}_n\,b^n$$

이것을 이항정리라 하고, ${}_n\mathrm{C}_r\,a^{n-r}b^r$을 일반항, ${}_n\mathrm{C}_0$, ${}_n\mathrm{C}_1$, ${}_n\mathrm{C}_2$, $\cdots$, ${}_n\mathrm{C}_n$을 이항계수라고 한다.

따라서 일반항을 써서 이항정리를 나타내면 다음과 같다.

$$(a+b)^n=\sum_{r=0}^{n}{}_n\mathrm{C}_r\,a^{n-r}b^r, \qquad (a+b)^n=\sum_{r=0}^{n}{}_n\mathrm{C}_r\,a^r b^{n-r}$$

Advice | 이항정리

이를테면 $(a+b)^2$, $(a+b)^3$을 전개하면

$$(a+b)^2=a^2+2ab+b^2,$$
$$(a+b)^3=a^3+3a^2b+3ab^2+b^3$$

을 얻을 수 있다.

이제 위의 곱셈 공식을 조합을 이용하여 나타내는 방법을 생각해 보자.

$(a+b_1)(a+b_2)(a+b_3)$을 전개하여 a에 관하여 정리하면

$$(a+b_1)(a+b_2)(a+b_3)=a^3+a^2(b_1+b_2+b_3)+a(b_1b_2+b_2b_3+b_3b_1)+b_1b_2b_3$$

여기에서 a^2의 계수는 b_1, b_2, b_3의 합이고, 항의 개수는 3개에서 1개를 택하는 조합의 수이므로 ${}_3\mathrm{C}_1=3$이다. 또, a의 계수는 b_1, b_2, b_3에서 2개씩 택하여 만든 곱의 합이고, 항의 개수는 3개에서 2개를 택하는 조합의 수이므로 ${}_3\mathrm{C}_2=3$이다.

따라서 위의 식에서 특히 $b_1=b_2=b_3=b$로 놓으면 이 전개식은

$$(a+b)^3=a^3+{}_3\mathrm{C}_1\,a^2b+{}_3\mathrm{C}_2\,ab^2+b^3$$

이고, a^3의 계수 1은 ${}_3\mathrm{C}_0$으로, b^3의 계수 1은 ${}_3\mathrm{C}_3$으로 생각할 수 있으므로 위의 식을 다시 옮겨 쓰면 다음과 같다.

$$(a+b)^3={}_3\mathrm{C}_0\,a^3+{}_3\mathrm{C}_1\,a^2b+{}_3\mathrm{C}_2\,ab^2+{}_3\mathrm{C}_3\,b^3$$

일반적으로 $(a+b_1)(a+b_2)(a+b_3)\times\cdots\times(a+b_n)$을 전개하여

$$\boldsymbol{a}^n+\boldsymbol{a}^{n-1}\mathbf{B}_1+\boldsymbol{a}^{n-2}\mathbf{B}_2+\cdots+\boldsymbol{a}\mathbf{B}_{n-1}+\mathbf{B}_n$$

을 얻었다고 하면

$\mathrm{B}_1=b_1+b_2+b_3+\cdots+b_n$ ⇦ 항수 ${}_n\mathrm{C}_1$

$\mathrm{B}_2=b_1b_2+b_1b_3+\cdots+b_1b_n+b_2b_3+b_2b_4+\cdots+b_{n-1}b_n$ ⇦ 항수 ${}_n\mathrm{C}_2$

$\mathrm{B}_3=b_1b_2b_3+b_1b_2b_4+\cdots+b_1b_2b_n+\cdots+b_{n-2}b_{n-1}b_n$ ⇦ 항수 ${}_n\mathrm{C}_3$

이므로 B_r는 b_1, b_2, b_3, $\cdots$, b_n에서 r개를 택하여 만든 곱의 합이고, 항의 개수는 ${}_n\mathrm{C}_r$이다.

여기서 $b_1=b_2=b_3=\cdots=b_n=b$로 놓으면 위의 전개식은 다음과 같다.

$$(\boldsymbol{a}+\boldsymbol{b})^n={}_n\mathrm{C}_0\,\boldsymbol{a}^n+{}_n\mathrm{C}_1\,\boldsymbol{a}^{n-1}\boldsymbol{b}+{}_n\mathrm{C}_2\,\boldsymbol{a}^{n-2}\boldsymbol{b}^2+\cdots+{}_n\mathrm{C}_r\,\boldsymbol{a}^{n-r}\boldsymbol{b}^r+\cdots+{}_n\mathrm{C}_n\,\boldsymbol{b}^n$$

**Note* n개의 수 a_1, a_2, a_3, $\cdots$, a_n의 합을 기호 $\sum$(시그마)를 사용하여 다음과 같이 나타낸다.

$$a_1+a_2+a_3+\cdots+a_n=\sum_{k=1}^{n}a_k$$ ⇦ 수학 I

보기 1 다음 식을 전개하여라.

(1) $(a+b)^4$ (2) $(2x+y)^5$

연구 (1) 먼저 $\boldsymbol{a}^4$, $\boldsymbol{a}^3$, $\boldsymbol{a}^2$, $\boldsymbol{a}$, $\mathbf{1}$과 $\mathbf{1}$, $\boldsymbol{b}$, $\boldsymbol{b}^2$, $\boldsymbol{b}^3$, $\boldsymbol{b}^4$을

$$\boldsymbol{a}^4\times\mathbf{1},\quad \boldsymbol{a}^3\boldsymbol{b},\quad \boldsymbol{a}^2\boldsymbol{b}^2,\quad \boldsymbol{a}\boldsymbol{b}^3,\quad \mathbf{1}\times\boldsymbol{b}^4$$

과 같이 곱하고, 각 항의 계수를 ${}_4\mathrm{C}_0$, ${}_4\mathrm{C}_1$, ${}_4\mathrm{C}_2$, ${}_4\mathrm{C}_3$, ${}_4\mathrm{C}_4$로 하면

$$(a+b)^4={}_4\mathrm{C}_0\,a^4+{}_4\mathrm{C}_1\,a^3b+{}_4\mathrm{C}_2\,a^2b^2+{}_4\mathrm{C}_3\,ab^3+{}_4\mathrm{C}_4\,b^4$$
$$=\boldsymbol{a}^4+\mathbf{4}\boldsymbol{a}^3\boldsymbol{b}+\mathbf{6}\boldsymbol{a}^2\boldsymbol{b}^2+\mathbf{4}\boldsymbol{a}\boldsymbol{b}^3+\boldsymbol{b}^4$$

(2) $(\mathbf{2}\boldsymbol{x})^5$, $(\mathbf{2}\boldsymbol{x})^4$, $(\mathbf{2}\boldsymbol{x})^3$, $(\mathbf{2}\boldsymbol{x})^2$, $\mathbf{2}\boldsymbol{x}$, $\mathbf{1}$과 $\mathbf{1}$, $\boldsymbol{y}$, $\boldsymbol{y}^2$, $\boldsymbol{y}^3$, $\boldsymbol{y}^4$, $\boldsymbol{y}^5$을

$$(\mathbf{2}\boldsymbol{x})^5\times\mathbf{1},\quad (\mathbf{2}\boldsymbol{x})^4\boldsymbol{y},\quad (\mathbf{2}\boldsymbol{x})^3\boldsymbol{y}^2,\quad (\mathbf{2}\boldsymbol{x})^2\boldsymbol{y}^3,\quad \mathbf{2}\boldsymbol{x}\boldsymbol{y}^4,\quad \mathbf{1}\times\boldsymbol{y}^5$$

과 같이 곱하고, 각 항의 계수를 ${}_5\mathrm{C}_0$, ${}_5\mathrm{C}_1$, ${}_5\mathrm{C}_2$, ${}_5\mathrm{C}_3$, ${}_5\mathrm{C}_4$, ${}_5\mathrm{C}_5$로 하면

$$(2x+y)^5={}_5\mathrm{C}_0(2x)^5+{}_5\mathrm{C}_1(2x)^4y+{}_5\mathrm{C}_2(2x)^3y^2$$
$$+{}_5\mathrm{C}_3(2x)^2y^3+{}_5\mathrm{C}_4\,2xy^4+{}_5\mathrm{C}_5\,y^5$$
$$=\mathbf{32}\boldsymbol{x}^5+\mathbf{80}\boldsymbol{x}^4\boldsymbol{y}+\mathbf{80}\boldsymbol{x}^3\boldsymbol{y}^2+\mathbf{40}\boldsymbol{x}^2\boldsymbol{y}^3+\mathbf{10}\boldsymbol{x}\boldsymbol{y}^4+\boldsymbol{y}^5$$

보기 2 $(a+b)^8$의 전개식에서 a^3b^5의 계수를 구하여라.

연구 $(a+b)^8$의 전개식의 일반항은 ${}_8\mathrm{C}_r\,a^{8-r}b^r$이다.

$a^{8-r}b^r$이 a^3b^5과 같으려면

a의 지수에서 $8-r=3$, b의 지수에서 $r=5$

위의 두 식을 동시에 만족시키는 r의 값은 $r=5$

따라서 a^3b^5의 계수는 ${}_8\mathrm{C}_r={}_8\mathrm{C}_5=\mathbf{56}$

필수 예제 4-1 다음 물음에 답하여라.

(1) $\left(3x^2+\dfrac{1}{x}\right)^6$의 전개식에서 x^3의 계수와 $\dfrac{1}{x^3}$의 계수를 구하여라.

(2) $\left(ax^3+\dfrac{2y}{x^2}\right)^4$의 전개식에서 x^2y^2의 계수가 24일 때, 상수 a의 값을 구하여라.

정석연구 각 항의 계수를 모두 구할 필요는 없다.

정석 $(\boldsymbol{a}+\boldsymbol{b})^n$의 전개식의 일반항 $\Longrightarrow$ ${}_n\mathrm{C}_r\,\boldsymbol{a}^{n-r}\boldsymbol{b}^r$

임을 이용하여 필요한 항의 계수만 구하면 된다.

모범답안 (1) 전개식의 일반항은

$${}_6\mathrm{C}_r(3x^2)^{6-r}\left(\frac{1}{x}\right)^r={}_6\mathrm{C}_r3^{6-r}x^{12-3r} \qquad \Leftarrow \frac{1}{x^r}=x^{-r}$$

(i) x^3의 계수 : $12-3r=3$으로 놓으면 $r=3$이므로 x^3의 계수는

${}_6\mathrm{C}_r3^{6-r}={}_6\mathrm{C}_3\times3^{6-3}=\mathbf{540}$ ← 답

(ii) $\dfrac{1}{x^3}$의 계수 : $12-3r=-3$으로 놓으면 $r=5$이므로 $\dfrac{1}{x^3}$의 계수는

${}_6\mathrm{C}_r3^{6-r}={}_6\mathrm{C}_5\times3^{6-5}=\mathbf{18}$ ← 답

(2) 전개식의 일반항은

$${}_4\mathrm{C}_r(ax^3)^{4-r}\left(\frac{2y}{x^2}\right)^r=2^ra^{4-r}{}_4\mathrm{C}_rx^{12-5r}y^r$$

x^2y^2항일 때 $12-5r=2$, $r=2$이므로 $r=2$

따라서 x^2y^2의 계수는 $2^2\times a^{4-2}\times{}_4\mathrm{C}_2=24a^2$

문제의 조건으로부터 $24a^2=24$ $\quad\therefore\ a^2=1$ $\quad\therefore\ \boldsymbol{a=\pm1}$ ← 답

유제 **4**-1. 다음 식의 전개식에서 주어진 항의 계수를 구하여라.

(1) $\left(x-\dfrac{1}{x^2}\right)^6$에서 상수항

(2) $\left(3x^2-\dfrac{1}{x}\right)^6$에서 상수항, x^3항

(3) $(2x-y)^7$에서 x^4y^3항

(4) $\left(x-\dfrac{1}{y}\right)^9$에서 $\dfrac{x^5}{y^4}$항

답 (1) **15** (2) **135, −540** (3) **−560** (4) **126**

유제 **4**-2. $(x+a)^7$의 전개식에서 x^4의 계수가 280일 때, x^5의 계수를 구하여라. 단, a는 실수이다.

답 **84**

유제 **4**-3. $\left(ax-\dfrac{1}{x^2}\right)^7$의 전개식에서 $\dfrac{1}{x^2}$의 계수가 -35일 때, 실수 a의 값을 구하여라.

답 $\boldsymbol{a=\pm1}$

필수 예제 4-2 다음 물음에 답하여라.

(1) $(x^2+x+1)\left(x+\dfrac{1}{x}\right)^{10}$의 전개식에서 상수항을 구하여라.

(2) $(2x+1)^4(x-3)^5$의 전개식에서 x^3의 계수를 구하여라.

정석연구 (1) $\left(x+\dfrac{1}{x}\right)^{10}$의 전개식의 일반항은 ${}_{10}\mathrm{C}_r x^{10-r}\left(\dfrac{1}{x}\right)^r={}_{10}\mathrm{C}_r x^{10-2r}$이다.

여기에서 $\dfrac{1}{x^2}$과 x^2+x+1의 x^2을, $\dfrac{1}{x}$과 x^2+x+1의 x를, 상수항과 x^2+x+1의 1을 곱하면 각각 상수가 된다.

(2) $(1+2x)^4=1+8x+24x^2+32x^3+16x^4$ ……①

$(-3+x)^5=-243+405x-270x^2+90x^3-15x^4+x^5$ ……②

이므로 $(1+2x)^4(-3+x)^5$의 전개식에서 x^3의 계수는 ①, ②에서

(상수항)×(x^3의 계수), (x의 계수)×(x^2의 계수),

(x^2의 계수)×(x의 계수), (x^3의 계수)×(상수항)

의 네 값의 합을 구하면 된다. 일반적으로 다음과 같이 구한다.

모범답안 (1) $\left(x+\dfrac{1}{x}\right)^{10}$의 전개식의 일반항은 ${}_{10}\mathrm{C}_r x^{10-r}\left(\dfrac{1}{x}\right)^r={}_{10}\mathrm{C}_r x^{10-2r}$

여기에서 $\dfrac{1}{x^2}$, $\dfrac{1}{x}$, 상수항과 x^2+x+1의 x^2, x, 1을 각각 곱하면 상수가 된다.

따라서 $10-2r=-2$, $10-2r=-1$, $10-2r=0$으로 놓고 정수 r의 값을 구하면 $r=6, 5$이므로 상수항은 ${}_{10}\mathrm{C}_6+{}_{10}\mathrm{C}_5=\mathbf{462}$ ← 답

(2) $(1+2x)^4$, $(-3+x)^5$의 전개식의 일반항은 각각 ${}_4\mathrm{C}_r(2x)^r$, ${}_5\mathrm{C}_s(-3)^{5-s}x^s$

이므로 $(2x+1)^4(x-3)^5$의 전개식의 일반항은

${}_4\mathrm{C}_r(2x)^r\times{}_5\mathrm{C}_s(-3)^{5-s}x^s={}_4\mathrm{C}_r\times{}_5\mathrm{C}_s 2^r(-3)^{5-s}x^{r+s}$ ……③

x^3항일 때 $r+s=3$이므로

$(r,\ s)=(0,\ 3),\ (1,\ 2),\ (2,\ 1),\ (3,\ 0)$

따라서 x^3의 계수는 ③에서

$${}_4\mathrm{C}_0\times{}_5\mathrm{C}_3\times2^0\times(-3)^2+{}_4\mathrm{C}_1\times{}_5\mathrm{C}_2\times2^1\times(-3)^3+{}_4\mathrm{C}_2\times{}_5\mathrm{C}_1\times2^2\times(-3)^4+{}_4\mathrm{C}_3\times{}_5\mathrm{C}_0\times2^3\times(-3)^5=\mathbf{-126}$$ ← 답

유제 **4**-4. 다음 식의 전개식에서 주어진 항의 계수를 구하여라.

(1) $(x+1)(x^2-2y)^{10}$, $x^{15}y^3$항 (2) $(x+1)^2(x+2)^5$, x항

답 (1) **−960** (2) **144**

§ 2. 이항계수의 성질

기본정석

① 파스칼의 삼각형

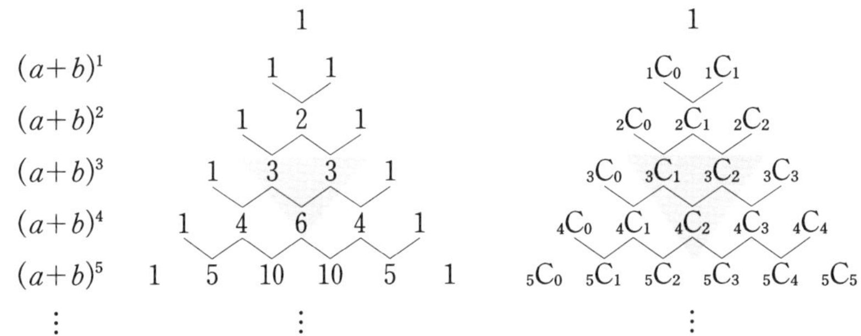

② 이항계수의 성질

(1) ${}_n\mathrm{C}_0+{}_n\mathrm{C}_1+{}_n\mathrm{C}_2+{}_n\mathrm{C}_3+\cdots+{}_n\mathrm{C}_n=2^n$

(2) ${}_n\mathrm{C}_0-{}_n\mathrm{C}_1+{}_n\mathrm{C}_2-{}_n\mathrm{C}_3+\cdots+(-1)^n{}_n\mathrm{C}_n=0$

(3) ${}_n\mathrm{C}_0+{}_n\mathrm{C}_1+{}_n\mathrm{C}_2+{}_n\mathrm{C}_3+{}_n\mathrm{C}_4+{}_n\mathrm{C}_5+\cdots+{}_n\mathrm{C}_n$에서

① ${}_n\mathrm{C}_0+{}_n\mathrm{C}_2+{}_n\mathrm{C}_4+\cdots$ (홀수 번째 항의 계수의 합)$=2^{n-1}$

② ${}_n\mathrm{C}_1+{}_n\mathrm{C}_3+{}_n\mathrm{C}_5+\cdots$ (짝수 번째 항의 계수의 합)$=2^{n-1}$

(4) ${}_n\mathrm{C}_1+2{}_n\mathrm{C}_2+3{}_n\mathrm{C}_3+4{}_n\mathrm{C}_4+\cdots+n{}_n\mathrm{C}_n=n\times2^{n-1}$

(5) ${}_n\mathrm{C}_1-2{}_n\mathrm{C}_2+3{}_n\mathrm{C}_3-4{}_n\mathrm{C}_4+\cdots+(-1)^{n-1}n{}_n\mathrm{C}_n=0$

Advice 1° 파스칼의 삼각형

$(a+b)^1$, $(a+b)^2$, $(a+b)^3$, $(a+b)^4$, $\cdots$의 전개식에서 각 항의 계수만을 차례로 나열하면 위와 같이 삼각형 모양을 얻는다. 이와 같이 이항계수를 나열한 것을 파스칼(Pascal)의 삼각형이라고 한다.

파스칼의 삼각형에서는 여러 가지 성질을 발견할 수 있다.

(i) 각 가로줄의 수의 나열은 좌우 대칭이다.

이는 조합에서 공부한 다음 성질에서도 확인할 수 있다.

정석 ${}_n\mathrm{C}_r={}_n\mathrm{C}_{n-r}$

(ii) 각 가로줄의 수의 나열에서 이웃하는 두 수의 합은 이 두 수의 아래 줄 중앙에 있는 수와 같다. 이는 조합에서 공부한 다음 성질에서도 확인할 수 있다.

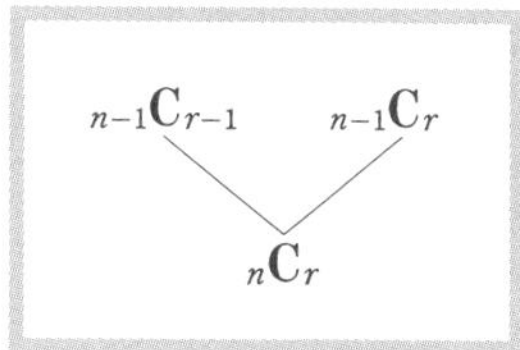

정석 ${}_{n-1}\mathrm{C}_{r-1}+{}_{n-1}\mathrm{C}_r={}_n\mathrm{C}_r$

보기 1 다음 식을 전개하여라.

(1) $(x+3)^4$ (2) $(3x-2)^5$

연구 앞면의 파스칼의 삼각형에서

4제곱의 계수 ⟹ **1, 4, 6, 4, 1** 5제곱의 계수 ⟹ **1, 5, 10, 10, 5, 1**

임을 이용한다.

정석 전개식의 계수 ⟹ 파스칼의 삼각형을 이용

(1) $(x+3)^4=1\times x^4+4\times x^3\times 3+6\times x^2\times 3^2+4\times x\times 3^3+1\times 3^4$

$=\boldsymbol{x^4+12x^3+54x^2+108x+81}$

(2) $(3x-2)^5=1\times(3x)^5+5\times(3x)^4\times(-2)+10\times(3x)^3\times(-2)^2$

$+10\times(3x)^2\times(-2)^3+5\times 3x\times(-2)^4+1\times(-2)^5$

$=\boldsymbol{243x^5-810x^4+1080x^3-720x^2+240x-32}$

보기 2 오른쪽 파스칼의 삼각형을 이용하여 다음을 ${}_n\mathrm{C}_r$의 꼴로 나타내어라.

(1) ${}_3\mathrm{C}_0+{}_4\mathrm{C}_1+{}_5\mathrm{C}_2+{}_6\mathrm{C}_3+{}_7\mathrm{C}_4$

(2) ${}_3\mathrm{C}_3+{}_4\mathrm{C}_3+{}_5\mathrm{C}_3+{}_6\mathrm{C}_3+{}_7\mathrm{C}_3$

$$
\begin{array}{c}
1\\
{}_1\mathrm{C}_0\ \ {}_1\mathrm{C}_1\\
{}_2\mathrm{C}_0\ \ {}_2\mathrm{C}_1\ \ {}_2\mathrm{C}_2\\
{}_3\mathrm{C}_0\ \ {}_3\mathrm{C}_1\ \ {}_3\mathrm{C}_2\ \ {}_3\mathrm{C}_3\\
{}_4\mathrm{C}_0\ \ {}_4\mathrm{C}_1\ \ {}_4\mathrm{C}_2\ \ {}_4\mathrm{C}_3\ \ {}_4\mathrm{C}_4\\
{}_5\mathrm{C}_0\ \ {}_5\mathrm{C}_1\ \ {}_5\mathrm{C}_2\ \ {}_5\mathrm{C}_3\ \ {}_5\mathrm{C}_4\ \ {}_5\mathrm{C}_5\\
{}_6\mathrm{C}_0\ \ {}_6\mathrm{C}_1\ \ {}_6\mathrm{C}_2\ \ {}_6\mathrm{C}_3\ \ {}_6\mathrm{C}_4\ \ {}_6\mathrm{C}_5\ \ {}_6\mathrm{C}_6\\
{}_7\mathrm{C}_0\ \ {}_7\mathrm{C}_1\ \ {}_7\mathrm{C}_2\ \ {}_7\mathrm{C}_3\ \ {}_7\mathrm{C}_4\ \ {}_7\mathrm{C}_5\ \ {}_7\mathrm{C}_6\ \ {}_7\mathrm{C}_7\\
{}_8\mathrm{C}_0\ \ {}_8\mathrm{C}_1\ \ {}_8\mathrm{C}_2\ \ {}_8\mathrm{C}_3\ \ {}_8\mathrm{C}_4\ \ {}_8\mathrm{C}_5\ \ {}_8\mathrm{C}_6\ \ {}_8\mathrm{C}_7\ \ {}_8\mathrm{C}_8\\
\vdots
\end{array}
$$

연구 다음 조합의 성질을 이용한다.

${}_{n-1}\mathrm{C}_{r-1}+{}_{n-1}\mathrm{C}_r={}_n\mathrm{C}_r$

(1) (준 식)$={}_4\mathrm{C}_0+{}_4\mathrm{C}_1+{}_5\mathrm{C}_2+{}_6\mathrm{C}_3+{}_7\mathrm{C}_4$

$={}_5\mathrm{C}_1+{}_5\mathrm{C}_2+{}_6\mathrm{C}_3+{}_7\mathrm{C}_4={}_6\mathrm{C}_2+{}_6\mathrm{C}_3+{}_7\mathrm{C}_4={}_7\mathrm{C}_3+{}_7\mathrm{C}_4=\boldsymbol{{}_8\mathrm{C}_4}$

(2) (준 식)$={}_4\mathrm{C}_4+{}_4\mathrm{C}_3+{}_5\mathrm{C}_3+{}_6\mathrm{C}_3+{}_7\mathrm{C}_3={}_5\mathrm{C}_4+{}_5\mathrm{C}_3+{}_6\mathrm{C}_3+{}_7\mathrm{C}_3$

$={}_6\mathrm{C}_4+{}_6\mathrm{C}_3+{}_7\mathrm{C}_3={}_7\mathrm{C}_4+{}_7\mathrm{C}_3=\boldsymbol{{}_8\mathrm{C}_4}$

**Note* (1)은 각 가로줄의 첫 번째 수인 1부터 시작하여 오른쪽 아래 방향(↘)으로 더한 값은 그다음 가로줄의 왼쪽 수가 됨을 보이고 있고, (2)는 각 가로줄의 마지막 수인 1부터 시작하여 왼쪽 아래 방향(↙)으로 더한 값은 그다음 가로줄의 오른쪽 수가 됨을 보이고 있다. 이를 색칠하면 하키 스틱 모양이 되므로 하키 스틱 패턴이라고 부른다. 위에서 붉은 부분은 (2)를 색칠한 것이다.

하키 스틱 패턴을 이용하면 $1+2+3+\cdots+n={}_{n+1}\mathrm{C}_2$임을 확인할 수 있다.

Advice 2° 이항계수의 성질

$(1+x)^n$을 이항정리를 써서 전개하면

$$(1+x)^n={}_n\mathrm{C}_0+{}_n\mathrm{C}_1x+{}_n\mathrm{C}_2x^2+\cdots+{}_n\mathrm{C}_rx^r+\cdots+{}_n\mathrm{C}_nx^n \quad \cdots\cdots①$$

이고, 이것은 모든 x에 대하여 성립하는 항등식이다.

(1) ①의 양변에 $x=1$을 대입하면

$$(1+1)^n={}_n\mathrm{C}_0+{}_n\mathrm{C}_1\times1+{}_n\mathrm{C}_2\times1^2+\cdots+{}_n\mathrm{C}_r\times1^r+\cdots+{}_n\mathrm{C}_n\times1^n$$

$$\therefore\ {}_n\mathrm{C}_0+{}_n\mathrm{C}_1+{}_n\mathrm{C}_2+\cdots+{}_n\mathrm{C}_n=2^n \quad \cdots\cdots②$$

(2) ①의 양변에 $x=-1$을 대입하면

$$(1-1)^n={}_n\mathrm{C}_0+{}_n\mathrm{C}_1(-1)+\cdots+{}_n\mathrm{C}_r(-1)^r+\cdots+{}_n\mathrm{C}_n(-1)^n$$

$$\therefore\ {}_n\mathrm{C}_0-{}_n\mathrm{C}_1+{}_n\mathrm{C}_2-\cdots+(-1)^n{}_n\mathrm{C}_n=0 \quad \cdots\cdots③$$

②+③하면 $2({}_n\mathrm{C}_0+{}_n\mathrm{C}_2+{}_n\mathrm{C}_4+\cdots)=2^n$ ⇦ 홀수 번째 항의 계수들

②−③하면 $2({}_n\mathrm{C}_1+{}_n\mathrm{C}_3+{}_n\mathrm{C}_5+\cdots)=2^n$ ⇦ 짝수 번째 항의 계수들

$$\therefore\ {}_n\mathrm{C}_0+{}_n\mathrm{C}_2+{}_n\mathrm{C}_4+\cdots={}_n\mathrm{C}_1+{}_n\mathrm{C}_3+{}_n\mathrm{C}_5+\cdots=2^{n-1}$$

(3) ①의 양변을 x에 관하여 미분하면

$$n(1+x)^{n-1}={}_n\mathrm{C}_1+{}_n\mathrm{C}_2\times2x+{}_n\mathrm{C}_3\times3x^2+\cdots+{}_n\mathrm{C}_n\times nx^{n-1}$$

이 식의 양변에 $x=1$, $x=-1$을 각각 대입하고 정리하면

$${}_n\mathrm{C}_1+2\,{}_n\mathrm{C}_2+3\,{}_n\mathrm{C}_3+\cdots+n\,{}_n\mathrm{C}_n=n\times2^{n-1} \quad \cdots\cdots④$$

$${}_n\mathrm{C}_1-2\,{}_n\mathrm{C}_2+3\,{}_n\mathrm{C}_3-\cdots+(-1)^{n-1}n\,{}_n\mathrm{C}_n=0$$

**Note* 미분은 수학 Ⅱ, 미적분에서 공부한다.

보기 3 ${}_n\mathrm{C}_1+{}_n\mathrm{C}_2+{}_n\mathrm{C}_3+\cdots+{}_n\mathrm{C}_n=63$을 만족시키는 n의 값을 구하여라.

연구 준 식의 양변에 ${}_n\mathrm{C}_0(=1)$을 더하면

$${}_n\mathrm{C}_0+{}_n\mathrm{C}_1+{}_n\mathrm{C}_2+{}_n\mathrm{C}_3+\cdots+{}_n\mathrm{C}_n=64 \quad \therefore\ 2^n=2^6 \quad \therefore\ \boldsymbol{n=6}$$

보기 4 다음 값을 구하여라.

(1) ${}_{20}\mathrm{C}_0+3\,{}_{20}\mathrm{C}_1+3^2{}_{20}\mathrm{C}_2+3^3{}_{20}\mathrm{C}_3+\cdots+3^{20}{}_{20}\mathrm{C}_{20}$

(2) ${}_{20}\mathrm{C}_0-3\,{}_{20}\mathrm{C}_1+3^2{}_{20}\mathrm{C}_2-3^3{}_{20}\mathrm{C}_3+\cdots+3^{20}{}_{20}\mathrm{C}_{20}$

(3) ${}_{20}\mathrm{C}_0+{}_{20}\mathrm{C}_2+{}_{20}\mathrm{C}_4+{}_{20}\mathrm{C}_6+\cdots+{}_{20}\mathrm{C}_{20}$

(4) ${}_{20}\mathrm{C}_1+{}_{20}\mathrm{C}_3+{}_{20}\mathrm{C}_5+{}_{20}\mathrm{C}_7+\cdots+{}_{20}\mathrm{C}_{19}$

(5) ${}_{20}\mathrm{C}_1+2\,{}_{20}\mathrm{C}_2+3\,{}_{20}\mathrm{C}_3+4\,{}_{20}\mathrm{C}_4+\cdots+20\,{}_{20}\mathrm{C}_{20}$

연구 (1) 위의 ①의 양변에 $x=3$, $n=20$을 대입하면 (준 식)$=4^{20}=\boldsymbol{2^{40}}$

(2) 위의 ①의 양변에 $x=-3$, $n=20$을 대입하면 (준 식)$=(-2)^{20}=\boldsymbol{2^{20}}$

(3) (준 식)$=2^{20-1}=\boldsymbol{2^{19}}$ (4) (준 식)$=2^{20-1}=\boldsymbol{2^{19}}$

(5) 위의 ④의 양변에 $n=20$을 대입하면 (준 식)$=20\times2^{20-1}=\boldsymbol{5\times2^{21}}$

필수 예제 4-3 다음 물음에 답하여라.

(1) 다음을 간단히 하여라.

$${}_{2n-1}C_0+{}_{2n-1}C_1+{}_{2n-1}C_2+{}_{2n-1}C_3+\cdots+{}_{2n-1}C_{n-1}$$

(2) 다음을 만족시키는 자연수 n의 값을 모두 구하여라.

$${}_nC_0+{}_nC_1+2{}_nC_2+3{}_nC_3+\cdots+n{}_nC_n<1000$$

정석연구 (1) 다음 조합의 성질과 이항계수의 성질을 이용한다.

정석 ${}_nC_r={}_nC_{n-r}$, ${}_nC_0+{}_nC_1+{}_nC_2+{}_nC_3+\cdots+{}_nC_n=2^n$

(2) 이항계수의 합에 관한 문제는 $(1+x)^n$의 전개식

$$(1+x)^n={}_nC_0+{}_nC_1x+{}_nC_2x^2+{}_nC_3x^3+\cdots+{}_nC_nx^n$$

과 이 식의 양변을 x에 관하여 미분한 식

$$n(1+x)^{n-1}={}_nC_1+2{}_nC_2x+3{}_nC_3x^2+\cdots+n{}_nC_nx^{n-1}$$

에서 양변에 $x=1$, $x=-1$ 등을 대입해 본다.

모범답안 (1) ${}_nC_r={}_nC_{n-r}$ (단, $r=0, 1, 2, \cdots, n$)이므로

$${}_{2n-1}C_0+{}_{2n-1}C_1+{}_{2n-1}C_2+\cdots+{}_{2n-1}C_{n-1}$$
$$={}_{2n-1}C_{2n-1}+{}_{2n-1}C_{2n-2}+{}_{2n-1}C_{2n-3}+\cdots+{}_{2n-1}C_n$$

한편

$${}_{2n-1}C_0+{}_{2n-1}C_1+{}_{2n-1}C_2+\cdots+{}_{2n-1}C_{n-1}+{}_{2n-1}C_n+\cdots+{}_{2n-1}C_{2n-1}=2^{2n-1}$$

이므로

$${}_{2n-1}C_0+{}_{2n-1}C_1+{}_{2n-1}C_2+\cdots+{}_{2n-1}C_{n-1}=\frac{1}{2}\times2^{2n-1}=\mathbf{2^{2n-2}}$$ ← 답

(2) $(1+x)^n={}_nC_0+{}_nC_1x+{}_nC_2x^2+{}_nC_3x^3+\cdots+{}_nC_nx^n$

의 양변을 x에 관하여 미분하면

$$n(1+x)^{n-1}={}_nC_1+2{}_nC_2x+3{}_nC_3x^2+\cdots+n{}_nC_nx^{n-1}$$

이 식의 양변에 $x=1$을 대입하면

$${}_nC_1+2{}_nC_2+3{}_nC_3+\cdots+n{}_nC_n=n\times2^{n-1}$$

따라서 주어진 부등식은 ${}_nC_0+n\times2^{n-1}<1000$ $\therefore$ $n\times2^{n-1}<999$

$f(n)=n\times2^{n-1}$으로 놓으면 $f(n)$은 증가함수이고, $f(1)=1, \cdots,$
$f(7)=448$, $f(8)=1024$이므로 $\mathbf{n=1, 2, 3, 4, 5, 6, 7}$ ← 답

유제 **4**-5. 다음 값을 구하여라.

(1) $\displaystyle\sum_{n=1}^{50}\left(\sum_{k=1}^{n}{}_nC_k\right)$ (2) $\displaystyle\sum_{k=0}^{49}{}_{99}C_k$

답 (1) $\mathbf{2^{51}-52}$ (2) $\mathbf{2^{98}}$

유제 **4**-6. 다음을 만족시키는 자연수 n의 값을 구하여라.

$$4000<{}_nC_1+{}_nC_2+{}_nC_3+\cdots+{}_nC_n<5000$$

답 $\mathbf{n=12}$

필수 예제 4-4 $p_r={}_{20}\mathrm{C}_r\left(\frac{1}{3}\right)^{20-r}\left(\frac{2}{3}\right)^r$ (단, $r=0, 1, 2, \cdots, 20$)이고 $f(x)=\sum_{r=1}^{20} p_r x^{3r}$일 때, $f(-1)$과 $f'(1)$의 값을 구하여라.

정석연구 $f(x)=\sum_{r=1}^{20} p_r x^{3r}=\sum_{r=1}^{20} {}_{20}\mathrm{C}_r\left(\frac{1}{3}\right)^{20-r}\left(\frac{2}{3}\right)^r x^{3r}$ 이다.

일반적으로

$$\sum_{r=0}^{n} {}_n\mathrm{C}_r a^{n-r}b^r={}_n\mathrm{C}_0 a^n+{}_n\mathrm{C}_1 a^{n-1}b+{}_n\mathrm{C}_2 a^{n-2}b^2+\cdots+{}_n\mathrm{C}_r a^{n-r}b^r+\cdots+{}_n\mathrm{C}_n b^n=(a+b)^n$$

이다. 곧,

정석 $\displaystyle\sum_{r=0}^{n} {}_n\mathrm{C}_r \boldsymbol{a}^{n-r}\boldsymbol{b}^r=(\boldsymbol{a}+\boldsymbol{b})^n$

이다.

이에 착안하여 $f(x)$를

$$\sum_{r=0}^{n} {}_n\mathrm{C}_r \boldsymbol{a}^{n-r}\boldsymbol{b}^r$$

의 꼴로 변형한다.

모범답안 $f(x)=\sum_{r=1}^{20} p_r x^{3r}=\sum_{r=1}^{20} {}_{20}\mathrm{C}_r\left(\frac{1}{3}\right)^{20-r}\left(\frac{2}{3}\right)^r (x^3)^r$

$$=\sum_{r=1}^{20} {}_{20}\mathrm{C}_r\left(\frac{1}{3}\right)^{20-r}\left(\frac{2}{3}x^3\right)^r=\sum_{r=0}^{20} {}_{20}\mathrm{C}_r\left(\frac{1}{3}\right)^{20-r}\left(\frac{2}{3}x^3\right)^r-{}_{20}\mathrm{C}_0\left(\frac{1}{3}\right)^{20}$$

$$=\left(\frac{1}{3}+\frac{2}{3}x^3\right)^{20}-\left(\frac{1}{3}\right)^{20}$$

$$\therefore\ f'(x)=20\left(\frac{1}{3}+\frac{2}{3}x^3\right)^{19}\left(\frac{1}{3}+\frac{2}{3}x^3\right)'=20\left(\frac{1}{3}+\frac{2}{3}x^3\right)^{19}\times 2x^2$$

$$\therefore\ f(-1)=\left(-\frac{1}{3}\right)^{20}-\left(\frac{1}{3}\right)^{20}=0,\quad f'(1)=20\times1\times2=40$$

답 $\boldsymbol{f(-1)=0,\ f'(1)=40}$

*Note 함수 $f(x)$의 도함수 $f'(x)$에 대해서는 수학 Ⅱ, 미적분에서 공부한다.

유제 **4**-7. 다음을 간단히 하여라.

(1) $\sum_{k=0}^{n} 2^k {}_n\mathrm{C}_k$ (2) $\sum_{k=2}^{10} {}_{10}\mathrm{C}_k\left(\frac{1}{4}\right)^{10-k}\left(\frac{3}{4}\right)^k$ (3) $\sum_{k=1}^{n} 2^k {}_n\mathrm{C}_k p^k q^{n-k}$

답 (1) $\boldsymbol{3^n}$ (2) $\boldsymbol{1-\frac{31}{2^{20}}}$ (3) $\boldsymbol{(2p+q)^n-q^n}$

유제 **4**-8. $a_n=\sum_{r=0}^{n} {}_n\mathrm{C}_r\left(-\frac{1}{2}\right)^r$일 때, $\sum_{n=1}^{m} a_n$과 1의 차가 0.01보다 작게 되는 자연수 m의 최솟값을 구하여라.

답 **7**

필수 예제 4-5 $f(k)={}_{2n}\mathrm{C}_k$일 때, 다음을 구하여라.

(1) $\displaystyle\sum_{k=1}^{n} f(2k-1)$ (2) $\displaystyle\sum_{k=1}^{n} 2^k f(2k)$

모범답안 (1) $\displaystyle\sum_{k=1}^{n} f(2k-1)=\sum_{k=1}^{n} {}_{2n}\mathrm{C}_{2k-1}={}_{2n}\mathrm{C}_1+{}_{2n}\mathrm{C}_3+{}_{2n}\mathrm{C}_5+\cdots+{}_{2n}\mathrm{C}_{2n-1}$

한편 $(1+x)^{2n}$의 전개식

$$(1+x)^{2n}={}_{2n}\mathrm{C}_0+{}_{2n}\mathrm{C}_1x+{}_{2n}\mathrm{C}_2x^2+{}_{2n}\mathrm{C}_3x^3+\cdots+{}_{2n}\mathrm{C}_{2n}x^{2n} \quad \cdots\cdots①$$

에서 양변에 $x=1$, $x=-1$을 각각 대입하면

$${}_{2n}\mathrm{C}_0+{}_{2n}\mathrm{C}_1+{}_{2n}\mathrm{C}_2+{}_{2n}\mathrm{C}_3+\cdots+{}_{2n}\mathrm{C}_{2n}=2^{2n} \quad \cdots\cdots②$$

$${}_{2n}\mathrm{C}_0-{}_{2n}\mathrm{C}_1+{}_{2n}\mathrm{C}_2-{}_{2n}\mathrm{C}_3+\cdots+{}_{2n}\mathrm{C}_{2n}=0 \quad \cdots\cdots③$$

②−③하면 $2({}_{2n}\mathrm{C}_1+{}_{2n}\mathrm{C}_3+\cdots+{}_{2n}\mathrm{C}_{2n-1})=2^{2n}$

$\therefore\ {}_{2n}\mathrm{C}_1+{}_{2n}\mathrm{C}_3+\cdots+{}_{2n}\mathrm{C}_{2n-1}=\mathbf{2^{2n-1}}$ ← 답

(2) $\displaystyle\sum_{k=1}^{n} 2^k f(2k)=\sum_{k=1}^{n} 2^k\,{}_{2n}\mathrm{C}_{2k}=\sum_{k=1}^{n} {}_{2n}\mathrm{C}_{2k}\left(\sqrt{2}\right)^{2k}$

$\qquad={}_{2n}\mathrm{C}_2\left(\sqrt{2}\right)^2+{}_{2n}\mathrm{C}_4\left(\sqrt{2}\right)^4+\cdots+{}_{2n}\mathrm{C}_{2n}\left(\sqrt{2}\right)^{2n}$

한편 ①의 양변에 $x=\sqrt{2}$, $x=-\sqrt{2}$를 각각 대입하면

$${}_{2n}\mathrm{C}_0+{}_{2n}\mathrm{C}_1\left(\sqrt{2}\right)+{}_{2n}\mathrm{C}_2\left(\sqrt{2}\right)^2+\cdots+{}_{2n}\mathrm{C}_{2n}\left(\sqrt{2}\right)^{2n}=\left(1+\sqrt{2}\right)^{2n}$$

$${}_{2n}\mathrm{C}_0-{}_{2n}\mathrm{C}_1\left(\sqrt{2}\right)+{}_{2n}\mathrm{C}_2\left(\sqrt{2}\right)^2-\cdots+{}_{2n}\mathrm{C}_{2n}\left(\sqrt{2}\right)^{2n}=\left(1-\sqrt{2}\right)^{2n}$$

변변 더한 다음 2로 나누면

$${}_{2n}\mathrm{C}_0+{}_{2n}\mathrm{C}_2\left(\sqrt{2}\right)^2+\cdots+{}_{2n}\mathrm{C}_{2n}\left(\sqrt{2}\right)^{2n}=\frac{1}{2}\left\{\left(1+\sqrt{2}\right)^{2n}+\left(1-\sqrt{2}\right)^{2n}\right\}$$

$\therefore\ {}_{2n}\mathrm{C}_2\left(\sqrt{2}\right)^2+\cdots+{}_{2n}\mathrm{C}_{2n}\left(\sqrt{2}\right)^{2n}=\mathbf{\dfrac{1}{2}\left\{\left(1+\sqrt{2}\right)^{2n}+\left(1-\sqrt{2}\right)^{2n}\right\}-1}$ ← 답

Advice (1) p. 70에서 공부한 다음 이항계수의 성질을 이용해도 된다.

정석 ${}_n\mathrm{C}_0+{}_n\mathrm{C}_1+{}_n\mathrm{C}_2+{}_n\mathrm{C}_3+{}_n\mathrm{C}_4+{}_n\mathrm{C}_5+\cdots+{}_n\mathrm{C}_n$에서

${}_n\mathrm{C}_0+{}_n\mathrm{C}_2+{}_n\mathrm{C}_4+\cdots$ (홀수 번째 항의 계수의 합)$=2^{n-1}$

${}_n\mathrm{C}_1+{}_n\mathrm{C}_3+{}_n\mathrm{C}_5+\cdots$ (짝수 번째 항의 계수의 합)$=2^{n-1}$

유제 **4**-9. $f(x)={}_{20}\mathrm{C}_x\left(\dfrac{1}{4}\right)^{20-x}\left(\dfrac{3}{4}\right)^x$ (단, $x=0, 1, 2, \cdots, 20$)일 때, 다음 값을 구하여라.

(1) $f(0)+f(1)+f(2)+\cdots+f(20)$

(2) $f(0)+f(2)+f(4)+\cdots+f(20)$

답 (1) **1** (2) $\mathbf{\dfrac{1}{2}\left(1+\dfrac{1}{2^{20}}\right)}$

유제 **4**-10. $\displaystyle\sum_{k=1}^{n} 4^k\,{}_{2n}\mathrm{C}_{2k-1}$을 구하여라.

답 $\mathbf{3^{2n}-1}$

필수 예제 **4**-6 n이 자연수일 때, 다음 물음에 답하여라.

(1) $a_n=6^n+8^n$일 때, a_{83}을 49로 나눈 나머지를 구하여라.

(2) $a_n=3^{2n}-5n$일 때, a_n의 일의 자리 수를 구하여라.

정석연구 (1) $a_n=(7-1)^n+(7+1)^n$으로 변형하여 이항정리를 이용한다.

여기에서 a_{83}의 83이 홀수이므로 n이 홀수일 때의 전개식을 생각하면 된다.

(2) $a_n=(3^2)^n-5n=(10-1)^n-5n$으로 변형하여 이항정리를 이용한다.

정석 이항정리

$$(\boldsymbol{a}+\boldsymbol{b})^n={}_n\mathrm{C}_0\,\boldsymbol{a}^n+{}_n\mathrm{C}_1\,\boldsymbol{a}^{n-1}\boldsymbol{b}+{}_n\mathrm{C}_2\,\boldsymbol{a}^{n-2}\boldsymbol{b}^2+\cdots+{}_n\mathrm{C}_n\,\boldsymbol{b}^n$$

모범답안 (1) n이 홀수일 때

$$\begin{aligned}a_n&=(7-1)^n+(7+1)^n\\&=7^n-{}_n\mathrm{C}_1 7^{n-1}+{}_n\mathrm{C}_2 7^{n-2}-\cdots+{}_n\mathrm{C}_{n-1}7^1-1\\&\qquad+7^n+{}_n\mathrm{C}_1 7^{n-1}+{}_n\mathrm{C}_2 7^{n-2}+\cdots+{}_n\mathrm{C}_{n-1}7^1+1\\&=2(7^n+{}_n\mathrm{C}_2 7^{n-2}+\cdots+{}_n\mathrm{C}_{n-3}7^3)+14n\end{aligned}$$

⇦ ${}_n\mathrm{C}_{n-1}=n$

여기에서 $2(7^n+{}_n\mathrm{C}_2 7^{n-2}+\cdots+{}_n\mathrm{C}_{n-3}7^3)$은 7^2으로 나누어 떨어지므로 이것을 7^2으로 나눈 몫을 $g(n)$이라고 하면 $a_n=49g(n)+14n$

$$\begin{aligned}\therefore\ a_{83}&=49g(83)+14\times83=49g(83)+49\times23+35\\&=49\{g(83)+23\}+35\end{aligned}$$

따라서 구하는 나머지는 35이다. 답 **35**

(2) $a_n=9^n-5n=(10-1)^n-5n$

$$=10^n-{}_n\mathrm{C}_1 10^{n-1}+{}_n\mathrm{C}_2 10^{n-2}-\cdots+{}_n\mathrm{C}_{n-1}10(-1)^{n-1}+(-1)^n-5n$$

여기에서 10의 배수의 부분은 일의 자리 수에 영향을 미치지 않으므로 일의 자리 수는 $(-1)^n-5n$에 의하여 결정된다.

자연수 k에 대하여

$n=2k$일 때 $(-1)^n-5n=(-1)^{2k}-5\times2k=-10k+1$

$n=2k-1$일 때 $(-1)^n-5n=(-1)^{2k-1}-5(2k-1)=-10k+4$

따라서 a_n의 일의 자리 수는 1 또는 4이다. 답 **1 또는 4**

유제 **4**-11. 21^{21}을 40으로 나눈 나머지를 구하여라. 답 **21**

유제 **4**-12. 0.99^{10}의 소수점 아래 첫째 자리 수, 둘째 자리 수, 셋째 자리 수, 넷째 자리 수를 구하여라. 답 **9, 0, 4, 3**

필수 예제 4-7 다음 물음에 답하여라.

(1) $(a+b+c)^9$의 전개식에서 $a^2b^3c^4$의 계수를 구하여라.

(2) $(a+b+c)^5$의 전개식에서 계수가 5인 항은 몇 개인가?

정석연구 **필수 예제 4-7, 4-8**은 이항정리를 좀 더 깊이 공부하고자 하는 학생을 위하여 이항정리의 응용문제로서 다룬 것이다.

$\{(a+b)+c\}^9$의 전개식에서 c^4을 포함한 항은

$$ {}_9\mathrm{C}_4(a+b)^{9-4}c^4={}_9\mathrm{C}_4(a+b)^5c^4 $$

또, $(a+b)^5$의 전개식에서 b^3을 포함한 항은 ${}_5\mathrm{C}_3a^{5-3}b^3={}_5\mathrm{C}_3a^2b^3$

따라서 구하는 $a^2b^3c^4$의 계수는

$$ {}_9\mathrm{C}_4\times{}_5\mathrm{C}_3=\frac{9!}{4!5!}\times\frac{5!}{3!2!}=\frac{9!}{2!3!4!} $$

일반적으로 $\{(a+b)+c\}^n$의 전개식에서 c^r의 항은 ${}_n\mathrm{C}_r(a+b)^{n-r}c^r$

또, $(a+b)^{n-r}$의 전개식에서

b^q의 항은 ${}_{n-r}\mathrm{C}_qa^{n-r-q}b^q={}_{n-r}\mathrm{C}_qa^pb^q$ ⇦ $p+q+r=n$

따라서 $(a+b+c)^n$의 전개식에서 $a^pb^qc^r$의 계수는

$$ {}_n\mathrm{C}_r\times{}_{n-r}\mathrm{C}_q=\frac{n!}{r!(n-r)!}\times\frac{(n-r)!}{q!(n-r-q)!}=\frac{n!}{p!q!r!} $$

이상을 정리하면 다음과 같다.

정석 $(\boldsymbol{a+b+c})^n$의 전개식에서 일반항은

$$ \frac{n!}{p!q!r!}a^pb^qc^r \quad (\text{단, } p+q+r=n) $$

모범답안 (1) 전개식의 일반항은

$$ \frac{9!}{p!q!r!}\times a^pb^qc^r \quad (p+q+r=9) $$

이므로 $a^2b^3c^4$항은 $p=2$, $q=3$, $r=4$일 때이다.

따라서 $a^2b^3c^4$의 계수는 $\dfrac{9!}{2!3!4!}=\mathbf{1260}$ ← 답

(2) $a^pb^qc^r$의 계수가 5라고 하면 $\dfrac{5!}{p!q!r!}=5 \quad (p+q+r=5)$

$$ \therefore\ p!q!r!=4!, \quad p+q+r=5 $$

이 두 식을 동시에 만족시키는 p, q, r의 쌍의 수는 4, 1, 0의 순열의 수와 같으므로 $3!=\mathbf{6}$(개) ← 답

유제 **4**-13. $(a+b+c)^6$의 전개식에서 a^3b^2c의 계수를 구하여라. 답 **60**

필수 예제 4-8 다음 물음에 답하여라.

(1) $\left(x^2+\dfrac{1}{x}+1\right)^6$의 전개식에서 x^3의 계수를 구하여라.

(2) $\left(1+\sqrt{2}+\sqrt{3}\right)^5=\alpha+\beta\sqrt{2}+\gamma\sqrt{3}+\delta\sqrt{6}$을 만족시키는 정수 α, β, γ, δ 중에서 α의 값을 구하여라.

정석연구 앞에서 공부한 다음 성질을 이용한다.

정석 $(\boldsymbol{a}+\boldsymbol{b}+\boldsymbol{c})^n$의 전개식에서 일반항은

$$\frac{\boldsymbol{n}!}{\boldsymbol{p}!\boldsymbol{q}!\boldsymbol{r}!}\boldsymbol{a}^p\boldsymbol{b}^q\boldsymbol{c}^r \text{ (단, } \boldsymbol{p}+\boldsymbol{q}+\boldsymbol{r}=\boldsymbol{n}\text{)}$$

모범답안 (1) 전개식의 일반항은

$$\frac{6!}{p!q!r!}\times(x^2)^p\left(\frac{1}{x}\right)^q\times1^r=\frac{6!}{p!q!r!}\times x^{2p-q} \quad (p+q+r=6)$$

x^3항일 때 $2p-q=3$, $p+q+r=6$

p, q, r는 음이 아닌 정수이므로

$$(p,\ q,\ r)=(2,\ 1,\ 3),\ (3,\ 3,\ 0)$$

따라서 x^3의 계수는 $\dfrac{6!}{2!1!3!}+\dfrac{6!}{3!3!0!}=\mathbf{80}$ ← 답

(2) $\left(1+\sqrt{2}+\sqrt{3}\right)^5$의 전개식의 일반항은

$$\frac{5!}{p!q!r!}\times1^p\left(\sqrt{2}\right)^q\left(\sqrt{3}\right)^r=\frac{5!}{p!q!r!}\times\left(\sqrt{2}\right)^q\left(\sqrt{3}\right)^r \quad (p+q+r=5)$$

이것이 정수이기 위해서는 q와 r가 모두 2의 배수이어야 한다.

그런데 p, q, r가 음이 아닌 정수이고, q와 r가 2의 배수(0도 포함)이며, $p+q+r=5$인 경우는

$$(p,\ q,\ r)=(5,\ 0,\ 0),\ (3,\ 0,\ 2),\ (1,\ 0,\ 4),\ (3,\ 2,\ 0),\ (1,\ 2,\ 2),\ (1,\ 4,\ 0)$$

이다. 따라서

$$\alpha=\frac{5!}{5!0!0!}+\frac{5!}{3!0!2!}\times\left(\sqrt{3}\right)^2+\frac{5!}{1!0!4!}\times\left(\sqrt{3}\right)^4+\frac{5!}{3!2!0!}\times\left(\sqrt{2}\right)^2$$
$$+\frac{5!}{1!2!2!}\times\left(\sqrt{2}\right)^2\left(\sqrt{3}\right)^2+\frac{5!}{1!4!0!}\times\left(\sqrt{2}\right)^4=\mathbf{296}$$ ← 답

유제 **4**-14. $(x^2+x+1)^6$의 전개식에서 x^3의 계수를 구하여라. 답 **50**

유제 **4**-15. $(x+2y-z)^8$의 전개식에서 $x^2y^3z^3$의 계수를 구하여라.

답 **−4480**

연습문제 4

기본 **4-1** 다음 식의 전개식에서 계수의 합을 구하여라.

(1) $(1-2x)^{10}$ (2) $(2x+y)(x+2y)^2(x+3y)^3$

4-2 $(1-x+x^2)^n$의 전개식에서 x^k(단, $k=0, 1, 2, \cdots, 2n$)의 계수를 a_k라고 할 때, $\sum_{k=1}^{n} a_{2k-1}$을 구하여라.

4-3 $(ax+b)^{2n}$과 $(bx+a)^{2n-1}$의 전개식에서 x^n의 계수가 서로 같을 때, 상수 a의 값을 구하여라. 단, $ab\neq0$이다.

4-4 $\left(2x^3+\dfrac{1}{x^2}\right)^n$의 전개식에서 0이 아닌 상수항이 존재하도록 하는 자연수 n의 최솟값을 구하여라. 또, 이때의 상수항을 구하여라.

4-5 $(1+x^2)^5(1+x)^n$의 전개식에서 x^2의 계수가 20일 때, 자연수 n의 값을 구하여라.

4-6 다음 식의 전개식에서 x^2의 계수를 구하여라.

(1) $(1+x)+(1+x)^2+(1+x)^3+\cdots+(1+x)^n$

(2) $\left(x+\dfrac{1}{x}\right)^2+\left(x+\dfrac{1}{x}\right)^3+\left(x+\dfrac{1}{x}\right)^4+\left(x+\dfrac{1}{x}\right)^5+\left(x+\dfrac{1}{x}\right)^6$

4-7 다항식 $\sum_{k=1}^{20}(1-x^k)^k$에서 x^{15}의 계수를 구하여라.

4-8 오른쪽 파스칼의 삼각형에서 색칠한 부분의 수에 대하여 다음과 같은 패턴을 찾을 수 있다. 이 패턴을 일반화하여 조합 기호를 사용한 n에 관한 식으로 나타내고, 이를 증명하여라.

$10-1=3^2$, $20-4=4^2$,

$35-10=5^2$, $\cdots$

```
              1
            1   1
          1   2   1
        1   3   3   1
      1   4   6   4   1
    1   5  10  10   5   1
  1   6  15  20  15   6   1
1   7  21  35  35  21   7   1
              ⋮
```

4-9 두 자연수 m, n에 대하여

$(1+x)^m(1+x)^n=(1+x)^{m+n}$임을 이용하여 다음 등식이 성립함을 보여라.

(1) $\sum_{r=0}^{5}({}_6\mathrm{C}_r\times{}_{12}\mathrm{C}_{5-r})={}_{18}\mathrm{C}_5$ (2) $\sum_{k=0}^{n}{}_n\mathrm{C}_k{}^2={}_{2n}\mathrm{C}_n$

4-10 원소의 개수가 n인 집합 $\mathrm{A}=\{a_1, a_2, a_3, \cdots, a_n\}$에 대하여

(1) 집합 A의 부분집합의 개수를 구하여라.

(2) 집합 A의 부분집합 중에서 원소의 개수가 홀수인 부분집합의 개수를 구하여라.

4-11 다음 값을 구하여라.

(1) $\displaystyle\sum_{i=1}^{30}\left(\sum_{j=1}^{i}{}_{i}\mathrm{C}_{j}\right)$ (2) $\displaystyle\sum_{k=1}^{10}k\,{}_{10}\mathrm{C}_{k}$ (3) $\displaystyle\sum_{k=0}^{100}\left({}_{100}\mathrm{C}_{k}\times\frac{101}{k+1}\right)$

4-12 서로 같은 연필 20자루와 서로 다른 볼펜 31자루가 있다. 이 중에서 15자루를 뽑는 경우의 수를 구하여라.

실력 **4-13** $(a+b)^{19}$을 전개하여 a에 관하여 오름차순으로 정리하였다.

$a:b=3:1$일 때, (r번째 항) : ($r-1$번째 항)$=2:1$이 되는 r의 값을 구하여라.

4-14 $(1+x)^n$을 전개하여 x에 관하여 오름차순으로 정리하면 항의 개수는 홀수이고, 앞에서부터 5, 6, 7번째 항의 계수는 이 순서로 등차수열을 이룬다.

이때, 자연수 n의 값을 구하여라.

4-15 $\left(x+\dfrac{1}{x}\right)^{n+1}$의 전개식에서 x^{-n+3}의 계수를 A_n이라고 할 때, $\displaystyle\sum_{k=1}^{n}\frac{1}{\mathrm{A}_k}$을 구하여라. 단, n은 자연수이다.

4-16 $2(x+a)^n$의 전개식에서 x^{n-1}의 계수와 $(x-1)(x+a)^n$의 전개식에서 x^{n-1}의 계수가 같게 되는 순서쌍 (a, n)에 대하여 an의 최댓값을 구하여라.

단, a는 자연수이고, n은 2 이상의 자연수이다.

4-17 $(1+i)^{21}$의 전개식을 이용하여 다음 값을 구하여라. 단, $i=\sqrt{-1}$이다.

$$_{21}\mathrm{C}_0-{}_{21}\mathrm{C}_2+{}_{21}\mathrm{C}_4-{}_{21}\mathrm{C}_6+\cdots+{}_{21}\mathrm{C}_{20}$$

4-18 집합 P의 원소의 개수가 n(단, $n\geq1$)일 때, $\varnothing\neq\mathrm{Q}\subset\mathrm{R}\subset\mathrm{P}$를 만족시키는 집합 Q, R의 순서쌍 (Q, R)의 개수를 구하여라.

4-19 직선 $y=-x+100$ 위에 있고, x, y좌표가 모두 음이 아닌 정수인 점의 집합을 A라고 할 때, 다음 집합의 모든 원소의 합을 구하여라.

$$\left\{\frac{2^p+(-2)^p}{p!\,q!}\,\middle|\,(p,\ q)\in\mathrm{A}\right\}$$

4-20 $n\geq2$인 자연수 n에 대하여 다음 부등식이 성립함을 보여라.

$$2<\left(1+\frac{1}{n}\right)^n<3$$

4-21 부등식 $\displaystyle\sum_{k=0}^{n}\left(\frac{k}{k+1}\times{}_{n}\mathrm{C}_{k}\right)<100$을 만족시키는 자연수 n의 개수를 구하여라.

4-22 $(1+x+ax^2)^{10}$의 전개식에서 x^4의 계수가 최소가 되는 상수 a의 값을 구하여라.

5. 확률의 정의

§ 1. 시행과 사건

기본정석

1 시 행

같은 조건에서 여러 번 반복할 수 있으며 그 결과가 우연에 의해서 결정되는 실험이나 관찰을 시행이라고 한다.

2 표본공간과 사건

(1) 어떤 시행에서 일어날 수 있는 모든 결과의 집합을 **표본공간**이라고 한다.

(2) 표본공간의 부분집합을 **사건**이라고 한다. 이와 같이 집합을 사건에 대응시키면 편리하다.

(3) 표본공간의 부분집합 중에서 한 개의 원소로 이루어진 집합(사건)을 **근원사건**이라고 한다.

(4) 어떤 시행에서 반드시 일어나는 사건을 **전사건**이라 하고, 이것은 표본공간과 같다. 또, 결코 일어나지 않는 사건을 **공사건**이라 하고, 기호로 **∅**과 같이 나타낸다.

3 합사건, 곱사건

표본공간의 부분집합인 두 사건 A, B에 대하여 A 또는 B가 일어나는 사건을 A와 B의 **합사건**이라 하고, 기호로 $\mathbf{A\cup B}$와 같이 나타낸다.

또, 표본공간의 부분집합인 두 사건 A, B에 대하여 A와 B가 동시에 일어나는 사건을 A와 B의 **곱사건**이라 하고, 기호로 $\mathbf{A\cap B}$와 같이 나타낸다.

4 배반사건

두 사건 A, B에 대하여 A와 B 중에서 어느 한 사건이 일어나면 다른 사건은 일어나지 않을 때, 곧 $A\cap B=\varnothing$일 때 A와 B는 서로 **배반**이라 하고, 배반인 두 사건을 서로 **배반사건**이라고 한다.

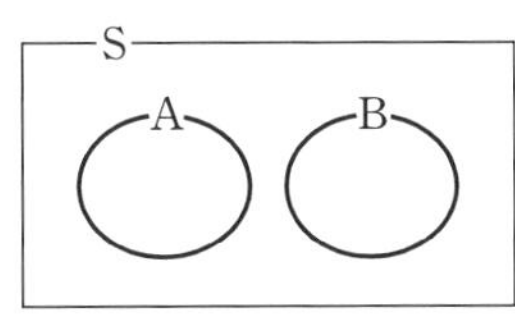

또, 세 개 이상의 사건에 대해서 어떠한 두 사건도 서로 배반이면 이들 사건은 서로 배반이라고 한다.

5 여사건

사건 A에 대하여 A가 일어나지 않는 사건을 A의 여사건이라 하고, 기호로 $\mathbf{A}^c$과 같이 나타낸다.

이때, $A\cap A^c=\varnothing$이므로 A와 A^c은 서로 배반사건이다.

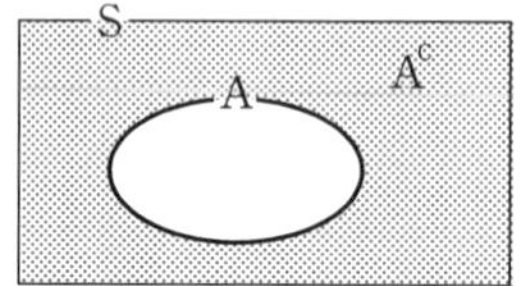

Advice 1° 사건과 집합

▶ 시행, 표본공간 : 이를테면 같은 주사위를 같은 방법으로 반복하여 던질 때 나오는 눈을 관찰하면 그 결과가 항상 같지는 않다. 이와 같이 어떤 실험을 같은 방법으로 반복해도, 관찰된 결과가 늘 같지 않은 경우가 있다.

일반적으로 같은 조건에서 여러 번 반복할 수 있으며 그 결과가 우연에 의해서 결정되는 실험이나 관찰을 **시행**이라고 한다.

'한 개의 주사위를 던진다'라는 시행에 대하여 그 결과는 1의 눈이 나오는 것, 2의 눈이 나오는 것, ···, 6의 눈이 나오는 것의 여섯 가지이고, 이들 중 하나만 일어난다. 이제 한 개의 주사위를 던져서

1의 눈이 나오는 것을 1, 2의 눈이 나오는 것을 2,
3의 눈이 나오는 것을 3, ···, 6의 눈이 나오는 것을 6

으로 나타낼 때, 1, 2, 3, 4, 5, 6을 원소로 하는 집합

$$S=\{1, 2, 3, 4, 5, 6\}$$

을 생각할 수 있다. 이때, 이 집합을 '한 개의 주사위를 던진다'라는 시행의 **표본공간**이라고 한다.

▶ 사건, 근원사건, 전사건, 공사건 : 위의 집합 S의 부분집합(모두 2^6개)을 **사건**이라고 한다. 이를테면 S의 부분집합 중에서 E_1, E_2, E_3을

$$E_1=\{1, 3, 5\},\quad E_2=\{2, 4, 6\},\quad E_3=\{3, 4, 5, 6\}$$

이라고 하면 이것은 다음과 같은 사건에 대응된다.

$E_1=\{1, 3, 5\}$ ⟷ 홀수의 눈이 나오는 사건
$E_2=\{2, 4, 6\}$ ⟷ 짝수의 눈이 나오는 사건
$E_3=\{3, 4, 5, 6\}$ ⟷ 3 이상의 눈이 나오는 사건

이와 같이 집합을 사건에 대응시키면 편리하다. 그래서 표본공간 S와 S의 부분집합에 대하여 여러 가지 사건을 다음과 같이 정의한다.

S의 부분집합 중에서 S 자신의 집합인 {1, 2, 3, 4, 5, 6}을 **전사건**, 공집합 ∅을 **공사건**이라 하고, S의 부분집합 중에서 단 하나의 원소로 이루어진 집합 {1}, {2}, {3}, {4}, {5}, {6}을 **근원사건**이라고 한다.

보기 1 10원짜리 동전 한 개와 100원짜리 동전 한 개를 동시에 던지는 시행에서 동전의 앞면을 H, 뒷면을 T로 나타내고, 10원짜리 동전은 앞면, 100원짜리 동전은 뒷면이 나오는 근원사건을 $\{(\mathrm{H},\ \mathrm{T})\}$로 나타낼 때, 표본공간 S를 만들고, 다음을 구하여라.

(1) 두 개 모두 뒷면이 나오는 사건 E_1

(2) 두 개 모두 같은 면이 나오는 사건 E_2

(3) 적어도 한 개가 앞면이 나오는 사건 E_3

연구 $S=\{(\mathbf{H},\ \mathbf{H}),\ (\mathbf{H},\ \mathbf{T}),\ (\mathbf{T},\ \mathbf{H}),\ (\mathbf{T},\ \mathbf{T})\}$

(1) $E_1=\{(\mathbf{T},\ \mathbf{T})\}$　　(2) $E_2=\{(\mathbf{H},\ \mathbf{H}),\ (\mathbf{T},\ \mathbf{T})\}$

(3) $E_3=\{(\mathbf{H},\ \mathbf{H}),\ (\mathbf{H},\ \mathbf{T}),\ (\mathbf{T},\ \mathbf{H})\}$

Advice 2° 합사건, 곱사건, 배반사건, 여사건

▶ 합사건, 곱사건 : 한 개의 주사위를 던지는 시행에서

짝수의 눈이 나오는 사건을 A,

3 이상의 눈이 나오는 사건을 B

라고 하면

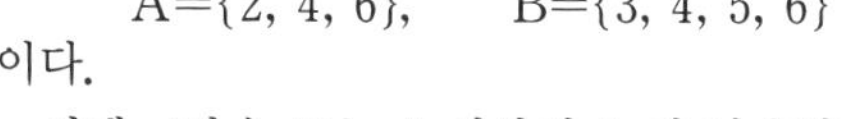

$A=\{2,\ 4,\ 6\}$,　　$B=\{3,\ 4,\ 5,\ 6\}$

이다.

이때, '짝수 또는 3 이상의 눈이 나온다'는 사건은 집합 $\{2,\ 3,\ 4,\ 5,\ 6\}$으로 나타내어지며, 이 집합은 집합 A와 B의 합집합 $A\cup B$와 같다.

또, '짝수이고 3 이상의 눈이 나온다'는 사건은 집합 $\{4,\ 6\}$으로 나타내어지며, 이 집합은 집합 A와 B의 교집합 $A\cap B$와 같다.

따라서 사건에 있어서 '또는', '그리고'라는 표현은 각각 집합의 합집합, 교집합에 대응함을 알 수 있다.

일반적으로 어떤 시행에 있어서 '사건 A 또는 사건 B가 일어난다'는 사건을 사건 A와 B의 합사건이라 하고, 사건 $\mathbf{A\cup B}$와 같이 나타낸다.

또, '사건 A 그리고 사건 B가 일어난다'는 사건을 사건 A와 B의 곱사건이라 하고, 사건 $\mathbf{A\cap B}$와 같이 나타낸다.

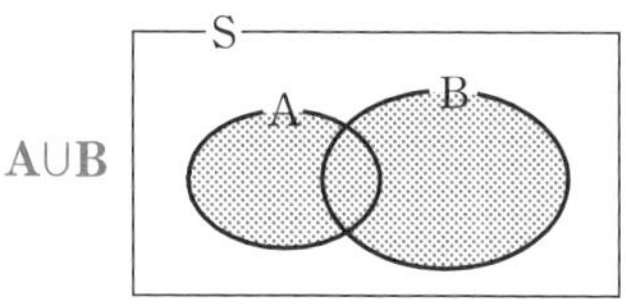

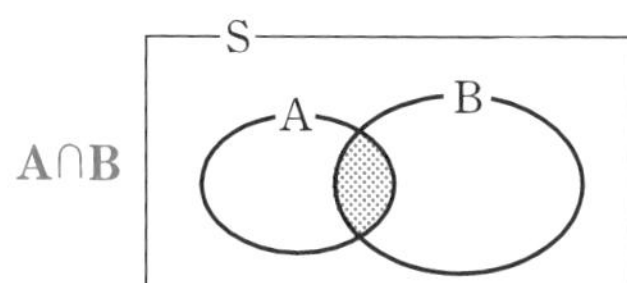

▶ 배반사건 : 또, 한 개의 주사위를 던지는 시행에서 5의 약수의 눈이 나오는 사건을 C라고 하면

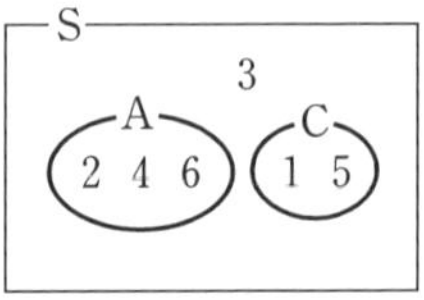

$$A=\{2, 4, 6\}, \quad C=\{1, 5\}$$

에서

$$A\cap C=\varnothing$$

임을 알 수 있다.

S
3
A
2 4 6
C
1 5

이것은 짝수의 눈이 나오면 5의 약수의 눈이 나올 수 없고, 5의 약수의 눈이 나오면 짝수의 눈이 나올 수 없는 경우로 이 두 사건은 동시에 일어날 수 없는 사건이다. 이때, 사건 A와 C는 서로 배반이라 하고, 배반인 두 사건을 서로 배반사건이라고 한다.

정의 $A\cap C=\varnothing \iff$ A와 C는 서로 배반사건

▶ 여사건 : 표본공간 $S=\{1, 2, 3, 4, 5, 6\}$에서 사건 $A=\{2, 4, 6\}$에 대하여

'A가 일어나지 않는다'

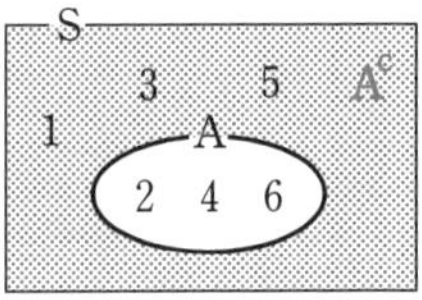

라는 사건은 집합 $\{1, 3, 5\}$로 나타내어지며, 이 집합은 집합 A의 여집합 A^C과 같다.

S
3 5 A^C
1
A
2 4 6

일반적으로 어떤 시행에서 사건 A에 대하여

'A가 일어나지 않는다'

도 하나의 사건이며, 이 사건을 사건 A의 여사건이라 하고, 기호로 $\mathbf{A^C}$과 같이 나타낸다.

보기 2 한 개의 주사위를 한 번 던지는 시행에서 i의 눈이 나오는 것을 e_i로 나타내기로 할 때, 다음 물음에 답하여라.

(1) 표본공간 S를 만들어라.

(2) 3 이하의 눈이 나오는 사건을 E, 짝수의 눈이 나오는 사건을 F, 5의 눈이 나오는 사건을 G라고 할 때,

① E와 F의 합사건은 G의 여사건과 서로 같음을 보여라.

② E와 F는 서로 배반이 아님을 보여라.

③ E와 서로 배반인 사건은 몇 개인가?

연구 (1) $\mathbf{S=\{e_1, e_2, e_3, e_4, e_5, e_6\}}$

(2) $E=\{e_1, e_2, e_3\}$, $F=\{e_2, e_4, e_6\}$, $G=\{e_5\}$이므로

① $E\cup F=\{e_1, e_2, e_3, e_4, e_6\}$, $G^C=\{e_1, e_2, e_3, e_4, e_6\}$ $\quad\therefore E\cup F=G^C$

② $E\cap F=\{e_2\}\neq\varnothing$, 곧 $E\cap F\neq\varnothing$이므로 사건 E와 F는 서로 배반이 아니다.

③ 집합 $\{e_4, e_5, e_6\}$의 부분집합의 개수와 같으므로 $2^3=\mathbf{8}$(개)

§2. 확률의 정의

기본정석

1 확　률

어떤 시행에서 사건 A가 일어날 가능성을 수로 나타낸 것을 사건 A의 확률이라 하고, 기호로 **P(A)**와 같이 나타낸다.

Note P(A)의 P는 Probability(확률)의 첫 글자이다.

2 수학적 확률

어떤 시행에서 표본공간 S에 대하여 각 근원사건이 일어날 가능성이 같은 정도로 기대될 때, 사건 A가 일어날 확률 P(A)는

$$\mathrm{P(A)}=\frac{(\text{사건 A의 원소의 개수})}{(\text{표본공간 S의 원소의 개수})}=\frac{n(\mathrm{A})}{n(\mathrm{S})}$$

로 정의하고, 이를 표본공간 S에서 사건 A가 일어날 **수학적 확률**이라 한다.

3 통계적 확률

일정한 조건에서 같은 시행을 n회 반복할 때, 사건 A가 일어난 횟수를 r_n이라고 하자. 이때, 시행 횟수 n이 한없이 커짐에 따라 상대도수 $\frac{r_n}{n}$이 일정한 값 p에 가까워지면 이 값 p를 사건 A가 일어날 **통계적 확률**이라고 한다.

그러나 실제로는 시행 횟수 n을 한없이 크게 할 수 없으므로 n이 충분히 클 때의 상대도수 $\frac{r_n}{n}$을 보통 통계적 확률로 본다.

4 확률의 기본 성질

임의의 사건 A, 전사건 S, 공사건 ∅에 대하여

$$0\le \mathrm{P(A)}\le 1,\quad \mathrm{P(S)}=1,\quad \mathrm{P}(\varnothing)=0$$

Advice 1° 수학적 확률

한 개의 주사위를 던지면 1, 2, 3, 4, 5, 6 중 어느 한 눈이 나오는 것은 분명하지만, 이 중에서 어느 눈이 나오리라고 예상하기는 어렵다. 그러나 이 주사위가 이상적으로 정확하게 만들어졌다면 어떤 눈이 나올 경우든지 일어날 가능성은 다 같이 $\frac{1}{6}$이라고 기대할 수 있다.

이와 같이 한 개의 주사위를 던지는 시행에서 여섯 개의 근원사건이 일어날 가능성이 모두 같다고 기대할 수 있을 때, 각 근원사건이 일어날 가능성이 같은 정도로 기대된다 또는 같은 정도로 확실하다고 한다.

일반적으로 어떤 시행의 표본공간

$$S=\{e_1,\ e_2,\ e_3,\ \cdots,\ e_n\}$$

에서 근원사건 $\{e_1\}, \{e_2\}, \{e_3\}, \cdots, \{e_n\}$ 중 어느 것이든 일어날 가능성이 같은 정도로 기대되면 각 근원사건이 일어날 확률은 $\dfrac{1}{n}$이라고 한다.

또, 이때 S의 부분집합인 사건 A가 $A=\{e_1,\ e_2,\ e_3,\ \cdots,\ e_r\}$라고 할 때, 사건 A가 일어날 확률은 $P(A)=\dfrac{r}{n}$라고 한다.

사건 A의 원소의 개수를 이 사건이 일어나는 경우의 수로 생각하면 P(A)를 다음과 같이 정의할 수도 있다.

정의 확률 P(A)의 정의

(i) 한 시행에서 일어날 수 있는 모든 경우의 수가 $\boldsymbol{n}$이고,

(ii) 이 $\boldsymbol{n}$가지의 경우는 어느 둘도 동시에 일어나지 않으며,

(iii) $\boldsymbol{n}$가지가 일어날 가능성이 각각 같은 정도로 기대된다

고 할 때, 이 $\boldsymbol{n}$가지 중에서 사건 **A**가 일어나는 경우의 수가 $\boldsymbol{r}$이면 $\mathbf{P(A)}=\dfrac{\boldsymbol{r}}{\boldsymbol{n}}$이다.

보기 1 한 개의 주사위를 던질 때, 다음 물음에 답하여라.

(1) 짝수의 눈이 나올 확률을 구하여라.

(2) 3 이상의 눈이 나올 확률을 구하여라.

연구 한 개의 주사위를 던지는 시행에서 표본공간을 S, 짝수의 눈이 나오는 사건을 A, 3 이상의 눈이 나오는 사건을 B라고 하면

$$S=\{1,\ 2,\ 3,\ 4,\ 5,\ 6\},\quad A=\{2,\ 4,\ 6\},\quad B=\{3,\ 4,\ 5,\ 6\}$$

이므로

(1) $P(A)=\dfrac{n(A)}{n(S)}=\dfrac{3}{6}=\mathbf{\dfrac{1}{2}}$ (2) $P(B)=\dfrac{n(B)}{n(S)}=\dfrac{4}{6}=\mathbf{\dfrac{2}{3}}$

Advice 2° 확률의 기본 성질

표본공간 S에서의 한 사건을 A라 하고, $n(S)=n$, $n(A)=r$라고 하면 확률의 정의로부터

$$P(A)=\frac{n(A)}{n(S)}=\frac{r}{n}\ (0\le r\le n)\qquad \therefore\ \mathbf{0\le P(A)\le 1}$$

특히 $P(S)=\dfrac{n(S)}{n(S)}=\dfrac{n}{n}=1$, $P(\varnothing)=\dfrac{n(\varnothing)}{n(S)}=\dfrac{0}{n}=0$이다.

따라서 $P(A)=1$, $P(A)=0$은 다음과 같은 뜻을 가진다.

$\mathbf{P(A)=1}\iff$ 사건 **A**가 반드시 일어난다 ⇦ $A=S$

$\mathbf{P(A)=0}\iff$ 사건 **A**가 결코 일어나지 않는다 ⇦ $A=\varnothing$

Advice 3° 확률의 일반적인 정의

앞에서 수학적 확률은 근원사건의 어느 것이든 일어날 가능성이 「같은 정도로 기대된다」는 조건에서 정의하였다.

일반적으로 확률을 다음과 같이 정의한다.

「 표본공간 $S=\{e_1, e_2, e_3, \cdots, e_n\}$의 각 원소 e_i에 음이 아닌 실수 p_i를 대응시킬 때

$$p_1+p_2+p_3+\cdots+p_n=1$$

이면 p_i를 사건 $\{e_i\}$가 일어날 확률이라고 한다. 」

이를테면 한 개의 동전을 던지는 시행에서 앞면이 나오는 것을 H, 뒷면이 나오는 것을 T라고 하여 표본공간 S={H, T}를 생각하자. 이때, S의 원소 H, T에 각각 음이 아닌 실수 p_1, p_2를 대응시킬 때

$$p_1+p_2=1 \qquad \cdots\cdots①$$

이면 p_1, p_2를 각각 사건 {H}, {T}가 일어날 확률이라고 한다.

이때, p_1, p_2는 ①을 만족시키는 음이 아닌 실수이면 되므로

$$\text{(i)}\begin{cases}p_1=\dfrac{1}{2}\\ p_2=\dfrac{1}{2}\end{cases}\quad \text{(ii)}\begin{cases}p_1=\dfrac{1}{3}\\ p_2=\dfrac{2}{3}\end{cases}\quad \text{(iii)}\begin{cases}p_1=\dfrac{2}{5}\\ p_2=\dfrac{3}{5}\end{cases}\quad \text{(iv)}\begin{cases}p_1=0\\ p_2=1\end{cases}\quad \cdots$$

의 어느 것이어도 된다. 그러나 특별한 말이 없는 한 각 근원사건이 일어날 가능성이 같은 정도로 기대된다고 생각하여 보통 (i)의 값으로 정한다.

보기 2 1부터 6까지의 자연수가 각 면에 하나씩 적힌 어느 육면체가 있다. 이 육면체를 던질 때, 1, 2, 3, 4가 나올 기대 정도는 모두 같고, 5가 나올 기대 정도는 4가 나올 기대 정도의 2배, 6이 나올 기대 정도는 5가 나올 기대 정도의 3배라고 한다. 이와 같은 육면체를 한 개 던질 때, 각 근원사건이 일어날 확률을 구하여라.

연구 한 개의 육면체를 던지는 시행에서 i가 나오는 사건을 E_i로 나타내고, 사건 E_i에 대응하는 확률을 p_i라고 하면

$p_1+p_2+p_3+p_4+p_5+p_6=1$ ……① $\qquad p_1=p_2=p_3=p_4$ ……②

$p_5=2p_4=2p_1$ ……③ $\qquad p_6=3p_5$ ……④

③을 ④에 대입하면 $p_6=6p_1$ ……⑤

②, ③, ⑤를 ①에 대입하면 $p_1+p_1+p_1+p_1+2p_1+6p_1=1$

$$\therefore\ 12p_1=1 \quad \therefore\ p_1=\frac{1}{12},\quad p_5=\frac{2}{12},\quad p_6=\frac{6}{12}$$

$$\therefore\ P(E_1)=P(E_2)=P(E_3)=P(E_4)=\mathbf{\frac{1}{12}},\quad P(E_5)=\mathbf{\frac{1}{6}},\quad P(E_6)=\mathbf{\frac{1}{2}}$$

Advice 4° 통계적 확률

비가 올 확률이나 질병이 발생할 확률과 같이 자연 현상이나 사회 현상과 관련된 확률은 수학적 확률의 정의로 구할 수 없는 경우가 많다.

이를테면「지윤이가 진우의 집에 방문했을 때, 진우를 만날 수 있는 확률은 얼마일까?」라는 문제는 과거의 경험으로 미루어 예상할 수밖에 없다.

만일 10회의 방문 중 3회 만난 경험을 가지고 있을 때, $\mathbf{\frac{3}{10}}$을 지윤이가 진우를 만날 수 있는 **상대도수**라고 한다.

그러나 10회 정도가 아니고 충분히 많은 경험을 통해서 10회에 3회 꼴로 만날 수 있었다고 할 때, '지윤이가 진우를 만날 수 있는 통계적 확률은 $\frac{3}{10}$ 이다'라고 말한다.

**Note* 통계적 확률을 경험적 확률이라고도 한다.

보기 3 어떤 수학자의 실험에 의하면 한 개의 주사위를 10000번 던져서 1의 눈이 1650번 나왔다고 한다. 이 주사위를 한 번 던질 때, 1의 눈이 나올 확률을 구하여라.

연구 $(\text{확률})=\dfrac{(\text{기대하는 것이 일어난 횟수})}{(\text{시행한 횟수})}=\dfrac{1650}{10000}=\mathbf{0.165}$ ⇦ $0.165 \fallingdotseq \dfrac{1}{6}$

보기 4 어떤 농구 선수가 각종 대회에서 총 8000번의 자유투를 시도하였고, 그 중에 5768번을 성공하였다. 이 농구 선수가 한 번의 자유투를 시도할 때, 성공할 확률을 구하여라.

연구 $(\text{확률})=\dfrac{(\text{기대하는 것이 일어난 횟수})}{(\text{시행한 횟수})}=\dfrac{5768}{8000}=\dfrac{721}{1000}=\mathbf{0.721}$

Advice 5° 수학적 확률과 통계적 확률의 관계

한 개의 주사위를 던질 때 1의 눈이 나올 확률이 $\frac{1}{6}$이라는 것은 주사위를 6번 던질 때 이 중에서 한 번은 반드시 1의 눈이 나온다는 뜻은 아니다.

실제로 주사위를 6번 던질 때 1의 눈이 6번 모두 나올 수도 있고 한 번도 나오지 않을 수도 있다. 그러나 던지는 횟수가 많으면 많을수록 1의 눈이 나오는 횟수의 비율이 $\frac{1}{6}$에 가까워진다는 것을 뜻한다.

일반적으로 상대도수 $\frac{r_n}{n}$에서 시행 횟수 n을 크게 하면 할수록 이 값은 사건 A가 일어날 수학적 확률 P(A)의 값에 한없이 가까워진다는 사실이 알려져 있다. 곧,

$$\frac{r_n}{n} \fallingdotseq \mathrm{P(A)}, \qquad \lim_{n\to\infty}\frac{r_n}{n}=\mathrm{P(A)}$$ ⇦ 미적분

필수 예제 5-1 두 개의 주사위 A, B를 동시에 던질 때,

(1) 나오는 눈의 수가 서로 다를 확률을 구하여라.

(2) 나오는 눈의 수의 합이 7이 될 확률을 구하여라.

(3) 나오는 눈의 수의 곱이 제곱수가 될 확률을 구하여라.

(4) 나오는 눈의 수의 곱이 짝수가 될 확률을 구하여라.

정석연구 '기대 정도가 같다'는 말이 명시되어 있지 않아도, 이런 유형의 문제는 어느 경우이든 나올 기대 정도가 같은 것으로 생각한다.

정 의 $(\text{확률})=\dfrac{(\text{기대하는 것이 일어나는 경우의 수})}{(\text{일어날 수 있는 모든 경우의 수})}$

모범답안 일어날 수 있는 모든 경우의 수는 $6\times6=36$이다.

(1) 나오는 눈의 수가 서로 같은 경우는 오른쪽과 같이 6가지이므로

A	1	2	3	4	5	6
B	1	2	3	4	5	6

구하는 확률은 $\dfrac{36-6}{36}=\boldsymbol{\dfrac{5}{6}}$ ← 답

(2) 나오는 눈의 수의 합이 7이 되는 경우는 오른쪽과 같이 6가지이므로

A	1	2	3	4	5	6
B	6	5	4	3	2	1

구하는 확률은 $\dfrac{6}{36}=\boldsymbol{\dfrac{1}{6}}$ ← 답

(3) 나오는 눈의 수의 곱이 제곱수가 되는 경우는 오른쪽과 같이 8가지이므로

A	1	2	3	4	5	6	1	4
B	1	2	3	4	5	6	4	1

구하는 확률은 $\dfrac{8}{36}=\boldsymbol{\dfrac{2}{9}}$ ← 답

(4) 나오는 눈의 수의 곱이 짝수가 되는 경우는

$\left.\begin{array}{l}(\text{짝수})\times(\text{짝수})=(\text{짝수})\text{인 경우 : } 3\times3=9(\text{가지})\\(\text{짝수})\times(\text{홀수})=(\text{짝수})\text{인 경우 : } 3\times3=9(\text{가지})\\(\text{홀수})\times(\text{짝수})=(\text{짝수})\text{인 경우 : } 3\times3=9(\text{가지})\end{array}\right\}$ 27가지이므로

구하는 확률은 $\dfrac{27}{36}=\boldsymbol{\dfrac{3}{4}}$ ← 답

유제 **5**-1. 한 개의 주사위를 두 번 던질 때, 다음을 구하여라.

(1) 눈의 수의 차가 3 이상일 확률 (2) 눈의 수의 합이 짝수일 확률

(3) 두 번째 눈의 수가 첫 번째 눈의 수보다 클 확률

(4) 한 눈의 수가 다른 눈의 수의 배수일 확률

답 (1) $\boldsymbol{\dfrac{1}{3}}$ (2) $\boldsymbol{\dfrac{1}{2}}$ (3) $\boldsymbol{\dfrac{5}{12}}$ (4) $\boldsymbol{\dfrac{11}{18}}$

필수 예제 5-2 주머니에 흰 공 4개, 검은 공 3개, 붉은 공 5개가 들어 있다. 이 중에서 임의로 4개의 공을 꺼낼 때,

(1) 4개 모두 붉은 공을 꺼낼 확률을 구하여라.

(2) 흰 공 2개, 검은 공 2개를 꺼낼 확률을 구하여라.

(3) 꺼낸 공 중에 흰 공이 2개 포함될 확률을 구하여라.

(4) 흰 공 1개, 검은 공 1개, 붉은 공 2개를 꺼낼 확률을 구하여라.

모범답안 모두 12개의 공 중에서 4개의 공을 꺼내는 경우의 수는 ${}_{12}\mathrm{C}_4$이다.

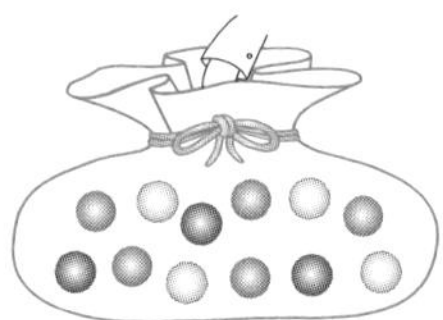

(1) 4개가 모두 붉은 공인 경우의 수는 ${}_5\mathrm{C}_4$이므로

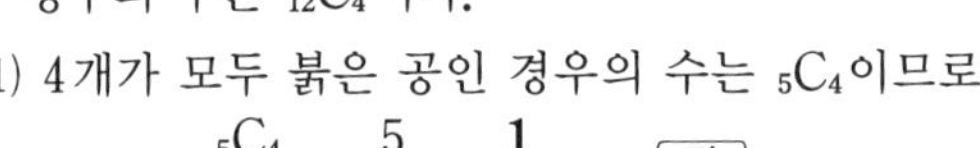

$$\frac{{}_5\mathrm{C}_4}{{}_{12}\mathrm{C}_4}=\frac{5}{495}=\mathbf{\frac{1}{99}} \longleftarrow \boxed{\text{답}}$$

(2) 4개의 공 중 흰 공이 2개, 검은 공이 2개인 경우의 수는 ${}_4\mathrm{C}_2\times{}_3\mathrm{C}_2$이므로

$$\frac{{}_4\mathrm{C}_2\times{}_3\mathrm{C}_2}{{}_{12}\mathrm{C}_4}=\frac{18}{495}=\mathbf{\frac{2}{55}} \longleftarrow \boxed{\text{답}}$$

(3) 흰 공이 2개 포함되는 경우는, 흰 공 4개 중에서 2개를 꺼내고 나머지 검은 공과 붉은 공을 더한 8개 중에서 2개를 꺼내는 경우이다.

따라서 4개의 공 중 흰 공이 2개 포함되는 경우의 수는 ${}_4\mathrm{C}_2\times{}_8\mathrm{C}_2$이므로

$$\frac{{}_4\mathrm{C}_2\times{}_8\mathrm{C}_2}{{}_{12}\mathrm{C}_4}=\frac{168}{495}=\mathbf{\frac{56}{165}} \longleftarrow \boxed{\text{답}}$$

(4) 4개의 공 중 흰 공이 1개, 검은 공이 1개, 붉은 공이 2개인 경우의 수는 ${}_4\mathrm{C}_1\times{}_3\mathrm{C}_1\times{}_5\mathrm{C}_2$이므로

$$\frac{{}_4\mathrm{C}_1\times{}_3\mathrm{C}_1\times{}_5\mathrm{C}_2}{{}_{12}\mathrm{C}_4}=\frac{120}{495}=\mathbf{\frac{8}{33}} \longleftarrow \boxed{\text{답}}$$

유제 **5**-2. 10개의 제품 중 3개의 불량품이 있다고 한다. 이 중에서 임의로 2개의 제품을 뽑을 때, 다음 사건이 일어날 확률을 구하여라.

(1) 2개가 모두 불량품 (2) 1개는 정상품, 1개는 불량품

답 (1) $\mathbf{\frac{1}{15}}$ (2) $\mathbf{\frac{7}{15}}$

유제 **5**-3. 학생이 32명인 지윤이네 학급에서 임의로 학급 위원 2명을 뽑을 때, 지윤이가 뽑힐 확률을 구하여라.

또, 32명이 8명씩 A, B, C, D의 네 조로 나뉘어 있을 때, 위원 2명이 같은 조에서 뽑힐 확률을 구하여라.

답 $\mathbf{\frac{1}{16}}$, $\mathbf{\frac{7}{31}}$

필수 예제 5-3 주머니에 흰 공과 붉은 공이 합하여 8개 들어 있다. 이 주머니에서 임의로 2개의 공을 꺼내 보고 다시 넣는 시행을 충분히 많이 반복해 보니 4회에 3회 꼴로 2개 모두 흰 공이었다고 한다.

주머니에 흰 공이 몇 개 들어 있다고 할 수 있는가?

정석연구 (i) 「2개의 공을 꺼내 보고 다시 넣는 시행을 충분히 많이 반복해 보니 4회에 3회 꼴로 2개 모두 흰 공이었다」는 말은 이 주머니에서

「2개의 공을 꺼낼 때 2개 모두 흰 공일 통계적 확률은 $\dfrac{3}{4}$이다」

라는 말과 같다.

(ii) 주머니에서 2개의 공을 꺼내는 경우의 수는 ${}_8\mathrm{C}_2$이다.

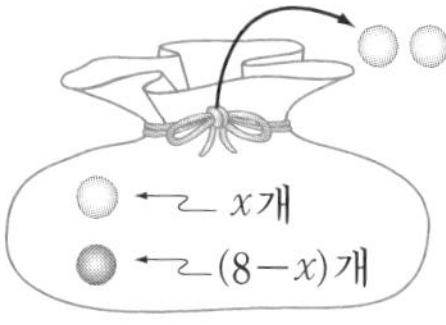

한편 주머니에 들어 있는 흰 공이 x개라고 하면 이 주머니에서 2개의 공을 꺼낼 때 2개 모두 흰 공이 나오는 경우의 수는 ${}_x\mathrm{C}_2$이다.

따라서 2개 모두 흰 공일 수학적 확률은 $\dfrac{{}_x\mathrm{C}_2}{{}_8\mathrm{C}_2}$이다.

다음 수학적 확률과 통계적 확률의 관계를 이용해 보아라.

정석 수학적 확률이 $\mathbf{P(A)}$인 사건 $\mathbf{A}$에 대하여 실제로 $\boldsymbol{n}$회 시행하여 이 중에서 사건 $\mathbf{A}$가 $\boldsymbol{r_n}$회 일어났다고 하면

$\boldsymbol{n}$이 충분히 클 때 $\quad \dfrac{r_n}{n} \fallingdotseq \mathbf{P(A)}, \quad \lim\limits_{n\to\infty}\dfrac{r_n}{n}=\mathbf{P(A)}$

모범답안 2개의 공을 꺼낼 때 2개 모두 흰 공이 나올 통계적 확률은 $\dfrac{3}{4}$이다.

한편 주머니의 8개의 공 중에서 x개가 흰 공이라고 하면 2개의 공을 꺼낼 때 2개 모두 흰 공일 수학적 확률은 $\dfrac{{}_x\mathrm{C}_2}{{}_8\mathrm{C}_2}$이다.

수학적 확률과 통계적 확률의 관계에 의하여

$$\frac{{}_x\mathrm{C}_2}{{}_8\mathrm{C}_2} \fallingdotseq \frac{3}{4} \qquad \therefore\ {}_x\mathrm{C}_2 \fallingdotseq \frac{3}{4}\times{}_8\mathrm{C}_2 \qquad \therefore\ \frac{x(x-1)}{2} \fallingdotseq \frac{3}{4}\times\frac{8\times7}{2}$$

정리하면 $\quad (x-7)(x+6)\fallingdotseq 0 \qquad \therefore\ x\fallingdotseq 7\ (\because\ x\ge 2)$

따라서 흰 공이 **7**개 들어 있다고 할 수 있다. ← 답

유제 **5**-4. 주머니에 흰 공과 검은 공이 합하여 6개 들어 있다. 이 주머니에서 임의로 2개의 공을 꺼내 보고 다시 넣는 시행을 충분히 많이 반복해 보니 5회에 1회 꼴로 2개 모두 검은 공이었다고 한다.

주머니에 검은 공이 몇 개 들어 있다고 할 수 있는가? 답 **3**개

필수 예제 5-4 자연수 1, 2, 3, $\cdots$, $2n$(단, n은 자연수)이 있다.

(1) 이 중에서 임의로 서로 다른 두 수를 뽑을 때, 두 수의 차가 n 이상일 확률을 구하여라.

(2) 이 중에서 임의로 서로 다른 세 수를 뽑을 때, 세 수를 작은 수부터 크기 순으로 나열하면 공차가 2인 등차수열이 될 확률을 구하여라.

모범답안 (1) 서로 다른 두 수를 뽑는 모든 경우의 수는

$$_{2n}\mathrm{C}_2=\frac{2n(2n-1)}{2!}=n(2n-1)$$

작은 수를 x, 큰 수를 y라고 할 때, $y-x\geq n$인 경우는

$x=1$일 때 $\quad y-1\geq n \quad \therefore\ y\geq n+1 \quad \therefore\ n$가지

$x=2$일 때 $\quad y-2\geq n \quad \therefore\ y\geq n+2 \quad \therefore\ n-1$가지

$\cdots\cdots$

$x=n$일 때 $\quad y-n\geq n \quad \therefore\ y\geq 2n \quad \therefore\ 1$가지

따라서 $y-x\geq n$인 경우의 수는 $\quad n+(n-1)+\cdots+1=\frac{1}{2}n(n+1)$

이므로 구하는 확률은

$$\frac{\frac{1}{2}n(n+1)}{_{2n}\mathrm{C}_2}=\frac{\frac{1}{2}n(n+1)}{n(2n-1)}=\boldsymbol{\frac{n+1}{2(2n-1)}} \longleftarrow \text{답}$$

(2) 서로 다른 세 수를 뽑는 모든 경우의 수는

$$_{2n}\mathrm{C}_3=\frac{2n(2n-1)(2n-2)}{3!}=\frac{2}{3}n(2n-1)(n-1)$$

이 중에서 공차가 2인 등차수열을 이루는 경우는

(1, 3, 5), (2, 4, 6), (3, 5, 7), $\cdots$, $(2n-4,\ 2n-2,\ 2n)$

의 $2n-4$가지이므로 구하는 확률은

$$\frac{2n-4}{_{2n}\mathrm{C}_3}=\frac{3(2n-4)}{2n(2n-1)(n-1)}=\boldsymbol{\frac{3(n-2)}{n(2n-1)(n-1)}} \longleftarrow \text{답}$$

유제 **5**-5. 1부터 100까지의 번호가 붙은 카드가 100장 있다. 이 중에서 임의로 한 장씩 두 장의 카드를 뽑을 때, 먼저 뽑은 카드의 번호를 x, 두 번째 뽑은 카드의 번호를 y라고 하자.

(1) $x=1$이고 $|1-y|\leq 10$일 확률을 구하여라.

(2) $x=2$이고 $|2-y|\leq 10$일 확률을 구하여라.

답 (1) $\boldsymbol{\frac{1}{990}}$ (2) $\boldsymbol{\frac{1}{900}}$

유제 **5**-6. 1부터 9까지의 자연수가 하나씩 적힌 9개의 공이 들어 있는 주머니에서 임의로 4개의 공을 동시에 꺼낼 때, 꺼낸 공에 적힌 수 중 가장 큰 수와 가장 작은 수의 합이 7 이상 9 이하일 확률을 구하여라. 답 $\boldsymbol{\frac{1}{3}}$

§ 3. 기하적 확률

기본정석

기하적 확률

영역 U는 연속적인 변량 u를 크기로 가지고, 이 영역에서 어느 점을 잡든 잡을 가능성이 같은 정도로 기대된다고 하자.

이제 영역 A가 영역 U에 포함되어 있고 A의 크기가 a일 때, 영역 U에서 임의로 잡은 점 P가 영역 A에 속할 확률을 $\dfrac{a}{u}$라고 정의한다.

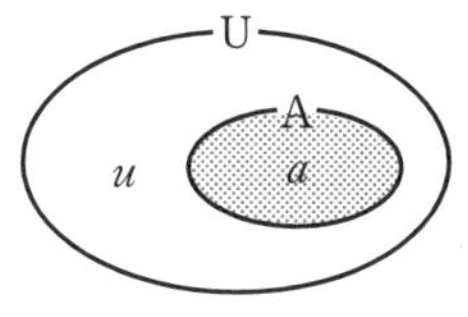

Advice | (고등학교 교육과정 밖의 내용) 기하적 확률은 고등학교 교육과정에서 제외되었지만, 좀 더 깊이 공부하고 싶은 학생을 위해 여기에 다룬다.

이제까지는 경우의 수를 셀 수 있는 확률에 대해서만 공부했으나, 때에 따라서는 경우의 수가 무한히 많아서 그 수를 셀 수 없을 때가 있다. 이런 때에는 A가 일어날 확률 P(A)를 다음과 같이 정의한다.

정의 $\mathrm{P(A)}=\dfrac{(\text{A가 일어나는 영역의 크기})}{(\text{일어날 수 있는 전 영역의 크기})}$

보기 1 $0\le m\le 3$에서 임의로 실수 m을 뽑을 때, x에 관한 이차방정식 $4x^2+4mx+m=0$이 실근을 가질 확률을 구하여라.

연구 방정식 $4x^2+4mx+m=0$에서

$\mathrm{D}/4=4m^2-4m\ge 0 \quad \therefore\ m\le 0,\ m\ge 1$

$0\le m\le 3$에서 실근을 가지는 범위는

$m=0,\ 1\le m\le 3$이므로 구하는 확률은 $\mathbf{\dfrac{2}{3}}$

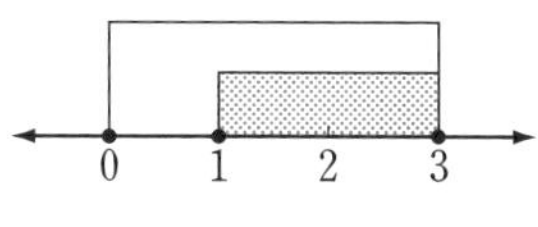

보기 2 반지름의 길이가 5인 원판이 있다. 원판 위의 한 점 P를 임의로 잡을 때, 중심 O와 점 P 사이의 거리가 2 이상 3 이하일 확률을 구하여라.

단, 원판 위의 어느 점이든 잡을 가능성이 같은 정도로 기대된다.

연구 원판의 넓이는 $\pi\times 5^2$이고, $2\le\overline{\mathrm{OP}}\le 3$을 만족시키는 점 P가 존재하는 영역의 넓이는 $\pi\times 3^2-\pi\times 2^2$이다.

따라서 구하는 확률은 $\dfrac{\pi\times 3^2-\pi\times 2^2}{\pi\times 5^2}=\mathbf{\dfrac{1}{5}}$

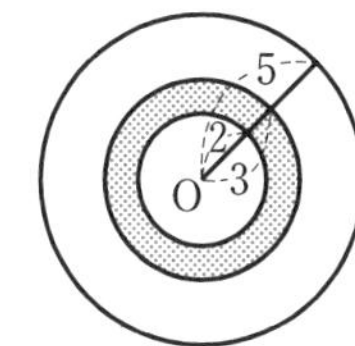

필수 예제 5-5 오른쪽 그림과 같이 한 변의 길이가 2인 정사각형 ABCD의 내부의 한 점 P를 임의로 잡을 때, 다음 물음에 답하여라.

(1) $\triangle$PBC의 넓이가 1보다 작을 확률을 구하여라.

(2) $\triangle$PAB와 $\triangle$PBC가 모두 둔각삼각형이 될 확률을 구하여라.

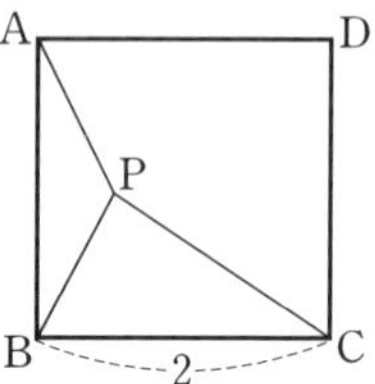

정석연구 근원사건의 개수가 무한히 많아서 그 수를 셀 수 없는 경우에는 다음 기하적 확률을 생각해 본다.

정석 $\mathrm{P}(\mathrm{E})=\dfrac{(\mathbf{E}\text{가 일어나는 영역의 크기})}{(\text{일어날 수 있는 전 영역의 크기})}$

모범답안 (1) 점 P에서 변 BC에 내린 수선의 발을 H라고 하면

$$\triangle\mathrm{PBC}=\frac{1}{2}\times\overline{\mathrm{BC}}\times\overline{\mathrm{PH}}=\frac{1}{2}\times2\times\overline{\mathrm{PH}}=\overline{\mathrm{PH}}$$

이므로 $\triangle$PBC의 넓이가 1보다 작은 경우는 $\overline{\mathrm{PH}}<1$일 때이다.

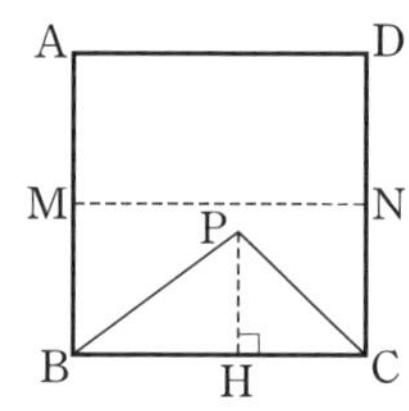

따라서 변 AB, 변 CD의 중점을 각각 M, N이라고 할 때, 점 P는 □MBCN의 내부에 존재하면 되므로 구하는 확률은

$$\frac{(\square\text{MBCN의 넓이})}{(\square\text{ABCD의 넓이})}=\frac{2\times1}{2^2}=\mathbf{\frac{1}{2}} \leftarrow \text{답}$$

(2) 점 P가 변 AB를 지름으로 하는 반원의 내부에 존재하고, 동시에 변 BC를 지름으로 하는 반원의 내부에 존재하면

$$\angle\mathrm{APB}>90^\circ,\quad \angle\mathrm{BPC}>90^\circ$$

이므로 $\triangle$PAB와 $\triangle$PBC는 모두 둔각삼각형이다.

따라서 구하는 확률은

$$\frac{(\text{점 찍은 부분의 넓이})}{(\square\text{ABCD의 넓이})}=\frac{\left(\frac{1}{4}\pi\times1^2\right)\times2-1^2}{2^2}=\boldsymbol{\frac{\pi-2}{8}} \leftarrow \text{답}$$

유제 **5**-7. 한 변의 길이가 1인 정사각형 ABCD의 내부의 한 점 P를 임의로 잡을 때, $\triangle$ABP가 예각삼각형이 될 확률을 구하여라. 답 $\boldsymbol{1-\frac{\pi}{8}}$

필수 예제 5-6 집합 $S=\{a \mid 0<a<1,\ a$는 실수$\}$의 원소 중에서 두 실수 x, y를 임의로 정할 때, 다음을 구하여라.

(1) $x+y \in S$일 확률 P_1 (2) $2x-y \in S$일 확률 P_2

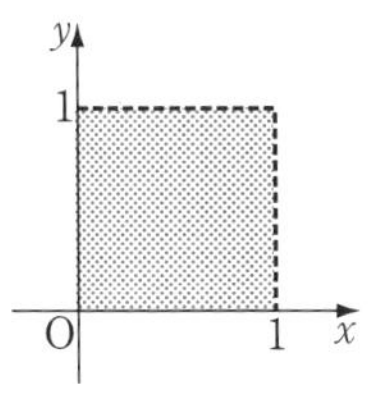

정석연구 조건을 만족시키는 x, y를 좌표로 하는 점 $(x,\ y)$를 생각하고, 이 점이 존재하는 좌표평면 위의 영역의 크기를 구한 후 기하적 확률을 이용한다.

조건에서 $0<x<1$, $0<y<1$이므로 오른쪽 그림의 정사각형의 내부가 표본공간이다.

한편 (1)에서 $x+y \in S$이므로 $0<x+y<1$ $\therefore -x<y<-x+1$

이를 만족시키는 점 $(x,\ y)$가 존재하는 영역은 표본공간에 속하는 각 x에 대하여 y의 값이 $-x$의 값보다 크고 $-x+1$의 값보다 작은 부분이다.

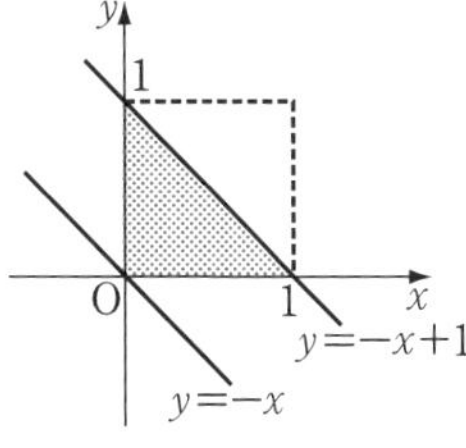

모범답안 (1) $x+y \in S$이므로 $0<x+y<1$

$\therefore -x<y<-x+1$

이를 만족시키는 점 $(x,\ y)$는 직선 $y=-x$와 직선 $y=-x+1$ 사이에 존재한다.

또, $0<x<1$, $0<y<1$이므로 좌표평면에서 점 $(x,\ y)$가 존재하는 영역은 오른쪽 그림의 점 찍은 부분(경계 제외)이다.

$$\therefore P_1=\frac{(\text{점 찍은 부분의 넓이})}{(\text{정사각형의 넓이})}=\frac{\frac{1}{2}\times1\times1}{1^2}=\mathbf{\frac{1}{2}} \longleftarrow \boxed{\text{답}}$$

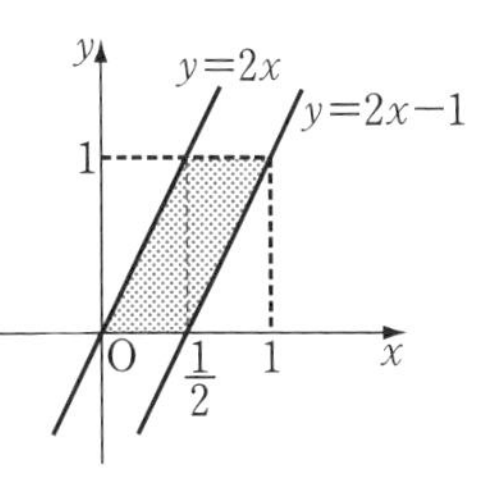

(2) $2x-y \in S$이므로 $0<2x-y<1$

$\therefore 2x-1<y<2x$

이를 만족시키는 점 $(x,\ y)$는 직선 $y=2x-1$과 직선 $y=2x$ 사이에 존재한다.

또, $0<x<1$, $0<y<1$이므로 좌표평면에서 점 $(x,\ y)$가 존재하는 영역은 오른쪽 그림의 점 찍은 부분(경계 제외)이다.

$$\therefore P_2=\frac{(\text{점 찍은 부분의 넓이})}{(\text{정사각형의 넓이})}=\frac{\frac{1}{2}\times1}{1^2}=\mathbf{\frac{1}{2}} \longleftarrow \boxed{\text{답}}$$

유제 **5**-8. 길이가 2인 선분 AB 위에 임의의 두 점 C, D를 잡을 때, 선분 CD의 길이가 1 이상이 될 확률을 구하여라. 답 $\mathbf{\frac{1}{4}}$

연습문제 5

기본 **5-1** 서로 다른 세 개의 주사위를 동시에 던질 때,

(1) 나오는 눈의 수가 모두 다를 확률을 구하여라.

(2) 나오는 눈의 수의 합이 5일 확률을 구하여라.

(3) 두 개만 같은 수의 눈이 나올 확률을 구하여라.

(4) 눈의 수의 최솟값이 5일 확률을 구하여라.

5-2 여섯 개의 문자 a, b, c, d, e, f를 임의로 일렬로 나열할 때,

(1) a가 앞에서부터 세 번째 이내에 나열될 확률을 구하여라.

(2) a와 b가 이웃하게 나열될 확률을 구하여라.

(3) a와 b 사이에 하나의 문자가 끼도록 나열될 확률을 구하여라.

(4) a, b, c 중 어느 두 문자도 이웃하지 않게 나열될 확률을 구하여라.

5-3 0, 1, 2, 3, 4, 5의 숫자가 하나씩 적힌 6장의 카드에서 임의로 3장을 차례로 뽑아 카드에 적힌 수를 뽑힌 순으로 나열하여 만든 수가 세 자리 짝수일 확률과 세 자리 홀수일 확률을 구하여라. 단, 한 번 뽑은 카드는 다시 뽑지 않는다.

5-4 coffee의 6개의 문자를 모두 사용하여 임의로 일렬로 나열할 때, 3개의 모음이 이웃할 확률을 구하여라.

5-5 한 개의 주사위를 두 번 던져서 나오는 눈의 수를 차례로 a, b라고 할 때, $i^{|a-b|}=i$일 확률을 구하여라. 단, $i=\sqrt{-1}$이다.

5-6 A, B, C, D 네 명의 친구가 서로 선물을 교환하기로 하였다. 각자 한 개씩 가져와서 한데 모은 다음, 공정한 추첨에 의하여 나누어 가질 때,

(1) A가 자기 자신이 가져온 선물에 당첨될 확률을 구하여라.

(2) 누구도 자기 자신이 가져온 선물에 당첨되지 않을 확률을 구하여라.

5-7 흰색 카드 4장, 노란색 카드 4장, 파란색 카드 4장에 각각 1, 2, 3, 4가 적혀 있다. 이 중에서 임의로 3장을 뽑을 때, 다음 사건이 일어날 확률을 구하여라.

(1) 모두 같은 색이다.　　(2) 숫자가 모두 다르다.

(3) 색도 숫자도 모두 다르다.

5-8 붉은 공 6개와 파란 공 3개를 임의로 3개씩 서로 다른 3개의 상자에 넣을 때, 각 상자에 붉은 공이 2개, 파란 공이 1개 들어갈 확률을 구하여라.

5-9 m개의 제비 중 당첨 제비가 5개 있다. 이 중에서 임의로 2개를 뽑을 때, 당첨인 제비와 당첨이 아닌 제비가 1개씩 뽑힐 확률이 $\frac{1}{3}$이라고 한다. 이때, m의 값을 구하여라.

5-10 남학생 5명, 여학생 3명이 임의로 원탁에 둘러앉을 때,
(1) 여학생끼리 서로 이웃하지 않을 확률을 구하여라.
(2) 여학생 3명이 이웃할 확률을 구하여라.

5-11 집합 $\{1, 2, 3, \cdots, n\}$의 부분집합 중에서 임의로 한 개의 집합을 뽑을 때, 이 집합이 집합 $\{1, 2, 3, \cdots, k\}$ (단, $k \le n$)를 포함할 확률을 구하여라.

5-12 다음 두 조건을 만족시키는 좌표평면 위의 점 (x, y) 중에서 임의로 한 점을 택할 때, $x=y$일 확률을 구하여라.
(가) x, y는 정수이다. (나) $0<4y<17-x^2$

5-13 주머니 A에는 숫자 1, 2, 3, 4가 하나씩 적힌 4장의 카드가 들어 있고, 주머니 B에는 숫자 2, 3, 4, 5가 하나씩 적힌 4장의 카드가 들어 있다. 갑은 주머니 A에서, 을은 주머니 B에서 각자 임의로 두 장의 카드를 꺼내어 가질 때, 갑이 가진 두 장의 카드에 적힌 수의 합과 을이 가진 두 장의 카드에 적힌 수의 합이 같을 확률을 구하여라.

5-14 어느 전화국 관내의 전화번호는 0000부터 9999번까지 1만 개 있다고 한다. 이 중에서 임의로 한 개의 번호를 뽑을 때, 다음을 구하여라.
(1) 4개의 숫자가 모두 다를 확률
(2) 적어도 한 개의 0을 포함할 확률
(3) 같은 숫자가 3개 이상일 확률
(4) 첫째 자리부터 끝자리를 향하여 숫자가 커질 확률

5-15 한 개의 주사위를 4번 던질 때, 1211, 6446과 같이 오직 두 종류의 눈의 수가 나올 확률을 구하여라.

5-16 한 변의 길이가 10 cm인 정사각형 모양의 타일을 깐 넓은 마루에 반지름의 길이가 1 cm인 동전을 임의로 던질 때, 이 동전이 다음과 같이 놓일 확률을 구하여라.
(1) 한 장의 타일에 완전히 얹힌다. (2) 두 장의 타일에 걸친다.
(3) 세 장의 타일에 걸친다. (4) 네 장의 타일에 걸친다.

[실력] **5-17** 남자 4명과 여자 4명이 참가한 탁구 시합에서 임의로 2명씩 4개의 조를 만들 때, 남자 1명과 여자 1명으로 된 조가 2개일 확률을 구하여라.

5-18 주머니에 1부터 9까지의 자연수가 하나씩 적힌 9개의 공이 들어 있다. 이 주머니에서 임의로 3개의 공을 동시에 꺼낼 때, 꺼낸 공에 적힌 수의 합이 홀수이고, 곱이 3의 배수일 확률을 구하여라.

5-19 오른쪽 표의 각 가로줄에서 임의로 한 개씩 택한 세 수의 곱을 3으로 나눈 나머지가 1이 될 확률을 구하여라.

2^1	2^2	2^3
2^4	2^5	2^6
2^7	2^8	2^9

5-20 어떤 사람이 이길 확률과 질 확률이 각각 $\frac{1}{2}$인 게임을 할 때, 처음에 가진 점수는 10점이고, 매 게임에서 이기면 1점을 얻고 지면 2점을 잃는다. 이 게임을 9번 했을 때, 이 사람의 점수가 0점이 될 확률과 1점이 될 확률을 구하여라.

5-21 흰 공 x개와 붉은 공 y개가 들어 있는 주머니에서 임의로 두 개의 공을 꺼낼 때, 서로 같은 색의 공이 나올 확률과 서로 다른 색의 공이 나올 확률이 같다. $x \geq y \geq 2$, $x+y \leq 50$일 때, 가능한 x, y의 값을 구하여라.

5-22 두 개의 주사위 A, B를 던져서 나오는 눈의 수를 각각 a, b라고 할 때, x에 관한 삼차방정식 $x^3+(a+1)x^2+(a+b)x+b=0$이 서로 다른 세 실근을 가질 확률을 구하여라.

5-23 자연수 1, 2, 3, $\cdots$, $3n$(단, n은 자연수)이 하나씩 적힌 $3n$장의 카드가 있다. 이 중에서 임의로 뽑은 2장의 카드에 적힌 두 수를 각각 a, b (단, $a<b$)라고 할 때, $3a<b$일 확률을 구하여라.

5-24 오른쪽 그림과 같은 도로망이 있다. A에서 B까지 최단 경로로 가는 친구를 지점 P, Q, R 중 어느 한 지점에서 기다리려고 한다. 만날 확률이 가장 큰 지점은 어느 지점인가? 단, 최단 경로를 택할 가능성은 같은 정도로 기대된다.

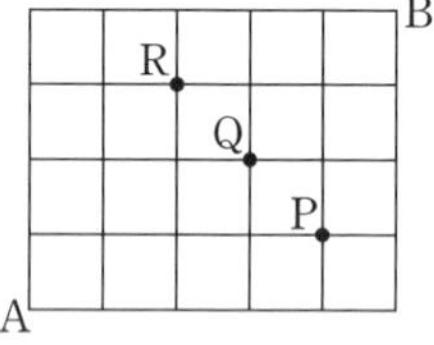

5-25 좌표평면 위의 원점에 점 P가 있다. 한 개의 주사위를 던져서 홀수의 눈이 나오면 x축의 양의 방향으로 1만큼, 짝수의 눈이 나오면 y축의 양의 방향으로 1만큼 점 P를 옮긴다고 하자. 주사위를 8번 던졌을 때, 원점과 점 P 사이의 거리가 6 이하가 될 확률을 구하여라.

5-26 한 개의 주사위를 5번 던져서 나오는 눈의 수를 차례로 x_1, x_2, x_3, x_4, x_5라고 할 때, $x_1 \leq x_2 \leq x_3$, $x_3 \geq x_4 \geq x_5$가 동시에 성립할 확률을 구하여라.

⑥. 확률의 덧셈정리

§ 1. 여사건의 확률

기본정석

여사건의 확률

사건 A의 확률과 여사건 A^c의 확률 사이에는 다음 관계가 성립한다.

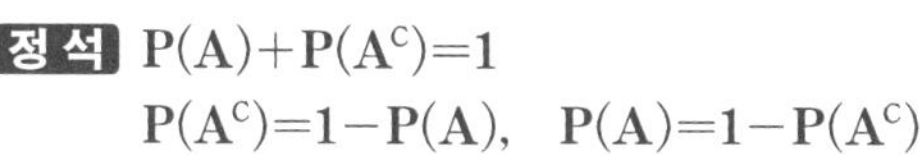

정석 $P(A)+P(A^c)=1$

$P(A^c)=1-P(A)$, $P(A)=1-P(A^c)$

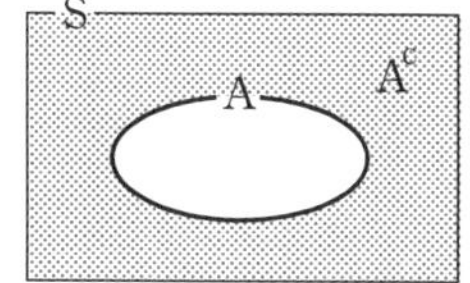

Advice | 표본공간 S에서 사건 A와 여사건 A^c에 대하여 사건 S, A, A^c이 일어나는 경우의 수는 각각 $n(S)$, $n(A)$, $n(A^c)$이고, $A\cup A^c=S$, $A\cap A^c=\varnothing$이므로

$$n(A)+n(A^c)=n(S)$$

이 등식의 양변을 $n(S)$로 나누면

$$\frac{n(A)}{n(S)}+\frac{n(A^c)}{n(S)}=1$$

여기에서 각 근원사건이 일어날 가능성이 같은 정도로 기대될 때, 확률의 정의에 의하여

$$P(A)+P(A^c)=1 \qquad \therefore\ P(A^c)=1-P(A),\quad P(A)=1-P(A^c)$$

이를 이용하여 사건 A의 확률 $P(A)$를 알면 여사건 A^c의 확률 $P(A^c)$을 구할 수 있고, 사건 A의 여사건 A^c의 확률 $P(A^c)$을 알면 사건 A의 확률 $P(A)$를 구할 수 있다.

보기 1 다섯 개의 동전을 동시에 던질 때, 적어도 한 개가 앞면이 나올 확률을 구하여라.

연구 적어도 한 개가 앞면이 나오는 사건을 A라고 하면 여사건 A^c은 모두 뒷면이 나오는 사건이므로

$$P(A^c)=\frac{1}{2^5}=\frac{1}{32} \qquad \therefore\ P(A)=1-P(A^c)=1-\frac{1}{32}=\mathbf{\frac{31}{32}}$$

필수 예제 6-1 20개의 제비 중 5개의 당첨 제비가 있다. 이 중에서 임의로 3개의 제비를 뽑을 때, 다음 물음에 답하여라.

(1) 3개 모두 당첨 제비가 아닐 확률을 구하여라.

(2) 적어도 1개가 당첨 제비일 확률을 구하여라.

정석연구 뽑은 3개의 제비의 내용을 살펴보면 다음과 같다.

① 3개 모두 당첨인 것 ...... ○○○
② 2개만 당첨인 것 ...... ○○× } 적어도 1개가 당첨
③ 1개만 당첨인 것 ...... ○××

④ 3개 모두 당첨이 아닌 것 ...... ×××

이 중에서 (1)은 ④가 일어날 확률을 구하는 문제이고, (2)는 ①, ②, ③ 중 어느 것이 일어나도 좋을 확률을 구하는 문제이다.

여기에서 적어도 1개가 당첨 제비인 사건(①, ②, ③)은 3개 모두 당첨 제비가 아닌 사건(④)의 여사건인 것을 이용한다.

정석 「적어도 ···」 하면 ⟹ 여사건을 생각하여라.

$$\mathbf{P(A)=1-P(A^c)}$$

모범답안 (1) 3개 모두 당첨 제비가 아닌 사건을 A라고 하면

$$P(A)=\frac{{}_{15}C_3}{{}_{20}C_3}=\mathbf{\frac{91}{228}} \longleftarrow \boxed{답}$$

(2) 적어도 1개가 당첨 제비인 사건은 3개 모두 당첨 제비가 아닌 사건 A의 여사건 A^c이므로

$$P(A^c)=1-P(A)=1-\frac{91}{228}=\mathbf{\frac{137}{228}} \longleftarrow \boxed{답}$$

유제 **6**-1. 주머니에 5개의 흰 공과 3개의 검은 공이 들어 있다. 이 중에서 임의로 2개의 공을 꺼낼 때, 적어도 1개가 흰 공일 확률을 구하여라.

답 $\mathbf{\frac{25}{28}}$

유제 **6**-2. 1부터 10까지의 자연수가 하나씩 적힌 카드가 각각 한 장씩 모두 10장이 있다. 이 중에서 임의로 2장을 뽑을 때, 카드에 적힌 두 수의 곱이 2의 배수 또는 3의 배수일 확률을 구하여라. 답 $\mathbf{\frac{14}{15}}$

유제 **6**-3. 10개의 제품 중 몇 개의 불량품이 있다. 이 중에서 임의로 2개의 제품을 뽑을 때, 적어도 1개가 불량품이 나올 확률이 $\frac{8}{15}$이라고 한다. 이때, 불량품의 개수를 구하여라. 답 **3**

필수 예제 6-2 한 개의 주사위를 다섯 번 던져서 나오는 눈의 수를 차례로 x, y, z, u, v라고 할 때,

$$(x-y)(y-z)(z-u)(u-v)=0$$

일 확률을 구하여라.

정석연구 $(x-y)(y-z)(z-u)(u-v)=0$에서

$$x-y=0 \text{ 또는 } y-z=0 \text{ 또는 } z-u=0 \text{ 또는 } u-v=0 \quad \cdots\cdots①$$

이므로 ①을 만족시키는 확률을 구해도 된다.

그런데 ①의 경우의 수를 구할 때 $x=y$, $y=z$, $z=u$, $u=v$인 경우의 수를 각각 구하여 이들을 모두 더하면 된다고 생각해서는 안 된다. 왜냐하면 $x=y$인 경우와 $y=z$인 경우에는 중복되는 경우(다른 경우도 마찬가지이다)도 있으므로 이런 경우를 일일이 세어 빼 주어야 하기 때문이다. 따라서 이와 같은 방법으로 경우의 수를 구하는 것은 복잡하다.

이런 경우에는 ①의 부정인

$$x-y\neq0 \text{이고 } y-z\neq0 \text{이고 } z-u\neq0 \text{이고 } u-v\neq0$$

을 만족시키는 경우의 수를 구한 다음, 그 여사건을 생각하면 된다.

정석 「또는」으로 연결된 경우의 수는 ⟹ 여사건의 경우의 수를 생각!

모범답안 일어날 수 있는 모든 경우의 수는 6^5이다. 이 중에서

$$(x-y)(y-z)(z-u)(u-v)=0$$

을 만족시키는 사건을 A라고 하면 여사건 A^C은

$$(x-y)(y-z)(z-u)(u-v)\neq0$$

곧, $x\neq y$이고 $y\neq z$이고 $z\neq u$이고 $u\neq v$

를 만족시키는 사건이다.

그런데 가능한 x의 값은 6가지, y의 값은 x의 값과 달라야 하므로 5가지, z의 값은 y의 값과 달라야 하므로 5가지, $\cdots$이므로 여사건 A^C의 경우의 수는 $6\times5\times5\times5\times5$이다.

x	y	z	u	v
↓	↓	↓	↓	↓
6	5	5	5	5

$$\therefore \mathrm{P(A)}=1-\mathrm{P(A^C)}=1-\frac{6\times5\times5\times5\times5}{6^5}=\frac{671}{1296} \longleftarrow \boxed{\text{답}}$$

유제 **6**-4. 한 개의 주사위를 네 번 던져서 나오는 눈의 수를 차례로 x, y, u, v라고 할 때, 다음이 성립할 확률을 구하여라.

$$(x-y)(x-u)(x-v)(y-u)(y-v)(u-v)=0$$

답 $\dfrac{13}{18}$

§ 2. 확률의 덧셈정리

기본정석

1 확률의 덧셈정리

두 사건 **A, B**에 대하여

$$\mathbf{P(A\cup B)=P(A)+P(B)-P(A\cap B)}$$

2 배반사건의 덧셈정리

두 사건 **A, B**가 서로 배반사건일 때, 곧 **A∩B=∅**일 때

$$\mathbf{P(A\cup B)=P(A)+P(B)}$$

Advice | 표본공간 S의 두 사건 A, B에 대하여 사건 A, B, A∪B, A∩B가 일어나는 경우의 수는 각각 $n(\mathrm{A})$, $n(\mathrm{B})$, $n(\mathrm{A\cup B})$, $n(\mathrm{A\cap B})$이고

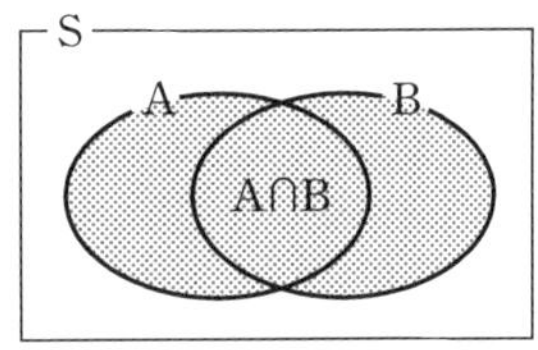

$$n(\mathrm{A\cup B})=n(\mathrm{A})+n(\mathrm{B})-n(\mathrm{A\cap B})$$

가 성립한다. ⇦ p. 8

이 등식의 양변을 $n(\mathrm{S})$로 나누면

$$\frac{n(\mathrm{A\cup B})}{n(\mathrm{S})}=\frac{n(\mathrm{A})}{n(\mathrm{S})}+\frac{n(\mathrm{B})}{n(\mathrm{S})}-\frac{n(\mathrm{A\cap B})}{n(\mathrm{S})}$$

여기에서 각 근원사건이 일어날 가능성이 같은 정도로 기대될 때, 확률의 정의에 의하여 다음이 성립한다.

$$\mathbf{P(A\cup B)=P(A)+P(B)-P(A\cap B)}$$

이 성질을 확률의 덧셈정리라고 한다.

특히 두 사건 A, B가 서로 배반사건일 때에는 $\mathrm{P(A\cap B)}=0$이므로

$$\mathbf{P(A\cup B)=P(A)+P(B)}$$

가 성립한다.

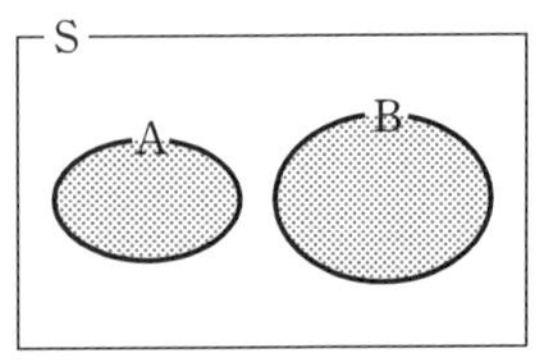

A, B가 배반사건

이 덧셈정리는 세 개 이상의 배반사건에 대해서도 성립한다. ⇦ p. 79

정석 세 사건 **A, B, C**가 서로 배반사건일 때

$$\mathbf{P(A\cup B\cup C)=P(A)+P(B)+P(C)}$$

보기 1 한 개의 주사위를 던질 때, 짝수의 눈 또는 3 이상의 눈이 나올 확률을 구하여라.

연구 표본공간 S={1, 2, 3, 4, 5, 6}에서 짝수의 눈이 나오는 사건을 A, 3 이상의 눈이 나오는 사건을 B라고 하면

$$A=\{2, 4, 6\}, \quad B=\{3, 4, 5, 6\}$$

다음 두 가지 방법으로 구해 보자.

(i) 확률의 정의를 이용하는 방법

$A\cup B=\{2, 3, 4, 5, 6\}$이므로 $n(A\cup B)=5$

$$\therefore P(A\cup B)=\frac{n(A\cup B)}{n(S)}=\mathbf{\frac{5}{6}}$$

(ii) 확률의 덧셈정리를 이용하는 방법

$P(A)=\dfrac{3}{6}$, $P(B)=\dfrac{4}{6}$, $P(A\cap B)=\dfrac{2}{6}$이므로 ⇦ $A\cap B=\{4, 6\}$

$$P(A\cup B)=P(A)+P(B)-P(A\cap B)=\frac{3}{6}+\frac{4}{6}-\frac{2}{6}=\mathbf{\frac{5}{6}}$$

보기 2 주머니에 흰 공 5개, 검은 공 4개가 들어 있다. 이 주머니에서 임의로 2개의 공을 꺼낼 때, 모두 흰 공이거나 모두 검은 공일 확률을 구하여라.

연구 표본공간을 S, 모두 흰 공인 사건을 A, 모두 검은 공인 사건을 B라 하면

$$n(S)={}_9C_2, \quad n(A)={}_5C_2, \quad n(B)={}_4C_2$$

(i) 확률의 정의를 이용하는 방법

$n(A\cup B)={}_5C_2+{}_4C_2$이므로

$$P(A\cup B)=\frac{n(A\cup B)}{n(S)}=\frac{{}_5C_2+{}_4C_2}{{}_9C_2}=\mathbf{\frac{4}{9}}$$

(ii) 확률의 덧셈정리를 이용하는 방법

두 사건 **A**, **B**는 서로 배반사건이므로

$$P(A\cup B)=P(A)+P(B)=\frac{{}_5C_2}{{}_9C_2}+\frac{{}_4C_2}{{}_9C_2}=\mathbf{\frac{4}{9}}$$

보기 3 학생 9명의 혈액형을 조사했더니 A형, B형, O형인 학생이 각각 2명, 3명, 4명이었다. 이 9명의 학생 중에서 임의로 2명을 뽑을 때, 혈액형이 같을 확률을 구하여라.

연구 A형에서 2명, B형에서 2명, O형에서 2명을 뽑는 사건을 각각 A, B, O라고 하면 세 사건 A, B, O는 서로 배반사건이므로

$$P(A)+P(B)+P(O)=\frac{{}_2C_2}{{}_9C_2}+\frac{{}_3C_2}{{}_9C_2}+\frac{{}_4C_2}{{}_9C_2}=\mathbf{\frac{5}{18}}$$

필수 예제 6-3 오른쪽 그림은 표본공간 S와 S의 네 사건 A, B, C, D이다.

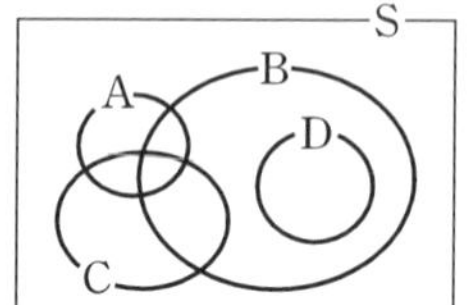

$P(A)=0.1,\quad P(B)=0.5,\quad P(C)=0.2,$
$P(D)=0.09,\quad P(A\cap B)=0.03,$
$P(B\cap C)=0.09,\quad P(C\cap A)=0.04,$
$P(A\cap B\cap C)=0.02$

일 때, 다음 사건이 일어날 확률을 구하여라.

(1) $A\cup B$ (2) $A\cup D$ (3) $B\cup D$ (4) $A^c\cap B^c$ (5) $A\cup B\cup C$

정석연구 세 개의 사건 A, B, C에 대하여 다음 덧셈정리가 성립한다.

정석 확률의 덧셈정리 :

$$\mathbf{P(A\cup B\cup C)=P(A)+P(B)+P(C)-P(A\cap B)-P(B\cap C)-P(C\cap A)+P(A\cap B\cap C)}$$

배반사건의 덧셈정리 : 사건 **A, B, C**가 서로 배반사건일 때

$$\mathbf{P(A\cup B\cup C)=P(A)+P(B)+P(C)}$$

모범답안 (1) 두 사건 A, B는 서로 배반사건이 아니므로

$$P(A\cup B)=P(A)+P(B)-P(A\cap B)=0.1+0.5-0.03$$
$$=\mathbf{0.57} \longleftarrow \boxed{답}$$

(2) 두 사건 A, D는 서로 배반사건이므로

$$P(A\cup D)=P(A)+P(D)=0.1+0.09=\mathbf{0.19} \longleftarrow \boxed{답}$$

(3) 그림에서 $B\cup D=B$ $\quad\therefore P(B\cup D)=P(B)=\mathbf{0.5} \longleftarrow \boxed{답}$

(4) $P(A^c\cap B^c)=P\big((A\cup B)^c\big)=1-P(A\cup B)=1-0.57=\mathbf{0.43} \longleftarrow \boxed{답}$

(5) $P(A\cup B\cup C)=P(A)+P(B)+P(C)-P(A\cap B)-P(B\cap C)-P(C\cap A)+P(A\cap B\cap C)$

$$=0.1+0.5+0.2-0.03-0.09-0.04+0.02=\mathbf{0.66} \longleftarrow \boxed{답}$$

유제 **6**-5. 어떤 문제를 A가 풀 확률은 p, B가 풀 확률은 q이고, A와 B가 모두 풀 확률은 r이다. 이 문제를 A, B 중 적어도 한 사람이 풀 확률을 구하여라.

답 $\boldsymbol{p+q-r}$

유제 **6**-6. 표본공간 S의 세 사건 A, B, C에 대하여

$P(B)=0.5,\quad P(C)=0.6,\quad P(A\cap B)=0.2,\quad P(B\cap C)=0.3,$
$P(C\cap A)=0.4,\quad P(A\cap B\cap C)=0.1,\quad P(A\cup B\cup C)=0.9$

일 때, $P(A\cap B\cap C^c)$과 $P(A)$를 구하여라.

답 $\mathbf{P(A\cap B\cap C^c)=0.1,\ P(A)=0.6}$

필수 예제 6-4 10개 중에서 2개의 불량품이 있는 상품이 있다. 이 10개의 상품 중에서 임의로 4개를 택할 때, 이 중에 포함된 불량품이 1개 이하일 확률을 구하여라.

정석연구 10개의 상품 중에서 4개의 상품을 택하므로

정상품 4개, 불량품 0개 …… ○○○○ } 불량품 1개 이하
정상품 3개, 불량품 1개 …… ○○○×
정상품 2개, 불량품 2개 …… ○○××

의 세 경우가 있다.

따라서 정상품만 4개인 사건을 A라 하고, 정상품 3개, 불량품 1개인 사건을 B라고 할 때, 다음 풀이 방법을 생각할 수 있다.

(i) 확률의 정의를 이용하는 방법

상품 10개 중에서 4개를 택하는 모든 경우의 수는 ${}_{10}C_4$이고, 이 중에서

정상품 4개, 불량품 0개인 경우의 수는 ${}_8C_4$,

정상품 3개, 불량품 1개인 경우의 수는 ${}_8C_3\times{}_2C_1$

이다.

따라서 불량품이 1개 이하인 경우의 수는 ${}_8C_4+{}_8C_3\times{}_2C_1$이므로

$$P(A\cup B)=\frac{{}_8C_4+{}_8C_3\times{}_2C_1}{{}_{10}C_4}=\mathbf{\frac{13}{15}} \longleftarrow \boxed{\text{답}}$$

(ii) 배반사건의 덧셈정리를 이용하는 방법

두 사건 A, B가 일어날 확률은 각각

$$P(A)=\frac{{}_8C_4}{{}_{10}C_4}=\frac{1}{3}, \quad P(B)=\frac{{}_8C_3\times{}_2C_1}{{}_{10}C_4}=\frac{8}{15}$$

그런데 두 사건 A, B는 서로 배반사건이므로

$$P(A\cup B)=P(A)+P(B)=\frac{1}{3}+\frac{8}{15}=\mathbf{\frac{13}{15}} \longleftarrow \boxed{\text{답}}$$

(iii) 여사건의 확률을 이용하는 방법

불량품이 1개 이하인 사건을 E라고 하면 E의 여사건 E^c은 정상품 2개, 불량품 2개인 사건이므로

$$P(E^c)=\frac{{}_8C_2\times{}_2C_2}{{}_{10}C_4}=\frac{2}{15} \quad \therefore P(E)=1-P(E^c)=1-\frac{2}{15}=\mathbf{\frac{13}{15}} \longleftarrow \boxed{\text{답}}$$

유제 **6**-7. 흰 공 6개, 붉은 공 4개가 들어 있는 주머니에서 임의로 4개의 공을 꺼낼 때, 흰 공이 2개 이상일 확률을 구하여라. 답 $\mathbf{\frac{37}{42}}$

필수 예제 6-5 흰 공 2개, 검은 공 3개, 붉은 공 4개가 들어 있는 주머니에서 임의로 2개의 공을 꺼낼 때, 다음 물음에 답하여라.

(1) 2개가 모두 같은 색의 공일 확률을 구하여라.

(2) 2개가 서로 다른 색의 공일 확률을 구하여라.

정석연구 배반사건의 덧셈정리는 세 개 이상의 사건에 대해서도 성립한다.

정석 사건 **A, B, C**가 서로 배반사건일 때

$$\mathbf{P(A \cup B \cup C) = P(A) + P(B) + P(C)}$$

모범답안 (1) 모두 9개의 공 중에서 2개의 공을 꺼내는 경우의 수는 ${}_9C_2$이다.

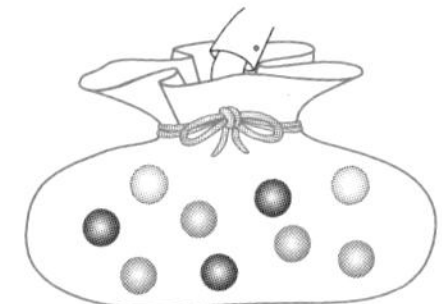

2개가 모두 흰 공인 사건을 A,
2개가 모두 검은 공인 사건을 B,
2개가 모두 붉은 공인 사건을 C

라고 하면

$$P(A) = \frac{{}_2C_2}{{}_9C_2} = \frac{1}{36}, \quad P(B) = \frac{{}_3C_2}{{}_9C_2} = \frac{3}{36}, \quad P(C) = \frac{{}_4C_2}{{}_9C_2} = \frac{6}{36}$$

세 사건 A, B, C는 서로 배반사건이므로

$$P(A \cup B \cup C) = P(A) + P(B) + P(C) = \frac{1}{36} + \frac{3}{36} + \frac{6}{36} = \mathbf{\frac{5}{18}} \longleftarrow \text{답}$$

(2) 2개가 서로 다른 색의 공인 사건을 E라고 하면 여사건 E^c은 2개가 모두 같은 색의 공인 사건이다.

$$\therefore P(E^c) = P(A \cup B \cup C) = \frac{5}{18}$$ ⇦ (1)에서

$$\therefore P(E) = 1 - P(E^c) = 1 - \frac{5}{18} = \mathbf{\frac{13}{18}} \longleftarrow \text{답}$$

Advice | (i) 확률의 정의를 이용하여 (1)을 구하면 확률 P는

$$P = \frac{{}_2C_2 + {}_3C_2 + {}_4C_2}{{}_9C_2} = \frac{10}{36} = \mathbf{\frac{5}{18}}$$

(ii) 여사건을 이용하지 않고 (2)를 직접 구하면 확률 P는

$$P = \frac{{}_2C_1 \times {}_3C_1}{{}_9C_2} + \frac{{}_3C_1 \times {}_4C_1}{{}_9C_2} + \frac{{}_4C_1 \times {}_2C_1}{{}_9C_2} = \frac{26}{36} = \mathbf{\frac{13}{18}}$$

유제 **6**-8. 주머니에 10000원, 5000원, 1000원짜리 지폐가 각각 4장, 10장, 6장 들어 있다. 이 주머니에서 임의로 3장의 지폐를 꺼낼 때, 3장이 모두 같은 금액의 지폐일 확률을 구하여라. 답 $\mathbf{\frac{12}{95}}$

연습문제 6

기본 **6-1** 한 모서리의 길이가 1인 정육면체에서 임의로 서로 다른 두 꼭짓점을 택할 때, 다음 물음에 답하여라.

(1) 두 꼭짓점 사이의 거리가 $\sqrt{2}$이거나 $\sqrt{3}$일 확률을 구하여라.

(2) 두 꼭짓점 사이의 거리가 $\sqrt{2}$ 이하일 확률을 구하여라.

6-2 A, B 두 반의 학생 62명을 남녀로 구분한 결과 오른쪽과 같은 표를 얻었다. 이 학생 중에서 임의로 2명의 대표를 뽑을 때, 남학생이 포함되거나 A반 학생이 포함될 확률을 구하여라.

	남학생	여학생	합계
A반	15	17	32
B반	16	14	30
합계	31	31	62

6-3 한 개의 주사위를 두 번 던져서 첫 번째 나오는 눈의 수를 a, 두 번째 나오는 눈의 수를 b라고 할 때, x에 관한 이차 방정식 $x^2+2ax+b=0$이 실근을 가질 확률을 구하여라.

6-4 1부터 10까지의 자연수가 하나씩 적힌 10장의 카드 중에서 임의로 3장을 뽑을 때, 3장에 적힌 자연수 중 어느 두 수도 연속인 자연수가 아닐 확률을 구하여라.

6-5 오른쪽 좌석표에서 2행 2열 좌석(점 찍은 부분)을 제외한 8개의 좌석에 여학생 4명과 남학생 4명을 임의로 배정할 때, 적어도 2명의 남학생이 서로 이웃하게 배정될 확률을 구하여라. 단, 2명이 같은 행의 바로 옆이나 같은 열의 바로 앞뒤에 배정될 때, 서로 이웃한 것으로 본다.

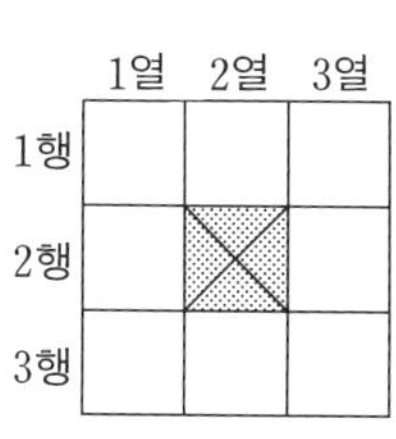

6-6 크기가 서로 다른 10켤레의 구두 20짝이 있다. 이 중에서 임의로 4짝을 뽑을 때, 다음 물음에 답하여라.

(1) 뽑은 4짝의 크기가 모두 다를 확률을 구하여라.

(2) 짝이 맞는 구두가 적어도 한 켤레 있을 확률을 구하여라.

6-7 두 사건 A, B에 대하여 A^c과 B는 서로 배반사건이고,
$P(B^c)=\dfrac{2}{3}$, $P(A\cup B)=\dfrac{3}{4}$일 때, $P(A)$, $P(A\cap B^c)$을 구하여라.

6-8 probability의 11개의 문자 모두를 임의로 일렬로 나열할 때,

(1) i가 양 끝에 있을 확률을 구하여라.

(2) 같은 문자가 이웃하지 않을 확률을 구하여라.

6-9 3명씩 탑승한 두 대의 자동차 P, Q가 어느 주차장에서 만났다. 이들 6명은 연료 절약을 위하여 좌석이 6개인 자동차 Q에 모두 승차하려고 한다. 자동차 Q의 운전자는 자리를 바꾸지 않고 나머지 5명은 임의로 앉을 때, 처음부터 자동차 Q에 탔던 2명이 모두 처음 자리가 아닌 다른 자리에 앉게 될 확률을 구하여라.

실력 **6-10** 한 개의 주사위를 n번 던져서 나오는 눈의 수의 곱을 X라고 할 때, 다음 물음에 답하여라.

(1) X가 3으로 나누어 떨어질 확률을 구하여라.

(2) X가 4로 나누어 떨어질 확률을 구하여라.

6-11 정육각형의 꼭짓점에 차례로 번호 1, 2, 3, 4, 5, 6을 붙인다. 세 개의 주사위를 동시에 던져서 나오는 눈의 수와 같은 번호가 붙은 꼭짓점을 연결하여 생기는 도형을 S라고 하자.

(1) S가 정삼각형이 될 확률을 구하여라.

(2) S가 정삼각형이 아닌 삼각형이 될 확률을 구하여라.

6-12 오른쪽 그림과 같이 원주를 따라 시계 반대 방향으로 원주 위의 세 점 A, B, C로 움직이는 점 Q가 점 A의 위치에 있다. 한 개의 주사위를 던져서 나오는 눈의 수를 3으로 나눈 몫과 똑같은 횟수만큼 점 Q를 이웃하는 점으로 이동시킨다. 주사위를 3회 던질 때,

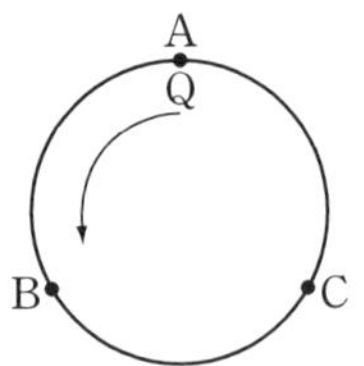

(1) 점 Q가 점 A로 다시 돌아올 확률을 구하여라.

(2) 점 Q가 원주 위를 적어도 한 바퀴 돌게 될 확률을 구하여라.

6-13 한 변의 길이가 3인 정사각형을 오른쪽 그림과 같이 크기가 같은 9개의 정사각형으로 나눈다. 16개의 꼭짓점 중에서 임의로 서로 다른 두 점을 택할 때, 두 점 사이의 거리가 2보다 작거나 3보다 클 확률을 구하여라.

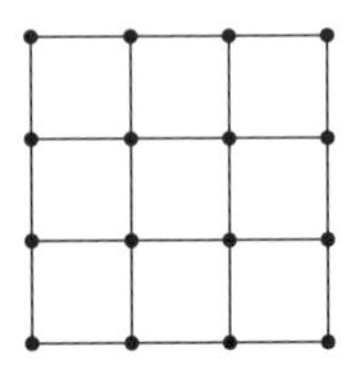

6-14 공사건이 아닌 두 사건 A, B에 대하여 다음 중 옳은 것만을 있는 대로 골라라.

ㄱ. $P(A\cap B)=0$이면 $P(A^c\cap B)=1$이다.

ㄴ. $P(A\cup B)=P(A)$이면 사건 A^c, B는 서로 배반사건이다.

ㄷ. 사건 A, B^c이 서로 배반사건이면 $P(A^c\cup B)=1$이다.

ㄹ. 사건 A, B가 서로 배반사건이면 A^c, B^c은 서로 배반사건이다.

7. 확률의 곱셈정리

§1. 조건부확률과 확률의 곱셈정리

기본정석

1 조건부확률

표본공간 S의 두 사건 A, B에 대하여 확률이 0이 아닌 사건 A가 일어났다고 가정할 때 사건 B가 일어날 확률을 사건 A가 일어났을 때의 사건 B의 조건부확률이라 하고, 기호로 $\mathbf{P(B|A)}$와 같이 나타낸다.

이때, 다음이 성립한다.

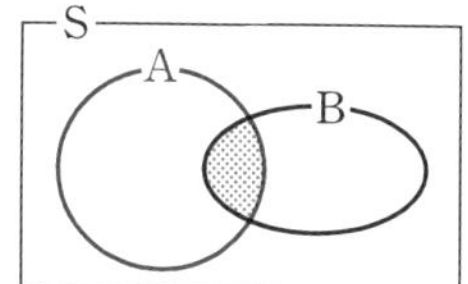

정석 $\mathbf{P(B|A)=\dfrac{P(A\cap B)}{P(A)}}$ 단, $\mathbf{P(A)>0}$

2 확률의 곱셈정리

두 사건 A, B의 확률에 대하여 다음 곱셈정리가 성립한다.

정석 $\mathbf{P(A)>0,\ P(B)>0}$일 때,

$$\mathbf{P(A\cap B)=P(A)P(B|A)=P(B)P(A|B)}$$

Advice 1° 조건부확률

이를테면 A, B 두 반의 학생 60명을 남녀로 구분한 결과 오른쪽과 같은 표를 얻었다고 하자.

	남(M)	여(F)	합계
A반	15	16	31
B반	13	16	29
합계	28	32	60

이 60명의 집합을 표본공간으로 하여 임의로 한 명을 뽑을 때, A반 학생인 사건을 A, B반 학생인 사건을 B라 하고, 남학생인 사건을 M, 여학생인 사건을 F라고 하자.

이 60명 중에서 임의로 한 명을 뽑을 때, 확률의 정의에 의하여

$$\mathrm{P(A)}=\frac{31}{60},\quad \mathrm{P(B)}=\frac{29}{60},\quad \mathrm{P(A\cap M)}=\frac{15}{60},\quad \mathrm{P(A\cap F)}=\frac{16}{60}$$

인 것은 이미 공부해서 알고 있다.

또, A반 학생 31명 중에서 임의로 한 명을 뽑을 때, 남학생일 확률 $\mathrm{P_1}$과 여학생일 확률 $\mathrm{P_2}$는 각각 확률의 정의에 의하여

$$\mathrm{P}_1=\frac{15}{31},\quad \mathrm{P}_2=\frac{16}{31}$$

인 것도 알 수 있다.

이것은 A를 새로운 표본공간으로 가정하고, A에서 M, F를 사건으로 보아 계산한 것이다.

이때, P_1을 A가 일어났을 때의 M의 조건부확률, P_2를 A가 일어났을 때의 F의 조건부확률이라 하고, 다음과 같은 기호를 써서 나타낸다.

$$\mathrm{P}(\mathrm{M}|\mathrm{A})=\frac{15}{31},\quad \mathrm{P}(\mathrm{F}|\mathrm{A})=\frac{16}{31}$$

여기에서 사건 A가 일어나지 않으면 조건부확률의 의미가 없어지므로 조건부확률 $\mathrm{P}(\mathrm{B}|\mathrm{A})$에서는 $\mathrm{P}(\mathrm{A})>0$이라고 가정한다.

일반적으로 표본공간 S의 각 근원사건이 일어날 가능성이 모두 같은 정도로 기대될 때, 표본공간 S의 두 사건 A, B에 대하여

$$n(\mathrm{S})=m,\quad n(\mathrm{A})=a\ (a\neq 0),\quad n(\mathrm{A}\cap\mathrm{B})=c$$

라고 하자.

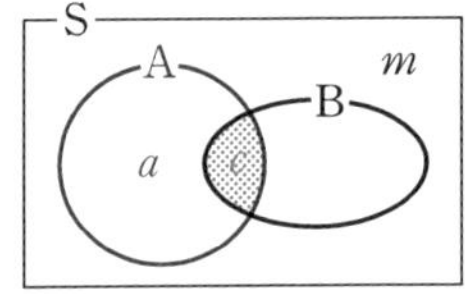

이때, 사건 A가 일어났다고 가정하면 A 이외의 사건은 일어날 수 없다.

따라서 A를 새로운 표본공간으로 할 때, A에서 B가 일어날 확률은 A가 일어났을 때의 B의 조건부확률이다.

$$\therefore\ \mathrm{P}(\mathrm{B}|\mathrm{A})=\frac{n(\mathrm{A}\cap\mathrm{B})}{n(\mathrm{A})}=\frac{c}{a}=\frac{\frac{c}{m}}{\frac{a}{m}}=\frac{\mathrm{P}(\mathrm{A}\cap\mathrm{B})}{\mathrm{P}(\mathrm{A})}\quad \text{곧,}$$

정석 $\mathbf{P}(\mathbf{B}|\mathbf{A})=\dfrac{\mathbf{P}(\mathbf{A}\cap\mathbf{B})}{\mathbf{P}(\mathbf{A})}$ 단, $\mathbf{P}(\mathbf{A})>0$

보기 1 두 사건 A, B에 대하여

$$\mathrm{P}(\mathrm{A}^c)=\frac{1}{2},\quad \mathrm{P}(\mathrm{B}^c)=\frac{1}{3},\quad \mathrm{P}(\mathrm{A}\cup\mathrm{B})=\frac{5}{6}$$

일 때, $\mathrm{P}(\mathrm{B}|\mathrm{A})$와 $\mathrm{P}(\mathrm{A}|\mathrm{B})$를 구하여라.

연구 $\mathrm{P}(\mathrm{A})>0$, $\mathrm{P}(\mathrm{B})>0$일 때, 다음 조건부확률의 성질을 이용한다.

정석 $\mathbf{P}(\mathbf{B}|\mathbf{A})=\dfrac{\mathbf{P}(\mathbf{A}\cap\mathbf{B})}{\mathbf{P}(\mathbf{A})},\quad \mathbf{P}(\mathbf{A}|\mathbf{B})=\dfrac{\mathbf{P}(\mathbf{A}\cap\mathbf{B})}{\mathbf{P}(\mathbf{B})}$

$\mathrm{P}(\mathrm{A}\cap\mathrm{B})=\mathrm{P}(\mathrm{A})+\mathrm{P}(\mathrm{B})-\mathrm{P}(\mathrm{A}\cup\mathrm{B})=\dfrac{1}{2}+\dfrac{2}{3}-\dfrac{5}{6}=\dfrac{1}{3}$이므로

$$\mathrm{P}(\mathrm{B}|\mathrm{A})=\frac{\mathrm{P}(\mathrm{A}\cap\mathrm{B})}{\mathrm{P}(\mathrm{A})}=\frac{1/3}{1/2}=\mathbf{\frac{2}{3}},\quad \mathrm{P}(\mathrm{A}|\mathrm{B})=\frac{\mathrm{P}(\mathrm{A}\cap\mathrm{B})}{\mathrm{P}(\mathrm{B})}=\frac{1/3}{2/3}=\mathbf{\frac{1}{2}}$$

보기 2 어느 고등학교에서 학생들의 혈액형을 조사했더니 A형인 학생이 전체 학생의 35 %이었고, A형인 남학생은 전체 학생의 25 %이었다. 임의로 뽑은 한 학생이 A형이었을 때, 이 학생이 남학생일 확률을 구하여라.

연구 표본공간 S에서 A형인 학생을 뽑는 사건을 A, 남학생을 뽑는 사건을 B라고 하면 A형인 남학생을 뽑는 사건은 $A\cap B$이다.

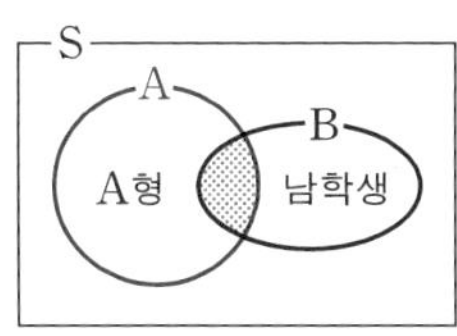

이때, $P(A\cap B)$는 S를 표본공간으로 할 때 사건 $A\cap B$가 일어날 확률이고, $P(B|A)$는 A를 표본공간으로 할 때 사건 $A\cap B$가 일어날 확률이다.

정석 $\mathbf{P(A\cap B)}$와 $\mathbf{P(B|A)}$는 표본공간이 다르다
⟹ 표본공간이 달라지면 확률도 달라진다

문제의 조건에서 $P(A)=0.35$, $P(A\cap B)=0.25$이고, 구하는 확률은 사건 A가 일어났을 때의 사건 B의 조건부확률이므로

$$P(B|A)=\frac{P(A\cap B)}{P(A)}=\frac{0.25}{0.35}=\mathbf{\frac{5}{7}}$$

보기 3 1부터 30까지의 자연수가 하나씩 적힌 30장의 카드 중에서 임의로 한 장을 뽑았다. 뽑은 카드에 적힌 수가 3의 배수이었을 때, 이 수가 4의 배수일 확률을 구하여라.

연구 3의 배수가 적힌 카드를 뽑는 사건을 A, 4의 배수가 적힌 카드를 뽑는 사건을 B라고 하면

$$A=\{3, 6, 9, \cdots, 30\},\ B=\{4, 8, 12, \cdots, 28\},\ A\cap B=\{12, 24\}$$

구하는 확률은 사건 A가 일어났을 때의 사건 B의 조건부확률이므로

$$P(B|A)=\frac{P(A\cap B)}{P(A)}=\frac{2/30}{10/30}=\mathbf{\frac{1}{5}}$$

Advice 2° 확률의 곱셈정리

정석 $\mathbf{P(A)>0,\ P(B)>0}$일 때,

$$\mathbf{P(B|A)=\frac{P(A\cap B)}{P(A)},\quad P(A|B)=\frac{P(A\cap B)}{P(B)}}$$

이고, 이 식의 양변에 각각 $P(A)$, $P(B)$를 곱하면

$$P(A\cap B)=P(A)P(B|A),\quad P(A\cap B)=P(B)P(A|B)$$

곧, $\mathbf{P(A\cap B)=P(A)P(B|A)=P(B)P(A|B)}$

가 성립한다.

이 성질을 확률의 곱셈정리라고 한다.

보기 4 두 사건 A, B에 대하여

$$P(A^c)=0.6, \quad P(B^c)=0.7, \quad P(B|A)=0.6$$

일 때, $P(A|B)$를 구하여라.

연구 $P(A|B)=\dfrac{P(A\cap B)}{P(B)}$이므로 확률의 곱셈정리

정석 $P(A)>0$, $P(B)>0$일 때,
$$P(A\cap B)=P(A)P(B|A)=P(B)P(A|B)$$

를 이용하여 먼저 $P(A\cap B)$를 구한다.

$$P(A)=1-P(A^c)=1-0.6=0.4, \quad P(B)=1-P(B^c)=1-0.7=0.3$$

이므로

$$P(A\cap B)=P(A)P(B|A)=0.4\times0.6=0.24$$

$$\therefore P(A|B)=\frac{P(A\cap B)}{P(B)}=\frac{0.24}{0.3}=\mathbf{0.8}$$

*Note 확률의 곱셈정리 $P(A)P(B|A)=P(B)P(A|B)$에 주어진 값을 대입하면
$0.4\times0.6=0.3\times P(A|B)$ $\quad\therefore P(A|B)=\mathbf{0.8}$

보기 5 흰 공 4개, 붉은 공 6개가 들어 있는 주머니에서 임의로 공을 한 개씩 두 번 꺼낼 때, 다음 경우에 두 개가 모두 흰 공일 확률을 구하여라.

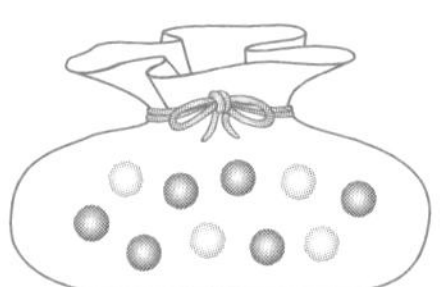

(1) 첫 번째에 꺼낸 공을 다시 넣지 않는 경우

(2) 첫 번째에 꺼낸 공을 다시 넣는 경우

연구 첫 번째, 두 번째에 흰 공이 나오는 사건을 각각 A, B라 하고,

정석 $P(A)>0$일 때, $\quad P(A\cap B)=P(A)P(B|A)$

를 이용한다.

(1) 첫 번째에 흰 공이 나왔을 경우, 꺼낸 공을 다시 넣지 않으므로 두 번째 꺼낼 때 주머니에 들어 있는 공은 9개이고, 이 중 흰 공은 3개이다.

$$\therefore P(A\cap B)=P(A)P(B|A)=\frac{4}{10}\times\frac{3}{9}=\mathbf{\frac{2}{15}}$$

(2) 첫 번째에 흰 공이 나왔을 경우, 꺼낸 공을 다시 넣으므로 첫 번째 꺼낸 공의 색에 관계없이 두 번째 꺼낼 때 주머니에 들어 있는 공은 10개이고, 이 중 흰 공은 4개이다.

$$\therefore P(A\cap B)=P(A)P(B|A)=\frac{4}{10}\times\frac{4}{10}=\mathbf{\frac{4}{25}}$$

*Note (1)과 같이 꺼낸 것을 다시 넣지 않고 다음 것을 꺼내는 경우를 비복원추출이라 하고, (2)와 같이 꺼낸 것을 다시 넣고 꺼내는 경우를 복원추출이라 한다.

필수 예제 7-1 두 사건 A, B에 대하여

$$P(A)=0.3,\quad P(A|B)=0.25,\quad P(A^c\cap B^c)=0.4$$

일 때, P(B)와 P(B|A)를 구하여라.

정석연구 지금까지 공부한 확률에 관한 성질을 정리하면 다음과 같다.

정석 표본공간 S의 두 사건 A, B에 대하여

(i) $\mathbf{P(A^c)=1-P(A)}$

(ii) $\mathbf{P(A\cup B)=P(A)+P(B)-P(A\cap B)}$

특히 A, B가 서로 배반사건 $\Longrightarrow$ $\mathbf{P(A\cup B)=P(A)+P(B)}$

(iii) $\mathbf{P(A)>0,\ P(B)>0}$일 때,

$$\mathbf{P(B|A)=\frac{P(A\cap B)}{P(A)},\quad P(A|B)=\frac{P(A\cap B)}{P(B)}}$$

$$\mathbf{P(A\cap B)=P(A)P(B|A)=P(B)P(A|B)}$$

모범답안 $P(A^c\cap B^c)=0.4$에서 $P\big((A\cup B)^c\big)=0.4$

$\therefore\ P(A\cup B)=1-P\big((A\cup B)^c\big)=1-0.4=0.6$ ……①

$P(A|B)=0.25$에서

$\dfrac{P(A\cap B)}{P(B)}=0.25\qquad\therefore\ P(A\cap B)=0.25P(B)$ ……②

따라서 $P(A\cup B)=P(A)+P(B)-P(A\cap B)$에 ①, ②를 대입하면

$0.6=0.3+P(B)-0.25P(B)\qquad\therefore\ P(B)=\mathbf{0.4}$ ← 답

$\therefore\ P(B|A)=\dfrac{P(A\cap B)}{P(A)}=\dfrac{0.25\times0.4}{0.3}=\mathbf{\dfrac{1}{3}}$ ← 답

유제 **7**-1. 두 사건 E, F에 대하여

$$P(E)=0.3,\quad P(F)=0.2,\quad P(E\cup F)=0.4$$

일 때, 다음을 구하여라.

(1) $P(E\cap F)$ (2) $P(E|F)$ (3) $P(E^c|F^c)$

답 (1) **0.1** (2) **0.5** (3) **0.75**

유제 **7**-2. 두 사건 A, B에 대하여

$$P(A\cap B)=0.25,\quad P(B^c|A)=2P(B|A)$$

일 때, P(A)를 구하여라. 답 **0.75**

유제 **7**-3. 두 사건 A, B에 대하여

$$P(A)=0.4,\quad P(B|A^c)=0.5,\quad P(A^c|B)=0.6$$

일 때, P(B), $P(A\cup B)$, P(A|B)를 구하여라. 답 **0.5, 0.7, 0.4**

필수 예제 7-2 어느 지하철 승객을 조사했더니 남자 승객은 60 %, 안경을 쓴 승객은 30 %, 안경을 쓴 남자 승객은 20 %이었다.

(1) 임의로 택한 한 승객이 남자이었을 때, 이 승객이 안경을 쓰고 있을 확률을 구하여라.

(2) 임의로 택한 한 승객이 여자이었을 때, 이 승객이 안경을 쓰고 있지 않을 확률을 구하여라.

정석연구 조건에 따라 표본공간이 달라지고, 표본공간이 달라지면 확률도 달라진다는 것에 유의한다. ⇦ 유제 7-4의 *Note* 참조

정석 표본공간이 달라지면 ⟹ 확률도 달라진다.

모범답안 남자 승객을 택하는 사건을 A, 안경을 쓴 승객을 택하는 사건을 B라고 하면 문제의 조건에서

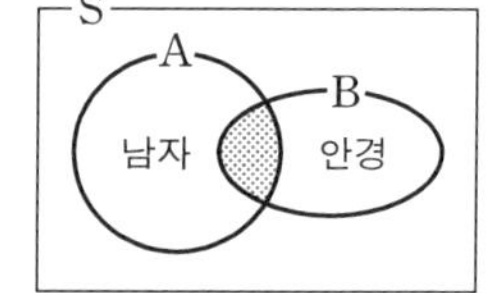

$$P(A)=0.6,\ P(B)=0.3,\ P(A\cap B)=0.2$$

이다.

(1) 구하는 확률은 사건 A가 일어났을 때의 사건 B의 조건부확률이므로

$$P(B|A)=\frac{P(A\cap B)}{P(A)}=\frac{0.2}{0.6}=\mathbf{\frac{1}{3}} \longleftarrow \boxed{답}$$

(2) 구하는 확률은 사건 A^c이 일어났을 때의 사건 B^c의 조건부확률이므로

$$P(B^c|A^c)=\frac{P(A^c\cap B^c)}{P(A^c)}$$

이때, $P(A^c)=1-P(A)=1-0.6=0.4$,

$$\begin{aligned}P(A^c\cap B^c)&=P\big((A\cup B)^c\big)=1-P(A\cup B)\\&=1-\{P(A)+P(B)-P(A\cap B)\}=1-(0.6+0.3-0.2)=0.3\end{aligned}$$

$$\therefore\ P(B^c|A^c)=\frac{P(A^c\cap B^c)}{P(A^c)}=\frac{0.3}{0.4}=\mathbf{\frac{3}{4}} \longleftarrow \boxed{답}$$

유제 **7**-4. 남학생 수와 여학생 수의 비가 2 : 3인 어느 고등학교에서 전체 학생의 70 %가 휴대 전화를 가지고 있다. 이 학교의 학생 중에서 임의로 한 명을 택할 때, 이 학생이 휴대 전화를 가지고 있는 남학생일 확률은 $\frac{1}{5}$이다.

(1) 임의로 택한 한 학생이 남학생이었을 때, 이 학생이 휴대 전화를 가지고 있을 확률을 구하여라.

(2) 임의로 택한 한 학생이 휴대 전화를 가지고 있지 않았을 때, 이 학생이 여학생일 확률을 구하여라.

답 (1) $\mathbf{\frac{1}{2}}$ (2) $\mathbf{\frac{1}{3}}$

필수 예제 7-3 3개의 당첨 제비를 포함하여 10개의 제비가 들어 있는 주머니에서 A가 임의로 한 개를 뽑고 다음에 B가 임의로 한 개를 뽑을 때, 다음을 구하여라. 단, 한 번 뽑은 제비는 다시 넣지 않는다.

(1) A가 당첨 제비를 뽑을 확률 (2) B가 당첨 제비를 뽑을 확률

정석연구 A, B가 당첨 제비를 뽑는 사건을 각각 A, B라고 하자.

사건 B가 일어나는 경우는 다음 두 사건으로 나눌 수 있다.

(i) A가 당첨 제비를 뽑고 B도 당첨 제비를 뽑는 사건 ⇦ $A\cap B$

(ii) A가 당첨 제비를 뽑지 못하고 B는 당첨 제비를 뽑는 사건 ⇦ $A^c\cap B$

이때, (i), (ii)의 확률은 다음 곱셈정리를 이용하여 구할 수 있다.

$$P(A\cap B)=P(A)P(B|A),\quad P(A^c\cap B)=P(A^c)P(B|A^c)$$

여기에서 $P(B|A)$는 A가 당첨 제비를 뽑았을 때 B도 당첨 제비를 뽑을 확률이므로 9개의 제비 중 당첨 제비가 2개 있을 때의 확률이다.

또, $P(B|A^c)$은 A가 당첨 제비를 뽑지 못했을 때 B는 당첨 제비를 뽑을 확률이므로 9개의 제비 중 당첨 제비가 3개 있을 때의 확률이다.

정석 $\mathbf{P(A\cap B)}$는 $\Longrightarrow$ $\mathbf{P(A\cap B)=P(A)P(B|A)}$를 이용!

모범답안 A, B가 당첨 제비를 뽑는 사건을 각각 A, B라고 하자.

(1) A가 당첨 제비를 뽑을 확률은 $P(A)=\mathbf{\frac{3}{10}}$ ← 답

(2) A가 당첨 제비를 뽑고 B도 당첨 제비를 뽑을 확률은

$$P(A\cap B)=P(A)P(B|A)=\frac{3}{10}\times\frac{2}{9}=\frac{6}{90}$$

A가 당첨 제비를 뽑지 못하고 B는 당첨 제비를 뽑을 확률은

$$P(A^c\cap B)=P(A^c)P(B|A^c)=\frac{7}{10}\times\frac{3}{9}=\frac{21}{90}$$

$$\therefore P(B)=P(A\cap B)+P(A^c\cap B)=\frac{6}{90}+\frac{21}{90}=\mathbf{\frac{3}{10}} \leftarrow \text{답}$$

Advice | 위의 결과에서 먼저 뽑든 나중에 뽑든 당첨 제비를 뽑을 확률은 같다는 것을 알 수 있다.

유제 **7**-5. r개의 당첨 제비를 포함하여 n개의 제비가 들어 있는 주머니가 있다. 이 주머니에서 A가 임의로 한 개를 뽑고 다음에 B가 임의로 한 개를 뽑을 때, A가 당첨될 확률과 B가 당첨될 확률을 구하여라. 단, 한 번 뽑은 제비는 다시 넣지 않는다.

답 **A** : $\mathbf{\frac{r}{n}}$, **B** : $\mathbf{\frac{r}{n}}$

필수 예제 7-4 주머니 A에는 흰 공 3개, 붉은 공 2개가 들어 있고, 주머니 B에는 흰 공 2개, 붉은 공 3개가 들어 있다. 주머니 A에서 임의로 3개의 공을 꺼내어 주머니 B에 넣은 다음, 주머니 B에서 임의로 1개의 공을 꺼낼 때, 이 공이 흰 공일 확률을 구하여라.

정석연구 주머니 A에서 꺼낸 3개의 공에 대하여 흰 공이 3개인 경우, 2개인 경우, 1개인 경우로 나누어 생각한다.

정석 $\mathbf{P(A\cap B)=P(A)P(B|A)}$를 이용!

모범답안 주머니 A에서 3개의 공을 꺼낼 때 흰 공만 3개가 나오는 사건을 X, 흰 공 2개, 붉은 공 1개가 나오는 사건을 Y, 흰 공 1개, 붉은 공 2개가 나오는 사건을 Z라 하고, 주머니 B에서 흰 공 1개가 나오는 사건을 E라고 하면

$$P(X\cap E)=P(X)P(E|X)=\frac{{}_3C_3}{{}_5C_3}\times\frac{5}{8}=\frac{5}{80}$$

$$P(Y\cap E)=P(Y)P(E|Y)=\frac{{}_3C_2\times{}_2C_1}{{}_5C_3}\times\frac{4}{8}=\frac{24}{80}$$

$$P(Z\cap E)=P(Z)P(E|Z)=\frac{{}_3C_1\times{}_2C_2}{{}_5C_3}\times\frac{3}{8}=\frac{9}{80}$$

3개

A B

사건 $X\cap E$, $Y\cap E$, $Z\cap E$는 서로 배반사건이므로

$$P(E)=P(X\cap E)+P(Y\cap E)+P(Z\cap E)=\frac{5}{80}+\frac{24}{80}+\frac{9}{80}=\mathbf{\frac{19}{40}}$$ ← 답

유제 **7**-6. 주머니 A에는 흰 공 1개, 검은 공 3개가 들어 있고, 주머니 B에는 검은 공만 4개 들어 있다. 주머니 A에서 임의로 2개의 공을 꺼내어 주머니 B에 넣고, 다시 주머니 B에서 임의로 2개의 공을 꺼내어 주머니 A에 넣었을 때, 주머니 B에 흰 공이 남아 있을 확률을 구하여라. 답 $\mathbf{\frac{1}{3}}$

유제 **7**-7. 어떤 상자에 흰 공 3개와 붉은 공 2개가 들어 있다.

이 상자에서 임의로 1개의 공을 꺼내어 색을 조사한 후 되돌려 넣고, 이 공과 같은 색의 공을 하나 더 상자에 넣은 다음, 상자에 있는 6개의 공 중에서 임의로 2개의 공을 꺼낸다. 2개의 공 중에서 적어도 1개가 흰 공일 확률을 구하여라. 답 $\mathbf{\frac{22}{25}}$

필수 예제 7-5 어떤 도시의 어느 날의 날씨가 맑음 또는 흐림 또는 비일 때, 그다음 날 날씨가 맑음, 흐림, 비가 될 확률은 오른쪽 표와 같다고 한다.

다음 날 \ 어느 날	맑음	흐림	비
맑음	0.6	0.4	0.1
흐림	0.3	0.2	0.5
비	0.1	0.4	0.4

이를테면 맑음인 날의 다음 날이 맑음, 흐림, 비가 될 확률은 각각 0.6, 0.3, 0.1이다.

(1) 맑음인 날의 다음다음 날이 맑음일 확률을 구하여라.

(2) 비인 날의 다음다음 날이 맑음 또는 흐림일 확률을 구하여라.

정석연구 (1) 맑음인 날의 다음 날은 맑음, 흐림, 비 중 어느 것이다. 이 각각에 연이어 그다음 날이 맑음일 확률을 구하여 더하면 된다.

맑음인 날의 다음다음 날이 맑음인 경우

⟹ (맑음, 맑음, 맑음), (맑음, 흐림, 맑음), (맑음, 비, 맑음)

(2) 같은 방법으로 하여, 비인 날의 다음다음 날이 맑음일 확률과 비인 날의 다음다음 날이 흐림일 확률을 구하여 더하면 된다.

정석 곱사건이 일어날 확률 ⟹ 확률의 곱셈정리를 이용!

모범답안 (1) 다음 날이 맑음이고 그다음 날도 맑음일 확률은 0.6×0.6,
다음 날이 흐림이고 그다음 날이 맑음일 확률은 0.3×0.4,
다음 날이 비이고 그다음 날이 맑음일 확률은 0.1×0.1이다.

각각 서로 배반사건이므로 구하는 확률은

$$0.6\times0.6+0.3\times0.4+0.1\times0.1=\mathbf{0.49}$$ ← 답

(2) 같은 방법으로 생각하면 비인 날의 다음다음 날이 맑음일 확률은

$$0.1\times0.6+0.5\times0.4+0.4\times0.1=0.30$$

비인 날의 다음다음 날이 흐림일 확률은

$$0.1\times0.3+0.5\times0.2+0.4\times0.5=0.33$$

각각 서로 배반사건이므로 구하는 확률은

$$0.30+0.33=\mathbf{0.63}$$ ← 답

유제 **7**-8. 비가 온 날의 다음 날에 비가 올 확률은 $\frac{1}{2}$이고, 비가 오지 않은 날의 다음 날에 비가 올 확률은 $\frac{1}{3}$이라고 한다. 월요일에 비가 왔을 때, 같은 주 목요일에 비가 올 확률을 구하여라. 답 $\mathbf{\frac{29}{72}}$

필수 예제 7-6 5회에 1회의 비율로 모자를 잃어버리고 돌아오는 버릇이 있는 K군이 세 친구 A, B, C의 집을 차례로 방문하고 돌아왔을 때, 모자를 잃어버렸다는 것을 알았다.

두 번째 방문한 B의 집에서 모자를 잃어버렸을 확률을 구하여라.

정석연구 모자를 잃어버린 사건을 E라 하고, A의 집, B의 집, C의 집에서 모자를 잃어버린 사건을 각각 A, B, C라고 하면

	A	B	C
$P(A)=\frac{1}{5}$ ……	○		
$P(B)=\frac{4}{5}\times\frac{1}{5}$ ……	×	○	
$P(C)=\frac{4}{5}\times\frac{4}{5}\times\frac{1}{5}$ ……	×	×	○

이다.

여기에서 **P(B)**는 **B**의 집에서 모자를 잃어버렸을 확률로 K군이 모자를 잃어버렸는지, 안 잃어버렸는지 모르는 상태(위의 벤 다이어그램에서 S를 표본공간으로 하는 경우)에서 사건 B가 일어날 확률이다.

그런데 이 문제에서는

모자를 잃어버렸다는 것을 알았을 때

B의 집에서 모자를 잃어버렸을 확률을 구해야 하므로 위의 벤 다이어그램에서 E를 표본공간으로 할 때 사건 B가 일어날 확률을 구해야 한다.

따라서 조건부확률에 관한 다음 **정석**을 이용한다.

정석 $P(E)>0$일 때, $P(B|E)=\dfrac{P(B\cap E)}{P(E)}$

모범답안 모자를 잃어버린 사건을 E라 하고, A의 집, B의 집, C의 집에서 모자를 잃어버린 사건을 각각 A, B, C라고 하면

$$P(A)=\frac{1}{5},\quad P(B)=\frac{4}{5}\times\frac{1}{5}=\frac{4}{25},\quad P(C)=\frac{4}{5}\times\frac{4}{5}\times\frac{1}{5}=\frac{16}{125}$$

$$\therefore\ P(E)=P(A)+P(B)+P(C)=\frac{1}{5}+\frac{4}{25}+\frac{16}{125}=\frac{61}{125}$$

$$\therefore\ P(B|E)=\frac{P(B\cap E)}{P(E)}=\frac{P(B)}{P(E)}=\frac{4}{25}\times\frac{125}{61}=\mathbf{\frac{20}{61}} \leftarrow \text{답}$$

유제 **7**-9. 위의 **필수 예제**에서 K군이 A의 집에서 모자를 잃어버렸을 확률과 C의 집에서 모자를 잃어버렸을 확률을 구하여라. 답 $\mathbf{\frac{25}{61}},\ \mathbf{\frac{16}{61}}$

필수 예제 7-7 흰 공 9개, 붉은 공 3개가 들어 있는 주머니에서 임의로 한 개씩 3회 공을 꺼낼 때(꺼낸 공은 다시 넣지 않기로 한다),

(1) 3회째에 꺼낸 공이 흰 공일 확률을 구하여라.

(2) 3회째에 꺼낸 공이 흰 공일 때, 1회째에 꺼낸 공도 흰 공이었을 확률을 구하여라.

정석연구 1회째에 흰 공이 나오는 사건을 A, 3회째에 흰 공이 나오는 사건을 B라고 하자.

(1) 사건 B는 오른쪽과 같이 4가지 경우로 나눌 수 있다.

(2) 사건 A∩B는 오른쪽에서 ①, ②이다.

다음 **정석**에 따라 P(A|B)를 구하면 된다.

	1회	2회	3회
①	○	○	○
②	○	●	○
③	●	○	○
④	●	●	○

정석 $P(B)>0$일 때, $\quad P(A|B)=\dfrac{P(A\cap B)}{P(B)}$

모범답안 1회째, 3회째에 흰 공이 나오는 사건을 각각 A, B라고 하자.

(1) 3회째에 흰 공이 나오는 것은 다음 네 가지 경우이다.

(백, 백, 백), (백, 적, 백), (적, 백, 백), (적, 적, 백)

각각은 서로 배반사건이므로

$$P(B)=\frac{9}{12}\times\frac{8}{11}\times\frac{7}{10}+\frac{9}{12}\times\frac{3}{11}\times\frac{8}{10}+\frac{3}{12}\times\frac{9}{11}\times\frac{8}{10}+\frac{3}{12}\times\frac{2}{11}\times\frac{9}{10}$$

$$=\frac{9\times8\times7+9\times3\times8+3\times9\times8+3\times2\times9}{12\times11\times10}=\mathbf{\frac{3}{4}}$$ ← 답

(2) $P(A\cap B)=\dfrac{9}{12}\times\dfrac{8}{11}\times\dfrac{7}{10}+\dfrac{9}{12}\times\dfrac{3}{11}\times\dfrac{8}{10}=\dfrac{6}{11}$이므로

$$P(A|B)=\frac{P(A\cap B)}{P(B)}=\frac{6}{11}\times\frac{4}{3}=\mathbf{\frac{8}{11}}$$ ← 답

Advice | 세 사건 A, B, C가 동시에 (또는 차례로) 일어날 확률은

$$P(A\cap B\cap C)=P(A\cap B)P(C|A\cap B)=P(A)P(B|A)P(C|A\cap B)$$

와 같이 확률의 곱으로 나타낼 수 있다.

정석 동시에 (차례로) 일어날 확률은 ⟹ 확률의 곱을 생각!

유제 **7**-10. 주머니에 검은 공 5개와 흰 공 3개가 들어 있다. 이 주머니에서 임의로 1개를 꺼내고, 이 공과 같은 색의 공을 2개 더하여 3개를 넣은 다음 다시 임의로 1개를 꺼낸 공이 검은 공일 때, 처음 꺼낸 공도 검은 공이었을 확률을 구하여라.

답 $\mathbf{\dfrac{7}{10}}$

필수 예제 7-8 볼트를 만드는 어느 공장에서 세 대의 기계 A, B, C가 각각 전체 생산량의 25%, 35%, 40%를 만들고, 각 기계에서 생산된 제품의 5%, 4%, 2%가 불량품이라고 한다. 이 세 대의 기계가 생산한 제품 중에서 임의로 한 개의 제품을 꺼낼 때,

(1) 꺼낸 제품이 불량품일 확률을 구하여라.

(2) 꺼낸 제품이 불량품일 때, 이 제품이 기계 A에서 만들어졌을 확률을 구하여라.

정석연구 기계 A, B, C의 제품인 사건을 각각 A, B, C라 하고, 불량품인 사건을 E라고 할 때, 주어진 조건을 정리하면 다음과 같다.

(i) 기계 A, B, C의 생산량이 각각 전체 생산량의 25%, 35%, 40%이므로

$$P(A)=0.25, \quad P(B)=0.35, \quad P(C)=0.4$$

(ii) 기계 A, B, C의 제품의 불량률이 각각 5%, 4%, 2%이므로

$$P(E|A)=0.05, \quad P(E|B)=0.04, \quad P(E|C)=0.02$$

이와 같은 조건에서 다음을 구하면 된다.

(1) 불량품은 기계 A의 제품일 수도 있고, 기계 B의 제품일 수도 있으며, 기계 C의 제품일 수도 있으므로

$$P(E)=P(A\cap E)+P(B\cap E)+P(C\cap E)$$

(2) 사건 E가 일어났을 때의 사건 A의 조건부확률이므로 $P(A|E)$

정석 문제가 뜻하는 바를 정확하게 파악하여라.

모범답안 기계 A, B, C의 제품인 사건을 각각 A, B, C라 하고, 불량품인 사건을 E라고 하자.

(1) $P(A\cap E)=P(A)P(E|A)=0.25\times0.05=0.0125$

$P(B\cap E)=P(B)P(E|B)=0.35\times0.04=0.014$

$P(C\cap E)=P(C)P(E|C)=0.4\times0.02=0.008$

$\therefore P(E)=P(A\cap E)+P(B\cap E)+P(C\cap E)=\mathbf{0.0345}$ ← 답

(2) $P(A|E)=\dfrac{P(A\cap E)}{P(E)}=\dfrac{0.0125}{0.0345}=\dfrac{\mathbf{25}}{\mathbf{69}}$ ← 답

유제 **7**-11. 어떤 병아리 감별사는 수컷 중에서 2%는 암컷으로, 암컷 중에서 3%는 수컷으로 잘못 판정한다고 한다. 어느 부화장에서 부화된 병아리 중에서 수컷이 40%, 암컷이 60%라고 할 때, 이 감별사가 수컷으로 판정한 병아리가 실제로는 암컷일 확률을 구하여라. 답 $\dfrac{9}{205}$

필수 예제 7-9 다음 물음에 답하여라.

(1) 공사건이 아닌 세 사건 A, A^c, B에 대하여 다음이 성립함을 보여라.

$$P(A|B)=\frac{P(B|A)P(A)}{P(B|A)P(A)+P(B|A^c)P(A^c)}$$

(2) 어느 지역의 주민 중에서 전체의 1%가 특정한 질환을 가지고 있다고 한다. 이 질환을 판정하는 T검사에서 이 질환을 가진 사람이 양성으로 판정 받을 확률은 90%이고, 이 질환을 가지지 않은 사람이 양성으로 판정 받을 확률은 9.6%이다. 어떤 주민이 T검사에서 양성으로 판정 받았을 때, 실제로 이 질환을 가지고 있을 확률을 구하여라.

정석연구 (1) 다음 **정석**을 이용한다.

정석 $P(B)>0$일 때, $P(A|B)=\dfrac{P(A\cap B)}{P(B)}$

(2) 이 질환을 가지고 있는 사건을 A, T검사에서 양성으로 판정 받는 사건을 B라 하고, (1)의 등식을 이용한다.

모범답안 (1) 공사건이 아닌 세 사건 A, A^c, B에 대하여

$$P(A|B)=\frac{P(A\cap B)}{P(B)},\ P(B|A)=\frac{P(B\cap A)}{P(A)},\ P(B|A^c)=\frac{P(B\cap A^c)}{P(A^c)}$$

또, $P(B)=P(B\cap A)+P(B\cap A^c)$이므로

$$P(A|B)=\frac{P(B\cap A)}{P(B\cap A)+P(B\cap A^c)}=\frac{P(B|A)P(A)}{P(B|A)P(A)+P(B|A^c)P(A^c)}$$

**Note* 이것을 베이즈 정리(Bayes' theorem)라고 한다.

(2) 이 질환을 가지고 있는 사건을 A, T검사에서 양성으로 판정 받는 사건을 B라고 하면

$$P(A)=0.01,\ P(A^c)=0.99,\ P(B|A)=0.9,\ P(B|A^c)=0.096$$

$$\therefore\ P(A|B)=\frac{P(B|A)P(A)}{P(B|A)P(A)+P(B|A^c)P(A^c)} \quad \Leftarrow (1)$$

$$=\frac{0.9\times0.01}{0.9\times0.01+0.096\times0.99}=\mathbf{\frac{25}{289}}$$ ← 답

유제 **7**-12. 어떤 질병에 대한 혈액 검사에서 질병이 있는 사람에 대하여 양성의 결과가 나타날 확률은 0.95이다. 또, 실제로 질병에 걸리지 않은 사람의 혈액 검사가 양성으로 나타날 확률은 0.01이다. 이 질병에 걸려 있는 사람이 1000명 중 5명의 꼴이라고 할 때, 혈액 검사 결과가 양성으로 나온 사람이 실제로 이 병에 걸려 있을 확률을 구하여라. 답 $\mathbf{\frac{95}{294}}$

§2. 사건의 독립과 종속

기본정석

1 독립사건과 종속사건

(1) 두 사건 A, B에 대하여 사건 A가 일어나든, 사건 A가 일어나지 않든 사건 B가 일어날 확률이 달라지지 않을 때, 곧

$$P(B|A)=P(B|A^c)=P(B)$$

일 때, 사건 A와 사건 B는 서로 독립이라 하고, 독립인 두 사건을 서로 독립사건이라고 한다.

(2) 두 사건 A, B에 대하여 사건 A와 사건 B가 서로 독립이 아닐 때, 곧

$$P(B|A)\neq P(B|A^c) \qquad \Leftarrow P(B|A)\neq P(B)$$

일 때, 사건 A와 사건 B는 서로 종속이라 하고, 종속인 두 사건을 서로 종속사건이라고 한다.

2 독립사건의 곱셈정리

두 사건 A, B에 대하여 $P(A)>0$, $P(B)>0$일 때,

사건 A, B가 서로 독립 $\iff P(A\cap B)=P(A)P(B)$

Advice 1° 독립사건과 종속사건

이를테면 흰 공 4개, 붉은 공 6개가 들어 있는 주머니에서 임의로 공을 한 개씩 두 번 꺼낼 때, 첫 번째 꺼낸 공이 흰 공인 사건을 A, 두 번째 꺼낸 공이 흰 공인 사건을 B라고 하자. ⇦ p. 110 보기 5

(i) 꺼낸 공을 다시 넣을 때 (복원추출)

첫 번째 꺼낸 공의 색에 관계없이 주머니에는 처음과 같이 흰 공 4개, 붉은 공 6개가 있으므로

$$P(B|A)=\frac{4}{10},\quad P(B|A^c)=\frac{4}{10}$$

이와 같이 $P(B|A)=P(B|A^c)=P(B)$, 곧 A가 일어나든 일어나지 않든 B가 일어날 확률이 달라지지 않을 때, A와 B는 서로 독립이라고 한다.

(ii) 꺼낸 공을 다시 넣지 않을 때 (비복원추출)

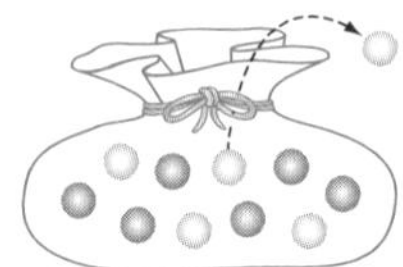

첫 번째 꺼낸 공이 흰 공이면 흰 공 3개, 붉은 공 6개가 남고, 첫 번째 꺼낸 공이 붉은 공이면 흰 공 4개, 붉은 공 5개가 남으므로

$$P(B|A)=\frac{3}{9},\quad P(B|A^c)=\frac{4}{9}$$

이와 같이 $P(B|A)\neq P(B|A^c)$, 곧 A가 일어나는 경우와 일어나지 않는 경우 B가 일어날 확률이 달라질 때, A와 B는 서로 종속이라고 한다.

Advice 2° 독립사건의 곱셈정리

두 사건 A, B에 대하여 $P(A)>0$, $P(B)>0$이라고 하자.

사건 A, B가 서로 독립이면 $P(B|A)=P(B)$이므로 곱셈정리에서

$$P(A\cap B)=P(A)P(B|A)=P(A)P(B)$$

역으로 사건 A, B가 $P(A\cap B)=P(A)P(B)$를 만족시키면

$$P(B|A)=\frac{P(A\cap B)}{P(A)}=\frac{P(A)P(B)}{P(A)}=P(B)$$

곧, $P(B|A)=P(B)$이므로 사건 A와 B는 서로 독립이다.

정석 $\mathbf{P(A)>0,\ P(B)>0}$일 때,
사건 **A, B**가 서로 독립 $\iff$ $\mathbf{P(A\cap B)=P(A)P(B)}$

보기 1 한 개의 주사위와 한 개의 동전을 동시에 던질 때, 주사위는 짝수의 눈이 나오고 동전은 앞면이 나올 확률을 구하여라.

연구 주사위의 짝수의 눈이 나오는 사건을 A, 동전의 앞면이 나오는 사건을 B라고 하면 주사위에서 짝수의 눈이 나오든 나오지 않든 동전에서 앞면이 나올 확률에는 아무런 영향을 주지 않으므로 사건 A와 B는 서로 독립이다.

$$\therefore\ P(A\cap B)=P(A)P(B)=\frac{3}{6}\times\frac{1}{2}=\mathbf{\frac{1}{4}}$$

정석 사건 **A, B**의 확률에 서로 영향을 주지 않으면 $\Longrightarrow$ **A, B**는 독립!

보기 2 한 개의 주사위를 던지는 시행에서 짝수의 눈이 나오는 사건을 A, 4 이상의 눈이 나오는 사건을 B, 1 또는 6의 눈이 나오는 사건을 C라고 할 때, 사건 A와 B는 서로 종속이고, 사건 B와 C는 서로 독립임을 보여라.

연구 표본공간을 S라고 하면 $S=\{1, 2, 3, 4, 5, 6\}$이고

$A=\{2, 4, 6\}$, $B=\{4, 5, 6\}$, $C=\{1, 6\}$, $A\cap B=\{4, 6\}$, $B\cap C=\{6\}$

$P(A\cap B)=\frac{1}{3}$, $P(A)P(B)=\frac{1}{2}\times\frac{1}{2}=\frac{1}{4}$ $\quad\therefore\ P(A\cap B)\neq P(A)P(B)$

$P(B\cap C)=\frac{1}{6}$, $P(B)P(C)=\frac{1}{2}\times\frac{1}{3}=\frac{1}{6}$ $\quad\therefore\ P(B\cap C)=P(B)P(C)$

따라서 사건 A와 B는 서로 종속이고, 사건 B와 C는 서로 독립이다.

**Note* $P(B|A)=P(B|A^c)$의 성립 여부나 $P(B|A)=P(B)$의 성립 여부로 사건 A와 B가 서로 독립인지 종속인지를 판정해도 된다.

필수 예제 7-10 $0<P(A)<1$, $0<P(B)<1$인 두 사건 A, B에 대하여 다음을 증명하여라.

(1) $P(B|A)=P(B|A^c)$이면 $P(B|A)=P(B)$이다.

(2) $P(B|A)=P(B)$이면 $P(A|B)=P(A)$이다.

(3) 사건 A와 B가 서로 독립이면 사건 A^c과 B^c은 서로 독립이다.

정석연구 (1), (2) 다음 조건부확률의 성질을 이용한다.

정석 $\mathbf{P(A)>0}$일 때, $\quad \mathbf{P(B|A)=\dfrac{P(A\cap B)}{P(A)}}$

(3) 서로 독립사건임을 보일 때에는 흔히 다음 성질을 이용한다.

정석 사건 **A, B**가 서로 독립 $\Longleftrightarrow$ $\mathbf{P(A\cap B)=P(A)P(B)}$

모범답안 (1) $P(B|A)=P(B|A^c)$이면

$$\frac{P(A\cap B)}{P(A)}=\frac{P(A^c\cap B)}{P(A^c)} \qquad \therefore\ P(A^c)P(A\cap B)=P(A)P(A^c\cap B)$$

$P(A^c)=1-P(A)$, $P(A^c\cap B)=P(B)-P(A\cap B)$를 대입하고 정리하면

$$P(A\cap B)=P(A)P(B) \qquad \therefore\ P(B|A)=\frac{P(A\cap B)}{P(A)}=P(B)$$

(2) $P(B|A)=P(B)$이면 $\quad P(A\cap B)=P(A)P(B|A)=P(A)P(B)$

$$\therefore\ P(A|B)=\frac{P(A\cap B)}{P(B)}=\frac{P(A)P(B)}{P(B)}=P(A)$$

(3) 사건 A와 B가 서로 독립이면 $\quad P(A\cap B)=P(A)P(B)$

$$\begin{aligned}P(A^c)P(B^c)&=\{1-P(A)\}\{1-P(B)\}=1-P(A)-P(B)+P(A)P(B)\\&=1-\{P(A)+P(B)-P(A\cap B)\}=1-P(A\cup B)\\&=P\big((A\cup B)^c\big)=P(A^c\cap B^c)\end{aligned}$$

따라서 사건 A^c과 B^c은 서로 독립이다.

Advice | 두 사건 A, B가 서로 독립임을 보이려면

$$\mathbf{P(B|A)=P(B|A^c)},\quad \mathbf{P(B|A)=P(B)},\quad \mathbf{P(A\cap B)=P(A)P(B)}$$

중에서 어느 하나가 성립함을 보이면 된다.

유제 **7**-13. $0<P(A)<1$, $0<P(B)<1$인 두 사건 A, B에 대하여 다음을 증명하여라.

(1) 사건 A와 B가 서로 독립이면 사건 A와 B^c은 서로 독립이다.

(2) $P(B|A)=P(B)$와 $P(B|A^c)=P(B)$는 서로 필요충분조건이다.

필수 예제 7-11 새 한 마리가 있다. 활을 쏘아 A가 이 새를 맞힐 확률은 0.25이고, A, B가 동시에 쏘아 적어도 한 사람이 맞힐 확률은 0.5이며, A, C가 동시에 쏘아 적어도 한 사람이 맞힐 확률은 0.625라고 한다. B, C가 동시에 활을 쏠 때, 이 새를 맞힐 확률을 구하여라.

단, A, B, C가 새를 맞히는 사건은 서로 독립이다.

정석연구 사건 A와 B가 서로 독립이면 $P(A\cap B)=P(A)P(B)$이다.

정석 사건 **A**와 **B**가 서로 독립일 때,

$$\mathbf{P(A\cup B)=P(A)+P(B)-P(A)P(B)}$$

모범답안 A, B, C가 새를 맞히는 사건을 각각 A, B, C라고 하면 사건 A, B, C는 서로 독립이다.

A, B 중 적어도 한 사람이 맞힐 확률이 0.5이므로

$$P(A\cup B)=P(A)+P(B)-P(A)P(B)=0.5=\frac{1}{2} \qquad \cdots\cdots①$$

A, C 중 적어도 한 사람이 맞힐 확률이 0.625이므로

$$P(A\cup C)=P(A)+P(C)-P(A)P(C)=0.625=\frac{5}{8} \qquad \cdots\cdots②$$

그런데 $P(A)=0.25$이므로 ①, ②에 대입하면

①에서 $P(B)=\dfrac{1}{3}$, ②에서 $P(C)=\dfrac{1}{2}$

따라서 B, C가 동시에 쏠 때, 적어도 한 사람이 맞힐 확률은

$$P(B\cup C)=P(B)+P(C)-P(B)P(C)$$
$$=\frac{1}{3}+\frac{1}{2}-\frac{1}{3}\times\frac{1}{2}=\mathbf{\frac{2}{3}} \longleftarrow \text{답}$$

Advice | 세 사건 A, B, C에 대하여 두 사건끼리는 서로 독립이고

$$P(A\cap B\cap C)=P(A)P(B)P(C)$$

를 만족시키면 세 사건 A, B, C는 서로 독립이라고 한다.

정석 사건 **A**, **B**, **C**가 서로 독립이면

$$\mathbf{P(A\cap B\cap C)=P(A)P(B)P(C)}$$

유제 **7**-14. A, B 두 사람이 20년 후까지 생존할 확률이 A는 0.2, B는 0.25라고 한다. 적어도 한 사람이 20년 후까지 생존할 확률과 두 사람 중 한 사람만 20년 후까지 생존할 확률을 구하여라. 답 **0.4, 0.35**

유제 **7**-15. 어떤 시험에서 A, B, C 세 사람이 합격할 확률이 각각 0.4, 0.5, 0.8일 때, A, B, C 중 적어도 한 사람이 합격할 확률을 구하여라.

답 **0.94**

필수 예제 7-12 주머니 P에는 흰 공 4개, 붉은 공 3개가 들어 있고, 주머니 Q에는 흰 공 3개, 붉은 공 5개가 들어 있다. 두 주머니에서 각각 임의로 2개의 공을 꺼내어 그 공을 서로 바꾸어 넣을 때, 각 주머니 속의 흰 공의 수와 붉은 공의 수가 변하지 않을 확률을 구하여라.

[정석연구] 각 주머니 속의 흰 공의 수와 붉은 공의 수가 변하지 않으려면 주머니 P에서 꺼낸 두 공의 색과 주머니 Q에서 꺼낸 두 공의 색이 같아야 한다.

이를테면 주머니 P에서 흰 공 2개를 꺼내면 주머니 Q에서도 흰 공 2개를 꺼내야 한다. 이때, 주머니 P에서 흰 공 2개를 꺼내는 사건을 A, 주머니 Q에서 흰 공 2개를 꺼내는 사건을 B라고 하면 사건 A, B는 서로 독립이므로 $\mathrm{P}(A\cap B)$는

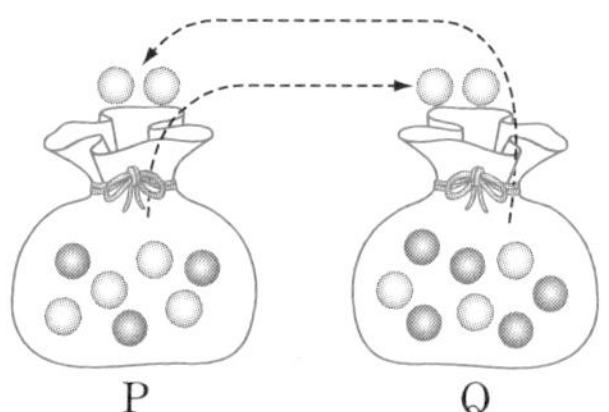

정석 사건 **A, B**가 서로 독립 $\Longleftrightarrow$ $\mathbf{P(A\cap B)=P(A)P(B)}$

를 이용하여 구할 수 있다.

[모범답안] 주머니 P에서 흰 공 2개, 주머니 Q에서 흰 공 2개를 꺼내는 사건을 각각 A, B라고 하면 사건 A, B는 서로 독립이므로

$$\mathrm{P}(A\cap B)=\mathrm{P}(A)\mathrm{P}(B)=\frac{{}_4\mathrm{C}_2}{{}_7\mathrm{C}_2}\times\frac{{}_3\mathrm{C}_2}{{}_8\mathrm{C}_2}=\frac{6}{21}\times\frac{3}{28}=\frac{3}{98}$$

주머니 P에서 흰 공 1개, 붉은 공 1개, 주머니 Q에서 흰 공 1개, 붉은 공 1개를 꺼내는 사건을 각각 C, D라고 하면 사건 C, D는 서로 독립이므로

$$\mathrm{P}(C\cap D)=\mathrm{P}(C)\mathrm{P}(D)=\frac{{}_4\mathrm{C}_1\times{}_3\mathrm{C}_1}{{}_7\mathrm{C}_2}\times\frac{{}_3\mathrm{C}_1\times{}_5\mathrm{C}_1}{{}_8\mathrm{C}_2}=\frac{12}{21}\times\frac{15}{28}=\frac{15}{49}$$

주머니 P에서 붉은 공 2개, 주머니 Q에서 붉은 공 2개를 꺼내는 사건을 각각 E, F라고 하면 사건 E, F는 서로 독립이므로

$$\mathrm{P}(E\cap F)=\mathrm{P}(E)\mathrm{P}(F)=\frac{{}_3\mathrm{C}_2}{{}_7\mathrm{C}_2}\times\frac{{}_5\mathrm{C}_2}{{}_8\mathrm{C}_2}=\frac{3}{21}\times\frac{10}{28}=\frac{5}{98}$$

사건 $A\cap B$, $C\cap D$, $E\cap F$는 서로 배반사건이므로 구하는 확률은

$$\mathrm{P}(A\cap B)+\mathrm{P}(C\cap D)+\mathrm{P}(E\cap F)=\frac{3}{98}+\frac{15}{49}+\frac{5}{98}=\mathbf{\frac{19}{49}}\longleftarrow \text{답}$$

[유제] **7**-16. 위의 **필수 예제**에서, 두 주머니에서 각각 임의로 1개의 공을 꺼내어 그 공을 서로 바꾸어 넣을 때, 각 주머니 속의 흰 공의 수와 붉은 공의 수가 변하지 않을 확률을 구하여라. [답] $\mathbf{\frac{27}{56}}$

필수 예제 7-13 두 개의 주사위를 동시에 던져서 나오는 눈의 수의 합이 5 또는 8이 먼저 되는 쪽이 이기는 놀이를 A, B 두 사람이 한다.

A부터 시작하여 두 사람이 한 번씩 교대로 던질 때,

(1) 각각 두 번까지 던지는 동안에 A가 이길 확률, B가 이길 확률, 무승부가 될 확률을 구하여라.

(2) 각각 세 번씩 던질 때까지 승부가 나지 않으면 B가 이긴 것으로 할 때, B가 이길 확률을 구하여라.

모범답안 1회 시행에서 눈의 수의 합이 5 또는 8이 되는 경우의 수는 9이므로 1회 시행에서 눈의 수의 합이 5 또는 8이 될 확률은

1	2	3	4	2	3	4	5	6
4	3	2	1	6	5	4	3	2

$$\frac{9}{36}=\frac{1}{4}$$

이고, 각 회의 시행에서 합이 5 또는 8이 되는 사건은 서로 독립이다.

(1) ① A가 이기는 경우는 1회 또는 3회 때이므로

$$\frac{1}{4}+\frac{3}{4}\times\frac{3}{4}\times\frac{1}{4}=\mathbf{\frac{25}{64}} \longleftarrow \text{답}$$

② B가 이기는 경우는 2회 또는 4회 때이므로

$$\frac{3}{4}\times\frac{1}{4}+\frac{3}{4}\times\frac{3}{4}\times\frac{3}{4}\times\frac{1}{4}=\mathbf{\frac{75}{256}} \longleftarrow \text{답}$$

③ 따라서 승부가 나지 않을 확률은

$$1-\left(\frac{25}{64}+\frac{75}{256}\right)=\mathbf{\frac{81}{256}} \longleftarrow \text{답}$$

A가 이기는 경우
1회 때 ⟶ ○
3회 때 ⟶ ××○

B가 이기는 경우
2회 때 ⟶ ×○
4회 때 ⟶ ×××○

(2) A가 이기는 경우는 1회 또는 3회 또는 5회 때이므로

$$\frac{1}{4}+\left(\frac{3}{4}\right)^2\times\frac{1}{4}+\left(\frac{3}{4}\right)^4\times\frac{1}{4}=\frac{481}{1024}$$

B가 이길 확률은 A가 이기는 사건의 여사건의 확률이므로

$$1-\frac{481}{1024}=\mathbf{\frac{543}{1024}} \longleftarrow \text{답}$$

유제 **7**-17. 주머니에 흰 공 2개, 검은 공 3개가 들어 있다. 이 주머니에서 임의로 1개의 공을 꺼내는 시행을 A부터 시작하여 A, B가 교대로 계속할 때, 먼저 흰 공을 꺼내는 쪽이 이기는 것으로 한다.

(1) 꺼낸 공을 다시 넣지 않을 때, A가 이길 확률을 구하여라.

(2) 꺼낸 공을 다시 넣을 때, 4회 이내의 시행에서 B가 이길 확률을 구하여라.

답 (1) $\mathbf{\frac{3}{5}}$ (2) $\mathbf{\frac{204}{625}}$

§ 3. 독립시행의 확률

기 본 정 석

독립시행의 확률

같은 조건에서 어떤 시행을 반복할 때, 각 시행마다 일어나는 사건이 서로 독립일 경우, 이러한 시행을 독립시행이라고 한다.

어떤 시행에서 사건 A가 일어날 확률을 p라 하고, 일어나지 않을 확률을 $q(=1-p)$라고 할 때, 이 시행을 독립적으로 n회 반복하는 시행에서 사건 A가 r회 일어날 확률 P_r는 다음과 같다.

$$\mathbf{P}_r={}_n\mathbf{C}_r\,\boldsymbol{p}^r\boldsymbol{q}^{n-r} \quad (\text{단, } p+q=1,\ r=0, 1, 2, \cdots, n)$$

Advice | 이를테면 한 개의 주사위를 4회 던져서 4회 중 1회만 1의 눈이 나올 확률을 알아보자.

주사위를 던져서 1의 눈이 나오면 ○로, 1 이외의 눈이 나오면 ×로 나타내기로 하면 4회 중 1회만 1의 눈이 나오는 경우와 이때의 확률은

$$○××× \longrightarrow \frac{1}{6}\times\frac{5}{6}\times\frac{5}{6}\times\frac{5}{6}=\left(\frac{1}{6}\right)^1\left(\frac{5}{6}\right)^3$$

$$×○×× \longrightarrow \frac{5}{6}\times\frac{1}{6}\times\frac{5}{6}\times\frac{5}{6}=\left(\frac{1}{6}\right)^1\left(\frac{5}{6}\right)^3$$

$$××○× \longrightarrow \frac{5}{6}\times\frac{5}{6}\times\frac{1}{6}\times\frac{5}{6}=\left(\frac{1}{6}\right)^1\left(\frac{5}{6}\right)^3$$

$$×××○ \longrightarrow \frac{5}{6}\times\frac{5}{6}\times\frac{5}{6}\times\frac{1}{6}=\left(\frac{1}{6}\right)^1\left(\frac{5}{6}\right)^3$$

이와 같이 경우의 수는 $4(={}_4C_1)$이고, 각 경우는 서로 배반사건이며, 각각의 확률은 모두 같으므로 확률 P는

$$P={}_4C_1\left(\frac{1}{6}\right)^1\left(\frac{5}{6}\right)^3=\mathbf{\frac{125}{324}}$$

일반적으로 한 개의 주사위를 n회 던져서 r회만 1의 눈이 나올 확률을 P_r라고 하면 P_r는 다음과 같다.

$$\mathbf{P}_r={}_n\mathbf{C}_r\left(\frac{\mathbf{1}}{\mathbf{6}}\right)^r\left(\frac{\mathbf{5}}{\mathbf{6}}\right)^{n-r}$$

보기 1 한 개의 주사위를 5회 던질 때, 3의 눈이 1회 나올 확률 P_1과 3의 눈이 2회 나올 확률 P_2를 구하여라.

연구 $P_1={}_5C_1\left(\frac{1}{6}\right)^1\left(\frac{5}{6}\right)^{5-1}=\mathbf{\frac{3125}{7776}}$, $P_2={}_5C_2\left(\frac{1}{6}\right)^2\left(\frac{5}{6}\right)^{5-2}=\mathbf{\frac{625}{3888}}$

필수 예제 7-14 다섯 개의 보기 중 맞는 것에 ○표를 하는 오지선다형의 문제가 10문제 주어졌다. 각 문제에서 다섯 개의 보기 중 정답은 오직 한 개이고, 수험생은 다섯 개 중 한 개만 ○표를 하는 것으로 하자.

어떤 수험생이 임의로 ○표를 할 때, 다음 물음에 답하여라.

(1) 10문제 모두 맞을 확률을 구하여라.

(2) 9문제 이상 맞을 확률을 구하여라.

(3) 8문제 이하 맞을 확률을 구하여라.

정석연구 각 문제마다 맞을 확률은 $\frac{1}{5}$이다. 다음 **정석**을 이용하여라.

> **정석** n회 독립시행 중 사건 A가 r회 일어날 확률 P_r는
> $\mathrm{P}_r={}_n\mathrm{C}_r\,p^r q^{n-r}$ 단, $\mathrm{P(A)}=p,\ p+q=1$

모범답안 (1) 10문제 모두 맞을 확률 P_{10}은

$$\mathrm{P}_{10}={}_{10}\mathrm{C}_{10}\left(\frac{1}{5}\right)^{10}\left(\frac{4}{5}\right)^{0}=\mathbf{\frac{1}{5^{10}}} \longleftarrow \text{답}$$

(2) 9문제만 맞을 확률 P_9는

$$\mathrm{P}_9={}_{10}\mathrm{C}_9\left(\frac{1}{5}\right)^{9}\left(\frac{4}{5}\right)^{1}={}_{10}\mathrm{C}_1\times\frac{1}{5^9}\times\frac{4}{5}=\frac{40}{5^{10}}$$

따라서 9문제 이상 맞을 확률은

$$\mathrm{P}_9+\mathrm{P}_{10}=\frac{40}{5^{10}}+\frac{1}{5^{10}}=\mathbf{\frac{41}{5^{10}}} \longleftarrow \text{답}$$

(3) 9문제 이상 맞는 사건의 여사건의 확률이므로

$$1-(\mathrm{P}_9+\mathrm{P}_{10})=\mathbf{1-\frac{41}{5^{10}}} \longleftarrow \text{답}$$

유제 **7**-18. 4개의 동전을 동시에 던질 때, 앞면이 2개 이상 나올 확률을 구하여라. 답 $\frac{11}{16}$

유제 **7**-19. 7문제 중 5문제 이상 맞게 풀면 합격이라고 한다. 10문제 중 평균 5문제를 맞게 푸는 학생이 합격할 확률을 구하여라. 답 $\frac{29}{128}$

유제 **7**-20. 10 %의 불량품이 있는 제품의 더미에서 임의로 5개를 꺼낼 때, 3개 이상이 불량품일 확률을 구하여라. 답 $\frac{107}{12500}$

유제 **7**-21. '옳은 것에는 ○표, 옳지 않은 것에는 ×표를 하여라'라는 문제가 6문제 출제되었다. 각 문제에 임의로 ○표와 ×표 중 하나를 할 때, 적어도 3문제가 맞을 확률을 구하여라. 답 $\frac{21}{32}$

필수 예제 7-15 어떤 제품의 검사원이 제품 1개에 대하여 정상품을 잘못하여 불량품으로 판정하는 확률은 0.1이고, 불량품을 잘못하여 정상품으로 판정하는 확률은 0.2라고 한다. 이 검사원이 임의로 5개의 제품을 검사했을 때 실제 4개가 정상품이고 1개가 불량품인데, 정상품을 3개, 불량품을 2개로 판정할 확률을 구하여라.

정석연구 불량품을 2개로 판정하는 경우는 다음 두 가지 경우가 있다.

(i) 실제 불량품 1개를 불량품으로 판정하고, 실제 정상품 4개 중에서 1개를 불량품으로 판정하는 경우

(ii) 실제 불량품 1개를 정상품으로 판정하고, 실제 정상품 4개 중에서 2개를 불량품으로 판정하는 경우

이때, (i)의 확률을 0.8×0.1이라고 해서는 안 된다. 왜냐하면 정상품이 4개이므로 나머지 3개는 정상품으로 판정할 확률을 생각해야 하기 때문이다.

곧, 정상품 4개 중에서 1개를 불량품, 나머지 3개를 정상품으로 판정할 확률을 구해야 한다.

각 제품이 정상품인지 불량품인지 판정하는 사건은 서로 독립이므로 다음 독립시행의 확률을 이용하면 된다.

정석 n회 독립시행 중 사건 A가 r회 일어날 확률 P_r는

$$P_r={}_nC_r\,p^r q^{n-r} \quad \text{단, } P(A)=p,\ p+q=1$$

(ii)의 확률도 마찬가지 방법으로 구한다.

모범답안 (i) 실제 불량품을 불량품으로 판정하고, 실제 정상품 4개 중에서 1개를 불량품으로 판정하는 사건을 A라고 하면

$$P(A)=0.8\times({}_4C_1\times0.1^1\times0.9^3)=0.23328$$

(ii) 실제 불량품을 정상품으로 판정하고, 실제 정상품 4개 중에서 2개를 불량품으로 판정하는 사건을 B라고 하면

$$P(B)=0.2\times({}_4C_2\times0.1^2\times0.9^2)=0.00972$$

사건 A, B는 서로 배반사건이므로 구하는 확률은

$$P(A)+P(B)=0.23328+0.00972=\mathbf{0.243} \longleftarrow \text{답}$$

유제 **7**-22. 흰 공 4개, 검은 공 3개가 들어 있는 주머니가 있다. 이 주머니에서 임의로 2개의 공을 동시에 꺼내어, 꺼낸 2개의 공이 다른 색이면 한 개의 동전을 3번 던지고, 꺼낸 2개의 공이 같은 색이면 한 개의 동전을 2번 던진다. 이 시행에서 동전의 앞면이 2번 나올 확률을 구하여라. 답 $\frac{9}{28}$

필수 예제 7-16 오른쪽 그림에서 점 O에 있는 사람이 한 개의 주사위를 던져서 1 또는 2의 눈이 나오면 북으로 한 칸, 다른 수의 눈이 나오면 동으로 한 칸 나아간다. 이 시행을 몇 번 반복하여 차츰 북 또는 동으로 한 칸씩 이동해서 A지구 또는 B지구에 들어갈 때까지 계속한다.

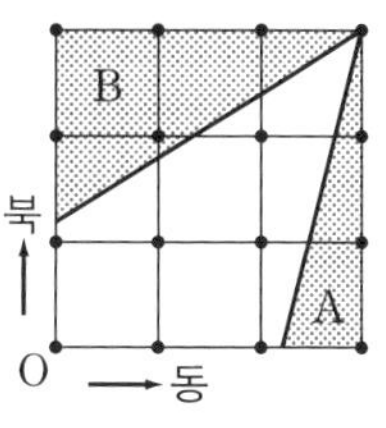

이 사람이 A지구, B지구에 들어갈 확률을 각각 구하여라.

모범답안 각 갈림길에서

북으로 갈 확률은 $\frac{2}{6}=\frac{1}{3}$, 동으로 갈 확률은 $1-\frac{1}{3}=\frac{2}{3}$

이다.

오른쪽 그림에서 A지구에 들어가는 경우는

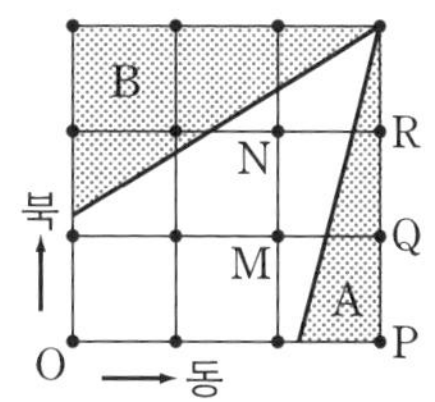

(i) O → P의 경우 : 동으로 3번 가면 된다.

(ii) O → M → Q의 경우 : O에서 M까지는 동으로 2번, 북으로 1번 가고, M에서 Q까지는 동으로 1번 가면 된다.

(iii) O → M → N → R의 경우 : O에서 M까지는 동으로 2번, 북으로 1번 가고, M에서 N까지는 북으로 1번, N에서 R까지는 동으로 1번 가면 된다.

각각은 서로 배반사건이므로 A지구에 들어갈 확률을 P(A)라고 하면

$$P(A)=\left(\frac{2}{3}\right)^3+{}_3C_2\left(\frac{2}{3}\right)^2\left(\frac{1}{3}\right)^1\times\frac{2}{3}+{}_3C_2\left(\frac{2}{3}\right)^2\left(\frac{1}{3}\right)^1\times\frac{1}{3}\times\frac{2}{3}=\frac{56}{81}$$

또, B지구에 들어가는 사건은 A지구에 들어가는 사건의 여사건이므로 B지구에 들어갈 확률을 P(B)라고 하면

$$P(B)=1-P(A)=1-\frac{56}{81}=\frac{25}{81}$$

답 **A : $\frac{56}{81}$, B : $\frac{25}{81}$**

유제 **7**-23. 오른쪽 그림과 같은 도로망이 있다.

교차점에서는 한 개의 주사위를 던져서 짝수의 눈이 나오면 북으로 한 칸 가고, 홀수의 눈이 나오면 동으로 한 칸 간다.

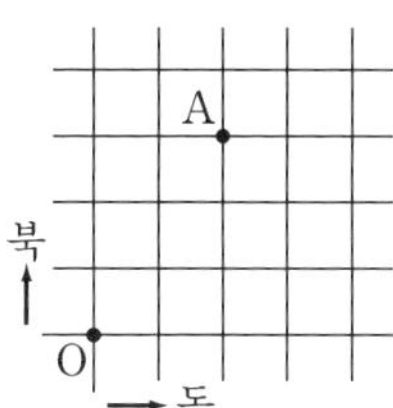

점 O를 출발점으로 하여 주사위를 다섯 번 던진 후 점 A에 도착할 확률을 구하여라. 답 $\frac{5}{16}$

필수 예제 7-17 좌표평면의 원점 O를 출발한 점 P가 다음 규칙에 따라 움직일 때, 점 P가 점 (2, 7)에 오게 될 확률을 구하여라.

「 두 개의 주사위를 동시에 던져서
(i) 주사위를 1회 던질 때마다 y축의 방향으로 $+1$
(ii) 주사위의 눈의 수의 합이
4 이하일 때 x축의 방향으로 $+2$,
5 이상일 때 x축의 방향으로 -1 」

정석연구 1회 던질 때마다 y좌표가 1만큼 증가하므로 점 P가 원점 O를 출발하여 점 (2, 7)에 오게 되려면 7회 시행해야 한다. ⇦ y좌표가 7

모범답안 y좌표가 7이므로 7회 시행해야 한다.

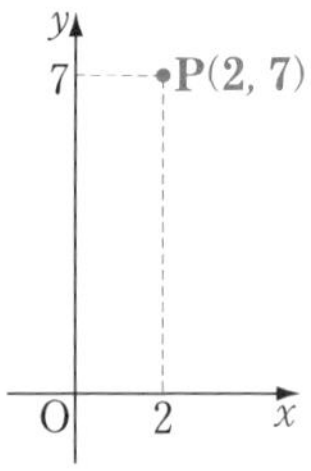

이 7회의 시행 중에서 두 개의 주사위의 눈의 수의 합이 4 이하인 횟수를 a, 5 이상인 횟수를 b라고 하자.

점 P는 x축의 방향으로 2만큼 움직여야 하므로

$$2a-b=2 \quad \cdots\cdots ①$$

7회 시행해야 하므로 $a+b=7$ ……②

①, ②를 연립하여 풀면 $a=3$, $b=4$

한편 두 개의 주사위의 눈의 수의 합이 4 이하가 되는 경우는

(1, 3), (2, 2), (3, 1), (1, 2), (2, 1), (1, 1)

의 6가지이므로 눈의 수의 합이

4 이하일 확률은 $\dfrac{6}{36}=\dfrac{1}{6}$, 5 이상일 확률은 $1-\dfrac{1}{6}=\dfrac{5}{6}$

따라서 $a=3$, $b=4$일 확률은 두 개의 주사위를 7회 던져서 눈의 수의 합이 4 이하인 것이 3회만 있을 확률이므로 구하는 확률은

$$_7C_3\left(\frac{1}{6}\right)^3\left(\frac{5}{6}\right)^4=\frac{7\times5^5}{6^7} \longleftarrow \text{답}$$

유제 **7**-24. 수직선 위의 원점($x=0$)에 점 Q가 있다. 한 개의 동전을 던져서 앞면이 나오면 점 Q를 양의 방향으로 1만큼, 뒷면이 나오면 점 Q를 음의 방향으로 1만큼 옮긴다. 한 개의 동전을 10회 던질 때,

(1) 점 Q가 원점($x=0$)에 있을 확률을 구하여라.

(2) 점 Q가 $x=2$에 있을 확률을 구하여라.

(3) 점 Q와 원점 사이의 거리가 3 이하일 확률을 구하여라.

답 (1) $\dfrac{63}{256}$ (2) $\dfrac{105}{512}$ (3) $\dfrac{21}{32}$

연습문제 7

기본 **7-1** 한 개의 주사위를 두 번 던져서 나오는 눈의 수를 차례로 a, b라고 하자. $a+b\geq 9$일 때, $a\leq 4$일 확률을 구하여라.

7-2 집합 $X=\{1, 2, 3, 4\}$에서 집합 $Y=\{1, 2, 3\}$으로의 함수 f가 있다. 함수 f 중에서 임의로 택한 한 함수가 「$i<j$이면 $f(i)\leq f(j)$」를 만족시킬 때, 이 함수의 치역이 집합 Y일 확률을 구하여라.

7-3 scholarship의 각 문자를 한 개씩 쓴 11장의 카드에서 임의로 1장씩 4장의 카드를 뽑아 차례로 나열할 때, ship이 될 확률을 구하여라.

7-4 10개의 제품 중 불량품이 3개 있다고 한다. 불량품을 모두 발견할 때까지 임의로 1개씩 차례로 검사하는데, 다섯 번째로 뽑은 제품이 마지막 불량품일 확률을 구하여라.

7-5 세 사건 A, B, C에 대하여 사건 A와 B는 서로 배반이고, 사건 A와 C는 서로 독립이다. $P(A\cup B)=0.8$, $P(A\cap C)=0.3$, $P(C)=0.5$일 때, $P(B)$를 구하여라.

7-6 서로 독립인 두 사건 A, B에 대하여 다음 물음에 답하여라.

(1) $P(A)=0.2$, $P(A\cup B)=0.6$일 때, $P(B)$, $P(A\cap B^c)$을 구하여라.

(2) $P(A)=0.4$, $P(A\cap B^c)=0.2$일 때, $P(A\cup B)$를 구하여라.

(3) $P(A^c\cup B^c)=0.8$, $P(B|A)=0.3$일 때, $P(A\cup B)$를 구하여라.

7-7 어느 회사의 직원 중 기혼 남성은 6명, 미혼 남성은 20명이고, 기혼 여성은 36명이다. 이 회사의 직원 중에서 임의로 한 사람을 택하여 선물을 주기로 하였다. 택한 직원이 남성인 사건과 미혼인 사건이 서로 독립일 때, 이 회사의 직원 중 미혼 여성의 수를 구하여라.

7-8 주사위 몇 개를 동시에 던져서 그중 적어도 한 개가 1의 눈이 나오면 A의 승리로 하고, 그렇지 않으면 B의 승리로 한다. A가 B보다 유리하게 되는 경우는 주사위를 몇 개 이상 던졌을 때인가?

단, $\log 2=0.3010$, $\log 3=0.4771$로 계산한다.

7-9 어떤 야구 선수가 투수 A와 대결할 때 안타를 칠 확률은 0.2이고, 투수 B와 대결할 때 안타를 칠 확률은 0.25이다. 한 경기에서 이 선수가 투수 A와 2회 대결한 후 투수 B와 1회 대결할 때, 3회의 대결에서 2회 이상 안타를 칠 확률을 구하여라.

7-10 오른쪽 그림과 같은 정육면체 ABCD-EFGH가 있다. 갑은 A에서 G로, 을은 G에서 A로 모서리를 따라 같은 속력으로 동시에 출발하여 최단 경로를 찾아간다고 할 때, 갑과 을이 만날 확률을 구하여라.

단, 갈림길에서 최단 경로를 택할 가능성은 같은 정도로 기대된다.

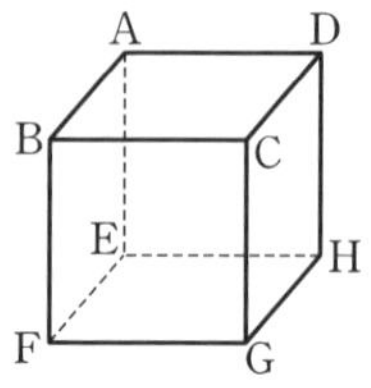

7-11 오른쪽 그림과 같은 도로망에서 점 P는 주사위를 한 번 던질 때마다 3 이하의 눈이 나오면 오른쪽으로 1칸, 4 또는 5의 눈이 나오면 왼쪽으로 1칸, 6의 눈이 나오면 위쪽으로 1칸 이동한다.

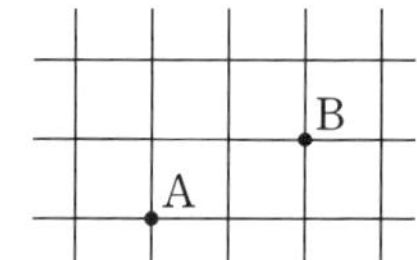

한 개의 주사위를 5번 던질 때, A지점에 있는 점 P가 B지점으로 이동할 확률을 구하여라.

7-12 어느 가게에서 ★ 모양이 그려진 야구공 한 개를 포함하여 모두 20개의 야구공을 한 상자에 넣어 상자 단위로 판매한다. 한 상자에서 5개의 공을 임의로 뽑을 때, ★ 모양이 그려진 야구공이 있으면 축구공 한 개를 경품으로 준다고 한다. 어떤 고객이 야구공 세 상자를 구입하여 경품 당첨 여부를 모두 확인할 때, 축구공 2개를 경품으로 받을 확률을 구하여라.

실력 **7-13** 주머니에 흰 공과 붉은 공이 합하여 50개 들어 있다. 흰 공 중 x개와 붉은 공 중 y개에는 각각 0이 적혀 있고, 나머지에는 1이 적혀 있다. 이 주머니에서 임의로 한 개를 뽑을 때 흰 공인 사건을 W, 붉은 공인 사건을 R라 하고, 0이 적힌 공인 사건을 A, 1이 적힌 공인 사건을 B라고 하자.

$$\mathrm{P}(\mathrm{W}|\mathrm{A})=\frac{3}{5}, \quad \mathrm{P}(\mathrm{B}|\mathrm{R})=\frac{4}{5}, \quad \mathrm{P}(\mathrm{W}\cap\mathrm{B})=\frac{12}{25}$$

일 때, 흰 공의 개수와 x, y의 값을 구하여라.

7-14 상자 A에는 흰 공 3개, 검은 공 4개가 들어 있고, 상자 B에는 흰 공 4개, 검은 공 2개가 들어 있다. 상자 A, B 중에서 임의로 한 개를 택하고, 이 상자에서 임의로 3개의 공을 꺼낸다. 꺼낸 공이 흰 공 2개, 검은 공 1개이었을 때, 택한 상자가 A일 확률을 구하여라.

7-15 어느 대학의 1학년 학생의 40%는 여학생이고, 60%는 남학생이다. 여학생의 20%, 남학생의 30%가 여름 방학에 여행을 하였다. 이 대학의 1학년 학생 중에서 임의로 택한 한 학생이 여름 방학에 여행을 했을 때, 이 학생이 남학생일 확률을 구하여라.

7-16 오른쪽 표는 세 상자 A, B, C에 들어 있는 검은 공, 흰 공, 붉은 공의 개수를 나타낸 것이다. 임의로 한 개의 상자를 택하고, 이 상자에서 임의로 한 개의 공을 꺼낼 때,

(1) 꺼낸 공이 검은 공일 확률을 구하여라.

(2) 꺼낸 공이 검은 공이었다고 할 때, 이 공이 상자 A에서 나왔을 확률을 구하여라.

	A	B	C
검은 공	5	7	2
흰 공	20	17	22
붉은 공	15	60	24
합계	40	84	48

7-17 흰 공 3개, 붉은 공 3개가 들어 있는 주머니에서 임의로 3개를 꺼내어 그 대신 파란 공 3개를 넣고 다시 임의로 3개를 꺼낼 때, 주머니에 남은 3개의 공이 모두 다른 색일 확률을 구하여라.

7-18 검은 공이 2개, 붉은 공이 3개 들어 있는 상자가 있다. 이 상자에서 1개의 공을 임의로 뽑아 색을 조사한 후 되돌려 넣고, 이 공과 같은 색의 공 2개를 상자에 넣는다. 이와 같은 시행을 반복할 때, 세 번째 시행까지에서 검은 공이 2개 뽑힐 확률을 구하여라.

7-19 1부터 n까지의 자연수가 하나씩 적힌 n개의 공이 든 상자가 있다. 이 상자에서 임의로 한 개씩 2개의 공을 꺼낼 때, 두 번째 꺼낸 공에 적힌 수가 첫 번째 꺼낸 공에 적힌 수보다 클 확률을 구하여라.

7-20 100개의 제비 중 20개의 당첨 제비가 있다. 다음 물음에 답하여라.

(1) 이 중에서 1개의 제비를 뽑는 경우와 이 제비를 60개, 40개의 두 조로 나누되 각 조에 당첨 제비를 10개씩 똑같이 넣은 다음, 임의로 한 조를 택하여 1개를 뽑는 경우 중에서 어느 쪽이 당첨 제비를 뽑을 확률이 더 큰가?

(2) 이 제비를 60개, 40개의 두 조로 나눈 후 임의로 한 조를 택하여 1개를 뽑을 때, 당첨 제비를 어떻게 배분하면 당첨되는 확률이 가장 크게 되는가?

7-21 어떤 사수가 목표물을 명중했을 때 연이어 명중할 확률은 0.8이고, 명중하지 못했을 때 연이어 명중하지 못할 확률은 0.4라고 한다. 제 n회째에 목표물을 명중할 확률을 p_n이라고 할 때, p_n을 p_1과 n으로 나타내어라.

7-22 주머니에 스티커가 1개, 2개, 3개 붙어 있는 카드가 각각 1장씩 들어 있다. 이 주머니에서 임의로 카드 1장을 꺼내어 스티커 1개를 더 붙인 후 다시 주머니에 넣는 시행을 반복할 때, 주머니 속의 각 카드에 붙어 있는 스티커의 개수를 3으로 나눈 나머지가 모두 같아지는 사건을 A라고 하자. 이 시행을 6번 했을 때, 6회째에서 처음으로 A가 일어날 확률을 구하여라.

7-23 어느 공장에서 생산되는 제품은 3개의 규격 A, B, C에 관하여 검사해서 합격, 불합격을 결정한다. 이 공장의 오랜 경험으로부터 A에 관하여는 1%, B에 관하여는 3%, C에 관하여는 2%의 불량품이 나온다는 것을 알고 있다. 규격 A에는 반드시 합격해야 하고, 규격 B, C에는 어느 쪽인가에 합격하면 이 제품은 합격품으로 인정한다고 할 때, 한 개의 제품이 합격할 확률을 구하여라. 단, 규격 A, B, C에 합격하는 것은 서로 독립이라고 한다.

7-24 실력이 같은 배구팀 A, B가 5전 3선승으로 승부를 결정한다. A팀이 첫 세트에서 승리했을 때, A팀이 이 경기에서 승리할 확률을 구하여라.

7-25 어떤 경기에서 A가 B를 이길 확률은 0.54, B가 C를 이길 확률은 0.56, C가 A를 이길 확률은 0.60이고, 비기는 경우는 없다.

A, B, C 세 사람 중 한 사람은 부전승으로 하는 토너먼트 경기를 할 때, C가 우승할 확률을 구하여라.

7-26 4개의 축구팀 A, B, C, D가 있다. 이들은 각각 다른 모든 팀과 1경기씩을 치르고, 각 팀이 경기에서 승리할 확률은 $\frac{1}{2}$이다. 경기에서 모두 승리하거나 모두 패배한 팀이 있을 확률을 구하여라. 단, 비기는 경우는 없다.

7-27 좌표평면 위의 점 (2, 3)을 출발하여 한 단계마다 x축 또는 y축의 양의 방향으로 1만큼씩 이동하는 점이 있다. x축의 방향으로 1만큼 이동하는 확률은 p이고, y축의 방향으로 1만큼 이동하는 확률은 $1-p$이다. 이 점이 점 (6, 7)에 도달할 확률이 점 (7, 6)에 도달할 확률의 16배일 때, p의 값을 구하여라. 단, $0<p<1$이다.

7-28 네 개의 윷짝으로 윷놀이를 하는 동안 도와 걸이 각각 100번씩 나왔다고 하자. 이 놀이를 하는 동안 개는 몇 번 나왔다고 할 수 있는가?

7-29 여섯 개의 면에 숫자 1, 1, 1, 1, 2, 2를 하나씩 써서 만든 정육면체를 50번 던졌을 때, 1이 짝수 번 나올 확률을 구하여라.

단, 1이 한 번도 나오지 않는 것도 짝수 번으로 본다.

7-30 한 개의 주사위를 10번 던졌을 때, 3의 눈이 몇 번 나올 확률이 가장 큰가?

7-31 오른쪽 그림과 같은 정육각기둥의 12개의 꼭짓점 중에서 임의로 3개의 점을 택하여 삼각형을 만드는 시행을 5번 할 때, 어떤 변도 정육각기둥의 모서리가 아닌 삼각형이 n번 만들어질 확률을 P_n이라고 하자.

P_n이 최대일 때, n의 값을 구하여라.

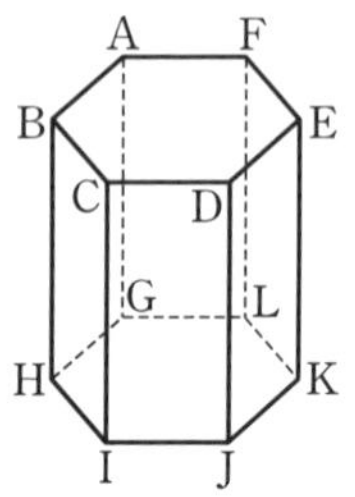

Advice | 확률에 관한 종합 정리

1 배반사건과 여사건

(1) 표본공간과 사건 ⇦ p. 79

어떤 시행에서 일어날 수 있는 모든 결과의 집합을 **표본공간**이라 하고, 표본공간의 부분집합을 **사건**이라고 한다.

(2) 배반사건과 여사건 ⇦ p. 79, 80

두 사건 A, B에 대하여 A와 B 중에서 어느 한 사건이 일어나면 다른 사건은 일어나지 않을 때, 곧 $A\cap B=\varnothing$일 때 A와 B는 서로 **배반**이라 하고, 배반인 두 사건을 서로 **배반사건**이라고 한다.

또, 사건 A에 대하여 A가 일어나지 않는 사건을 A의 **여사건**이라 하고, 기호로 A^C과 같이 나타낸다.

2 확률의 정의

(1) 수학적 확률 ⇦ p. 83

어떤 시행에서 표본공간 S에 대하여 각 근원사건이 일어날 가능성이 같은 정도로 기대될 때, 사건 A가 일어날 확률 P(A)는

$$P(A)=\frac{(\text{사건 A의 원소의 개수})}{(\text{표본공간 S의 원소의 개수})}=\frac{n(A)}{n(S)}$$

로 정의하고, 이를 표본공간 S에서 사건 A가 일어날 **수학적 확률**이라고 한다.

(2) 통계적 확률 ⇦ p. 83

일정한 조건에서 같은 시행을 n회 반복할 때, 사건 A가 일어난 횟수를 r_n이라고 하자. 이때, 시행 횟수 n이 커짐에 따라 상대도수 $\frac{r_n}{n}$이 일정한 값 p에 가까워지면 이 값 p를 사건 A가 일어날 **통계적 확률**이라고 한다.

(3) 확률의 기본 성질 ⇦ p. 83

임의의 사건을 A, 전사건을 S, 공사건을 $\varnothing$이라고 할 때,

① $0\le P(A)\le 1$ ② $P(S)=1$ ③ $P(\varnothing)=0$

3 확률의 덧셈정리

(1) 여사건의 확률 ⇦ p. 97

$P(A)+P(A^C)=1$ 곧, $P(A^C)=1-P(A)$, $P(A)=1-P(A^C)$

(2) 확률의 덧셈정리 ⇦ p. 100

① 두 사건 A, B에 대하여 $P(A\cup B)=P(A)+P(B)-P(A\cap B)$

② 두 사건 A, B가 서로 배반사건이면 $P(A\cup B)=P(A)+P(B)$

4 확률의 곱셈정리

(1) 조건부확률 ⇦ p. 107

표본공간 S의 두 사건 A, B에 대하여 확률이 0이 아닌 사건 A가 일어났다고 가정할 때 사건 B가 일어날 확률을 사건 A가 일어났을 때의 사건 B의 조건부확률이라 하고, 기호로 **P(B|A)** 와 같이 나타낸다. 이때, 다음이 성립한다.

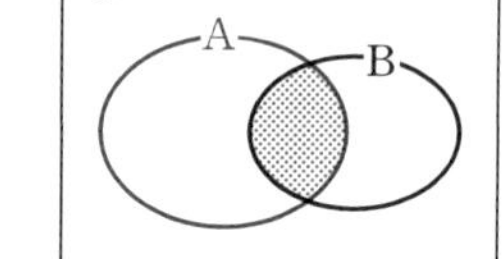

$$\mathbf{P(B|A)=\frac{P(A\cap B)}{P(A)}}\quad \text{단, } \mathbf{P(A)>0}$$

(2) 확률의 곱셈정리 ⇦ p. 107

$\mathbf{P(A)>0}$, $\mathbf{P(B)>0}$일 때,

$$\mathbf{P(A\cap B)=P(A)P(B|A)=P(B)P(A|B)}$$

5 사건의 독립과 종속

(1) 독립사건과 종속사건 ⇦ p. 120

① 두 사건 A, B에 대하여 사건 A가 일어나든, 사건 A가 일어나지 않든 사건 B가 일어날 확률이 달라지지 않을 때, 곧

$$P(B|A)=P(B|A^c)=P(B)$$

일 때, 사건 A와 사건 B는 서로 독립이라 하고, 독립인 두 사건을 서로 독립사건이라고 한다.

② 두 사건 A, B에 대하여 사건 A와 사건 B가 서로 독립이 아닐 때, 곧

$$P(B|A)\neq P(B|A^c)$$ ⇦ $P(B|A)\neq P(B)$

일 때, 사건 A와 사건 B는 서로 종속이라 하고, 종속인 두 사건을 서로 종속사건이라고 한다.

(2) 독립사건의 곱셈정리 ⇦ p. 120

두 사건 **A, B**에 대하여 $\mathbf{P(A)>0}$, $\mathbf{P(B)>0}$일 때,

사건 **A, B**가 서로 독립 $\Longleftrightarrow$ $\mathbf{P(A\cap B)=P(A)P(B)}$

(3) 독립시행의 확률 ⇦ p. 126

같은 조건에서 어떤 시행을 반복할 때, 각 시행마다 일어나는 사건이 서로 독립일 경우, 이러한 시행을 독립시행이라고 한다.

어떤 시행에서 사건 A가 일어날 확률을 p라 하고, 일어나지 않을 확률을 $q(=1-p)$라고 할 때, 이 시행을 독립적으로 n회 반복하는 시행에서 사건 A가 r회 일어날 확률 P_r는 다음과 같다.

$$\mathbf{P}_r={}_n\mathbf{C}_r\, p^r q^{n-r}\ (\text{단, } p+q=1,\ r=0,\ 1,\ 2,\ \cdots,\ n)$$

8. 확률분포

§ 1. 평균과 표준편차

기본정석

1 평균과 표준편차의 정의

변량 $x_1, x_2, x_3, \cdots, x_n$의 평균을 m, 분산을 σ^2, 표준편차를 σ라고 하면

(1) $m=\dfrac{x_1+x_2+x_3+\cdots+x_n}{n}=\dfrac{1}{n}\sum_{i=1}^{n}x_i$

(2) $\sigma^2=\dfrac{(x_1-m)^2+(x_2-m)^2+(x_3-m)^2+\cdots+(x_n-m)^2}{n}$

$=\dfrac{1}{n}\sum_{i=1}^{n}(x_i-m)^2=\dfrac{1}{n}\sum_{i=1}^{n}x_i{}^2-m^2$ ⇦ 분산의 변형식

(3) (표준편차)$=\sqrt{(\text{분산})}$, $\sigma=\sqrt{\sigma^2}$

*Note 혼동할 염려가 없는 한 이 단원에서는 $\sum_{i=1}^{n}x_i$를 $\sum x_i$로 나타내기로 한다.

2 도수분포에서의 평균과 표준편차

변량 $x_1, x_2, x_3, \cdots, x_n$에 대응하는 도수가 각각 $f_1, f_2, f_3, \cdots, f_n$일 때, 이 변량의 평균을 m, 표준편차를 σ라 하고,

$\sum f_i=\mathrm{N}$이라고 하면

(1) $m=\dfrac{\sum x_i f_i}{\sum f_i}=\dfrac{1}{\mathrm{N}}\sum x_i f_i$

(2) $\sigma^2=\dfrac{\sum (x_i-m)^2 f_i}{\sum f_i}=\dfrac{1}{\mathrm{N}}\sum (x_i-m)^2 f_i$

$=\dfrac{1}{\mathrm{N}}\sum x_i{}^2 f_i-m^2$

x_i	f_i	$x_i f_i$
x_1	f_1	$x_1 f_1$
x_2	f_2	$x_2 f_2$
x_3	f_3	$x_3 f_3$
⋮	⋮	⋮
x_n	f_n	$x_n f_n$

Advice 1° 평균과 표준편차

자료 전체의 특징을 하나의 수로 나타낸 것을 이 자료의 대푯값이라고 한다. 대푯값에는 평균, 중앙값, 최빈값 등이 있으나 이 중에서 가장 많이 쓰이는 것은 평균이다.

또, 변량들이 흩어져 있는 정도를 하나의 수로 나타낸 값을 산포도라고 한다. 산포도에는 표준편차, 평균편차, 사분편차, 범위 등이 있으나 이 중에서

가장 많이 쓰이는 것은 표준편차이다.

이에 대해서는 이미 중학교 과정에서 공부했으나, 뒤에서 공부할 확률분포를 이해하는 데 알아 두어야 할 내용이므로 여기에서 간단히 정리해 두자.

이를테면 n개의 변량 $x_1, x_2, \cdots, x_n$에 대하여 평균 m은 변량의 합을 n으로 나눈 값으로 정의한다. 곧,

정 의 $$m=\frac{x_1+x_2+\cdots+x_n}{n}=\frac{1}{n}\sum x_i$$

또, 분산 σ^2은 변량(x_i)에서 평균을 뺀 값(이를 편차라고 한다)의 제곱의 평균으로 정의한다. 곧,

정 의 $$\sigma^2=\frac{(x_1-m)^2+(x_2-m)^2+\cdots+(x_n-m)^2}{n}=\frac{1}{n}\sum(x_i-m)^2$$

한편 이 식을 변형하면

$$\begin{aligned}\sigma^2&=\frac{1}{n}\sum(x_i^2-2mx_i+m^2)=\frac{1}{n}\left(\sum x_i^2-2m\sum x_i+\sum m^2\right)\\&=\frac{1}{n}\sum x_i^2-2m\times\frac{1}{n}\sum x_i+\frac{1}{n}\sum m^2\\&=\frac{1}{n}\sum x_i^2-2m\times m+\frac{1}{n}\times m^2n=\frac{1}{n}\sum x_i^2-m^2\end{aligned}$$

이므로 다음이 성립한다.

정 석 $$\sigma^2=\frac{1}{n}\sum x_i^2-m^2$$

그리고 표준편차 σ는 분산의 음이 아닌 제곱근으로 정의한다.

정 의 $$(\text{표준편차})=\sqrt{(\text{분산})}$$

보기 1 다섯 개의 변량 1, 2, 3, 4, 5의 평균과 표준편차를 구하여라.

연구 평균을 m, 표준편차를 σ라고 하면

$$m=\frac{1+2+3+4+5}{5}=\mathbf{3}$$

또, 분산 σ^2은 다음 두 가지 방법으로 구할 수 있다.

첫째 — $$\begin{aligned}\sigma^2&=\frac{1}{n}\sum(x_i-m)^2\\&=\frac{1}{5}\left\{(1-3)^2+(2-3)^2+(3-3)^2+(4-3)^2+(5-3)^2\right\}=2\end{aligned}$$

둘째 — $$\sigma^2=\frac{1}{n}\sum x_i^2-m^2=\frac{1}{5}(1^2+2^2+3^2+4^2+5^2)-3^2=2 \qquad \therefore\ \sigma=\sqrt{\mathbf{2}}$$

보기 2 10개의 변량 $x_1, x_2, x_3, \cdots, x_{10}$의 합이 10, 제곱의 합이 170일 때, 이 변량의 평균 m과 표준편차 σ를 구하여라.

연구 $\sum_{i=1}^{10} x_i=10$이므로 $\boldsymbol{m}=\dfrac{1}{10}\sum_{i=1}^{10} x_i=\dfrac{1}{10}\times 10=\mathbf{1}$

또, $\sigma^2=\dfrac{1}{10}\sum_{i=1}^{10} x_i^2-m^2=\dfrac{1}{10}\times 170-1^2=16 \quad \therefore \boldsymbol{\sigma=4}$

Advice 2° 도수분포에서의 평균과 표준편차

자료 전체를 몇 개의 계급으로 나누고 각 계급에 속하는 도수를 나타낸 표를 도수분포표라고 한다. 도수분포표에서 평균, 분산 및 표준편차를 구할 때에는 계급값(계급의 중앙값)으로 나타내어 계산한다. ⇦ p. 140

변량 $x_1, x_2, x_3, \cdots, x_n$에 대응하는 도수가 각각 $f_1, f_2, f_3, \cdots, f_n$일 때, 평균 m은 변량의 합을 도수의 합으로 나눈 값이므로

x_i	f_i	$x_i f_i$
x_1	f_1	$x_1 f_1$
x_2	f_2	$x_2 f_2$
x_3	f_3	$x_3 f_3$
$\vdots$	$\vdots$	$\vdots$
x_n	f_n	$x_n f_n$

정의 $\boldsymbol{m=\dfrac{\sum x_i f_i}{\sum f_i}=\dfrac{1}{N}\sum x_i f_i \ (N=\sum f_i)}$

또, 분산 σ^2은 편차의 제곱의 평균이므로

정의 $\boldsymbol{\sigma^2=\dfrac{1}{N}\sum (x_i-m)^2 f_i}$

한편 이 식을 변형하면

$$\sigma^2=\frac{1}{N}\sum(x_i^2-2mx_i+m^2)f_i=\frac{1}{N}\left(\sum x_i^2 f_i-2m\sum x_i f_i+m^2\sum f_i\right)$$
$$=\frac{1}{N}\sum x_i^2 f_i-2m\times\frac{1}{N}\sum x_i f_i+m^2\times\frac{1}{N}\sum f_i$$
$$=\frac{1}{N}\sum x_i^2 f_i-2m\times m+m^2\times\frac{1}{N}\times N=\frac{1}{N}\sum x_i^2 f_i-m^2$$

이다.

보기 3 오른쪽 표에서 변량의 평균이 13, 표준편차가 2일 때, 다음 변량의 평균을 구하여라.

$$2x_1^2, \quad 2x_2^2, \quad 2x_3^2, \quad \cdots, \quad 2x_n^2$$

단, x_i^2의 도수는 x_i의 도수와 같다.

x_i	f_i
x_1	f_1
x_2	f_2
x_3	f_3
$\vdots$	$\vdots$
x_n	f_n
합	N

연구 $\sigma^2=\dfrac{1}{N}\sum_{i=1}^{n} x_i^2 f_i-m^2$ 에서 $m=13,\ \sigma=2$이므로

$2^2=\dfrac{1}{N}\sum_{i=1}^{n} x_i^2 f_i-13^2 \quad \therefore \dfrac{1}{N}\sum_{i=1}^{n} x_i^2 f_i=173$

$\therefore \dfrac{1}{N}\sum_{i=1}^{n} 2x_i^2 f_i=2\times\dfrac{1}{N}\sum_{i=1}^{n} x_i^2 f_i=2\times 173=\mathbf{346}$

필수 예제 8-1 다음은 어느 고등학교 2학년 1반 학생들의 수학 점수를 나타낸 도수분포표이다. 점수의 평균과 표준편차를 구하여라.

점수	50~60	60~70	70~80	80~90	90~100	합
학생 수	1	9	11	7	2	30

정석연구 도수분포표에서 평균, 분산 및 표준편차를 구할 때에는 다음과 같이 계급값(계급의 중앙값)으로 나타내어 계산한다.

점수	55	65	75	85	95	합
학생 수	1	9	11	7	2	30

변량 $x_1, x_2, x_3, \cdots, x_n$에 대응하는 도수가 각각 $f_1, f_2, f_3, \cdots, f_n$일 때, 이 변량의 평균 m과 분산 σ^2은 다음과 같다.

정석 $\boldsymbol{m=\dfrac{\sum x_i f_i}{\sum f_i}}$, $\quad \boldsymbol{\sigma^2=\dfrac{\sum (x_i-m)^2 f_i}{\sum f_i}=\dfrac{\sum x_i^2 f_i}{\sum f_i}-m^2}$

모범답안 (i) 오른쪽 (표 1)에서

$$m=\frac{\sum x_i f_i}{\sum f_i}=\frac{2250}{30}$$

$$=\mathbf{75} \longleftarrow \text{답}$$

(ii) 오른쪽 (표 2)에서

$$\sigma^2=\frac{\sum (x_i-m)^2 f_i}{\sum f_i}$$

$$=\frac{2800}{30}=\frac{280}{3}$$

$$\therefore\ \sigma=\boldsymbol{\frac{2\sqrt{210}}{3}} \longleftarrow \text{답}$$

(표 1)

x_i	f_i	$x_i f_i$
55	1	55
65	9	585
75	11	825
85	7	595
95	2	190
합	30	2250

(표 2)

x_i	f_i	$(x_i-m)^2 f_i$
55	1	$(55-75)^2\times1$
65	9	$(65-75)^2\times9$
75	11	$(75-75)^2\times11$
85	7	$(85-75)^2\times7$
95	2	$(95-75)^2\times2$
합	30	2800

Advice | 다음과 같이 분산의 변형식을 이용하여 구할 수도 있다.

$$\sigma^2=\frac{\sum x_i^2 f_i}{\sum f_i}-m^2$$

$$=\frac{55^2\times1+65^2\times9+75^2\times11+85^2\times7+95^2\times2}{30}-75^2=\frac{280}{3}$$

유제 **8**-1. 오른쪽 표에서 변량의 평균과 표준편차를 구하여라.

답 평균 : **75**, 표준편차 : $\boldsymbol{\sqrt{110}}$

x_i	50	60	70	80	90	합
f_i	1	6	13	12	8	40

필수 예제 8-2 변량 $x_1, x_2, x_3, \cdots, x_n$의 도수를 각각 $f_1, f_2, f_3, \cdots, f_n$이라고 하자. 이 변량의 평균을 m, 표준편차를 σ라고 할 때, 변량 $ax_1+b, ax_2+b, ax_3+b, \cdots, ax_n+b$의 평균과 표준편차를 구하여라.

단, ax_i+b에 대응하는 도수와 x_i에 대응하는 도수는 같고, a, b는 상수이다.

[정석연구] 도수분포에서의 평균 m과 분산 σ^2은

정 의 변량 x_i의 도수가 f_i일 때, 평균 m과 분산 σ^2은

$$m=\frac{\sum x_i f_i}{\sum f_i}, \quad \sigma^2=\frac{\sum (x_i-m)^2 f_i}{\sum f_i}$$

를 이용한다.

[모범답안] 문제의 조건으로부터

$$m=\frac{\sum x_i f_i}{\sum f_i}, \quad \sigma^2=\frac{\sum (x_i-m)^2 f_i}{\sum f_i}$$

이다. 또, 변량 ax_i+b의 평균을 m', 표준편차를 σ'이라고 하면

$$m'=\frac{\sum (ax_i+b)f_i}{\sum f_i}=\frac{a\sum x_i f_i+b\sum f_i}{\sum f_i}=\frac{a\sum x_i f_i}{\sum f_i}+b$$

$$\therefore\ m'=\boldsymbol{am+b} \qquad \cdots\cdots①$$

$$\sigma'^2=\frac{\sum (ax_i+b-m')^2 f_i}{\sum f_i}=\frac{\sum (ax_i+b-am-b)^2 f_i}{\sum f_i} \qquad ⇦ ①$$

$$=\frac{\sum (ax_i-am)^2 f_i}{\sum f_i}=\frac{a^2\sum (x_i-m)^2 f_i}{\sum f_i}=a^2\sigma^2$$

$$\therefore\ \sigma'=\boldsymbol{|a|\sigma}$$

Advice | 이 결과를 정리하면 다음과 같다.

변량 ax_i+b에 대응하는 도수가 변량 x_i에 대응하는 도수와 같을 때,

정 석 변량 x_i의 평균을 m, 표준편차를 σ라고 하면
변량 ax_i+b의 평균은 $\Longrightarrow$ $am+b$
변량 ax_i+b의 표준편차는 $\Longrightarrow$ $|a|\sigma$

이 성질은 평균과 표준편차의 중요한 성질로 많이 이용한다. 공식처럼 기억해 두길 바란다.

[유제] **8**-2. 변량 $x_1, x_2, x_3, \cdots, x_n$의 도수를 각각 $f_1, f_2, f_3, \cdots, f_n$이라고 하자. 도수는 그대로이고 변량이 모두 p%(단, $p>0$)만큼 증가하면 평균과 표준편차는 어떻게 되는가? [답] 모두 p% 증가한다.

§ 2. 확률변수와 확률분포

기본정석

1 확률변수, 이산확률변수

어떤 시행에서 표본공간의 각 근원사건에 하나의 실수를 대응시키는 것을 **확률변수**라고 한다.

특히 확률변수 X가 가질 수 있는 값이 유한개이거나 자연수처럼 셀 수 있을 때, 이 확률변수 X를 **이산확률변수**라고 한다.

2 확률분포, 확률질량함수

확률변수 X가 가지는 값 x_i와 X가 x_i를 가질 확률 p_i의 대응 관계를 이산확률변수 X의 **확률분포**라고 한다.

X	x_1	x_2	x_3	$\cdots$	x_n	합
$\mathrm{P}(\mathrm{X}=x_i)$	p_1	p_2	p_3	$\cdots$	p_n	1

이때, 이 대응 관계를 나타내는 함수

$$\mathrm{P}(\mathrm{X}=x_i)=p_i \ (\text{단, } i=1, 2, 3, \cdots, n)$$

를 이산확률변수 X의 **확률질량함수**라고 한다.

이산확률변수 X의 확률분포는 표, 그래프, 확률질량함수 등으로 나타낼 수 있다.

3 확률질량함수의 성질

확률질량함수 $\mathrm{P}(\mathrm{X}=x_i)=p_i$ (단, $i=1, 2, 3, \cdots, n$)는 다음 성질을 가진다.

(1) $0\le p_i\le 1$ ⇦ $0\le \mathrm{P}(\mathrm{X}=x_i)\le 1$

(2) $\displaystyle\sum_{i=1}^{n} p_i=1$ ⇦ $\displaystyle\sum_{i=1}^{n} \mathrm{P}(\mathrm{X}=x_i)=1$

(3) $\mathrm{P}(x_i\le \mathrm{X}\le x_j)=\displaystyle\sum_{k=i}^{j} p_k$ (단, $i, j=1, 2, 3, \cdots, n$, $i\le j$)

Advice 1° 확률변수와 확률분포

이를테면 한 개의 동전을 두 번 던지는 시행에서 동전의 앞면을 H, 뒷면을 T로 나타낼 때, 이 시행의 표본공간 S는

$$\mathrm{S}=\{(\mathrm{H}, \mathrm{H}), (\mathrm{H}, \mathrm{T}), (\mathrm{T}, \mathrm{H}), (\mathrm{T}, \mathrm{T})\}$$

와 같이 4개의 근원사건으로 이루어진 집합이다.

이 시행에서 동전의 앞면이 나오는 횟수를 X라고 하면 X는

$$0, \quad 1, \quad 2$$

중에서 하나의 값을 가지는 변수이고, X가 이들 값을 가질 확률은 각각

	H	T
H	2	1
T	1	0

$$\frac{1}{4}, \quad \frac{2}{4}, \quad \frac{1}{4}$$

이다. 또한 이 대응 관계를 표로 나타내면 아래 왼쪽과 같고, 그래프로 나타내면 아래 오른쪽과 같다.

X	0	1	2	합
확률	$\frac{1}{4}$	$\frac{2}{4}$	$\frac{1}{4}$	1

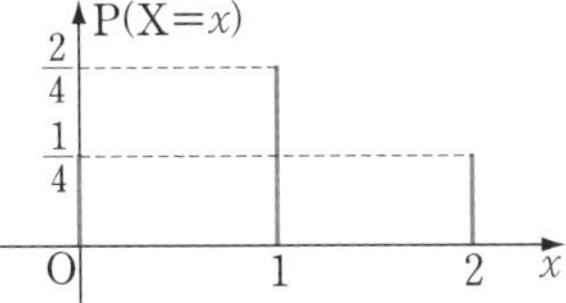

이와 같이 어떤 시행에서 표본공간의 각 근원사건에 하나의 실수를 대응시키는 것을 **확률변수**라고 한다. 확률변수는 보통 알파벳 대문자 X, Y, Z 등으로 나타내고, 확률변수가 가지는 값은 숫자 또는 소문자 x, y, z 등으로 나타낸다.

확률변수 X가 가지는 값과 X가 이들 값을 가질 확률 사이의 대응 관계를 확률변수 X의 **확률분포**라고 한다. 이때, 확률변수 X가 어떤 값 x를 가질 확률을 기호로 $\mathbf{P(X=x)}$와 같이 나타낸다.

Advice 2° 확률질량함수

위의 예에서와 같이 한 개의 동전을 두 번 던지는 시행에서 동전의 앞면이 나오는 횟수를 확률변수 X라고 하면 X가 0, 1, 2를 가질 확률은 독립시행의 확률에 의하여 각각

$$\mathrm{P(X=0)}={}_2\mathrm{C}_0\left(\frac{1}{2}\right)^0\left(\frac{1}{2}\right)^{2-0}=\frac{1}{4}, \quad \mathrm{P(X=1)}={}_2\mathrm{C}_1\left(\frac{1}{2}\right)^1\left(\frac{1}{2}\right)^{2-1}=\frac{2}{4},$$

$$\mathrm{P(X=2)}={}_2\mathrm{C}_2\left(\frac{1}{2}\right)^2\left(\frac{1}{2}\right)^{2-2}=\frac{1}{4}$$

과 같이 구할 수 있다. 또한 위의 대응 관계를

$$\mathrm{P(X}=k)={}_2\mathrm{C}_k\left(\frac{1}{2}\right)^k\left(\frac{1}{2}\right)^{2-k}={}_2\mathrm{C}_k\left(\frac{1}{2}\right)^2=\frac{1}{4}\,{}_2\mathrm{C}_k \ (k=0,\ 1,\ 2)$$

$$\text{곧, } \mathbf{P(X}=\boldsymbol{k})=\frac{1}{4}\,{}_2\mathrm{C}_k \ (\boldsymbol{k}=0,\ 1,\ 2)$$

로 나타낼 수 있다. 이와 같은 함수를 이산확률변수 X의 **확률질량함수**라 한다.

이산확률변수 X의 확률분포는 표나 그래프로 나타낼 수도 있고, 확률질량함수로 나타낼 수도 있다.

Advice 3° 확률질량함수의 성질

확률질량함수

$$P(X=x_i)=p_i \ (\text{단, } i=1, 2, 3, \cdots, n)$$

에서 p_i는 $X=x_i$인 사건에 대한 확률이므로 확률의 기본 성질에 의하여

(i) $\boldsymbol{0 \le p_i \le 1}$

(ii) $\boldsymbol{p_1+p_2+p_3+\cdots+p_n=1}$ 곧, $\boldsymbol{\sum p_i=1}$

이다.

한편 확률변수 X가 a 이상 b 이하의 값을 가질 확률을 $P(a \le X \le b)$와 같이 나타낼 때, X가 이산확률변수이면

(iii) $\boldsymbol{P(a \le X \le b)=P(X=a)+\cdots+P(X=b)}$

이다.

보기 1 확률변수 X의 확률분포가 오른쪽과 같을 때,

(1) a의 값을 구하여라.

(2) $P(-1 \le X \le 1)$을 구하여라.

X	-1	0	1	2	합
$P(X=x)$	a^2	$\frac{a}{4}$	a	$\frac{1}{8}$	1

연구 (1) 확률 $P(X=x)$의 합이 1이므로 $a^2+\frac{a}{4}+a+\frac{1}{8}=1$

$$\therefore 8a^2+10a-7=0 \qquad \therefore (2a-1)(4a+7)=0$$

$0<a<1$이므로 $\boldsymbol{a=\frac{1}{2}}$

(2) $P(-1 \le X \le 1)=P(X=-1)+P(X=0)+P(X=1)$

$$=\frac{1}{4}+\frac{1}{8}+\frac{1}{2}=\boldsymbol{\frac{7}{8}}$$

* *Note* $P(-1 \le X \le 1)=1-P(X=2)=1-\frac{1}{8}=\frac{7}{8}$

보기 2 정육면체의 6개의 면에 1, 1, 1, 2, 2, 2가 적혀 있다. 이 정육면체를 두 번 던지는 시행에서 나오는 수의 합을 확률변수 X라고 할 때, X의 확률분포와 $P(X \ge 3)$을 구하여라.

연구 X가 가질 수 있는 값은

2, 3, 4

이고, X가 이들 값을 가질 확률은 각각

$$\frac{1}{2}\times\frac{1}{2}, \quad \left(\frac{1}{2}\times\frac{1}{2}\right)\times 2, \quad \frac{1}{2}\times\frac{1}{2}$$

이므로 X의 확률분포는 오른쪽과 같다.

X	2	3	4	합
$P(X=x)$	$\frac{1}{4}$	$\frac{2}{4}$	$\frac{1}{4}$	1

$$\therefore P(X \ge 3)=P(X=3)+P(X=4)=\frac{2}{4}+\frac{1}{4}=\boldsymbol{\frac{3}{4}}$$

필수 예제 8-3 흰 공 3개, 초록 공 4개가 들어 있는 주머니가 있다. 이 주머니에서 임의로 2개의 공을 동시에 꺼낼 때, 나오는 흰 공의 개수를 확률변수 X라고 하자.

(1) X의 확률분포를 구하여라. (2) $P(X\geq1)$을 구하여라.

정석연구 확률변수 X의 확률분포를 구할 때에는

첫째 — X가 가질 수 있는 값이 어떤 것인가를 빠짐없이 조사하고,

둘째 — X가 가질 수 있는 각 값에 대응하는 확률을 구한 다음,

셋째 — 이 대응 관계를 표, 그래프, 확률질량함수 중 어느 하나로 나타낸다.

이 문제의 경우 2개의 공을 동시에 꺼내므로 꺼낸 공의 색은 다음 세 가지 중 하나이다.

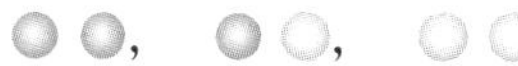

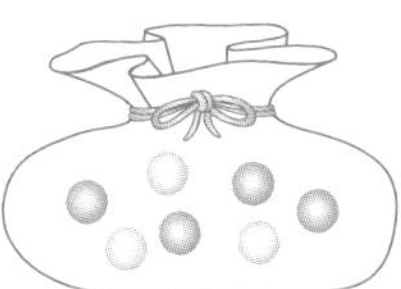

따라서 X가 가질 수 있는 값은 0, 1, 2이고, 이에 대응하는 확률을 구하면 확률분포를 얻을 수 있다.

모범답안 (1) X가 가질 수 있는 값은 0, 1, 2이고,

$$P(X=0)=\frac{{}_3C_0\times{}_4C_2}{{}_7C_2}=\frac{2}{7},$$

$$P(X=1)=\frac{{}_3C_1\times{}_4C_1}{{}_7C_2}=\frac{4}{7},$$

$$P(X=2)=\frac{{}_3C_2\times{}_4C_0}{{}_7C_2}=\frac{1}{7}$$

X	0	1	2	합
$P(X=x)$	$\frac{2}{7}$	$\frac{4}{7}$	$\frac{1}{7}$	1

따라서 X의 확률분포를 표로 나타내면 위와 같다.

(2) $P(X\geq1)=P(X=1)+P(X=2)=\frac{4}{7}+\frac{1}{7}=\mathbf{\frac{5}{7}}$ ← 답

Advice | 확률변수 X의 확률질량함수는 다음과 같다.

$$P(X=k)=\frac{{}_3C_k\times{}_4C_{2-k}}{{}_7C_2}\quad(k=0,\ 1,\ 2)$$

또, 꺼낸 공을 다시 넣으며 임의로 한 개씩 두 번 꺼내는 경우의 확률질량함수는 다음과 같다.

$$P(X=k)={}_2C_k\left(\frac{3}{7}\right)^k\left(\frac{4}{7}\right)^{2-k}\quad(k=0,\ 1,\ 2)$$ ⇦ p. 143

유제 8-3. 10개의 제비 중 당첨 제비가 4개 있다. 이 중에서 임의로 2개의 제비를 동시에 뽑을 때, 당첨 제비의 개수를 확률변수 X라고 하자. 이때, X의 확률질량함수를 구하여라.

답 $P(X=k)=\frac{{}_4C_k\times{}_6C_{2-k}}{{}_{10}C_2}\ (k=0,\ 1,\ 2)$

§ 3. 이산확률변수의 기댓값(평균)과 표준편차

기본정석

[1] 이산확률변수의 기댓값(평균)

이산확률변수 X의 확률분포가 오른쪽과 같을 때,

X	x_1	x_2	…	x_n	합
$P(X=x_i)$	p_1	p_2	…	p_n	1

$x_1p_1+x_2p_2+x_3p_3+\cdots+x_np_n$

을 X의 기댓값 또는 평균이라 하고, 기호로 $\mathbf{E(X)}$ 또는 $\boldsymbol{m}$과 같이 나타낸다.

정의 $\mathrm{E(X)}=\sum_{i=1}^{n}\boldsymbol{x_i p_i}=\boldsymbol{x_1p_1+x_2p_2+x_3p_3+\cdots+x_np_n}$

[2] 이산확률변수의 분산과 표준편차

이산확률변수 X의 평균이 m일 때, $(X-m)^2$의 평균 $E\big((X-m)^2\big)$을 X의 분산이라 하고, 기호로 $\mathbf{V(X)}$ 또는 $\boldsymbol{\sigma^2}\mathbf{(X)}$와 같이 나타낸다.

정석 $\mathrm{V(X)}=\sum_{i=1}^{n}(\boldsymbol{x_i-m})^2\boldsymbol{p_i}=\sum_{i=1}^{n}\boldsymbol{x_i}^2\boldsymbol{p_i-m^2}$

또, 분산의 음이 아닌 제곱근을 표준편차라 하고, 기호로 $\boldsymbol{\sigma}\mathbf{(X)}$와 같이 나타낸다.

정의 (표준편차)$=\sqrt{(분산)}$, $\quad \sigma(X)=\sqrt{V(X)}$

[3] $a\mathrm{X}+b$(a, b는 상수)의 기댓값(평균), 분산 및 표준편차의 성질

이산확률변수 $aX+b$의 기댓값, 분산 및 표준편차에는 다음 성질이 있다.

(1) $\mathbf{E}(a\mathbf{X}+b)=a\mathbf{E(X)}+b$ (2) $\mathbf{V}(a\mathbf{X}+b)=a^2\mathbf{V(X)}$

(3) $\sigma(a\mathbf{X}+b)=|a|\sigma(\mathbf{X})$ (4) $\mathbf{V(X)}=\mathbf{E(X^2)}-\{\mathbf{E(X)}\}^2$

***Note** 1° E(X)에서 E는 Expectation(기댓값)의 첫 글자이다.

2° V(X)에서 V는 Variance(분산)의 첫 글자이고, $\sigma(X)$에서 σ는 standard deviation(표준편차)의 첫 글자 s에 해당하는 그리스 문자이다.

Advice 1° 이산확률변수의 기댓값(평균)

한 개의 주사위를 던질 때 나오는 눈의 수를 확률변수 X라고 하면 X의 확률분포는 오른쪽과 같다.

X	1	2	3	4	5	6	합
$P(X=x)$	$\frac{1}{6}$	$\frac{1}{6}$	$\frac{1}{6}$	$\frac{1}{6}$	$\frac{1}{6}$	$\frac{1}{6}$	1

이때, x_i의 각각에 이에 대응하는 확률 p_i를 곱한 값의 합 $\sum x_ip_i$는

$$\sum_{i=1}^{n} x_i p_i = 1\times\frac{1}{6}+2\times\frac{1}{6}+3\times\frac{1}{6}+4\times\frac{1}{6}+5\times\frac{1}{6}+6\times\frac{1}{6}=\frac{7}{2}$$

이고, 이것은 한 개의 주사위를 던질 때 나오는 눈의 수의 기댓값과 같다.

한편 이 식을 변형하면

$$\sum_{i=1}^{n} x_i p_i = \frac{1}{6}(1+2+3+4+5+6)=\frac{7}{2}$$

이므로 이것은 한 개의 주사위를 던질 때 나오는 눈의 수의 평균과 같다고도 말할 수 있다.

변량	1	2	3	4	5	6	합
도수	1	1	1	1	1	1	6

곧, 오른쪽 위의 표에서와 같이 변량 1, 2, 3, 4, 5, 6에 대응하는 도수가 각각 1일 때, 이 변량의 평균을 구하는 것과 같다.

이런 의미에서 $\sum x_i p_i$를 이산확률변수 X의 기댓값(평균)이라고 한다.

보기 1 확률변수 X의 확률분포가 오른쪽과 같을 때, X의 기댓값(평균)을 구하여라.

X	1	2	3	4	합
$P(X=x)$	$\frac{1}{10}$	$\frac{3}{10}$	$\frac{4}{10}$	$\frac{2}{10}$	1

연구 기댓값(평균)의 정의에 의하여

$$E(X)=\sum_{i=1}^{n} x_i p_i = 1\times\frac{1}{10}+2\times\frac{3}{10}+3\times\frac{4}{10}+4\times\frac{2}{10}=\mathbf{\frac{27}{10}}$$

보기 2 두 개의 동전을 동시에 던질 때, 앞면이 나오는 동전의 개수를 확률변수 X라고 하자. X의 기댓값(평균)을 구하여라.

연구 X의 확률분포는 오른쪽과 같으므로

X	0	1	2	합
$P(X=x)$	$\frac{1}{4}$	$\frac{2}{4}$	$\frac{1}{4}$	1

$$E(X)=\sum_{i=1}^{n} x_i p_i$$
$$=0\times\frac{1}{4}+1\times\frac{2}{4}+2\times\frac{1}{4}=\mathbf{1}$$

보기 3 오른쪽과 같이 상금이 걸려 있는 제비가 50개 있다. 이 중에서 임의로 제비를 한 개 뽑을 때, 상금의 기댓값(평균)을 구하여라.

등급	1등	2등	3등	등외
상금	10000원	1000원	100원	0원
매수	1	3	10	36

연구 받는 상금의 액수를 X원이라고 할 때, 확률변수 X의 확률분포는 오른쪽과 같으므로

X	10000	1000	100	0	합
$P(X=x)$	$\frac{1}{50}$	$\frac{3}{50}$	$\frac{10}{50}$	$\frac{36}{50}$	1

$$E(X)=\sum_{i=1}^{n} x_i p_i$$
$$=10000\times\frac{1}{50}+1000\times\frac{3}{50}+100\times\frac{10}{50}+0\times\frac{36}{50}=\mathbf{280}(\text{원})$$

*Note 기댓값(평균)이 금액일 때에는 기대 금액이라고도 한다.

Advice 2° 이산확률변수의 분산과 표준편차

두 개의 확률변수 X, Y가 있을 때, X, Y의 평균이 같다고 해서 확률분포까지 같은 것은 아니다.

이를테면 아래와 같은 두 확률분포를 생각할 때, 평균은 모두 0이지만 확률분포는 다르다.

X	-1	0	1
$\mathrm{P}(\mathrm{X}=x)$	0.3	0.4	0.3

Y	-2	-1	0	1	2
$\mathrm{P}(\mathrm{Y}=y)$	0.1	0.2	0.4	0.2	0.1

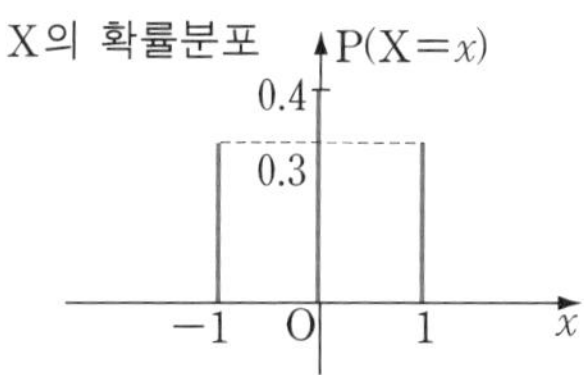

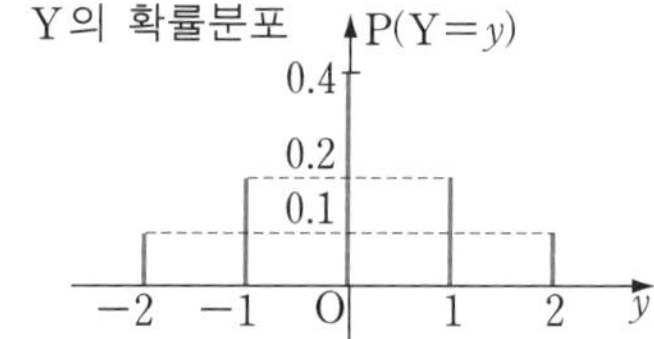

따라서 평균만 가지고는 두 확률분포의 차이점을 나타낼 수 없다. 이 두 확률분포의 그래프를 보면 X의 확률분포에서는 X가 가지는 값이 평균에 가까이 모여 있고, Y의 확률분포에서는 Y가 가지는 값이 평균에서 좀 더 멀리까지 흩어져 있다.

그래서 도수분포에서 변량들이 흩어져 있는 정도를 나타내는 방법으로 분산, 표준편차를 생각한 것과 마찬가지로, 확률분포에서도 분포의 정도를 나타내는 방법으로 분산, 표준편차를 생각한다.

먼저 도수분포로 되돌아가 보자.

어떤 변량 X의 도수분포가 오른쪽과 같을 때, X의 평균과 분산을

X	x_1	x_2	x_3	$\cdots$	x_n	합
f_i	f_1	f_2	f_3	$\cdots$	f_n	N

$$m=\frac{1}{\mathrm{N}}\sum_{i=1}^{n}x_i f_i, \quad \sigma^2=\frac{1}{\mathrm{N}}\sum_{i=1}^{n}(x_i-m)^2 f_i$$

⇦ p. 137

라고 정의하였다. 그런데

$x_1, \ x_2, \ x_3, \ \cdots, \ x_n$

의 상대도수는 각각

$\dfrac{f_1}{\mathrm{N}}, \ \dfrac{f_2}{\mathrm{N}}, \ \dfrac{f_3}{\mathrm{N}}, \ \cdots, \ \dfrac{f_n}{\mathrm{N}}$

X	x_1	x_2	x_3	$\cdots$	x_n	합
$\mathrm{P}(\mathrm{X}=x_i)$	$\dfrac{f_1}{\mathrm{N}}$	$\dfrac{f_2}{\mathrm{N}}$	$\dfrac{f_3}{\mathrm{N}}$	$\cdots$	$\dfrac{f_n}{\mathrm{N}}$	1

이므로 X는 x_i에 확률 $\dfrac{f_i}{\mathrm{N}}$가 대응하는 확률분포를 가지는 확률변수라고

생각할 수 있다.

여기에서 $\frac{f_i}{\mathrm{N}}=p_i$로 놓으면 앞면의 도수분포에서 평균 m과 분산 σ^2은

$$m=\frac{1}{\mathrm{N}}\sum_{i=1}^{n}x_i f_i=\sum_{i=1}^{n}\left(x_i\times\frac{f_i}{\mathrm{N}}\right)=\sum_{i=1}^{n}\boldsymbol{x}_i\boldsymbol{p}_i$$

$$\sigma^2=\frac{1}{\mathrm{N}}\sum_{i=1}^{n}(x_i-m)^2 f_i=\sum_{i=1}^{n}\left\{(x_i-m)^2\times\frac{f_i}{\mathrm{N}}\right\}=\sum_{i=1}^{n}(\boldsymbol{x}_i-\boldsymbol{m})^2\boldsymbol{p}_i$$

이다.

이와 같은 개념에서 확률분포에서의 분산 V(X)를

$$\mathbf{V(X)}=\sum_{i=1}^{n}(\boldsymbol{x}_i-\boldsymbol{m})^2\boldsymbol{p}_i$$

라고 정의한다. 이때, V(X)는 $(\mathrm{X}-m)^2$의 평균임을 보이고 있다.

이 정의에 따라 앞면의 두 확률분포에서 X, Y의 분산을 구하면

$$\mathrm{V(X)}=\sum(x_i-m)^2 p_i \qquad \Leftarrow m=0$$
$$=(-1-0)^2\times0.3+(0-0)^2\times0.4+(1-0)^2\times0.3=0.6$$
$$\mathrm{V(Y)}=\sum(y_i-m)^2 p_i$$
$$=(-2-0)^2\times0.1+(-1-0)^2\times0.2$$
$$+(0-0)^2\times0.4+(1-0)^2\times0.2+(2-0)^2\times0.1=1.2$$

이다.

따라서 확률변수 X, Y의 표준편차는 다음과 같다.

$$\sigma(\mathrm{X})=\sqrt{0.6}, \qquad \sigma(\mathrm{Y})=\sqrt{1.2}$$

여기에서 두 표준편차를 비교해 보면 $\sigma(\mathrm{X})<\sigma(\mathrm{Y})$로 확률변수가 가지는 값이 평균에 가까이 모여 있는 쪽의 표준편차가 더 작음을 알 수 있다.

또, 확률변수 X의 분산 V(X)를 변형하면

$$\mathrm{V(X)}=\sum_{i=1}^{n}(x_i-m)^2 p_i=\sum_{i=1}^{n}(x_i{}^2 p_i-2mx_i p_i+m^2 p_i)$$
$$=\sum_{i=1}^{n}x_i{}^2 p_i-2m\sum_{i=1}^{n}x_i p_i+m^2\sum_{i=1}^{n}p_i$$

여기에서 $\sum_{i=1}^{n}x_i p_i=m,\ \sum_{i=1}^{n}p_i=1$이므로

$$\mathbf{V(X)}=\sum_{i=1}^{n}\boldsymbol{x}_i{}^2\boldsymbol{p}_i-\boldsymbol{m}^2 \qquad \therefore\ \mathbf{V(X)=E(X^2)-\{E(X)\}^2}$$

* ***Note*** 'X의 분산', 'X의 표준편차'라는 것을 굳이 밝히지 않아도 혼동이 없을 때에는 V(X), σ(X) 대신 간단히 σ^2, σ로 나타내기도 한다.

보기 4 확률변수 X의 평균이 3이고 분산이 2일 때, X^2의 평균을 구하여라.

연구 $\mathrm{V(X)=E(X^2)-\{E(X)\}^2}$에서 E(X)=3, V(X)=2이므로

$$2=\mathrm{E(X^2)}-3^2 \qquad \therefore\ \mathrm{E(X^2)}=\mathbf{11}$$

보기 5 한 개의 주사위를 던지는 시행에서 나오는 눈의 수를 확률변수 X라고 할 때, X의 기댓값(평균), 분산 및 표준편차를 구하여라.

연구 확률변수 X의 확률분포는 오른쪽과 같다.

X	1	2	3	4	5	6	합
P(X=x)	$\frac{1}{6}$	$\frac{1}{6}$	$\frac{1}{6}$	$\frac{1}{6}$	$\frac{1}{6}$	$\frac{1}{6}$	1

$$\therefore\ m=\sum_{i=1}^{n} x_i p_i$$
$$=1\times\frac{1}{6}+2\times\frac{1}{6}+3\times\frac{1}{6}+4\times\frac{1}{6}+5\times\frac{1}{6}+6\times\frac{1}{6}=\mathbf{\frac{7}{2}}$$
$$V(X)=\sum_{i=1}^{n} x_i^2 p_i-m^2=1^2\times\frac{1}{6}+2^2\times\frac{1}{6}+\cdots+6^2\times\frac{1}{6}-\left(\frac{7}{2}\right)^2=\mathbf{\frac{35}{12}}$$
$$\sigma(X)=\sqrt{\frac{35}{12}}=\frac{\sqrt{35}}{2\sqrt{3}}=\mathbf{\frac{\sqrt{105}}{6}}$$

**Note* 확률변수 X의 확률질량함수는

$$P(X=k)=\frac{1}{6}\ (k=1,\ 2,\ 3,\ 4,\ 5,\ 6)$$

이다. 이 함수를 써서 평균 m과 분산 V(X)를 다음과 같이 구할 수도 있다.

$$m=\sum_{k=1}^{6} kP(X=k)=\sum_{k=1}^{6}\frac{1}{6}k=\frac{1}{6}\times\frac{6\times7}{2}=\mathbf{\frac{7}{2}}$$
$$V(X)=\sum_{k=1}^{6} k^2P(X=k)-m^2=\sum_{k=1}^{6}\frac{1}{6}k^2-\left(\frac{7}{2}\right)^2=\frac{1}{6}\times\frac{6\times7\times13}{6}-\left(\frac{7}{2}\right)^2=\mathbf{\frac{35}{12}}$$

보기 6 어떤 정책에 대하여 성인 2000명을 대상으로 여론 조사를 한 결과 찬성한 사람은 63%이고, 나머지는 모두 반대하였다.

찬성자에 1, 반대자에 0의 값을 줄 때, 기댓값(평균)과 분산을 구하여라.

연구 다음 두 가지 방법을 생각할 수 있다.

(i) 2000명 중 찬성자는

$$2000\times\frac{63}{100}=1260\text{(명)}$$

이므로 찬성자에 1, 반대자에 0의 값을 주어서 도수분포표를 만들면 오른쪽과 같다.

x_i	1	0	합
f_i	1260	740	2000

$$\therefore\ m=\frac{1}{N}\sum x_i f_i=\frac{1}{2000}(1\times1260+0\times740)=\mathbf{0.63}$$
$$\sigma^2=\frac{1}{N}\sum x_i^2 f_i-m^2=\frac{1}{2000}(1^2\times1260+0^2\times740)-0.63^2=\mathbf{0.2331}$$

(ii) 찬반을 나타내는 변수를 확률변수 X라고 하면 X의 확률분포는 오른쪽과 같다.

X	1	0	합
P(X=x)	$\frac{63}{100}$	$\frac{37}{100}$	1

$$\therefore\ m=\sum x_i p_i=1\times\frac{63}{100}+0\times\frac{37}{100}=\mathbf{0.63}$$
$$V(X)=\sum x_i^2 p_i-m^2=1^2\times\frac{63}{100}+0^2\times\frac{37}{100}-0.63^2=\mathbf{0.2331}$$

Advice 3° $\boldsymbol{a}\mathbf{X}+\boldsymbol{b}$의 기댓값(평균), 분산 및 표준편차의 성질

X가 n개의 값 $x_1,\ x_2,\ \cdots,\ x_n$을 가지는 확률변수일 때,

$$\mathrm{Y}=a\mathrm{X}+b \quad (a,\ b\text{는 상수})$$

로 놓으면 Y는 $ax_1+b,\ ax_2+b,\ \cdots,\ ax_n+b$라는 값을 가지는 확률변수이다.

곧, X가 x_i라는 값을 가질 때 Y는 ax_i+b라는 값을 가지므로 X가 x_i를 값으로 가질 확률을 p_i라고 하면

$$\mathrm{P}(\mathrm{Y}=ax_i+b)=\mathrm{P}(\mathrm{X}=x_i)=p_i$$

이다.

따라서 다음과 같은 확률분포를 생각할 수 있다.

$\mathrm{X}=x_i$	x_1	x_2	$\cdots$	x_n	합
$\mathrm{Y}=ax_i+b(=y_i)$	ax_1+b	ax_2+b	$\cdots$	ax_n+b	
$\mathrm{P}(\mathrm{Y}=ax_i+b)=\mathrm{P}(\mathrm{X}=x_i)$	p_1	p_2	$\cdots$	p_n	1

이때, 확률변수 Y의 기댓값(평균), 분산 및 표준편차는 다음과 같다.

(i) $\mathrm{Y}=a\mathrm{X}+b$일 때 $\mathrm{E}(\mathrm{Y})=a\mathrm{E}(\mathrm{X})+b$

(증명) $\mathrm{E}(\mathrm{Y})=\sum_{i=1}^{n}(ax_i+b)p_i=a\sum_{i=1}^{n}x_ip_i+b\sum_{i=1}^{n}p_i$ ⇦ $\sum_{i=1}^{n}p_i=1$

$=a\mathrm{E}(\mathrm{X})+b$

(ii) $\mathrm{Y}=a\mathrm{X}+b$일 때 $\mathrm{V}(\mathrm{Y})=a^2\mathrm{V}(\mathrm{X}),\ \sigma(\mathrm{Y})=|a|\sigma(\mathrm{X})$

(증명) $\mathrm{E}(\mathrm{X})=m$으로 놓으면 $\mathrm{E}(\mathrm{Y})=a\mathrm{E}(\mathrm{X})+b=am+b$이므로

$$\mathrm{V}(\mathrm{Y})=\mathrm{E}\big((\mathrm{Y}-am-b)^2\big)=\mathrm{E}\big((a\mathrm{X}+b-am-b)^2\big)$$
$$=\mathrm{E}\big((a\mathrm{X}-am)^2\big)=\mathrm{E}\big(a^2(\mathrm{X}-m)^2\big)=a^2\mathrm{E}\big((\mathrm{X}-m)^2\big)=a^2\mathrm{V}(\mathrm{X})$$

곧, $\mathrm{V}(\mathrm{Y})=a^2\mathrm{V}(\mathrm{X})$

또, $\sigma(\mathrm{X})\ge0,\ \sigma(\mathrm{Y})\ge0$이므로 $\sigma(\mathrm{Y})=|a|\sigma(\mathrm{X})$

보기 7 $\mathrm{E}(\mathrm{X})=0.3$일 때, $\mathrm{E}(\mathrm{X}+1),\ \mathrm{E}(-\mathrm{X}),\ \mathrm{E}(2\mathrm{X}-1)$을 구하여라.

연구 $\mathrm{E}(\mathrm{X}+1)=\mathrm{E}(\mathrm{X})+1=\mathbf{1.3}$, $\quad\mathrm{E}(-\mathrm{X})=-\mathrm{E}(\mathrm{X})=\mathbf{-0.3}$,
$\mathrm{E}(2\mathrm{X}-1)=2\mathrm{E}(\mathrm{X})-1=2\times0.3-1=\mathbf{-0.4}$

보기 8 $\sigma(\mathrm{X})=4$일 때, $\sigma(2\mathrm{X}+1),\ \sigma(-3\mathrm{X})$를 구하여라.

연구 $\sigma(2\mathrm{X}+1)=|2|\sigma(\mathrm{X})=2\times4=\mathbf{8}$, $\quad\sigma(-3\mathrm{X})=|-3|\sigma(\mathrm{X})=3\times4=\mathbf{12}$

필수 예제 8-4 주머니에 흰 공 7개, 붉은 공 3개가 들어 있다. 이 주머니에서 임의로 5개의 공을 동시에 꺼낼 때, 나오는 흰 공의 개수를 확률변수 X라고 하자.

(1) X의 확률분포를 구하여라. (2) X의 평균과 분산을 구하여라.

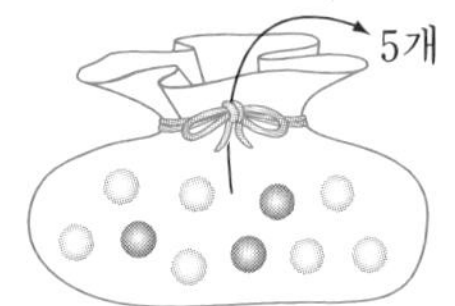

정석연구 주머니 속에 붉은 공이 3개뿐이므로, 5개의 공을 꺼낼 때 이 중에서 적어도 2개는 흰 공이어야 한다.

따라서 X가 가질 수 있는 값은

$$2,\quad 3,\quad 4,\quad 5$$

이다. X가 이들 값을 가질 확률을 구한 다음, 아래 **정석**을 이용한다.

정석 $\mathrm{E(X)}=\sum_{i=1}^{n} \boldsymbol{x_i p_i},\quad \mathrm{V(X)}=\sum_{i=1}^{n} \boldsymbol{x_i^2 p_i - m^2}$ ⇦ $m=\mathrm{E(X)}$

모범답안 (1) X가 가질 수 있는 값은 2, 3, 4, 5이고,

$$\mathrm{P(X=2)}=\frac{{}_7\mathrm{C}_2\times{}_3\mathrm{C}_3}{{}_{10}\mathrm{C}_5}=\frac{1}{12},\quad \mathrm{P(X=3)}=\frac{{}_7\mathrm{C}_3\times{}_3\mathrm{C}_2}{{}_{10}\mathrm{C}_5}=\frac{5}{12},$$

$$\mathrm{P(X=4)}=\frac{{}_7\mathrm{C}_4\times{}_3\mathrm{C}_1}{{}_{10}\mathrm{C}_5}=\frac{5}{12},\quad \mathrm{P(X=5)}=\frac{{}_7\mathrm{C}_5\times{}_3\mathrm{C}_0}{{}_{10}\mathrm{C}_5}=\frac{1}{12}$$

따라서 X의 확률분포를 표로 나타내면 오른쪽과 같다.

X	2	3	4	5
P(X=x)	$\frac{1}{12}$	$\frac{5}{12}$	$\frac{5}{12}$	$\frac{1}{12}$

(2) $\mathrm{E(X)}=2\times\frac{1}{12}+3\times\frac{5}{12}+4\times\frac{5}{12}+5\times\frac{1}{12}$

$=\boldsymbol{\frac{7}{2}}$ ← 답

$\mathrm{V(X)}=2^2\times\frac{1}{12}+3^2\times\frac{5}{12}+4^2\times\frac{5}{12}+5^2\times\frac{1}{12}-\left(\frac{7}{2}\right)^2=\boldsymbol{\frac{7}{12}}$ ← 답

Advice | 확률변수 X의 확률질량함수는 다음과 같다.

$$\mathrm{P(X}=k)=\frac{{}_7\mathrm{C}_k\times{}_3\mathrm{C}_{5-k}}{{}_{10}\mathrm{C}_5}\quad (k=2,\ 3,\ 4,\ 5)$$

유제 **8**-4. 주머니에 흰 공 1개, 붉은 공 2개, 파란 공 3개가 들어 있다. 이 주머니에서 임의로 2개의 공을 동시에 꺼낼 때, 나오는 붉은 공의 개수 X의 평균과 분산을 구하여라.

답 $\mathrm{E(X)}=\boldsymbol{\frac{2}{3}}$, $\mathrm{V(X)}=\boldsymbol{\frac{16}{45}}$

유제 **8**-5. 100개의 제품 중 20개의 불량품이 들어 있는 상자에서 임의로 2개의 제품을 동시에 꺼낼 때, 나오는 불량품의 개수 X의 평균과 표준편차를 구하여라.

답 $\mathrm{E(X)}=\boldsymbol{\frac{2}{5}}$, $\sigma\mathrm{(X)}=\boldsymbol{\frac{28\sqrt{11}}{165}}$

필수 예제 **8**-5 500원짜리 동전 1개와 100원짜리 동전 2개를 동시에 던져서 앞면이 나온 동전의 금액의 합을 X원이라고 할 때, 확률변수 X의 확률분포를 구하고, X의 기댓값(평균)과 표준편차를 구하여라.

정석연구 X가 가질 수 있는 값은 0, 100, 200, 500, 600, 700이므로 이들 값에 대응하는 확률을 구하면 확률분포를 표로 나타낼 수 있다.

정석 $\mathbf{E(X)=\sum_{i=1}^{n} x_i p_i}$, $\mathbf{V(X)=\sum_{i=1}^{n} x_i^2 p_i - m^2}$ ⇦ $m=\mathrm{E(X)}$

모범답안 X가 가질 수 있는 값은

$$0,\ 100,\ 200,\ 500,\ 600,\ 700$$

이고, X가 이들 값을 가질 확률은 각각

$$\frac{1}{8},\ \frac{2}{8},\ \frac{1}{8},\ \frac{1}{8},\ \frac{2}{8},\ \frac{1}{8}$$

이므로 X의 확률분포는 다음과 같다.

X	0	100	200	500	600	700	합
$\mathrm{P(X}=x)$	$\frac{1}{8}$	$\frac{2}{8}$	$\frac{1}{8}$	$\frac{1}{8}$	$\frac{2}{8}$	$\frac{1}{8}$	1

따라서 X의 기댓값(평균) E(X)와 분산 V(X)는

$$\mathrm{E(X)}=0\times\frac{1}{8}+100\times\frac{2}{8}+200\times\frac{1}{8}+500\times\frac{1}{8}+600\times\frac{2}{8}+700\times\frac{1}{8}$$

$=\mathbf{350}$(원) ⟵ 답

$$\mathrm{V(X)}=0^2\times\frac{1}{8}+100^2\times\frac{2}{8}+200^2\times\frac{1}{8}+500^2\times\frac{1}{8}+600^2\times\frac{2}{8}+700^2\times\frac{1}{8}-350^2$$

$=67500$ $\therefore\ \sigma(\mathrm{X})=\sqrt{67500}=\mathbf{150\sqrt{3}}$ (원) ⟵ 답

유제 **8**-6. 한 개의 동전을 두 번 던지는 시행에서 앞면이 나올 때마다 100원, 뒷면이 나올 때마다 20원을 받는다. 이 시행에서 받는 금액을 X원이라고 할 때, 다음 물음에 답하여라.

(1) X의 확률분포를 구하여라.

(2) X의 기댓값(평균)과 분산을 구하여라.

답 (1) 생략 (2) E(X)=**120**(원), V(X)=**3200**

유제 **8**-7. 흰 공 4개, 검은 공 3개가 들어 있는 주머니가 있다. 이 주머니에서 임의로 2개의 공을 동시에 꺼내어 이들의 색이 같으면 1400원을 받고, 다르면 700원을 주기로 했을 때, 기대 금액을 구하여라. 답 **200**원

필수 예제 8-6 두 개의 정육면체 A, B가 있다. A에는 두 면에 0, 세 면에 1, 한 면에 2가 쓰여 있고, B에는 한 면에 0, 두 면에 1, 세 면에 2가 쓰여 있다. 이 두 개의 정육면체를 동시에 던져서 윗면에 적힌 수의 합을 확률변수 X라고 할 때, X의 평균과 분산을 구하여라.

정석연구 A에는 0, 0, 1, 1, 1, 2가 쓰여 있고, B에는 0, 1, 1, 2, 2, 2가 쓰여 있다. 확률변수 X는 A에서 나오는 수와 B에서 나오는 수의 합이므로 X가 가질 수 있는 값은 오른쪽 표의 초록 숫자인

0, 1, 2, 3, 4

이다.

따라서 X가 이들 값을 가질 확률을 구하여 확률분포를 표로 나타내고, 다음을 이용하여 계산한다.

A \ B	0	1	1	2	2	2
0	0	1	1	2	2	2
0	0	1	1	2	2	2
1	1	2	2	3	3	3
1	1	2	2	3	3	3
1	1	2	2	3	3	3
2	2	3	3	4	4	4

정석 $\mathrm{E(X)}=\sum_{i=1}^{n} x_i p_i,\quad \mathrm{V(X)}=\sum_{i=1}^{n} x_i^2 p_i - m^2$ ⇦ $m=\mathrm{E(X)}$

모범답안 X가 가질 수 있는 값은

0, 1, 2, 3, 4

이고, X가 이들 값을 가질 확률은

$\dfrac{2}{36},\ \dfrac{7}{36},\ \dfrac{13}{36},\ \dfrac{11}{36},\ \dfrac{3}{36}$

이므로 X의 확률분포는 오른쪽과 같다.

X	0	1	2	3	4
$\mathrm{P(X}=x)$	$\frac{2}{36}$	$\frac{7}{36}$	$\frac{13}{36}$	$\frac{11}{36}$	$\frac{3}{36}$

$$\therefore\ \mathrm{E(X)}=0\times\frac{2}{36}+1\times\frac{7}{36}+2\times\frac{13}{36}+3\times\frac{11}{36}+4\times\frac{3}{36}=\mathbf{\frac{13}{6}} \longleftarrow \text{답}$$

$$\mathrm{V(X)}=0^2\times\frac{2}{36}+1^2\times\frac{7}{36}+2^2\times\frac{13}{36}+3^2\times\frac{11}{36}+4^2\times\frac{3}{36}-\left(\frac{13}{6}\right)^2=\mathbf{\frac{37}{36}} \longleftarrow \text{답}$$

유제 **8**-8. 서로 다른 두 개의 주사위를 동시에 던질 때, 나오는 눈의 수의 합을 확률변수 X라고 하자. X의 평균과 분산을 구하여라.

답 $\mathrm{E(X)}=\mathbf{7},\ \mathrm{V(X)}=\mathbf{\frac{35}{6}}$

유제 **8**-9. 서로 다른 두 개의 주사위를 동시에 던질 때, 나오는 눈의 수의 차를 확률변수 X라고 하자. X의 평균을 구하여라.

답 $\mathbf{\frac{35}{18}}$

필수 예제 8-7 1부터 10까지의 자연수가 하나씩 적힌 카드 10장 중에서 임의로 2장을 동시에 뽑을 때, 카드에 적힌 수 중 큰 수를 확률변수 X라고 하자. X의 확률질량함수, 평균 및 분산을 구하여라.

정석연구 확률변수 X가 가질 수 있는 값은

$$(2,\ 1),\quad (3,\ 1\sim2),\quad (4,\ 1\sim3),\quad \cdots,\quad (10,\ 1\sim9)$$

에서 초록색 수인 2, 3, 4, $\cdots$, 10 이고, X가 이들 값을 가질 확률은 각각

$$\frac{{}_1C_1}{{}_{10}C_2},\quad \frac{{}_2C_1}{{}_{10}C_2},\quad \frac{{}_3C_1}{{}_{10}C_2},\quad \cdots,\quad \frac{{}_9C_1}{{}_{10}C_2}$$

이므로 X의 확률분포를 표로 나타낼 수 있다.

이로부터 X의 평균 E(X), 분산 V(X)를 구할 수는 있지만, 만일 카드가 100장이라든가 n장일 때에는 이와 같은 방법은 적합하지 않다.

이런 경우 확률질량함수 $P(X=k)$를 구한 다음, 아래 성질을 이용해 보자.

정석 $E(X)=\sum k\,P(X=k),\quad V(X)=\sum k^2\,P(X=k)-\{E(X)\}^2$

모범답안 (i) 확률변수 X가 가질 수 있는 값은 2, 3, 4, $\cdots$, 10이고, X가 k를 가지는 경우의 수는 ${}_{k-1}C_1$이므로 X의 확률질량함수는

$$P(X=k)=\frac{{}_{k-1}C_1}{{}_{10}C_2}=\frac{\boldsymbol{k-1}}{\mathbf{45}}\ (\boldsymbol{k}=\mathbf{2,\ 3,\ 4,\ \cdots,\ 10}) \leftarrow \text{답}$$

(ii) $$E(X)=\sum_{k=2}^{10}k\,P(X=k)=\sum_{k=2}^{10}\left(k\times\frac{k-1}{45}\right)=\frac{1}{45}\sum_{k=1}^{10}(k^2-k)$$

$$=\frac{1}{45}\left(\frac{10\times11\times21}{6}-\frac{10\times11}{2}\right)=\frac{\mathbf{22}}{\mathbf{3}} \leftarrow \text{답}$$

(iii) $$V(X)=\sum_{k=2}^{10}k^2P(X=k)-\{E(X)\}^2$$

$$=\sum_{k=2}^{10}\left(k^2\times\frac{k-1}{45}\right)-\left(\frac{22}{3}\right)^2=\frac{1}{45}\sum_{k=1}^{10}(k^3-k^2)-\left(\frac{22}{3}\right)^2$$

$$=\frac{1}{45}\left\{\left(\frac{10\times11}{2}\right)^2-\frac{10\times11\times21}{6}\right\}-\left(\frac{22}{3}\right)^2=\frac{\mathbf{44}}{\mathbf{9}} \leftarrow \text{답}$$

유제 **8**-10. 상자에 1이 적힌 공이 한 개, 2가 적힌 공이 두 개, $\cdots$, n이 적힌 공이 n개가 들어 있다. 이 상자에서 임의로 한 개의 공을 꺼낼 때, 이 공에 적힌 수를 확률변수 X라고 하자. $P(X=k)$, E(X), V(X)를 구하여라.

답 $\boldsymbol{P(X=k)=\dfrac{2k}{n(n+1)}\ (k=1,\ 2,\ 3,\ \cdots,\ n)}$,

$\boldsymbol{E(X)=\dfrac{2n+1}{3},\ V(X)=\dfrac{(n-1)(n+2)}{18}}$

필수 예제 8-8 10장의 카드가 있다. 이들 카드 각각에 0, 2, 6 중 어느 한 수를 써넣은 후, 이 10장의 카드 중에서 임의로 뽑은 한 장의 카드에 쓰여진 수를 확률변수 X라고 하자.

X의 평균이 3이고 분산이 6 이하가 되도록 하려고 한다. 이때, 6을 써넣어야 할 카드는 몇 장인가?

정석연구 0, 2, 6을 써넣은 카드가 각각 a, b, c장씩 있다고 하면 확률변수 X가 가질 수 있는 값은 0, 2, 6이고, X가 이들 값을 가질 확률은 각각

$$\frac{a}{10},\quad \frac{b}{10},\quad \frac{c}{10}$$

이다. 이로부터 X의 확률분포를 표로 나타낼 수 있다.

정석 $\mathrm{E}(\mathrm{X})=\sum_{i=1}^{n} x_i p_i,\quad \mathrm{V}(\mathrm{X})=\sum_{i=1}^{n} x_i^2 p_i - m^2$ ⇦ $m=\mathrm{E}(\mathrm{X})$

을 이용하여 문제의 조건으로부터 a, b, c 사이의 관계식을 구한다.

모범답안 0, 2, 6을 써넣은 카드가 각각 a, b, c장씩 있다고 하면

$$a+b+c=10 \qquad \cdots\cdots①$$

이고, X의 확률분포는 오른쪽과 같다.

X	0	2	6	합
$\mathrm{P}(\mathrm{X}=x)$	$\frac{a}{10}$	$\frac{b}{10}$	$\frac{c}{10}$	1

따라서 $\mathrm{E}(\mathrm{X})=3$, $\mathrm{V}(\mathrm{X})\le 6$이려면

$$\mathrm{E}(\mathrm{X})=2\times\frac{b}{10}+6\times\frac{c}{10}=3,\quad \mathrm{V}(\mathrm{X})=2^2\times\frac{b}{10}+6^2\times\frac{c}{10}-3^2\le 6$$

$$\therefore\ b+3c=15 \qquad \cdots\cdots② \qquad 2b+18c\le 75 \qquad \cdots\cdots③$$

①에서 $b+c\le 10$이므로 ②를 만족시키는 음이 아닌 정수 b, c의 쌍은

$$(b,\ c)=(0,\ 5),\ (3,\ 4),\ (6,\ 3)$$

이 중에서 ③을 만족시키는 것은 $(b,\ c)=(6,\ 3)$이므로 6을 써넣어야 할 카드는 3장이다.

답 **3장**

유제 **8**-11. 확률변수 X의 확률분포가 오른쪽과 같다고 하자.

X의 평균이 1, 분산이 $\frac{1}{2}$일 때, $\mathrm{P}(\mathrm{X}=0)$을 구하여라.

X	0	1	a	합
$\mathrm{P}(\mathrm{X}=x)$	p	q	$\frac{1}{4}$	1

답 $\frac{1}{4}$

유제 **8**-12. 확률변수 X의 확률분포가 오른쪽과 같다고 하자. 이때, X의 분산이 최대가 되도록 p, q의 값을 정하여라.

X	0	2	3	합
$\mathrm{P}(\mathrm{X}=x)$	q	$\frac{1}{4}$	p	1

답 $p=\frac{1}{3}$, $q=\frac{5}{12}$

필수 예제 8-9 다음은 확률변수 X의 확률분포이다.

(1) E(X), E(X^2), V(X)를 구하여라.

(2) $Y=\dfrac{X-10}{10}$이라고 할 때, 확률변수 Y에 대하여 E(Y), V(Y)를 구하여라.

X	-20	-10	0	10	20	합
$P(X=x)$	0.1	0.2	0.3	0.3	0.1	1

정석연구 (1) 평균 E(X), 분산 V(X)는 다음을 이용하여 구하면 된다.

정석 $\mathrm{E(X)}=\sum_{i=1}^{n} x_i p_i,\quad \mathrm{V(X)}=\sum_{i=1}^{n} x_i^2 p_i - m^2$ ⇦ $m=\mathrm{E(X)}$

또, E(X^2)은 $\mathrm{E(X^2)}=\sum x_i^2 p_i$를 계산하거나 다음 성질을 이용한다.

정석 $\mathrm{V(X)=E(X^2)}-\{\mathrm{E(X)}\}^2 \Longrightarrow \mathrm{E(X^2)=V(X)}+\{\mathrm{E(X)}\}^2$

(2) 확률변수 Y의 확률분포는 오른쪽과 같으므로 (1)과 같은 방법으로 하면 E(Y)와 V(Y)를 구할 수 있다.

Y	-3	-2	-1	0	1	합
$P(Y=y)$	0.1	0.2	0.3	0.3	0.1	1

또는 (1)에서 E(X)와 V(X)를 구했으므로

정석 $\mathrm{E}(a\mathrm{X}+b)=a\mathrm{E(X)}+b,\quad \mathrm{V}(a\mathrm{X}+b)=a^2\mathrm{V(X)}$

를 이용하여 E(Y), V(Y)를 구할 수도 있다.

모범답안 (1) $\mathrm{E(X)}=(-20)\times0.1+(-10)\times0.2+0\times0.3+10\times0.3+20\times0.1=1$

$\mathrm{E(X^2)}=(-20)^2\times0.1+(-10)^2\times0.2+0^2\times0.3+10^2\times0.3+20^2\times0.1=130$

$\mathrm{V(X)=E(X^2)}-\{\mathrm{E(X)}\}^2=130-1^2=129$

(2) $\mathrm{E(Y)}=\mathrm{E}\left(\dfrac{X-10}{10}\right)=\mathrm{E}\left(\dfrac{1}{10}X-1\right)=\dfrac{1}{10}\mathrm{E(X)}-1=\dfrac{1}{10}\times1-1=-\dfrac{9}{10}$

$\mathrm{V(Y)}=\mathrm{V}\left(\dfrac{1}{10}X-1\right)=\left(\dfrac{1}{10}\right)^2\mathrm{V(X)}=\left(\dfrac{1}{10}\right)^2\times129=\dfrac{129}{100}$

답 (1) **E(X)=1, E(X^2)=130, V(X)=129** (2) **E(Y)$=-\dfrac{9}{10}$, V(Y)$=\dfrac{129}{100}$**

유제 **8**-13. 확률변수 X의 확률분포가 오른쪽과 같을 때, 확률변수 Y=2X+1의 평균과 표준편차를 구하여라.

X	-3	-2	2	3	합
$P(X=x)$	$\frac{1}{4}$	$\frac{1}{4}$	$\frac{1}{4}$	$\frac{1}{4}$	1

답 E(Y)=1, σ(Y)$=\sqrt{26}$

필수 예제 8-10 어느 시험의 원점수 X의 평균을 m, 표준편차를 σ라고 할 때, 표준점수 T는 다음과 같이 나타내어진다고 한다.

$$T=a\left(\frac{X-m}{\sigma}\right)+b \quad (\text{단, } a>0)$$

표준점수 T가 평균이 50점, 표준편차가 15점인 확률분포를 이룬다고 할 때, 다음 물음에 답하여라.

(1) 상수 a, b의 값을 구하여라.

(2) 평균이 70점, 표준편차가 10점인 화학 I 시험에서 80점을 받은 학생과 평균이 66점, 표준편차가 6점인 물리학 I 시험에서 74점을 받은 학생 중에서 어느 학생의 표준점수가 더 높은가?

정석연구 $aX+b$의 평균과 표준편차는 다음을 이용하여 구한다.

정석 $\mathbf{E(aX+b)=aE(X)+b}$,

$$\mathbf{V(aX+b)=a^2V(X), \quad \sigma(X)=\sqrt{V(X)}}$$

모범답안 $T=\dfrac{a}{\sigma}X-\dfrac{am}{\sigma}+b$이고, $E(X)=m$, $V(X)=\sigma^2$이므로

(1) $E(T)=\dfrac{a}{\sigma}E(X)-\dfrac{am}{\sigma}+b=\dfrac{am}{\sigma}-\dfrac{am}{\sigma}+b=b=50$

$V(T)=\dfrac{a^2}{\sigma^2}V(X)=\dfrac{a^2}{\sigma^2}\times\sigma^2=a^2$이므로 $\sigma(T)=\sqrt{V(T)}=|a|=15$

$a>0$이므로 $a=15$ 답 $\mathbf{a=15,\ b=50}$

(2) $T=15\left(\dfrac{X-m}{\sigma}\right)+50$에서 화학 I, 물리학 I의 표준점수를 각각 T_1, T_2라고 하면

$$T_1=15\left(\frac{80-70}{10}\right)+50=65, \qquad T_2=15\left(\frac{74-66}{6}\right)+50=70$$

답 물리학 I 시험에서 **74**점을 받은 학생의 표준점수가 더 높다.

*Note 원점수 대신 표준점수를 사용하면 시험의 난이도 차이와 응시자 집단의 점수 차이를 조정할 수 있다.

유제 **8**-14. 확률변수 X의 평균을 m, 표준편차를 σ라고 할 때, 확률변수 $Z=\dfrac{X-m}{\sigma}$의 평균은 0, 표준편차는 1임을 보여라.

유제 **8**-15. 확률변수 X의 평균은 540, 표준편차는 10이라고 한다. 이때, 확률변수 $Y=aX+b$(단, $a>0$)의 평균이 50, 표준편차가 20이 되도록 상수 a, b의 값을 정하여라. 답 $\mathbf{a=2,\ b=-1030}$

§4. 이항분포

기본정석

1 이항분포의 정의

어떤 시행에서 사건 E가 일어날 확률을 p라고 하자. 이 시행을 독립적으로 n회 반복할 때, 사건 E가 일어나는 횟수를 확률변수 X라고 하면 X의 확률질량함수는

$$P(X=r)={}_nC_r\,p^r q^{n-r} \quad (\text{단, } q=1-p,\ r=0,\ 1,\ 2,\ \cdots,\ n)$$

이고, X의 확률분포를 표로 나타내면 다음과 같다.

X	0	1	2	$\cdots$	r	$\cdots$	n
P(X=r)	${}_nC_0\,p^0q^n$	${}_nC_1\,p^1q^{n-1}$	${}_nC_2\,p^2q^{n-2}$	$\cdots$	${}_nC_r\,p^rq^{n-r}$	$\cdots$	${}_nC_n\,p^nq^0$

이와 같은 확률분포를 이항분포라 하고, 기호로 **B(n, p)**와 같이 나타낸다. 이때,

확률변수 X는 이항분포 B(n, p)를 따른다

고 한다.

**Note* B는 Binomial distribution(이항분포)의 첫 글자이다.

2 이항분포의 평균, 분산 및 표준편차

확률변수 X가 이항분포 B(n, p)를 따를 때, X의 평균 E(X), 분산 V(X) 및 표준편차 σ(X)는 다음과 같다.

$$E(X)=np,\quad V(X)=npq,\quad \sigma(X)=\sqrt{npq} \quad (\text{단, } q=1-p)$$

3 큰 수의 법칙

어떤 시행에서 사건 A가 일어날 수학적 확률이 p일 때, n회의 독립시행에서 사건 A가 일어나는 횟수를 X라고 하면, 임의의 양수 h에 대하여 n의 값이 커질수록 확률 $P\left(\left|\dfrac{X}{n}-p\right|<h\right)$는 1에 가까워진다. 이것을 큰 수의 법칙이라고 한다.

Advice 1° 이항분포의 정의

이를테면 한 개의 주사위를 3회 던질 때 1의 눈이 나오는 횟수를 확률변수 X라고 하면 X가 가질 수 있는 값은 0, 1, 2, 3이고, X의 확률분포는 다음과 같다.

X	0	1	2	3	합
P(X=r)	${}_3C_0\left(\frac{1}{6}\right)^0\left(\frac{5}{6}\right)^3$	${}_3C_1\left(\frac{1}{6}\right)^1\left(\frac{5}{6}\right)^2$	${}_3C_2\left(\frac{1}{6}\right)^2\left(\frac{5}{6}\right)^1$	${}_3C_3\left(\frac{1}{6}\right)^3\left(\frac{5}{6}\right)^0$	1

여기에서 X=r일 확률 P(X=r)는 독립시행의 확률 ⇦ p. 126

$$\mathbf{P(X}=\boldsymbol{r})={}_n\mathrm{C}_r\,\boldsymbol{p}^r\boldsymbol{q}^{n-r}\ (\text{단, } \boldsymbol{q}=1-\boldsymbol{p},\ \boldsymbol{r}=0, 1, 2, \cdots, \boldsymbol{n})$$

에 의하여 계산한 것이다.

이와 같은 확률분포를 특히 이항분포라 하고, $\mathbf{B}\left(3, \frac{1}{6}\right)$과 같이 나타내며,

확률변수 **X**는 이항분포 $\mathbf{B}\left(3, \frac{1}{6}\right)$을 따른다

고 한다.

여기에서 3은 독립시행의 횟수로 확률변수 X가 가지는 값이 0, 1, 2, 3임을 뜻하고, $\frac{1}{6}$은 1회의 시행에서 1의 눈이 나올 확률을 뜻한다.

또,

확률변수 **X**는 이항분포 $\mathbf{B}\left(4, \frac{1}{2}\right)$을 따른다

고 하면 이를테면

(i) 한 개의 주사위를 4회 던질 때 짝수의 눈이 나오는 횟수를 확률변수 X라고 한다.

(ii) 한 개의 동전을 4회 던질 때 앞면이 나오는 횟수를 확률변수 X라고 한다.

와 같이 독립시행의 횟수가 4이고 1회의 시행에서 사건이 일어날 확률이 $\frac{1}{2}$인 확률변수 X의 확률분포를 의미한다.

앞면의 **기본정석**의 확률분포에서 각 확률은 이항정리에 의한 전개식

$$(\boldsymbol{p}+\boldsymbol{q})^n={}_n\mathrm{C}_0\,\boldsymbol{p}^0\boldsymbol{q}^n+{}_n\mathrm{C}_1\,\boldsymbol{p}^1\boldsymbol{q}^{n-1}+\cdots+{}_n\mathrm{C}_r\,\boldsymbol{p}^r\boldsymbol{q}^{n-r}+\cdots+{}_n\mathrm{C}_n\,\boldsymbol{p}^n\boldsymbol{q}^0$$

의 우변의 각 항과 같기 때문에 특히 이항분포라고 한다.

Advice 2° 이항분포의 평균, 분산 및 표준편차

확률분포에서 $\mathrm{E(X)}=\sum_{i=1}^{n} x_i p_i$, $\mathrm{V(X)}=\sum_{i=1}^{n} x_i^2 p_i-\{\mathrm{E(X)}\}^2$이므로

이항분포 : $\mathbf{P(X}=\boldsymbol{r})={}_n\mathrm{C}_r\,\boldsymbol{p}^r\boldsymbol{q}^{n-r}$ (단, $\boldsymbol{q}=1-\boldsymbol{p}$, $\boldsymbol{r}=0, 1, 2, \cdots, \boldsymbol{n}$)

을 따르는 확률변수 X의 평균 E(X)와 분산 V(X)는 다음과 같다.

$$\mathbf{E(X)}=\sum_{r=0}^{n}\boldsymbol{r}\,\mathbf{P(X}=\boldsymbol{r}),\quad \mathbf{V(X)}=\sum_{r=0}^{n}\boldsymbol{r}^2\,\mathbf{P(X}=\boldsymbol{r})-\{\mathbf{E(X)}\}^2$$

이를 이용하여 E(X)와 V(X)를 구해 보자. 이해하기 힘들면 결과만 기억해 두어도 된다.

(i) 평균 : $\mathbf{E(X)=np}$

(증명) 이항정리 $(q+pt)^n=\sum_{r=0}^{n} {}_n\mathrm{C}_r p^r t^r q^{n-r}$ (단, $p+q=1$)

을 t의 함수로 보고, 양변을 t에 관하여 미분하면 ⇦ 수학 Ⅱ, 미적분

$$n(q+pt)^{n-1}p=\sum_{r=1}^{n} r\,{}_n\mathrm{C}_r p^r t^{r-1} q^{n-r} \quad \cdots\cdots ①$$

t에 관한 항등식이므로 양변에 $t=1$을 대입하면

$$np=\sum_{r=1}^{n} r\,{}_n\mathrm{C}_r p^r q^{n-r}$$ ⇦ $p+q=1$

그런데 $\mathrm{E(X)}=\sum_{r=0}^{n} r\,\mathrm{P(X}=r)=\sum_{r=0}^{n} r\,{}_n\mathrm{C}_r p^r q^{n-r}=\sum_{r=1}^{n} r\,{}_n\mathrm{C}_r p^r q^{n-r}$

이므로 $\mathbf{E(X)=np}$

(ii) 분산 : $\mathbf{V(X)=npq}$, 표준편차 : $\boldsymbol{\sigma}\mathbf{(X)}=\sqrt{\mathbf{npq}}$

(증명) $\mathrm{P}_r=\mathrm{P(X}=r)={}_n\mathrm{C}_r p^r q^{n-r}$이라고 하면

$$\mathrm{V(X)}=\sum_{r=0}^{n} r^2\mathrm{P}_r-\{\mathrm{E(X)}\}^2 \quad \cdots\cdots ②$$

①의 양변을 t에 관하여 미분하면

$$n(n-1)(q+pt)^{n-2}p^2=\sum_{r=2}^{n} r(r-1)\,{}_n\mathrm{C}_r p^r t^{r-2} q^{n-r}$$

t에 관한 항등식이므로 양변에 $t=1$을 대입하면 ⇦ $p+q=1$

$$n(n-1)p^2=\sum_{r=2}^{n} r(r-1)\,{}_n\mathrm{C}_r p^r q^{n-r}=\sum_{r=0}^{n} r(r-1)\,{}_n\mathrm{C}_r p^r q^{n-r}$$

$$=\sum_{r=0}^{n} r(r-1)\mathrm{P}_r=\sum_{r=0}^{n} r^2\mathrm{P}_r-\sum_{r=0}^{n} r\,\mathrm{P}_r=\sum_{r=0}^{n} r^2\mathrm{P}_r-np$$

$$\therefore \sum_{r=0}^{n} r^2\mathrm{P}_r=n(n-1)p^2+np=n^2p^2-np^2+np$$

이것과 $\mathrm{E(X)}=np$를 ②에 대입하면

$$\mathrm{V(X)}=n^2p^2-np^2+np-(np)^2=np(-p+1)=\mathbf{npq}$$ ⇦ $p+q=1$

$$\therefore \sigma(\mathrm{X})=\sqrt{\mathrm{V(X)}}=\sqrt{\mathbf{npq}}$$

보기 1 확률변수 X가 이항분포 $\mathrm{B}\left(100, \frac{1}{5}\right)$을 따를 때, X의 기댓값(평균) E(X)와 표준편차 σ(X)를 구하여라.

연구 확률변수 X가 이항분포 $\mathrm{B}(n, p)$를 따를 때,

정석 $\mathbf{E(X)=np}$, $\mathbf{V(X)=npq}$, $\boldsymbol{\sigma}\mathbf{(X)}=\sqrt{\mathbf{npq}}$ $(\mathbf{q=1-p})$

$$\therefore \mathrm{E(X)}=np=100\times\frac{1}{5}=\mathbf{20}, \quad \sigma(\mathrm{X})=\sqrt{npq}=\sqrt{100\times\frac{1}{5}\times\frac{4}{5}}=\mathbf{4}$$

보기 2 확률변수 X가 이항분포 $\mathrm{B}(n, p)$를 따른다고 한다. X의 평균이 8, 표준편차가 2일 때, p와 n의 값을 구하여라.

연구 $np=8$ ……① $np(1-p)=2^2$ ……②

②에 ①을 대입하면 $8(1-p)=4$ $\therefore \boldsymbol{p=\frac{1}{2}}$ $\therefore \boldsymbol{n=16}$

Advice 3° 큰 수의 법칙

한 개의 주사위를 n회 던지는 시행에서 1의 눈이 나오는 횟수를 X라고 할 때 상대도수 $\dfrac{X}{n}$와 한 개의 주사위를 1회 던질 때 1의 눈이 나올 수학적 확률 $\dfrac{1}{6}$ 사이의 관계를 알아보자.

확률변수 X는 이항분포 $B\left(n, \dfrac{1}{6}\right)$을 따르므로 1의 눈이 x회 나올 확률은

$$ {}_nC_x\left(\frac{1}{6}\right)^x\left(\frac{5}{6}\right)^{n-x} \quad (x=0,\ 1,\ 2,\ \cdots,\ n)$$

이다. 이를 이용하여 $n=10,\ 30,\ 50$일 때, $\dfrac{X}{n}$와 $\dfrac{1}{6}$의 차가 0.1보다 작을 확률, 곧 $P\left(\left|\dfrac{X}{n}-\dfrac{1}{6}\right|<0.1\right)$을 구하면 다음과 같다.

(i) $n=10$일 때

$$P\left(\left|\frac{X}{10}-\frac{1}{6}\right|<0.1\right)=P\left(\frac{2}{3}<X<\frac{8}{3}\right)$$
$$=P(X=1)+P(X=2)=0.614$$

(ii) $n=30$일 때

$$P\left(\left|\frac{X}{30}-\frac{1}{6}\right|<0.1\right)=P(2<X<8)$$
$$=P(X=3)+P(X=4)+\cdots+P(X=7)$$
$$=0.784$$

(iii) $n=50$일 때

$$P\left(\left|\frac{X}{50}-\frac{1}{6}\right|<0.1\right)=P\left(\frac{10}{3}<X<\frac{40}{3}\right)$$
$$=P(X=4)+P(X=5)+\cdots+P(X=13)$$
$$=0.946$$

이항분포 $B\left(n, \dfrac{1}{6}\right)$

$P(X=x)={}_nC_x\left(\dfrac{1}{6}\right)^x\left(\dfrac{5}{6}\right)^{n-x}$

x \ n	10	30	50
0	0.162	0.004	0.000
1	0.323	0.025	0.001
2	0.291	0.073	0.005
3	0.155	0.137	0.017
4	0.054	0.185	0.040
5	0.013	0.192	0.075
6	0.002	0.160	0.112
7	0.000	0.110	0.140
8	⋮	0.063	0.151
9	⋮	0.031	0.141
10	⋮	0.013	0.116
11		0.005	0.084
12		0.001	0.055
13		0.000	0.032
14		⋮	0.017
15		⋮	0.008
16		⋮	0.004
17		⋮	0.001
18		⋮	0.001
19		⋮	0.000
⋮		⋮	⋮

위의 결과에서 $P\left(\left|\dfrac{X}{n}-\dfrac{1}{6}\right|<0.1\right)$은 시행 횟수 n이 커질수록 1에 가까워짐을 알 수 있다. 곧, 상대도수와 수학적 확률의 차가 0.1보다 작게 되는 것은 시행 횟수 n을 크게 함에 따라 그 가능성이 커진다. 이것은 0.1을 0.01, 0.001, ⋯로 바꾸어도 마찬가지로 성립한다.

일반적으로 어떤 시행에서 사건 A가 일어날 수학적 확률이 p일 때, n회의 독립시행에서 사건 A가 일어나는 횟수를 X라고 하면 상대도수 $\dfrac{X}{n}$는 n의 값이 커질수록 수학적 확률 p에 가까워짐이 알려져 있다. 이것을 큰 수의 법칙이라고 한다.

필수 예제 8-11 어떤 애완견 한 쌍이 앞으로 10년 후까지 생존할 확률은 수컷이 0.15, 암컷이 0.2라고 한다. 이와 같은 애완견 10쌍 중에서 10년 후까지 적어도 한쪽이 살아 있는 쌍의 수를 확률변수 X라고 할 때, 다음 물음에 답하여라.

단, 애완견 한 쌍이 각각 생존하는 사건은 서로 독립이다.

(1) X의 평균과 분산을 구하여라. (2) X^2의 평균을 구하여라.

정석연구 (1) 다음 **정석**을 이용한다.

정석 확률변수 X가 이항분포 $B(n, p)$를 따를 때,

$$\mathrm{E(X)}=np, \quad \mathrm{V(X)}=npq \ (p+q=1)$$

(2) X^2의 평균을 구할 때에는 다음 **정석**을 이용하는 것이 간단하다.

정석 $\mathrm{V(X)=E(X^2)}-\{\mathrm{E(X)}\}^2$

모범답안 한 쌍의 애완견 중 적어도 한쪽이 살아 있을 확률은

$$1-(1-0.15)(1-0.2)=0.32$$

이므로 X는 이항분포 B(10, 0.32)를 따른다.

(1) $\mathrm{E(X)}=10\times0.32=\mathbf{3.2}$ ← 답

$\mathrm{V(X)}=10\times0.32\times(1-0.32)=\mathbf{2.176}$ ← 답

(2) $\mathrm{V(X)=E(X^2)}-\{\mathrm{E(X)}\}^2$이므로

$$\mathrm{E(X^2)=V(X)}+\{\mathrm{E(X)}\}^2=2.176+3.2^2=\mathbf{12.416}$$ ← 답

유제 **8**-16. 4개의 주사위를 동시에 던질 때, 1의 눈이 나오는 개수를 확률변수 X라고 하자. X의 평균과 분산을 구하여라. 답 $\mathrm{E(X)}=\frac{2}{3}$, $\mathrm{V(X)}=\frac{5}{9}$

유제 **8**-17. 10%의 불량품이 포함된 제품 중에서 임의로 한 개씩 50개를 복원추출할 때, 이 50개 중에 나온 불량품의 개수 X의 평균과 표준편차를 구하여라. 답 $\mathrm{E(X)}=5$, $\sigma\mathrm{(X)}=\frac{3\sqrt{2}}{2}$

유제 **8**-18. 흰 공 7개, 검은 공 3개가 들어 있는 주머니에서 임의로 공을 한 개씩 5회 반복하여 복원추출할 때, 나오는 흰 공의 개수를 확률변수 X라고 하자. 이때, X와 X^2의 평균을 구하여라. 답 $\mathrm{E(X)}=\frac{7}{2}$, $\mathrm{E(X^2)}=\frac{133}{10}$

유제 **8**-19. 어떤 질병에 대한 치유율이 60%인 의약품으로 5명의 환자가 치료를 받고 있다. 이 중에서 치유되는 환자의 수를 확률변수 X라고 할 때,

(1) $\mathrm{P(X\ge4)}$를 구하여라. (2) X의 평균과 분산을 구하여라.

(3) X^2의 평균을 구하여라. 답 (1) **0.33696** (2) **3, 1.2** (3) **10.2**

필수 예제 8-12 다음 물음에 답하여라.

(1) 한 개의 주사위를 9회 던져서 1 또는 2의 눈이 나오는 횟수 X에 대하여 X(X−1)원의 상금을 받기로 하였다. 이때, 상금의 기댓값을 구하여라.

(2) 한 개의 주사위를 10회 던져서 4의 눈이 나오는 횟수 X에 대하여 4^{X}원의 상금을 받기로 하였다. 이때, 상금의 기댓값을 구하여라.

정석연구 (1) 상금 X(X−1)원의 기댓값을 구하는 것이므로

$$\mathrm{E}\big(\mathrm{X}(\mathrm{X}-1)\big)=\mathrm{E}(\mathrm{X}^2-\mathrm{X})=\mathrm{E}(\mathrm{X}^2)-\mathrm{E}(\mathrm{X})$$ ⇦ 아래 *Advice*

를 구하면 된다. 이때, 다음을 이용한다.

정석 $\mathbf{E(X)}=\boldsymbol{np},\quad \mathbf{V(X)}=\boldsymbol{npq},\quad \mathbf{V(X)}=\mathbf{E(X^2)}-\{\mathbf{E(X)}\}^2$

(2) 상금 4^{X}원의 기댓값 $\mathrm{E}(4^{\mathrm{X}})$을 구하는 것으로 위의 방법으로는 곤란하다. 이런 경우에는 기댓값의 정의를 그대로 적용하면 된다.

모범답안 (1) X는 이항분포 $\mathrm{B}\left(9,\ \dfrac{1}{3}\right)$을 따르므로

$$\mathrm{E(X)}=9\times\frac{1}{3}=3,\quad \mathrm{V(X)}=9\times\frac{1}{3}\times\frac{2}{3}=2$$

또, $\mathrm{V(X)}=\mathrm{E(X^2)}-\{\mathrm{E(X)}\}^2$이므로

$$\mathrm{E(X^2)}=\mathrm{V(X)}+\{\mathrm{E(X)}\}^2=2+3^2=11$$

$\therefore\ \mathrm{E}\big(\mathrm{X}(\mathrm{X}-1)\big)=\mathrm{E}(\mathrm{X}^2-\mathrm{X})=\mathrm{E}(\mathrm{X}^2)-\mathrm{E}(\mathrm{X})=11-3=8$(원) ← 답

(2) X는 이항분포 $\mathrm{B}\left(10,\ \dfrac{1}{6}\right)$을 따르므로 X의 확률질량함수는

$$\mathrm{P}(\mathrm{X}=x)={}_{10}\mathrm{C}_x\left(\frac{1}{6}\right)^x\left(\frac{5}{6}\right)^{10-x}\ (x=0,\ 1,\ 2,\ \cdots,\ 10)$$

$$\therefore\ \mathrm{E}(4^{\mathrm{X}})=\sum_{x=0}^{10}4^x\mathrm{P}(\mathrm{X}=x)=\sum_{x=0}^{10}4^x{}_{10}\mathrm{C}_x\left(\frac{1}{6}\right)^x\left(\frac{5}{6}\right)^{10-x}$$

$$=\sum_{x=0}^{10}{}_{10}\mathrm{C}_x\left(\frac{4}{6}\right)^x\left(\frac{5}{6}\right)^{10-x}=\left(\frac{4}{6}+\frac{5}{6}\right)^{10}=\left(\frac{3}{2}\right)^{10}\text{(원)}$$ ← 답

Advice | 일반적으로 상수 $a,\ b,\ c$에 대하여

$$\mathrm{E}(a\mathrm{X}^2+b\mathrm{X}+c)=\sum(ax_i^2+bx_i+c)p_i=a\sum x_i^2p_i+b\sum x_ip_i+c\sum p_i$$
$$=a\mathrm{E}(\mathrm{X}^2)+b\mathrm{E}(\mathrm{X})+c$$ 곧,

정석 $\mathbf{E}(\boldsymbol{a}\mathbf{X}^2+\boldsymbol{b}\mathbf{X}+\boldsymbol{c})=\boldsymbol{a}\mathbf{E}(\mathbf{X}^2)+\boldsymbol{b}\mathbf{E}(\mathbf{X})+\boldsymbol{c}$

가 성립한다. (1)의 마지막 부분에서 이 성질을 이용하였다.

유제 **8**-20. 10개의 동전을 동시에 던져서 앞면이 k개 나오는 경우 3^k원을 받는다고 할 때, 기댓값을 구하여라. 답 **1024**원

연습문제 8

기본 **8-1** 변량 x_1, x_2, x_3, $\cdots$, x_{31}이 이 순서로 첫째항이 $a-15d$이고 공차가 d인 등차수열을 이룬다. 이 31개의 변량의 표준편차를 σ라고 할 때, $\dfrac{\sigma}{d}$의 값을 구하여라. 단, $d>0$이다.

8-2 1부터 5까지의 자연수가 하나씩 적힌 5장의 카드 중에서 임의로 3장의 카드를 동시에 뽑을 때, 카드에 적힌 수의 최댓값을 확률변수 X라고 하자. 이때, X의 평균을 구하여라.

8-3 검은 공 3개, 흰 공 2개가 들어 있는 주머니에서 임의로 한 개의 공을 꺼내는 시행을 반복한다고 하자. 흰 공이 2개 모두 나올 때까지의 시행 횟수를 확률변수 X라고 할 때, X의 평균과 분산을 구하여라.

단, 꺼낸 공은 다시 넣지 않는다.

8-4 한 개의 동전을 세 번 던져서 나오는 결과에 대하여 다음 규칙에 따라 얻은 점수를 확률변수 X라고 할 때, X의 분산을 구하여라.

「같은 면이 연속하여 나오지 않으면 0점, 같은 면이 연속하여 두 번만 나오면 1점, 같은 면이 연속하여 세 번 나오면 3점으로 한다.」

8-5 좌표평면 위의 점 (x, y)에서 세 점 $(x+1, y)$, $(x, y+1)$, $(x+1, y+1)$ 중 한 점으로 이동하는 것을 점프라고 하자.

점프를 반복하여 점 $(0, 0)$에서 점 $(3, 4)$까지 이동하는 모든 경우 중에서 임의로 한 경우를 택할 때 나오는 점프의 횟수를 확률변수 X라고 하자. 이때, X의 평균을 구하여라.

8-6 두 개의 주사위 A, B를 동시에 던져서 나오는 눈의 수를 각각 a, b라 하고, $\mathrm{X}=\left[\dfrac{b}{a}\right]$라고 할 때, $\mathrm{P(X\le 1)}$과 $\mathrm{E(X)}$를 구하여라.

단, $[x]$는 x보다 크지 않은 최대 정수를 나타낸다.

8-7 확률변수 X의 확률분포에서 $\mathrm{Y}=\dfrac{1}{10}\mathrm{X}-15$라고 할 때, $\mathrm{E(Y)}=-0.5$, $\mathrm{E(Y^2)}=0.7$이다. 이때, $\mathrm{E(X)}$, $\sigma\mathrm{(X)}$를 구하여라.

8-8 한 개의 주사위를 세 번 던져서 나오는 눈의 수를 차례로 백의 자리, 십의 자리, 일의 자리의 숫자로 하여 만든 세 자리 수를 확률변수 X라고 할 때, X의 기댓값을 구하여라.

8-9 한 개의 동전을 4회 던져서 앞면이 나오는 횟수를 X라고 할 때, 곡선 $y=2^x$ 위의 x좌표가 X인 점을 A, 점 A를 지나고 기울기가 -1인 직선이 곡선 $y=\log_2 x$와 만나는 점을 B라고 하자. $\overline{\mathrm{AB}}^2$의 기댓값을 구하여라.

8-10 어떤 공장의 제품은 20개 중 평균 3개의 꼴로 불량품이 있다고 한다. 이 공장의 많은 제품 중에서 임의로 50개를 뽑을 때, 그중에 포함된 불량품의 개수를 확률변수 X라고 하자. 이때, X의 평균과 표준편차를 구하여라.

8-11 한 개의 동전을 3회 던질 때, 앞면이 나오는 횟수를 확률변수 X라고 하자. 이때, 다음 물음에 답하여라.

(1) X^2의 평균을 구하여라.

(2) $(\mathrm{X}-a)^2$의 기댓값의 최솟값을 구하여라. 단, a는 실수이다.

실력 **8-12** 변량 $x_1, x_2, x_3, \cdots, x_n$의 도수를 각각 $f_1, f_2, f_3, \cdots, f_n$이라고 하자. 이 변량의 평균이 m, 표준편차가 σ일 때, $\mathrm{F}(t)=\sum_{i=1}^{n}(x_i-t)^2 f_i$의 최솟값과 이때 t의 값을 구하여라.

8-13 자연수만을 값으로 가지는 확률변수 X가 모든 자연수 k에 대하여

$$\mathrm{P}\left(\mathrm{X}\ge k+1 \mid \mathrm{X}\ge k\right)=\frac{k}{k+1}$$

를 만족시킬 때, $\sum_{k=1}^{10}\mathrm{P}(\mathrm{X}=k)$의 값을 구하여라.

8-14 어떤 회사의 제품은 50개에 한 개의 비율로 불량품이 있다고 한다. 그리고 이 제품은 두 개씩 한 상자에 포장하여 판매한다고 한다. 포장할 때 100상자에 한 상자의 꼴로 포장이 불량인 것이 생긴다면 10000상자 중에서 제품 또는 포장이 불량인 상자는 대략 몇 개인가?

8-15 A, B, C 세 반에서 휴대 전화를 가진 학생은 각 반 학생의 $\frac{2}{3}, \frac{3}{4}, \frac{4}{5}$라고 한다. 세 반에서 임의로 한 명씩 뽑는 시행에서 휴대 전화를 가진 학생 수를 확률변수 X라고 할 때, X의 평균을 구하여라.

8-16 주머니에 흰 공 4개, 검은 공 3개가 들어 있다. 이 주머니에서 임의로 3개의 공을 동시에 꺼내어 흰 공은 검은 공으로, 검은 공은 흰 공으로 바꾸어 다시 주머니에 넣은 후 주머니에 있는 흰 공의 개수의 평균을 구하여라.

8-17 흰 공 2개와 붉은 공 n개가 들어 있는 주머니에서 임의로 2개의 공을 동시에 꺼낼 때, 나오는 흰 공의 개수를 확률변수 X라고 하자. X의 분산이 $\frac{1}{3}$일 때, n의 값을 구하여라.

8-18 실력이 똑같은 A, B 두 배구팀이 결승전을 치르게 되었다. 먼저 세 세트를 이기는 팀이 우승팀이 되고, 상대팀은 준우승팀이 되며, 상금은 우승팀과 준우승팀이 5 : 3의 비로 나누어 가지기로 하였다. 그런데 A팀이 첫 세트에서 이긴 상태에서 부득이한 사정으로 경기가 중단되었다.

이때, A, B 두 팀에 대한 상금의 합리적인 분배 비율을 구하여라.

8-19 한 개의 주사위를 던져서 나오는 눈의 수를 득점으로 하는 게임이 있다. 첫 번째 던져서 나오는 눈의 수가 기댓값 이하이면 한 번 더 던질 기회가 주어지고, 이때에는 두 번째 던져서 나오는 눈의 수를 득점으로 한다. 이 게임에서 얻을 수 있는 점수 X의 기댓값을 구하여라.

8-20 두 개의 주사위를 동시에 던지는 시행에서 나오는 눈의 수 중에서 작지 않은 쪽을 확률변수 X라고 할 때, 다음 물음에 답하여라.

(1) $\mathrm{P}(\mathrm{X}=3)$을 구하여라. (2) X의 평균을 구하여라.

8-21 1, 2, 3, $\cdots$, n이 하나씩 적힌 n장의 카드가 있다. 이 중에서 임의로 두 장을 동시에 뽑을 때, 카드에 적힌 수의 차를 확률변수 X라고 하자.

(1) X의 확률질량함수를 구하여라.

(2) $\mathrm{P}(\mathrm{X}\le 5)$를 구하여라. (단, $n\ge 6$) (3) X의 평균을 구하여라.

8-22 1부터 n까지의 자연수가 하나씩 적힌 n개의 공이 들어 있는 주머니에서 임의로 4개의 공을 동시에 꺼낼 때, 공에 적힌 수의 최솟값을 확률변수 X라고 하자. 이때, X의 평균을 구하여라. 단, $n\ge 4$이다.

8-23 어느 창고에 부품 S가 3개, 부품 T가 2개 있는 상태에서 부품 2개를 추가로 들여왔다. 추가된 부품은 S 또는 T이고, 추가된 부품 중 S의 개수는 이항분포 $\mathrm{B}\left(2,\ \dfrac{1}{2}\right)$을 따른다. 총 7개의 부품 중에서 임의로 1개를 택한 것이 T일 때, 추가된 부품이 모두 S이었을 확률을 구하여라.

8-24 A, B 두 사람이 각각 한 개의 주사위를 동시에 던지는 시행을 한다. 이 시행에서 나오는 두 주사위의 눈의 수의 차가 3보다 작으면 A가 1점을 얻고, 그렇지 않으면 B가 1점을 얻는다. 이 시행을 15회 반복할 때, A가 얻는 점수의 합의 기댓값과 B가 얻는 점수의 합의 기댓값의 차를 구하여라.

8-25 확률변수 X의 확률질량함수

$$\mathrm{P}(\mathrm{X}=k)={}_n\mathrm{C}_k\, p^k q^{n-k}\ \ (\text{단, } p+q=1,\ 0<p<1,\ k=0,\ 1,\ 2,\ \cdots,\ n)$$

에 대하여 $f(x)=\sum_{k=0}^{n}(x-k)^2\mathrm{P}(\mathrm{X}=k)$라고 할 때, $f(x)$의 최솟값을 n, p로 나타내어라.

⑨. 연속확률변수와 정규분포

§ 1. 연속확률변수

기본정석

1 연속확률변수

확률변수 X가 어떤 구간에 속하는 모든 실숫값을 가질 때, X를 연속확률변수라고 한다.

2 확률밀도함수

확률변수 X가 구간 $[\alpha, \beta]$의 모든 실숫값을 가지고, 이 구간에서 정의된 함수 $f(x)$가 조건

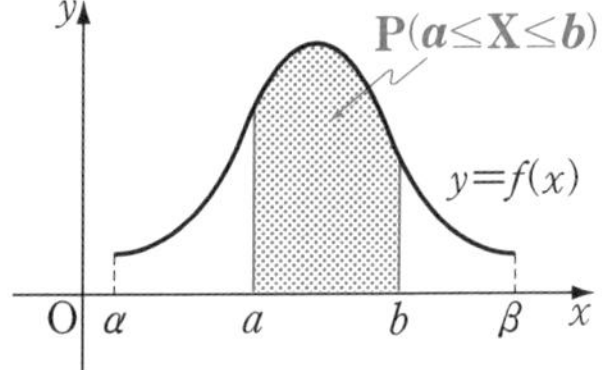

(i) $f(x)\ge 0$ (단, $\alpha\le x\le\beta$)

(ii) 함수 $y=f(x)$의 그래프와 x축 및 두 직선 $x=\alpha$, $x=\beta$로 둘러싸인 부분의 넓이는 1이다.

(iii) X가 a 이상 b 이하의 값을 가질 확률 $\mathrm{P}(a\le \mathrm{X}\le b)$(단, $\alpha\le a\le b\le\beta$)는 함수 $y=f(x)$의 그래프와 x축 및 두 직선 $x=a$, $x=b$로 둘러싸인 부분의 넓이와 같다.

를 만족시킬 때, 함수 $f(x)$를 연속확률변수 X의 확률밀도함수라고 한다.

3 연속확률변수의 평균, 분산 및 표준편차

연속확률변수 X가 구간 $[\alpha, \beta]$의 모든 실숫값을 가지고, X의 확률밀도함수가 $f(x)$일 때, X의 평균 E(X), 분산 V(X) 및 표준편차 σ(X)를 다음과 같이 정의한다.

$$\mathrm{E(X)}=\int_\alpha^\beta xf(x)\,dx$$

$$\mathrm{V(X)}=\int_\alpha^\beta (x-m)^2 f(x)\,dx=\int_\alpha^\beta x^2 f(x)\,dx-m^2 \qquad \Leftarrow m=\mathrm{E(X)}$$

$$\sigma(\mathrm{X})=\sqrt{\mathrm{V(X)}}$$

4 $a\mathrm{X}+b$(a, b는 상수)의 평균, 분산 및 표준편차

(i) $\mathrm{V(X)}=\mathrm{E(X^2)}-\{\mathrm{E(X)}\}^2$

(ii) $\mathrm{E}(a\mathrm{X}+b)=a\mathrm{E(X)}+b$

(iii) $\mathrm{V}(a\mathrm{X}+b)=a^2\mathrm{V(X)}$

(iv) $\sigma(a\mathrm{X}+b)=|a|\sigma(\mathrm{X})$

Advice 1° 연속확률변수와 확률밀도함수

지금까지는 주사위의 눈의 수나 동전의 앞면의 개수와 같이 확률변수 X가 가지는 값이 자연수처럼 셀 수 있는 이산확률변수와 그 확률분포에 대하여 공부하였다. 이제 시간, 온도와 같이 어떤 구간에 속하는 모든 실숫값을 가지는 확률변수와 그 확률분포에 대하여 공부해 보자.

이를테면 오른쪽 그림과 같이 원의 중심 O를 중심으로 하여 자유롭게 도는 바늘이 달린 원판이 있다. 이 바늘을 세게 돌려서, 저절로 멈춘 위치에서 바늘 끝이 가리키는 눈금을 X라고 하자.

이때, 변수 X는 0부터 12까지의 모든 실숫값을 가진다. 이와 같이 어떤 구간에 속하는 모든 실숫값을 가지는 확률변수를 **연속확률변수**라고 한다.

연속확률변수가 구간에 속하는 각 값을 가질 가능성은 같은 정도로 기대되므로 바늘 끝이 어떤 구간 $[a, b]$(단, $0 \le a \le b \le 12$)의 점을 가리킬 확률은 구간의 길이에 정비례한다고 생각할 수 있다.

이 확률을 $\mathrm{P}(a \le \mathrm{X} \le b)$로 나타내면

$$\mathbf{P}(\boldsymbol{a} \le \mathbf{X} \le \boldsymbol{b}) = \boldsymbol{k}(\boldsymbol{b} - \boldsymbol{a}) \text{ (단, } \boldsymbol{k}\text{는 비례상수)} \quad \cdots\cdots ①$$

이다. 그런데 바늘 끝은 전체 구간 $[0, 12]$의 실숫값만 가질 수 있으므로 X가 구간 $[0, 12]$에 속할 확률은 1이다.

곧, $\mathrm{P}(0 \le \mathrm{X} \le 12) = 1$이므로 ①에 $a=0$, $b=12$를 대입하면

$$1 = k(12-0) \quad \therefore\ k = \frac{1}{12}$$

이 값을 ①에 대입하면

$$\mathbf{P}(\boldsymbol{a} \le \mathbf{X} \le \boldsymbol{b}) = \frac{\mathbf{1}}{\mathbf{12}}(\boldsymbol{b} - \boldsymbol{a})$$

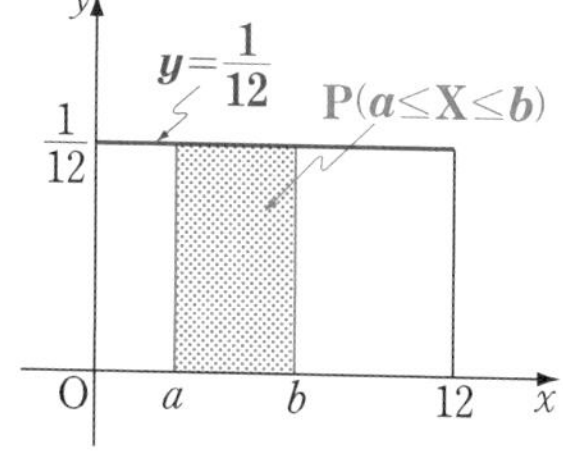

이고, 이 값은 오른쪽 그림에서 초록 점 찍은 부분의 넓이와 같다. 곧,

$$\boldsymbol{f}(\boldsymbol{x}) = \frac{\mathbf{1}}{\mathbf{12}}$$

이라고 하면 $f(x)$는 다음 세 가지 성질을 만족시킴을 알 수 있다.

(i) $f(x) \ge 0\ (0 \le x \le 12)$

(ii) 구간 $[0, 12]$에서 $y=f(x)$의 그래프와 x축 사이의 넓이는 1이다.

(iii) 확률 $\mathrm{P}(a \le \mathrm{X} \le b)$는 구간 $[a, b]$에서 $y=f(x)$의 그래프와 x축 사이의 넓이와 같다.

이와 같이 함수 $f(x)$가 앞면의 세 성질을 만족시킬 때, 함수 $f(x)$를 확률밀도함수라 하고, **X는 확률밀도함수가 $f(x)$인 확률분포를 따른다고 한다.**

*Note 구간 $[\alpha, \beta]$는 $\alpha\le x\le\beta$를 만족시키는 모든 실수 x의 집합을 의미한다. ⇦ 수학 Ⅱ

Advice 2° 확률 $\mathrm{P}(a\le \mathrm{X}\le b)$와 정적분

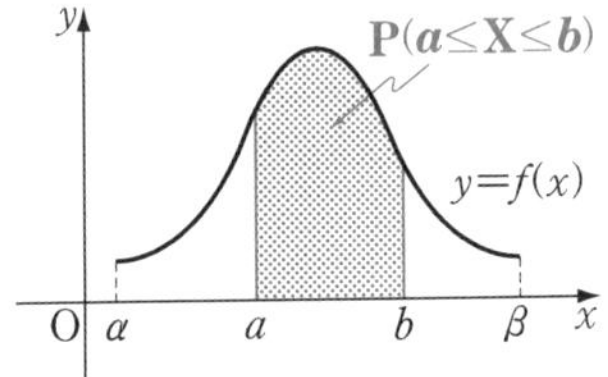

연속확률변수 X의 확률 $\mathrm{P}(a\le \mathrm{X}\le b)$는 함수 $y=f(x)$의 그래프와 x축 및 두 직선 $x=a$, $x=b$로 둘러싸인 부분의 넓이와 같으므로 이를 정적분을 써서

$$\mathrm{P}(a\le \mathrm{X}\le b)=\int_a^b f(x)dx$$

로 나타낼 수 있다.

따라서 확률밀도함수 $f(x)$(단, $\alpha\le x\le\beta$)가 가지는 세 가지 성질은

$$f(x)\ge 0, \quad \int_\alpha^\beta f(x)dx=1, \quad \mathrm{P}(a\le \mathrm{X}\le b)=\int_a^b f(x)dx$$

로 나타낼 수 있다.

*Note 1° 정적분은 수학 Ⅱ와 미적분에서 배우는 내용이다. p. 168~176 및 일부 연습문제에서 부분적으로 정적분을 이용했으므로 아직 정적분을 배우지 않고 이 책을 공부하는 학생은 정적분을 배운 다음 되돌아와서 이 부분을 공부하길 바란다.

2° 연속확률변수가 특정한 값을 가질 확률은 0이므로 ⇦ $\int_k^k f(x)dx=0$

$$\mathrm{P}(a\le \mathrm{X}\le b)=\mathrm{P}(a\le \mathrm{X}< b)=\mathrm{P}(a< \mathrm{X}\le b)=\mathrm{P}(a< \mathrm{X}< b)$$

가 성립한다.

보기 1 15분 간격으로 지나가는 버스가 있다. 어떤 사람이 임의의 시각에 버스 정류장에 나갈 때, 이 사람이 버스를 기다리는 시간이 5분 이상이 될 확률을 구하여라.

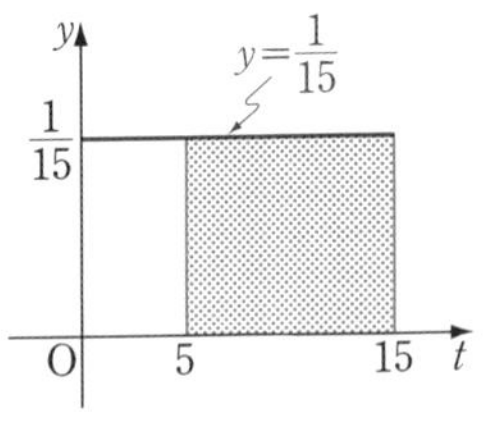

연구 버스를 기다리는 시간(분)을 확률변수 T라 고 하면 버스는 15분마다 지나가므로

$$\mathrm{P}(0\le \mathrm{T}\le 15)=1$$

또, T가 구간 $[0, 15]$에 속하는 각 값을 가질 가능성은 같은 정도로 기대되므로 T의 확률밀도함수는 $f(t)=\dfrac{1}{15}\ (0\le t\le 15)$

이때, $\mathrm{P}(5\le \mathrm{T}\le 15)$는 위의 그림에서 초록 점 찍은 부분의 넓이와 같으므로

$$\mathrm{P}(5\le \mathrm{T}\le 15)=\frac{1}{15}\times(15-5)=\mathbf{\frac{2}{3}}$$ ⇦ $\int_5^{15}\frac{1}{15}dt$

보기 2 연속확률변수 X의 확률밀도함수가 $f(x)=ax$(단, $0\le x\le 3$)일 때, 다음 물음에 답하여라.

(1) 상수 a의 값을 구하여라. (2) $\mathrm{P}\left(\frac{1}{2}\le \mathrm{X}\le \frac{5}{2}\right)$를 구하여라.

연구 연속확률변수 X의 확률밀도함수가 $f(x)$(단, $\alpha\le x\le \beta$)일 때,

정석 확률밀도함수의 성질

(i) $\boldsymbol{f(x)\ge 0}$

(ii) ($\boldsymbol{\alpha\le x\le \beta}$에서 함수 $\boldsymbol{y=f(x)}$의 그래프와 $\boldsymbol{x}$축 사이의 넓이)$=\mathbf{1}$

(iii) $\mathbf{P}(\boldsymbol{a\le \mathrm{X}\le b})$

$=$($\boldsymbol{a\le x\le b}$에서 함수 $\boldsymbol{y=f(x)}$의 그래프와 $\boldsymbol{x}$축 사이의 넓이)

를 이용한다.

(1) $f(x)\ge 0$이어야 하므로 $a\ge 0$

오른쪽 그림에서 $\frac{1}{2}\times 3\times 3a=1$

$\therefore\ \boldsymbol{a=\frac{2}{9}}$

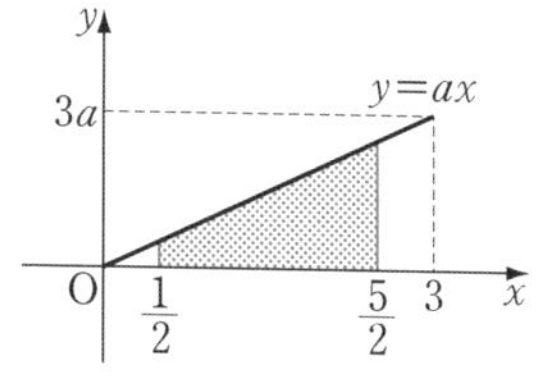

(2) $f(x)=\frac{2}{9}x$이고, $\mathrm{P}\left(\frac{1}{2}\le \mathrm{X}\le \frac{5}{2}\right)$는 오른쪽 그림에서 점 찍은 부분의 넓이와 같으므로

$$\mathrm{P}\left(\frac{1}{2}\le \mathrm{X}\le \frac{5}{2}\right)=\frac{1}{2}\times\left(\frac{1}{9}+\frac{5}{9}\right)\times\left(\frac{5}{2}-\frac{1}{2}\right)=\boldsymbol{\frac{2}{3}}$$

Advice 3° 연속확률변수의 평균, 분산 및 표준편차

이산확률변수 X의 확률질량함수가 $\mathrm{P}(\mathrm{X}=x_i)=p_i$(단, $i=1, 2, 3, \cdots, n$)일 때, X의 평균 E(X)와 분산 V(X)를

$$\mathbf{E(X)}=\sum_{i=1}^{n}\boldsymbol{x_i p_i},$$

$$\mathbf{V(X)}=\sum_{i=1}^{n}\boldsymbol{(x_i-m)^2 p_i}=\sum_{i=1}^{n}\boldsymbol{x_i^2 p_i-m^2} \qquad \Leftarrow m=\mathrm{E(X)}$$

과 같이 정의하였다.

이와 마찬가지로 연속확률변수 X의 확률밀도함수가 $f(x)$(단, $\alpha\le x\le \beta$)일 때, X의 평균 E(X)와 분산 V(X)를

$$\mathbf{E(X)}=\int_{\alpha}^{\beta}\boldsymbol{xf(x)dx},$$

$$\mathbf{V(X)}=\int_{\alpha}^{\beta}\boldsymbol{(x-m)^2 f(x)dx}=\int_{\alpha}^{\beta}\boldsymbol{x^2 f(x)dx-m^2} \qquad \Leftarrow m=\mathrm{E(X)}$$

과 같이 정의한다.

보기 3 연속확률변수 X의 확률밀도함수가 $f(x)=\frac{3}{4}(1-x^2)$(단, $-1\le x\le 1$) 일 때, X의 평균과 분산을 구하여라.

연구 $\mathrm{E(X)}=\int_{-1}^{1}xf(x)dx=\int_{-1}^{1}\left\{x\times\frac{3}{4}(1-x^2)\right\}dx=\frac{3}{4}\left[\frac{1}{2}x^2-\frac{1}{4}x^4\right]_{-1}^{1}=\mathbf{0}$

$\mathrm{V(X)}=\int_{-1}^{1}x^2f(x)dx-m^2=\int_{-1}^{1}\left\{x^2\times\frac{3}{4}(1-x^2)\right\}dx-0^2$

$=\frac{3}{4}\left[\frac{1}{3}x^3-\frac{1}{5}x^5\right]_{-1}^{1}=\mathbf{\frac{1}{5}}$

Advice 4° $\boldsymbol{a}\mathbf{X}+\boldsymbol{b}$의 평균, 분산 및 표준편차

이산확률변수에서와 마찬가지로 연속확률변수에 대해서도 다음 성질이 성립한다.

정석 $\mathbf{V(X)=E(X^2)-\{E(X)\}^2}$, $\quad \mathbf{E(}\boldsymbol{a}\mathbf{X}+\boldsymbol{b}\mathbf{)}=\boldsymbol{a}\mathbf{E(X)}+\boldsymbol{b}$,
$\mathbf{V(}\boldsymbol{a}\mathbf{X}+\boldsymbol{b}\mathbf{)}=\boldsymbol{a}^2\mathbf{V(X)}$, $\quad \boldsymbol{\sigma}\mathbf{(}\boldsymbol{a}\mathbf{X}+\boldsymbol{b}\mathbf{)}=|\boldsymbol{a}|\boldsymbol{\sigma}\mathbf{(X)}$

(i) $\mathrm{V(X)}=\int_{\alpha}^{\beta}(x-m)^2f(x)dx=\int_{\alpha}^{\beta}(x^2-2mx+m^2)f(x)dx$ ⇦ $m=\mathrm{E(X)}$

$=\int_{\alpha}^{\beta}x^2f(x)dx-2m\int_{\alpha}^{\beta}xf(x)dx+m^2\int_{\alpha}^{\beta}f(x)dx$

$=\int_{\alpha}^{\beta}x^2f(x)dx-2m\times m+m^2=\int_{\alpha}^{\beta}\boldsymbol{x^2f(x)dx-m^2}$

$=\mathrm{E(X^2)}-\{\mathrm{E(X)}\}^2$

(ii) $\mathrm{E}(a\mathrm{X}+b)=\int_{\alpha}^{\beta}(ax+b)f(x)dx=a\int_{\alpha}^{\beta}xf(x)dx+b\int_{\alpha}^{\beta}f(x)dx$

$=a\mathrm{E(X)}+b$

(iii) $\mathrm{V}(a\mathrm{X}+b)=\int_{\alpha}^{\beta}\left[ax+b-\{a\mathrm{E(X)}+b\}\right]^2f(x)dx$

$=a^2\int_{\alpha}^{\beta}\{x-\mathrm{E(X)}\}^2f(x)dx=a^2\mathrm{V(X)}$

보기 4 연속확률변수 X의 확률밀도함수가 $f(x)=2x$(단, $0\le x\le 1$)일 때, 2X−1의 평균과 분산을 구하여라.

연구 $\mathrm{E(X)}=\int_{0}^{1}xf(x)dx=\int_{0}^{1}(x\times 2x)dx=\left[\frac{2}{3}x^3\right]_{0}^{1}=\frac{2}{3}$

$\mathrm{V(X)}=\int_{0}^{1}x^2f(x)dx-m^2=\int_{0}^{1}(x^2\times 2x)dx-\left(\frac{2}{3}\right)^2$

$=\left[\frac{1}{2}x^4\right]_{0}^{1}-\frac{4}{9}=\frac{1}{2}-\frac{4}{9}=\frac{1}{18}$

$\therefore\ \mathrm{E(2X-1)}=2\mathrm{E(X)}-1=\mathbf{\frac{1}{3}}$, $\quad \mathrm{V(2X-1)}=2^2\mathrm{V(X)}=\mathbf{\frac{2}{9}}$

Advice 5° 도수분포, 이산확률분포, 연속확률분포의 비교표

도수분포, 이산확률분포 및 연속확률분포를 비교 정리하면 다음과 같다.

	도 수 분 포	이 산 확 률 분 포	연 속 확 률 분 포
분포와 그래프	$\begin{array}{c\|c\|c\|c\|c} x_i & x_1 & x_2 & \cdots & x_n \\ \hline f_i & f_1 & f_2 & \cdots & f_n \end{array}$	$\begin{array}{c\|c\|c\|c\|c\|c} x_i & x_1 & x_2 & \cdots & x_n & \text{합} \\ \hline p_i & p_1 & p_2 & \cdots & p_n & 1 \end{array}$	$y=f(x)$
전체 넓이 (전체 도수)	$\sum f_i$ (전체 도수)	$\displaystyle\sum_{i=1}^{n} p_i=1$ (전체 높이의 합)	$\displaystyle\int_\alpha^\beta f(x)dx=1$ (전체 넓이)
$\mathrm{P}(a \le \mathrm{X} \le b)$	$\dfrac{(\text{점 찍은 부분의 넓이})}{(\text{전체 넓이})}$	$\displaystyle\sum_{i=k}^{l} p_i$ (단, $x_k=a$, $x_l=b$)	$\displaystyle\int_a^b f(x)dx$
평 균	$m=\dfrac{\sum x_i f_i}{\sum f_i}$	$m=\mathrm{E(X)}=\displaystyle\sum_{i=1}^{n} x_i p_i$	$m=\mathrm{E(X)}=\displaystyle\int_\alpha^\beta xf(x)dx$
분 산	$\sigma^2=\dfrac{\sum (x_i-m)^2 f_i}{\sum f_i}$ $=\dfrac{\sum x_i^2 f_i}{\sum f_i}-m^2$	$\mathrm{V(X)}=\displaystyle\sum_{i=1}^{n}(x_i-m)^2 p_i$ $=\displaystyle\sum_{i=1}^{n} x_i^2 p_i-m^2$	$\mathrm{V(X)}=\displaystyle\int_\alpha^\beta (x-m)^2 f(x)dx$ $=\displaystyle\int_\alpha^\beta x^2 f(x)dx-m^2$

필수 예제 9-1 연속확률변수 X의 확률밀도함수 $f(x)$가

$$f(x)=\begin{cases} ax & (0\le x\le 0.5) \\ -a(x-1) & (0.5<x\le 1) \\ 0 & (x<0,\ x>1) \end{cases}$$

일 때, 다음을 구하여라.

(1) 상수 a의 값 (2) $\mathrm{P}(0.3\le \mathrm{X}\le 1)$ (3) $\mathrm{E(X)}$, $\mathrm{V(X)}$

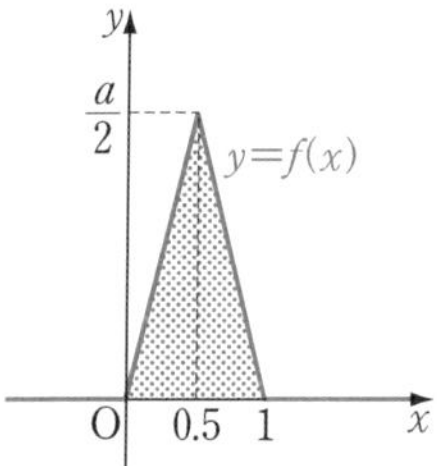

정석연구 함수 $f(x)$의 정의역이 구간 $(-\infty, \infty)$이지만, $x<0$, $x>1$에서는 $f(x)=0$이므로

$$\int_0^1 f(x)dx=1$$

을 만족시키면 된다. 이로부터 우선 a의 값부터 구한다. 이때, 정적분을 이용하지 않고 도형의 성질을 이용해도 된다. 또, 평균과 분산은

정석 $\mathrm{E(X)}=\displaystyle\int_\alpha^\beta xf(x)dx,\quad \mathrm{V(X)}=\int_\alpha^\beta x^2f(x)dx-\{\mathrm{E(X)}\}^2$

을 이용하여 구한다.

모범답안 (1) $\displaystyle\int_0^1 f(x)dx=\int_0^{0.5} ax\,dx+\int_{0.5}^1\{-a(x-1)\}dx=0.25a$

$\displaystyle\int_0^1 f(x)dx=1$이므로 $0.25a=1$ $\therefore$ $\boldsymbol{a=4}$ ← 답

(2) $0\le x\le 0.5$일 때 $f(x)=4x$, $0.5<x\le 1$일 때 $f(x)=-4(x-1)$

$$\therefore\ \mathrm{P}(0.3\le \mathrm{X}\le 1)=\int_{0.3}^1 f(x)dx=\int_{0.3}^{0.5}4x\,dx+\int_{0.5}^1\{-4(x-1)\}dx$$
$$=\mathbf{0.82} \leftarrow \text{답}$$

(3) $\displaystyle\mathrm{E(X)}=\int_0^1 xf(x)dx=\int_0^{0.5}4x^2dx+\int_{0.5}^1\{-4x(x-1)\}dx=\mathbf{\frac{1}{2}}$ ← 답

$$\mathrm{V(X)}=\int_0^1 x^2f(x)dx-\{\mathrm{E(X)}\}^2$$
$$=\int_0^{0.5}4x^3dx+\int_{0.5}^1\{-4x^2(x-1)\}dx-\left(\frac{1}{2}\right)^2=\mathbf{\frac{1}{24}} \leftarrow \text{답}$$

유제 **9**-1. 구간 $[0, 1]$의 모든 실숫값을 가지는 확률변수 X의 확률밀도함수 $f(x)$가 $f(x)=ax(1-x)$일 때, 다음 물음에 답하여라.

(1) 상수 a의 값을 구하여라. (2) $\mathrm{P}(0.5\le \mathrm{X}\le 0.7)$을 구하여라.

(3) $\mathrm{E(X)}$, $\mathrm{V(X)}$, $\mathrm{E(2X+3)}$, $\mathrm{V(2X+3)}$을 구하여라.

답 (1) $\boldsymbol{a=6}$ (2) **0.284** (3) $\mathbf{\frac{1}{2}}$, $\mathbf{\frac{1}{20}}$, **4**, $\mathbf{\frac{1}{5}}$

필수 예제 9-2 구간 [0, 2]에서 정의된 연속확률변수 X의 확률밀도함수 $f(x)$가 다음과 같다.

$$f(x)=\begin{cases} ax & (0\le x\le 1) \\ b-x & (1\le x\le 2) \end{cases}$$

X의 평균이 1일 때, 다음 물음에 답하여라.

(1) 상수 a, b의 값을 구하여라.

(2) $P(X\le k)=0.02$ (단, $0\le k<1$)를 만족시키는 상수 k의 값을 구하여라.

(3) 분산 $V(X)$를 구하여라.

정석연구 구간 [0, 2]에서 정의되고, X의 평균이 1이므로 $f(x)$는

$$\boldsymbol{\int_0^2 f(x)dx=1, \quad E(X)=\int_0^2 xf(x)dx=1}$$

을 만족시켜야 한다. 이로부터 우선 a, b의 값을 구한다.

모범답안 (1) $\displaystyle\int_0^2 f(x)dx=\int_0^1 ax\,dx+\int_1^2 (b-x)dx$

$$=\left[\frac{1}{2}ax^2\right]_0^1+\left[bx-\frac{1}{2}x^2\right]_1^2=\frac{1}{2}a+b-\frac{3}{2}=1$$

$\therefore\ a+2b=5$ ······①

$$E(X)=\int_0^2 xf(x)dx=\int_0^1 (x\times ax)dx+\int_1^2 x(b-x)dx$$

$$=\left[\frac{1}{3}ax^3\right]_0^1+\left[\frac{1}{2}bx^2-\frac{1}{3}x^3\right]_1^2=\frac{1}{3}a+\frac{3}{2}b-\frac{7}{3}=1$$

$\therefore\ 2a+9b=20$ ······②

①, ②를 연립하여 풀면 $\boldsymbol{a=1,\ b=2}$ ← 답

(2) $0\le x\le 1$일 때 $f(x)=x$이므로

$$P(X\le k)=\int_0^k f(x)dx=\int_0^k x\,dx=\left[\frac{1}{2}x^2\right]_0^k=\frac{1}{2}k^2=0.02 \qquad \therefore\ k^2=0.04$$

$0\le k<1$이므로 $\boldsymbol{k=0.2}$ ← 답

(3) $\displaystyle V(X)=\int_0^2 x^2f(x)dx-\{E(X)\}^2=\int_0^1 (x^2\times x)dx+\int_1^2 x^2(2-x)dx-1^2$

$$=\left[\frac{1}{4}x^4\right]_0^1+\left[\frac{2}{3}x^3-\frac{1}{4}x^4\right]_1^2-1=\frac{1}{4}+\frac{11}{12}-1=\boldsymbol{\frac{1}{6}} \leftarrow \text{답}$$

유제 **9**-2. 확률밀도함수 $f(x)$가 $f(x)=ax$ (단, $0\le x\le b$)로 주어진 연속확률변수 X의 분산이 2일 때, 상수 a, b의 값과 $P(0\le X\le 3)$을 구하여라.

답 $\boldsymbol{a=\frac{1}{18},\ b=6,\ P(0\le X\le 3)=\frac{1}{4}}$

§2. 정규분포

기본정석

1 정규분포

연속확률변수 X의 확률밀도함수 $f(x)$가 특히

$$f(x)=\frac{1}{\sqrt{2\pi}\,\sigma}e^{-\frac{(x-m)^2}{2\sigma^2}} \quad (\text{단, } -\infty<x<\infty) \quad \cdots\cdots①$$

로 주어질 때 X의 확률분포를 정규분포라 하고, 곡선 $y=f(x)$를 정규분포곡선이라고 한다.

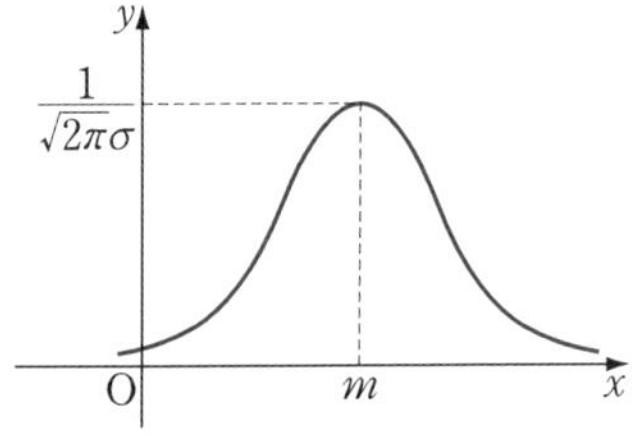

이때, 연속확률변수 X에 대하여

X의 평균은 m, 표준편차는 σ

임이 알려져 있다.

이와 같이 평균이 m, 표준편차가 σ인 정규분포를 기호로 $\mathrm{N}(m,\ \sigma^2)$과 같이 나타내고, 연속확률변수 X는 정규분포 $\mathrm{N}(m,\ \sigma^2)$을 따른다고 한다.

2 정규분포곡선의 성질

정규분포곡선에는 다음 성질이 있음이 알려져 있다.

(1) 모든 실수 x에 대하여 $f(x)>0$이다.

(2) 곡선과 x축 사이의 넓이는 1이다. 곧,

$$\int_{-\infty}^{\infty}f(x)dx=1$$

(3) 확률변수 X가 구간 $[a,\ b]$에 속할 확률은

$$\mathrm{P}(a\le \mathrm{X}\le b)=\int_a^b f(x)dx$$

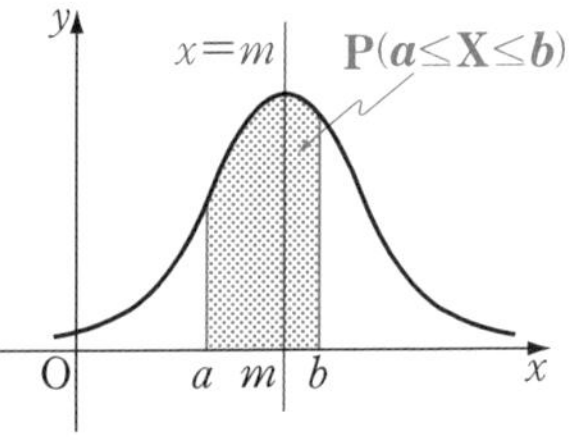

(4) 직선 $x=m$에 대하여 대칭인 종 모양의 곡선이고, 점근선은 x축이다.

(5) $x=m$일 때 $f(x)$는 최댓값을 가진다.

(6) m의 값이 일정할 때, σ의 값이 커질수록 곡선의 중앙 부분이 낮아지면서 양옆으로 퍼지고, σ의 값이 작아질수록 곡선의 중앙 부분이 높아지면서 좁아진다.

(7) σ의 값이 일정할 때, m의 값이 달라지면 대칭축의 위치는 바뀌지만 곡선의 모양은 바뀌지 않는다.

(8) X의 평균은 m이고 표준편차는 σ이다.

[3] 표준정규분포

정규분포 $\mathrm{N}(m,\ \sigma^2)$에서 특히 $m=0,\ \sigma=1$인 정규분포 $\mathrm{N}(0,\ 1^2)$을 표준정규분포라고 한다.

표준정규분포의 확률밀도함수는 앞면의 ①에서 $m=0,\ \sigma=1$인 경우이므로

$$f(z)=\frac{1}{\sqrt{2\pi}}e^{-\frac{z^2}{2}}\ (\text{단, } -\infty<z<\infty)$$

이다.

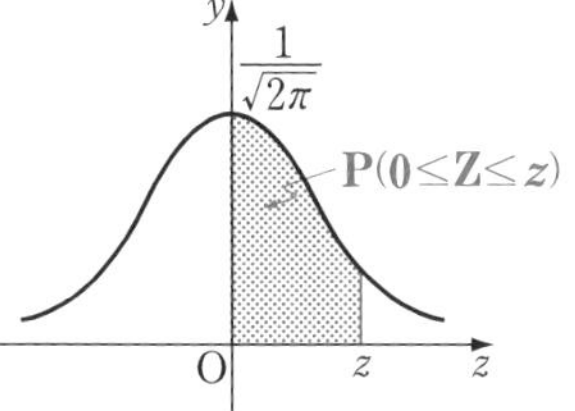

이 분포에서 확률변수 Z가 구간 $[0,\ z]$에 속할 확률 $\mathrm{P}(0\le \mathrm{Z}\le z)$는 오른쪽 그림에서 점 찍은 부분의 넓이와 같다.

[4] 연속확률변수의 표준화

연속확률변수 X가 정규분포 $\mathrm{N}(m,\ \sigma^2)$을 따를 때, 확률변수

$$\mathrm{Z}=\frac{\mathrm{X}-m}{\sigma}$$

은 표준정규분포 $\mathrm{N}(0,\ 1^2)$을 따른다.

***Note** 1° 표준정규분포 $\mathrm{N}(0,\ 1^2)$을 $\mathrm{N}(0,\ 1)$로 나타내기도 한다.

2° $\mathrm{N}(m,\ \sigma^2)$에서 N은 Normal distribution(정규분포)의 첫 글자이다.

Advice 1° 정규분포

1. 앞에서 '알려져 있다'는 말은 수학적 설명은 가능하지만 이를 밝히려면 고등학교 교육과정의 수준을 넘거나 설명이 어려울 때 쓰는 말이다.

   앞으로 이와 같은 표현이 있을 때에는 결과만 기억해 두어도 된다.

2. e는 $\lim_{x\to\infty}\left(1+\frac{1}{x}\right)^x$의 값으로 $e=2.718281\cdots$을 나타내는 무리수이다.

⇦ 미적분

Advice 2° 정규분포곡선의 성질

정규분포곡선은 다음 그림과 같이 σ의 값이 변함에 따라 그 모양이 바뀌고, m의 값이 변함에 따라 그 대칭축의 위치가 바뀐다.

(i) m의 값이 일정할 때

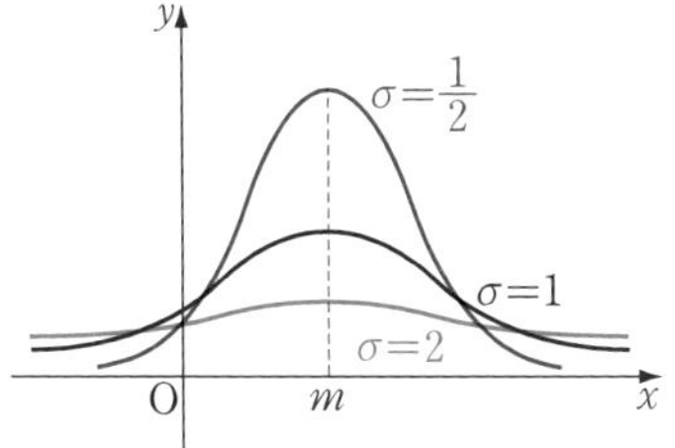

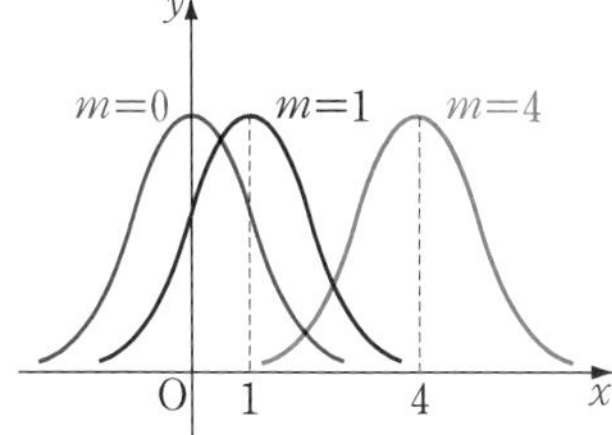

보기 1 3학년의 학생 수가 각각 500인 A, B, C 세 고등학교 3학년 학생의 수학 성적 분포가 각각 정규분포를 이루고, 그 정규분포곡선은 오른쪽과 같다고 한다.

다음 중 옳은 것만을 있는 대로 골라라.

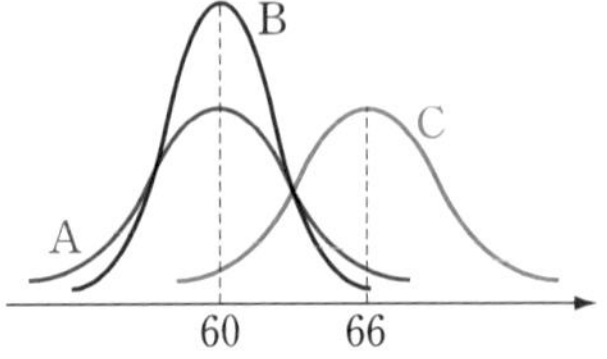

① 상위 점수대 학생들이 B학교보다 A학교에 더 많다.

② B학교 학생들은 평균적으로 A학교 학생들보다 성적이 더 우수하다.

③ C학교 학생들보다 B학교 학생들의 성적이 더 고른 편이다.

연구 ① A, B 두 학교 성적의 평균은 같지만, 상위 점수대에서 A학교의 정규분포곡선이 더 위에 있으므로 우수 학생은 A학교에 더 많다.

② A, B 두 학교 성적의 평균이 같으므로 평균적으로 성적도 같다.

③ B학교 성적의 표준편차가 C학교보다 작으므로 B학교 성적이 더 고른 편이다. 답 ①, ③

Advice 3° 표준정규분포와 표준정규분포표

정규분포 $\mathrm{N}(m,\ \sigma^2)$에서 특히 $m=0$, $\sigma=1$인 정규분포 $\mathrm{N}(0,\ 1^2)$을 표준정규분포라고 한다.

따라서 정규분포 $\mathrm{N}(m,\ \sigma^2)$을 따르는 확률변수 X의 확률밀도함수

$$f(x)=\frac{1}{\sqrt{2\pi}\,\sigma}e^{-\frac{(x-m)^2}{2\sigma^2}}\ (\text{단, } -\infty<x<\infty)$$

에서 $m=0$, $\sigma=1$로 놓으면

$$f(z)=\frac{1}{\sqrt{2\pi}}e^{-\frac{z^2}{2}}\ (\text{단, } -\infty<z<\infty)$$

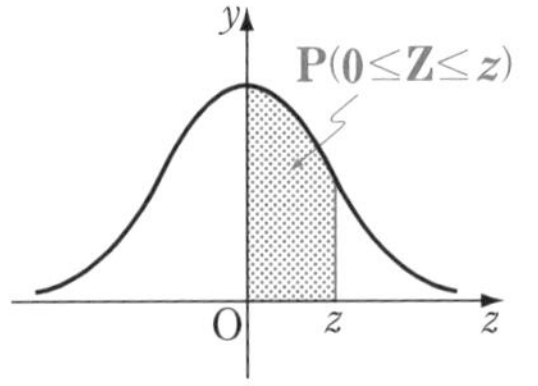

이고, 이 함수는 표준정규분포 $\mathrm{N}(0,\ 1)$을 따르는 확률변수 Z의 확률밀도함수이다.

이때, 임의의 양수 z에 대하여 확률 $\mathrm{P}(0\le \mathrm{Z}\le z)$는 위의 그림에서 점 찍은 부분의 넓이와 같다.

여기에서 z의 값이 0.00부터 3.19까지일 때의 넓이(확률)를 계산하여 표로 나타낸 것이 이 책 부록(p. 312)의 표준정규분포표이다.

z	0.00	···	0.04	···	0.09
0.0	.0000				.0359
⋮					
0.5			.2054		
⋮					
3.1	.4990				.4993

z	0.00	···	0.06	···	0.09
0.0	.0000				.0359
⋮					
1.2			.3962		
⋮					
3.1	.4990				.4993

표를 보는 방법은 수학 I의 상용로그표를 보는 방법과 유사하다.

이를테면 앞면의 표에서

$$\mathrm{P}(0\le \mathrm{Z}\le 0.54)=0.2054,\quad \mathrm{P}(0\le \mathrm{Z}\le 3.19)=0.4993$$

이고, 역으로

$$\mathrm{P}(0\le \mathrm{Z}\le k)=0.3962$$

인 k의 값은 $k=1.26$이다.

또, 표준정규분포 N(0, 1)을 따르는 확률변수 Z의 확률밀도함수 $y=f(z)$의 그래프는 y축에 대하여 대칭이므로 다음 성질을 가진다.

(i) $\mathbf{P(Z\le 0)=P(Z\ge 0)=0.5}$

(ii) $\mathbf{P(-a\le Z\le 0)=P(0\le Z\le a)}$ (단, $a>0$)

(iii) $\mathbf{P(-a\le Z\le a)=2P(0\le Z\le a)}$ (단, $a>0$)

보기 2 확률변수 Z가 표준정규분포를 따를 때, 오른쪽 표준정규분포표를 이용하여 다음을 구하여라.

z	$\mathrm{P}(0\le \mathrm{Z}\le z)$
0.5	0.1915
1.0	0.3413
1.5	0.4332

(1) $\mathrm{P}(-1\le \mathrm{Z}\le 0)$　(2) $\mathrm{P}(-1\le \mathrm{Z}\le 1.5)$

(3) $\mathrm{P}(\mathrm{Z}\ge 0.5)$　(4) $\mathrm{P}(\mathrm{Z}\le 1)$

(5) $\mathrm{P}(-0.5\le \mathrm{Z}\le k)=0.6247$인 양수 k의 값

연구 (1), (2), (3)은 아래 그림에서 점 찍은 부분의 넓이를 구하는 것과 같다.

(1)
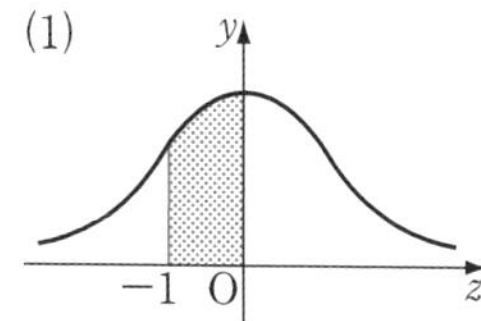

(2)
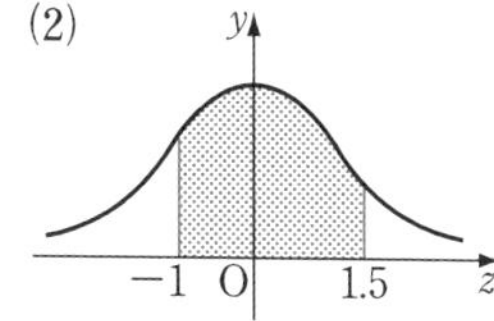

(3)
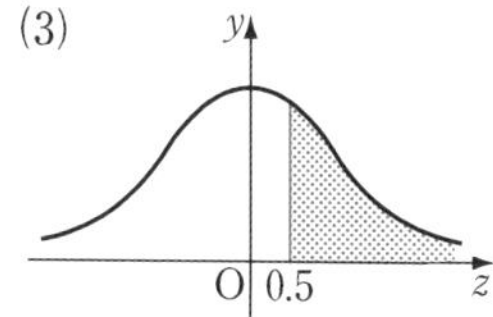

(1) 표준정규분포곡선은 y축에 대하여 대칭이므로

$$\mathrm{P}(-1\le \mathrm{Z}\le 0)=\mathrm{P}(0\le \mathrm{Z}\le 1)=\mathbf{0.3413}$$

(2) $\mathrm{P}(-1\le \mathrm{Z}\le 1.5)=\mathrm{P}(-1\le \mathrm{Z}\le 0)+\mathrm{P}(0\le \mathrm{Z}\le 1.5)$

$=\mathrm{P}(0\le \mathrm{Z}\le 1)+\mathrm{P}(0\le \mathrm{Z}\le 1.5)=0.3413+0.4332=\mathbf{0.7745}$

(3) $\mathrm{P}(\mathrm{Z}\ge 0.5)=\mathrm{P}(\mathrm{Z}\ge 0)-\mathrm{P}(0\le \mathrm{Z}\le 0.5)=0.5-0.1915=\mathbf{0.3085}$

(4) $\mathrm{P}(\mathrm{Z}\le 1)=\mathrm{P}(\mathrm{Z}\le 0)+\mathrm{P}(0\le \mathrm{Z}\le 1)=0.5+0.3413=\mathbf{0.8413}$

(5) $\mathrm{P}(-0.5\le \mathrm{Z}\le k)=\mathrm{P}(-0.5\le \mathrm{Z}\le 0)+\mathrm{P}(0\le \mathrm{Z}\le k)$

$=\mathrm{P}(0\le \mathrm{Z}\le 0.5)+\mathrm{P}(0\le \mathrm{Z}\le k)$

$=0.1915+\mathrm{P}(0\le \mathrm{Z}\le k)=0.6247$

$\therefore\ \mathrm{P}(0\le \mathrm{Z}\le k)=0.4332$　　$\therefore\ \boldsymbol{k=1.5}$

Advice 4° 연속확률변수의 표준화

이산확률변수 X의 평균이 m, 표준편차가 σ일 때,

$$\mathrm{E}\left(\frac{\mathrm{X}-m}{\sigma}\right)=0, \quad \mathrm{V}\left(\frac{\mathrm{X}-m}{\sigma}\right)=1$$

이므로 확률변수 $\dfrac{\mathrm{X}-m}{\sigma}$의 평균은 0, 표준편차는 1이다. ⇦ 유제 8-14

이와 같은 성질은 X가 연속확률변수일 때에도 성립한다는 사실이 알려져 있다.

따라서 연속확률변수 X가 정규분포 $\mathrm{N}(m, \sigma^2)$을 따를 때, 확률변수

$$\mathbf{Z=\frac{X-m}{\sigma}}$$

은 표준정규분포 N(0, 1)을 따른다.

이와 같이 정규분포 $\mathrm{N}(m, \sigma^2)$을 따르는 확률변수 X를 표준정규분포 N(0, 1)을 따르는 확률변수 Z로 바꾸는 것을 확률변수 X를 **표준화**한다고 한다. X를 표준화한 다음 표준정규분포표를 이용하면 확률 $\mathrm{P}(a\le \mathrm{X}\le b)$ 등을 구할 수 있다. 이때, Z를 **표준화된 확률변수**라고 한다.

보기 3 확률변수 X가 정규분포 $\mathrm{N}(50, 4^2)$을 따를 때, 오른쪽 표준정규분포표를 이용하여 다음 확률을 구하여라.

(1) $\mathrm{P}(50\le \mathrm{X}\le 56)$ (2) $\mathrm{P}(\mathrm{X}\ge 46)$

z	$\mathrm{P}(0\le \mathrm{Z}\le z)$
1.0	0.3413
1.5	0.4332

연구 확률변수 X의 평균은 $m=50$, 표준편차는 $\sigma=4$이다.

정석 $\mathrm{Z}=\dfrac{\mathrm{X}-m}{\sigma} \Longrightarrow \mathrm{Z}=\dfrac{\mathrm{X}-50}{4}$

을 이용하여 X를 표준정규분포를 따르는 확률변수 Z로 바꾼다.

(1) X=50일 때 $\mathrm{Z}=\dfrac{50-50}{4}=0$, X=56일 때 $\mathrm{Z}=\dfrac{56-50}{4}=1.5$

$$\therefore \mathrm{P}(50\le \mathrm{X}\le 56)=\mathrm{P}(0\le \mathrm{Z}\le 1.5)=\mathbf{0.4332}$$

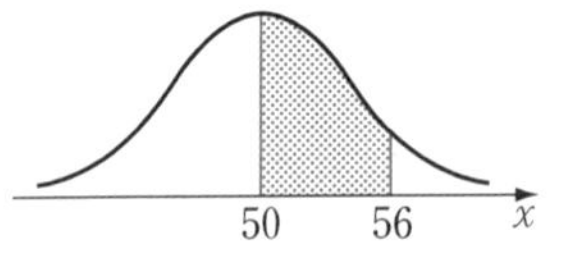

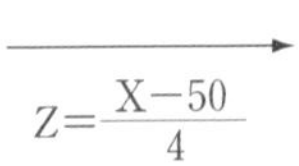

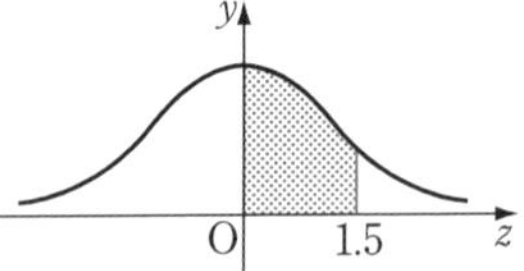

(2) X=46일 때 $\mathrm{Z}=\dfrac{46-50}{4}=-1$이므로

$$\begin{aligned}\mathrm{P}(\mathrm{X}\ge 46)&=\mathrm{P}(\mathrm{Z}\ge -1)=\mathrm{P}(-1\le \mathrm{Z}\le 0)+0.5\\&=\mathrm{P}(0\le \mathrm{Z}\le 1)+0.5\\&=0.3413+0.5=\mathbf{0.8413}\end{aligned}$$

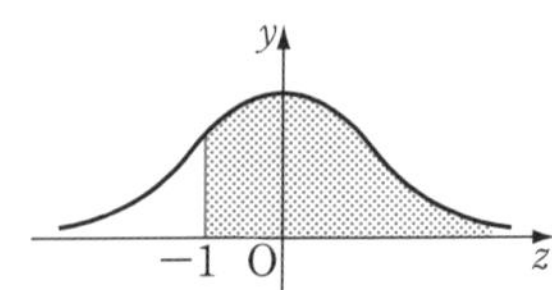

필수 예제 9-3 일직선을 따라 포격을 할 때, 이 포의 평균 탄착 거리는 1200 m이고, 탄착 거리의 표준편차는 40 m라고 한다. 탄착 거리가 정규분포를 따른다고 하면 포탄의 몇 %가 1260 m부터 1280 m까지에 떨어지겠는가? 필요하면 이 책 부록의 표준정규분포표를 이용하여라.

정석연구 탄착 거리를 확률변수 X라고 하면 X는 정규분포 $N(1200,\ 40^2)$을 따른다. 포탄이 1260 m부터 1280 m까지에 떨어지면

$$1260 \le X \le 1280$$

이므로

$$P(1260 \le X \le 1280)$$

을 구하면 된다.

포 1200 60 80 1260 1280

정석 표준정규분포표를 이용할 때에는
$N(m,\ \sigma^2)$을 $\Longrightarrow$ $N(0,\ 1)$로 표준화하여라.

모범답안 탄착 거리를 확률변수 X라고 하면 구하는 확률은 $P(1260 \le X \le 1280)$이다.

X는 정규분포 $N(1200,\ 40^2)$을 따르므로

$Z=\dfrac{X-m}{\sigma}=\dfrac{X-1200}{40}$으로 표준화하면

$$\begin{aligned}P(1260 \le X \le 1280) &= P(1.5 \le Z \le 2)\\ &= P(0 \le Z \le 2) - P(0 \le Z \le 1.5)\\ &= 0.4772 - 0.4332 = 0.0440\end{aligned}$$

y O 1.5 2 z

답 **4.4 %**

***Note** 시험 문제에서는 표준정규분포표의 전부 또는 일부가 주어지는 것이 보통이지만, 여기에서는 이를 생략하였다. 앞으로도 필요하면 이 책 부록의 표준정규분포표를 이용하여라.

유제 **9**-3. 어느 고등학교 2학년 학생 500명의 키의 분포는 거의 정규분포를 이루고 있다고 한다. 평균이 171 cm, 표준편차가 4 cm일 때, 키가 175 cm 이상이거나 165 cm 이하인 학생은 대략 몇 명인가?

필요하면 이 책 부록의 표준정규분포표를 이용하여라. 답 112명

유제 **9**-4. 어느 공장에서 생산되는 2볼트로 표시된 건전지의 전압은 평균이 2.1볼트, 표준편차가 0.05볼트이고, 그 분포는 거의 정규분포에 가깝다는 것이 알려져 있다. 어느 날의 생산량이 10000개였다면 이 중에 전압이 2볼트 이하인 건전지는 대략 몇 개나 있다고 볼 수 있는가?

필요하면 이 책 부록의 표준정규분포표를 이용하여라. 답 228개

필수 예제 9-4 어느 고등학교 학생의 몸무게는 평균이 65 kg, 표준편차가 10 kg인 정규분포를 따른다고 한다. 또, 몸무게가 70 kg 이상인 학생 중에서 15 %, 70 kg 미만인 학생 중에서 5 %가 몸무게의 감량을 원하고 있다고 한다. 이 학교의 학생 중에서 임의로 뽑은 한 학생이 몸무게의 감량을 원하는 학생이었을 때, 이 학생의 몸무게가 70 kg 이상일 확률을 구하여라. 단, 확률변수 Z가 표준정규분포 N(0, 1)을 따를 때, $P(0\le Z\le 0.5)=0.2$로 계산한다.

정석연구 학생의 몸무게를 확률변수 X라고 하면 X의 평균이 65, 표준편차가 10이므로 X는 정규분포 $N(65,\ 10^2)$을 따른다.

따라서 확률변수 X가 70 이상일 확률 $P(X\ge 70)$을 구할 수 있다.

또, 학생의 몸무게가 70 kg 이상인 사건을 A라 하고, 몸무게의 감량을 원하는 학생인 사건을 E라고 하면 구하는 확률은 사건 E가 일어났을 때의 사건 A가 일어날 조건부확률 $P(A|E)$와 같다.

$$\textbf{정석}\quad P(A|E)=\frac{P(A\cap E)}{P(E)} \text{를 이용!}$$

모범답안 학생의 몸무게를 확률변수 X라고 하면 X는 정규분포 $N(65,\ 10^2)$을 따른다.

$Z=\dfrac{X-m}{\sigma}=\dfrac{X-65}{10}$ 로 표준화하면

$$P(X\ge 70)=P(Z\ge 0.5)=0.5-P(0\le Z\le 0.5)=0.5-0.2=0.3$$

따라서 학생의 몸무게가 70 kg 이상인 사건을 A라 하고, 몸무게의 감량을 원하는 학생인 사건을 E라고 하면

$$P(E)=P(A\cap E)+P(A^c\cap E)=0.3\times 0.15+0.7\times 0.05=0.08$$

$$\therefore\ P(A|E)=\frac{P(A\cap E)}{P(E)}=\frac{0.3\times 0.15}{0.08}=\frac{9}{16} \longleftarrow \text{답}$$

유제 **9**-5. 어느 재래시장을 이용하는 고객의 집에서 시장까지의 거리는 평균이 1500 m, 표준편차가 250 m인 정규분포를 따른다고 한다. 또, 집에서 시장까지의 거리가 2000 m 이상인 고객 중에서 15 %, 2000 m 미만인 고객 중에서 5 %는 자가용을 이용하여 시장에 온다고 한다. 재래시장을 이용하는 고객 중에서 임의로 뽑은 한 사람이 자가용을 이용하여 온 고객이었을 때, 이 고객의 집에서 시장까지의 거리가 2000 m 미만일 확률을 구하여라.

단, 확률변수 Z가 표준정규분포 N(0, 1)을 따를 때, $P(0\le Z\le 2)=0.48$로 계산한다. 답 $\dfrac{49}{52}$

필수 예제 9-5 어느 시험의 성적이 정규분포 $N(70, 12^2)$을 따를 때, 다음 물음에 답하여라. 단, 확률변수 Z가 표준정규분포 $N(0, 1)$을 따를 때, $P(0 \le Z \le 0.84)=0.3$, $P(0 \le Z \le 1.67)=0.4525$로 계산한다.

(1) 성적이 50점인 수험생은 하위 약 몇 %의 위치에 있는가?

(2) 전체 수험생 300명 중에서 상위 60등 안에 들려면 몇 점 이상 받아야 하는가? 단, 점수는 자연수로 한다.

정석연구 (2) 상위 60등 안에 들어가는 것은 $\dfrac{60}{300}=0.2$ 안에 들어가는 것이므로 위의 그림 (i)에서 x의 값을 구하는 것과 같다.

그림 (i)

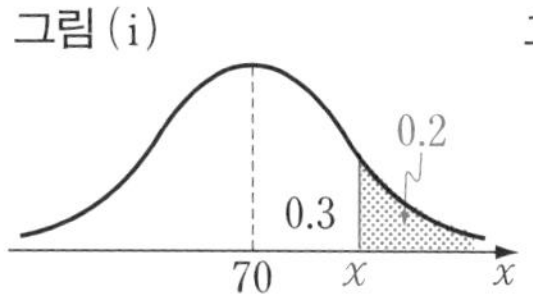

그림 (ii)

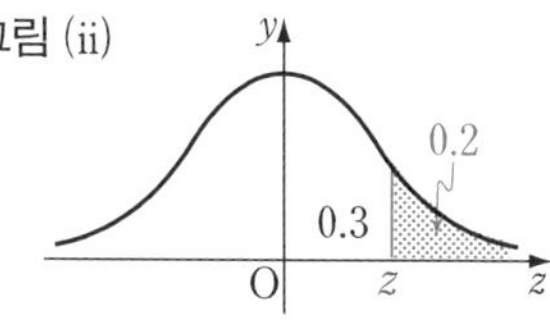

따라서 위의 그림 (ii)의 표준정규분포곡선에서 $P(Z \ge z)=0.2$를 만족시키는 z의 값을 구한 다음, 아래 **정석**을 이용하여 x의 값을 구한다.

정석 $Z=\dfrac{X-m}{\sigma} \Longrightarrow Z=\dfrac{X-70}{12}$

모범답안 점수를 확률변수 X라고 하면 X는 정규분포 $N(70, 12^2)$을 따른다.

$Z=\dfrac{X-m}{\sigma}=\dfrac{X-70}{12}$ 으로 표준화하면

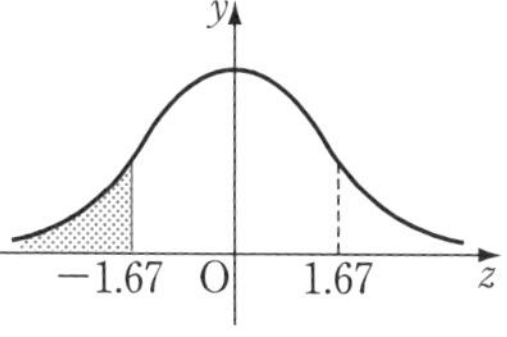

(1) $P(X \le 50) \fallingdotseq P(Z \le -1.67)=P(Z \ge 1.67)$
$=0.5-P(0 \le Z \le 1.67)$
$=0.5-0.4525=0.0475$

답 약 **4.75 %**

(2) 상위 60등 안에 들기 위한 최저 점수를 x라고 하면

$$P(X \ge x)=P\left(Z \ge \frac{x-70}{12}\right) \le 0.2 \quad \therefore\ 0.5-P\left(0 \le Z \le \frac{x-70}{12}\right) \le 0.2$$

$$\therefore\ P\left(0 \le Z \le \frac{x-70}{12}\right) \ge 0.3$$

문제의 조건에서 $P(0 \le Z \le 0.84)=0.3$이므로

$$\frac{x-70}{12} \ge 0.84 \quad \therefore\ x \ge 80.08$$

답 **81점 이상**

유제 **9**-6. 어느 시험의 성적이 평균이 65점, 표준편차가 13점인 정규분포를 따른다고 하면 전체 수험생 400명 중에서 상위 100등 안에 들려면 몇 점 이상 받아야 하는가? 단, 확률변수 Z가 표준정규분포 $N(0, 1)$을 따를 때, $P(0 \le Z \le 0.67)=0.25$로 계산하고, 점수는 자연수로 한다. 답 **74점 이상**

§3. 이항분포와 정규분포

기본정석

이항분포와 정규분포의 관계

확률변수 X가 이항분포 $B(n, p)$를 따를 때, n이 충분히 크면 X는 근사적으로

정규분포 $\mathbf{N}(np, npq)$ (단, $q=1-p$) ⇦ $m=np$, $\sigma^2=npq$

를 따른다는 것이 알려져 있다.

Advice | 이항분포와 정규분포의 관계

확률변수 X가 이항분포 $B\left(n, \dfrac{1}{6}\right)$을 따를 때, X의 확률질량함수는

$$P(X=x)={}_n\mathrm{C}_x\left(\frac{1}{6}\right)^x\left(\frac{5}{6}\right)^{n-x} \quad (\text{단, } x=0, 1, 2, \cdots, n)$$ ⇦ p. 159

여기서 $n=10$일 때 $x=0, 1, 2, 3, \cdots, 10$

$n=30$일 때 $x=0, 1, 2, 3, \cdots, 10, \cdots, 30$

$n=50$일 때 $x=0, 1, 2, 3, \cdots, 10, \cdots, 30, \cdots, 50$

을 대입하여 각 경우에 대한 점선 도표를 그려 보면 아래와 같이 n이 커짐에 따라 그래프는 대칭인 모양에 가까워짐을 알 수 있다. ⇦ p. 162 표 참조

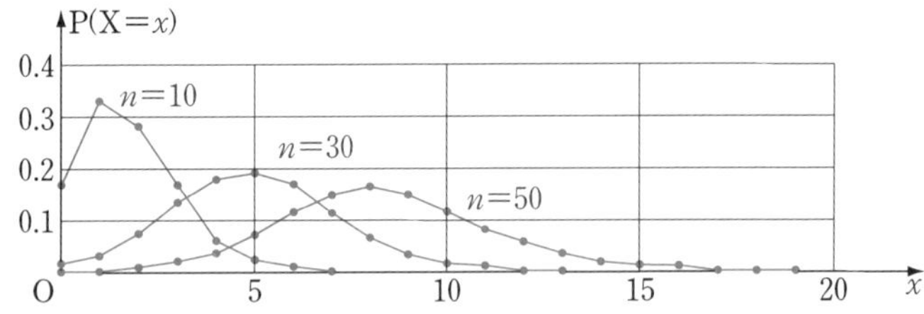

일반적으로 n이 충분히 클 때, 확률변수 X가 이항분포 $B(n, p)$를 따르면 X는 근사적으로 정규분포 $N(np, npq)$를 따른다는 것이 알려져 있다.

**Note* $np\ge5$이고 $nq\ge5$일 때, n이 충분히 크다고 한다.

보기 1 확률변수 X가 이항분포 $B(100, 0.2)$를 따를 때, 이 책 부록의 표준정규분포표를 이용하여 $P(X\le16)$을 구하여라.

연구 $E(X)=100\times0.2=20$, $V(X)=100\times0.2\times0.8=4^2$

이고, 100은 충분히 크므로 X는 근사적으로 정규분포 $N(20, 4^2)$을 따른다.

$\therefore P(X\le16)=P(Z\le-1)=0.5-P(0\le Z\le1)=0.5-0.3413=\mathbf{0.1587}$

필수 예제 9-6 한 개의 주사위를 450회 던질 때, 5 또는 6의 눈이 160회 이상 180회 이하 나올 확률을 오른쪽 표준정규분포표를 이용하여 구하여라.

z	$P(0 \le Z \le z)$
1.0	0.3413
2.0	0.4772
3.0	0.4987

정석연구 5 또는 6의 눈이 나오는 횟수를 확률변수 X라고 하면

$$\mathbf{X}\text{는 이항분포 } \mathbf{B}\left(450,\ \frac{1}{3}\right)\text{을 따른다.}$$

따라서 구하는 확률은

$$P(160 \le X \le 180) = \sum_{k=160}^{180} {}_{450}C_k \left(\frac{1}{3}\right)^k \left(\frac{2}{3}\right)^{450-k}$$

이므로 이 값을 계산하면 되지만 실제로 계산하려면 간단하지 않다.

이런 경우에는 다음 **정석**을 이용한다.

> **정석** n이 충분히 클 때, X가 이항분포 $\mathbf{B}(n,\ p)$를 따르면
> X는 근사적으로 정규분포 $\mathbf{N}(np,\ npq)$를 따른다. ⇦ $q=1-p$

모범답안 5 또는 6의 눈이 나오는 횟수를 확률변수 X라고 하면 X는 이항분포 $B\left(450,\ \frac{1}{3}\right)$을 따른다.

따라서 X의 평균을 m, 분산을 σ^2이라고 하면

$$m = 450 \times \frac{1}{3} = 150, \quad \sigma^2 = 450 \times \frac{1}{3} \times \frac{2}{3} = 10^2$$

그런데 시행 횟수 450은 충분히 크므로 확률변수 X는 근사적으로 정규분포 $N(150,\ 10^2)$을 따른다.

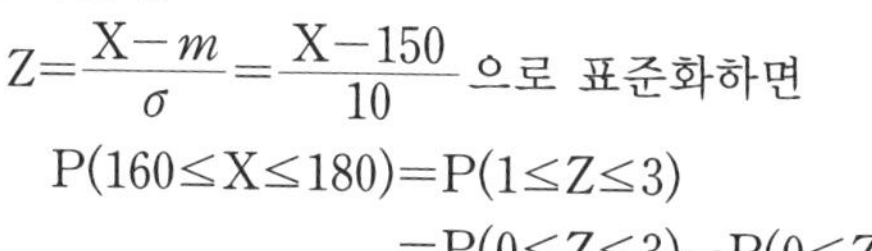

$Z = \dfrac{X-m}{\sigma} = \dfrac{X-150}{10}$ 으로 표준화하면

$$P(160 \le X \le 180) = P(1 \le Z \le 3)$$

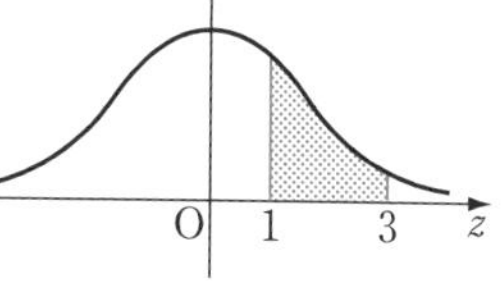

$$= P(0 \le Z \le 3) - P(0 \le Z \le 1)$$

$$= 0.4987 - 0.3413 = \mathbf{0.1574}$$ ← 답

유제 **9**-7. 두 개의 동전을 동시에 1200회 던져서 두 개 모두 앞면이 나오는 횟수를 확률변수 X라고 할 때, 다음 확률을 구하여라.

필요하면 이 책 부록의 표준정규분포표를 이용하여라.

(1) $P(X \le 324)$ (2) $P(X \ge 315)$

답 (1) **0.9452** (2) **0.1587**

필수 예제 9-7 어느 해의 신체검사에 의하면 전국 남자 고등학생의 키는 정규분포를 따르고, 키의 평균이 173 cm, 표준편차가 4 cm이었다. 이제 150명의 남자 고등학생을 임의로 뽑아 키를 조사할 때, 이 중에서 키가 174 cm보다 큰 학생이 75명 이상일 확률을 오른쪽 표준정규분포표를 이용하여 구하여라.

z	$P(0\le Z\le z)$
0.25	0.10
1.25	0.39
1.50	0.43
2.50	0.49

정석연구 키를 확률변수 X라고 하면 X는 정규분포 $N(173,\ 4^2)$을 따르므로 키가 174 cm보다 클 확률은

$$P(X>174)=P(Z>0.25) \qquad \Leftarrow Z=\frac{X-173}{4}$$
$$=0.5-P(0\le Z\le 0.25)=0.5-0.1=0.4$$

따라서 이 문제의 표현을 바꾸어 간단히 정리하면 다음과 같다.

「키가 174 cm보다 클 확률이 0.4일 때, 150명의 남자 고등학생 중에서 174 cm보다 큰 학생이 75명 이상일 확률을 구하여라.」

다음 **정석**을 이용해 보자.

정석 n이 충분히 클 때, X가 이항분포 $B(n,\ p)$를 따르면
X는 근사적으로 정규분포 $N(np,\ npq)$를 따른다. $\Leftarrow q=1-p$

모범답안 키를 확률변수 X라고 하면 X는 정규분포 $N(173,\ 4^2)$을 따르므로

$$P(X>174)=P(Z>0.25)=0.5-0.1=0.4$$

따라서 150명 중에서 키가 174 cm보다 큰 학생 수를 확률변수 Y라고 하면 Y는 이항분포 $B(150,\ 0.4)$를 따른다.

$$\therefore\ E(Y)=150\times0.4=60,\quad V(Y)=150\times0.4\times0.6=6^2$$

그런데 150은 충분히 크므로 Y는 근사적으로 정규분포 $N(60,\ 6^2)$을 따른다.

$$\therefore\ P(Y\ge75)=P(Z\ge2.5) \qquad \Leftarrow Z=\frac{Y-60}{6}$$
$$=0.5-P(0\le Z\le2.5)=0.5-0.49=\mathbf{0.01} \longleftarrow \text{답}$$

유제 **9**-8. 어느 공장에서 생산되는 제품의 무게는 평균이 30 g, 표준편차가 5 g인 정규분포를 따른다고 한다. 이 공장에서는 무게가 40 g 이상인 제품을 불량품으로 판정한다.

이 제품 중에서 2500개를 임의로 추출할 때, 불량품이 57개 이상일 확률을 오른쪽 표준정규분포표를 이용하여 구하여라. 답 **0.16**

z	$P(0\le Z\le z)$
0.5	0.19
1.0	0.34
1.5	0.43
2.0	0.48

필수 예제 9-8 어느 연령인 사람의 연간 사망률은 10%이다. 이 연령인 사람 1만 명을 피보험자로 가지고 있는 생명 보험 회사는 이 해에 약 몇 명분의 보험금을 준비해야 하는가? 단, 1% 이내의 판단 착오는 허용한다. 필요하면 이 책 부록의 표준정규분포표를 이용하여라.

[정석연구] 1년 동안 정확하게 10%가 사망한다면 10000명의 10%인 1000명분에 대한 보험금만 준비하면 될 것이지만, 사망할 가능성이 10%이므로 실제 사망자 수는 더 적을 수도 있고, 더 많을 수도 있다. 그래서 더 많은 사람의 보험금을 준비해야겠고, 이를테면 1100명의 보험금을 준비해도 보험금이 부족할 경우도 있을 것이다.

그러나 1% 이내의 판단 착오는 허용한다는 것이므로 사망자 수가 보험금을 준비한 인원수보다 더 많을 확률이 0.01보다 크지 않으면 된다. 따라서 사망자 수를 확률변수 X라고 할 때, $\mathrm{P}(\mathrm{X}\ge x)\le 0.01$인 x의 값을 구하면 된다.

[모범답안] 1년 동안 사망자 수를 확률변수 X라고 할 때, $\mathrm{P}(\mathrm{X}\ge x)\le 0.01$인 x의 값을 구한다. 이때, X는 이항분포 $\mathrm{B}(10000,\ 0.1)$을 따르므로

$$\mathrm{E}(\mathrm{X})=10000\times 0.1=1000,\quad \mathrm{V}(\mathrm{X})=10000\times 0.1\times 0.9=30^2$$

그런데 10000은 충분히 크므로 X는 근사적으로 정규분포 $\mathrm{N}(1000,\ 30^2)$을 따른다.

$\mathrm{Z}=\dfrac{\mathrm{X}-1000}{30}$으로 표준화하면

$$\mathrm{P}(\mathrm{X}\ge x)=\mathrm{P}\left(\mathrm{Z}\ge\frac{x-1000}{30}\right)\le 0.01$$

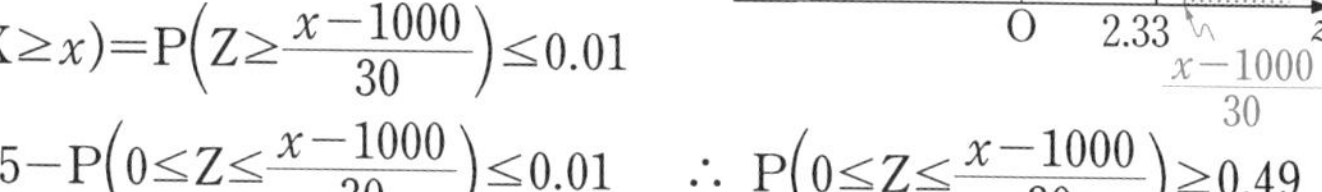

곧, $0.5-\mathrm{P}\left(0\le\mathrm{Z}\le\dfrac{x-1000}{30}\right)\le 0.01$ $\quad\therefore\ \mathrm{P}\left(0\le\mathrm{Z}\le\dfrac{x-1000}{30}\right)\ge 0.49$

표준정규분포표에서 $\mathrm{P}(0\le\mathrm{Z}\le 2.33)\fallingdotseq 0.49$이므로

$$\frac{x-1000}{30}\ge 2.33\qquad\therefore\ x\ge 1069.9$$

[답] **1070명**

[유제] **9**-9. 어느 해운 회사의 통계 자료에 따르면 여객선의 예약 고객은 10명 중 8명의 비율로 승선한다고 할 때, 다음 물음에 답하여라.

단, 확률변수 Z가 표준정규분포 $\mathrm{N}(0,\ 1)$을 따를 때, $\mathrm{P}(0\le\mathrm{Z}\le 2.5)=0.4938$, $\mathrm{P}(0\le\mathrm{Z}\le 3.1)=0.4990$으로 계산한다.

(1) 승선 정원이 340명인 여객선에 대하여 예약 고객이 400명일 때, 승선한 고객이 예약 고객만으로 정원을 초과하지 않을 확률을 구하여라.

(2) 예약 고객이 625명이고 0.1% 이내의 판단 착오는 허용할 때, 준비해야 하는 여객선의 좌석 수의 최솟값을 구하여라. [답] (1) **0.9938** (2) **531**

연습문제 9

기본 **9-1** 구간 $[0, 1]$에서 정의된 확률밀도함수 $f(x)$와 $g(x)$에 대하여 다음 중 확률밀도함수인 것만을 있는 대로 골라라.

ㄱ. $f(x)-g(x)$	ㄴ. $\frac{1}{2}\{f(x)+g(x)\}$
ㄷ. $\frac{1}{3}\{2f(x)+g(x)\}$	ㄹ. $f(x)g(x)$

9-2 연속확률변수 X에 대하여 $Y=aX+b$의 확률밀도함수가

$$f(y)=\begin{cases} a|y| & (|y|\le 2) \\ 0 & (|y|>2) \end{cases}$$

일 때, X의 분산 V(X)를 구하여라. 단, a, b는 상수이다.

9-3 어느 해 한국, 미국, 일본의 신입 사원의 월급은 평균이 각각 200만 원, 2500달러, 21만 엔이고, 표준편차가 각각 10만 원, 300달러, 2만 5천 엔인 정규분포를 따른다고 한다. 위의 3개국에서 임의로 한 명씩 뽑은 신입 사원 A, B, C의 월급이 각각 215만 원, 2800달러, 23만 엔이라고 할 때, 각각 자국 내에서 상대적으로 월급을 많이 받는 사람부터 순서대로 나열하여라.

9-4 확률변수 X가 정규분포 $N(m, \sigma^2)$을 따를 때, $P(m-k\sigma\le X\le m+k\sigma)=0.95$를 만족시키는 상수 k의 값을 구하여라.
필요하면 이 책 부록의 표준정규분포표를 이용하여라.

9-5 확률변수 X는 정규분포 $N(1, 2^2)$을 따르고, 확률변수 Y는 정규분포 $N(0, 3^2)$을 따른다고 한다. $P(1\le X\le 5)=P(a\le Y\le 0)$일 때, 상수 a의 값을 구하여라.

9-6 어느 회사 직원들의 하루 여가 활동 시간(분)이 정규분포 $N(100, 13^2)$을 따른다고 할 때, 다음 물음에 답하여라. 단, 확률변수 Z가 표준정규분포 $N(0, 1)$을 따를 때, $P(0\le Z\le 0.52)=0.2$, $P(0\le Z\le 0.97)=0.3333$으로 계산하고, 하루 여가 활동 시간(분)은 자연수로 한다.

(1) 하루 여가 활동 시간이 많은 순서로 상위 30%에 속하는 직원의 하루 여가 활동 시간은 최소 몇 분인가?

(2) 하루 여가 활동 시간이 많은 순서로 하위 $\frac{1}{6}$에 속하는 직원의 하루 여가 활동 시간은 최대 몇 분인가?

9-7 확률변수 X는 평균이 m, 표준편차가 5인 정규분포를 따르고, X의 확률밀도함수 $f(x)$는 다음 두 조건을 만족시킨다.

(가) $f(8)>f(20)$　　　(나) $f(7)<f(17)$

m이 자연수일 때, $\sum_{n=1}^{9} \mathrm{P}(\mathrm{X}-2n\le 3)$의 값을 구하여라.

9-8 전국 고등학교 학생 중 방과 후 특별 활동에 참여하는 학생의 비율이 60 %라고 한다. 어느 고등학교 학생 600명 중 방과 후 특별 활동에 참여하는 학생이 336명 이상일 확률을 구하여라.

필요하면 이 책 부록의 표준정규분포표를 이용하여라.

9-9 주머니에 흰 공 2개, 검은 공 3개가 들어 있다. 이 주머니에서 임의로 2개의 공을 동시에 꺼내 보고 다시 넣는 시행을 100회 실시할 때, 2개 모두 흰 공이 나오는 횟수가 7회 이상 16회 이하가 될 확률을 구하여라.

필요하면 이 책 부록의 표준정규분포표를 이용하여라.

실력 **9-10** 어떤 공장에서 제작되는 기계의 수명을 확률변수 X라고 하면 최장 수명을 1로 할 때, X의 확률밀도함수는 $f(x)=a(x-1)^2$ (단, $0\le x\le 1$)이라고 한다. 이 공장에서 제작된 기계를 구입 후 수명이 0.1까지 문제없이 사용했을 때, 이 기계의 수명이 0.5 이상일 확률을 구하여라.

9-11 구간 $[0, a]$에서 정의된 확률변수 X의 확률밀도함수는 연속이다.

확률변수 X가 두 조건

(가) $0\le x\le a$인 모든 x에 대하여　$\mathrm{P}(0\le \mathrm{X}\le x)=kx^2$

(나) $\mathrm{E}(\mathrm{X})=1$

을 만족시킬 때, 상수 k의 값을 구하여라.

9-12 어느 회사에서는 두 종류의 막대 모양 과자 A, B를 생산하고 있다. 과자 A의 길이는 평균이 m, 표준편차가 σ_1인 정규분포를 따르고, 과자 B의 길이는 평균이 $m+25$, 표준편차가 σ_2인 정규분포를 따른다고 한다. 과자 A의 길이가 $m+10$ 이상일 확률과 과자 B의 길이가 $m+10$ 이하일 확률이 같을 때, $\sigma_1 : \sigma_2$를 구하여라. 단, 길이의 단위는 mm이다.

9-13 어느 고등학교의 학생 1000명을 대상으로 실시한 기말고사 성적은 평균이 60점인 정규분포를 따른다고 한다. 60점 이상 70점 이하인 학생이 340명일 때, 80점 이상인 학생 수를 구하여라.

단, 확률변수 Z가 표준정규분포 N(0, 1)을 따를 때, $\mathrm{P}(\mathrm{Z}\le 1)=0.84$, $\mathrm{P}(\mathrm{Z}\le 2)=0.98$로 계산한다.

z	$P(0 \le Z \le z)$
0.7	0.2580
0.8	0.2881
0.9	0.3159
1.0	0.3413

9-14 어느 과수원에서 생산된 복숭아 1000개의 무게를 조사한 결과, 복숭아 한 개의 무게는 평균이 m g, 표준편차가 10 g인 정규분포를 따른다고 한다. 또, 복숭아 1000개 중에서 무게가 177 g 이상인 것이 242개였다. 무게를 조사한 복숭아 중에서 임의로 선택한 복숭아 한 개의 무게가 180 g 이상일 확률을 오른쪽 표준정규분포표를 이용하여 구하여라.

9-15 정규분포 $N(50,\ 10^2)$을 따르는 확률변수 X에 대하여 $P(|X-50| \le 15)=0.8664$라고 한다. 또, 정규분포 $N(60,\ 20^2)$을 따르는 확률변수 Y가 $Y=aX+b$(단, $a>0$)인 관계를 만족시킬 때, 상수 a, b의 값과 $P(Y \ge 90)$을 구하여라.

9-16 6개 중에 1개의 비율로 당첨 제비가 들어 있는 제비에서 50명이 임의로 한 개씩 제비를 뽑아 확인한 후 다시 넣을 때, 다음 물음에 답하여라.

단, $\sqrt{10}=3.16$으로 계산하고, 확률변수 Z가 표준정규분포 $N(0,\ 1)$을 따를 때, $P(0 \le Z \le 0.632)=0.2357$, $P(0 \le Z \le 1.65)=0.45$로 계산한다.

(1) 10명 이상이 당첨되는 일이 없다고 하면 이는 어느 정도 확실한가?

(2) 몇 명 이상이 당첨되는 일이 없다고 하면 그 확실성이 95 % 정도인가?

9-17 한 개의 동전을 n회 던질 때 앞면이 나오는 횟수를 확률변수 X라고 하자. 상대도수 $\dfrac{X}{n}$와 수학적 확률인 $\dfrac{1}{2}$의 차가 0.1 이하일 확률이 99 % 이상이 되도록 하려면 동전을 최소한 몇 회 던져야 하는가?

단, 확률변수 Z가 표준정규분포 $N(0,\ 1)$을 따를 때, $P(|Z| \le 2.58)=0.99$로 계산한다.

9-18 어떤 제품이 불량품일 확률은 $\dfrac{1}{17}$이다. 이 제품을 상자 A에 400개, 상자 B에 n개를 넣었다. 상자 A에 들어 있는 불량품의 개수가 20 이하일 확률을 p_1, 상자 B에 들어 있는 불량품의 개수가 20 이하일 확률을 p_2라고 할 때, $p_2 \le \dfrac{1}{2}p_1$이 성립하기 위한 n의 최솟값을 구하여라.

단, $\sqrt{345.76}=18.6$으로 계산하고, 확률변수 Z가 표준정규분포 $N(0,\ 1)$을 따를 때, $P(0 \le Z \le 0.75)=0.27$, $P(0 \le Z \le 1.20)=0.385$로 계산한다.

10. 통계적 추정Ⅰ(모평균의 추정)

§1. 모집단과 표본

기본정석

1 모집단과 표본

통계 조사에서 조사의 대상이 되는 집단 전체를 빠짐없이 조사하는 것을 전수조사라 하고, 조사의 대상이 되는 집단 중에서 일부만을 뽑아 조사하는 것을 표본조사라고 한다. 그리고 조사의 대상이 되는 집단 전체를 모집단이라 하고, 이 중에서 뽑은 일부분을 표본이라고 하며, 표본을 이루는 대상의 개수를 표본의 크기라고 한다.

2 임의추출, 임의표본(**random sample**)

모집단에서 표본을 추출할 때, 표본이 모집단의 어느 한쪽만 반영하지 않도록 임의로 추출하는 것을 임의추출이라 하고, 임의추출에 의하여 추출된 표본을 임의표본이라고 한다.

임의추출을 할 때에는 난수표 또는 난수 주사위 등을 이용한다.

Advice | 이를테면 우리나라에서 전체 인구의 동향을 파악하기 위하여 5년에 한 번씩 실시하는 인구 주택 총조사와 같이 대상 전체에 대하여 조사하는 것을 전수조사라고 한다.

그러나 여론 조사와 같은 것은 그렇지가 않다. 여론 조사를 국민 전체를 대상으로 하여 조사한다면 많은 경비와 시간이 필요하며, 그 결과가 나왔다고 해도 이미 때가 늦어 필요 없을 때도 있다. 이와 같은 경우에는 국민 중에서 일부를 뽑아 여론을 조사한 다음 그 결과로부터 국민 전체의 여론을 판단하게 된다.

이와 같이 자료의 일부(표본)를 조사하여 전체(모집단)를 추측하는 조사를 표본조사라고 한다.

표본조사에서는 표본이 모집단의 성질을 잘 나타내도록 선정해야 한다. 표본을 선택하는 것을 표본을 추출한다고 하고, 표본을 추출하는 방법에는

임의추출법, 유의추출법, 층별추출법, 2단추출법, 계통추출법

등이 있다.

§ 2. 모집단과 표본평균의 분포

기본정석

1 표본평균, 표본분산 및 표본표준편차

모집단의 분포에서 확률변수 X의 평균, 분산, 표준편차를 각각 모평균, 모분산, 모표준편차라 하고, 기호로 각각 $\boldsymbol{m}$, $\boldsymbol{\sigma}^2$, $\boldsymbol{\sigma}$와 같이 나타낸다.

또, 모집단에서 크기가 $n(n\ge 2)$인 표본 X_1, X_2, X_3, $\cdots$, X_n을 임의추출할 때, 이들의 평균, 분산, 표준편차를 각각 표본평균, 표본분산, 표본표준편차라 하고, 기호로 각각 $\overline{\mathbf{X}}$, $\mathbf{S}^2$, $\mathbf{S}$와 같이 나타내며, 다음과 같이 정의한다.

$$\overline{X}=\frac{1}{n}(X_1+X_2+\cdots+X_n)=\frac{1}{n}\sum_{i=1}^{n}X_i$$

$$S^2=\frac{1}{n-1}\left\{\left(X_1-\overline{X}\right)^2+\left(X_2-\overline{X}\right)^2+\cdots+\left(X_n-\overline{X}\right)^2\right\}=\frac{1}{n-1}\sum_{i=1}^{n}\left(X_i-\overline{X}\right)^2$$

$$S=\sqrt{S^2}$$

2 표본평균의 평균, 분산 및 표준편차

모평균이 m, 모분산이 σ^2이고 크기가 N인 모집단에서 크기가 n인 표본을 임의추출할 때, 표본평균 $\overline{X}$에 대하여 다음 성질이 있다는 사실이 알려져 있다.

(1) 표본을 복원추출하는 경우,

$$E\left(\overline{X}\right)=m, \quad V\left(\overline{X}\right)=\frac{\sigma^2}{n}, \quad \sigma\left(\overline{X}\right)=\frac{\sigma}{\sqrt{n}}$$

(2) 표본을 비복원추출하는 경우, N이 n에 비하여 충분히 크면

$$E\left(\overline{X}\right)=m, \quad V\left(\overline{X}\right)\fallingdotseq\frac{\sigma^2}{n}, \quad \sigma\left(\overline{X}\right)\fallingdotseq\frac{\sigma}{\sqrt{n}}$$

(3) $\overline{X}$의 분포는 모집단의 분포보다 m을 중심으로 더 밀집되어 있다.

3 표본평균의 분포

표본평균의 확률분포에 대하여 다음 성질이 있다는 사실이 알려져 있다.

(1) 정규분포 $N(m, \sigma^2)$을 따르는 모집단에서 크기가 n인 표본을 임의추출할 때, 표본평균 $\overline{X}$는 정규분포 $N\left(m, \frac{\sigma^2}{n}\right)$을 따른다.

(2) 모평균이 m, 모분산이 σ^2인 모집단에서 크기가 n인 표본을 임의추출할 때, n이 충분히 크면 표본평균 $\overline{X}$는 근사적으로 정규분포 $N\left(m, \frac{\sigma^2}{n}\right)$을 따른다. 여기에서 $n\ge 30$이면 n이 충분히 큰 표본으로 본다.

Advice 1° 표본평균, 표본분산 및 표본표준편차

모분산을 정의할 때와 마찬가지로 표본분산 S^2을 정의할 때에도 n으로 나누는 것이 자연스러워 보이지만, $n-1$로 나누는 것으로 정의한 것은 표본분산과 모분산의 차이를 줄이기 위함이다. 또,

$$\sum_{i=1}^{n}\left(X_i-\overline{X}\right)^2=\sum_{i=1}^{n}X_i^{\,2}-2\overline{X}\sum_{i=1}^{n}X_i+\sum_{i=1}^{n}\overline{X}^2=\sum_{i=1}^{n}X_i^{\,2}-n\overline{X}^2 \text{이므로}$$

정석 $$S^2=\frac{1}{n-1}\sum_{i=1}^{n}\left(X_i-\overline{X}\right)^2=\frac{1}{n-1}\left(\sum_{i=1}^{n}X_i^{\,2}-n\overline{X}^2\right)$$

Advice 2° 표본평균의 평균, 분산 및 표준편차

이를테면 상자에 숫자 1, 3, 5, 7, 9가 하나씩 적힌 다섯 장의 카드가 들어 있다고 하자.

크기가 5인 이 모집단에서 한 장의 카드를 임의추출할 때, 카드에 적힌 숫자를 확률변수 X라고 하면 X의 확률분포는 다음과 같다는 것은 이미 알고 있다.

이와 같은 분포를 모집단의 분포라고 한다.

(모집단의 확률분포)

X	1	3	5	7	9	합
$P(X=x)$	$\frac{1}{5}$	$\frac{1}{5}$	$\frac{1}{5}$	$\frac{1}{5}$	$\frac{1}{5}$	1

이 모집단의 분포에서 평균 m과 분산 σ^2은

$$m=1\times\frac{1}{5}+3\times\frac{1}{5}+5\times\frac{1}{5}+7\times\frac{1}{5}+9\times\frac{1}{5}=\mathbf{5},$$

$$\sigma^2=1^2\times\frac{1}{5}+3^2\times\frac{1}{5}+5^2\times\frac{1}{5}+7^2\times\frac{1}{5}+9^2\times\frac{1}{5}-5^2=\mathbf{8}$$

이다.

이때, $m=5$를 모평균, $\sigma^2=8$을 모분산, $\sigma=2\sqrt{2}$를 모표준편차라고 한다.

이제 이 모집단 1, 3, 5, 7, 9에서 크기가 2인 임의표본을 복원추출할 때, 첫 번째에 추출한 카드의 숫자를 X_1, 두 번째에 추출한 카드의 숫자를 X_2라 하고, 이들의 평균을 $\overline{X}$라고 하면

$$\overline{X}=\frac{X_1+X_2}{2}$$

이다. 이 $\overline{X}$를 표본평균이라고 한다.

이를테면 첫 번째에 추출한 숫자가 1이고, 두 번째에 추출한 숫자가 3이라고 하면 $X_1=1$, $X_2=3$이므로 $\overline{X}$는

$$\overline{X}=\frac{1+3}{2}=2$$

이다.

(가능한 모든 $\overline{X}$)

X_2 \ X_1	1	3	5	7	9
1	1	2	3	4	5
3	2	3	4	5	6
5	3	4	5	6	7
7	4	5	6	7	8
9	5	6	7	8	9

이와 같이 생각하면 표본평균 $\overline{X}$가 가질 수 있는 값은 1, 2, 3, 4, 5, 6, 7, 8, 9이고, 이에 대응하는 확률을 조사하면 $\overline{X}$는 다음과 같은 확률분포를 이루는 확률변수라고 할 수 있다.

$\overline{X}$	1	2	3	4	5	6	7	8	9	합
$P(\overline{X}=\overline{x})$	$\frac{1}{25}$	$\frac{2}{25}$	$\frac{3}{25}$	$\frac{4}{25}$	$\frac{5}{25}$	$\frac{4}{25}$	$\frac{3}{25}$	$\frac{2}{25}$	$\frac{1}{25}$	1

이 $\overline{X}$의 평균과 분산은

$$E(\overline{X})=1\times\frac{1}{25}+2\times\frac{2}{25}+3\times\frac{3}{25}+\cdots+8\times\frac{2}{25}+9\times\frac{1}{25}=\mathbf{5},$$

$$V(\overline{X})=1^2\times\frac{1}{25}+2^2\times\frac{2}{25}+3^2\times\frac{3}{25}+\cdots+9^2\times\frac{1}{25}-5^2=\mathbf{4}$$

이다. 이때, 모집단의 평균, 분산과 비교해 보면 $\overline{X}$의 평균은 모집단의 평균과 같고, $\overline{X}$의 분산은 모집단의 분산의 $\frac{1}{2}$과 같음을 알 수 있다. 여기에서 분모 2는 표본의 크기이다.

일반적으로 모평균이 m, 모분산이 σ^2인 모집단에서 크기가 n인 임의표본을 복원추출하는 경우, $\overline{X}$의 평균, 분산 및 표준편차는

정석 $E(\overline{X})=m,\quad V(\overline{X})=\dfrac{\sigma^2}{n},\quad \sigma(\overline{X})=\dfrac{\sigma}{\sqrt{n}}$

라는 사실이 알려져 있다. 이를 이용하면 모집단의 확률분포만으로 표본평균의 평균, 분산을 구할 수 있다.

한편 앞면의 예에서 크기가 2인 표본을 뽑을 때 첫 번째 꺼낸 카드를 다시 넣지 않고 두 번째 카드를 꺼내는 비복원추출을 하는 경우 표본의 수는 ${}_5C_2=10$이고, 이 10개의 표본에 대한 평균과 분산을 생각하는 경우도 있다.

이때에는 일반적으로 모평균이 m, 모분산이 σ^2인 모집단에서 크기가 n인 임의표본을 비복원추출하는 경우로서 다음 사실이 알려져 있다.

정석 $E(\overline{X})=m,\quad V(\overline{X})=\dfrac{\sigma^2}{n}\times\dfrac{N-n}{N-1}$ (단, N은 모집단의 크기)

여기에서 N이 충분히 클 때 $V(\overline{X})\fallingdotseq\dfrac{\sigma^2}{n}$이다.　　⇦ $\lim_{N\to\infty}\dfrac{N-n}{N-1}=1$

보기 1 정규분포 $N(20,\ 4^2)$을 따르는 모집단에서 크기가 64인 표본을 임의추출하고, 그 표본평균을 $\overline{X}$라고 하자. 이때, $P(\overline{X}\ge 20.6)$을 구하여라.

연구 $\overline{X}$의 확률분포는 정규분포 $N\left(20,\ \frac{4^2}{64}\right)$, 곧 $N\left(20,\ \left(\frac{1}{2}\right)^2\right)$을 따르므로

$P(\overline{X}\ge 20.6)=P(Z\ge 1.2)$　　⇦ Z로 표준화

$=0.5-P(0\le Z\le 1.2)=0.5-0.3849=\mathbf{0.1151}$　　⇦ 표준정규분포표

필수 예제 10-1 주머니에 0, 1, 1, 2, 2, 2, 3, 3, 3, 3의 숫자가 하나씩 적힌 10개의 공이 들어 있다. 다음 물음에 답하여라.

(1) 이 주머니에서 한 개의 공을 임의추출할 때, 공에 적힌 숫자를 확률변수 X라고 하자. 이때, X의 평균과 분산을 구하여라.

(2) 이 주머니에서 크기가 4인 임의표본을 복원추출할 때, 공에 적힌 숫자의 표본평균을 $\overline{X}$라고 하자. 이때, $\overline{X}$의 평균과 분산을 구하여라.

정석연구 (1) X가 가질 수 있는 값은 0, 1, 2, 3이고, 이에 대응하는 확률은 각각

$\frac{1}{10}$, $\frac{2}{10}$, $\frac{3}{10}$, $\frac{4}{10}$

이므로 확률변수 X의 확률분포는 오른쪽과 같다.

X	0	1	2	3	합
P(X=x)	$\frac{1}{10}$	$\frac{2}{10}$	$\frac{3}{10}$	$\frac{4}{10}$	1

정석 $\boldsymbol{m=\sum x_i p_i}$, $\boldsymbol{\sigma^2=\sum x_i^2 p_i - m^2}$ ⇦ $m=\mathrm{E}(\mathrm{X})$, $\sigma^2=\mathrm{V}(\mathrm{X})$

을 이용하여라.

(2) 위의 (1)에서 모평균 m과 모분산 σ^2이 구해지면 표본평균 $\overline{X}$의 평균과 분산은

정석 $\mathrm{E}(\overline{\mathrm{X}})=\boldsymbol{m}$, $\mathrm{V}(\overline{\mathrm{X}})=\boldsymbol{\dfrac{\sigma^2}{n}}$ ⇦ n은 표본의 크기

을 이용하여 구할 수 있다.

모범답안 (1) X가 가질 수 있는 값은 0, 1, 2, 3이고, 이에 대응하는 확률은 각각 $\frac{1}{10}$, $\frac{2}{10}$, $\frac{3}{10}$, $\frac{4}{10}$이므로 X의 평균을 m, 분산을 σ^2이라고 하면

$$m=0\times\frac{1}{10}+1\times\frac{2}{10}+2\times\frac{3}{10}+3\times\frac{4}{10}=\mathbf{2} \longleftarrow \text{답}$$

$$\sigma^2=0^2\times\frac{1}{10}+1^2\times\frac{2}{10}+2^2\times\frac{3}{10}+3^2\times\frac{4}{10}-2^2=\mathbf{1} \longleftarrow \text{답}$$

(2) $\mathrm{E}(\overline{\mathrm{X}})=m=\mathbf{2}$, $\mathrm{V}(\overline{\mathrm{X}})=\dfrac{\sigma^2}{n}=\boldsymbol{\dfrac{1}{4}}$ ⟵ 답

유제 **10**-1. 모집단의 확률변수 X의 확률분포가 오른쪽과 같다.

이 모집단에서 크기가 10인 임의표본을 복원추출할 때, 표본평균 $\overline{X}$의 평균과 분산을 구하여라.

X	2	4	6	합
P(X=x)	$\frac{1}{4}$	a	$\frac{1}{4}$	1

답 $\mathrm{E}(\overline{\mathrm{X}})=\mathbf{4}$, $\mathrm{V}(\overline{\mathrm{X}})=\mathbf{0.2}$

필수 예제 10-2 어느 회사에서는 하루에 10만 개의 비누를 생산한다. 생산되는 비누 한 개의 무게는 평균이 100 g, 표준편차가 2 g이고, 비누의 무게는 정규분포에 가까운 분포를 나타낼 때, 다음 물음에 답하여라.

필요하면 이 책 부록의 표준정규분포표를 이용하여라.

(1) 제품 검사에서 무게가 98 g 미만인 비누를 불량품으로 판정한다면 하루에 평균 몇 개의 불량품이 생기겠는가?

(2) 비누 4개를 한 상자에 넣어서 판매한다고 하자. 제품 검사에서 한 상자의 무게가 392 g 미만인 것을 불량품으로 판정한다면 하루에 평균 몇 상자의 불량품이 생기겠는가?

단, 상자의 무게는 생각하지 않기로 한다.

모범답안 (1) 비누의 무게를 확률변수 X라고 하면 X는 근사적으로 정규분포 $N(100,\ 2^2)$을 따른다. $Z=\dfrac{X-100}{2}$ 으로 표준화하면 ⇦ $Z=\dfrac{X-m}{\sigma}$

$$P(X<98)=P(Z<-1)=P(Z>1)=0.5-P(0\le Z\le 1)$$
$$=0.5-0.3413=0.1587$$

따라서 불량품은 $100000\times0.1587=$**15870**(개) ⟵ 답

(2) 표본의 크기가 4일 때, 표본평균 $\overline{X}$의 평균과 분산은

$$E(\overline{X})=100, \quad V(\overline{X})=\frac{2^2}{4}=1^2$$ ⇦ $E(\overline{X})=m,\ V(\overline{X})=\dfrac{\sigma^2}{n}$

이므로 표본평균 $\overline{X}$는 정규분포 $N(100,\ 1^2)$을 따른다.

그런데 한 상자에 들어 있는 비누의 무게의 평균이 98 g (=392 g÷4) 미만일 때, 그 상자는 불량품이다.

따라서 $Z=\dfrac{\overline{X}-100}{1}$ 으로 표준화하면 ⇦ $Z=\dfrac{\overline{X}-m}{\sigma/\sqrt{n}}$

$$P(\overline{X}<98)=P(Z<-2)=0.5-P(0\le Z\le 2)=0.5-0.4772=0.0228$$

따라서 불량품인 상자는 $\dfrac{100000}{4}\times0.0228=$**570**(상자) ⟵ 답

유제 **10**-2. 어느 공장에서 생산되는 진공관 수명의 평균은 1800시간, 표준편차는 100시간이라는 것이 알려져 있다. 이 제품 중에서 임의추출한 100개의 진공관 수명의 평균을 $\overline{X}$라고 할 때, 다음 확률을 구하여라.

필요하면 이 책 부록의 표준정규분포표를 이용하여라.

(1) $P(1780\le\overline{X}\le1820)$ (2) $P(\overline{X}\le1830)$

답 (1) **0.9544** (2) **0.9987**

필수 예제 10-3 어느 고등학교 학생의 제자리멀리뛰기 기록은 평균이 212 cm, 표준편차가 10 cm인 정규분포를 따른다고 한다. 이 중에서 n명의 기록을 임의추출할 때, n명의 기록의 평균 $\overline{X}$가 $210\le\overline{X}\le214$를 만족시킬 확률이 0.95보다 클 자연수 n의 최솟값을 구하여라.

필요하면 이 책 부록의 표준정규분포표를 이용하여라.

정석연구 모집단의 분포는 정규분포 $N(212,\ 10^2)$을 따른다.

정석 모집단의 분포가 정규분포 $\mathbf{N}(m,\ \sigma^2)$을 따를 때,
크기가 n인 표본의 평균 $\overline{X}$는 정규분포 $\mathbf{N}\left(m,\ \dfrac{\sigma^2}{n}\right)$을 따른다.

모범답안 모집단의 분포는 정규분포 $N(212,\ 10^2)$을 따르므로 크기가 n인 표본으로부터 얻은 표본평균 $\overline{X}$는 정규분포 $N\left(212,\ \dfrac{10^2}{n}\right)$을 따른다.

$Z=\dfrac{\overline{X}-212}{\frac{10}{\sqrt{n}}}$로 표준화하면 ⇦ $Z=\dfrac{\overline{X}-m}{\frac{\sigma}{\sqrt{n}}}$

$$P(210\le\overline{X}\le214)=P\left(\frac{-2}{\frac{10}{\sqrt{n}}}\le Z\le\frac{2}{\frac{10}{\sqrt{n}}}\right)=2P\left(0\le Z\le\frac{\sqrt{n}}{5}\right)$$

문제의 조건에서

$$2P\left(0\le Z\le\frac{\sqrt{n}}{5}\right)>0.95 \qquad \therefore\ P\left(0\le Z\le\frac{\sqrt{n}}{5}\right)>0.475$$

$P(0\le Z\le1.96)=0.475$이므로 $\dfrac{\sqrt{n}}{5}>1.96$

$\therefore\ \sqrt{n}>9.8 \qquad \therefore\ n>96.04$

따라서 자연수 n의 최솟값은 **97** ← 답

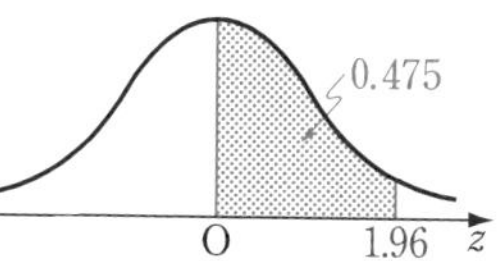

유제 **10**-3. 어느 제약 회사에서 생산하는 약품 한 병의 용량은 평균이 m, 표준편차가 10인 정규분포를 따른다고 한다. 이 회사에서 생산한 약품 중에서 임의추출한 25병의 용량의 표본평균이 2000 이상일 확률이 0.9772일 때, m의 값을 구하여라.

필요하면 이 책 부록의 표준정규분포표를 이용하여라. 답 $m=2004$

유제 **10**-4. 정규분포 $N(m,\ \sigma^2)$을 따르는 모집단에서 크기가 n인 표본을 임의추출할 때, 표본평균을 $\overline{X}$라고 하자. $P\left(|\overline{X}-m|\le\dfrac{\sigma}{4}\right)\ge0.95$가 성립하기 위한 자연수 n의 최솟값을 구하여라.

필요하면 이 책 부록의 표준정규분포표를 이용하여라. 답 62

§ 3. 모평균의 추정과 신뢰도

기본정석

모평균의 추정

정규분포 $\mathrm{N}(m,\ \sigma^2)$을 따르는 모집단에서 크기가 n인 표본을 임의추출하여 얻은 표본평균이 $\overline{\mathrm{X}}$일 때, 모평균 m에 대한 신뢰구간은 다음과 같다.

신뢰도 95 %의 신뢰구간 : $\overline{\mathrm{X}}-1.96\dfrac{\sigma}{\sqrt{n}}\le m\le\overline{\mathrm{X}}+1.96\dfrac{\sigma}{\sqrt{n}}$

신뢰도 99 %의 신뢰구간 : $\overline{\mathrm{X}}-2.58\dfrac{\sigma}{\sqrt{n}}\le m\le\overline{\mathrm{X}}+2.58\dfrac{\sigma}{\sqrt{n}}$

**Note* 표본의 크기가 충분히 크면 모집단이 정규분포를 따르지 않아도 성립한다.

Advice 1° 모평균의 추정과 신뢰도

표본에서 얻은 정보를 이용하여 모집단의 특성을 확률적으로 추측하는 것을 추정이라고 한다.

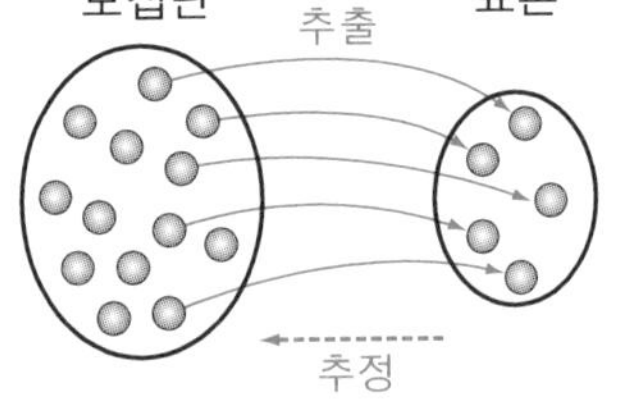

이를테면 전국 고등학교 남학생을 모집단으로 하여 임의표본 2500명을 뽑아 몸무게를 조사했더니 평균이 68.2 kg이었다고 하자. 이 결과에 따라 전국 고등학교 남학생의 몸무게의 평균이 68.2 kg에 가까운 값이라고 추정할 수 있다.

만일 전국 고등학교 남학생의 몸무게의 평균 m이 $50\,\mathrm{kg}\le m\le 100\,\mathrm{kg}$이라고 한다면 100 % 확실한 추정은 되겠지만, 범위가 넓어 추정으로서의 가치가 떨어진다.

따라서 어느 정도의 오차를 허용하더라도 추정 범위를 좁히는 편이 훨씬 유용하다. 여기에서는 그 유용한 추정 범위는 어떤 것인지 그리고 그 추정을 어느 정도 믿어도 되는지에 대하여 알아보자.

일반적으로 정규분포 $\mathrm{N}(m,\ \sigma^2)$을 따르는 모집단에서 크기가 n인 표본을 임의추출했을 때, 표본평균 $\overline{\mathrm{X}}$는 정규분포 $\mathrm{N}\left(m,\ \dfrac{\sigma^2}{n}\right)$을 따르므로 확률변수 $\overline{\mathrm{X}}$를 표준화한 확률변수

$$\mathrm{Z}=\frac{\overline{\mathrm{X}}-m}{\dfrac{\sigma}{\sqrt{n}}}$$

은 표준정규분포 $\mathrm{N}(0,\ 1)$을 따른다.

그런데 표준정규분포표에서

$$P(-1.96 \le Z \le 1.96) = 0.95$$

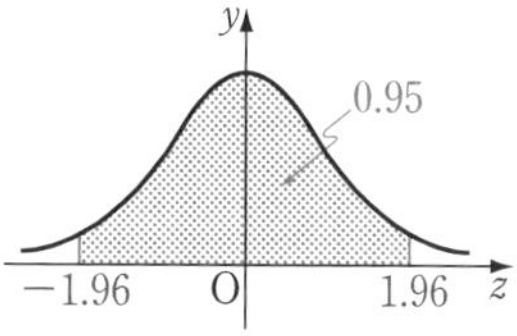

이므로

$$P\left(-1.96 \le \frac{\overline{X}-m}{\sigma/\sqrt{n}} \le 1.96\right) = 0.95$$

괄호 안을 변형하면

$$P\left(-1.96\frac{\sigma}{\sqrt{n}} \le \overline{X}-m \le 1.96\frac{\sigma}{\sqrt{n}}\right) = 0.95$$

$$\therefore\ P\left(\overline{X}-1.96\frac{\sigma}{\sqrt{n}} \le m \le \overline{X}+1.96\frac{\sigma}{\sqrt{n}}\right) = 0.95$$

여기에서

$$\overline{X}-1.96\frac{\sigma}{\sqrt{n}} \le m \le \overline{X}+1.96\frac{\sigma}{\sqrt{n}}$$

를 모평균 m에 대한 신뢰도 95%의 신뢰구간이라 한다. 이때, 신뢰구간을

$$\left[\overline{X}-1.96\frac{\sigma}{\sqrt{n}},\ \overline{X}+1.96\frac{\sigma}{\sqrt{n}}\right]$$

와 같이 닫힌구간을 써서 나타내기도 한다. 또,

$$\left(\overline{X}+1.96\frac{\sigma}{\sqrt{n}}\right)-\left(\overline{X}-1.96\frac{\sigma}{\sqrt{n}}\right) = 2\times1.96\frac{\sigma}{\sqrt{n}}$$

를 신뢰도 95%의 신뢰구간의 길이라고 한다.

따라서 앞면의 예에서 전국 고등학교 남학생의 몸무게의 분포가 표준편차 3 kg인 정규분포를 따르고, 크기가 2500인 임의표본의 평균이 68.2 kg이라고 할 때, 전국 고등학교 남학생의 몸무게의 평균 m은 95%의 신뢰도로서

$$68.2-1.96\times\frac{3}{\sqrt{2500}} \le m \le 68.2+1.96\times\frac{3}{\sqrt{2500}}$$

$$\text{곧, } 68.0824 \le m \le 68.3176$$

의 범위에 포함됨을 알 수 있다.

또, 표준정규분포표에서

$$P(-2.58 \le Z \le 2.58) = 0.99$$

이므로 99%의 신뢰도로 모평균 m을 위와 같은 방법으로 추정하면

$$\overline{X}-2.58\frac{\sigma}{\sqrt{n}} \le m \le \overline{X}+2.58\frac{\sigma}{\sqrt{n}}$$

이다.

**Note* 1° 실제로는 모집단의 표준편차를 모르는 경우가 대부분이다. 이런 경우 표본의 표준편차를 이용해도 된다는 것이 알려져 있다.

2° 실제로 얻은 표본평균의 값을 $\overline{x}$라고 할 때, $\overline{X}$ 대신 $\overline{x}$를 쓰기도 한다.

3° '신뢰구간의 길이'는 고등학교 교육과정에서 사용하지 않는 용어이지만 편의상 이 책에서는 사용하기로 한다.

보기 1 전국 고등학교 남학생을 모집단으로 하여 2500명을 임의추출하여 몸무게를 조사한 결과 평균이 68.2 kg, 표본표준편차가 3 kg이었다. 전국 고등학교 남학생의 몸무게의 분포가 정규분포를 따른다고 할 때, 전국 고등학교 남학생의 몸무게의 평균 m에 대한 신뢰도 99 %의 신뢰구간을 구하여라.

또, 신뢰구간의 길이를 구하여라.

연구 표본평균을 $\overline{\mathrm{X}}$, 모표준편차를 σ, 표본의 크기를 n이라고 하면

정석 99 %의 신뢰도로서 $\overline{\mathrm{X}}-2.58\dfrac{\sigma}{\sqrt{n}}\le m\le\overline{\mathrm{X}}+2.58\dfrac{\sigma}{\sqrt{n}}$

문제의 조건에서 표본표준편차가 S=3이므로 σ 대신에 3을 대입하면

$$68.2-2.58\times\frac{3}{\sqrt{2500}}\le m\le 68.2+2.58\times\frac{3}{\sqrt{2500}}$$

$$\therefore\ \mathbf{68.0452\le m\le 68.3548}$$

또, 신뢰구간의 길이는 $68.3548-68.0452=\mathbf{0.3096}$

*Note 1° 모표준편차 σ를 모르는 경우이므로 모표준편차 σ 대신에 표본표준편차 S=3을 이용하였다.

2° '신뢰도 99 %로 추정하여라', '신뢰도 99 %의 신뢰구간을 구하여라', '신뢰도 99 %로 구간추정하여라'는 말은 모두 같은 내용이다.

이때의 답은 '모평균을 m이라고 할 때 $a\le m\le b$'로 나타내거나 간단히 '$[a,\ b]$'로 나타내면 된다.

Advice 2° 신뢰도의 의미

모집단에서 크기가 n인 표본을 임의추출하는 일을 반복하면 추출되는 표본에 따라 표본평균이 달라지고, 그에 따라 신뢰구간도 달라진다. 이렇게 해서 구한 신뢰구간 중에는 모평균 m을 포함하는 것도 있고, 포함하지 않는 것도 있을 수 있다.

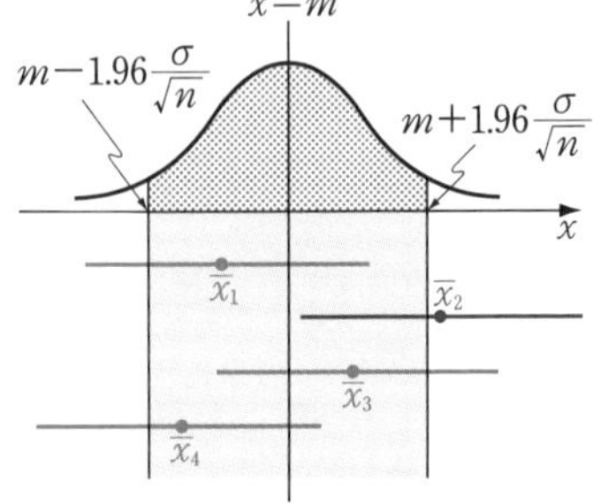

이를테면 오른쪽 그림에서 표본평균을 $\overline{x}_1$, $\overline{x}_3$, $\overline{x}_4$로 계산한 신뢰구간은 모평균 m을 포함하지만, $\overline{x}_2$로 계산한 신뢰구간은 모평균 m을 포함하지 않는다.

따라서 '모평균 $\boldsymbol{m}$에 대한 신뢰도 **95 %**의 신뢰구간'이라는 것은 모집단에서 크기가 n인 표본을 여러 번 임의추출하여 모평균 m에 대한 신뢰구간을 각각 만들 때, 이 중에서 약 95 %는 모평균 m을 포함한다는 뜻이다.

필수 예제 10-4 어떤 공장에서 생산하는 전구의 수명의 표준편차는 100시간이라고 한다.

(1) 임의추출한 전구 100개의 평균 수명이 1800시간일 때, 이 공장에서 생산하는 전구 전체의 평균 수명을 신뢰도 95 %로 추정하여라.

(2) 이 공장에서 생산하는 전구 전체의 평균 수명을 신뢰도 99 %로 추정하려고 할 때, 신뢰구간의 길이를 (1)의 신뢰도 95 %의 경우와 같거나 작게 유지하기 위해서는 최소한 몇 개의 전구를 임의추출하여 평균 수명을 구해야 하는가?

정석연구 이와 같은 유형은 키, 몸무게, 성적 문제 등 다양하다.

정석 신뢰도 95 %로

신뢰구간 $\Longrightarrow$ $\overline{\mathrm{X}}-1.96\dfrac{\sigma}{\sqrt{n}}\le m\le\overline{\mathrm{X}}+1.96\dfrac{\sigma}{\sqrt{n}}$

신뢰구간의 길이 $\Longrightarrow$ $2\times1.96\dfrac{\sigma}{\sqrt{n}}$

모범답안 (1) 모집단의 평균을 m이라고 하면 표본의 크기가 충분히 크므로

$$1800-1.96\times\frac{100}{\sqrt{100}}\le m\le1800+1.96\times\frac{100}{\sqrt{100}}$$

$\therefore$ $1780.4\le m\le1819.6$ 답 **[1780.4, 1819.6]**

(2) 신뢰도 95 %, 99 %의 신뢰구간의 길이는 각각

$$2\times1.96\times\frac{100}{\sqrt{100}},\quad 2\times2.58\times\frac{100}{\sqrt{n}}$$ (단, n은 표본의 크기)

이므로 문제의 뜻에 따라 $2\times2.58\times\dfrac{100}{\sqrt{n}}\le2\times1.96\times\dfrac{100}{\sqrt{100}}$

$\therefore$ $\sqrt{n}\ge\dfrac{2.58\times10}{1.96}$ $\therefore$ $n\ge173.27\times\times$ 답 **174개**

Advice | 위의 **정석**에서 $-1.96\dfrac{\sigma}{\sqrt{n}}\le m-\overline{\mathrm{X}}\le1.96\dfrac{\sigma}{\sqrt{n}}$ 곧,

정석 $\left|m-\overline{\mathrm{X}}\right|\le1.96\dfrac{\sigma}{\sqrt{n}}$

를 얻는다. 다음 **유제**의 (2)에 이용해 보아라.

유제 **10**-5. 신생아의 몸무게의 표준편차는 0.4 kg이라고 한다.

(1) 신생아 64명을 임의추출하여 몸무게를 조사한 결과 평균이 3.35 kg일 때, 신뢰도 95 %로 모평균의 신뢰구간을 구하여라.

(2) 신뢰도 95 %로 모평균과 표본평균의 차가 0.01 kg 이하가 되도록 추정하려면 표본의 크기를 얼마로 하면 되겠는가?

답 (1) **[3.252, 3.448]** (2) **6147**명 이상

필수 예제 10-5 어느 회사에서 생산하는 통조림의 무게는 표준편차가 4 g인 정규분포를 따른다고 한다. 통조림 무게의 평균을 알아보기 위하여 통조림 49개를 임의추출하여 표본평균 $\overline{\mathrm{X}}$를 구했다. 이 $\overline{\mathrm{X}}$를 이용하여 이 회사에서 생산한 통조림 무게의 평균 m을 신뢰도 α %로 추정했더니 $128.76 \le m \le 131.24$이었다고 할 때, $\overline{\mathrm{X}}$와 α의 값을 구하여라.

필요하면 이 책 부록의 표준정규분포표를 이용하여라.

정석연구 통조림 49개의 무게의 평균이 $\overline{\mathrm{X}}$이고, 모표준편차가 4이므로

$$\text{신뢰도 } \alpha\,\%\text{로} \quad \overline{\mathrm{X}} - k \times \frac{4}{\sqrt{49}} \le m \le \overline{\mathrm{X}} + k \times \frac{4}{\sqrt{49}}$$

이다. 이때, k를 신뢰계수라고 한다.

이 신뢰구간이 $128.76 \le m \le 131.24$와 같을 때, $\overline{\mathrm{X}}$와 α의 값을 구한다.

모범답안 신뢰도 α %로 추정한 신뢰구간을

$$\overline{\mathrm{X}} - k \times \frac{4}{\sqrt{49}} \le m \le \overline{\mathrm{X}} + k \times \frac{4}{\sqrt{49}} \qquad \cdots\cdots①$$

이라고 하자.

이 신뢰구간이 $128.76 \le m \le 131.24$와 일치해야 하므로

$$\overline{\mathrm{X}} - \frac{4}{7}k = 128.76, \quad \overline{\mathrm{X}} + \frac{4}{7}k = 131.24$$

변변 더하면 $2\overline{\mathrm{X}} = 260$ $\quad \therefore$ $\overline{\mathbf{X}} = \mathbf{130}$ ← 답

이 값을 위의 첫째 식에 대입하면 $130 - \frac{4}{7}k = 128.76 \quad \therefore k = 2.17$

한편 ①을 변형하면 $m - \frac{4}{7}k \le \overline{\mathrm{X}} \le m + \frac{4}{7}k$

$\mathrm{Z} = \dfrac{\overline{\mathrm{X}} - m}{\frac{4}{7}}$ 으로 표준화하면 $\Leftarrow \mathrm{Z} = \dfrac{\overline{\mathrm{X}} - m}{\frac{\sigma}{\sqrt{n}}}$

$-k \le \mathrm{Z} \le k$이므로 $\mathrm{P}(-k \le \mathrm{Z} \le k) = \dfrac{\alpha}{100}$

이때, $\mathrm{P}(-k \le \mathrm{Z} \le k) = 2\mathrm{P}(0 \le \mathrm{Z} \le k)$

$= 2\mathrm{P}(0 \le \mathrm{Z} \le 2.17)$

$= 2 \times 0.4850 = 0.97$

$\therefore$ $\boldsymbol{\alpha} = \mathbf{97}$ ← 답

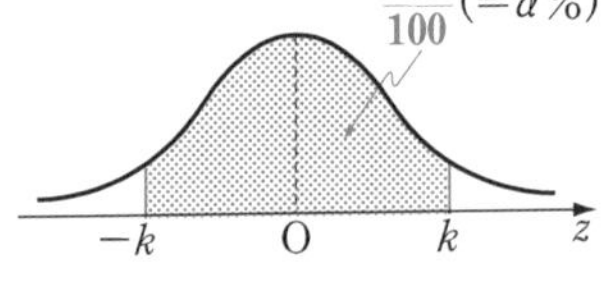

유제 10-6. 정규분포 $\mathrm{N}(m, \sigma^2)$을 따르는 모집단에서 크기가 16인 표본을 임의추출하여 평균을 구했더니 12.34이었다. 이 표본평균을 이용하여 구한 모평균 m에 대한 신뢰도 95 %의 신뢰구간이 $11.36 \le m \le a$일 때, σ와 a의 값을 구하여라.

답 $\boldsymbol{\sigma} = \mathbf{2}$, $\boldsymbol{a} = \mathbf{13.32}$

연습문제 10

기본 **10-1** 어떤 모집단의 확률분포가 오른쪽과 같다. 이 모집단에서 크기가 2인 표본을 복원추출하여 얻은 표본평균을 $\overline{X}$라고 하자. $E(\overline{X})=18$일 때, $P(\overline{X}=20)$을 구하여라.

X	10	20	30	합
$P(X=x)$	$\frac{1}{2}$	a	$\frac{1}{2}-a$	1

10-2 어떤 학교 학생의 몸무게는 평균이 60 kg, 표준편차가 6 kg인 정규분포를 따른다고 한다. 적재 중량이 549 kg 이상이면 경고음이 울리도록 설계된 엘리베이터에 이 학교의 학생 중에서 9명을 임의추출하여 타게 할 때, 경고음이 울릴 확률을 오른쪽 표준정규분포표를 이용하여 구하여라.

z	$P(0\leq Z\leq z)$
0.5	0.1915
1.0	0.3413
1.5	0.4332

10-3 어떤 공장에서 생산되는 제품의 무게는 정규분포 $N(11,\ 2^2)$을 따른다고 한다. A와 B 두 사람이 크기가 4인 표본을 각각 독립적으로 임의추출하였다. A와 B가 임의추출한 표본으로부터 얻은 표본평균이 모두 10 이상 14 이하가 될 확률을 오른쪽 표준정규분포표를 이용하여 구하여라.

z	$P(0\leq Z\leq z)$
1.0	0.3413
2.0	0.4772
3.0	0.4987

10-4 어느 과자 공장에서 생산하는 과자 A의 무게는 평균이 800 g, 표준편차가 14 g인 정규분포를 따른다고 한다. 이 공장에서는 생산 시스템의 이상 여부를 점검하기 위하여 하루에 생산된 과자 A 중에서 크기가 49인 표본을 임의추출하여 과자의 무게에 대한 표본평균 $\overline{X}$를 계산한다. $\overline{X}$가 상수 c보다 작으면 생산 시스템에 이상이 있는 것으로 판단하고 생산 시스템을 점검한다. 이 공장에서 생산 시스템에 이상이 있다고 판단될 확률이 0.02라고 할 때, 위의 표준정규분포표를 이용하여 상수 c의 값을 구하여라.

z	$P(0\leq Z\leq z)$
1.88	0.47
2.05	0.48
2.33	0.49

10-5 어떤 모집단에서 임의추출한 크기가 25인 표본 $X_1,\ X_2,\ X_3,\ \cdots,\ X_{25}$에 대하여 $\sum_{k=1}^{25} X_k=100$, $\sum_{k=1}^{25} X_k^2=784$이다. 이 모집단이 정규분포를 이룰 때, 모평균에 대한 신뢰도 95 %의 신뢰구간을 구하여라.

10-6 모표준편차가 σ인 정규분포를 따르는 모집단이 있다. 표본평균을 이용하여 모평균의 신뢰구간을 일정한 신뢰도로 구하려고 한다. 신뢰구간의 길이가 2일 때 표본의 크기가 4이면, 신뢰구간의 길이가 0.5일 때 표본의 크기는 얼마인가?

실력 **10-7** 정규분포 $\mathrm{N}(t,\ 36)$을 따르는 모집단에서 크기가 t^2인 표본을 임의추출하여 구한 표본평균을 $\overline{\mathrm{X}}$라 하고, 정규분포 $\mathrm{N}(16,\ t^2)$을 따르는 모집단에서 크기가 36인 표본을 임의추출하여 구한 표본평균을 $\overline{\mathrm{Y}}$라고 하자. 다음 물음에 답하여라.

(1) $\mathrm{P}\left(\overline{\mathrm{X}} \le 2t\right)=\mathrm{P}\left(\overline{\mathrm{Y}} \ge 10\right)$일 때, 양수 t의 값을 구하여라.

(2) $t=12$일 때, $\mathrm{P}\left(\overline{\mathrm{X}} \le a\right)+\mathrm{P}\left(\overline{\mathrm{Y}} \le 2a\right) \le 1$을 만족시키는 양수 a의 값의 범위를 구하여라.

10-8 어떤 공장에서 생산되는 제품의 길이 X는 평균이 m, 표준편차가 4인 정규분포를 따른다고 한다. $\mathrm{P}(m \le \mathrm{X} \le a)=0.3413$일 때, 이 공장에서 생산된 제품 중에서 임의추출한 제품 16개의 길이의 표본평균이 $a-2$ 이상일 확률을 오른쪽 표준정규분포표를 이용하여 구하여라.

z	$\mathrm{P}(0 \le \mathrm{Z} \le z)$
1.0	0.3413
1.5	0.4332
2.0	0.4772

10-9 모평균이 m, 모표준편차가 2인 정규분포를 따르는 모집단에서 크기가 n인 표본을 임의추출할 때, 표본평균 $\overline{\mathrm{X}}$에 관한 확률

$$\mathrm{P}\left(\overline{\mathrm{X}} \le 1.96\frac{2}{\sqrt{n}}\right)$$

를 $f(m)$이라고 하자.

$f(0)+f(0.9) \le 1.025$를 만족시키는 n의 최솟값을 위의 표준정규분포표를 이용하여 구하여라.

z	$\mathrm{P}(0 \le \mathrm{Z} \le z)$
1.64	0.450
1.96	0.475
2.58	0.495

10-10 모표준편차가 2로 알려진 정규분포를 따르는 모집단에서 크기가 n인 표본을 임의추출할 때, 표본평균 $\overline{\mathrm{X}}$를 사용하여 모평균 m에 대한 신뢰도 $100(1-\alpha)\,\%$의 신뢰구간을 구하기로 하였다.

$n=100$일 때 신뢰도 $95\,\%$의 신뢰구간의 길이와 $n=25$일 때 신뢰도 $100(1-\alpha)\,\%$의 신뢰구간의 길이가 같을 때, α의 값을 오른쪽 표준정규분포표를 이용하여 구하여라.

z	$\mathrm{P}(0 \le \mathrm{Z} \le z)$
0.82	0.294
0.98	0.337
1.64	0.450
1.96	0.475

Advice | 통계에 관한 종합 정리

1 확률변수와 확률분포

(1) 이산확률변수 **X**의 확률질량함수의 성질 ⇦ p. 142

확률질량함수 $P(X=x_i)=p_i$(단, $i=1, 2, 3, \cdots, n$)에 대하여

① $0\le p_i\le 1$ ⇦ $0\le P(X=x_i)\le 1$

② $\sum_{i=1}^{n} p_i=1$ ⇦ $\sum_{i=1}^{n} P(X=x_i)=1$

③ $P(x_i\le X\le x_j)=\sum_{k=i}^{j} p_k=p_i+\cdots+p_j$ $(i, j=1, 2, 3, \cdots, n,\ i\le j)$

(2) 이산확률변수 **X**의 기댓값(평균), 분산 및 표준편차 ⇦ p. 146

확률질량함수 $P(X=x_i)=p_i$(단, $i=1, 2, 3, \cdots, n$)에 대하여

① $\mathbf{E(X)=\sum_{i=1}^{n} x_i p_i = x_1p_1+x_2p_2+x_3p_3+\cdots+x_np_n}$

② $\mathbf{V(X)=\sum_{i=1}^{n}(x_i-m)^2p_i=\sum_{i=1}^{n}x_i^2p_i-m^2}$ ⇦ $m=E(X)$

③ $\boldsymbol{\sigma}\mathbf{(X)=\sqrt{V(X)}}$

(3) 이산확률변수 $\boldsymbol{a}\mathbf{X}+\boldsymbol{b}$의 기댓값(평균), 분산 및 표준편차 ⇦ p. 146

① $\mathbf{E}(\boldsymbol{a}\mathbf{X}+\boldsymbol{b})=\boldsymbol{a}\mathbf{E(X)}+\boldsymbol{b}$　② $\mathbf{V}(\boldsymbol{a}\mathbf{X}+\boldsymbol{b})=\boldsymbol{a}^2\mathbf{V(X)}$

③ $\boldsymbol{\sigma}(\boldsymbol{a}\mathbf{X}+\boldsymbol{b})=|\boldsymbol{a}|\boldsymbol{\sigma}\mathbf{(X)}$　④ $\mathbf{V(X)=E(X^2)-\{E(X)\}^2}$

2 이항분포

(1) 이항분포의 확률질량함수 ⇦ p. 159

$$P(X=r)={}_nC_r\,p^rq^{n-r}\ (\text{단, } p+q=1,\ r=0, 1, 2, \cdots, n)$$

(2) 이항분포의 평균, 분산 및 표준편차 ⇦ p. 159

이산확률변수 X가 이항분포 $B(n, p)$를 따를 때(단, $p+q=1$),

① $\mathbf{E(X)}=\boldsymbol{np}$　② $\mathbf{V(X)}=\boldsymbol{npq}$　③ $\boldsymbol{\sigma}\mathbf{(X)}=\sqrt{\mathbf{V(X)}}=\sqrt{\boldsymbol{npq}}$

3 정규분포

(1) 확률밀도함수의 성질 ⇦ p. 168

연속확률변수 X의 확률밀도함수 $f(x)$(단, $\alpha\le x\le\beta$)에 대하여 다음이 성립한다.

① $f(x)\ge 0$ (단, $\alpha\le x\le\beta$)

② $\int_{\alpha}^{\beta} f(x)dx=1$

③ $P(a\le X\le b)=\int_{a}^{b} f(x)dx$

(단, $\alpha\le a\le b\le\beta$)

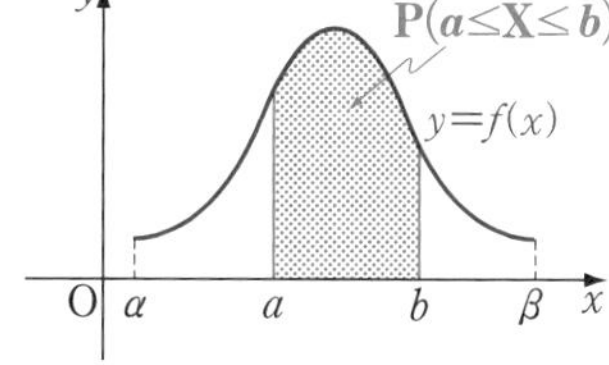

(2) 연속확률변수의 평균, 분산 및 표준편차 ⇦ p. 168

연속확률변수 X의 확률밀도함수 $f(x)$(단, $\alpha \le x \le \beta$)에 대하여

① $\mathrm{E(X)}=\int_{\alpha}^{\beta} xf(x)dx$

② $\mathrm{V(X)}=\int_{\alpha}^{\beta}(x-m)^2 f(x)dx=\int_{\alpha}^{\beta}x^2 f(x)dx-m^2$ ⇦ $m=\mathrm{E(X)}$

③ $\sigma(\mathrm{X})=\sqrt{\mathrm{V(X)}}$

(3) 정규분포 $\mathrm{N}(m,\ \sigma^2)$의 확률밀도함수의 그래프의 성질 ⇦ p. 176

정규분포 $\mathrm{N}(m,\ \sigma^2)$을 따르는 연속확률변수 X의 확률밀도함수

$$f(x)=\frac{1}{\sqrt{2\pi}\,\sigma}e^{-\frac{(x-m)^2}{2\sigma^2}}\quad(-\infty<x<\infty)$$

의 그래프(정규분포곡선)에는 다음 성질이 있음이 알려져 있다.

① 모든 실수 x에 대하여 $f(x)>0$이다.

② $\int_{-\infty}^{\infty}f(x)dx=1$

③ $\mathrm{P}(a\le \mathrm{X}\le b)=\int_{a}^{b}f(x)dx$

④ 직선 $x=m$에 대하여 대칭인 종 모양의 곡선이고, 점근선은 x축이다.

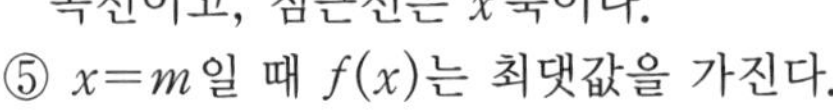

⑤ $x=m$일 때 $f(x)$는 최댓값을 가진다.

⑥ m의 값이 일정할 때, σ의 값이 커질수록 곡선의 중앙 부분이 낮아지면서 양옆으로 퍼지고, σ의 값이 작아질수록 곡선의 중앙 부분이 높아지면서 좁아진다.

⑦ σ의 값이 일정할 때, m의 값이 달라지면 대칭축의 위치는 x축의 방향으로 평행이동되지만 곡선의 모양은 바뀌지 않는다.

(4) 정규분포와 표준정규분포의 관계 ⇦ p. 177

확률변수 X가 정규분포 $\mathrm{N}(m,\ \sigma^2)$을 따를 때, 확률변수

$$\mathrm{Z}=\frac{\mathrm{X}-m}{\sigma}$$

은 표준정규분포 $\mathrm{N}(0,\ 1)$을 따른다.

(5) 이항분포와 정규분포의 관계 ⇦ p. 184

확률변수 X가 이항분포 $\mathrm{B}(n,\ p)$를 따를 때, n이 충분히 크면 X는 근사적으로 정규분포 $\mathrm{N}(np,\ npq)$를 따른다. 단, $p+q=1$이다.

4 표본평균의 분포와 모평균의 추정

(1) 표본평균, 표본분산 및 표본표준편차 ⇦ p. 192

모집단에서 크기가 $n(n\ge 2)$인 표본 $\mathrm{X}_1,\ \mathrm{X}_2,\ \mathrm{X}_3,\ \cdots,\ \mathrm{X}_n$을 임의추출할

때, 표본평균 $\overline{X}$, 표본분산 S^2, 표본표준편차 S는 다음과 같다.

① $\overline{X}=\dfrac{1}{n}\sum_{i=1}^{n}X_i=\dfrac{1}{n}(X_1+X_2+X_3+\cdots+X_n)$

② $S^2=\dfrac{1}{n-1}\sum_{i=1}^{n}\left(X_i-\overline{X}\right)^2$

$=\dfrac{1}{n-1}\left\{\left(X_1-\overline{X}\right)^2+\left(X_2-\overline{X}\right)^2+\left(X_3-\overline{X}\right)^2+\cdots+\left(X_n-\overline{X}\right)^2\right\}$

$=\dfrac{1}{n-1}\left(\sum_{i=1}^{n}X_i{}^2-n\overline{X}^2\right)$

$=\dfrac{1}{n-1}\left(X_1{}^2+X_2{}^2+X_3{}^2+\cdots+X_n{}^2-n\overline{X}^2\right)$

③ $S=\sqrt{S^2}$

(2) 표본평균의 평균, 분산 및 표준편차 ⇦ p. 192

모평균이 m, 모분산이 σ^2인 모집단에서 크기가 n인 표본을 복원추출할 때, 표본평균 $\overline{X}$에 대하여 다음 사실이 알려져 있다.

① $\mathrm{E}\left(\overline{X}\right)=m$ ② $\mathrm{V}\left(\overline{X}\right)=\dfrac{\sigma^2}{n}$ ③ $\sigma\left(\overline{X}\right)=\dfrac{\sigma}{\sqrt{n}}$

(3) 표본평균의 분포 ⇦ p. 192

모평균이 m, 모분산이 σ^2인 모집단에서 크기가 n인 표본을 임의추출할 때, 다음 사실이 알려져 있다.

① 모집단의 분포가 정규분포를 따르면 표본평균 $\overline{X}$는 정규분포 $\mathrm{N}\left(m,\ \dfrac{\sigma^2}{n}\right)$을 따른다.

② 모집단의 분포가 정규분포를 따르지 않는다고 하더라도 표본의 크기 n이 충분히 크면 표본평균 $\overline{X}$는 근사적으로 정규분포 $\mathrm{N}\left(m,\ \dfrac{\sigma^2}{n}\right)$을 따른다.

(4) 모평균의 추정 ⇦ p. 198

정규분포 $\mathrm{N}(m,\ \sigma^2)$을 따르는 모집단에서 크기가 n인 표본을 임의추출하여 얻은 표본평균이 $\overline{X}$일 때, 모평균 m에 대한 신뢰구간은 다음과 같다.

① 신뢰도 95 %의 신뢰구간 : $\overline{X}-1.96\dfrac{\sigma}{\sqrt{n}}\leq m\leq\overline{X}+1.96\dfrac{\sigma}{\sqrt{n}}$

② 신뢰도 99 %의 신뢰구간 : $\overline{X}-2.58\dfrac{\sigma}{\sqrt{n}}\leq m\leq\overline{X}+2.58\dfrac{\sigma}{\sqrt{n}}$

**Note* 1° 모표준편차 σ를 모르는 경우에는 표본표준편차를 사용해도 된다.

2° 모집단이 정규분포를 따르지 않는다고 하더라도 표본의 크기가 충분히 클 때에는 위의 신뢰구간이 성립한다.

11. 통계적 추정 II (모비율의 추정)

§ 1. 모비율과 표본비율의 분포

기본정석

① 모비율과 표본비율

모집단에서 어떤 특성을 가지는 대상의 비율을 모비율이라 하고, 기호로 $\boldsymbol{p}$와 같이 나타낸다. 또, 이 모집단에서 임의추출한 표본에서 어떤 특성을 가지는 대상의 비율을 표본비율이라 하고, 기호로 $\hat{\boldsymbol{p}}$과 같이 나타낸다.

따라서 크기가 n인 표본에서 어떤 특성을 가지는 대상이 추출된 횟수를 확률변수 X라고 할 때, 표본비율 $\hat{p}$은 다음과 같다.

$$\hat{p}=\frac{\mathrm{X}}{n}$$

**Note* p는 proportion (비율)의 첫 글자이고, $\hat{p}$은 '피햇(p hat)'이라고 읽는다.

② 표본비율의 평균, 분산 및 표준편차

모비율이 p이고 표본의 크기가 n일 때, 표본비율 $\hat{p}$의 평균, 분산 및 표준편차는 다음과 같다.

$$\mathrm{E}(\hat{p})=p, \quad \mathrm{V}(\hat{p})=\frac{pq}{n}, \quad \sigma(\hat{p})=\sqrt{\frac{pq}{n}} \quad (\text{단, } q=1-p)$$

③ 표본비율의 분포

모비율이 p이고 표본의 크기 n이 충분히 클 때, 표본비율 $\hat{p}$은 근사적으로 정규분포 $\mathrm{N}\left(p, \frac{pq}{n}\right)$를 따른다. 단, $q=1-p$이다.

Advice 1° (고등학교 교육과정 밖의 내용) 이 단원의 내용은 고등학교 교육과정에서 제외되었지만, TV 프로그램의 시청률, 제품의 불량률 등과 같이 실생활에서 많이 활용되므로 여기에서 간단히 다루어 본다.

Advice 2° 모비율과 표본비율

이를테면 어떤 도시의 유권자가 20만 명이고, 이 중에서 후보 A를 지지하는 사람이 7만 명이면 A의 지지율 p는

$$p=\frac{70000}{200000}=0.35$$

또, 이 도시의 유권자에서 임의추출한 400명 중 130명이 후보 A를 지지할 때, 이 표본에서 A의 지지율 $\hat{p}$은

$$\hat{p}=\frac{130}{400}=0.325$$

이때, p를 모비율, $\hat{p}$을 표본비율이라고 한다.

Advice 3° 표본비율의 평균과 분산

표본비율 $\hat{p}=\dfrac{X}{n}$에서 확률변수 X는 크기가 n인 표본에서 어떤 특성을 가지는 대상이 추출된 횟수이므로 X가 가질 수 있는 값은 0, 1, 2, $\cdots$, n이다. 또, 모집단에서 이 사건이 일어날 확률은 모비율 p이므로 확률변수 X는 이항분포 $B(n, p)$를 따른다. 따라서

$$E(X)=np, \quad V(X)=npq \text{ (단, } q=1-p)$$

$$\therefore\ E(\hat{p})=E\left(\frac{X}{n}\right)=\frac{1}{n}E(X)=\frac{1}{n}\times np=p$$

$$V(\hat{p})=V\left(\frac{X}{n}\right)=\frac{1}{n^2}V(X)=\frac{1}{n^2}\times npq=\frac{pq}{n}$$

보기 1 어떤 제품의 불량률은 2%라고 한다. 이 제품 중에서 100개를 임의추출할 때, 표본비율 $\hat{p}$의 평균과 표준편차를 구하여라.

연구 $E(\hat{p})=p=\mathbf{0.02}$, $\quad \sigma(\hat{p})=\sqrt{\dfrac{pq}{n}}=\sqrt{\dfrac{0.02\times0.98}{100}}=\dfrac{14}{1000}=\mathbf{0.014}$

Advice 4° 표본비율의 분포

표본의 크기 n이 충분히 클 때, 표본비율 $\hat{p}$의 분포는 정규분포에 가까워진다는 사실이 알려져 있다.

그런데 $E(\hat{p})=p$, $V(\hat{p})=\dfrac{pq}{n}$이므로 다음과 같이 정리할 수 있다.

정석 모비율이 p이고 표본의 크기 n이 충분히 클 때,
표본비율 $\hat{p}$은 근사적으로 정규분포 $N\left(p, \dfrac{pq}{n}\right)$를 따른다.

**Note* $np\ge5$이고 $nq\ge5$일 때, n이 충분히 크다고 한다.

보기 2 어느 고등학교의 전체 학생 2000명 중 60%가 대중교통을 이용하여 학교를 다닌다고 한다. 이 학교의 학생 중에서 100명을 임의추출할 때, 대중교통을 이용하는 학생의 비율 $\hat{p}$은 어떤 분포를 따르는가?

연구 모비율을 p, 표본의 크기를 n이라고 하면 $p=0.6$, $\dfrac{pq}{n}=\dfrac{0.6\times0.4}{100}=\dfrac{24}{100^2}$ 이고, 표본의 크기가 충분히 크므로

$\hat{p}$은 근사적으로 정규분포 $N\left(0.6, \dfrac{24}{100^2}\right)$를 따른다.

필수 예제 11-1 어느 고등학교 학생들이 생활복 착용에 대한 찬반 토론을 벌인 끝에 80%가 찬성했다고 한다. 이 학교의 학생 중에서 64명을 임의추출할 때, 생활복 착용에 찬성하는 학생이 48명 이상 56명 이하일 확률을 구하여라. 필요하면 이 책 부록의 표준정규분포표를 이용하여라.

[정석연구] 표본 64명 중에서 찬성하는 비율이 $\dfrac{48}{64}$ 이상 $\dfrac{56}{64}$ 이하일 확률을 구하는 문제이다. 따라서

정석 모비율이 $\boldsymbol{p}$이고 표본의 크기 $\boldsymbol{n}$이 충분히 클 때,
표본비율 $\hat{\boldsymbol{p}}$은 근사적으로 정규분포 $\mathrm{N}\left(\boldsymbol{p},\ \dfrac{\boldsymbol{pq}}{\boldsymbol{n}}\right)$를 따른다

는 성질을 이용하여 먼저 표본비율의 분포를 구한다.

[모범답안] 모비율이 $p=0.8$이고 표본의 크기가 $n=64$이므로 표본비율 $\hat{p}$의 평균과 분산은

$$\mathrm{E}(\hat{p})=p=0.8,\quad \mathrm{V}(\hat{p})=\frac{pq}{n}=\frac{0.8\times0.2}{64}=\frac{0.4^2}{8^2}=0.05^2$$

그런데 n이 충분히 크므로 $\hat{p}$은 근사적으로 정규분포 $\mathrm{N}(0.8,\ 0.05^2)$을 따른다.

따라서 $\mathrm{Z}=\dfrac{\hat{p}-0.8}{0.05}$로 표준화하면

$$\begin{aligned}\mathrm{P}\left(\frac{48}{64}\le\hat{p}\le\frac{56}{64}\right)&=\mathrm{P}(0.75\le\hat{p}\le0.875)\\&=\mathrm{P}(-1\le\mathrm{Z}\le1.5)=\mathrm{P}(0\le\mathrm{Z}\le1)+\mathrm{P}(0\le\mathrm{Z}\le1.5)\\&=0.3413+0.4332=\mathbf{0.7745}\end{aligned}$$ ← [답]

Advice | 이항분포와 정규분포의 관계를 이용하여 구할 수도 있다.

64명 중에서 생활복 착용에 찬성하는 학생 수를 확률변수 X라고 하면 X는 이항분포 B(64, 0.8)을 따른다. 이때, ⇦ $n=64,\ p=0.8$

$$\mathrm{E}(\mathrm{X})=np=64\times0.8=51.2,\quad \mathrm{V}(\mathrm{X})=npq=64\times0.8\times0.2=3.2^2$$

이고, 표본의 크기가 충분히 크므로 X는 근사적으로 정규분포 $\mathrm{N}(51.2,\ 3.2^2)$을 따른다.

따라서 $\mathrm{Z}=\dfrac{\mathrm{X}-51.2}{3.2}$로 표준화하면

$$\mathrm{P}(48\le\mathrm{X}\le56)=\mathrm{P}(-1\le\mathrm{Z}\le1.5)=\mathbf{0.7745}$$

[유제] **11**-1. 멘델의 유전 법칙에 따르면, 잡종의 노란색 완두콩을 자가 수정할 때 얻어지는 녹색과 노란색의 완두콩의 비는 3 : 1이다. 이렇게 얻은 완두콩에서 300개를 임의추출할 때, 녹색이 240개 이상 나올 확률을 구하여라.
필요하면 이 책 부록의 표준정규분포표를 이용하여라. [답] **0.0228**

§2. 모비율의 추정과 신뢰도

기본정석

① 모비율의 추정

모집단에서 크기가 n인 표본을 임의추출하여 얻은 표본비율을 $\hat{p}$이라고 하면 n이 충분히 클 때, 모비율 p에 대한 신뢰구간은 다음과 같다.

신뢰도 95%의 신뢰구간 : $\hat{p}-1.96\sqrt{\dfrac{\hat{p}\hat{q}}{n}} \le p \le \hat{p}+1.96\sqrt{\dfrac{\hat{p}\hat{q}}{n}}$

신뢰도 99%의 신뢰구간 : $\hat{p}-2.58\sqrt{\dfrac{\hat{p}\hat{q}}{n}} \le p \le \hat{p}+2.58\sqrt{\dfrac{\hat{p}\hat{q}}{n}}$

(단, $\hat{q}=1-\hat{p}$)

*Note $n\hat{p}\ge 5$이고 $n\hat{q}\ge 5$일 때, n이 충분히 크다고 한다.

② 최대 허용 표본오차

크기가 n인 표본을 임의추출할 때, 최대 허용 표본오차는

신뢰도 95%로 $1.96\sqrt{\dfrac{1}{4n}}$, 신뢰도 99%로 $2.58\sqrt{\dfrac{1}{4n}}$

이다.

Advice 1° 모비율에 대한 구간추정

모비율이 p이고 표본의 크기 n이 충분히 클 때, 표본비율 $\hat{p}$은 근사적으로 정규분포 $\mathrm{N}\left(p, \dfrac{pq}{n}\right)$를 따르므로 확률변수 $\mathrm{Z}=\dfrac{\hat{p}-p}{\sqrt{\dfrac{pq}{n}}}$는 근사적으로 표준정규분포 $\mathrm{N}(0, 1)$을 따른다.

또, n이 충분히 크면 $\sqrt{\dfrac{pq}{n}}$의 p, q에 각각 $\hat{p}$, $\hat{q}$을 대입한 확률변수

$$\mathrm{Z}=\frac{\hat{p}-p}{\sqrt{\dfrac{\hat{p}\hat{q}}{n}}} \quad (\text{단, } \hat{q}=1-\hat{p})$$

도 근사적으로 표준정규분포 $\mathrm{N}(0, 1)$을 따른다는 사실이 알려져 있다.

그런데 표준정규분포표에서 $\mathrm{P}(-1.96\le \mathrm{Z}\le 1.96)=0.95$이므로

$$\mathrm{P}\left(-1.96\le \frac{\hat{p}-p}{\sqrt{\dfrac{\hat{p}\hat{q}}{n}}} \le 1.96\right)=0.95$$

괄호 안을 변형하면

$$\mathrm{P}\left(-1.96\sqrt{\frac{\hat{p}\hat{q}}{n}} \le \hat{p}-p \le 1.96\sqrt{\frac{\hat{p}\hat{q}}{n}}\right)=0.95$$

$$\therefore\ \mathrm{P}\left(\hat{p}-1.96\sqrt{\frac{\hat{p}\hat{q}}{n}} \le p \le \hat{p}+1.96\sqrt{\frac{\hat{p}\hat{q}}{n}}\right)=0.95$$

여기에서

$$\boldsymbol{\hat{p}-1.96\sqrt{\frac{\hat{p}\hat{q}}{n}} \le p \le \hat{p}+1.96\sqrt{\frac{\hat{p}\hat{q}}{n}}}$$

을 모비율 p에 대한 신뢰도 95%의 신뢰구간이라고 한다. 이때, 신뢰구간은

$$\left[\boldsymbol{\hat{p}-1.96\sqrt{\frac{\hat{p}\hat{q}}{n}},\ \ \hat{p}+1.96\sqrt{\frac{\hat{p}\hat{q}}{n}}}\right]$$

과 같이 닫힌구간을 써서 나타내기도 한다. 또,

$$\left(\hat{p}+1.96\sqrt{\frac{\hat{p}\hat{q}}{n}}\right)-\left(\hat{p}-1.96\sqrt{\frac{\hat{p}\hat{q}}{n}}\right)=\boldsymbol{2\times1.96\sqrt{\frac{\hat{p}\hat{q}}{n}}}$$

을 신뢰도 95%의 신뢰구간의 길이라고 한다.

'모비율 $\boldsymbol{p}$에 대한 신뢰도 **95%**의 신뢰구간'이라는 것은 모집단에서 크기가 n인 표본을 여러 번 임의추출하여 모비율 p에 대한 신뢰구간을 각각 만들 때, 이 중에서 약 95%는 모비율 p를 포함한다는 뜻이다.

보기 1 어떤 도시의 유권자 100만 명 중에서 임의추출한 2400명을 대상으로 여론 조사를 하였더니 1440명이 후보 A를 지지하고, 나머지는 모두 반대하였다. 이 도시 전체 유권자의 후보 A에 대한 지지율을 신뢰도 95%의 신뢰구간으로 추정하여라.

연구 $\hat{p}=\dfrac{1440}{2400}=0.6,\ \hat{q}=1-0.6=0.4,\ n=2400$이고 n이 충분히 크므로

정석 95%의 신뢰도로서 $\boldsymbol{\hat{p}-1.96\sqrt{\frac{\hat{p}\hat{q}}{n}} \le p \le \hat{p}+1.96\sqrt{\frac{\hat{p}\hat{q}}{n}}}$

에 대입하면

$$0.6-1.96\sqrt{\frac{0.6\times0.4}{2400}} \le p \le 0.6+1.96\sqrt{\frac{0.6\times0.4}{2400}} \qquad \therefore\ [\mathbf{0.5804,\ 0.6196}]$$

Advice 2° 최대 허용 표본오차

어떤 도시의 유권자 중에서 임의추출한 n명을 대상으로 여론 조사를 한 결과 후보 A에 대한 지지율이 $\hat{p}$이었다고 하면 이 도시 유권자의 후보 A에 대한 지지율 p의 신뢰구간은 95%의 신뢰도로서

$$\hat{p}-1.96\sqrt{\frac{\hat{p}\hat{q}}{n}} \le p \le \hat{p}+1.96\sqrt{\frac{\hat{p}\hat{q}}{n}}$$

이라고 추정할 수 있다. 이 식의 각 변에서 $\hat{p}$을 빼면

$$-1.96\sqrt{\frac{\hat{p}\hat{q}}{n}} \le p-\hat{p} \le 1.96\sqrt{\frac{\hat{p}\hat{q}}{n}} \qquad \therefore\ |p-\hat{p}| \le 1.96\sqrt{\frac{\hat{p}\hat{q}}{n}}$$

그런데

$$\hat{p}\hat{q}=\hat{p}(1-\hat{p})=-\hat{p}^2+\hat{p}=-\left(\hat{p}-\frac{1}{2}\right)^2+\frac{1}{4}\le\frac{1}{4}$$

이므로 n이 일정할 때 다음이 성립한다.

$$|p-\hat{p}| \le 1.96\sqrt{\frac{\hat{p}\hat{q}}{n}} \le 1.96\sqrt{\frac{1}{4n}}$$

곧, n이 일정하면 $1.96\sqrt{\dfrac{\hat{p}\hat{q}}{n}}$의 최댓값은 $\hat{p}=\hat{q}=\dfrac{1}{2}$일 때 $1.96\sqrt{\dfrac{1}{4n}}$이다. 이때, $1.96\sqrt{\dfrac{1}{4n}}$을 최대 허용 표본오차라고 한다.

같은 방법으로 생각하면 신뢰구간의 길이에 대해서도 다음이 성립한다.

$$2\times1.96\sqrt{\frac{\hat{p}\hat{q}}{n}} \le 2\times1.96\sqrt{\frac{1}{4n}}$$

정 석 모집단에서 크기가 n인 표본을 임의추출할 때, n이 충분히 크면

1. 최대 허용 표본오차는

   신뢰도 **95 %**로 $\quad 1.96\sqrt{\dfrac{1}{4n}}$, $\qquad$ 신뢰도 **99 %**로 $\quad 2.58\sqrt{\dfrac{1}{4n}}$

2. 신뢰구간의 길이의 최댓값은

   신뢰도 **95 %**로 $\quad 2\times1.96\sqrt{\dfrac{1}{4n}}$, $\quad$ 신뢰도 **99 %**로 $\quad 2\times2.58\sqrt{\dfrac{1}{4n}}$

보기 2 우리나라 유권자 중에서 1600명을 임의추출하여 여론 조사를 한 결과 1000명이 어떤 정책을 지지했다고 한다. 이 조사 결과를 바탕으로

「우리나라 유권자 중에서 x %가 이 정책을 지지한다.
단, 신뢰도는 99 %이고, 최대 허용 표본오차는 y %이다.」

라고 할 때, x, y의 값을 구하여라. 단, y의 값은 소수 둘째 자리에서 반올림한다.

연구 $x=\dfrac{1000}{1600}\times100=\mathbf{62.5}$

$$y=2.58\sqrt{\frac{1}{4n}}\times100=2.58\sqrt{\frac{1}{4\times1600}}\times100=3.225\fallingdotseq\mathbf{3.2}$$

Advice 3° 표본오차와 여론 조사

표본오차는 모집단이 아닌 표본을 조사함에 따라 발생하는 오차로서 여론 조사 등에서 흔히 활용된다.

이를테면 어떤 여론 조사 기관에서

「전국 만 19세 이상 남녀 1000명을 대상으로 조사한 결과 80%가 정부가 내놓은 환경 정책에 대하여 찬성하였다. 이 조사는 신뢰수준(신뢰도) 95%에 오차 범위(표본오차) ±3.1%이다. 」

라고 발표했을 때, 이는 표본비율이 80%, 표본오차가 3.1%이므로 모집단의 (80±3.1)%, 곧 76.9%~83.1%가 이 정책에 찬성한다고 해석할 수 있다.

이때, 표본오차 ±3.1%는 $n=1000$일 때의 최대 허용 표본오차

$$1.96\sqrt{\frac{1}{4n}}=1.96\sqrt{\frac{1}{4\times1000}}=0.03099\cdots\fallingdotseq0.031=3.1\%$$

를 활용한 것이다.

따라서 '정부가 내놓은 환경 정책에 대하여 찬성한다'는 생각을 가진 만 19세 이상의 모비율 p에 대한 신뢰도 95%의 신뢰구간은 다음과 같다.

$$(80-3.1)\%\le p\le(80+3.1)\% \quad \text{곧, } 76.9\%\le p\le83.1\%$$

여기에서 표본오차와 신뢰구간의 길이는 n의 값, 곧 표본의 크기에 따라 달라진다. 따라서 여론 조사와 같이 모비율을 전혀 예측할 수 없는 경우에는 최대 허용 표본오차를 이용하여 표본의 크기를 결정한다.

보기 3 어느 선거에서 A후보에 대한 지지율을 신뢰도 95%로 추정하려고 한다. 신뢰구간의 오차 범위(표본오차)를 2%보다 작게 하려고 할 때, 표본의 크기 n의 최솟값을 구하여라.

연구 $1.96\sqrt{\frac{1}{4n}}<0.02$에서 $\sqrt{n}>1.96\times\frac{1}{2}\times\frac{1}{0.02}$ $\therefore n>2401$

따라서 표본의 크기 n의 최솟값은 **2402**

Advice 4° 어느 선거에서 유권자 1600명을 대상으로 조사한 결과 40%가 A후보를 지지하고 37%가 B후보를 지지했다고 하자. 이때, 각 후보에 대한 모집단의 지지율을 95%의 신뢰도로 추정하면 최대 허용 표본오차는

$$1.96\sqrt{\frac{1}{4n}}=1.96\sqrt{\frac{1}{4\times1600}}=0.0245=2.45\%$$

따라서 A후보에 대한 지지율 p_A는

$$(40-2.45)\%\le p_A\le(40+2.45)\% \quad \therefore 37.55\%\le p_A\le42.45\%$$

또, B후보에 대한 지지율 p_B는

$$(37-2.45)\%\le p_B\le(37+2.45)\% \quad \therefore 34.55\%\le p_B\le39.45\%$$

두 후보의 지지율에 대한 신뢰구간에 겹치는 부분이 있으므로, 여론 조사 결과에서는 A후보가 앞선 것으로 나타났지만 실제 선거에서는 B후보가 앞서는 결과가 나타날 수도 있음을 알 수 있다.

필수 예제 **11**-2 어느 시에서 공장을 유치하는 문제에 대하여 전체 시민 중에서 2400명을 임의추출하여 여론 조사를 하였더니 공장 유치에 찬성한 사람이 40%이었다고 한다. 다음 물음에 답하여라.

(1) 전체 시민 중에서 공장 유치에 찬성하는 시민의 비율 p에 대한 신뢰도 95%와 99%의 신뢰구간을 구하여라.

(2) 신뢰도 95%로 모비율 p와 표본비율 $\hat{p}=0.4$의 차가 0.01 이하가 되도록 추정하기 위한 표본의 크기 n의 최솟값을 구하여라.

정석연구 (1) 모비율 p에 대한 신뢰구간은 표본의 크기 n이 충분히 클 때,

정석 95%의 신리도로서 $\hat{p}-1.96\sqrt{\dfrac{\hat{p}\hat{q}}{n}}\le p\le\hat{p}+1.96\sqrt{\dfrac{\hat{p}\hat{q}}{n}}$

99%의 신뢰도로서 $\hat{p}-2.58\sqrt{\dfrac{\hat{p}\hat{q}}{n}}\le p\le\hat{p}+2.58\sqrt{\dfrac{\hat{p}\hat{q}}{n}}$

(2) 모비율 p와 표본비율 $\hat{p}$의 차는

정석 95%의 신뢰도로서 $|p-\hat{p}|\le 1.96\sqrt{\dfrac{\hat{p}\hat{q}}{n}}$

모범답안 (1) 신뢰도 95%의 신뢰구간은 표본의 크기가 충분히 크므로

$$0.4-1.96\sqrt{\frac{0.4\times0.6}{2400}}\le p\le 0.4+1.96\sqrt{\frac{0.4\times0.6}{2400}}$$

$\therefore$ **$0.3804\le p\le 0.4196$** ← 답

또, 신뢰도 99%의 신뢰구간은 표본의 크기가 충분히 크므로

$$0.4-2.58\sqrt{\frac{0.4\times0.6}{2400}}\le p\le 0.4+2.58\sqrt{\frac{0.4\times0.6}{2400}}$$

$\therefore$ **$0.3742\le p\le 0.4258$** ← 답

(2) $1.96\sqrt{\dfrac{\hat{p}(1-\hat{p})}{n}}\le 0.01$에서 $\hat{p}=0.4$를 대입하면

$0.01\sqrt{n}\ge 1.96\sqrt{0.4\times0.6}$ $\quad\therefore \sqrt{n}\ge 196\sqrt{0.24}$

$\therefore\ n\ge 196^2\times0.24=9219.84$ 답 **9220**

유제 **11**-2. 어떤 공장의 제품 중에서 100개를 임의추출하여 검사한 결과 불량품이 10개 있었다. 이 공장의 제품 중 불량품이 몇 % 정도 있다고 볼 수 있는가? 신뢰도 99%로 추정하여라. 답 **[2.26 %, 17.74 %]**

유제 **11**-3. 어떤 공장에서 생산하는 제품을 검사했더니 임의추출한 표본 중에서 16%가 불량품이었다. 불량품의 모비율을 신뢰도 95%로 추정할 때, 모비율과 표본비율의 차가 5% 이하가 되도록 하기 위해서는 몇 개 이상의 표본을 검사해야 하는가? 답 **207**개 이상

필수 예제 **11**-3 어느 고등학교에서 혈액형이 A형인 학생의 비율을 신뢰도 95 %로 추정하려고 한다. 다음 물음에 답하여라.

(1) 최대 허용 표본오차가 0.05 이하가 되도록 표본의 크기 n의 최솟값을 정하여라.

(2) 신뢰구간의 최대 길이가 0.08 이하가 되도록 표본의 크기 n의 최솟값을 정하여라.

정석연구 다음 성질을 이용한다.

정석 크기가 n인 표본을 임의추출할 때, 신뢰도 **95 %**로

최대 허용 표본오차 ⟹ $1.96\sqrt{\dfrac{1}{4n}}$ ⇦ $1.96\sqrt{\dfrac{\hat{p}\hat{q}}{n}}\le 1.96\sqrt{\dfrac{1}{4n}}$

신뢰구간의 최대 길이 ⟹ $2\times1.96\sqrt{\dfrac{1}{4n}}$

모범답안 (1) $1.96\sqrt{\dfrac{1}{4n}}\le 0.05$에서 $\sqrt{n}\ge 19.6$ ∴ $n\ge 384.16$

따라서 표본의 크기 n의 최솟값은 **385** ← 답

(2) $2\times1.96\sqrt{\dfrac{1}{4n}}\le 0.08$에서 $\sqrt{n}\ge 24.5$ ∴ $n\ge 600.25$

따라서 표본의 크기 n의 최솟값은 **601** ← 답

Advice | 혈액형이 A형인 학생의 표본비율이 36 %임을 알거나 예측할 수 있을 때, 모비율과 표본비율의 차 $|p-\hat{p}|$을 0.05 이하로 하기 위해서는

$$1.96\sqrt{\frac{\hat{p}\hat{q}}{n}}=1.96\sqrt{\frac{0.36\times0.64}{n}}\le 0.05\text{에서}\quad n\ge 354.04\times\times$$

이어야 하므로 표본의 크기를 355 이상으로 하면 된다.

이와 같이 $\hat{p}$의 값을 알거나 어느 정도 예측할 수 있는 경우에는 이 값을 사용하지만, 예전의 자료가 없거나 믿을 수 없는 경우에는 $\hat{p}=\hat{q}=\dfrac{1}{2}$일 때의 $1.96\sqrt{\dfrac{\hat{p}\hat{q}}{n}}$의 최댓값 $1.96\sqrt{\dfrac{1}{4n}}$을 사용한다.

이런 경우에는 $1.96\sqrt{\dfrac{1}{4n}}\le 0.05$에서 $n\ge 385$이다. ⇦ n은 자연수

유제 **11**-4. 어떤 도시에서 이 도시의 환경 정책에 대한 유권자들의 지지율을 신뢰도 99 %로 추정하려고 한다. 이때, 다음 값이 0.04보다 크지 않도록 표본의 크기 n의 최솟값을 정하여라.

(1) 최대 허용 표본오차 (2) 신뢰구간의 최대 길이

답 (1) **1041** (2) **4161**

연습문제 11

기본 **11-1** 어떤 지역 사람들의 36%가 혈액형이 A형이라고 알려져 있다. 이 지역에서 100명을 임의추출할 때, 30명 이상 42명 이하의 혈액형이 A형일 확률을 구하여라. 필요하면 이 책 부록의 표준정규분포표를 이용하여라.

11-2 어떤 백신은 투여된 사람들 중 80%가 면역을 가지는 것으로 알려져 있다. 이 백신을 투여한 사람 중에서 100명을 임의추출한 다음, 면역을 가진 사람이 74명 이하이면 이 백신의 효과가 떨어졌다고 판정하려고 한다. 이 백신이 효과가 떨어졌다는 판정이 나올 확률을 구하여라.
필요하면 이 책 부록의 표준정규분포표를 이용하여라.

11-3 흰 공이 16개, 검은 공이 4개 들어 있는 상자가 있다. 이 상자에서 64개의 공을 복원추출할 때, 검은 공이 16개 이하로 나올 확률을 구하여라.
필요하면 이 책 부록의 표준정규분포표를 이용하여라.

11-4 어떤 TV 드라마의 시청률을 조사하기 위하여 이 드라마가 방영되고 있는 시간에 표본조사를 하였다. 그 결과 이 시간에 TV를 시청하고 있던 400명 중에서 20%가 이 드라마를 시청했다고 한다. 이 드라마의 시청률에 대한 신뢰도 95%의 신뢰구간을 구하여라.

11-5 어느 항공사에서 고객 서비스 만족도를 알아보기 위하여 작년에 이 항공사를 이용했던 고객 중에서 n(단, $n\geq100$)명을 임의추출하여 조사한 결과 64%가 서비스에 만족한다고 답하였다. 이 항공사의 서비스에 만족하는 고객의 비율에 대한 신뢰도 95%의 신뢰구간 $[a,\ b]$에서 $b-a=0.12544$일 때, n의 값을 구하여라.

11-6 우리나라 전체 가구 중 1인 가구의 비율을 신뢰도 99%로 추정하려고 한다. 신뢰구간의 최대 허용 표본오차를 0.03보다 작게 하려고 할 때, 표본의 크기 n의 최솟값을 구하여라.

실력 **11-7** 실험에 의하여 주사위의 1의 눈이 나올 확률이 구간 $\left[\frac{1}{6}-\frac{1}{100},\ \frac{1}{6}+\frac{1}{100}\right]$에 포함됨을 신뢰도 95%로 확인하려면 주사위를 몇 번 이상 던져 보아야 하는가?

11-8 어떤 농장에서 생산되는 수박 중에서 n개를 임의추출한 다음, 당도를 조사하여 일정 당도 이상의 수박의 비율에 대한 신뢰도 95%의 신뢰구간을 구하려고 한다. 신뢰구간의 길이를 0.28 이하로 하려고 할 때, 표본의 크기 n의 최솟값을 구하여라.

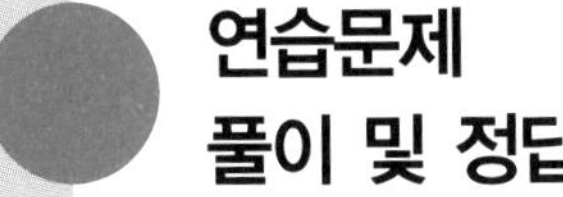

연습문제 풀이 및 정답

연습문제 풀이 및 정답

1-1. 합이 3의 배수이므로 합이 3, 6, 9, 12인 경우이다.

합	3	6	9	12
A	1 2	1 2 3 4 5	3 4 5 6	6
B	2 1	5 4 3 2 1	6 5 4 3	6

따라서 구하는 경우의 수는

$2+5+4+1=\mathbf{12}$

1-2. $800=2^5\times5^2$이므로 800과 서로소인 수는 2 또는 5를 소인수로 가지지 않는 수이다.

곧, 800과 서로소인 수는 2의 배수도 아니고 5의 배수도 아닌 수이다.

1부터 800까지의 정수 중 2, 5, 10의 배수의 집합을 각각 A_2, A_5, A_{10}이라고 하면

$n(A_2)=400,\ n(A_5)=160,$

$n(A_2\cap A_5)=n(A_{10})=80$

$\therefore\ n(A_2\cup A_5)=n(A_2)+n(A_5)-n(A_2\cap A_5)$

$=400+160-80=480$

따라서 구하는 수는

$800-480=\mathbf{320}$(개)

1-3. 노란색 카드 중에서 한 장을 뽑는 경우는 3가지

파란색 카드 중에서 뽑힌 노란색 카드의 숫자가 아닌 한 장을 뽑는 경우는

4가지

빨간색 카드 중에서 뽑힌 노란색과 파란색 카드의 숫자가 아닌 한 장을 뽑는 경우는 5가지

따라서 구하는 경우의 수는

$3\times4\times5=\mathbf{60}$

1-4. (1) (i) 정육면체의 모서리 2개를 변으로 하는 경우 : △ABC와 합동인 직각삼각형이 한 면에 4개씩 있으므로

$6\times4=24$(개)

(ii) 정육면체의 모서리를 1개만 변으로 하는 경우 : 선분 AB를 변으로 하는 직각삼각형은 △ABG, △ABH의 2개이고, 이와 같이 각 모서리를 변으로 하는 직각삼각형이 2개씩 있으므로

$12\times2=24$(개)

따라서 구하는 직각삼각형의 개수는

$24+24=\mathbf{48}$

***Note** 정육면체의 모서리 3개를 변으로 하는 직각삼각형과 정육면체의 모서리를 1개도 변으로 하지 않는 직각삼각형은 없다.

(2) 점 A를 출발하여 점 D를 지나는 경우와 점 E를 지나는 경우가 있다.

점 D를 지나는 경우는

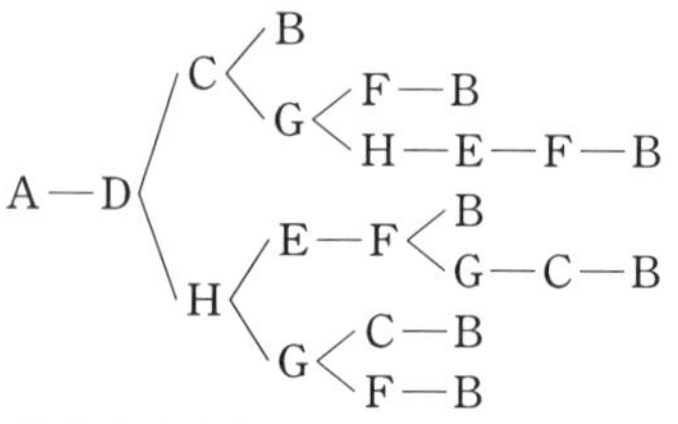

A—D—C—B
A—D—C—G—F—B
A—D—C—G—H—E—F—B
A—D—H—E—F—B
A—D—H—E—F—G—C—B
A—D—H—G—C—B
A—D—H—G—F—B

의 7가지이다.

점 E를 지나는 경우도 7가지이다.

따라서 점 B에 도달하는 길은

$7+7=\mathbf{14}$(가지)

1-5. 세 가지 색을 p, q, r라고 하자.

A, B, C, D, E의 순서로 p, q, r를 칠할 때, A에 p, B에 q를 칠하는 방법을 수형도로 나타내면 다음과 같다.

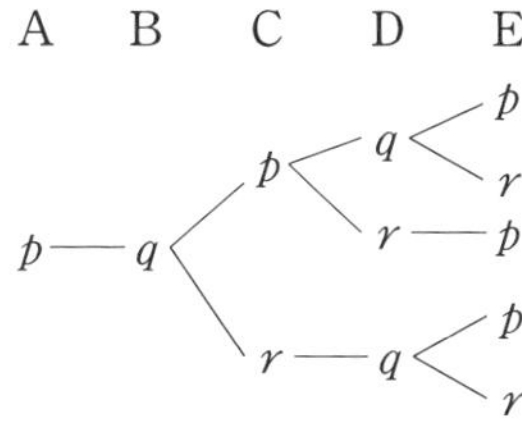

그런데 A, B에 칠하는 방법은

(p, q), (p, r), (q, p),
(q, r), (r, p), (r, q)

의 6가지이고, 각각의 경우에 대하여 색을 칠하는 방법은 위의 경우와 같이 5가지씩 있다.

따라서 구하는 방법의 수는

$6\times5=$**30**

1-6.

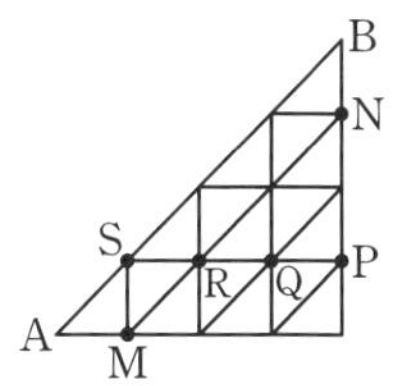

(1) 오른쪽과 위로만 가므로 M에서 N으로 가는 방법의 수를 구하면 된다.

M ⟶ P ⟶ N의 경우 : 4×1
M ⟶ Q ⟶ N의 경우 : 3×2
(단, P는 지나지 않는다)
M ⟶ R ⟶ N의 경우 : 2×2
(단, Q는 지나지 않는다)

따라서 구하는 경우의 수는

$4+6+4=$**14**

(2) A ⟶ P ⟶ B의 경우 : 8×1
A ⟶ Q ⟶ B의 경우 : 6×5
(단, P는 지나지 않는다)
A ⟶ R ⟶ B의 경우 : 4×10
(단, Q는 지나지 않는다)
A ⟶ S ⟶ B의 경우 : 2×6
(단, R는 지나지 않는다)

따라서 구하는 경우의 수는

$8+30+40+12=$**90**

***Note** (1) 오른쪽과 위로만 가므로 아래 그림에서 세 지점 C, D, E를 이용하여 구할 수도 있다.

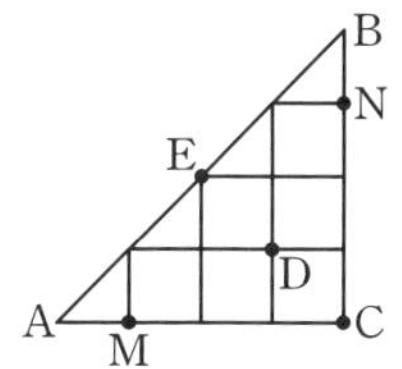

A ⟶ M ⟶ C ⟶ N ⟶ B
의 경우 : $1\times1\times1\times1$
A ⟶ M ⟶ D ⟶ N ⟶ B
의 경우 : $1\times3\times3\times1$
A ⟶ M ⟶ E ⟶ N ⟶ B
의 경우 : $1\times2\times2\times1$

따라서 구하는 경우의 수는

$1+9+4=$**14**

1-7. (1) 집합 A의 원소 1에 대응하는 원소는 1, 2, 3, 4 중 어느 것이어도 된다.

곧, $f(1)=1$, $f(1)=2$,
$f(1)=3$, $f(1)=4$

는 모두 $f(n)\ge n$을 만족시키므로 4가지이고, 이 각각에 대하여

$f(2)=2$, $f(2)=3$, $f(2)=4$

는 모두 $f(n)\ge n$을 만족시키므로 3가지이다.

집합 A의 원소 3, 4에 대해서도 같은 방법으로 생각하면 각각 2가지, 1가지이다.

따라서 구하는 함수 f의 개수는

$4\times3\times2\times1=$**24**

(2) $n=1$일 때 $f(1)$은 2, 4 중 1가지

$n=2$일 때 $f(2)$는 1, 3 중 1가지

$n=3$일 때 $f(3)$은 2, 4 중 1가지

$n=4$일 때 $f(4)$는 1, 3 중 1가지

따라서 구하는 함수 f의 개수는

$$2\times2\times2\times2=\mathbf{16}$$

(3) $n=3$일 때 $f(3)$은 3, 4 중 1가지

$n=2$일 때 $f(2)$는 2, 3, 4에서 $f(3)$이 아닌 것 중 1가지

$n=1$일 때 $f(1)$은 1, 2, 3, 4에서 $f(2)$, $f(3)$이 아닌 것 중 1가지

$f(4)$는 남은 하나에 대응한다.

따라서 구하는 함수 f의 개수는

$$2\times2\times2=\mathbf{8}$$

1-8. $a_1\neq1$이므로 a_1의 자리에는 1이 올 수 없고 2, 3, 4, 5만 올 수 있다.

마찬가지로

$$a_2\neq2,\ a_3\neq3,\ a_4\neq4,\ a_5\neq5$$

이므로 a_2, a_3, a_4, a_5의 자리에는 각각 2, 3, 4, 5가 올 수 없다는 것에 주의하면서 수형도를 그려 본다.

(i) $a_1=2$일 때

조건에 맞는 것은 다음 수형도에서 11가지가 있다.

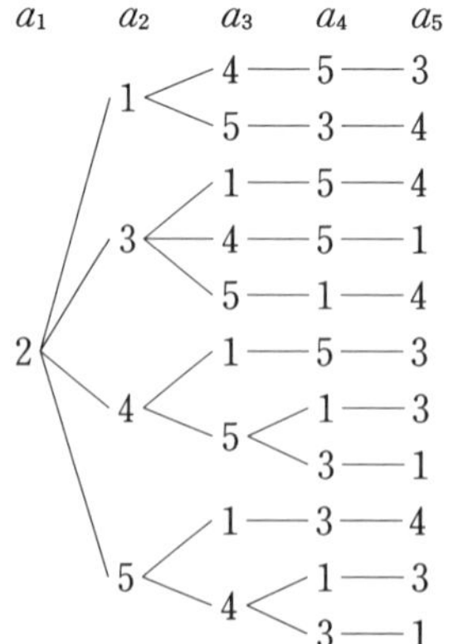

(ii) $a_1=3$, $a_1=4$, $a_1=5$일 때에도 각각 11가지씩 있다.

따라서 구하는 경우의 수는

$$11\times4=\mathbf{44}$$

1-9. a, b, c가 올 수 없는 자리는 다음에서 ×표한 곳이다.

	①	②	③	④	⑤
a			×		
b	×		×		×
c					×

(i) b는 ②의 자리나 ④의 자리에만 올 수 있으므로 b를 나열하는 경우는

2가지

(ii) a는 ③의 자리와 b가 온 자리만 빼고 올 수 있다.

그런데 b는 ② 또는 ④의 자리에 있으므로

◦ a가 ⑤의 자리에 올 때, c가 올 수 있는 자리는 3곳

◦ a가 ⑤가 아닌 자리에 올 때, a가 올 수 있는 자리는 2곳이고, 이 각각에 대하여 c가 올 수 있는 자리는 2곳이므로 2×2곳

따라서 a, c를 나열하는 경우는

$$3+2\times2=7(\text{가지})$$

(iii) d와 e를 나열하는 경우는 2가지

따라서 구하는 개수는 (i), (ii), (iii)에서

$$2\times7\times2=\mathbf{28}$$

1-10. A, B, C, D 네 학교의 선수 2명을 각각

$$(a,\ a'),\ (b,\ b'),\ (c,\ c'),\ (d,\ d')$$

이라고 하자.

각 학교에서 1명씩 X조에 넣으면 나머지는 자연히 Y조가 된다.

(i) 각 학교에서 X조에 들어갈 선수를 정하는 방법은

$2\times2\times2\times2=16$(가지)

(ii) X조에 속한 4명의 선수가 a, b, c, d 라고 하면 이 4명이 X조에서 시합하는 방법은

$(a,\ b),\ (c,\ d)$; $(a,\ c),\ (b,\ d)$;
$(a,\ d),\ (b,\ c)$

의 3가지이다.

이 각각에 대하여 Y조에서도 마찬가지로 3가지가 있으므로 이 경우의 시합 방법은 $3\times3=9$(가지)이다.

따라서 만들어질 수 있는 대진표는

$16\times9=$**144**(가지)

**Note* 'X조', 'Y조'와 같은 조 이름이 없는 경우 만들어질 수 있는 대진표는

$144\div2=72$(가지)

1-11.

(1) 가로 방향의 길이 결정되면 전체의 길도 결정된다.

구간 $a\sim e$의 각각에 대하여 가로 방향의 길을 택하는 방법이 x, y, z, w의 4가지씩 있으므로 구하는 경우의 수는

$4\times4\times4\times4\times4=$**1024**

(2) (i) $\mathrm{A}\longrightarrow\mathrm{R}\longrightarrow\mathrm{B}$의 경우

$1\times1\times4\times3\times4=48$

(ii) $\mathrm{A}\longrightarrow\mathrm{S}\longrightarrow\mathrm{B}$의 경우

$3\times3\times4\times3\times4=432$

따라서 구하는 경우의 수는

$48+432=$**480**

**Note* (1) 아래 그림에서 A에서 B까지 가는 방법의 수를 구하는 것과 같고, 위의 그림과 같이 가는 방법은 다음 그림에서 화살표 방향으로 가는 방법과 같다.

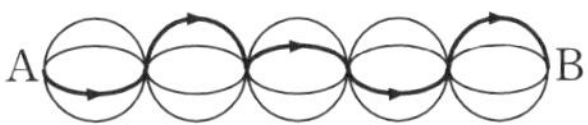

1-12. 정$6n$각형의 꼭짓점을 차례로

$\mathrm{A}_1,\ \cdots,\ \mathrm{A}_n,\quad \mathrm{B}_1,\ \cdots,\ \mathrm{B}_n,$
$\mathrm{C}_1,\ \cdots,\ \mathrm{C}_n,\quad \mathrm{D}_1,\ \cdots,\ \mathrm{D}_n,$
$\mathrm{E}_1,\ \cdots,\ \mathrm{E}_n,\quad \mathrm{F}_1,\ \cdots,\ \mathrm{F}_n$

이라 하고, 외접원을 C라고 하자.

다음 그림은 $n=2$인 경우, 곧 정12각형의 예이다.

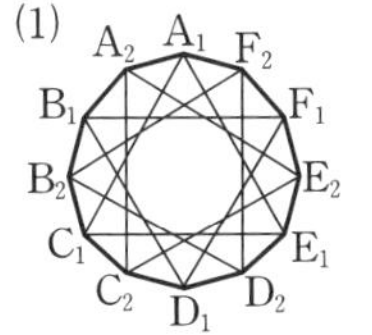

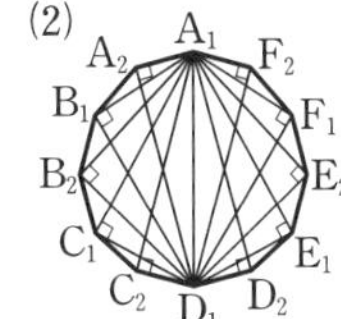

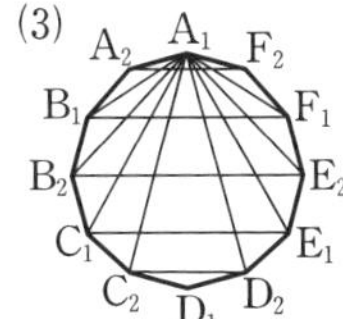

(1) 정삼각형이 되는 꼭짓점의 쌍은

$(\mathrm{A}_k,\ \mathrm{C}_k,\ \mathrm{E}_k),\ (\mathrm{B}_k,\ \mathrm{D}_k,\ \mathrm{F}_k)$
$(k=1,\ 2,\ 3,\ \cdots,\ n)$

따라서 정삼각형의 개수는 $\boldsymbol{2n}$

(2) 원 C의 지름이 되는 꼭짓점의 쌍은

$(\mathrm{A}_k,\ \mathrm{D}_k),\ (\mathrm{B}_k,\ \mathrm{E}_k),\ (\mathrm{C}_k,\ \mathrm{F}_k)$
$(k=1,\ 2,\ 3,\ \cdots,\ n)$

인 $3n$개이고, 이 각각에 대하여 직각삼각형이 되도록 세 번째 꼭짓점을 잡는 방법은 $6n$개의 꼭짓점 중 지름의 양 끝 점인 두 점을 제외한 $(6n-2)$개가 있다.

따라서 직각삼각형의 개수는

$3n\times(6n-2)=\boldsymbol{6n(3n-1)}$

(3) $\angle\mathrm{A}_1$을 꼭지각으로 하는 이등변삼각형은 $\dfrac{1}{2}(6n-2)=(3n-1)$개이다.

모든 꼭짓점에 대하여 생각하면 정 $6n$각형이므로 $6n(3n-1)$개이다.

그런데 이 중에서 정삼각형은 3회 중복되므로 이등변삼각형의 개수는

$$6n(3n-1)-2\times 2n=\mathbf{2n(9n-5)}$$

⇦ (1)에서 정삼각형 $2n$개

1-13. (i) 흰 공 3개가 이웃하는 경우 : 1가지

(ii) 흰 공 2개가 이웃하는 경우 : 5가지

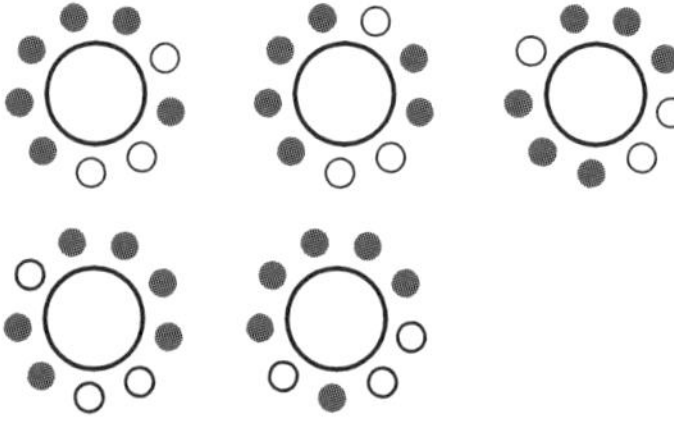

(iii) 흰 공이 이웃하지 않는 경우 : 4가지

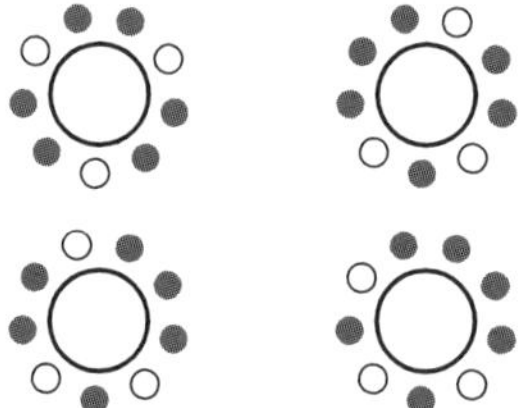

따라서 구하는 방법의 수는

$$1+5+4=\mathbf{10}$$

1-14. 같은 색은 많아야 3개의 삼각형에 쓰인다.

6개의 삼각형에 오른쪽 그림과 같이 번호를 붙이면

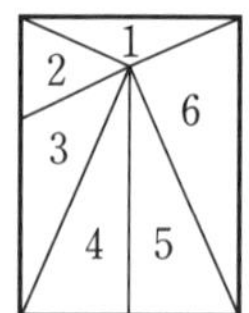

(i) 빨강을 3회 사용하는 경우 :

빨강으로 칠하는 방법은

$$(1,\ 3,\ 5),\ (2,\ 4,\ 6)$$

의 2가지이고, 나머지 삼각형은 파랑, 노랑으로 칠하는데 모두 파랑으로 칠하거나 모두 노랑으로 칠하는 경우는 제외해야 하므로 $2^3-2=6$(가지)

$\therefore\ 2\times 6=12$(가지)

(ii) 빨강을 2회 사용하는 경우 :

빨강으로 칠하는 방법은 다음 9가지이다.

$$(1,\ 3),\ (1,\ 4),\ (1,\ 5),$$
$$(2,\ 4),\ (2,\ 5),\ (2,\ 6),$$
$$(3,\ 5),\ (3,\ 6),\ (4,\ 6)$$

이 중에서 (1, 3)에 빨강을 칠할 때 나머지 삼각형을 파랑, 노랑으로 칠하는 방법은 다음 4가지이다.

2	4	5	6
△	△	×	△
×	×	△	×
△	×	△	×
×	△	×	△

파랑 △, 노랑 ×

다른 경우도 마찬가지로 4가지씩 있으므로 $9\times 4=36$(가지)

(iii) 빨강을 1회 사용하는 경우 :

빨강을 칠하는 방법은 6가지이고, 각각의 경우 나머지 5개의 삼각형을 파랑, 노랑으로 칠하는 방법은 2가지이므로 $6\times 2=12$(가지)

따라서 구하는 방법은

$$12+36+12=\mathbf{60}\text{(가지)}$$

***Note** 빨강, 파랑, 노랑을 각각 A, B, C로 놓고 수형도를 그려서 구할 수도 있다.

2-1. (i) 1, 3이 이웃하는 경우 :

1, 3을 하나로 보고 일렬로 나열하는 방법은 $3!$가지이고, 이 각각에 대하여 1, 3의 자리를 바꾸는 방법은 $2!$가지이므로

$$3!\times 2!=12\text{(가지)}$$

(ii) 2, 4가 이웃하는 경우 :

같은 방법으로 생각하면 12가지

(iii) 1, 3이 이웃하고 동시에 2, 4가 이웃하는 경우 :

같은 방법으로 생각하면

$$2!\times 2!\times 2!=8(\text{가지})$$

(iii)은 (i), (ii)에 중복되므로 구하는 경우의 수는

$$12+12-8=\mathbf{16}$$

2-2. 세 개에서 세 개를 택하는 중복순열의 수는 ${}_3\Pi_3=27$

이 중에서 a가 연속되는 경우는

(i) a가 세 개일 때 : aaa

(ii) a가 두 개일 때 :

$aab,\ aac,\ baa,\ caa$

따라서 구하는 단어의 수는

$$27-(1+4)=\mathbf{22}$$

2-3. n개까지 사용한다고 하면

$${}_2\Pi_1+{}_2\Pi_2+{}_2\Pi_3+\cdots+{}_2\Pi_n\ge 50$$

$$\therefore\ 2^1+2^2+2^3+\cdots+2^n\ge 50$$

$$\therefore\ \frac{2(2^n-1)}{2-1}\ge 50 \quad \therefore\ 2^n\ge 26$$

따라서 n의 최솟값은 5이므로 **5개**

* ***Note*** 첫째항이 a, 공비가 $r\,(r\neq 1)$인 등비수열의 첫째항부터 제 n항까지의 합은 다음과 같이 계산한다.

$$a+ar+ar^2+\cdots+ar^{n-1}$$

$$=\frac{a(r^n-1)}{r-1}=\frac{a(1-r^n)}{1-r}$$ ⇦ 수학 I

2-4. (1) 7개의 숫자를 일렬로 나열하는 경우의 수에서 왼쪽 끝에 0이 오는 경우의 수를 빼면 되므로

$$\frac{7!}{3!2!}-\frac{6!}{3!2!}=\mathbf{360}(\text{개})$$

(2) ××××××0, ××××××2 꼴의 수이므로

$$\frac{6!}{3!2!}+\left(\frac{6!}{3!}-\frac{5!}{3!}\right)=\mathbf{160}(\text{개})$$

(3) ○×○×○×○에서 ○에 홀수 1, 1, 1, 3을, ×에 0, 2, 2를 나열하는 경우의 수와 같으므로

$$\frac{4!}{3!}\times\frac{3!}{2!}=\mathbf{12}(\text{개})$$

2-5. d와 f는 홀수 번째 자리 3개 중에서 2개를 택하여 나열하면 되므로 그 경우의 수는 ${}_3\mathrm{P}_2$

나머지 네 문자의 순열에서 i와 e를 같은 문자 A라고 하여 r, n, A, A의 순열을 생각하고, 이 순열에서 앞의 A에 i를, 뒤의 A에 e를 넣으면 되므로 그 경우의 수는 $\dfrac{4!}{2!}$

따라서 구하는 개수는

$${}_3\mathrm{P}_2\times\frac{4!}{2!}=\mathbf{72}$$

* ***Note*** r, i, e, n의 순열을 생각할 때, 4개의 자리에서 i, e를 넣을 자리를 2개 고른 다음 왼쪽에 i를, 오른쪽에 e를 넣는 경우의 수는

${}_4\mathrm{C}_2$ ⇦ 조합의 수(p. 40) 이용

남은 두 자리에 r, n을 나열하는 경우의 수는 $2!$

$$\therefore\ {}_4\mathrm{C}_2\times 2!=12$$

2-6. 왼쪽부터 세 개의 세로줄을 각각 A, B, C라고 하자.

이때, 세로줄을 선택하면 옮겨야 하는 상자가 자동으로 정해진다.

따라서 A를 2번, B를 3번, C를 4번 택하여 나열하는 경우의 수이므로

A, A, B, B, B, C, C, C, C

의 순열의 수와 같다.

$$\therefore\ \frac{9!}{2!3!4!}=\mathbf{1260}$$

2-7.

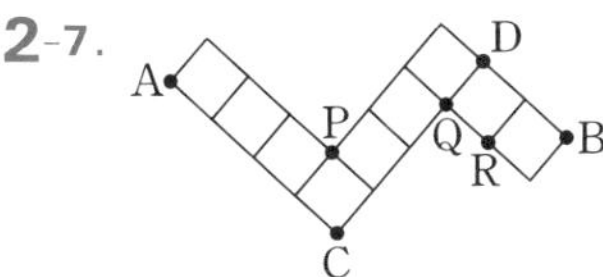

위의 그림에서

$$A \longrightarrow P \longrightarrow Q \longrightarrow R \longrightarrow B$$

로 가면 되므로

$$\frac{4!}{3!}\times\frac{3!}{2!}\times1\times2=\mathbf{24}$$

2-8.

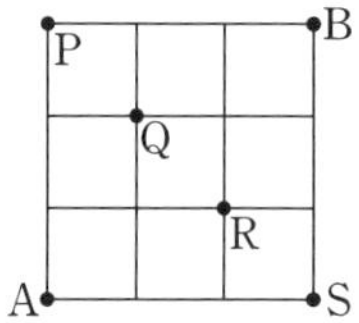

갑, 을이 만날 수 있는 지점은 P, Q, R, S이므로 이 지점에서 두 사람이 서로 만난 다음 각각 B, A에 도착하는 방법의 수는

$$(1\times1)^2+\left(\frac{3!}{2!}\times\frac{3!}{2!}\right)^2+\left(\frac{3!}{2!}\times\frac{3!}{2!}\right)^2+(1\times1)^2=164$$

따라서 구하는 방법의 수는

$$\left(\frac{6!}{3!3!}\right)^2-164=\mathbf{236}$$

2-9. (1) 어린이 6명을 원탁에 앉히는 경우의 수는 $(6-1)!$이고, 이 각각에 대하여 어린이와 어린이 사이의 여섯 곳 중 세 곳에 어른이 앉는 경우의 수는 ${}_6P_3$이다.

$$\therefore\ (6-1)!\times{}_6P_3=\mathbf{14400}$$

(2) 어른 3명을 먼저 원탁에 앉히고, 어른과 어른 사이의 세 곳에 어린이 수를 달리하여 각각 1명, 2명, 3명씩 앉히면 된다.

어른 3명을 원탁에 앉히는 경우의 수는 $(3-1)!=2$

이 각각에 대하여 어른과 어른 사이의 세 곳에 앉힐 어린이 수를 각각 1, 2, 3으로 정하여 앉히는 경우의 수는

$$(3\times{}_6P_1)\times(2\times{}_5P_2)\times(1\times{}_3P_3)=4320$$ ⇦ 다음 *Note*

따라서 구하는 경우의 수는

$$2\times4320=\mathbf{8640}$$

***Note** 어른과 어른 사이의 세 곳 중 한 곳을 택하여 어린이 6명 중 1명을 앉히고, 남은 두 곳 중 한 곳을 택하여 어린이 5명 중 2명을 앉히며, 남은 한 곳에 어린이 3명을 앉힌다고 생각하면 된다.

2-10. 6가지 색 중에서 2가지 색을 택하여 밑면과 윗면에 칠하는 방법의 수는 ${}_6P_2$이고, 이 각각에 대하여 나머지 4가지 색을 옆면에 칠하는 방법의 수는 옆면을 고정하는 방법이 2가지씩 있으므로 $(4-1)!\times2$이다.

$$\therefore\ {}_6P_2\times(4-1)!\times2=\mathbf{360}$$

2-11. ${}_nP_6$에서 $n\ge6$

$m\times{}_nP_5=72\times{}_nP_3$에서

$$mn(n-1)(n-2)(n-3)(n-4)=72n(n-1)(n-2)$$

$$\therefore\ m(n-3)(n-4)=72 \quad \cdots\cdots①$$

${}_nP_6=m\times{}_nP_4$에서

$$n(n-1)(n-2)(n-3)(n-4)(n-5)=mn(n-1)(n-2)(n-3)$$

$$\therefore\ (n-4)(n-5)=m \quad \cdots\cdots②$$

①, ②에서

$$(n-3)(n-4)^2(n-5)=72 \quad \cdots\cdots③$$

따라서

$n=6$일 때 성립하지 않는다.

$n=7$일 때 성립한다.

$n>7$일 때 $(n-3)(n-4)^2(n-5)>72$

$$\therefore\ \boldsymbol{n=7} \qquad \therefore\ \boldsymbol{m=6}$$

***Note** $72=2^3\times3^2=4\times3^2\times2$

따라서 ③에서

$$n-3=4 \qquad \therefore\ \boldsymbol{n=7}$$

2-12. (1) □□□1 꼴의 수이므로 5개의 숫자 2, 3, 4, 5, 6에서 3개의 숫자를 뽑

아 일렬로 나열하는 방법의 수와 같다.

$\therefore\ {}_5P_3=5\times4\times3=$**60**(개)

(2) 일의 자리 수가 1, 2, 3, 4, 5, 6인 것은 각각 60개이므로

(일의 자리 수의 합)

$=60\times(1+2+3+4+5+6)$

$=1260$

같은 방법으로 생각하면

(십의 자리 수의 합)

$=60\times(1+2+3+4+5+6)\times10$

$=12600$

(백의 자리 수의 합)

$=60\times(1+2+3+4+5+6)\times100$

$=126000$

(천의 자리 수의 합)

$=60\times(1+2+3+4+5+6)\times1000$

$=1260000$

$\therefore\ 1260+12600+126000+1260000$

$=\mathbf{1399860}$

* ***Note*** 이를테면 $4253+3524=7777$과 같이 같은 자리의 두 수의 합이 7이 되는 네 자리 자연수끼리 짝을 지을 수 있다.

네 자리 자연수의 개수가

${}_6P_4=360$

이므로 모든 네 자리 자연수의 합은

$180\times7777=\mathbf{1399860}$

2-13. (i) $ax^2+bx+c=0$에서 $a\neq0$이므로 a에 올 수 있는 수는 1, 3, 5, 7의 4개이고, b, c에 올 수 있는 수의 개수는 나머지 4개에서 2개를 택하는 순열의 수이므로 ${}_4P_2$이다.

따라서 이차방정식이 되는 경우의 수는 $4\times{}_4P_2=$**48**

(ii) $D=b^2-4ac\geq0$에서

(ㄱ) $c=0$일 때, a, b에는 1, 3, 5, 7 중 2개가 올 수 있으므로 ${}_4P_2=12$

(ㄴ) $c\neq0$일 때, b는 5 또는 7이다.

$b=5$이면 a, c에는 1, 3이 올 수 있으므로 $2!=2$

$b=7$이면 a, c에는 1, 3 또는 1, 5가 올 수 있으므로

$2!+2!=4$

따라서 구하는 경우의 수는

$12+2+4=\mathbf{18}$

2-14. A, B, C, D, E, F를 모두 사용하여 만든 여섯 자리 문자열의 집합을 U라고 하면 $n(U)=6!$

한편 U의 부분집합 중에서 A의 바로 다음 자리에 B가 오는 문자열의 집합을 X, B의 바로 다음 자리에 C가 오는 문자열의 집합을 Y, C의 바로 다음 자리에 A가 오는 문자열의 집합을 Z라고 하면

$n(X)=n(Y)=n(Z)=5!$,

$n(X\cap Y)=n(Y\cap Z)=n(Z\cap X)=4!$,

$n(X\cap Y\cap Z)=0$

주어진 조건을 만족시키는 문자열의 집합은 $X^c\cap Y^c\cap Z^c$이므로 구하는 개수는

$$\begin{aligned}n(X^c\cap Y^c\cap Z^c)&=n(U)-n(X\cup Y\cup Z)\\&=n(U)-n(X)-n(Y)-n(Z)\\&\quad+n(X\cap Y)+n(Y\cap Z)\\&\quad+n(Z\cap X)-n(X\cap Y\cap Z)\\&=6!-3\times5!+3\times4!-0\\&=\mathbf{432}\end{aligned}$$

2-15. 0은 만의 자리에 올 수 없으므로 0끼리 이웃하지 않게 하기 위해서는 0을 1개 또는 2개 사용해야 한다.

(i) 0을 1개 사용하는 경우

0이 올 수 있는 자리는 4가지

1은 반드시 포함되어야 하므로 나머지 네 자리에는 1, 2, 3이 중복을 허락하여 오는 경우에서 2, 3만이 중복을 허락하여 오는 경우를 빼면 된다.

$\therefore\ 4\times({}_3\Pi_4-{}_2\Pi_4)=260$

(ii) 0을 2개 사용하는 경우

2개의 0이 이웃하지 않는 경우는 다음 3가지이다.

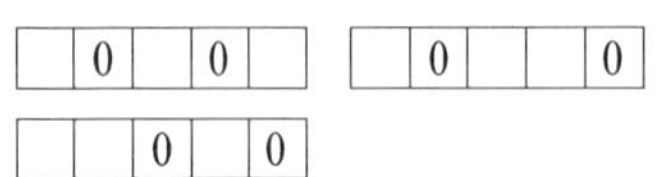

이 각각에 대하여 나머지 세 자리는 (i)과 같은 방법으로 생각하면 되므로

$3\times({}_3\Pi_3-{}_2\Pi_3)=57$

(i), (ii)에서 구하는 개수는

$260+57=\mathbf{317}$

2-16. (i) 4를 한 번 뽑은 경우

-1은 0, 2, 4번 나와야 하므로

$(1,\ 1,\ 1,\ 1,\ 1,\ 4)$,

$(-1,\ -1,\ 1,\ 1,\ 1,\ 4)$,

$(-1,\ -1,\ -1,\ -1,\ 1,\ 4)$

의 순열의 수와 같다.

$\therefore\ \dfrac{6!}{5!}+\dfrac{6!}{2!3!}+\dfrac{6!}{4!}=96$

(ii) 2를 두 번 뽑은 경우

-1은 0, 2, 4번 나와야 하므로

$(1,\ 1,\ 1,\ 1,\ 2,\ 2)$,

$(-1,\ -1,\ 1,\ 1,\ 2,\ 2)$,

$(-1,\ -1,\ -1,\ -1,\ 2,\ 2)$

의 순열의 수와 같다.

$\therefore\ \dfrac{6!}{4!2!}+\dfrac{6!}{2!2!2!}+\dfrac{6!}{4!2!}=120$

(i), (ii)에서 구하는 개수는

$96+120=\mathbf{216}$

2-17. 점 $(x,\ y)$에서

점 $(x+1,\ y)$로 가는 점프를 a,

점 $(x+1,\ y+1)$로 가는 점프를 b,

점 $(x+1,\ y-1)$로 가는 점프를 c,

점 $(x,\ y+1)$로 가는 점프를 d

라고 하자.

(1) 점 $\mathrm{A}(-2,\ 0)$에서 점 $\mathrm{B}(2,\ 0)$까지 4번의 점프로 이동해야 하므로

$(a,\ a,\ a,\ a)$, $(a,\ a,\ b,\ c)$,

$(b,\ b,\ c,\ c)$

의 순열의 수와 같다.

$\therefore\ 1+\dfrac{4!}{2!}+\dfrac{4!}{2!2!}=\mathbf{19}$

(2) 점 $\mathrm{C}(0,\ 0)$에서 점 $\mathrm{D}(3,\ 2)$까지 7번 이상의 점프로 이동해야 하므로 a, b, c가 합해서 3번, d가 4번 이상 있어야 한다. 따라서

$(d,\ d,\ d,\ d,\ c,\ c,\ a)$,

$(d,\ d,\ d,\ d,\ d,\ c,\ c,\ c)$

의 순열의 수와 같다.

$\therefore\ \dfrac{7!}{4!2!}+\dfrac{8!}{5!3!}=\mathbf{161}$

2-18. x좌표가 4가 될 때는 1이 4회 나오는 경우와 1과 3이 1회씩 나오는 경우이다.

또, y좌표가 4가 될 때는 2가 2회 나오는 경우와 4가 1회 나오는 경우이다.

따라서 점 P가 점 $(4,\ 4)$에 도달할 수 있는 경우의 수는

$(1,\ 1,\ 1,\ 1,\ 2,\ 2)$, $(1,\ 1,\ 1,\ 1,\ 4)$,

$(1,\ 3,\ 2,\ 2)$, $(1,\ 3,\ 4)$

의 순열의 수와 같다.

$\therefore\ \dfrac{6!}{4!2!}+\dfrac{5!}{4!}+\dfrac{4!}{2!}+3!=\mathbf{38}$

2-19.

정육면체의 내부에도 위의 그림과 같은 선이 있다고 하고, 가로의 한 구간을 a, 세로의 한 구간을 b, 높이의 한 구간을 c라고 하자.

이때, A에서 B까지 최단 거리로 가는 방법의 수는

$$a,\ a,\ b,\ b,\ c,\ c$$

의 순열의 수와 같다.

따라서 이 중에서 점 P를 지나는 순열의 수를 빼면 되므로

$$\frac{6!}{2!2!2!}-3!\times3!=\mathbf{54}$$

2-20.

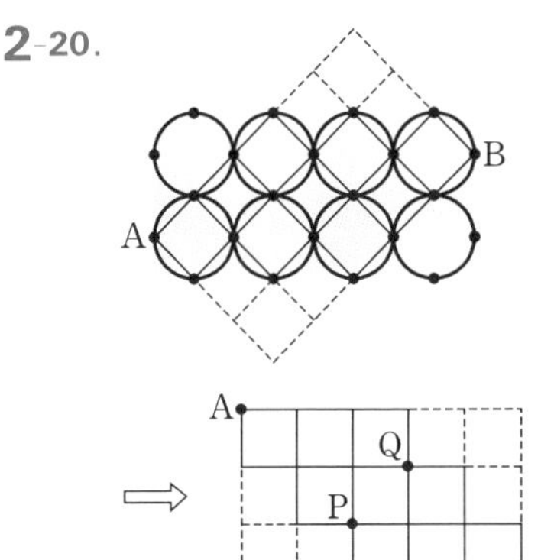

위의 그림의 A지점에서 출발하여 실선을 따라 B지점까지 최단 거리로 가는 방법의 수와 같다.

(i) A ⟶ P ⟶ B의 경우

$$\left(\frac{4!}{2!2!}-1\right)\times\frac{4!}{3!}=5\times4=20\text{(가지)}$$

(ii) A ⟶ Q ⟶ B의 경우

$$\frac{4!}{3!}\times\left(\frac{4!}{2!2!}-1\right)=4\times5=20\text{(가지)}$$

따라서 구하는 방법의 수는

$$20+20=\mathbf{40}$$

2-21.

(1) 갑과 을이 만나는 점은 선분 PR 위에 있다.

B ⟶ P ⟶ D의 경우

$$\frac{3!}{2!}\times\frac{6!}{2!4!}=45\text{(가지)}$$

B ⟶ S ⟶ Q ⟶ D의 경우

$$\frac{3!}{2!}\times1\times\frac{5!}{2!3!}=30\text{(가지)}$$

B ⟶ T ⟶ R ⟶ D의 경우

$$\frac{4!}{3!}\times1\times\frac{4!}{2!2!}=24\text{(가지)}$$

따라서 구하는 경우의 수는

$$45+30+24=\mathbf{99}$$

(2) 세 사람이 동시에 만난다고 하면 만나는 점은 위의 그림에서 점 M이다.

이때, 을은 B ⟶ Q ⟶ R ⟶ D를 움직이므로 구하는 경우의 수는

$$\frac{4!}{2!2!}\times1\times\frac{4!}{2!2!}=\mathbf{36}$$

2-22. 배추밭을 A, 파밭을 B, 마늘밭을 C라고 하자.

(i) 첫째 가로줄에 A, A, A, B, B, C를 나열하는 경우의 수는

$$\frac{6!}{3!2!}=60$$

(ii) 이를테면 아래 그림과 같이 첫째 가로줄에 A, A, A, B, B, C를 나열했다고 하자.

A	B	A	A	B	C
	A			A	A

같은 세로줄에는 서로 다른 농작물을 심어야 하므로 둘째 가로줄의 점 찍은 밭에 B, B, C를 나열한 다음, 나머지 밭에는 A, A, A를 나열하면 된다.

이와 같이 둘째 가로줄에 A, A, A, B, B, C를 나열하는 경우의 수는

$$\frac{3!}{2!}\times1=3$$

(i), (ii)에서 구하는 경우의 수는

$$60\times3=\mathbf{180}$$

2-23. (1) 붉은 구슬 1개를 고정해서 생각할 때, 나머지 검은 구슬 6개, 흰 구슬

4개를 일렬로 나열하는 경우이므로

$$\frac{10!}{6!4!}=\mathbf{210}\text{(가지)}$$

(2) 좌우 대칭이 되는 것은 한쪽에 검은 구슬 3개, 흰 구슬 2개가 오는 경우이므로

$$\frac{5!}{3!2!}=\mathbf{10}\text{(가지)}$$

(3) (2)에서 좌우 대칭인 것은 뒤집으면 그 자신과 일치하고, 좌우 대칭이 아닌 것은 뒤집었을 때 같은 것이 두 개씩 생기므로

$$10+\frac{210-10}{2}=\mathbf{110}\text{(가지)}$$

3-1. ${}_n\mathrm{P}_r=60$ ⋯① ${}_n\mathrm{C}_r=10$ ⋯②

②에서 $\dfrac{{}_n\mathrm{P}_r}{r!}=10$ ⇦ ①을 대입

$\therefore\ r!=6=3\times2\times1 \quad \therefore\ \boldsymbol{r=3}$

①에 대입하면 ${}_n\mathrm{P}_3=60=5\times4\times3$

$\therefore\ \boldsymbol{n=5}$

3-2. 남학생 수, 여학생 수를 각각 n이라고 하면 ${}_{2n}\mathrm{C}_3=10\times{}_n\mathrm{C}_3$

$$\therefore\ \frac{2n(2n-1)(2n-2)}{3!}=10\times\frac{n(n-1)(n-2)}{3!}$$

$n\ge3$이므로 양변을 $n(n-1)$로 나누면

$$2(2n-1)\times2=10(n-2)$$

$\therefore\ \boldsymbol{n=8}$

3-3. 1, 2를 제외한 5개의 숫자에서 3개를 뽑는 조합의 수는 ${}_5\mathrm{C}_3$이다.

(1) 각각에 대하여 맨 앞자리가 1인 경우의 수는 4!이므로

$${}_5\mathrm{C}_3\times4!=\mathbf{240}\text{(개)}$$

(2) 1을 놓을 수 있는 곳은 □▩▩▩□ 에서 ▩표한 세 곳 중의 한 곳이며, 이 각각에 대하여 4개의 숫자를 4곳에 놓으면 되므로

$${}_5\mathrm{C}_3\times{}_3\mathrm{C}_1\times4!=\mathbf{720}\text{(개)}$$

3-4. (1) 세 수 중에서 짝수가 포함되면 곱은 짝수가 되므로, 전체 조합의 수에서 홀수만의 조합의 수를 빼면 된다.

$\therefore\ {}_{20}\mathrm{C}_3-{}_{10}\mathrm{C}_3=\mathbf{1020}$

(2) 곱이 짝수인 조합의 수로부터 곱이 2의 배수이면서 4의 배수가 아닌 조합의 수를 빼면 된다.

곱이 2의 배수이면서 4의 배수가 아닌 경우는 2, 6, 10, 14, 18 중에서 한 개와 홀수 1, 3, 5, 7, 9, 11, 13, 15, 17, 19 중에서 두 개를 뽑는 경우이다.

$\therefore\ 1020-{}_5\mathrm{C}_1\times{}_{10}\mathrm{C}_2=\mathbf{795}$

**Note* (i) 짝수 3개를 뽑는 경우

${}_{10}\mathrm{C}_3=120$

(ii) 홀수 1개, 짝수 2개를 뽑는 경우

${}_{10}\mathrm{C}_1\times{}_{10}\mathrm{C}_2=450$

(iii) 홀수 2개, 4의 배수 1개를 뽑는 경우 ${}_{10}\mathrm{C}_2\times{}_5\mathrm{C}_1=225$

(i), (ii), (iii)에서

$120+450+225=\mathbf{795}$

3-5. (i) 오늘 방문할 4곳을 택하는 경우의 수는 A, B를 미리 택하고 나머지 4곳 중 2곳을 택하는 조합의 수와 같으므로 ${}_4\mathrm{C}_2=6$

(ii) 이 각각에 대하여 방문할 4곳

A, B, □, ○

에서 A, B를 같은 것(A, A, □, ○)으로 보고, 오늘 방문할 곳의 순서를 정한 다음 A를 B보다 앞자리에 배치하면 되므로 경우의 수는

$$\frac{4!}{2!}=12$$

(i), (ii)에서 $6\times12=\mathbf{72}$

3-6. 한 번에 2자루를 꺼내는 것이 0회일 때 : 1가지(${}_{10}\mathrm{C}_0$가지)

한 번에 2자루를 꺼내는 것이 1회일 때 : 이때에는 9번 꺼내게 되고, 이 중에

서 2자루를 꺼내는 것 한 번을 택하는 방법은 ${}_9C_1$가지이다.

같은 방법으로 생각하면 2자루씩 꺼내는 것이

2회일 때 ${}_8C_2$가지,
3회일 때 ${}_7C_3$가지,
4회일 때 ${}_6C_4$가지,
5회일 때 ${}_5C_5$가지

따라서 구하는 방법의 수는

$${}_{10}C_0+{}_9C_1+{}_8C_2+{}_7C_3+{}_6C_4+{}_5C_5$$
$$=1+9+28+35+15+1=\mathbf{89}$$

***Note** 한 번에 1자루를 꺼내는 횟수를 x, 2자루를 꺼내는 횟수를 y라고 하면

$x+2y=10$ (x, y는 음이 아닌 정수)

$\therefore (x, y)=(0, 5), (2, 4), (4, 3), (6, 2), (8, 1), (10, 0)$

따라서 구하는 방법의 수는

$${}_5C_0+{}_6C_2+{}_7C_4+{}_8C_6+{}_9C_8+{}_{10}C_{10}$$
$$=1+15+35+28+9+1=\mathbf{89}$$

3-7.

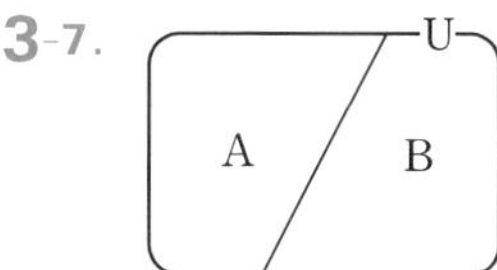

함수 $f: A \longrightarrow B$가 일대일대응이므로 집합 A의 서로 다른 원소에 집합 B의 서로 다른 원소가 대응하고 치역과 공역이 서로 같다.

따라서 집합 A, B의 원소의 개수가 각각 3, 3이어야 한다.

집합 U를 두 집합 A, B로 나누는 방법의 수는 ${}_6C_3$이고, 이 각각에 대하여 일대일대응인 경우의 수는 $3!$이므로 구하는 함수 f의 개수는

$${}_6C_3\times3!={}_6P_3=\mathbf{120}$$

3-8. 8가지 색 중에서 4가지 색을 택하여 바깥쪽 4곳에 칠하는 방법의 수는

$${}_8C_4\times(4-1)!=70\times6=420$$

이 각각에 대하여 안쪽 4곳에 나머지 4가지 색을 칠하는 방법의 수는

$$4!=24$$

따라서 구하는 방법의 수는

$$420\times24=\mathbf{10080}$$

3-9. (i) 6개의 모서리 중에서 4개, 5개, 6개의 모서리에 푸른색을 칠하면 항상 연결 가능하므로

$${}_6C_4+{}_6C_5+{}_6C_6=22\text{(가지)}$$

(ii) 3개의 모서리에 푸른색을 칠하면 세 모서리가 삼각형을 이루지 않아야 하므로 ${}_6C_3-4=16$(가지)

(iii) 2개 이하의 모서리에 색을 칠하여 네 꼭짓점을 연결하는 것은 불가능하다.

(i), (ii), (iii)에서 $22+16=\mathbf{38}$

3-10. 2, 2^2, 2^3, 2^4, 2^5, 2^6에서 두 수를 뽑아 더한 값은 모두 다르다.

따라서 6개의 수를 2개, 2개, 2개의 세 묶음으로 나눈 다음, 합이 작은 것부터 첫째, 둘째, 셋째 세로줄에 각각 둔다.

그리고 각 묶음에서 2개의 수를 위, 아래에 둘 곳을 결정하면 된다.

$$\therefore {}_6C_2\times{}_4C_2\times{}_2C_2\times\frac{1}{3!}\times2^3=\mathbf{120}$$

3-11. 상자 5개에서 공을 넣을 상자 2개를 택한 다음, 공 4개를 상자 2개에 빈 상자가 없도록 나누어 넣으면 된다.

(i) 서로 다른 상자 5개에서 상자 2개를 택하는 방법의 수는 ${}_5C_2=10$

(ii) 서로 다른 공 4개를 서로 다른 상자 2개에 빈 상자가 없도록 넣으려면 1개, 3개 또는 2개, 2개로 나누어 넣어야 하므로 방법의 수는

$$\left({}_4C_1\times{}_3C_3+{}_4C_2\times{}_2C_2\times\frac{1}{2!}\right)\times2!=14$$

(i), (ii)에서 $10\times14=\mathbf{140}$

***Note** $_5C_2\times({}_2\Pi_4-2)=\mathbf{140}$

3-12. 하생 7명을 두 조로 나누는 방법은 (1명, 6명), (2명, 5명), (3명, 4명)의 세 가지가 있다. 이 중에서 정원 5명을 초과하는 경우를 제외한다.

(1) 2명, 5명의 두 조로 나누는 경우

$$_7C_2\times{}_5C_5=21$$

3명, 4명의 두 조로 나누는 경우

$$_7C_3\times{}_4C_4=35$$

따라서 구하는 방법의 수는

$$21+35=\mathbf{56}$$

(2) 고무보트를 서로 바꾸는 방법의 수가 2!이므로 구하는 방법의 수는

$$56\times2!=\mathbf{112}$$

3-13. 2310을 소인수분해하면

$$2310=2\times3\times5\times7\times11$$

(1) 1보다 큰 두 자연수의 곱으로 나타내려면 2, 3, 5, 7, 11이 모두 소수이므로 (1개의 소수)×(4개의 소수의 곱) 또는 (2개의 소수의 곱)×(3개의 소수의 곱)의 꼴이어야 한다.

$$\therefore\ _5C_1\times{}_4C_4+{}_5C_2\times{}_3C_3=\mathbf{15}$$

(2) 1보다 큰 세 자연수의 곱으로 나타내려면 2, 3, 5, 7, 11이 모두 소수이므로 (1개의 소수)×(1개의 소수)×(3개의 소수의 곱) 또는 (1개의 소수)×(2개의 소수의 곱)×(2개의 소수의 곱)의 꼴이어야 한다.

$$\therefore\ _5C_1\times{}_4C_1\times{}_3C_3\times\frac{1}{2!}+{}_5C_1\times{}_4C_2\times{}_2C_2\times\frac{1}{2!}=\mathbf{25}$$

(3) $a,\ b,\ c$의 구분이 있으므로 (2)에서 세 자연수의 곱으로 나타낸 것을 나열하는 순열의 수를 생각해야 한다.

$$\therefore\ 25\times3!=\mathbf{150}$$

3-14. (1) 1, 2, 3, 4, 5, 6에서 5개를 택하는 조합의 수는 $_6C_5$이고, 이 각각에 대하여 작은 수부터 크기 순서로 나열하면 주어진 조건을 만족시키므로

$$_6C_5=\mathbf{6}$$

(2) 1, 2, 3, 4, 5, 6에서 중복을 허락하여 5개를 택하는 중복조합의 수와 같으므로 $_6H_5={}_{10}C_5=\mathbf{252}$

3-15. 3, 4, 5, 6, 7, 8, 9에서 중복을 허락하여 3개를 택한 다음, 크기 순으로 $|a|$, $|b|$, $|c|$의 값으로 정하는 경우의 수는

$$_7H_3={}_9C_3=84$$

$a,\ b,\ c$의 부호는 양, 음의 2가지씩이므로 구하는 순서쌍 $(a,\ b,\ c)$의 개수는

$$84\times2\times2\times2=\mathbf{672}$$

3-16. $a,\ b,\ c$는 1보다 큰 자연수이므로 $n\ge2$이다.

$abc=2^{2n}$에서 $a,\ b,\ c$는 모두 2의 거듭제곱꼴임을 알 수 있다.

따라서

$$a=2^{p+1},\ b=2^{q+1},\ c=2^{r+1}$$

($p,\ q,\ r$는 음이 아닌 정수)

으로 놓으면

$$2^{p+1}\times2^{q+1}\times2^{r+1}=2^{2n}$$

$$\therefore\ (p+1)+(q+1)+(r+1)=2n$$

$$\therefore\ p+q+r=2n-3$$

이를 만족시키는 순서쌍 $(p,\ q,\ r)$의 개수는

$$_3H_{2n-3}={}_{2n-1}C_{2n-3}={}_{2n-1}C_2=\frac{(2n-1)(2n-2)}{2\times1}=(2n-1)(n-1)$$

순서쌍 $(a,\ b,\ c)$의 개수가 55이므로

$$(2n-1)(n-1)=55$$

$$\therefore\ 2n^2-3n-54=0$$

$$\therefore\ (2n+9)(n-6)=0$$

$n\ge2$이므로 $\mathbf{n=6}$

3-17. (1) $(a+b+c)^8$을 전개하여 동류항끼리 정리하면 각 항은 모두 $a^x b^y c^z$의 꼴이다.

이때, x, y, z는 방정식 $x+y+z=8$을 만족시키는 음이 아닌 정수이다.

따라서 구하는 서로 다른 항의 개수는 3개의 문자 x, y, z에서 8개를 택하는 중복조합의 수와 같으므로

$${}_3H_8={}_{10}C_8=\mathbf{45}$$

***Note** 전개할 때 생기는 각 항은

$a^8,\ a^6b^2,\ a^4b^3c,\ \cdots$

로 모두 8차의 꼴이다. 이것은

$aaaaaaaa,\ aaaaaabb,$
$aaaabbbc,\ \cdots$

로 볼 수 있으므로 전개할 때 생기는 서로 다른 항의 개수는 a, b, c의 세 문자에서 중복을 허락하여 8개를 택하는 중복조합의 수와 같다.

$$\therefore\ {}_3H_8=\mathbf{45}$$

(2) $(a+b)^6$을 전개할 때, 서로 다른 항의 개수는 ${}_2H_6={}_7C_6=7$

$(x+y+z)^4$을 전개할 때, 서로 다른 항의 개수는 ${}_3H_4={}_6C_4=15$

따라서 $(a+b)^6(x+y+z)^4$을 전개할 때, 서로 다른 항의 개수는

$$7\times15=\mathbf{105}$$

3-18. 흰 공 2개를 3명에게 나누어 주는 방법은 ${}_3H_2={}_4C_2=6$(가지)

붉은 공 4개를 3명에게 나누어 주는 방법은 ${}_3H_4={}_6C_4=15$(가지)

검은 공 7개를 적어도 1개씩 3명에게 나누어 주는 방법은 먼저 3명에게 1개씩 주고 남은 4개를 3명에게 나누어 주는 방법과 같으므로 ${}_3H_4=15$(가지)

$$\therefore\ 6\times15\times15=\mathbf{1350}(\text{가지})$$

3-19. 서로 다른 상자 3개에 넣은 공의 개수를 각각 x, y, z라고 하면

$$x+y+z=7$$

(1) 방정식 $x+y+z=7$의 음이 아닌 정수해의 개수와 같으므로

$${}_3H_7={}_9C_7=\mathbf{36}$$

(2) $x+y+z=7$에서

$x=a+1,\ y=b+1,\ z=c+1$
(a, b, c는 음이 아닌 정수)

로 놓으면

$(a+1)+(b+1)+(c+1)=7$
$\therefore\ a+b+c=4$

따라서 방정식 $a+b+c=4$의 음이 아닌 정수해의 개수와 같으므로

$${}_3H_4={}_6C_4=\mathbf{15}$$

(3) $x+y+z=7$에서

$x=2p+1,\ y=2q+1,\ z=2r+1$
(p, q, r는 음이 아닌 정수)

로 놓으면

$(2p+1)+(2q+1)+(2r+1)=7$
$\therefore\ p+q+r=2$

따라서 방정식 $p+q+r=2$의 음이 아닌 정수해의 개수와 같으므로

$${}_3H_2={}_4C_2=\mathbf{6}$$

3-20. (i) 첫째 자리 문자가 b이면 둘째 자리 문자와 마지막 자리 문자는 a이다.

$ba\square a\square a\square a\square a\square a\square a\square a$

따라서 위의 7개의 □ 중에서 b를 놓을 자리 3곳을 정하면 되므로

${}_7C_3=35$(개)

(ii) 첫째 자리 문자가 a이면

$a\square a\square a\square a\square a\square a\square a\square a\square$

따라서 위의 8개의 □ 중에서 b를 놓을 자리 4곳을 정하면 되므로

${}_8C_4=70$(개)

(i), (ii)에서 $35+70=\mathbf{105}$

***Note** b가 연속해서 나오지 않게 나열하는 경우에서 b가 첫째 자리와 마지

막 자리에 모두 놓이는 경우를 제외한다. 곧,

$${}_9C_4 - {}_7C_2 = 126 - 21 = \mathbf{105}$$

3-21. (i) 여섯 자리 숫자열에 포함된 숫자 중에서 0이 3개인 경우는

$${}_6C_3 = 20(\text{개})$$

(ii) 여섯 자리 숫자열에서 숫자 1이 연속하여 3개 이상 나오는 경우는

(ㄱ) 1이 연속하여 3개 나오는 경우

1110□□, 01110□,
□01110, □□0111

의 □에 0 또는 1이 올 때이므로

$$2^2 + 2 + 2 + 2^2 = 12(\text{개})$$

그런데 이 중에서 □에 모두 0이 오는 경우는 (i)의 경우와 중복되므로 이를 제외하면

$$12 - 4 = 8(\text{개})$$

(ㄴ) 1이 연속하여 4개 나오는 경우

11110□, □01111, 011110

의 □에 0 또는 1이 올 때이므로

$$2 + 2 + 1 = 5(\text{개})$$

(ㄷ) 1이 연속하여 5개 나오는 경우

111110, 011111의 2개

(ㄹ) 1이 연속하여 6개 나오는 경우

111111의 1개

(i), (ii)에서 $20 + 8 + 5 + 2 + 1 = \mathbf{36}$

3-22. (1) a_3은 뽑은 4개의 수 중에서 두 번째로 작은 수가 3인 경우의 수이므로 3보다 작은 수가 1개이고, 3보다 큰 수가 2개인 경우의 수이다.

그런데 1부터 20까지의 자연수 중에서 3보다 작은 수는 1, 2의 2개이고, 3보다 큰 수는 17개이므로

$$a_3 = {}_2C_1 \times {}_{17}C_2 = \mathbf{272}$$

(2) $a_1 = a_{19} = a_{20} = 0$이므로

$$\sum_{k=1}^{20} a_k = a_2 + a_3 + a_4 + \cdots + a_{18}$$

여기에서 우변은 1부터 20까지의 자연수 중에서 4개의 수를 뽑는 모든 경우의 수이므로

$$\sum_{k=1}^{20} a_k = {}_{20}C_4 = \mathbf{4845}$$

* ***Note*** n개의 수 $a_1, a_2, a_3, \cdots, a_n$의 합을 기호 $\sum$(시그마)를 사용하여 다음과 같이 나타낸다.

$$a_1 + a_2 + a_3 + \cdots + a_n = \sum_{k=1}^{n} a_k$$

⇦ 수학 I

3-23.

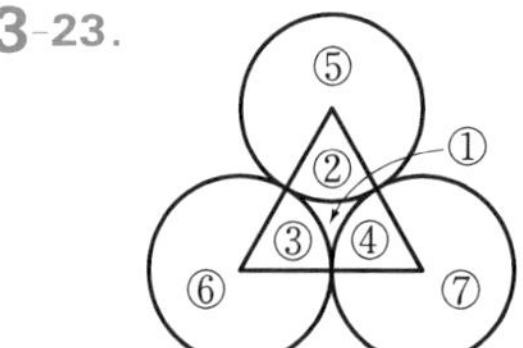

①에 칠하는 경우의 수는 7

②, ③, ④에 칠할 3가지 색을 택하는 경우의 수는 ${}_6C_3$이고, 택한 3가지 색을 칠하는 경우의 수는 $(3-1)!$이므로 ②, ③, ④에 칠하는 경우의 수는

$${}_6C_3 \times (3-1)! = 40$$

남은 3가지 색을 ⑤, ⑥, ⑦에 칠하는 경우의 수는 $3! = 6$

따라서 구하는 경우의 수는

$$7 \times 40 \times 6 = \mathbf{1680}$$

3-24. 한 개의 가로줄에서 상자 3개 또는 4개를 초록색 상자로 바꾸는 경우, 나머지 두 개의 가로줄 중에서 적어도 하나의 가로줄에는 초록색 상자가 들어갈 수 없으므로 옆에서 본 모양이 (나)와 같이 될 수 없다.

따라서 세 개의 가로줄에서 초록색 상자로 바꾸는 상자의 개수는 각각 2, 1, 1이어야 한다. 이때, 세 개의 가로줄 중에서 상자 2개를 초록색 상자로 바꿀 한

개의 가로줄을 택하는 경우의 수는 ${}_3C_1$이고, 이 각각에 대하여 택한 가로줄에서 초록색 상자로 바꿀 2개의 상자를 택하는 경우의 수는 ${}_4C_2$이다.

또, 이 각각에 대하여 나머지 두 개의 가로줄에서 이미 택한 두 개의 세로줄을 제외한 나머지 두 개의 세로줄의 상자만 세로줄이 겹치지 않도록 하나씩 초록색 상자로 바꾸는 경우의 수는 2이다.

⇦ 아래 ***Note*** 1°

$\therefore\ {}_3C_1\times{}_4C_2\times2=\mathbf{36}$

****Note*** **1°** 이를테면 아래 그림에서 첫째 가로줄의 첫째 세로줄과 셋째 세로줄을 초록색 상자로 바꾸면 둘째, 셋째 가로줄에서는 (A, D) 또는 (B, C)를 초록색 상자로 바꾸면 된다.

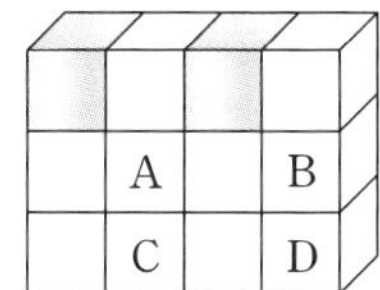

****Note*** **2°** 네 개의 세로줄에서 각각 상자 한 개를 초록색 상자로 바꾸는 방법의 수는

$3\times3\times3\times3=81$

이 중에서 네 개의 초록색 상자가 한 개의 가로줄에 있는 경우의 수는

${}_3C_1=3$

또, 네 개의 초록색 상자가 두 개의 가로줄에 있는 경우의 수는

${}_3C_2\times(2\times2\times2\times2-2)=42$

따라서 구하는 방법의 수는

$81-3-42=\mathbf{36}$

3-25. 4명씩 두 조로 나눌 때, A와 B를 서로 다른 조에 넣는다.

남은 6명을 각각 3명씩 두 조로 나누는 방법이 ${}_6C_3\times{}_3C_3\times\dfrac{1}{2!}$가지, 두 조를 A, B에 대응시키는 방법이 $2!$가지, 두 조에 있는 4명의 대진표를 짜는 방법이 각각 ${}_4C_2\times{}_2C_2\times\dfrac{1}{2!}$가지이므로 구하는 경우의 수는

$$\left({}_6C_3\times{}_3C_3\times\frac{1}{2!}\right)\times2!\times\left({}_4C_2\times{}_2C_2\times\frac{1}{2!}\right)^2=\mathbf{180}$$

3-26. 한 접시에 4개 이하의 과일을 담을 수 있으므로 접시는 2개 이상 필요하다.

(i) 두 개의 접시에 담을 때

각 접시에 4개씩 담아야 하므로

$${}_8C_4\times{}_4C_4\times\frac{1}{2!}=35$$

(ii) 세 개의 접시에 담을 때

서로 다른 과일 8개를 각 묶음에 1개 이상 4개 이하가 포함되도록 세 묶음으로 나누는 방법은

(1개, 3개, 4개), (2개, 2개, 4개), (2개, 3개, 3개)

의 세 가지가 있다.

1개, 3개, 4개로 나누는 경우

$${}_8C_1\times{}_7C_3\times{}_4C_4=280$$

2개, 2개, 4개로 나누는 경우

$${}_8C_2\times{}_6C_2\times{}_4C_4\times\frac{1}{2!}=210$$

2개, 3개, 3개로 나누는 경우

$${}_8C_2\times{}_6C_3\times{}_3C_3\times\frac{1}{2!}=280$$

따라서 세 개의 접시에 담는 방법의 수는

$280+210+280=770$

(i), (ii)에서 구하는 방법의 수는

$35+770=\mathbf{805}$

3-27. (i) f가 항등함수일 때 1개

(ii) $f(a)=b$이면 $(f\circ f)(a)=a$에서

$f(b)=a$

① 서로 한 쌍만 바뀌어져 있을 때

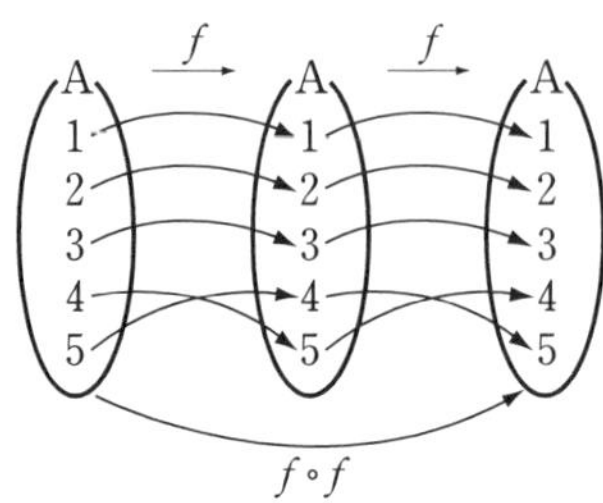

이때에는 집합 A의 원소 5개 중 2개를 뽑는 경우의 수와 같으므로

$$_5C_2=10$$

② 서로 두 쌍이 바뀌어져 있을 때

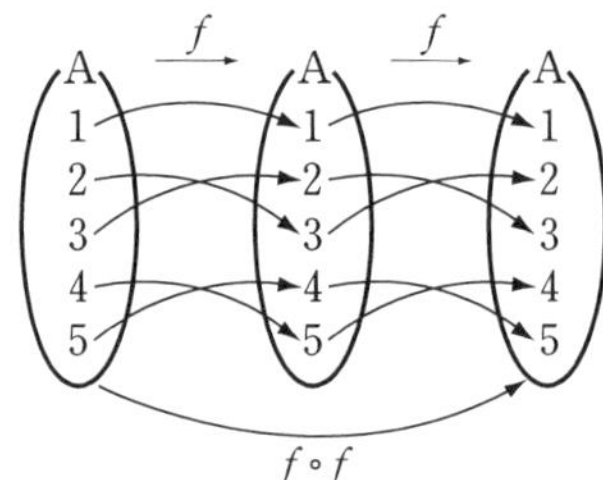

이때에는 집합 A의 원소 5개 중 2개씩 두 묶음을 만드는 것과 같으므로

$$_5C_2\times{}_3C_2\times\frac{1}{2!}=15$$

(i), (ii)에서 구하는 함수의 개수는

$$1+10+15=\mathbf{26}$$

3-28. (1) a를 x개, b를 y개, c를 z개 뽑을 때

$$x+y+z=10$$

구하는 자연수의 개수는 이 방정식의 음이 아닌 정수해의 개수와 같으므로

$_3H_{10}={}_{12}C_{10}=\mathbf{66}$(가지)

(2) 만들 수 있는 자연수를 모두 곱하면 a, b, c의 개수는 모두 더해서

$$66\times10=660$$

이때, a, b, c가 모두 같은 수만큼 사용되었으므로 a, b, c는 각각

$660\div3=220$(개)

씩 사용되었다. $\therefore\ \boldsymbol{n=220}$

3-29. 방정식 $x+y+z+w=0$의 음이 아닌 정수해의 개수는 $_4H_0$

방정식 $x+y+z+w=1$의 음이 아닌 정수해의 개수는 $_4H_1$

방정식 $x+y+z+w=2$의 음이 아닌 정수해의 개수는 $_4H_2$

…

방정식 $x+y+z+w=5$의 음이 아닌 정수해의 개수는 $_4H_5$

$$\therefore\ {}_4H_0+{}_4H_1+{}_4H_2+{}_4H_3+{}_4H_4+{}_4H_5$$
$$={}_3C_0+{}_4C_1+{}_5C_2+{}_6C_3+{}_7C_4+{}_8C_5$$
$$=\mathbf{126}$$

****Note*** $5-(x+y+z+w)=t$로 놓으면 $t>-1$이므로 방정식 $x+y+z+w+t=5$의 음이 아닌 정수해의 개수를 구하는 것과 같다.

$$\therefore\ {}_5H_5={}_9C_5=\mathbf{126}$$

3-30. a, b, c, d는 음이 아닌 정수이므로 조건 (가)에서 $d=0$, 1, 2, 3의 4가지가 가능하다.

또, 조건 (나)에서 $2^a\times4^b=2^{a+2b}$이 8의 배수이므로 $a+2b\ge3$이다.

따라서 $d=0$, 1, 2, 3일 때의 순서쌍 (a, b, c)의 개수에서

$(a, b)=(0, 0)$, $(0, 1)$, $(1, 0)$, $(2, 0)$

인 순서쌍의 개수를 빼면 된다.

(i) $d=0$일 때, $a+b+c=10$

$$\therefore\ {}_3H_{10}-4={}_{12}C_{10}-4=62$$

(ii) $d=1$일 때, $a+b+c=7$

$$\therefore\ {}_3H_7-4={}_9C_7-4=32$$

(iii) $d=2$일 때, $a+b+c=4$

$$\therefore\ {}_3H_4-4={}_6C_4-4=11$$

(iv) $d=3$일 때, $a+b+c=1$

이 식과 $a+2b\ge3$을 동시에 만족시키는 음이 아닌 정수 a, b는 없다.

(i)~(iv)에서 구하는 순서쌍의 개수는

$62+32+11=\mathbf{105}$

3-31. a, b, c, d, e 중에서 1인 것 2개를 정하는 경우의 수는 ${}_5C_2=10$

이를테면 $a=1$, $b=1$일 때, $c+d+e=13$을 만족시키는 음이 아닌 정수 c, d, e의 순서쌍 (c, d, e)의 개수는 ${}_3H_{13}={}_{15}C_{13}=105$

그런데 c, d, e 중에서 1이 있는 경우는 조건 (나)를 만족시키지 않으므로 이 경우를 제외해야 한다.

c, d, e 중에서 1이 2개인 순서쌍 (c, d, e)는 ⇦ 나머지 하나는 11

${}_3C_2=3$(개)

c, d, e 중에서 1이 1개인 순서쌍 (c, d, e)는 세 수 중 하나는 1이고, 나머지 두 수의 순서쌍은

$(0, 12), (2, 10), (3, 9), \cdots, (10, 2), (12, 0)$

의 11개이므로 ${}_3C_1\times11=33$(개)

따라서 구하는 순서쌍의 개수는

$10\times(105-3-33)=\mathbf{690}$

3-32. A, B, C, D, E가 받게 되는 10000원짜리 지폐의 장수를 각각 x, y, z, w, w라고 하면 구하는 경우의 수는

$x+y+z+w+w=10$

곧, $x+y+z+2w=10$

의 양의 정수해의 개수와 같다.

여기에서 $w=1, 2, 3$이고, 이때

$x+y+z=8$, $x+y+z=6$, $x+y+z=4$

이 방정식의 양의 정수해의 개수를 생각하면 구하는 경우의 수는

${}_3H_5+{}_3H_3+{}_3H_1={}_7C_5+{}_5C_3+{}_3C_1=\mathbf{34}$

3-33. A, B, C, D를 각각 x, y, z, w개 택한다고 하면

$x+y+z+w=15$

$(x\le4,\ y\ge3,\ z\ge2,\ w\ge1)$

를 만족시키는 음이 아닌 정수해의 개수를 구하는 것과 같다.

따라서

$y=y'+3,\ z=z'+2,\ w=w'+1$

$(y'\ge0,\ z'\ge0,\ w'\ge0)$

로 놓으면

$x+y'+z'+w'=9\ (x\le4)$

여기에서 $x=0, 1, 2, 3, 4$이고, 이때

$y'+z'+w'=9$, $y'+z'+w'=8$,

$y'+z'+w'=7$, $y'+z'+w'=6$,

$y'+z'+w'=5$

이 방정식의 음이 아닌 정수해의 개수를 생각하면 구하는 경우의 수는

${}_3H_9+{}_3H_8+{}_3H_7+{}_3H_6+{}_3H_5$

$={}_{11}C_9+{}_{10}C_8+{}_9C_7+{}_8C_6+{}_7C_5$

$=\mathbf{185}$

* ***Note*** 방정식 $x+y'+z'+w'=9$의 음이 아닌 정수해의 개수에서 이 방정식의 $x\ge5$인 음이 아닌 정수해의 개수를 빼도 된다.

$\therefore\ {}_4H_9-{}_4H_4={}_{12}C_9-{}_7C_4=\mathbf{185}$

4-1. (1) 전개하면 다음 꼴이 된다.

$(1-2x)^{10}=a_0+a_1x+a_2x^2+\cdots+a_{10}x^{10}$

양변에 $x=1$을 대입하면

$(-1)^{10}=a_0+a_1+a_2+\cdots+a_{10}$

따라서 계수의 합은

$a_0+a_1+a_2+\cdots+a_{10}=\mathbf{1}$

(2) 같은 방법으로 생각하면 $x=1$, $y=1$을 대입할 때의 값이므로

$(2+1)(1+2)^2(1+3)^3=\mathbf{1728}$

4-2. 전개하면 최고차항은 x^{2n}이므로 다음 꼴이 된다.

$(1-x+x^2)^n=a_0+a_1x+a_2x^2+\cdots+a_{2n}x^{2n}$

양변에 $x=1$을 대입하면

$a_0+a_1+a_2+\cdots+a_{2n}=1 \quad \cdots①$

양변에 $x=-1$을 대입하면

$$a_0-a_1+a_2-\cdots+a_{2n}=3^n \quad \cdots ②$$

①−②하면

$$2(a_1+a_3+\cdots+a_{2n-1})=1-3^n$$

$$\therefore \sum_{k=1}^{n} a_{2k-1}=\mathbf{\frac{1}{2}(1-3^n)}$$

4-3. $(b+ax)^{2n}$의 전개식에서 x^n항은

$${}_{2n}C_n b^{2n-n}(ax)^n={}_{2n}C_n a^n b^n x^n$$

$(a+bx)^{2n-1}$의 전개식에서 x^n항은

$${}_{2n-1}C_n a^{2n-1-n}(bx)^n={}_{2n-1}C_n a^{n-1}b^n x^n$$

$$\therefore {}_{2n}C_n a^n b^n={}_{2n-1}C_n a^{n-1}b^n$$

$ab\neq0$이므로 ${}_{2n}C_n a={}_{2n-1}C_n$

$$\therefore \frac{(2n)!}{n!n!}\times a=\frac{(2n-1)!}{n!(n-1)!}$$

$$\therefore \frac{2n}{n}\times a=1 \qquad \therefore \mathbf{a=\frac{1}{2}}$$

4-4. (i) 전개식의 일반항은

$${}_nC_r(2x^3)^{n-r}\left(\frac{1}{x^2}\right)^r={}_nC_r 2^{n-r}x^{3n-5r}$$

0이 아닌 상수항이 존재하려면

$$3n-5r=0 \qquad \therefore 3n=5r$$

이 식을 만족시키는 자연수 n의 최솟값은 $r=3$일 때 $\mathbf{n=5}$

(ii) $r=3$, $n=5$일 때, 상수항은

$${}_nC_r 2^{n-r}={}_5C_3\times2^{5-3}=\mathbf{40}$$

4-5. 전개식의 일반항은

$${}_5C_r(x^2)^r\times{}_nC_s x^s={}_5C_r\times{}_nC_s x^{2r+s}$$

$2r+s=2$로 놓으면 r, s는 음이 아닌 정수이므로

$r=0$일 때 $s=2$, $r=1$일 때 $s=0$

이때, x^2의 계수는

$${}_5C_0\times{}_nC_2+{}_5C_1\times{}_nC_0=\frac{1}{2}n(n-1)+5$$

문제의 조건으로부터

$$\frac{1}{2}n(n-1)+5=20$$

$$\therefore (n+5)(n-6)=0$$

$n\ge2$이므로 $\mathbf{n=6}$

*Note $n=1$이면 $(1+x^2)^5(1+x)$의 전개식에서 x^2의 계수는 5이므로 조건을 만족시키지 않는다.

4-6. (1) $(1+x)^k$의 전개식에서 x^2의 계수는 ${}_kC_2(k=2, 3, \cdots, n)$이다.

따라서 준 식의 x^2의 계수는

$${}_2C_2+{}_3C_2+{}_4C_2+\cdots+{}_nC_2$$

$$=\sum_{k=2}^{n}{}_kC_2=\sum_{k=2}^{n}\frac{k(k-1)}{2}$$

$$=\sum_{k=1}^{n}\frac{k(k-1)}{2}=\frac{1}{2}\left(\sum_{k=1}^{n}k^2-\sum_{k=1}^{n}k\right)$$

$$=\frac{1}{2}\left\{\frac{n(n+1)(2n+1)}{6}-\frac{n(n+1)}{2}\right\}$$

$$=\mathbf{\frac{1}{6}n(n+1)(n-1)}$$

*Note 하키 스틱 패턴(p. 69 **보기 2**)에 의하여

$${}_2C_2+{}_3C_2+{}_4C_2+\cdots+{}_nC_2={}_{n+1}C_3$$

$$=\frac{(n+1)n(n-1)}{3\times2\times1}$$

$$=\mathbf{\frac{1}{6}n(n+1)(n-1)}$$

(2) $\left(x+\frac{1}{x}\right)^n$의 전개식의 일반항은

$${}_nC_r x^{n-r}\left(\frac{1}{x}\right)^r={}_nC_r x^{n-2r}$$

x^2항일 때 $n-2r=2$

$n=2, 3, 4, 5, 6$이므로

$$(n, r)=(2, 0), (4, 1), (6, 2)$$

따라서 준 식의 x^2의 계수는

$${}_2C_0+{}_4C_1+{}_6C_2=1+4+15=\mathbf{20}$$

4-7. $(1-x^k)^k$의 전개식의 일반항은

$${}_kC_r(-x^k)^r=(-1)^r{}_kC_r x^{kr}$$

x^{15}항일 때 $kr=15$

이때, k, r는 $0\le r\le k\le20$인 정수이므로

$$(k, r)=(15, 1), (5, 3)$$

$$\therefore (-1)\times{}_{15}C_1+(-1)^3\times{}_5C_3=\mathbf{-25}$$

4-8. 파스칼의 삼각형에서

$$1={}_3C_3, \quad 4={}_4C_3, \quad 10={}_5C_3,$$

$20={}_6C_3,\quad 35={}_7C_3,\quad \cdots$

따라서 주어진 패턴을 조합 기호를 사용하여 나타내면

$${}_5C_3-{}_3C_3=3^2,\quad {}_6C_3-{}_4C_3=4^2,$$
$${}_7C_3-{}_5C_3=5^2,\quad \cdots$$

곧, $n\ge3$일 때

$${}_{n+2}C_3-{}_nC_3=n^2$$

으로 일반화할 수 있다.

좌변을 계산하여 위의 등식이 성립함을 증명하면 다음과 같다.

$${}_{n+2}C_3-{}_nC_3=\frac{(n+2)(n+1)n}{3\times2\times1}-\frac{n(n-1)(n-2)}{3\times2\times1}$$
$$=\frac{n}{6}\{(n^2+3n+2)-(n^2-3n+2)\}$$
$$=\frac{n}{6}\times6n=n^2$$

4-9. (1) $\sum_{r=0}^{5}({}_6C_r\times{}_{12}C_{5-r})$

$$={}_6C_0\times{}_{12}C_5+{}_6C_1\times{}_{12}C_4+{}_6C_2\times{}_{12}C_3+\cdots+{}_6C_5\times{}_{12}C_0$$

은 $(1+x)^6(1+x)^{12}$의 전개식에서 x^5의 계수이다.

곧, $(1+x)^{18}$의 전개식에서 x^5의 계수이므로

$$\sum_{r=0}^{5}({}_6C_r\times{}_{12}C_{5-r})={}_{18}C_5$$

(2) $(1+x)^n={}_nC_0+{}_nC_1x+{}_nC_2x^2+\cdots+{}_nC_nx^n$

이고,

$$(1+x)^{2n}=(1+x)^n(1+x)^n$$

이므로 $(1+x)^{2n}$의 전개식에서 x^n의 계수는

$${}_nC_0\times{}_nC_n+{}_nC_1\times{}_nC_{n-1}+\cdots+{}_nC_n\times{}_nC_0$$
$$={}_nC_0{}^2+{}_nC_1{}^2+\cdots+{}_nC_n{}^2$$
$$=\sum_{k=0}^{n}{}_nC_k{}^2$$

한편 $(1+x)^{2n}$의 전개식에서 x^n의 계수는 ${}_{2n}C_n$이므로

$$\sum_{k=0}^{n}{}_nC_k{}^2={}_{2n}C_n$$

4-10. (1) 원소의 개수가 0인 부분집합의 개수는 ${}_nC_0$, 1인 부분집합의 개수는 ${}_nC_1$, 2인 부분집합의 개수는 ${}_nC_2$, $\cdots$, n인 부분집합의 개수는 ${}_nC_n$이므로 집합 A의 부분집합의 개수는

$${}_nC_0+{}_nC_1+{}_nC_2+\cdots+{}_nC_n=\mathbf{2^n}$$

(2) 원소의 개수가 1인 부분집합의 개수는 ${}_nC_1$, 3인 부분집합의 개수는 ${}_nC_3$, 5인 부분집합의 개수는 ${}_nC_5$, $\cdots$이므로 원소의 개수가 홀수인 부분집합의 개수는

$${}_nC_1+{}_nC_3+{}_nC_5+\cdots=\mathbf{2^{n-1}}$$

(짝수 번째 항의 계수의 합)

4-11. (1) (준 식)$=\sum_{i=1}^{30}(2^i-1)$

$$=\sum_{i=1}^{30}2^i-\sum_{i=1}^{30}1=\frac{2(2^{30}-1)}{2-1}-30$$
$$=\mathbf{2^{31}-32}$$

(2) $k\,{}_{10}C_k=k\times\frac{10!}{k!(10-k)!}$

$$=\frac{10\times9!}{(k-1)!\{9-(k-1)\}!}$$
$$=10\,{}_9C_{k-1}$$

$$\therefore\ \sum_{k=1}^{10}k\,{}_{10}C_k=\sum_{k=1}^{10}10\,{}_9C_{k-1}$$
$$=10\sum_{k=0}^{9}{}_9C_k$$
$$=10\times2^9=\mathbf{5\times2^{10}}$$

(3) ${}_{100}C_k\times\frac{101}{k+1}=\frac{100!}{k!(100-k)!}\times\frac{101}{k+1}$

$$=\frac{101!}{(k+1)!\{101-(k+1)\}!}$$
$$={}_{101}C_{k+1}$$

$$\therefore\ (\text{준 식})=\sum_{k=0}^{100}{}_{101}C_{k+1}=\sum_{k=1}^{101}{}_{101}C_k$$
$$=\sum_{k=0}^{101}{}_{101}C_k-{}_{101}C_0=\mathbf{2^{101}-1}$$

*Note (2) 수학 Ⅱ, 미적분에서 공부하는 미분을 이용하여 다음과 같이 풀 수도 있다.

$(1+x)^{10}=\sum_{k=0}^{10} {}_{10}\mathrm{C}_k x^k$에서 양변을 x에 관하여 미분하면

$$10(1+x)^9=\sum_{k=1}^{10} k\,{}_{10}\mathrm{C}_k x^{k-1}$$

x에 관한 항등식이므로 양변에 $x=1$을 대입하면

$$\sum_{k=1}^{10} k\,{}_{10}\mathrm{C}_k=10\times 2^9=\mathbf{5\times 2^{10}}$$

4-12. 서로 같은 연필이므로 연필 중에서 몇 자루를 뽑든 그 방법은 한 가지이다.

따라서 볼펜 31자루에서 0자루, 1자루, …, 15자루를 뽑는 방법만 생각하면 된다.

구하는 경우의 수를 S라고 하면

$$S={}_{31}\mathrm{C}_0+{}_{31}\mathrm{C}_1+{}_{31}\mathrm{C}_2+\cdots+{}_{31}\mathrm{C}_{15}$$

그런데 ${}_n\mathrm{C}_r={}_n\mathrm{C}_{n-r}$이므로

$${}_{31}\mathrm{C}_0+{}_{31}\mathrm{C}_1+{}_{31}\mathrm{C}_2+\cdots+{}_{31}\mathrm{C}_{15}$$
$$={}_{31}\mathrm{C}_{31}+{}_{31}\mathrm{C}_{30}+{}_{31}\mathrm{C}_{29}+\cdots+{}_{31}\mathrm{C}_{16}$$
$$\therefore\ 2S={}_{31}\mathrm{C}_0+{}_{31}\mathrm{C}_1+{}_{31}\mathrm{C}_2+\cdots+{}_{31}\mathrm{C}_{31}$$
$$=2^{31}\qquad \therefore\ S=\mathbf{2^{30}}$$

4-13. $(a+b)^{19}$을 전개하여 a에 관하여 오름차순으로 정리했을 때,

r번째 항은 ${}_{19}\mathrm{C}_{r-1}b^{20-r}a^{r-1}$,

$r-1$번째 항은 ${}_{19}\mathrm{C}_{r-2}b^{21-r}a^{r-2}$

이므로

$${}_{19}\mathrm{C}_{r-1}b^{20-r}a^{r-1} : {}_{19}\mathrm{C}_{r-2}b^{21-r}a^{r-2}=2:1$$
$$\therefore\ {}_{19}\mathrm{C}_{r-1}b^{20-r}a^{r-1}=2\,{}_{19}\mathrm{C}_{r-2}b^{21-r}a^{r-2}$$
$$\therefore\ \frac{19!}{(r-1)!(20-r)!}\times a=2\times\frac{19!}{(r-2)!(21-r)!}\times b$$
$$\therefore\ (21-r)a=2(r-1)b$$

한편 $a:b=3:1$에서 $a=3b$이므로

$$(21-r)\times 3b=2(r-1)b$$
$$\therefore\ \mathbf{r=13}$$

4-14. 5, 6, 7번째 항의 계수는 각각 ${}_n\mathrm{C}_4$, ${}_n\mathrm{C}_5$, ${}_n\mathrm{C}_6$이다.

이 순서로 등차수열을 이루므로

$$2\,{}_n\mathrm{C}_5={}_n\mathrm{C}_4+{}_n\mathrm{C}_6$$

이 식에

$${}_n\mathrm{C}_4=\frac{n(n-1)(n-2)(n-3)}{4\times3\times2\times1},$$
$${}_n\mathrm{C}_5=\frac{n(n-1)(n-2)(n-3)(n-4)}{5\times4\times3\times2\times1},$$
$${}_n\mathrm{C}_6=\frac{n(n-1)\times\cdots\times(n-5)}{6\times5\times4\times3\times2\times1}$$

를 대입한 다음, $n\ge6$이므로 양변을 $\dfrac{n(n-1)(n-2)(n-3)}{4\times3\times2\times1}$으로 나누면

$$2\times\frac{n-4}{5}=1+\frac{(n-4)(n-5)}{5\times6}$$
$$\therefore\ (n-7)(n-14)=0$$

항의 개수가 홀수이므로 n은 짝수이다. $\therefore\ \mathbf{n=14}$

*Note 세 수 a, b, c가 이 순서로 등차수열을 이룬다 $\Longleftrightarrow 2b=a+c$

⇦ 수학 Ⅰ

4-15. 전개식의 일반항은

$${}_{n+1}\mathrm{C}_r x^{n+1-r}\left(\frac{1}{x}\right)^r={}_{n+1}\mathrm{C}_r x^{n+1-2r}$$

x^{-n+3}항일 때 $n+1-2r=-n+3$

$$\therefore\ r=n-1$$
$$\therefore\ A_n={}_{n+1}\mathrm{C}_{n-1}={}_{n+1}\mathrm{C}_2=\frac{n(n+1)}{2}$$
$$\therefore\ \sum_{k=1}^{n}\frac{1}{A_k}=\sum_{k=1}^{n}\frac{2}{k(k+1)}$$
$$=2\sum_{k=1}^{n}\left(\frac{1}{k}-\frac{1}{k+1}\right)$$
$$=2\left(1-\frac{1}{n+1}\right)=\mathbf{\frac{2n}{n+1}}$$

4-16. $(x+a)^n$의 전개식에서 x^{n-1}항은

$${}_n\mathrm{C}_1 x^{n-1}a=anx^{n-1}$$

또,

$$(x-1)(x+a)^n=x(x+a)^n-(x+a)^n$$

이고, $x(x+a)^n$의 전개식에서 x^{n-1}항은

$$x\times{}_n\mathrm{C}_2x^{n-2}a^2=\frac{n(n-1)}{2}a^2x^{n-1}$$

따라서 $(x-1)(x+a)^n$에서 x^{n-1}항은

$$\left\{\frac{n(n-1)}{2}a^2-an\right\}x^{n-1}$$

$2(x+a)^n$의 전개식과 $(x-1)(x+a)^n$의 전개식에서 x^{n-1}의 계수가 같으므로

$$2na=\frac{n(n-1)}{2}a^2-na$$

$\therefore\ 6na=n(n-1)a^2 \quad \therefore\ 6=a(n-1)$

여기에서 a는 자연수, n은 2 이상의 자연수이므로

$a=1$일 때 $n-1=6 \quad \therefore\ an=7$

$a=2$일 때 $n-1=3 \quad \therefore\ an=8$

$a=3$일 때 $n-1=2 \quad \therefore\ an=9$

$a=6$일 때 $n-1=1 \quad \therefore\ an=12$

따라서 an의 최댓값은 **12**

4-17. $(1+i)^{21}={}_{21}\mathrm{C}_0+{}_{21}\mathrm{C}_1i+{}_{21}\mathrm{C}_2i^2+{}_{21}\mathrm{C}_3i^3+\cdots+{}_{21}\mathrm{C}_{20}i^{20}+{}_{21}\mathrm{C}_{21}i^{21}$

에서

$$(\text{좌변})=\{(1+i)^2\}^{10}(1+i)=(2i)^{10}(1+i)=-2^{10}(1+i)=-2^{10}-2^{10}i$$

$$(\text{우변})=({}_{21}\mathrm{C}_0-{}_{21}\mathrm{C}_2+\cdots+{}_{21}\mathrm{C}_{20})+({}_{21}\mathrm{C}_1-{}_{21}\mathrm{C}_3+\cdots+{}_{21}\mathrm{C}_{21})i$$

양변의 실수부분을 비교하면

$${}_{21}\mathrm{C}_0-{}_{21}\mathrm{C}_2+\cdots+{}_{21}\mathrm{C}_{20}=\mathbf{-2^{10}}$$

4-18. 원소의 개수가 n인 집합 P에서 원소의 개수가 k인 부분집합 R를 택하는 방법의 수는 ${}_n\mathrm{C}_k$이고, 이와 같은 집합 R에서 공집합이 아닌 부분집합 Q를 택하는 방법의 수는

$${}_k\mathrm{C}_1+{}_k\mathrm{C}_2+\cdots+{}_k\mathrm{C}_k=2^k-1$$

따라서 순서쌍 (Q, R)의 개수는

$$\sum_{k=1}^{n}{}_n\mathrm{C}_k(2^k-1)=\sum_{k=1}^{n}{}_n\mathrm{C}_k2^k-\sum_{k=1}^{n}{}_n\mathrm{C}_k$$

$$=\left(\sum_{k=0}^{n}{}_n\mathrm{C}_k2^k-1\right)-\left(\sum_{k=0}^{n}{}_n\mathrm{C}_k-1\right)$$

$$=\{(1+2)^n-1\}-\{(1+1)^n-1\}$$

$$=\mathbf{3^n-2^n}$$

4-19. $(p,\ q)\in\mathrm{A}$이면

$q=-p+100$ 곧, $q=100-p$

$p=0,\ 1,\ 2,\ \cdots,\ 100$이므로 구하는 합은

$$\sum_{p=0}^{100}\frac{2^p+(-2)^p}{p!(100-p)!}$$

$$=\frac{1}{100!}\left\{\sum_{p=0}^{100}\frac{100!\,2^p}{p!(100-p)!}+\sum_{p=0}^{100}\frac{100!(-2)^p}{p!(100-p)!}\right\}$$

$$=\frac{1}{100!}\left\{\sum_{p=0}^{100}{}_{100}\mathrm{C}_p2^p+\sum_{p=0}^{100}{}_{100}\mathrm{C}_p(-2)^p\right\}$$

$$=\frac{1}{100!}\{(1+2)^{100}+(1-2)^{100}\}$$

$$=\mathbf{\frac{3^{100}+1}{100!}}$$

4-20. $\left(1+\dfrac{1}{n}\right)^n={}_n\mathrm{C}_0+{}_n\mathrm{C}_1\left(\dfrac{1}{n}\right)+{}_n\mathrm{C}_2\left(\dfrac{1}{n}\right)^2+\cdots+{}_n\mathrm{C}_n\left(\dfrac{1}{n}\right)^n$

$$\ge1+1+{}_n\mathrm{C}_2\left(\frac{1}{n}\right)^2=2+\frac{n-1}{2n}>2$$

또, $\left(1+\dfrac{1}{n}\right)^n=\displaystyle\sum_{k=0}^{n}{}_n\mathrm{C}_k\left(\frac{1}{n}\right)^k=2+\sum_{k=2}^{n}{}_n\mathrm{C}_k\left(\frac{1}{n}\right)^k$

그런데 $k\ge2$일 때

$${}_n\mathrm{C}_k\left(\frac{1}{n}\right)^k=\frac{n(n-1)\cdots(n-k+1)}{k!}\left(\frac{1}{n}\right)^k$$

$$=\frac{1}{k!}\left(\frac{n}{n}\times\frac{n-1}{n}\times\cdots\times\frac{n-k+1}{n}\right)$$

$$=\frac{1}{k!}\left(1-\frac{1}{n}\right)\times\cdots\times\left(1-\frac{k-1}{n}\right)$$

$$<\frac{1}{k!}\le\frac{1}{2^{k-1}} \qquad \Leftarrow\ k!\ge2^{k-1}$$

$$\therefore \left(1+\frac{1}{n}\right)^n<2+\sum_{k=2}^{n}\frac{1}{2^{k-1}}$$

$$=2+\frac{\frac{1}{2}\left\{1-\left(\frac{1}{2}\right)^{n-1}\right\}}{1-\frac{1}{2}}$$

$$=3-\left(\frac{1}{2}\right)^{n-1}<3$$

$$\therefore\ 2<\left(1+\frac{1}{n}\right)^n<3$$

4-21. $\frac{k}{k+1}\times{}_n\mathrm{C}_k=\left(1-\frac{1}{k+1}\right)\times{}_n\mathrm{C}_k$

$$={}_n\mathrm{C}_k-\frac{1}{k+1}{}_n\mathrm{C}_k$$

$$\therefore \sum_{k=0}^{n}\left(\frac{k}{k+1}\times{}_n\mathrm{C}_k\right)$$

$$=\sum_{k=0}^{n}{}_n\mathrm{C}_k-\sum_{k=0}^{n}\frac{1}{k+1}{}_n\mathrm{C}_k \quad \cdots\cdots①$$

이때, $\sum_{k=0}^{n}{}_n\mathrm{C}_k=2^n$이고

$$\sum_{k=0}^{n}\frac{1}{k+1}{}_n\mathrm{C}_k=\sum_{k=0}^{n}\left\{\frac{1}{k+1}\times\frac{n!}{k!(n-k)!}\right\}$$

$$=\sum_{k=0}^{n}\left\{\frac{(n+1)!}{(k+1)!(n-k)!}\times\frac{1}{n+1}\right\}$$

$$=\frac{1}{n+1}\sum_{k=0}^{n}{}_{n+1}\mathrm{C}_{k+1}$$

$$=\frac{1}{n+1}\left(\sum_{k=0}^{n+1}{}_{n+1}\mathrm{C}_k-1\right)$$

$$=\frac{1}{n+1}(2^{n+1}-1)$$

이므로 ①에서

$$(\text{우변})=2^n-\frac{1}{n+1}(2^{n+1}-1)$$

$$=\frac{n-1}{n+1}\times2^n+\frac{1}{n+1} \quad \cdots\cdots②$$

$n=7$일 때, ②는

$$\frac{6}{8}\times2^7+\frac{1}{8}=\frac{769}{8}<100$$

$n=8$일 때, ②는

$$\frac{7}{9}\times2^8+\frac{1}{9}=\frac{1793}{9}>100$$

따라서 주어진 부등식을 만족시키는 자연수 n은 1, 2, 3, $\cdots$, 7이다. [답] **7**

***Note** ②에서 n의 값이 증가할 때 $\frac{1}{n+1}$의 값은 감소하지만

$$\frac{n-1}{n+1}\times2^n=\left(1-\frac{2}{n+1}\right)\times2^n$$

의 값은 이보다 훨씬 더 증가 폭이 크므로, n의 값이 증가할 때 ②의 값은 증가한다.

4-22. 전개식의 일반항은

$$\frac{10!}{p!q!r!}\times1^p\times x^q(ax^2)^r=\frac{10!\,a^r}{p!q!r!}x^{q+2r}$$

$$(p+q+r=10)$$

x^4항일 때

$$q+2r=4,\ p+q+r=10$$

p, q, r는 음이 아닌 정수이므로

$$(p,\ q,\ r)=(8,\ 0,\ 2),\ (7,\ 2,\ 1),\ (6,\ 4,\ 0)$$

따라서 x^4의 계수는

$$\frac{10!}{8!0!2!}a^2+\frac{10!}{7!2!1!}a+\frac{10!}{6!4!0!}a^0$$

$$=45a^2+360a+210$$

$$=45(a+4)^2-510$$

이 값이 최소가 되는 a의 값은

$$\boldsymbol{a=-4}$$

5-1. 일어날 수 있는 모든 경우의 수는

$$6\times6\times6=6^3$$

(1) 6개의 눈의 수 중 서로 다른 3개가 나오는 경우는 ${}_6\mathrm{P}_3$가지이다.

$$\therefore\ \frac{{}_6\mathrm{P}_3}{6^3}=\boldsymbol{\frac{5}{9}}$$

(2) 세 개의 주사위를 A, B, C라고 하면 눈의 수의 합이 5인 경우는 다음 표와 같이 6가지이다.

A	1	1	1	2	2	3
B	1	2	3	1	2	1
C	3	2	1	2	1	1

$$\therefore\ \frac{6}{6^3}=\boldsymbol{\frac{1}{36}}$$

(3) 세 개의 주사위 중 두 개가 같은 수의

눈이 나오는 경우는 ${}_3C_2$가지이고, 이 때 눈의 수는

$$(1, 1), (2, 2), (3, 3),$$
$$(4, 4), (5, 5), (6, 6)$$

의 6가지이다. 이 각각에 대하여 나머지 한 개의 눈의 수는 이와 달라야 하므로 5가지이다.

$$\therefore \frac{{}_3C_2\times6\times5}{6^3}=\mathbf{\frac{5}{12}}$$

(4) 눈의 수의 최솟값이 5 이상인 경우(최솟값이 5 또는 6인 경우)에서 (6, 6, 6)인 경우를 제외하면 된다.

$$\therefore \frac{2\times2\times2-1}{6^3}=\mathbf{\frac{7}{216}}$$

5-2. 여섯 개의 문자를 일렬로 나열하는 경우의 수는 6!이다.

(1) a가 앞에서부터 첫 번째, 두 번째, 세 번째 중 한 곳에 오고, 나머지 5개의 문자를 나열하면 되므로 경우의 수는 $3\times5!$이다.

$$\therefore \frac{3\times5!}{6!}=\mathbf{\frac{1}{2}}$$

(2) a와 b를 이웃하게 나열하는 경우의 수는 $5!\times2!$이다.

$$\therefore \frac{5!\times2!}{6!}=\mathbf{\frac{1}{3}}$$

(3) a와 b 사이에 하나의 문자가 끼도록 나열하는 경우의 수는 $4\times2!\times4!$이다.

$$\therefore \frac{4\times2!\times4!}{6!}=\mathbf{\frac{4}{15}}$$

(4) □○□○□○□의 ○의 자리에 d, e, f를 나열하고, □의 자리 네 곳 중 세 곳을 뽑아 a, b, c를 나열하면 되므로 경우의 수는 $3!\times{}_4P_3$이다.

$$\therefore \frac{3!\times{}_4P_3}{6!}=\mathbf{\frac{1}{5}}$$

5-3. 6장에서 3장을 뽑아 일렬로 나열하는 경우의 수는 ${}_6P_3$이다.

(i) 이 중에서 세 자리 짝수인 경우는

□□0의 꼴, □□2의 꼴,
□□4의 꼴

$$\therefore \frac{{}_5P_2+({}_5P_2-{}_4P_1)\times2}{{}_6P_3}=\mathbf{\frac{13}{30}}$$

(ii) 이 중에서 세 자리 홀수인 경우는

□□1의 꼴, □□3의 꼴,
□□5의 꼴

$$\therefore \frac{({}_5P_2-{}_4P_1)\times3}{{}_6P_3}=\mathbf{\frac{2}{5}}$$

5-4. 6개의 문자를 c, o, f_1, f_2, e_1, e_2로 보면, 이들을 일렬로 나열하는 경우의 수는 6!이고, 이 각각이 일어날 가능성은 같은 정도로 기대된다.

이 중에서 모음 o, e_1, e_2가 이웃하는 경우의 수는 $4!\times3!$이다.

$$\therefore \frac{4!\times3!}{6!}=\mathbf{\frac{1}{5}}$$

***Note** 같은 것이 있는 순열을 이용하여 다음과 같이 풀어도 된다.

c, o, f, f, e, e를 일렬로 나열하는 경우의 수는 $\dfrac{6!}{2!2!}=180$

이 중에서 모음 o, e, e가 이웃하는 경우의 수는 $\dfrac{4!}{2!}\times\dfrac{3!}{2!}=36$

$$\therefore \frac{36}{180}=\mathbf{\frac{1}{5}}$$

5-5. 일어날 수 있는 모든 경우의 수는

$$6\times6=36$$

$|a-b|=0, 1, 2, 3, 4, 5$이고, 이 중에서 $i^{|a-b|}=i$를 만족시키는 경우는

$$|a-b|=1, 5$$

$|a-b|=1$인 경우의 순서쌍 (a, b)는

(1, 2), (2, 1), (2, 3), (3, 2),
(3, 4), (4, 3), (4, 5), (5, 4),
(5, 6), (6, 5)

의 10가지이다.

또, $|a-b|=5$인 경우의 순서쌍

$(a,\ b)$는 $(1,\ 6)$, $(6,\ 1)$의 2가지이다.

$$\therefore\ \frac{10+2}{36}=\mathbf{\frac{1}{3}}$$

5-6. 네 명이 가져온 선물을 나누어 가지는 방법의 수는 $4!$이다.

(1) A가 자기 자신이 가져온 선물에 당첨될 때, 남은 세 명이 선물을 나누어 가지는 방법의 수는 $3!$이다.

$$\therefore\ \frac{3!}{4!}=\mathbf{\frac{1}{4}}$$

(2) A, B, C, D가 가져온 선물을 각각 $a,\ b,\ c,\ d$라고 하자.

A에게 b가 당첨될 때, 가능한 경우는 B, C, D의 순으로

$(a,\ d,\ c)$, $(c,\ d,\ a)$, $(d,\ a,\ c)$

의 3가지이다.

또, A에게 c가 당첨되는 경우와 A에게 d가 당첨되는 경우도 각각 3가지씩 있다.

$$\therefore\ \frac{3\times3}{4!}=\mathbf{\frac{3}{8}}$$

5-7. 일어날 수 있는 모든 경우의 수는 ${}_{12}C_3$이다.

(1) 색을 정하는 경우의 수는 3이고, 정해진 색에 대하여 숫자를 정하는 경우의 수는 ${}_4C_3$이다.

$$\therefore\ \frac{3\times{}_4C_3}{{}_{12}C_3}=\mathbf{\frac{3}{55}}$$

(2) 세 개의 숫자를 정하는 경우의 수는 ${}_4C_3$이고, 각각의 숫자는 세 가지 색을 가질 수 있으므로 $3\times3\times3$가지이다.

$$\therefore\ \frac{{}_4C_3\times3^3}{{}_{12}C_3}=\mathbf{\frac{27}{55}}$$

(3) 세 개의 숫자를 정하는 경우의 수는 ${}_4C_3$이고, 각각의 숫자에 대하여 서로 다른 색을 정해야 하므로 $3!$가지이다.

$$\therefore\ \frac{{}_4C_3\times3!}{{}_{12}C_3}=\mathbf{\frac{6}{55}}$$

5-8. 모두 9개의 공을 서로 다른 3개의 상자에 3개씩 넣는 경우의 수는

$${}_9C_3\times{}_6C_3\times{}_3C_3$$

각 상자에 붉은 공을 2개씩 넣는 경우의 수는 ${}_6C_2\times{}_4C_2\times{}_2C_2$이고, 이 각각에 대하여 파란 공을 1개씩 넣는 경우의 수는 ${}_3C_1\times{}_2C_1\times{}_1C_1$이므로

$$\frac{({}_6C_2\times{}_4C_2\times{}_2C_2)\times({}_3C_1\times{}_2C_1\times{}_1C_1)}{{}_9C_3\times{}_6C_3\times{}_3C_3}=\mathbf{\frac{9}{28}}$$

5-9. m개의 제비 중 2개를 뽑는 방법의 수는 ${}_mC_2$이고, m개의 제비 중 당첨인 제비와 당첨이 아닌 제비를 1개씩 뽑는 방법의 수는 ${}_5C_1\times{}_{m-5}C_1$이다.

문제의 조건에서

$$\frac{{}_5C_1\times{}_{m-5}C_1}{{}_mC_2}=\frac{1}{3}\qquad\therefore\ \frac{10(m-5)}{m(m-1)}=\frac{1}{3}$$

$$\therefore\ 30(m-5)=m(m-1)$$

$$\therefore\ (m-6)(m-25)=0$$

$m\ge6$이므로 $\boldsymbol{m=6,\ 25}$

5-10. 모두 8명이 원탁에 둘러앉는 경우의 수는 $(8-1)!$이다.

(1) $\dfrac{(5-1)!\times{}_5P_3}{(8-1)!}=\mathbf{\dfrac{2}{7}}$

(2) $\dfrac{(6-1)!\times3!}{(8-1)!}=\mathbf{\dfrac{1}{7}}$

5-11. 집합 $\{1,\ 2,\ 3,\ \cdots,\ n\}$의 부분집합의 개수는 2^n이다.

또, 집합 $\{1,\ 2,\ 3,\ \cdots,\ k\}$를 포함하는 집합은 집합

$\{k+1,\ k+2,\ k+3,\ \cdots,\ n\}$ …①

의 부분집합에 각각 원소 $1,\ 2,\ 3,\ \cdots,\ k$를 추가하면 되므로 개수는 ①의 부분집합의 개수인 2^{n-k}이다.

$$\therefore\ \frac{2^{n-k}}{2^n}=\mathbf{\frac{1}{2^k}}$$

5-12. 조건 (개), (내)를 만족시키는 점 $(x,\ y)$는

$x=0$일 때　$y=1, 2, 3, 4$
$x=\pm1$일 때　$y=1, 2, 3$
$x=\pm2$일 때　$y=1, 2, 3$
$x=\pm3$일 때　$y=1$

이므로　$4+6+6+2=18$(개)

이 중에서 $x=y$인 경우는 점 $(1, 1)$, $(2, 2)$의 두 개이다.

따라서 구하는 확률은　$\dfrac{2}{18}=\mathbf{\dfrac{1}{9}}$

5-13. 일어날 수 있는 모든 경우의 수는

$${}_4C_2\times{}_4C_2=36$$

갑이 가진 두 장의 카드에 적힌 수의 합은 3, 4, 5, 6, 7 중 하나이고, 을이 가진 두 장의 카드에 적힌 수의 합은 5, 6, 7, 8, 9 중 하나이다.

따라서 갑과 을이 각각 가진 두 장의 카드에 적힌 수의 합이 같을 때는 그 합이 5, 6, 7인 경우이다.

합	갑	을
5	1, 4	2, 3
	2, 3	2, 3
6	2, 4	2, 4
7	3, 4	2, 5
	3, 4	3, 4

위의 표와 같이 갑과 을이 각각 가진 두 장의 카드에 적힌 수의 합이 같은 경우는 5가지이다.

따라서 구하는 확률은　$\mathbf{\dfrac{5}{36}}$

5-14. 전화번호는 모두 10000개 있다.

(1) $\dfrac{{}_{10}P_4}{10000}=\mathbf{\dfrac{63}{125}}$

(2) $\dfrac{10000-{}_9\Pi_4}{10000}=\mathbf{\dfrac{3439}{10000}}$

(3) 4개의 숫자가 모두 같은 것은 0000, 1111, $\cdots$, 9999의 10개이다.

또, 3개의 숫자가 같고 나머지 1개의 숫자가 다른 것은

$$10\times9\times\frac{4!}{3!}=360(\text{개})$$

$$\therefore\ \frac{10+360}{10000}=\mathbf{\frac{37}{1000}}$$

Note 3개의 숫자가 같은 것은

000□, 111□, $\cdots$, 999□

이므로 10가지이고, 이 각각에 대하여 나머지 한 개의 숫자가 다른 것은 9가지이며, 이를 나열하는 경우는 각각 $\dfrac{4!}{3!}$가지이다.

(4) $\dfrac{{}_{10}C_4}{10000}=\dfrac{210}{10000}=\mathbf{\dfrac{21}{1000}}$

5-15. 일어날 수 있는 모든 경우의 수는

$${}_6\Pi_4=6^4$$

두 종류의 눈을 뽑는 경우의 수는 ${}_6C_2$이고, 이 각각에 대하여 뽑은 두 종류의 숫자로 만들 수 있는 네 자리 수는 $({}_2\Pi_4-2)$가지이다.

따라서 오직 두 종류의 눈의 수가 나오는 경우의 수는

$${}_6C_2\times({}_2\Pi_4-2)=210$$

$$\therefore\ \frac{210}{6^4}=\mathbf{\frac{35}{216}}$$

5-16.

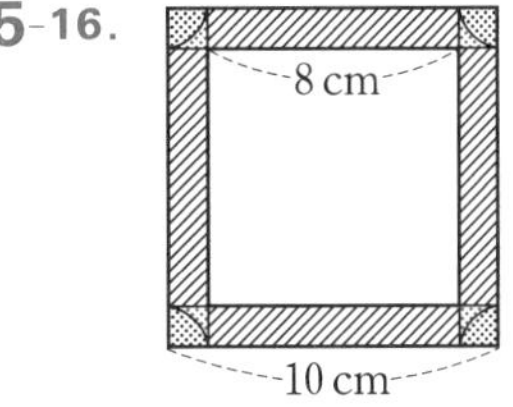

(1) 위의 그림에서 한 변의 길이가 8 cm인 정사각형의 내부(경계 포함)에 동전의 중심이 떨어질 확률이므로

$$\frac{8^2}{10^2}=\mathbf{\frac{16}{25}}$$

(2) 위의 그림에서 빗금 친 부분에 동전의 중심이 떨어질 확률이므로

$$\frac{4\times1\times8}{10^2}=\mathbf{\frac{8}{25}}$$

(3) 위의 그림에서 초록 점 찍은 부분에 동전의 중심이 떨어질 확률이므로

$$\frac{4\left(1^2-\frac{1}{4}\pi\times1^2\right)}{10^2}=\mathbf{\frac{4-\pi}{100}}$$

(4) 위의 그림에서 검은 점 찍은 부분에 동전의 중심이 떨어질 확률이므로

$$\frac{\pi\times1^2}{10^2}=\mathbf{\frac{\pi}{100}}$$

5-17. 남자 4명과 여자 4명에서 2명씩 4개의 조를 만드는 경우의 수는

$${}_8C_2\times{}_6C_2\times{}_4C_2\times{}_2C_2\times\frac{1}{4!}=105$$

이 중에서 남자 2명, 여자 2명으로 된 조를 1개씩 만들고, 나머지로 남자 1명과 여자 1명으로 된 조를 2개 만드는 경우의 수는 ${}_4C_2\times{}_4C_2\times2\times1=72$

따라서 구하는 확률은 $\frac{72}{105}=\mathbf{\frac{24}{35}}$

5-18. 주머니에서 임의로 3개의 공을 꺼내는 경우의 수는 ${}_9C_3=84$

합이 홀수인 경우는 홀수가 세 개인 경우와 홀수가 한 개, 짝수가 두 개인 경우가 있다.

(i) 홀수가 세 개인 경우

홀수 1, 3, 5, 7, 9 중에서 적어도 한 개는 3의 배수를 뽑으면 된다.

3을 포함하는 경우의 수는 ${}_4C_2$,
9를 포함하는 경우의 수는 ${}_4C_2$,
3, 9를 포함하는 경우의 수는 ${}_3C_1$

$\therefore {}_4C_2+{}_4C_2-{}_3C_1=9$

(ii) 홀수가 한 개, 짝수가 두 개인 경우

홀수가 3일 때, 짝수 2, 4, 6, 8 중에서 두 개를 뽑으면 되므로 경우의 수는 ${}_4C_2$이다.

홀수가 9일 때, 이때의 경우의 수도 ${}_4C_2$이다.

홀수가 3, 9가 아닐 때, 홀수 1, 5, 7 중에서 한 개를 뽑고, 짝수 2, 4, 6, 8 중에서 두 개를 뽑되 이 중에서 한 개는 3의 배수인 6을 뽑고, 나머지 2, 4, 8 중에서 한 개를 뽑으면 되므로 경우의 수는 $3\times1\times{}_3C_1=9$

$\therefore {}_4C_2+{}_4C_2+9=21$

따라서 구하는 확률은 $\frac{9+21}{84}=\mathbf{\frac{5}{14}}$

5-19. 세 자연수 a, b, c를 3으로 나눈 나머지를 각각 p, q, r라고 하면

$a=3a'+p,\ b=3b'+q,\ c=3c'+r$

$\therefore abc=3m+pqr$

(m은 음이 아닌 정수)

따라서 abc를 3으로 나눈 나머지는 pqr를 3으로 나눈 나머지와 같다.

따라서 오른쪽 표와 같이 각 칸의 수를 3으로 나눈 나머지만을 생각해도 된다.

2	1	2
1	2	1
2	1	2

각 가로줄에서 한 개씩 택하는 경우의 수는 $3\times3\times3=27$이다.

또, 3으로 나눈 나머지가 1인 경우는 세 수 1, 1, 1의 곱 또는 1, 2, 2의 곱이다.

(i) 각 가로줄에서 1, 1, 1을 택하는 경우의 수는 $1\times2\times1=2$

(ii) 첫째 가로줄에서 1을, 둘째 가로줄과 셋째 가로줄에서 각각 2를 택하는 경우의 수는 $1\times1\times2=2$

(iii) 둘째 가로줄에서 1을, 첫째 가로줄과 셋째 가로줄에서 각각 2를 택하는 경우의 수는 $2\times2\times2=8$

(iv) 셋째 가로줄에서 1을, 첫째 가로줄과 둘째 가로줄에서 각각 2를 택하는 경우의 수는 $1\times2\times1=2$

따라서 구하는 확률은

$$\frac{2+2+8+2}{27}=\mathbf{\frac{14}{27}}$$

5-20. 9번의 게임 중 x번 이기고 y번 졌다고 하자.

(i) 점수가 0점이 되는 경우

$$\begin{cases} x+y=9 \\ 10+x-2y=0 \end{cases}$$

이 연립방정식을 만족시키는 음이 아닌 정수 x, y는 없다.

따라서 이때의 확률은 **0**

(ii) 점수가 1점이 되는 경우

$$\begin{cases} x+y=9 \\ 10+x-2y=1 \end{cases}$$

$\therefore\ x=3,\ y=6$

따라서 이때의 확률은 9번의 게임 중 3번 이길 확률이므로

$$\frac{{}_9C_3}{2^9}=\mathbf{\frac{21}{128}}$$

5-21. 문제의 조건에서

$$\frac{{}_xC_2+{}_yC_2}{{}_{x+y}C_2}=\frac{{}_xC_1\times{}_yC_1}{{}_{x+y}C_2}$$

$$\therefore\ \frac{x(x-1)}{2}+\frac{y(y-1)}{2}=xy$$

$$\therefore\ x+y=(x-y)^2$$

따라서 $x+y$는 제곱수이고, $2\le x+y\le 50$, $x-y\ge 0$이므로 가능한 경우는 아래와 같다.

$x+y$	4	9	16	25	36	49
$x-y$	2	3	4	5	6	7

이 중에서 $x\ge y\ge 2$인 것은

$\boldsymbol{(x,\ y)=(6,\ 3),\ (10,\ 6),\ (15,\ 10),}$
$\boldsymbol{(21,\ 15),\ (28,\ 21)}$

5-22. 일어날 수 있는 모든 경우의 수는

$$6\times6=36$$

$f(x)=x^3+(a+1)x^2+(a+b)x+b$로 놓으면 $f(-1)=0$이므로

$$f(x)=(x+1)(x^2+ax+b)$$

따라서 $g(x)=x^2+ax+b$로 놓으면 방정식 $g(x)=0$이 $x=-1$ 이외의 서로 다른 두 실근을 가지면 되므로

$$D=a^2-4b>0,$$
$$g(-1)=1-a+b\neq0$$
$$\therefore\ b<\frac{1}{4}a^2,\ \ b\neq a-1$$

$a=1$, 2일 때 b의 값은 없다.

$a=3$일 때 $b=1$

$a=4$일 때 $b=1,\ 2$

$a=5$일 때 $b=1,\ 2,\ 3,\ 5,\ 6$

$a=6$일 때 $b=1,\ 2,\ 3,\ 4,\ 6$

$$\therefore\ \frac{1+2+5+5}{36}=\mathbf{\frac{13}{36}}$$

5-23. $3n$장의 카드 중에서 2장의 카드를 뽑는 경우의 수는

$${}_{3n}C_2=\frac{3n(3n-1)}{2}$$

이때, $3a<b\le 3n$이므로 $a<n$이다.

또, $a=k\,(k=1,\ 2,\ \cdots,\ n-1)$일 때, $3a<b$를 만족시키는 b는

$$b=3k+1,\ 3k+2,\ \cdots,\ 3n$$

이므로 가능한 b의 개수는 $3n-3k$

따라서 $3a<b$인 경우의 수는

$$\sum_{k=1}^{n-1}(3n-3k)=3n(n-1)-3\times\frac{n(n-1)}{2}$$
$$=\frac{3}{2}n(n-1)$$

이므로 구하는 확률은

$$\frac{\frac{3}{2}n(n-1)}{\frac{3n(3n-1)}{2}}=\boldsymbol{\frac{n-1}{3n-1}}$$

5-24. A에서 B까지 가는 경우의 수는

$$\frac{9!}{5!4!}=126$$

A에서 지점 P, Q, R를 거쳐 B까지 가는 경우의 수는 각각

$$\frac{5!}{4!}\times\frac{4!}{3!}=20,\quad \frac{5!}{3!2!}\times\frac{4!}{2!2!}=60,$$
$$\frac{5!}{2!3!}\times\frac{4!}{3!}=40$$

따라서 지점 P, Q, R에서 만날 확률은

각각 $\dfrac{20}{126}$, $\dfrac{60}{126}$, $\dfrac{40}{126}$이므로 만날 확률이 가장 큰 지점은 **Q**

***Note** 오른쪽과 같은 도로망에서 C에서 D까지 가는 최단 경로는 아래 그림의 실선과 같다.

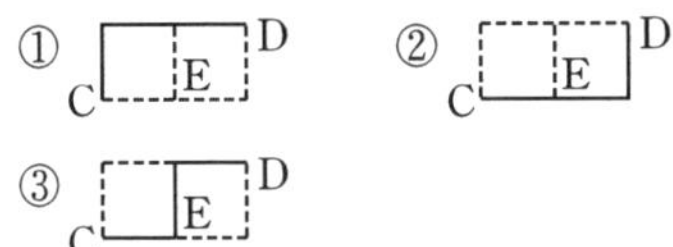

이와 같은 경로를 택할 확률에 대하여 다음 두 가지 경우를 생각할 수 있다.

(i) C에서 D까지 가는 경로는 모두 세 가지로 ①, ②, ③의 어느 경로를 택하는가를 제비뽑기로 정한다면 모두 가능성이 같은 정도로 기대되므로 경로 ①, ②, ③을 택할 확률은 각각

$$① \longrightarrow \frac{1}{3},\quad ② \longrightarrow \frac{1}{3},\quad ③ \longrightarrow \frac{1}{3}$$

(ii) C에서 오른쪽 또는 위쪽으로 갈라지게 되고, E에서 역시 오른쪽 또는 위쪽으로 갈라지게 되므로 경로 ①, ②, ③을 택할 확률은 각각

$$① \longrightarrow \frac{1}{2},\quad ② \longrightarrow \frac{1}{2}\times\frac{1}{2},$$

$$③ \longrightarrow \frac{1}{2}\times\frac{1}{2}$$

일반적으로는 위의 (i), (ii) 중 어느 경우를 의미하는지가 애매하므로 이 문제에서 "최단 경로를 택할 가능성은 같은 정도로 기대된다"는 조건을 붙인 것이고, 이 조건은 (i)의 경우를 의미한다.

5-25. 일어날 수 있는 모든 경우의 수는 홀수 또는 짝수의 눈이 나오는 경우가 8번 반복되므로 ${}_2\Pi_8=2^8$

주사위를 한 번 던질 때마다 점 P의 좌표 $(x,\ y)$의 x 또는 y 중 어느 한쪽이 1만큼씩 증가하므로 주사위를 8번 던지면, 점 P는 직선 $x+y=8$ 위의 점

$$P_0(0,\ 8),\ P_1(1,\ 7),\ P_2(2,\ 6),$$
$$P_3(3,\ 5),\ \cdots,\ P_8(8,\ 0)$$

중의 어느 한 곳에 도달하게 된다.

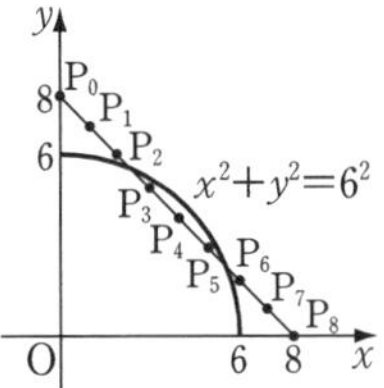

이 중에서 원점으로부터의 거리가 6 이하인 점은

$$P_3(3,\ 5),\ P_4(4,\ 4),\ P_5(5,\ 3)$$

이고, 이들 점에 도달하는 경우의 수는

$$\frac{8!}{3!5!}+\frac{8!}{4!4!}+\frac{8!}{5!3!}=182$$

따라서 구하는 확률은 $\dfrac{182}{2^8}=\mathbf{\dfrac{91}{128}}$

***Note** 위와 같이

$$(x,\ y)=(3,\ 5),\ (4,\ 4),\ (5,\ 3)$$

을 구하면 독립시행의 확률(p. 126)을 이용하여 다음과 같이 구할 수도 있다.

$$ {}_8C_3\left(\frac{1}{2}\right)^3\left(\frac{1}{2}\right)^5+{}_8C_4\left(\frac{1}{2}\right)^4\left(\frac{1}{2}\right)^4 +{}_8C_5\left(\frac{1}{2}\right)^5\left(\frac{1}{2}\right)^3$$

$$=({}_8C_3+{}_8C_4+{}_8C_3)\left(\frac{1}{2}\right)^8=\mathbf{\frac{91}{128}}$$

5-26. 일어날 수 있는 모든 경우의 수는

$${}_6\Pi_5=6^5$$

x_3의 값을 기준으로 조건을 만족시키는 경우를 분류하면

$x_3=1$일 때 : $(x_1,\ x_2)$는 1에서 중복을 허락하여 2개를 택하는 중복조합이므로 이 경우의 수는 ${}_1H_2$이고, 이 각각에 대하여 $(x_4,\ x_5)$도 ${}_1H_2$가지이므로

$${}_1H_2\times{}_1H_2={}_2C_2{}^2=1$$

$x_3=2$일 때 : $(x_1,\ x_2)$는 1, 2에서 중복

을 허락하여 2개를 택하는 중복조합이므로 이 경우의 수는 ${}_2H_2$이고, 이 각각에 대하여 (x_4, x_5)도 ${}_2H_2$가지이므로

$${}_2H_2\times{}_2H_2={}_3C_2{}^2=9$$

이와 같은 방법으로 하면

$x_3=3$일 때 : ${}_3H_2{}^2={}_4C_2{}^2=36$

$x_3=4$일 때 : ${}_4H_2{}^2={}_5C_2{}^2=100$

$x_3=5$일 때 : ${}_5H_2{}^2={}_6C_2{}^2=225$

$x_3=6$일 때 : ${}_6H_2{}^2={}_7C_2{}^2=441$

따라서 구하는 확률은

$$\frac{1+9+36+100+225+441}{6^5}=\mathbf{\frac{203}{1944}}$$

6-1. 8개의 꼭짓점 중에서 두 꼭짓점을 택하는 경우의 수는 ${}_8C_2$이다.

이때, 두 꼭짓점 사이의 거리는 1 또는 $\sqrt{2}$ 또는 $\sqrt{3}$ 이다.

(1) 두 꼭짓점 사이의 거리가 $\sqrt{2}$ 인 사건을 A, $\sqrt{3}$ 인 사건을 B라고 하면 두 사건 A, B는 서로 배반사건이므로

$$\begin{aligned}P(A\cup B)&=P(A)+P(B)\\&=\frac{6\times2}{{}_8C_2}+\frac{4}{{}_8C_2}=\mathbf{\frac{4}{7}}\end{aligned}$$

***Note** 여사건의 확률을 이용하여 구해도 된다.

(2) 두 꼭짓점 사이의 거리가 $\sqrt{2}$ 이하인 사건을 E라고 하면 여사건 E^c은 두 꼭짓점 사이의 거리가 $\sqrt{3}$ 인 사건이므로

$$P(E^c)=\frac{4}{{}_8C_2}=\frac{1}{7}$$

$$\therefore\ P(E)=1-P(E^c)=1-\frac{1}{7}=\mathbf{\frac{6}{7}}$$

6-2. 남학생이 포함되거나 A반 학생이 포함되는 사건을 E라고 하면 여사건 E^c은 대표 2명 모두 B반 여학생 중에서 뽑는 사건이므로

$$P(E^c)=\frac{{}_{14}C_2}{{}_{62}C_2}=\frac{91}{1891}$$

$$\therefore\ P(E)=1-P(E^c)=1-\frac{91}{1891}=\mathbf{\frac{1800}{1891}}$$

6-3. 실근을 가지는 사건을 A라고 하면 여사건 A^c은 허근을 가지는 사건이다.

계수 a, b를 정하는 모든 경우의 수는

$$6\times6=36$$

이 중에서 허근을 가지는 경우는 a, b가

$$D/4=a^2-b<0,\ 곧\ a^2<b$$

를 만족시키는 경우이므로

$a=1$일 때 $b=2, 3, 4, 5, 6$

$a=2$일 때 $b=5, 6$

의 7가지이다.

$$\therefore\ P(A^c)=\frac{7}{36}$$

$$\therefore\ P(A)=1-P(A^c)=1-\frac{7}{36}=\mathbf{\frac{29}{36}}$$

***Note** $D/4=a^2-b\ge0$, 곧 $a^2\ge b$일 확률을 직접 구해도 되지만, 계산 과정이 좀 더 복잡하다.

6-4. 3장에 적힌 자연수 중 어느 두 수도 연속인 자연수가 아닌 사건을 A라고 하면 여사건 A^c은 세 수가 연속이거나 두 수만 연속인 자연수인 사건이다.

10장의 카드 중에서 3장을 뽑는 경우의 수는 ${}_{10}C_3$이다.

(i) 세 수가 연속인 경우

(1, 2, 3), (2, 3, 4), (3, 4, 5), ⋯, (8, 9, 10)

의 8가지

(ii) 두 수만 연속인 경우

연속인 두 수가 (1, 2)일 때

(1, 2, 4), (1, 2, 5), (1, 2, 6), ⋯, (1, 2, 10)

의 7가지

같은 방법으로 생각하면

연속인 두 수가 (9, 10)일 때 7가지,

연속인 두 수가 (2, 3), (3, 4), ⋯, (8, 9)일 때 각각 6가지이다.

(i), (ii)에서

$$P(A^c)=\frac{8}{{}_{10}C_3}+\frac{7\times2+6\times7}{{}_{10}C_3}=\frac{8}{15}$$

$\therefore\ P(A)=1-P(A^c)=1-\dfrac{8}{15}=\mathbf{\dfrac{7}{15}}$

Note 어느 두 수도 연속하지 않게 세 수를 뽑는 경우는 아래 그림에서 7개의 ○를 나열하고 양 끝과 ○의 사이에 3개의 ×를 이웃하지 않게 넣는 경우와 같다. 예를 들어

×○○×○○○○×○

는 1, 4, 9를 뽑은 것에 대응한다.

$\therefore\ \dfrac{{}_8C_3}{{}_{10}C_3}=\mathbf{\dfrac{7}{15}}$

6-5. 적어도 2명의 남학생이 서로 이웃하게 배정되는 사건을 A라고 하면 여사건 A^c은 서로 이웃한 남학생이 없는 사건이다.

8명을 배정하는 경우의 수는 8!이다.

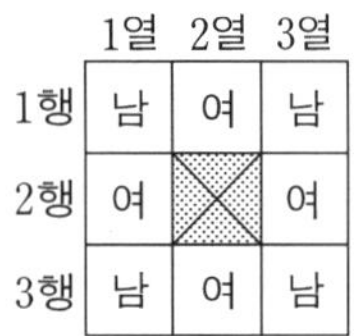

	1열	2열	3열
1행	여	남	여
2행	남	╳	남
3행	여	남	여

여사건 A^c은 먼저 남학생 4명을 위와 같이 배정한 다음 여학생을 배정하는 사건이므로

$$P(A^c)=\frac{4!\times4!\times2}{8!}=\frac{1}{35}$$

$\therefore\ P(A)=1-P(A^c)=1-\dfrac{1}{35}=\mathbf{\dfrac{34}{35}}$

6-6. 뽑은 4짝의 크기가 모두 다른 사건을 A라고 하자.

(1) 20짝의 구두 중에서 4짝을 뽑는 방법의 수는 ${}_{20}C_4$이다.

이 중에서 크기가 다른 4짝을 뽑는 경우의 수는 구두 한 켤레에서 왼쪽 구두와 오른쪽 구두를 생각하면

${}_{10}C_4\times2\times2\times2\times2$

$\therefore\ P(A)=\dfrac{{}_{10}C_4\times2^4}{{}_{20}C_4}=\mathbf{\dfrac{224}{323}}$

(2) 사건 A의 여사건 A^c의 확률이므로

$$P(A^c)=1-P(A)=1-\frac{224}{323}=\mathbf{\frac{99}{323}}$$

6-7. 사건 A^c, B는 서로 배반사건이므로

$P(A^c\cap B)=0$

$\therefore\ P(B)=P(A\cap B)+P(A^c\cap B)$
$=P(A\cap B)$

이때, $P(B)=1-P(B^c)=1-\dfrac{2}{3}=\dfrac{1}{3}$

이므로 $P(A\cap B)=\dfrac{1}{3}$

또,

$P(A\cup B)=P(A)+P(B)-P(A\cap B)$
$=P(A)$

$\therefore\ P(A)=\mathbf{\dfrac{3}{4}}$

$\therefore\ P(A\cap B^c)=P(A)-P(A\cap B)$
$=\dfrac{3}{4}-\dfrac{1}{3}=\mathbf{\dfrac{5}{12}}$

6-8. 11개의 문자를

$b_1,\ b_2,\ i_1,\ i_2,\ p,\ r,\ o,\ a,\ l,\ t,\ y$

로 보면 이들을 일렬로 나열하는 경우의 수는 11!이다.

(1) i가 양 끝에 있는 경우의 수는 $9!\times2!$이므로

$$\frac{9!\times2!}{11!}=\mathbf{\frac{1}{55}}$$

(2) 같은 문자가 이웃하지 않는 사건을 A라고 하면 여사건 A^c은 적어도 한 가지 이상의 같은 문자가 이웃하는 사건이다.

$b_1,\ b_2$가 이웃할 확률은

$$\frac{10!\times2!}{11!}=\frac{2}{11}$$

$i_1,\ i_2$가 이웃할 확률은

$$\frac{10!\times2!}{11!}=\frac{2}{11}$$

$b_1,\ b_2$가 이웃하고 동시에 $i_1,\ i_2$가 이웃할 확률은

$$\frac{9!\times2!\times2!}{11!}=\frac{2}{55}$$

이므로 같은 문자가 이웃할 확률은

$$P(A^C)=\frac{2}{11}+\frac{2}{11}-\frac{2}{55}=\frac{18}{55}$$

$$\therefore\ P(A)=1-P(A^C)=1-\frac{18}{55}=\boldsymbol{\frac{37}{55}}$$

6-9. 처음부터 자동차 Q에 탔던 2명이 모두 처음 자리가 아닌 다른 자리에 앉는 사건을 E라고 하면 여사건 E^C은 2명 중 적어도 1명이 처음 자리에 앉는 사건이다.

운전자를 제외한 5명이 운전석을 제외한 5개의 좌석에 앉는 경우의 수는 5!이다.

한편 처음부터 자동차 Q에 탔던 운전자가 아닌 2명을 갑, 을이라고 할 때, 갑이 처음 자리에 그대로 앉는 사건을 A, 을이 처음 자리에 그대로 앉는 사건을 B라고 하면 갑 또는 을이 처음 자리에 앉을 확률은

$$P(A\cup B)=P(A)+P(B)-P(A\cap B)$$
$$=\frac{4!}{5!}+\frac{4!}{5!}-\frac{3!}{5!}=\frac{7}{20}$$

곧, $P(E^C)=\frac{7}{20}$이므로

$$P(E)=1-P(E^C)=1-\frac{7}{20}=\boldsymbol{\frac{13}{20}}$$

6-10. 일어날 수 있는 모든 경우의 수는 6^n이다.

(1) X가 3으로 나누어 떨어지는 사건을 A라고 하면 여사건 A^C은 X가 3으로 나누어 떨어지지 않는 사건이다.

X가 3으로 나누어 떨어지지 않는 경우는 X가 1, 2, 4, 5만의 곱일 때이므로

$$P(A^C)=\frac{4^n}{6^n}=\left(\frac{2}{3}\right)^n$$

$$\therefore\ P(A)=1-P(A^C)=\boldsymbol{1-\left(\frac{2}{3}\right)^n}$$

(2) X가 4로 나누어 떨어지는 사건을 B라고 하면 여사건 B^C은 X가 4로 나누어 떨어지지 않는 사건이다. X가 4로 나누어 떨어지지 않는 경우는

(i) X가 1, 3, 5만의 곱일 때

3^n가지

(ii) X가 한 번은 2 또는 6이고, 나머지 $(n-1)$번은 1, 3, 5만의 곱일 때

$2\times{}_nC_1\times 3^{n-1}$가지

(i), (ii)에서

$$P(B^C)=\frac{3^n+2n\times 3^{n-1}}{6^n}$$

$$\therefore\ P(B)=1-P(B^C)$$
$$=\boldsymbol{1-\left(1+\frac{2n}{3}\right)\left(\frac{1}{2}\right)^n}$$

6-11.

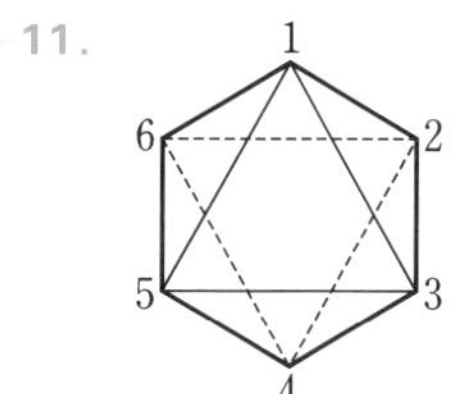

(1) S가 정삼각형이 되는 사건을 A라고 하면 정삼각형이 되는 꼭짓점을 택하는 방법은 (1, 3, 5), (2, 4, 6)이고, 이 각각에 대하여 나열하는 방법이 3!가지씩 있으므로

$$P(A)=\frac{2\times 3!}{6^3}=\boldsymbol{\frac{1}{18}}$$

(2) S가 정삼각형이 아닌 삼각형이 되는 사건을 B라고 하면 여사건 B^C은 S가 정삼각형이 되는 경우와 삼각형이 되지 않는 경우(3개 모두 같은 수의 눈이거나 2개가 같은 수의 눈인 경우)이므로

$$P(B^C)=\frac{2\times 3!}{6^3}+\frac{6}{6^3}+\frac{5\times 6\times 3}{6^3}=\frac{1}{2}$$

$$\therefore\ P(B)=1-P(B^C)=1-\frac{1}{2}=\boldsymbol{\frac{1}{2}}$$

Note 3개 모두 같은 수의 눈인 경우는

(1, 1, 1), (2, 2, 2), (3, 3, 3),
(4, 4, 4), (5, 5, 5), (6, 6, 6)

의 6가지이다.

또, 2개가 같은 수의 눈인 경우는 이를테면 같은 눈의 수가 1일 때,

(1, 1, 2), (1, 1, 3), (1, 1, 4), (1, 1, 5), (1, 1, 6)

의 5가지이므로 숫자의 나열 방법까지 생각하면 $5\times6\times3$가지이다.

6-12. 1, 2의 눈이 나오면 움직이지 않는다. 3, 4, 5의 눈이 나오면 1만큼 나아가고, 6의 눈이 나오면 2만큼 나아간다.

순서에 관계없이 a, b, c만큼 나아가는 것을 $(a,\ b,\ c)$로 나타내자.

(1) 3만큼 나아가거나 6만큼 나아가야 한다.

(0, 1, 2)가 되는 것은

$2\times3\times1\times3!=36$(가지)

(1, 1, 1)이 되는 것은

$3\times3\times3=27$(가지)

(2, 2, 2)가 되는 것은

$1\times1\times1=1$(가지)

$\therefore\ \dfrac{36+27+1}{6\times6\times6}=\mathbf{\dfrac{8}{27}}$

(2) 원주 위를 적어도 한 바퀴 도는 사건을 E라고 하면 적어도 한 바퀴 돌려면 3 이상 나아가야 하므로 여사건 E^c은 2 이하 나아가는 것이다. 따라서

(0, 0, 0), (0, 0, 1), (0, 0, 2), (0, 1, 1)

과 이것의 순서를 바꾼 경우이다.

(0, 0, 0)이 되는 것은

$2\times2\times2=8$(가지)

(0, 0, 1)이 되는 것은

$2\times2\times3\times\dfrac{3!}{2!}=36$(가지)

(0, 0, 2)가 되는 것은

$2\times2\times1\times\dfrac{3!}{2!}=12$(가지)

(0, 1, 1)이 되는 것은

$2\times3\times3\times\dfrac{3!}{2!}=54$(가지)

$\therefore\ P(E^c)=\dfrac{8+36+12+54}{6\times6\times6}=\dfrac{55}{108}$

$\therefore\ P(E)=1-P(E^c)=1-\dfrac{55}{108}=\mathbf{\dfrac{53}{108}}$

6-13. 16개의 점 중에서 두 점을 택하는 경우의 수는 ${}_{16}C_2$이다.

이때, 두 점 사이의 거리의 최솟값은 1이고 최댓값은 $3\sqrt{2}$이다.

(i) 두 점 사이의 거리가 2보다 작은 경우

두 점 사이의 거리가 1인 경우는 가로로 3×4가지, 세로로 3×4가지

두 점 사이의 거리가 $\sqrt{2}$인 경우는 한 변의 길이가 1인 정사각형 9개에 각각 2개씩 있으므로 ⇦ ⧅, ◪

9×2가지

따라서 두 점 사이의 거리가 2보다 작은 사건을 A라고 하면

$$P(A)=\frac{(3\times4)\times2+9\times2}{{}_{16}C_2}=\frac{7}{20}$$

(ii) 두 점 사이의 거리가 3보다 큰 경우

두 점 사이의 거리가 $\sqrt{10}$인 경우는 이웃하는 두 변의 길이가 1, 3인 직사각형 6개에 각각 2개씩 있으므로

6×2가지

두 점 사이의 거리가 $\sqrt{13}$인 경우는 이웃하는 두 변의 길이가 2, 3인 직사각형 4개에 각각 2개씩 있으므로

4×2가지

두 점 사이의 거리가 $3\sqrt{2}$인 경우는 한 변의 길이가 3인 정사각형 1개에 2개 있으므로 2가지

따라서 두 점 사이의 거리가 3보다 큰 사건을 B라고 하면

$$P(B)=\frac{6\times2+4\times2+2}{{}_{16}C_2}=\frac{11}{60}$$

(i), (ii)에서 두 사건 A, B는 서로 배반

사건이므로

$$P(A\cup B)=P(A)+P(B)$$
$$=\frac{7}{20}+\frac{11}{60}=\mathbf{\frac{8}{15}}$$

***Note** 16개의 점 중에서 두 점을 택할 때, 두 점 사이의 거리는

$1,\ \sqrt{2},\ 2,\ \sqrt{5},\ 2\sqrt{2},$
$3,\ \sqrt{10},\ \sqrt{13},\ 3\sqrt{2}$

중 하나이다. 따라서 여사건의 확률을 이용할 때에는 두 점 사이의 거리가 2, $\sqrt{5}$, $2\sqrt{2}$, 3인 경우를 찾으면 된다.

6-14. ㄱ. (거짓) $P(A\cap B)=0$이면

$$P(A^c\cap B)=P(B)-P(A\cap B)$$
$$=P(B)$$

이때, $A\cap B=\varnothing$이고 $A\neq\varnothing$이므로

$P(B)\neq 1$ 곧, $P(A^c\cap B)\neq 1$

ㄴ. (참) $P(A\cup B)=P(A)$이면

$$P(A\cap B)=P(B)$$

$\therefore\ P(A^c\cap B)=P(B)-P(A\cap B)=0$

곧, 사건 A^c, B는 서로 배반사건이다.

ㄷ. (참) 사건 A, B^c이 서로 배반사건이면 $P(A\cap B^c)=0$

$\therefore\ P(A^c\cup B)=P\big((A\cap B^c)^c\big)$
$=1-P(A\cap B^c)=1$

ㄹ. (거짓) 사건 A, B가 서로 배반사건이면 $P(A\cap B)=0$

이때,

$P(A^c\cap B^c)=P\big((A\cup B)^c\big)$
$=1-P(A\cup B)$

이므로 사건 A^c, B^c이 반드시 서로 배반사건이라고는 말할 수 없다.

답 ㄴ, ㄷ

7-1. 일어날 수 있는 모든 경우의 수는

$$6\times6=36$$

$a+b\geq9$인 사건을 A, $a\leq4$인 사건을 B라고 하자.

$a+b\geq9$인 경우는 순서쌍 $(a,\ b)$가

(6, 3), (6, 4), (6, 5), (6, 6),
(5, 4), (5, 5), (5, 6),
(4, 5), (4, 6),
(3, 6)

인 10가지이므로 $P(A)=\frac{10}{36}$

$a+b\geq9$이고 $a\leq4$인 경우는 순서쌍 $(a,\ b)$가 (4, 5), (4, 6), (3, 6)인 3가지이므로

$$P(A\cap B)=\frac{3}{36}$$

$$\therefore\ P(B|A)=\frac{P(A\cap B)}{P(A)}=\frac{3/36}{10/36}=\mathbf{\frac{3}{10}}$$

7-2. 집합 X에서 집합 Y로의 함수의 개수는 ${}_3\Pi_4=3^4=81$

「$i<j$이면 $f(i)\leq f(j)$」인 함수를 택하는 사건을 A, 치역이 집합 Y인 함수를 택하는 사건을 B라고 하자.

「$i<j$이면 $f(i)\leq f(j)$」인 함수는 Y의 원소 1, 2, 3 중에서 중복을 허락하여 네 개의 원소를 뽑아 이것을 크기 순서로 X의 원소 1, 2, 3, 4에 대응시키면 된다.

따라서 이 함수의 개수는

$${}_3H_4={}_{3+4-1}C_4={}_6C_4=15$$

이므로 $P(A)=\frac{15}{81}$

조건을 만족시키는 함수 중에서 치역이 집합 Y인 함수는

$\big(f(1),\ f(2),\ f(3),\ f(4)\big)$
$=(1,\ 1,\ 2,\ 3),\ (1,\ 2,\ 2,\ 3),\ (1,\ 2,\ 3,\ 3)$

의 3가지이므로 $P(A\cap B)=\frac{3}{81}$

$$\therefore\ P(B|A)=\frac{P(A\cap B)}{P(A)}=\frac{3/81}{15/81}=\mathbf{\frac{1}{5}}$$

7-3. 11장의 카드 중 s는 2장 있다.

이 s를 뽑은 다음, 남은 10장의 카드 중 h는 2장 있다.

이와 같이 생각하면 구하는 확률은

$$\frac{2}{11}\times\frac{2}{10}\times\frac{1}{9}\times\frac{1}{8}=\mathbf{\frac{1}{1980}}$$

7-4. 네 번째까지 정상품이 2개, 불량품이 2개 나오고, 다섯 번째에 불량품이 나오는 경우이므로

$$\frac{{}_7C_2\times{}_3C_2}{{}_{10}C_4}\times\frac{1}{6}=\mathbf{\frac{1}{20}}$$

7-5. 사건 A, C는 서로 독립이므로

$P(A\cap C)=0.3$에서 $P(A)P(C)=0.3$

$P(C)=0.5$이므로 $P(A)=0.6$

또, 사건 A, B는 서로 배반이므로

$P(A\cup B)=0.8$에서 $P(A)+P(B)=0.8$

$P(A)=0.6$이므로 $P(B)=\mathbf{0.2}$

7-6. 사건 A, B가 서로 독립이므로

$$P(A\cap B)=P(A)P(B)$$

(1) $P(A\cup B)=P(A)+P(B)-P(A\cap B)$
$=P(A)+P(B)-P(A)P(B)$

이므로

$$0.6=0.2+P(B)-0.2P(B)$$

$$\therefore\ P(B)=\mathbf{0.5}$$

또,

$P(A\cap B^c)=P(A)-P(A\cap B)$
$=P(A)-P(A)P(B)$
$=0.2-0.2\times0.5=\mathbf{0.1}$

(2) 사건 A와 B가 서로 독립이면 사건 A와 B^c도 서로 독립이므로

$$P(A\cap B^c)=P(A)P(B^c)$$

$\therefore\ 0.2=0.4P(B^c)\quad\therefore\ P(B^c)=0.5$

$\therefore\ P(B)=1-P(B^c)=1-0.5=0.5$

$\therefore\ P(A\cup B)$
$=P(A)+P(B)-P(A\cap B)$
$=P(A)+P(B)-P(A)P(B)$
$=0.4+0.5-0.4\times0.5=\mathbf{0.7}$

(3) $P(A^c\cup B^c)=P\left((A\cap B)^c\right)$
$=1-P(A\cap B)$

$\therefore\ 0.8=1-P(A\cap B)$

$\therefore\ P(A\cap B)=0.2$

사건 A, B가 서로 독립이므로

$$P(B|A)=P(B)=0.3$$

또, $P(A\cap B)=P(A)P(B)$이므로

$0.2=P(A)\times0.3\quad\therefore\ P(A)=\frac{2}{3}$

$\therefore\ P(A\cup B)=P(A)+P(B)-P(A\cap B)$
$=\frac{2}{3}+0.3-0.2=\mathbf{\frac{23}{30}}$

7-7. 남성인 사건을 A, 미혼인 사건을 B라고 하면 두 사건 A, B는 서로 독립이므로

$$P(A\cap B)=P(A)P(B)$$

따라서 미혼 여성이 x명이라고 하면 전체 직원은 $(62+x)$명이므로

$$\frac{20}{62+x}=\frac{26}{62+x}\times\frac{20+x}{62+x}$$

$$\therefore\ 20(62+x)=26(20+x)$$

$$\therefore\ x=\mathbf{120}$$

7-8. n개의 주사위를 동시에 던질 때, 적어도 한 개가 1의 눈이 나오는 사건을 E라고 하면 여사건 E^c은 n개 모두 1의 눈이 나오지 않는 사건이다.

$\therefore\ P(E^c)=\left(\frac{5}{6}\right)^n\quad\therefore\ P(E)=1-\left(\frac{5}{6}\right)^n$

그런데 A가 유리한 경우는 A가 승리할 확률이 $\frac{1}{2}$보다 큰 경우이므로

$$1-\left(\frac{5}{6}\right)^n>\frac{1}{2}\quad\therefore\ \left(\frac{5}{6}\right)^n<\frac{1}{2}$$

양변의 상용로그를 잡으면 ⇦ 수학 I

$$n\log\frac{5}{6}<\log\frac{1}{2}$$

$$\therefore\ n>\frac{-\log2}{\log5-\log6}=\frac{-\log2}{1-2\log2-\log3}$$

$$=\frac{0.3010}{0.0791}=3.8\times\times\times$$

따라서 **4개 이상**

*__Note__ $\left(\frac{5}{6}\right)^3>\frac{1}{2},\ \left(\frac{5}{6}\right)^4<\frac{1}{2}$

$$\therefore\ n\ge4$$

7-9. 안타를 치는 경우를 ○로, 안타를 치지 못하는 경우를 ×로 나타내면 안타를 2회 이상 치는 경우와 이때의 확률은 다음 표와 같다.

A	B	확률
○ ○	×	$0.2\times0.2\times0.75$
○ ×	○	$0.2\times0.8\times0.25$
× ○	○	$0.8\times0.2\times0.25$
○ ○	○	$0.2\times0.2\times0.25$

이 네 사건은 서로 배반사건이므로 각각의 확률을 모두 더하면 **0.12**

7-10. 모서리 BC의 중점을 P라고 할 때, 점 P에서 만나는 경우는

갑은 $A\longrightarrow B\longrightarrow P$로,

을은 $G\longrightarrow C\longrightarrow P$로

찾아가는 경우이다.

따라서 이때의 확률은

$$\left(\frac{1}{3}\times\frac{1}{2}\right)\times\left(\frac{1}{3}\times\frac{1}{2}\right)=\frac{1}{36}$$

마찬가지로 생각하면 모서리 BF의 중점, 모서리 DC의 중점, 모서리 DH의 중점, 모서리 EH의 중점, 모서리 EF의 중점에서 만날 확률 역시 위와 같다.

$$\therefore\ \frac{1}{36}\times6=\mathbf{\frac{1}{6}}$$

7-11. 오른쪽으로 한 칸 이동할 확률은 $\frac{1}{2}$, 왼쪽으로 한 칸 이동할 확률은 $\frac{1}{3}$, 위쪽으로 한 칸 이동할 확률은 $\frac{1}{6}$이다.

오른쪽으로 세 칸, 왼쪽으로 한 칸, 위쪽으로 한 칸(→, →, →, ←, ↑) 이동해야 하므로

$$\frac{5!}{3!}\times\left(\frac{1}{2}\right)^3\times\frac{1}{3}\times\frac{1}{6}=\mathbf{\frac{5}{36}}$$

7-12. 한 상자에서 5개의 야구공을 뽑을 때, ★ 모양이 그려진 야구공이 있을 확률은

$$\frac{{}_1C_1\times{}_{19}C_4}{{}_{20}C_5}=\frac{1}{4}$$

따라서 세 번의 시행 중에서 ★ 모양이 그려진 야구공을 두 번 뽑을 확률은

$${}_3C_2\left(\frac{1}{4}\right)^2\left(\frac{3}{4}\right)^1=\mathbf{\frac{9}{64}}$$

7-13. 흰 공의 개수를 m, 붉은 공의 개수를 n이라고 하면 $m+n=50$이고, 문제의 조건에 따라 다음 표를 얻는다.

	W	R	합계
A	x	y	$x+y$
B	$m-x$	$n-y$	$50-x-y$
합계	m	n	50

따라서

$$P(W|A)=\frac{P(W\cap A)}{P(A)}=\frac{x}{x+y}=\frac{3}{5}$$

$$P(B|R)=\frac{P(B\cap R)}{P(R)}=\frac{n-y}{n}=\frac{4}{5}$$

$$P(W\cap B)=\frac{m-x}{50}=\frac{12}{25}$$

네 식을 연립하여 풀면

$\mathbf{m=30},\ \mathbf{n=20},\ \mathbf{x=6},\ \mathbf{y=4}$

7-14. 상자 A, B를 택하는 사건을 각각 A, B라 하고, 꺼낸 3개의 공이 흰 공 2개, 검은 공 1개인 사건을 E라고 하면

$$P(A\cap E)=P(A)P(E|A)=\frac{1}{2}\times\frac{{}_3C_2\times{}_4C_1}{{}_7C_3}=\frac{6}{35}$$

$$P(B\cap E)=P(B)P(E|B)=\frac{1}{2}\times\frac{{}_4C_2\times{}_2C_1}{{}_6C_3}=\frac{3}{10}$$

$$\therefore\ P(E)=P(A\cap E)+P(B\cap E)=\frac{6}{35}+\frac{3}{10}=\frac{33}{70}$$

$$\therefore\ P(A|E)=\frac{P(A\cap E)}{P(E)}=\frac{6/35}{33/70}=\mathbf{\frac{4}{11}}$$

7-15. 여학생인 사건을 X, 남학생인 사건을 Y라 하고, 여름 방학에 여행을 한 사

건을 E라고 하면

$$P(X\cap E)=P(X)P(E|X)=0.4\times0.2=0.08$$

$$P(Y\cap E)=P(Y)P(E|Y)=0.6\times0.3=0.18$$

$$\therefore P(E)=P(X\cap E)+P(Y\cap E)=0.08+0.18=0.26$$

$$\therefore P(Y|E)=\frac{P(Y\cap E)}{P(E)}=\frac{0.18}{0.26}=\mathbf{\frac{9}{13}}$$

7-16. 상자 A, B, C를 택하는 사건을 각각 A, B, C라 하고, 검은 공을 꺼내는 사건을 E라고 하자.

(1) $P(E)=P(A\cap E)+P(B\cap E)+P(C\cap E)$

$=P(A)P(E|A)+P(B)P(E|B)+P(C)P(E|C)$

$=\frac{1}{3}\times\frac{5}{40}+\frac{1}{3}\times\frac{7}{84}+\frac{1}{3}\times\frac{2}{48}=\mathbf{\frac{1}{12}}$

(2) $P(A\cap E)=\frac{1}{3}\times\frac{5}{40}=\frac{1}{24}$이므로

$$P(A|E)=\frac{P(A\cap E)}{P(E)}=\frac{1/24}{1/12}=\mathbf{\frac{1}{2}}$$

7-17. 주머니에 마지막 남은 3개의 공이 모두 다른 색이려면 처음에 3개의 공을 꺼낼 때 적어도 흰 공 1개, 붉은 공 1개는 남겨 두어야 하고, 두 번째에 3개의 공을 꺼낼 때에는 파란 공을 1개만 남겨 두어야 한다.

(i) 처음에 흰 공 2개, 붉은 공 1개를 꺼내고, 두 번째에 붉은 공 1개, 파란 공 2개를 꺼낼 때

$$\frac{{}_3C_2\times{}_3C_1}{{}_6C_3}\times\frac{{}_2C_1\times{}_3C_2}{{}_6C_3}=\frac{27}{200}$$

(ii) 처음에 흰 공 1개, 붉은 공 2개를 꺼내고, 두 번째에 흰 공 1개, 파란 공 2개를 꺼낼 때

$$\frac{{}_3C_1\times{}_3C_2}{{}_6C_3}\times\frac{{}_2C_1\times{}_3C_2}{{}_6C_3}=\frac{27}{200}$$

(i), (ii)는 서로 배반사건이므로

$$\frac{27}{200}+\frac{27}{200}=\mathbf{\frac{27}{100}}$$

7-18. 검은 공을 뽑는 경우를 ●로, 붉은 공을 뽑는 경우를 ○로 나타내자.

(i) ○●●일 때

$$\frac{3}{5}\times\frac{2}{5+2}\times\frac{2+2}{5+2+2}=\frac{8}{105}$$

(ii) ●○●일 때

$$\frac{2}{5}\times\frac{3}{5+2}\times\frac{2+2}{5+2+2}=\frac{8}{105}$$

(iii) ●●○일 때

$$\frac{2}{5}\times\frac{2+2}{5+2}\times\frac{3}{5+2+2}=\frac{8}{105}$$

(i), (ii), (iii)은 서로 배반사건이므로

$$\frac{8}{105}+\frac{8}{105}+\frac{8}{105}=\mathbf{\frac{8}{35}}$$

7-19. 첫 번째 꺼낸 공에 적힌 수를 X_1, 두 번째 꺼낸 공에 적힌 수를 X_2라 하자.

또, 1부터 n까지의 자연수 k에 대하여 $X_1=k$인 사건을 A_k, $X_2\ge k+1$인 사건을 B_k라고 하자.

이때, 구하는 확률은

$P(A_1\cap B_1)+P(A_2\cap B_2)+\cdots+P(A_n\cap B_n)$

$=\sum_{k=1}^{n}P(A_k\cap B_k)=\sum_{k=1}^{n}P(A_k)P(B_k|A_k)$

$=\sum_{k=1}^{n}\left(\frac{1}{n}\times\frac{n-k}{n-1}\right)=\frac{1}{n(n-1)}\sum_{k=1}^{n}(n-k)$

$=\frac{1}{n(n-1)}\left\{n^2-\frac{n(n+1)}{2}\right\}=\mathbf{\frac{1}{2}}$

***Note** 두 번째 꺼낸 공에 적힌 수가 첫 번째 꺼낸 공에 적힌 수보다 클 확률과 작을 확률은 같아야 한다.

따라서 구하는 확률은 $\mathbf{\frac{1}{2}}$

7-20. (1) 100개 중 한 개를 뽑는 경우 당첨 제비일 확률은 $\frac{20}{100}=\frac{1}{5}$

또, 문제의 조건대로 두 조로 나누어

한 개를 뽑는 경우 당첨 제비일 확률은

$$\frac{1}{2}\times\frac{10}{60}+\frac{1}{2}\times\frac{10}{40}=\frac{5}{24}$$

그런데 $\frac{5}{24}>\frac{1}{5}$이므로 당첨 제비를 뽑을 확률은 두 조로 나누어 뽑는 쪽이 더 크다.

(2) 60개인 조의 당첨 제비를 x개라고 하면 40개인 조의 당첨 제비는 $(20-x)$개이다. 이때, 당첨 제비를 뽑을 확률을 P_x라고 하면

$$\mathrm{P}_x=\frac{1}{2}\times\frac{x}{60}+\frac{1}{2}\times\frac{20-x}{40}=\frac{60-x}{240}$$
$$(0\le x\le 20)$$

따라서 $x=0$일 때 P_x는 최대이다.

곧, 당첨되는 확률이 가장 크려면 **40개인 조에 당첨 제비 20개를 모두 넣으면 된다.**

7-21. 제 n회째에 명중하는 것은 제 $n-1$회째에 명중하고 다음 회에도 명중하는 경우와 제 $n-1$회째에 명중하지 못하고 다음 회에 명중하는 경우가 있으므로

$$p_n=p_{n-1}\times0.8+(1-p_{n-1})\times0.6$$
$$\therefore\ p_n=0.2p_{n-1}+0.6$$
$$\therefore\ p_n-0.75=0.2(p_{n-1}-0.75)$$

⇦ 실력 수학 I p. 211

따라서 수열 $\{p_n-0.75\}$는 첫째항이 $p_1-0.75$, 공비가 0.2인 등비수열이므로

$$p_n-0.75=(p_1-0.75)(0.2)^{n-1}$$
$$\therefore\ \boldsymbol{p_n=(p_1-0.75)(0.2)^{n-1}+0.75}$$

7-22. 스티커가 1개, 2개, 3개 붙어 있는 카드에 새로 붙인 스티커의 개수를 각각 a, b, c라고 하자.

☆	☆☆	☆☆☆
$+a$	$+b$	$+c$

또, n회째 시행에서 사건 A가 일어나는 사건을 A_n이라고 하자.

1회째 시행에서 스티커가 1개 붙어 있는 카드를 꺼냈다면 카드 3장에는 스티커가 2개, 2개, 3개 붙게 되어 사건 A가 일어나지 않는다. 마찬가지로 1회째 시행에서 스티커가 2개, 3개 붙어 있는 카드를 꺼냈을 경우에도 각각 사건 A가 일어나지 않으므로 $\mathrm{P}(\mathrm{A}_1)=0$이다.

같은 방법으로 생각하면 2, 4, 5회째 시행에서도 사건 A가 일어나지 않으므로 $\mathrm{P}(\mathrm{A}_2)=\mathrm{P}(\mathrm{A}_4)=\mathrm{P}(\mathrm{A}_5)=0$

3회째 시행에서 사건 A가 일어나는 경우는

$(a, b, c)=(2, 1, 0), (0, 2, 1), (1, 0, 2)$

이고, 각각의 경우 1, 2, 3회째에서 일어나는 순서를 정하는 경우의 수는 $\frac{3!}{2!}=3$ 이므로 ⇦ 아래 *Note*

$$\mathrm{P}(\mathrm{A}_3)=\frac{3\times3}{3^3}=\frac{1}{3}\quad\therefore\ \mathrm{P}(\mathrm{A}_3{}^c)=\frac{2}{3}$$

또, $\mathrm{P}(\mathrm{A}_4)=0$, $\mathrm{P}(\mathrm{A}_5)=0$이므로 3회째 시행에서 사건 A가 일어나지 않았을 때 6회째 시행에서 사건 A가 일어날 확률은(카드에 붙어 있는 스티커의 개수를 3으로 나눈 나머지는 0, 1, 2이므로) 앞에서와 같은 방법으로 생각하면

$$\mathrm{P}(\mathrm{A}_6|\mathrm{A}_3{}^c)=\frac{1}{3}$$

따라서 구하는 확률은

$$\mathrm{P}(\mathrm{A}_3{}^c\cap\mathrm{A}_6)=\mathrm{P}(\mathrm{A}_3{}^c)\mathrm{P}(\mathrm{A}_6|\mathrm{A}_3{}^c)$$
$$=\frac{2}{3}\times\frac{1}{3}=\boldsymbol{\frac{2}{9}}$$

* ***Note*** $(a, b, c)=(2, 1, 0)$인 경우 1, 2, 3회째에서 일어나는 순서를 정하는 경우의 수는 a, a, b를 일렬로 나열하는 경우의 수와 같다.

7-23. 규격 A, B, C에 불합격하는 사건을 각각 A, B, C라고 하면 한 개의 제품

이 불합격하는 사건은 $A\cup(B\cap C)$이다.

따라서 한 개의 제품이 불합격할 확률은

$$P\big(A\cup(B\cap C)\big)=P(A)+P(B\cap C)-P\big(A\cap(B\cap C)\big)$$

사건 A, B, C는 서로 독립이므로

$$\begin{aligned}P\big(A\cup(B\cap C)\big)&=P(A)+P(B)P(C)-P(A)P(B)P(C)\\&=\frac{1}{100}+\frac{3}{100}\times\frac{2}{100}-\frac{1}{100}\times\frac{3}{100}\times\frac{2}{100}\\&=\frac{5297}{500000}\end{aligned}$$

따라서 한 개의 제품이 합격할 확률은

$$1-\frac{5297}{500000}=\mathbf{\frac{494703}{500000}}$$

7-24. A팀이 첫 세트에서 승리했으므로 제2, 3, 4, 5세트에서 B팀이 먼저 세 세트를 승리하기 전에 A팀이 두 세트만 더 승리하면 된다.

제2, 3, 4, 5세트에서 A팀이 승리하는 경우를 ○로, 패배하는 경우를 ×로 나타내면 A팀이 이 경기에서 승리하는 경우는

(○)○○, (○)○×○,
(○)○××○, (○)×○○,
(○)×○×○, (○)××○○

A팀이 각 세트마다 승리하는 사건은 서로 독립이고, 위의 6개의 사건은 서로 배반사건이므로 구하는 확률은

$$\left(\frac{1}{2}\right)^2+\left(\frac{1}{2}\right)^3+\left(\frac{1}{2}\right)^4+\left(\frac{1}{2}\right)^3+\left(\frac{1}{2}\right)^4+\left(\frac{1}{2}\right)^4=\mathbf{\frac{11}{16}}$$

* ***Note*** A팀이 이 경기에서 승리하는 사건을 A라고 하면 여사건 A^c은 A팀이 이 경기에서 패배하는 사건이다.

A팀이 이 경기에서 패배하는 경우는

(○)×××, (○)○×××,
(○)×○××, (○)××○×

이므로

$$P(A^c)=\left(\frac{1}{2}\right)^3+\left(\frac{1}{2}\right)^4+\left(\frac{1}{2}\right)^4+\left(\frac{1}{2}\right)^4=\frac{5}{16}$$

$$\therefore\ P(A)=1-P(A^c)=1-\frac{5}{16}=\mathbf{\frac{11}{16}}$$

7-25. C가 부전승으로 결승에 올라가는 경우와 A 또는 B가 부전승으로 결승에 올라가는 경우로 나누어 대진표를 만들면 다음과 같다.

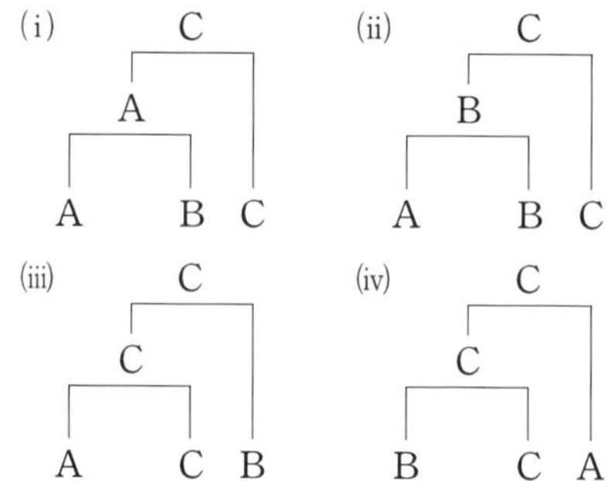

(i)의 경우 : $\frac{1}{3}\times0.54\times0.60$

(ii)의 경우 : $\frac{1}{3}\times0.46\times0.44$

(iii)의 경우 : $\frac{1}{3}\times0.60\times0.44$

(iv)의 경우 : $\frac{1}{3}\times0.44\times0.60$

이 네 사건은 서로 배반사건이므로

$$\frac{1}{3}(0.54\times0.60+0.46\times0.44+0.60\times0.44+0.44\times0.60)=\mathbf{\frac{659}{1875}}$$

7-26. 네 팀이 치르는 시합은

(A, B), (A, C), (A, D),
(B, C), (B, D), (C, D)

(i) 전승 팀이 있을 확률 :

전승 팀이 두 팀 이상 있는 경우는 없

다. A가 전승 팀이라고 하면 B, C, D 사이의 승패에 관계없이 A가 B, C, D에게 승리하는 경우이므로

$$\frac{1}{2}\times\frac{1}{2}\times\frac{1}{2}=\frac{1}{8}$$

마찬가지로 B, C, D가 전승 팀일 확률도 각각 위와 같으므로 전승 팀이 있을 확률은

$$\frac{1}{8}+\frac{1}{8}+\frac{1}{8}+\frac{1}{8}=\frac{1}{2}$$

(ii) 전패 팀이 있을 확률 :

위와 같이 생각하면 전패 팀이 있을 확률은

$$\frac{1}{8}+\frac{1}{8}+\frac{1}{8}+\frac{1}{8}=\frac{1}{2}$$

(iii) 전승 팀과 전패 팀이 동시에 있을 확률 : 전승 팀이 한 팀, 전패 팀이 한 팀인 경우만 생각하면 된다.

네 팀 중 전승 팀 하나, 전패 팀 하나를 택하는 경우의 수는 ${}_4C_2$이다. 이 중에서 A, B를 택한다고 할 때, A가 전승하고 B가 전패하는 경우는 A가 B, C, D에 승리하고, B가 C, D에 패배하는 경우이므로 이때의 확률은

$$\left(\frac{1}{2}\times\frac{1}{2}\times\frac{1}{2}\right)\times\left(\frac{1}{2}\times\frac{1}{2}\right)=\frac{1}{32}$$

이와 같은 방법으로 생각하면 B가 전승하고 A가 전패할 확률도 $\frac{1}{32}$이다.

따라서 전승 팀과 전패 팀이 동시에 있을 확률은

$${}_4C_2\times\frac{1}{32}\times2=\frac{3}{8}$$

(i), (ii), (iii)에 의하여 구하는 확률은

$$\frac{1}{2}+\frac{1}{2}-\frac{3}{8}=\boldsymbol{\frac{5}{8}}$$

7-27. 점 (6, 7)에 도달할 확률은 x축의 방향으로 4번, y축의 방향으로 4번 이동해야 하므로 ${}_8C_4\,p^4(1-p)^4$

또, 점 (7, 6)에 도달할 확률은 x축의 방향으로 5번, y축의 방향으로 3번 이동해야 하므로 ${}_8C_5\,p^5(1-p)^3$

따라서 문제의 조건에 따라

$${}_8C_4\,p^4(1-p)^4=16\times{}_8C_5\,p^5(1-p)^3$$

$p\neq0$, $p\neq1$이므로 정리하면

$$70(1-p)=896p \quad \therefore\ \boldsymbol{p=\frac{5}{69}}$$

7-28. 윷짝 한 개에서 등이 나올 확률을 p라고 하자.

도가 나올 확률은 ${}_4C_3\,p^3(1-p)$

걸이 나올 확률은 ${}_4C_1\,p(1-p)^3$

도가 나올 확률과 걸이 나올 확률이 같으므로

$${}_4C_3\,p^3(1-p)={}_4C_1\,p(1-p)^3$$

$p\neq0$, $p\neq1$이므로 정리하면

$$p^2=(1-p)^2 \quad \therefore\ p=\frac{1}{2}$$

이때,

$$\frac{(\text{개가 나올 확률})}{(\text{도가 나올 확률})}=\frac{{}_4C_2\,p^2(1-p)^2}{{}_4C_3\,p^3(1-p)}=\frac{3(1-p)}{2p}=\frac{3\{1-(1/2)\}}{2\times(1/2)}=\frac{3}{2}$$

따라서 도가 100번 나오는 동안 개가 나오는 횟수는

$$100\times\frac{3}{2}=\boldsymbol{150}(\text{번})$$

7-29. 정육면체를 한 번 던졌을 때 1이 나올 확률은 $\frac{4}{6}=\frac{2}{3}$이다.

1이 짝수 번 나올 확률을 p, 홀수 번 나올 확률을 q라고 하면

$$p={}_{50}C_0\left(\frac{2}{3}\right)^0\left(\frac{1}{3}\right)^{50}+{}_{50}C_2\left(\frac{2}{3}\right)^2\left(\frac{1}{3}\right)^{48}+\cdots+{}_{50}C_{50}\left(\frac{2}{3}\right)^{50}\left(\frac{1}{3}\right)^0$$

$$q={}_{50}C_1\left(\frac{2}{3}\right)^1\left(\frac{1}{3}\right)^{49}+{}_{50}C_3\left(\frac{2}{3}\right)^3\left(\frac{1}{3}\right)^{47}+\cdots+{}_{50}C_{49}\left(\frac{2}{3}\right)^{49}\left(\frac{1}{3}\right)^1$$

따라서 이항정리에 의하여 ⇦ p. 64

$$p+q=\left(\frac{1}{3}+\frac{2}{3}\right)^{50}=1,$$

$$p-q=\left(\frac{1}{3}-\frac{2}{3}\right)^{50}=\frac{1}{3^{50}}$$

변변 더하여 정리하면

$$p=\frac{1}{2}\left(1+\frac{1}{3^{50}}\right)$$

7-30. 3의 눈이 r번 나올 확률은

$$\mathrm{P}_r={}_{10}\mathrm{C}_r\left(\frac{1}{6}\right)^r\left(\frac{5}{6}\right)^{10-r}$$

이때,

$$\mathrm{P}_{r+1}={}_{10}\mathrm{C}_{r+1}\left(\frac{1}{6}\right)^{r+1}\left(\frac{5}{6}\right)^{10-r-1}$$

이므로 $\dfrac{\mathrm{P}_{r+1}}{\mathrm{P}_r}=\dfrac{10-r}{5(r+1)}$

여기에서 $\dfrac{\mathrm{P}_{r+1}}{\mathrm{P}_r}>1$이면

$$10-r>5(r+1) \quad \therefore\ r<\frac{5}{6}$$

r는 음이 아닌 정수이므로 $r=0$

이때, $\mathrm{P}_1>\mathrm{P}_0$이고,

$r\ge1$일 때 $\dfrac{\mathrm{P}_{r+1}}{\mathrm{P}_r}<1 \quad \therefore\ \mathrm{P}_{r+1}<\mathrm{P}_r$

$$\therefore\ \mathrm{P}_1>\mathrm{P}_2>\mathrm{P}_3>\cdots>\mathrm{P}_{10}$$

따라서 **한 번 나올 확률이 가장 크다.**

7-31. 정육각기둥의 12개의 꼭짓점 중에서 3개의 점을 택하여 삼각형을 만드는 경우의 수는 ${}_{12}\mathrm{C}_3$이다.

이 중에서 어떤 변도 정육각기둥의 모서리가 아닌 삼각형의 개수를 구하면

(i) 면 ABCDEF에 한 개의 변이 있고, 면 GHIJKL에 한 개의 꼭짓점이 있는 경우 : 면 ABCDEF에 있는 삼각형의 한 변은 정육각형 ABCDEF의 대각선 중 하나이므로 경우의 수는

$$\frac{6\times(6-3)}{2}=9$$

이를테면 선분 AC가 한 변일 때, 나머지 꼭짓점은 점 H, J, K, L 중 하나이므로 경우의 수는 4

따라서 삼각형의 개수는

$$9\times4=36$$

(ii) 면 GHIJKL에 한 개의 변이 있고, 면 ABCDEF에 한 개의 꼭짓점이 있는 경우 : (i)과 마찬가지이므로 삼각형의 개수는 36

(iii) 면 ABCDEF에 세 꼭짓점이 있는 경우 : △ACE와 △BDF의 2개

(iv) 면 GHIJKL에 세 꼭짓점이 있는 경우 : △GIK와 △HJL의 2개

(i)~(iv)에서 어떤 변도 정육각기둥의 모서리가 아닌 삼각형이 만들어질 확률은

$$\frac{36+36+2+2}{{}_{12}\mathrm{C}_3}=\frac{19}{55}$$

5번의 시행 중 이와 같은 삼각형이 n번 만들어질 확률 P_n은

$$\mathrm{P}_n={}_5\mathrm{C}_n\left(\frac{19}{55}\right)^n\left(\frac{36}{55}\right)^{5-n}$$

이때,

$$\mathrm{P}_{n+1}={}_5\mathrm{C}_{n+1}\left(\frac{19}{55}\right)^{n+1}\left(\frac{36}{55}\right)^{5-n-1}$$

이므로 $\dfrac{\mathrm{P}_{n+1}}{\mathrm{P}_n}=\dfrac{19(5-n)}{36(n+1)}$

여기에서 $\dfrac{\mathrm{P}_{n+1}}{\mathrm{P}_n}>1$이면

$$19(5-n)>36(n+1) \quad \therefore\ n<\frac{59}{55}$$

n은 음이 아닌 정수이므로 $n=0,\ 1$

이때, $\mathrm{P}_2>\mathrm{P}_1>\mathrm{P}_0$이고, $n\ge2$일 때

$$\frac{\mathrm{P}_{n+1}}{\mathrm{P}_n}<1 \quad \therefore\ \mathrm{P}_{n+1}<\mathrm{P}_n$$

$$\therefore\ \mathrm{P}_2>\mathrm{P}_3>\mathrm{P}_4>\mathrm{P}_5$$

따라서 P_2가 최대이므로 $\boldsymbol{n=2}$

8-1. 평균을 m이라고 하면

$$m=\frac{1}{31}\sum_{i=1}^{31}x_i$$

$$=\frac{1}{31}\times\frac{31\{2(a-15d)+(31-1)d\}}{2}$$

$$=a$$

이때, x_i-m은

$-15d,\ -14d,\ \cdots,\ -d,\ 0,$
$d,\ \cdots,\ 14d,\ 15d$

이므로 분산 σ^2은

$$\sigma^2=\frac{1}{31}\sum_{i=1}^{31}(x_i-m)^2=\frac{2}{31}\sum_{k=1}^{15}(kd)^2$$
$$=\frac{2}{31}d^2\times\frac{15\times16\times31}{6}=80d^2$$
$$\therefore\ \frac{\sigma^2}{d^2}=80$$

$d>0,\ \sigma>0$이므로 $\boldsymbol{\dfrac{\sigma}{d}=4\sqrt{5}}$

8-2. X가 가질 수 있는 값은 3, 4, 5이다.

X=3일 때 1, 2에서 2장,
X=4일 때 1, 2, 3에서 2장,
X=5일 때 1, 2, 3, 4에서 2장

을 뽑는 경우이므로

$$P(X=3)=\frac{{}_2C_2}{{}_5C_3}=\frac{1}{10},$$
$$P(X=4)=\frac{{}_3C_2}{{}_5C_3}=\frac{3}{10},$$
$$P(X=5)=\frac{{}_4C_2}{{}_5C_3}=\frac{6}{10}$$

따라서 X의 확률분포는 아래와 같다.

X	3	4	5	합
P(X=x)	$\frac{1}{10}$	$\frac{3}{10}$	$\frac{6}{10}$	1

$$\therefore\ E(X)=3\times\frac{1}{10}+4\times\frac{3}{10}+5\times\frac{6}{10}=\boldsymbol{\frac{9}{2}}$$

8-3. X가 가질 수 있는 값은 2, 3, 4, 5 이고,

$$P(X=2)=\frac{{}_2C_2}{{}_5C_2}=\frac{1}{10},$$
$$P(X=3)=\frac{{}_2C_1\times{}_3C_1}{{}_5C_2}\times\frac{1}{3}=\frac{2}{10},$$
$$P(X=4)=\frac{{}_2C_1\times{}_3C_2}{{}_5C_3}\times\frac{1}{2}=\frac{3}{10},$$
$$P(X=5)=\frac{{}_2C_1\times{}_3C_3}{{}_5C_4}\times1=\frac{4}{10}$$

따라서 X의 확률분포는 다음과 같다.

X	2	3	4	5	합
P(X=x)	$\frac{1}{10}$	$\frac{2}{10}$	$\frac{3}{10}$	$\frac{4}{10}$	1

$$\therefore\ E(X)=2\times\frac{1}{10}+3\times\frac{2}{10}+4\times\frac{3}{10}+5\times\frac{4}{10}=\mathbf{4}$$
$$V(X)=2^2\times\frac{1}{10}+3^2\times\frac{2}{10}+4^2\times\frac{3}{10}+5^2\times\frac{4}{10}-4^2=\mathbf{1}$$

****Note*** 흰 공을 ○로, 검은 공을 ×로 나타내면

X=2일 때 ○○
X=3일 때 (○×)○, (×○)○
X=4일 때 (○××)○, (×○×)○, (××○)○
X=5일 때
(○×××)○, (×○××)○,
(××○×)○, (×××○)○

8-4. (i) 0점일 때 :

(앞, 뒤, 앞), (뒤, 앞, 뒤)

$$\therefore\ P(X=0)=\left(\frac{1}{2}\times\frac{1}{2}\times\frac{1}{2}\right)\times2=\frac{1}{4}$$

(ii) 1점일 때 :

(앞, 앞, 뒤), (앞, 뒤, 뒤),
(뒤, 뒤, 앞), (뒤, 앞, 앞)

$$\therefore\ P(X=1)=\left(\frac{1}{2}\times\frac{1}{2}\times\frac{1}{2}\right)\times4=\frac{1}{2}$$

(iii) 3점일 때 : (앞, 앞, 앞), (뒤, 뒤, 뒤)

$$\therefore\ P(X=3)=\left(\frac{1}{2}\times\frac{1}{2}\times\frac{1}{2}\right)\times2=\frac{1}{4}$$

따라서 X의 확률분포는 아래와 같다.

X	0	1	3	합
P(X=x)	$\frac{1}{4}$	$\frac{1}{2}$	$\frac{1}{4}$	1

$$\therefore\ E(X)=0\times\frac{1}{4}+1\times\frac{1}{2}+3\times\frac{1}{4}=\frac{5}{4}$$

$$V(X)=0^2\times\frac{1}{4}+1^2\times\frac{1}{2}+3^2\times\frac{1}{4}-\left(\frac{5}{4}\right)^2=\mathbf{\frac{19}{16}}$$

8-5. 점 $(x,\ y)$에서

점 $(x+1,\ y)$로 가는 점프를 a,

점 $(x,\ y+1)$로 가는 점프를 b,

점 $(x+1,\ y+1)$로 가는 점프를 c

라고 하자.

점프를 반복하여 점 $(0,\ 0)$에서 점 $(3,\ 4)$까지 이동하는 모든 경우의 수를 구하면

(i) c가 3번 나오는 경우

$b,\ c,\ c,\ c$를 나열하는 경우의 수와 같으므로 $\dfrac{4!}{3!}=4$

(ii) c가 2번 나오는 경우

$a,\ b,\ b,\ c,\ c$를 나열하는 경우의 수와 같으므로 $\dfrac{5!}{2!2!}=30$

(iii) c가 1번 나오는 경우

$a,\ a,\ b,\ b,\ b,\ c$를 나열하는 경우의 수와 같으므로 $\dfrac{6!}{2!3!}=60$

(iv) $a,\ b$만 나오는 경우

$a,\ a,\ a,\ b,\ b,\ b,\ b$를 나열하는 경우의 수와 같으므로 $\dfrac{7!}{3!4!}=35$

(i)~(iv)에서 모든 경우의 수는

$4+30+60+35=129$

따라서 X의 확률분포는 아래와 같다.

X	4	5	6	7	합
$P(X=x)$	$\frac{4}{129}$	$\frac{30}{129}$	$\frac{60}{129}$	$\frac{35}{129}$	1

$$\therefore\ E(X)=4\times\frac{4}{129}+5\times\frac{30}{129}+6\times\frac{60}{129}+7\times\frac{35}{129}=\mathbf{\frac{257}{43}}$$

8-6. $X=\left[\dfrac{b}{a}\right]$는 다음 표와 같다.

a \ b	1	2	3	4	5	6
1	1	2	3	4	5	6
2	0	1	1	2	2	3
3	0	0	1	1	1	2
4	0	0	0	1	1	1
5	0	0	0	0	1	1
6	0	0	0	0	0	1

따라서

$$P(X\le1)=P(X=0)+P(X=1)=\frac{15}{36}+\frac{12}{36}=\mathbf{\frac{3}{4}}$$

$$E(X)=0\times\frac{15}{36}+1\times\frac{12}{36}+2\times\frac{4}{36}+3\times\frac{2}{36}+4\times\frac{1}{36}+5\times\frac{1}{36}+6\times\frac{1}{36}=\mathbf{\frac{41}{36}}$$

8-7. $Y=\dfrac{1}{10}X-15$에서 $X=10Y+150$

$\therefore\ E(X)=E(10Y+150)=10E(Y)+150$
$=10\times(-0.5)+150=\mathbf{145}$

또, $V(Y)=E(Y^2)-\{E(Y)\}^2$
$=0.7-(-0.5)^2=0.45$

$\therefore\ V(X)=V(10Y+150)=10^2V(Y)$
$=100\times0.45=45$

$\therefore\ \sigma(X)=\sqrt{V(X)}=\sqrt{45}=\mathbf{3\sqrt{5}}$

8-8. X의 백의 자리, 십의 자리, 일의 자리의 숫자를 각각 A, B, C라고 하면

$X=100A+10B+C$

$\therefore\ E(X)=E(100A+10B+C)$
$=100E(A)+10E(B)+E(C)$

한편

$E(A)=E(B)=E(C)$
$=(1+2+3+4+5+6)\times\dfrac{1}{6}=\dfrac{7}{2}$

$$\therefore\ E(X)=100\times\frac{7}{2}+10\times\frac{7}{2}+\frac{7}{2}=\mathbf{\frac{777}{2}}$$

*Note 일반적으로 세 확률변수 X, Y, Z에 대하여

$$\mathbf{E(X+Y+Z)=E(X)+E(Y)+E(Z)}$$

가 성립한다.

8-9.

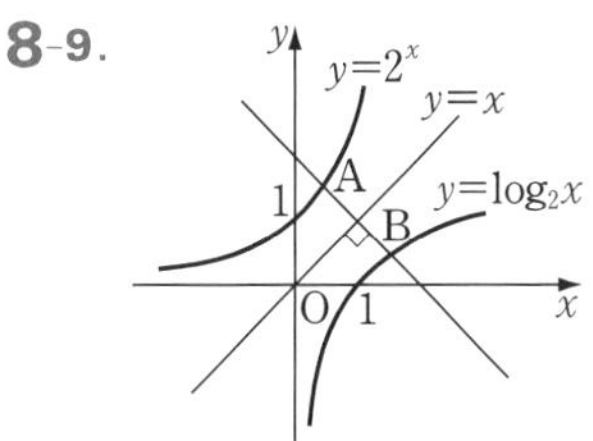

두 곡선 $y=2^x$과 $y=\log_2 x$는 직선 $y=x$에 대하여 서로 대칭이고, 점 A를 지나고 기울기가 -1인 직선은 직선 $y=x$에 수직이므로 두 점 A, B도 직선 $y=x$에 대하여 서로 대칭이다.

따라서 두 점 A, B의 좌표는

$$\mathrm{A}(\mathrm{X},\ 2^{\mathrm{X}}),\ \mathrm{B}(2^{\mathrm{X}},\ \mathrm{X})$$

$$\therefore\ \overline{\mathrm{AB}}^2=(2^{\mathrm{X}}-\mathrm{X})^2+(\mathrm{X}-2^{\mathrm{X}})^2=2(2^{\mathrm{X}}-\mathrm{X})^2$$

확률변수 X의 확률분포와 각 X에 대한 $\overline{\mathrm{AB}}^2$의 값을 표로 나타내면 아래와 같다.

X	0	1	2	3	4	합
$\mathrm{P}(\mathrm{X}=x)$	$\frac{1}{16}$	$\frac{4}{16}$	$\frac{6}{16}$	$\frac{4}{16}$	$\frac{1}{16}$	1
$\overline{\mathrm{AB}}^2$	2	2	8	50	288	

따라서 $\overline{\mathrm{AB}}^2$의 기댓값은

$$2\times\frac{1}{16}+2\times\frac{4}{16}+8\times\frac{6}{16}+50\times\frac{4}{16}+288\times\frac{1}{16}=\mathbf{\frac{273}{8}}$$

*Note X의 확률질량함수는

$$\mathrm{P}(\mathrm{X}=k)={}_4\mathrm{C}_k\left(\frac{1}{2}\right)^4\ (k=0,\ 1,\ 2,\ 3,\ 4)$$

이다.

8-10. 많은 제품에서 시행하는 것이므로 확률변수 X는 이항분포 $\mathrm{B}\left(50,\ \frac{3}{20}\right)$을 따르는 것으로 보아도 된다.

$$\therefore\ m=np=50\times\frac{3}{20}=\mathbf{\frac{15}{2}}$$

$$\sigma=\sqrt{npq}=\sqrt{50\times\frac{3}{20}\times\frac{17}{20}}=\mathbf{\frac{\sqrt{102}}{4}}$$

*Note 제품 50개를 한 번에 뽑는 경우는 뽑은 제품을 다시 넣지 않고 1개씩 50회 뽑는 경우와 같다.

따라서 X가 이항분포를 따르는 것은 아니다.

그런데 일반적으로 불량품의 비율이 p인 제품 N개 중에서 n개를 뽑을 때, 불량품의 개수 X에 대하여

$$\boldsymbol{m=np},$$

$$\boldsymbol{\sigma=\sqrt{npq\times\frac{\mathrm{N}-n}{\mathrm{N}-1}}\ \ (q=1-p)}$$

인 것으로 알려져 있다.

여기에서 n에 비하여 N이 충분히 클 때에는 근사적으로

$$\sigma=\sqrt{npq}\ \ (q=1-p)$$

로 본다.

8-11. (1) X는 이항분포 $\mathrm{B}\left(3,\ \frac{1}{2}\right)$을 따르므로

$$\mathrm{E}(\mathrm{X})=3\times\frac{1}{2}=\frac{3}{2},$$

$$\mathrm{V}(\mathrm{X})=3\times\frac{1}{2}\times\frac{1}{2}=\frac{3}{4}$$

$\mathrm{V}(\mathrm{X})=\mathrm{E}(\mathrm{X}^2)-\{\mathrm{E}(\mathrm{X})\}^2$이므로

$$\mathrm{E}(\mathrm{X}^2)=\mathrm{V}(\mathrm{X})+\{\mathrm{E}(\mathrm{X})\}^2=\frac{3}{4}+\left(\frac{3}{2}\right)^2=\mathbf{3}$$

(2) $$\mathrm{E}\left((\mathrm{X}-a)^2\right)=\mathrm{E}(\mathrm{X}^2-2a\mathrm{X}+a^2)=\mathrm{E}(\mathrm{X}^2)-2a\mathrm{E}(\mathrm{X})+a^2=3-2a\times\frac{3}{2}+a^2=\left(a-\frac{3}{2}\right)^2+\frac{3}{4}$$

따라서 $a=\frac{3}{2}$일 때 최솟값은 $\mathbf{\frac{3}{4}}$

***Note** 일반적으로 확률변수 X에 대하여

$$\mathrm{E}(a\mathrm{X}^2+b\mathrm{X}+c)=a\mathrm{E}(\mathrm{X}^2)+b\mathrm{E}(\mathrm{X})+c$$

가 성립한다. ⇦ p. 164 Advice

8-12. $\mathrm{F}(t)=\sum_{i=1}^{n}\left(x_i^2f_i-2tx_if_i+t^2f_i\right)$

$$=\left(\sum_{i=1}^{n}f_i\right)t^2-2\left(\sum_{i=1}^{n}x_if_i\right)t+\sum_{i=1}^{n}x_i^2f_i$$

따라서 $\mathrm{F}(t)$는

$$t=\frac{\sum_{i=1}^{n}x_if_i}{\sum_{i=1}^{n}f_i}=\boldsymbol{m}$$

일 때 최소이다. 또, 최솟값은

$$\mathrm{F}(m)=\sum_{i=1}^{n}(x_i-m)^2f_i=\frac{\sum_{i=1}^{n}(x_i-m)^2f_i}{\sum_{i=1}^{n}f_i}\times\sum_{i=1}^{n}f_i=\boldsymbol{\sigma^2\sum_{i=1}^{n}f_i}$$

8-13. $\mathrm{P}(\mathrm{X}\ge k+1\,|\,\mathrm{X}\ge k)$

$$=\frac{\mathrm{P}(\mathrm{X}\ge k+1\text{이고 }\mathrm{X}\ge k)}{\mathrm{P}(\mathrm{X}\ge k)}=\frac{\mathrm{P}(\mathrm{X}\ge k+1)}{\mathrm{P}(\mathrm{X}\ge k)}$$

따라서 문제의 조건에서

$$\frac{\mathrm{P}(\mathrm{X}\ge k+1)}{\mathrm{P}(\mathrm{X}\ge k)}=\frac{k}{k+1}$$

k에 1, 2, 3, ⋯, $k-1$을 대입하고 변변 곱하면

$$\frac{\mathrm{P}(\mathrm{X}\ge k)}{\mathrm{P}(\mathrm{X}\ge 1)}=\frac{1}{k}$$

그런데 $\mathrm{P}(\mathrm{X}\ge1)=1$이므로

$$\mathrm{P}(\mathrm{X}\ge k)=\frac{1}{k}$$

$$\therefore\ \mathrm{P}(\mathrm{X}=k)=\mathrm{P}(\mathrm{X}\ge k)-\mathrm{P}(\mathrm{X}\ge k+1)=\frac{1}{k}-\frac{1}{k+1}$$

$$\therefore\ \sum_{k=1}^{10}\mathrm{P}(\mathrm{X}=k)=\sum_{k=1}^{10}\left(\frac{1}{k}-\frac{1}{k+1}\right)=1-\frac{1}{11}=\mathbf{\frac{10}{11}}$$

***Note** $\sum_{k=1}^{10}\mathrm{P}(\mathrm{X}=k)=\mathrm{P}(\mathrm{X}\le10)=1-\mathrm{P}(\mathrm{X}\ge11)=1-\frac{1}{11}=\mathbf{\frac{10}{11}}$

8-14. 제품이 정상일 확률은 $\frac{49}{50}$, 포장이 정상일 확률은 $\frac{99}{100}$이므로 한 상자에 대하여 제품과 포장이 모두 정상일 확률은

$$\left(\frac{49}{50}\right)^2\times\frac{99}{100}$$

따라서 제품 또는 포장이 불량일 확률은

$$1-\left(\frac{49}{50}\right)^2\times\frac{99}{100}$$

이므로 10000상자 중에서 제품 또는 포장이 불량인 상자는

$$10000\times\left\{1-\left(\frac{49}{50}\right)^2\times\frac{99}{100}\right\}\fallingdotseq\mathbf{492}\text{(개)}$$

8-15. (i) 세 학생 모두 휴대 전화를 가지고 있지 않을 확률은

$$\mathrm{P}(\mathrm{X}=0)=\frac{1}{3}\times\frac{1}{4}\times\frac{1}{5}=\frac{1}{60}$$

(ii) 한 학생만 휴대 전화를 가지고 있을 확률은

$$\mathrm{P}(\mathrm{X}=1)=\left(\frac{2}{3}\times\frac{1}{4}\times\frac{1}{5}\right)+\left(\frac{1}{3}\times\frac{3}{4}\times\frac{1}{5}\right)+\left(\frac{1}{3}\times\frac{1}{4}\times\frac{4}{5}\right)=\frac{9}{60}$$

(iii) 두 학생만 휴대 전화를 가지고 있을 확률은

$$\mathrm{P}(\mathrm{X}=2)=\left(\frac{2}{3}\times\frac{3}{4}\times\frac{1}{5}\right)+\left(\frac{2}{3}\times\frac{1}{4}\times\frac{4}{5}\right)$$

$$+\left(\frac{1}{3}\times\frac{3}{4}\times\frac{4}{5}\right)=\frac{26}{60}$$

(iv) 세 학생 모두 휴대 전화를 가지고 있을 확률은

$$P(X=3)=\frac{2}{3}\times\frac{3}{4}\times\frac{4}{5}=\frac{24}{60}$$

따라서 X의 확률분포는 아래와 같다.

X	0	1	2	3	합
$P(X=x)$	$\frac{1}{60}$	$\frac{9}{60}$	$\frac{26}{60}$	$\frac{24}{60}$	1

$$\therefore\ E(X)=0\times\frac{1}{60}+1\times\frac{9}{60}+2\times\frac{26}{60}+3\times\frac{24}{60}=\mathbf{\frac{133}{60}}$$

8-16. 공을 바꾸어 넣은 후 주머니에 있는 흰 공의 개수를 확률변수 X라고 하자.

(i) 흰 공 3개를 꺼내는 경우 : 주머니에는 흰 공 1개, 검은 공 6개가 있으므로 X=1이고, 이때의 확률은

$$\frac{{}_4C_3}{{}_7C_3}=\frac{4}{35}$$

(ii) 흰 공 2개, 검은 공 1개를 꺼내는 경우 : 주머니에는 흰 공 3개, 검은 공 4개가 있으므로 X=3이고, 이때의 확률은 $\frac{{}_4C_2\times{}_3C_1}{{}_7C_3}=\frac{18}{35}$

(iii) 흰 공 1개, 검은 공 2개를 꺼내는 경우 : 주머니에는 흰 공 5개, 검은 공 2개가 있으므로 X=5이고, 이때의 확률은 $\frac{{}_4C_1\times{}_3C_2}{{}_7C_3}=\frac{12}{35}$

(iv) 검은 공 3개를 꺼내는 경우 : 주머니에는 흰 공 7개가 있으므로 X=7이고, 이때의 확률은 $\frac{{}_3C_3}{{}_7C_3}=\frac{1}{35}$

따라서 X의 확률분포는 아래와 같다.

X	1	3	5	7	합
$P(X=x)$	$\frac{4}{35}$	$\frac{18}{35}$	$\frac{12}{35}$	$\frac{1}{35}$	1

$$\therefore\ E(X)=1\times\frac{4}{35}+3\times\frac{18}{35}+5\times\frac{12}{35}+7\times\frac{1}{35}=\mathbf{\frac{25}{7}}$$

8-17. $P(X=0)=\frac{{}_nC_2}{{}_{n+2}C_2}=\frac{n(n-1)}{(n+2)(n+1)}$

$$P(X=1)=\frac{{}_2C_1\times{}_nC_1}{{}_{n+2}C_2}=\frac{4n}{(n+2)(n+1)}$$

$$P(X=2)=\frac{{}_2C_2}{{}_{n+2}C_2}=\frac{2}{(n+2)(n+1)}$$

$$\therefore\ E(X)=0\times P(X=0)+1\times P(X=1)+2\times P(X=2)=\frac{4}{n+2}$$

$$V(X)=0^2\times P(X=0)+1^2\times P(X=1)+2^2\times P(X=2)-\{E(X)\}^2=\frac{4}{n+1}-\left(\frac{4}{n+2}\right)^2$$

$V(X)=\frac{1}{3}$ 이므로

$$\frac{4}{n+1}-\left(\frac{4}{n+2}\right)^2=\frac{1}{3}$$

양변에 $3(n+1)(n+2)^2$을 곱하여 정리하면

$$(n-2)(n^2-5n-2)=0$$

n은 음이 아닌 정수이므로 $\boldsymbol{n=2}$

8-18. A팀이 우승하는 경우는 제2, 3, 4, 5세트에서 B팀이 먼저 세 번 이기기 전에 A팀이 두 번 더 이기는 때이다.

1	2	3	4	5
○	○	○		
	○	×	○	
	○	×	×	○
	×	○	○	
	×	○	×	○
	×	×	○	○

A팀이 우승할 확률을 P(A)라고 하면

$$P(A)=\left(\frac{1}{2}\right)^2+\left(\frac{1}{2}\right)^3+\left(\frac{1}{2}\right)^4+\left(\frac{1}{2}\right)^3$$

$$+\left(\frac{1}{2}\right)^4+\left(\frac{1}{2}\right)^4=\frac{11}{16}$$

그런데 우승할 때 $5a\,(a>0)$의 상금을, 준우승할 때 $3a$의 상금을 받게 되므로

A팀의 기대 금액은

$$5a\times\frac{11}{16}+3a\left(1-\frac{11}{16}\right)=\frac{35}{8}a$$

B팀의 기대 금액은

$$5a\left(1-\frac{11}{16}\right)+3a\times\frac{11}{16}=\frac{29}{8}a$$

따라서 합리적인 분배 비율은

$$\frac{35}{8}a:\frac{29}{8}a=\mathbf{35:29}$$

8-19. 한 개의 주사위를 던질 때 얻을 수 있는 점수의 기댓값은

$$(1+2+3+4+5+6)\times\frac{1}{6}=3.5$$

이므로 3 이하의 눈이 나오면 한 번 더 던진다.

X=1인 경우, 첫 번째에 던져서 나오는 눈의 수가 3 이하이고, 두 번째에 던져서 나오는 눈의 수가 1인 경우이므로

$$\mathrm{P}(\mathrm{X}=1)=\frac{3}{6}\times\frac{1}{6}=\frac{1}{12}$$

마찬가지로

$$\mathrm{P}(\mathrm{X}=2)=\frac{1}{12},\ \mathrm{P}(\mathrm{X}=3)=\frac{1}{12}$$

또, X=4인 경우, 첫 번째에 던져서 나오는 눈의 수가 4이거나, 첫 번째에 던져서 나오는 눈의 수가 3 이하이고 두 번째에 던져서 나오는 눈의 수가 4인 경우이므로

$$\mathrm{P}(\mathrm{X}=4)=\frac{1}{6}+\frac{3}{6}\times\frac{1}{6}=\frac{1}{4}$$

마찬가지로

$$\mathrm{P}(\mathrm{X}=5)=\frac{1}{4},\ \mathrm{P}(\mathrm{X}=6)=\frac{1}{4}$$

$$\therefore\ \mathrm{E}(\mathrm{X})=1\times\frac{1}{12}+2\times\frac{1}{12}+3\times\frac{1}{12}+4\times\frac{1}{4}+5\times\frac{1}{4}+6\times\frac{1}{4}=\mathbf{\frac{17}{4}}$$

8-20. (1) 작지 않은 쪽의 눈의 수가 3 이하일 확률에서 2 이하일 확률을 빼면 되므로

$$\mathrm{P}(\mathrm{X}=3)=\mathrm{P}(\mathrm{X}\le3)-\mathrm{P}(\mathrm{X}\le2)=\left(\frac{3}{6}\right)^2-\left(\frac{2}{6}\right)^2=\mathbf{\frac{5}{36}}$$

(2) 같은 방법으로 생각하면 X의 확률질량함수는

$$\mathrm{P}(\mathrm{X}=k)=\mathrm{P}(\mathrm{X}\le k)-\mathrm{P}(\mathrm{X}\le k-1)=\left(\frac{k}{6}\right)^2-\left(\frac{k-1}{6}\right)^2=\frac{2k-1}{36}$$

$$(k=1,\ 2,\ 3,\ 4,\ 5,\ 6)$$

$$\therefore\ \mathrm{E}(\mathrm{X})=\sum_{k=1}^{6}\left(k\times\frac{2k-1}{36}\right)=\frac{1}{36}\sum_{k=1}^{6}(2k^2-k)=\frac{1}{36}\left(2\sum_{k=1}^{6}k^2-\sum_{k=1}^{6}k\right)=\mathbf{\frac{161}{36}}$$

8-21. (1) n장에서 두 장을 뽑는 경우의 수는 ${}_n\mathrm{C}_2$이고, 이 중에서 $\mathrm{X}=k$ $(1\le k\le n-1)$인 경우는

$$(1,\ k+1),\ (2,\ k+2),\ (3,\ k+3),\ \cdots,\ (n-k,\ n)$$

의 $n-k$가지이므로

$$\mathrm{P}(\mathrm{X}=k)=\frac{n-k}{{}_n\mathrm{C}_2}=\frac{2(n-k)}{n(n-1)}$$

곧, $\mathbf{P(X=k)=\dfrac{2(n-k)}{n(n-1)}}$ $\mathbf{(k=1,\ 2,\ \cdots,\ n-1)}$

(2)
$$\mathrm{P}(\mathrm{X}\le5)=\sum_{k=1}^{5}\mathrm{P}(\mathrm{X}=k)=\sum_{k=1}^{5}\frac{2(n-k)}{n(n-1)}=\frac{2}{n(n-1)}\sum_{k=1}^{5}(n-k)=\frac{2}{n(n-1)}\left(5n-\frac{5\times6}{2}\right)=\mathbf{\frac{10(n-3)}{n(n-1)}}$$

(3) $\mathrm{E}(\mathrm{X})=\sum_{k=1}^{n-1} k\mathrm{P}(\mathrm{X}=k)$

$$=\sum_{k=1}^{n-1}\left\{k\times\frac{2(n-k)}{n(n-1)}\right\}$$

$$=\frac{2}{n(n-1)}\sum_{k=1}^{n-1}(nk-k^2)$$

$$=\frac{2}{n(n-1)}\left\{n\times\frac{(n-1)n}{2}-\frac{(n-1)n(2n-1)}{6}\right\}$$

$$=\boldsymbol{\frac{n+1}{3}}$$

8-22. 자연수 $k(1\le k\le n-3)$에 대하여 $\mathrm{X}=k$인 경우는 k가 적힌 공과 $k+1$부터 n까지의 자연수가 적힌 $n-k$개의 공 중에서 3개를 꺼낼 때이다.

따라서 X의 확률질량함수는

$$\mathrm{P}(\mathrm{X}=k)=\frac{{}_{n-k}\mathrm{C}_3}{{}_n\mathrm{C}_4}\ (k=1,\ 2,\ \cdots,\ n-3)$$

$$\therefore\ \mathrm{E}(\mathrm{X})=\sum_{k=1}^{n-3}k\mathrm{P}(\mathrm{X}=k)=\sum_{k=1}^{n-3}\frac{k_{n-k}\mathrm{C}_3}{{}_n\mathrm{C}_4}$$

$$=\frac{1}{{}_n\mathrm{C}_4}\{{}_{n-1}\mathrm{C}_3+2{}_{n-2}\mathrm{C}_3+3{}_{n-3}\mathrm{C}_3+\cdots+(n-3){}_3\mathrm{C}_3\}$$

$$=\frac{1}{{}_n\mathrm{C}_4}\{({}_{n-1}\mathrm{C}_3+{}_{n-2}\mathrm{C}_3+{}_{n-3}\mathrm{C}_3+\cdots+{}_3\mathrm{C}_3)+({}_{n-2}\mathrm{C}_3+{}_{n-3}\mathrm{C}_3+\cdots+{}_3\mathrm{C}_3)+({}_{n-3}\mathrm{C}_3+\cdots+{}_3\mathrm{C}_3)+\cdots+{}_3\mathrm{C}_3\}$$

$$=\frac{1}{{}_n\mathrm{C}_4}({}_n\mathrm{C}_4+{}_{n-1}\mathrm{C}_4+{}_{n-2}\mathrm{C}_4+\cdots+{}_4\mathrm{C}_4)$$

$$=\frac{1}{{}_n\mathrm{C}_4}\times{}_{n+1}\mathrm{C}_5$$

$$=\frac{4!(n-4)!}{n!}\times\frac{(n+1)!}{5!(n-4)!}$$

$$=\boldsymbol{\frac{n+1}{5}}$$

* ***Note*** E(X)의 계산 과정에서 하키 스틱 패턴(p. 69 **보기 2**)을 이용하였다.

8-23. 추가된 부품 중 S의 개수를 확률변수 X라고 하면 X는 이항분포 $\mathrm{B}\left(2,\ \frac{1}{2}\right)$을 따르므로 X의 확률질량함수는

$$\mathrm{P}(\mathrm{X}=k)={}_2\mathrm{C}_k\left(\frac{1}{2}\right)^k\left(\frac{1}{2}\right)^{2-k}=\frac{1}{4}{}_2\mathrm{C}_k\ (k=0,\ 1,\ 2)$$

이다. 따라서

$$\mathrm{P}(\mathrm{X}=0)=\frac{1}{4}\times{}_2\mathrm{C}_0=\frac{1}{4},$$

$$\mathrm{P}(\mathrm{X}=1)=\frac{1}{4}\times{}_2\mathrm{C}_1=\frac{1}{2},$$

$$\mathrm{P}(\mathrm{X}=2)=\frac{1}{4}\times{}_2\mathrm{C}_2=\frac{1}{4}$$

이때, 7개의 부품 중에서 임의로 1개를 택한 것이 T인 사건을 T, 추가된 부품 중 S의 개수가 0, 1, 2인 사건을 각각 A, B, C라고 하면

$$\mathrm{P}(\mathrm{T})=\mathrm{P}(\mathrm{A}\cap\mathrm{T})+\mathrm{P}(\mathrm{B}\cap\mathrm{T})+\mathrm{P}(\mathrm{C}\cap\mathrm{T})=\frac{1}{4}\times\frac{4}{7}+\frac{1}{2}\times\frac{3}{7}+\frac{1}{4}\times\frac{2}{7}=\frac{3}{7}$$

따라서 구하는 확률은

$$\mathrm{P}(\mathrm{C}|\mathrm{T})=\frac{\mathrm{P}(\mathrm{C}\cap\mathrm{T})}{\mathrm{P}(\mathrm{T})}=\frac{\frac{1}{4}\times\frac{2}{7}}{\frac{3}{7}}=\boldsymbol{\frac{1}{6}}$$

8-24. 두 주사위의 눈의 수의 차가 3보다 크거나 같은 경우는 모두 12가지이다.

따라서 눈의 수의 차가 3보다 작은 경우는 24가지이므로 1회 시행에서

A가 점수를 얻을 확률은 $\frac{24}{36}=\frac{2}{3}$이고,

B가 점수를 얻을 확률은 $\frac{1}{3}$이다.

15회 시행에서 A가 얻는 점수의 합을 확률변수 X라 하고, B가 얻는 점수의 합을 확률변수 Y라고 하면

X는 이항분포 $\mathrm{B}\left(15,\ \frac{2}{3}\right)$를 따르고,

Y는 이항분포 $\mathrm{B}\left(15,\ \frac{1}{3}\right)$을 따르므로

$$\mathrm{E}(\mathrm{X})=15\times\frac{2}{3}=10(\text{점}),$$

$$\mathrm{E}(\mathrm{Y})=15\times\frac{1}{3}=5(\text{점})$$

따라서 두 기댓값의 차는 **5점**

8-25. $f(x)=\sum_{k=0}^{n}(x^2-2kx+k^2)P(X=k)$

$=x^2\sum_{k=0}^{n}P(X=k)$

$-2x\sum_{k=0}^{n}kP(X=k)$

$+\sum_{k=0}^{n}k^2P(X=k)$

$=x^2-2xE(X)+E(X^2)$

그런데 $V(X)=E(X^2)-\{E(X)\}^2$에서

$E(X^2)=V(X)+\{E(X)\}^2$

이고, X는 이항분포 $B(n,\ p)$를 따르므로

$f(x)=x^2-2xE(X)+V(X)+\{E(X)\}^2$

$=x^2-2npx+npq+n^2p^2$

$=(x-np)^2+npq$

따라서 $x=np$일 때 최솟값은

$npq=\boldsymbol{np(1-p)}$

9-1. 일반적으로 확률밀도함수 $f(x)$ $(\alpha\le x\le\beta)$는

$f(x)\ge0,\quad \int_\alpha^\beta f(x)dx=1$

을 만족시켜야 한다.

ㄱ. $f(x)=2x$, $g(x)=1$일 때,

$f\left(\frac{1}{4}\right)-g\left(\frac{1}{4}\right)=-\frac{1}{2}<0$

따라서 확률밀도함수가 아니다.

ㄴ. $f(x)\ge0$, $g(x)\ge0$이므로

$\frac{1}{2}\{f(x)+g(x)\}\ge0$

이고,

$\int_0^1\frac{1}{2}\{f(x)+g(x)\}dx$

$=\frac{1}{2}\left\{\int_0^1 f(x)dx+\int_0^1 g(x)dx\right\}$

$=\frac{1}{2}(1+1)=1$

따라서 확률밀도함수이다.

ㄷ. $f(x)\ge0$, $g(x)\ge0$이므로

$\frac{1}{3}\{2f(x)+g(x)\}\ge0$

이고,

$\int_0^1\frac{1}{3}\{2f(x)+g(x)\}dx$

$=\frac{1}{3}\left\{2\int_0^1 f(x)dx+\int_0^1 g(x)dx\right\}$

$=\frac{1}{3}(2+1)=1$

따라서 확률밀도함수이다.

ㄹ. $f(x)=2x$, $g(x)=2x$일 때,

$\int_0^1 f(x)g(x)dx=\int_0^1 4x^2dx$

$=\left[\frac{4}{3}x^3\right]_0^1=\frac{4}{3}$

따라서 확률밀도함수가 아니다.

답 ㄴ, ㄷ

9-2. $\int_{-2}^{2}f(y)dy=\int_{-2}^{2}a|y|dy$

$=2a\int_0^2 y\,dy$ ⇦ 우함수

$=2a\left[\frac{1}{2}y^2\right]_0^2=4a=1$

$\therefore\ a=\frac{1}{4}$

따라서 확률변수 Y의 평균과 분산은

$E(Y)=\int_{-2}^{2}yf(y)dy$

$=\int_{-2}^{2}\frac{1}{4}y|y|dy$

$=0$ ⇦ 기함수

$V(Y)=\int_{-2}^{2}y^2f(y)dy-0^2$

$=\int_{-2}^{2}\frac{1}{4}y^2|y|dy$

$=\frac{1}{2}\int_0^2(y^2\times y)dy$ ⇦ 우함수

$=\frac{1}{2}\left[\frac{1}{4}y^4\right]_0^2=2$

$X=\frac{1}{a}(Y-b)=4Y-4b$이므로

$V(X)=V(4Y-4b)=4^2V(Y)$

$=4^2\times2=\mathbf{32}$

9-3. A, B, C의 월급을 각각 표준화하면

$$Z_1=\frac{2150000-2000000}{100000}=1.5$$

$$Z_2=\frac{2800-2500}{300}=1$$

$$Z_3=\frac{230000-210000}{25000}=0.8$$

곧, $Z_1>Z_2>Z_3$이므로 **A, B, C**

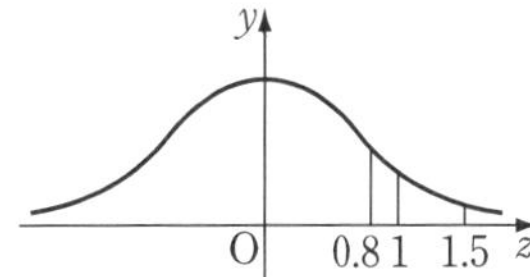

**Note* 위의 표준정규분포곡선에서는 표준화한 값이 큰 쪽이 상위임을 보이고 있다.

9-4. $Z=\dfrac{X-m}{\sigma}$으로 표준화하면

$X=m-k\sigma$일 때 $Z=-k$,

$X=m+k\sigma$일 때 $Z=k$

$$\therefore P(m-k\sigma\le X\le m+k\sigma)$$
$$=P(-k\le Z\le k)$$
$$=2P(0\le Z\le k)=0.95$$
$$\therefore P(0\le Z\le k)=0.475$$

표준정규분포표에서 $\boldsymbol{k=1.96}$

**Note* 같은 방법으로 하면

$P(m-\sigma\le X\le m+\sigma)=0.6826$,

$P(m-2\sigma\le X\le m+2\sigma)=0.9544$,

$P(m-3\sigma\le X\le m+3\sigma)=0.9974$

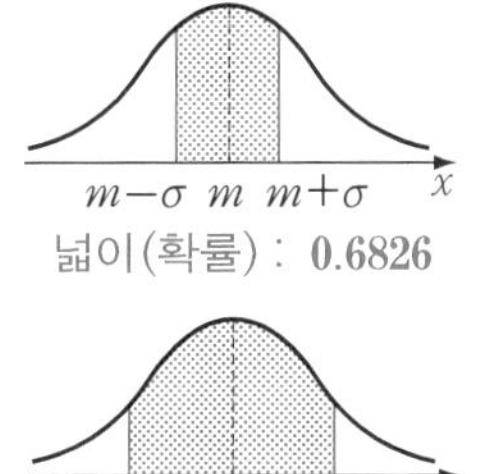

넓이(확률) : 0.6826

넓이(확률) : 0.9544

$m-3\sigma$ m $m+3\sigma$ x

넓이(확률) : 0.9974

9-5. X가 정규분포 $N(1,\ 2^2)$을 따르므로

$Z=\dfrac{X-1}{2}$로 표준화하면

$$P(1\le X\le 5)=P(0\le Z\le 2)$$

또, Y가 정규분포 $N(0,\ 3^2)$을 따르므로 $Z=\dfrac{Y-0}{3}$으로 표준화하면

$$P(a\le Y\le 0)=P\left(\frac{a}{3}\le Z\le 0\right)$$
$$=P\left(0\le Z\le -\frac{a}{3}\right)$$

$P(1\le X\le 5)=P(a\le Y\le 0)$이므로

$$2=-\frac{a}{3}\qquad \therefore\ \boldsymbol{a=-6}$$

9-6. (1)

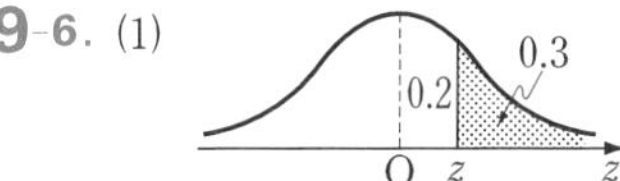

위의 표준정규분포곡선에서

$$P(0\le Z\le z)=0.5-0.3=0.2$$
$$\therefore\ z=0.52$$

$Z=\dfrac{X-100}{13}$에 $Z=0.52$를 대입하면 $X=106.76$이므로 구하는 하루 여가 활동 시간은 최소 **107분**

(2)

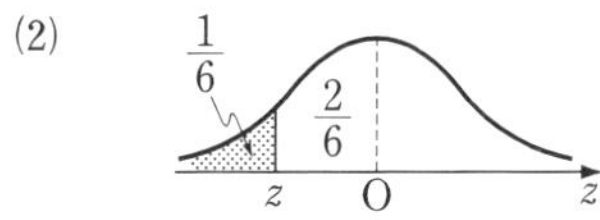

위의 표준정규분포곡선에서

$$P(z\le Z\le 0)=0.5-\frac{1}{6}\fallingdotseq 0.3333$$
$$\therefore\ z\fallingdotseq -0.97$$

$Z=\dfrac{X-100}{13}$에 $Z\fallingdotseq -0.97$을 대입하면 $X\fallingdotseq 87.39$이므로 구하는 하루 여가 활동 시간은 최대 **87분**

9-7. X가 정규분포 $N(m,\ 5^2)$을 따르므로 정규분포곡선 $y=f(x)$는 직선 $x=m$에 대하여 대칭이다.

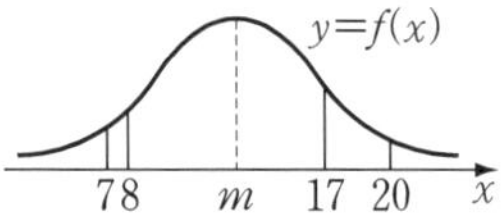

$f(8)>f(20)$이므로

$m-8<20-m \quad \therefore\ m<14 \ \cdots ①$

$f(7)<f(17)$이므로

$m-7>17-m \quad \therefore\ m>12 \ \cdots ②$

①, ②에서 $12<m<14$이고, m은 자연수이므로 $m=13$

$Z=\dfrac{X-13}{5}$으로 표준화하면

$$\sum_{n=1}^{9} P(X-2n\le 3)=\sum_{n=1}^{9} P(X\le 2n+3)$$
$$=\sum_{n=1}^{9} P\left(Z\le \frac{2n-10}{5}\right)$$
$$=P\left(Z\le -\frac{8}{5}\right)+P\left(Z\le -\frac{6}{5}\right)+\cdots+P\left(Z\le \frac{6}{5}\right)+P\left(Z\le \frac{8}{5}\right)$$

실수 a에 대하여

$$P(Z\le -a)+P(Z\le a)=P(Z\ge a)+P(Z\le a)=1$$

이므로

(준 식)$=1+1+1+1+P(Z\le 0)=$**4.5**

9-8. 특별 활동에 참여하는 학생 수를 확률변수 X라고 하면 X는 이항분포 $B(600,\ 0.6)$을 따르므로

$$E(X)=600\times 0.6=360,$$
$$V(X)=600\times 0.6\times 0.4=12^2$$

600은 충분히 크므로 X는 근사적으로 정규분포 $N(360,\ 12^2)$을 따른다.

$Z=\dfrac{X-360}{12}$으로 표준화하면

$$P(X\ge 336)=P(Z\ge -2)$$
$$=P(-2\le Z\le 0)+0.5$$
$$=P(0\le Z\le 2)+0.5$$
$$=0.4772+0.5=\mathbf{0.9772}$$

9-9. 1회 시행에서 2개 모두 흰 공일 확률은 $\dfrac{{}_2C_2}{{}_5C_2}=\dfrac{1}{10}$이므로 2개 모두 흰 공인 횟수를 확률변수 X라고 하면 X는 이항분포 $B\left(100,\ \dfrac{1}{10}\right)$을 따른다.

$$\therefore\ E(X)=100\times\frac{1}{10}=10$$
$$V(X)=100\times\frac{1}{10}\times\frac{9}{10}=3^2$$

100은 충분히 크므로 X는 근사적으로 정규분포 $N(10,\ 3^2)$을 따른다.

$Z=\dfrac{X-10}{3}$으로 표준화하면

$$P(7\le X\le 16)=P(-1\le Z\le 2)$$
$$=P(0\le Z\le 1)+P(0\le Z\le 2)$$
$$=0.3413+0.4772=\mathbf{0.8185}$$

9-10. $f(x)$가 확률밀도함수이므로

$$\int_0^1 f(x)dx=\int_0^1 a(x-1)^2dx$$
$$=a\left[\frac{1}{3}(x-1)^3\right]_0^1=\frac{1}{3}a=1$$
$$\therefore\ a=3$$
$$\therefore\ f(x)=3(x-1)^2\ (0\le x\le 1)$$

$X\ge 0.5$인 사건을 A, $X\ge 0.1$인 사건을 E라고 하면 구하는 확률은 $P(A|E)$이다.

$$P(A\cap E)=P(A)=P(X\ge 0.5)$$
$$=\int_{0.5}^1 3(x-1)^2dx$$
$$=3\left[\frac{1}{3}(x-1)^3\right]_{0.5}^1=\left(\frac{1}{2}\right)^3$$
$$P(E)=P(X\ge 0.1)=\int_{0.1}^1 3(x-1)^2dx$$
$$=3\left[\frac{1}{3}(x-1)^3\right]_{0.1}^1=\left(\frac{9}{10}\right)^3$$
$$\therefore\ P(A|E)=\frac{P(A\cap E)}{P(E)}=\left(\frac{1}{2}\right)^3\div\left(\frac{9}{10}\right)^3$$
$$=\left(\frac{5}{9}\right)^3=\mathbf{\frac{125}{729}}$$

9-11. X의 확률밀도함수를 $f(x)$

$(0 \le x \le a)$라고 하면

$$P(0 \le X \le x) = \int_0^x f(x)dx$$

이므로 $\int_0^x f(x)dx = kx^2$ ······①

$f(x)$가 연속이므로 양변을 x에 관하여 미분하면 $f(x) = 2kx$

$\int_0^a f(x)dx = 1$이므로

$$\int_0^a 2kx\,dx = \Big[kx^2\Big]_0^a = ka^2 = 1 \quad \cdots\cdots②$$

$E(X) = 1$이므로 $\int_0^a xf(x)dx = 1$

$$\therefore \int_0^a 2kx^2 dx = \Big[\frac{2}{3}kx^3\Big]_0^a = \frac{2}{3}ka^3 = 1 \quad \cdots\cdots③$$

③÷②하면 $\frac{2}{3}a = 1$

$$\therefore a = \frac{3}{2} \quad \therefore \boldsymbol{k = \frac{4}{9}}$$

****Note*** 다음과 같이 ①의 양변에 $x = a$를 대입하여 ②를 얻을 수도 있다.

$$\int_0^a f(x)dx = ka^2 \quad \therefore ka^2 = 1$$

9-12. 과자 A의 길이를 확률변수 X라고 하면 X는 정규분포 $N(m,\ \sigma_1^2)$을 따르므로 $Z = \frac{X-m}{\sigma_1}$으로 표준화하면

$$P(X \ge m+10) = P\Big(Z \ge \frac{10}{\sigma_1}\Big)$$

과자 B의 길이를 확률변수 Y라고 하면 Y는 정규분포 $N(m+25,\ \sigma_2^2)$을 따르므로 $Z = \frac{Y-(m+25)}{\sigma_2}$로 표준화하면

$$P(Y \le m+10) = P\Big(Z \le -\frac{15}{\sigma_2}\Big)$$

$P(X \ge m+10) = P(Y \le m+10)$이므로

$$P\Big(Z \ge \frac{10}{\sigma_1}\Big) = P\Big(Z \le -\frac{15}{\sigma_2}\Big)$$

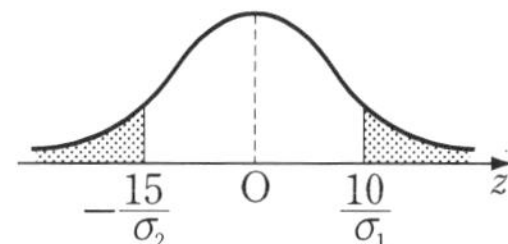

$$\therefore \frac{10}{\sigma_1} = \frac{15}{\sigma_2} \quad \therefore \boldsymbol{\sigma_1 : \sigma_2 = 2 : 3}$$

9-13. 점수를 확률변수 X라 하고, 표준편차를 σ라고 하면 X는 정규분포 $N(60,\ \sigma^2)$을 따른다.

$P(60 \le X \le 70) = \frac{340}{1000} = 0.34$에서

$Z = \frac{X-60}{\sigma}$으로 표준화하면

$$P\Big(0 \le Z \le \frac{10}{\sigma}\Big) = 0.34$$

$$\therefore P\Big(Z \le \frac{10}{\sigma}\Big) = 0.5 + 0.34 = 0.84$$

주어진 조건에서

$$\frac{10}{\sigma} = 1 \quad \therefore \sigma = 10$$

$$\begin{aligned} \therefore P(X \ge 80) &= P(Z \ge 2) \\ &= 1 - P(Z \le 2) \\ &= 1 - 0.98 = 0.02 \end{aligned}$$

따라서 구하는 학생 수는

$$1000 \times 0.02 = \mathbf{20}$$

9-14. 복숭아 한 개의 무게를 확률변수 X라고 하면 X는 정규분포 $N(m,\ 10^2)$을 따른다.

복숭아 1000개 중에서 무게가 177 g 이상인 것이 242개이므로

$$P(X \ge 177) = \frac{242}{1000} = 0.242$$

$Z = \frac{X-m}{10}$으로 표준화하면

$$P(X \ge 177) = P\Big(Z \ge \frac{177-m}{10}\Big) = 0.242$$

$$\therefore P\Big(0 \le Z \le \frac{177-m}{10}\Big) = 0.5 - 0.242 = 0.258$$

따라서 주어진 표에서

$$\frac{177-m}{10} = 0.7 \quad \therefore m = 170$$

곧, X는 정규분포 $N(170,\ 10^2)$을 따른다.

$Z=\dfrac{X-170}{10}$ 이므로

$P(X\geq 180)=P(Z\geq 1)$
$=0.5-P(0\leq Z\leq 1)$
$=0.5-0.3413=\mathbf{0.1587}$

9-15. 문제의 조건에서

$E(X)=50,\ V(X)=10^2$

이고, $Y=aX+b$이므로

$E(Y)=E(aX+b)=aE(X)+b$
$=50a+b,$

$V(Y)=V(aX+b)=a^2V(X)$
$=a^2\times 10^2=100a^2$

문제의 조건에서

$E(Y)=60,\ V(Y)=20^2$

이므로

$50a+b=60,\ 100a^2=20^2$

$a>0$이므로 $\boldsymbol{a=2,\ b=-40}$

$\therefore\ Y=2X-40$

$\therefore\ P(Y\geq 90)=P(2X-40\geq 90)$
$=P(X\geq 65)$

$Z=\dfrac{X-50}{10}$ 으로 표준화하면

$P(Y\geq 90)=P(X\geq 65)=P(Z\geq 1.5)$

한편 문제의 조건

$P(|X-50|\leq 15)=0.8664$

에서

$P(|Z|\leq 1.5)=0.8664$

$\therefore\ P(0\leq Z\leq 1.5)=0.4332$

$\therefore\ P(Z\geq 1.5)=0.0668$

$\therefore\ P(Y\geq 90)=P(Z\geq 1.5)=\mathbf{0.0668}$

9-16. 당첨된 사람의 수를 확률변수 X라고 하면 X는 이항분포 $B\left(50,\ \dfrac{1}{6}\right)$을 따르므로

$E(X)=50\times\dfrac{1}{6}=\dfrac{25}{3},$

$V(X)=50\times\dfrac{1}{6}\times\dfrac{5}{6}=\dfrac{250}{36}$

따라서 X는 근사적으로 정규분포 $N\left(\dfrac{25}{3},\ \left(\dfrac{5\sqrt{10}}{6}\right)^2\right)$을 따른다.

$Z=\dfrac{X-\dfrac{25}{3}}{\dfrac{5\sqrt{10}}{6}}$ 로 표준화하면

(1) $P(X\geq 10)=P\left(Z\geq\dfrac{\sqrt{10}}{5}\right)$
$=P(Z\geq 0.632)$
$=0.5-P(0\leq Z\leq 0.632)$
$=0.5-0.2357=0.2643$

$1-0.2643=0.7357$이므로 10명 이상 당첨되는 일이 없다고 하면 이는 **74 %** 정도 확실하다.

(2) $P(Z\geq z)=1-0.95$에서

$0.5-P(0\leq Z\leq z)=0.05$

$\therefore\ P(0\leq Z\leq z)=0.45\quad \therefore\ z=1.65$

$Z=\dfrac{X-\dfrac{25}{3}}{\dfrac{5\sqrt{10}}{6}}$ 에 $Z=1.65$를 대입하면

$X\fallingdotseq 12.7$이므로 **13명**

9-17. X는 이항분포 $B\left(n,\ \dfrac{1}{2}\right)$을 따르므로

$E(X)=\dfrac{n}{2},$

$V(X)=n\times\dfrac{1}{2}\times\dfrac{1}{2}=\dfrac{n}{4}$

따라서 n이 충분히 클 때 X는 근사적으로 정규분포 $N\left(\dfrac{n}{2},\ \left(\dfrac{\sqrt{n}}{2}\right)^2\right)$을 따른다.

이때, 상대도수 $\dfrac{X}{n}$와 수학적 확률인 $\dfrac{1}{2}$의 차가 0.1 이하일 확률이 99 % 이상이면

$P\left(\left|\dfrac{X}{n}-\dfrac{1}{2}\right|\leq 0.1\right)\geq 0.99$

$Z=\dfrac{X-\dfrac{n}{2}}{\dfrac{\sqrt{n}}{2}}$ 으로 표준화하면

$$\mathrm{P}\left(\left|\frac{\mathrm{X}}{n}-\frac{1}{2}\right|\le 0.1\right)$$
$$=\mathrm{P}\left(\left|\mathrm{X}-\frac{n}{2}\right|\le 0.1n\right)$$
$$=\mathrm{P}\left(\left|\frac{\mathrm{X}-\frac{n}{2}}{\frac{\sqrt{n}}{2}}\right|\le\frac{0.1n}{\frac{\sqrt{n}}{2}}\right)$$
$$=\mathrm{P}\left(|\mathrm{Z}|\le 0.2\sqrt{n}\right)\ge 0.99$$

$\therefore\ 0.2\sqrt{n}\ge 2.58 \qquad \therefore\ n\ge 166.41$

따라서 n의 최솟값은 167이므로 최소한 **167**회 던져야 한다.

9-18. 상자 A, B에 들어 있는 불량품의 개수를 각각 확률변수 X, Y라고 하면 X, Y는 각각 이항분포

$$\mathrm{B}\left(400,\ \frac{1}{17}\right),\quad \mathrm{B}\left(n,\ \frac{1}{17}\right)$$

을 따른다.

$$\mathrm{E(X)}=\frac{400}{17},\quad \mathrm{V(X)}=\left(\frac{80}{17}\right)^2,$$
$$\mathrm{E(Y)}=\frac{n}{17},\quad \mathrm{V(Y)}=\left(\frac{4\sqrt{n}}{17}\right)^2$$

이므로 X, Y는 각각 근사적으로 정규분포

$$\mathrm{N}\left(\frac{400}{17},\ \left(\frac{80}{17}\right)^2\right),\quad \mathrm{N}\left(\frac{n}{17},\ \left(\frac{4\sqrt{n}}{17}\right)^2\right)$$

을 따른다.

$\mathrm{Z}=\dfrac{\mathrm{X}-\frac{400}{17}}{\frac{80}{17}}$ 으로 표준화하면

$$p_1=\mathrm{P}(\mathrm{X}\le 20)$$
$$=\mathrm{P}(\mathrm{Z}\le -0.75)=\mathrm{P}(\mathrm{Z}\ge 0.75)$$
$$=0.5-0.27=0.23$$

또, $\mathrm{Z}=\dfrac{\mathrm{Y}-\frac{n}{17}}{\frac{4\sqrt{n}}{17}}$ 으로 표준화하면

$$p_2=\mathrm{P}(\mathrm{Y}\le 20)=\mathrm{P}\left(\mathrm{Z}\le\frac{340-n}{4\sqrt{n}}\right)$$

$p_2\le\dfrac{1}{2}p_1=\dfrac{1}{2}\times 0.23=0.115$ 이고

$$\mathrm{P}(\mathrm{Z}\le -1.20)=\mathrm{P}(\mathrm{Z}\ge 1.20)$$
$$=0.5-0.385=0.115$$

이므로

$$\frac{340-n}{4\sqrt{n}}\le -1.20$$
$$\therefore\ n-4.8\sqrt{n}-340\ge 0$$
$$\therefore\ \left(\sqrt{n}-2.4\right)^2-2.4^2-340\ge 0$$
$$\therefore\ \left(\sqrt{n}-2.4\right)^2\ge 345.76$$
$$\therefore\ \sqrt{n}\ge\sqrt{345.76}+2.4=21$$

$n\ge 441$ 이므로 n의 최솟값은 **441**

10-1. $\mathrm{E}(\overline{\mathrm{X}})=\mathrm{E(X)}=10\times\dfrac{1}{2}+20\times a+30\times\left(\dfrac{1}{2}-a\right)$
$$=20-10a$$

이므로

$$20-10a=18 \qquad \therefore\ a=\frac{1}{5}$$

따라서 주어진 모집단의 확률분포는 아래와 같다.

X	10	20	30	합
P(X=x)	$\frac{1}{2}$	$\frac{1}{5}$	$\frac{3}{10}$	1

확률변수 X가 가질 수 있는 값이 10, 20, 30이므로 $\overline{\mathrm{X}}=20$이고 크기가 2인 표본은 (10, 30), (20, 20), (30, 10)이다.

따라서

$$\mathrm{P}(\overline{\mathrm{X}}=20)=\frac{1}{2}\times\frac{3}{10}+\frac{1}{5}\times\frac{1}{5}+\frac{3}{10}\times\frac{1}{2}$$
$$=\boldsymbol{\frac{17}{50}}$$

10-2. 학생의 몸무게를 확률변수 X라고 하면 X는 정규분포 $\mathrm{N}(60,\ 6^2)$을 따른다.

따라서 임의추출한 학생 9명의 몸무게의 평균을 $\overline{\mathrm{X}}$라고 하면

$$\mathrm{E}(\overline{\mathrm{X}})=\mathrm{E(X)}=m=60,$$
$$\mathrm{V}(\overline{\mathrm{X}})=\frac{\sigma^2}{n}=\frac{6^2}{9}=2^2$$

이므로 $\overline{\mathrm{X}}$는 정규분포 $\mathrm{N}(60,\ 2^2)$을 따

른다.

한편 경고음이 울리려면

$$\overline{X} \ge \frac{549}{9}=61$$

이므로 $Z=\dfrac{\overline{X}-60}{2}$으로 표준화하면

$$P\left(\overline{X}\ge 61\right)=P(Z\ge 0.5)$$
$$=0.5-P(0\le Z\le 0.5)$$
$$=0.5-0.1915=\mathbf{0.3085}$$

10-3. 제품의 무게가 정규분포 $N(11, 2^2)$을 따르므로 크기가 4인 표본으로부터 얻은 표본평균 $\overline{X}$는 정규분포

$$N\left(11, \frac{2^2}{4}\right) \quad \text{곧, } N(11, 1^2)$$

을 따른다.

$Z=\dfrac{\overline{X}-11}{1}$로 표준화하면

$$P\left(10\le\overline{X}\le 14\right)=P(-1\le Z\le 3)$$
$$=P(0\le Z\le 1)+P(0\le Z\le 3)$$
$$=0.3413+0.4987=0.84$$

A, B 두 사람이 각각 독립적으로 표본을 임의추출했으므로 두 사람이 추출한 표본으로부터 얻은 표본평균이 10 이상 14 이하일 확률은 모두 0.84이고, 두 사건은 서로 독립이다.

$$\therefore\ 0.84\times 0.84=\mathbf{0.7056}$$

10-4. 과자 A의 무게가 정규분포 $N(800, 14^2)$을 따르므로 크기가 49인 표본으로부터 얻은 표본평균 $\overline{X}$는 정규분포

$$N\left(800, \frac{14^2}{49}\right) \quad \text{곧, } N(800, 2^2)$$

을 따른다.

따라서 $P\left(\overline{X}<c\right)=0.02$에서

$Z=\dfrac{\overline{X}-800}{2}$으로 표준화하면

$$P\left(Z<\frac{c-800}{2}\right)=0.02$$

$$\therefore\ P\left(Z>\frac{800-c}{2}\right)=0.02$$

$$\therefore\ P\left(0\le Z\le\frac{800-c}{2}\right)=0.5-0.02$$
$$=0.48$$

주어진 표준정규분포표에 의하여

$$\frac{800-c}{2}=2.05 \qquad \therefore\ \boldsymbol{c=795.9}$$

10-5. 표본평균을 $\overline{X}$라고 하면

$$\overline{X}=\frac{1}{25}\sum_{k=1}^{25}X_k=\frac{100}{25}=4$$

또, 표본분산을 S^2이라고 하면

$$S^2=\frac{1}{24}\left(\sum_{k=1}^{25}X_k^{\,2}-25\overline{X}^2\right)$$
$$=\frac{1}{24}(784-25\times 4^2)=16 \qquad \therefore\ S=4$$

따라서 모평균에 대한 신뢰도 95 %의 신뢰구간은

$$\left[4-1.96\times\frac{4}{\sqrt{25}},\ 4+1.96\times\frac{4}{\sqrt{25}}\right]$$

$$\therefore\ [\mathbf{2.432,\ 5.568}]$$

* ***Note*** 1° 모표준편차를 모르므로 표본표준편차를 써서 신뢰구간을 구했다.

2° 모집단에서 크기가 $n(n\ge 2)$인 표본 $X_1, X_2, X_3, \cdots, X_n$을 임의추출할 때, 이들의 평균 $\overline{X}$, 분산 S^2은

$$\overline{\mathbf{X}}=\frac{1}{n}\sum_{k=1}^{n}\mathbf{X}_k,$$

$$\mathbf{S}^2=\frac{1}{n-1}\left(\sum_{k=1}^{n}\mathbf{X}_k^{\,2}-n\overline{\mathbf{X}}^2\right)$$

⇦ p. 192, p. 193의 Advice 1°

10-6. 모평균을 m, 표본의 크기를 n, 표본평균을 $\overline{X}$라고 하면 신뢰계수 k에 대한 모평균의 신뢰구간은

$$\overline{X}-k\frac{\sigma}{\sqrt{n}}\le m\le\overline{X}+k\frac{\sigma}{\sqrt{n}}$$

이 신뢰구간의 길이를 l이라고 하면

$$l=\left(\overline{X}+k\frac{\sigma}{\sqrt{n}}\right)-\left(\overline{X}-k\frac{\sigma}{\sqrt{n}}\right)$$
$$=2\times k\frac{\sigma}{\sqrt{n}}$$

$l=2$일 때 $n=4$이므로 $\quad 2=2\times k\dfrac{\sigma}{\sqrt{4}}$

$\therefore\ k\sigma=2 \quad \therefore\ l=\dfrac{4}{\sqrt{n}}$

따라서 $l=0.5$일 때 $\quad 0.5=\dfrac{4}{\sqrt{n}}$

$\therefore\ \sqrt{n}=8 \quad \therefore\ n=\mathbf{64}$

****Note*** 신뢰계수가 k일 때 신뢰구간의 길이가 $2\times k\dfrac{\sigma}{\sqrt{n}}$임을 바로 이용해도 된다.

10-7. 정규분포 $\mathrm{N}(t,\ 36)$을 따르는 모집단에서 추출한 표본으로부터 얻은 표본평균 $\overline{\mathrm{X}}$는 정규분포

$$\mathrm{N}\Big(t,\ \frac{36}{t^2}\Big) \quad \text{곧, } \mathrm{N}\Big(t,\ \Big(\frac{6}{t}\Big)^2\Big)$$

을 따른다.

또, 정규분포 $\mathrm{N}(16,\ t^2)$을 따르는 모집단에서 추출한 표본으로부터 얻은 표본평균 $\overline{\mathrm{Y}}$는 정규분포

$$\mathrm{N}\Big(16,\ \frac{t^2}{36}\Big) \quad \text{곧, } \mathrm{N}\Big(16,\ \Big(\frac{t}{6}\Big)^2\Big)$$

을 따른다.

(1) $\mathrm{Z}=\dfrac{\overline{\mathrm{X}}-t}{\frac{6}{t}}$와 $\mathrm{Z}=\dfrac{\overline{\mathrm{Y}}-16}{\frac{t}{6}}$으로 각각 표준화하면

$$\mathrm{P}(\overline{\mathrm{X}}\le 2t)=\mathrm{P}\Big(\mathrm{Z}\le\frac{t^2}{6}\Big),$$

$$\mathrm{P}(\overline{\mathrm{Y}}\ge 10)=\mathrm{P}\Big(\mathrm{Z}\ge-\frac{36}{t}\Big)$$

문제의 조건에서

$$\mathrm{P}\Big(\mathrm{Z}\le\frac{t^2}{6}\Big)=\mathrm{P}\Big(\mathrm{Z}\ge-\frac{36}{t}\Big)$$

$$\therefore\ \frac{t^2}{6}=-\Big(-\frac{36}{t}\Big) \quad \therefore\ t^3=6^3$$

t는 양의 실수이므로 $\quad \boldsymbol{t=6}$

(2) $t=12$이므로 $\mathrm{Z}=\dfrac{\overline{\mathrm{X}}-12}{1/2}$와

$\mathrm{Z}=\dfrac{\overline{\mathrm{Y}}-16}{2}$으로 각각 표준화하면

$$\mathrm{P}(\overline{\mathrm{X}}\le a)=\mathrm{P}\big(\mathrm{Z}\le 2(a-12)\big),$$

$$\mathrm{P}(\overline{\mathrm{Y}}\le 2a)=\mathrm{P}(\mathrm{Z}\le a-8)$$

문제의 조건에서

$$\mathrm{P}\big(\mathrm{Z}\le 2(a-12)\big)+\mathrm{P}(\mathrm{Z}\le a-8)\le 1 \quad \cdots\cdots①$$

(i) $2(a-12)\le 0,\ a-8\le 0$일 때, 곧 $0<a\le 8$일 때

$$\mathrm{P}\big(\mathrm{Z}\le 2(a-12)\big)<0.5,$$

$$\mathrm{P}\big(\mathrm{Z}\le a-8\big)\le 0.5$$

이므로 ①이 성립한다.

(ii) $2(a-12)\le 0,\ a-8>0$일 때, 곧 $8<a\le 12$일 때

①이 성립하려면

$$2(a-12)\le-(a-8)$$

이어야 하므로 $\quad a\le\dfrac{32}{3}$

$8<a\le 12$이므로 $\quad 8<a\le\dfrac{32}{3}$

(iii) $2(a-12)>0,\ a-8>0$일 때, 곧 $a>12$일 때

$$\mathrm{P}\big(\mathrm{Z}\le 2(a-12)\big)>0.5,$$

$$\mathrm{P}(\mathrm{Z}\le a-8)>0.5$$

이므로 ①이 성립하지 않는다.

(i), (ii), (iii)에서 $\quad \boldsymbol{0<a\le\dfrac{32}{3}}$

****Note*** $2(a-12)>0,\ a-8\le 0$일 때, 곧 $a>12,\ a\le 8$인 a의 값은 없다.

10-8. 확률변수 X는 정규분포 $\mathrm{N}(m,\ 4^2)$을 따르므로

$$\mathrm{P}(m\le\mathrm{X}\le a)=0.3413$$

에서 $\mathrm{Z}=\dfrac{\mathrm{X}-m}{4}$으로 표준화하면

$$\mathrm{P}\Big(0\le\mathrm{Z}\le\frac{a-m}{4}\Big)=0.3413$$

$$\therefore\ \frac{a-m}{4}=1 \quad \therefore\ a=m+4 \quad \cdots①$$

크기가 16인 표본으로부터 얻은 표본평균을 $\overline{\mathrm{X}}$라고 하면

$$\mathrm{E}(\overline{\mathrm{X}})=m,\ \mathrm{V}(\overline{\mathrm{X}})=\frac{\sigma^2}{n}=\frac{4^2}{16}=1^2$$

이므로 $\overline{\mathrm{X}}$는 정규분포 $\mathrm{N}(m,\ 1^2)$을 따른다.

$Z=\dfrac{\overline{X}-m}{1}$ 으로 표준화하면

$$P(\overline{X}\geq a-2)=P(Z\geq a-2-m)$$
$$=P(Z\geq 2) \qquad \Leftarrow ①$$
$$=0.5-0.4772=\mathbf{0.0228}$$

10-9. 모집단의 분포가 정규분포 $N(m,\ 2^2)$을 따르므로 크기가 n인 표본으로부터 얻은 표본평균 $\overline{X}$는 정규분포 $N\left(m,\ \dfrac{2^2}{n}\right)$을 따른다.

$Z=\dfrac{\overline{X}-m}{\frac{2}{\sqrt{n}}}$ 으로 표준화하면

$$f(m)=P\left(\overline{X}\leq 1.96\frac{2}{\sqrt{n}}\right)$$
$$=P\left(Z\leq\frac{1.96\frac{2}{\sqrt{n}}-m}{\frac{2}{\sqrt{n}}}\right)$$
$$=P\left(Z\leq 1.96-m\times\frac{\sqrt{n}}{2}\right)$$

$\therefore\ f(0)=P(Z\leq 1.96)=0.5+0.475$
$=0.975,$

$f(0.9)=P\left(Z\leq 1.96-0.9\times\dfrac{\sqrt{n}}{2}\right)$

$\therefore\ f(0)+f(0.9)$
$=0.975+P\left(Z\leq 1.96-0.9\times\dfrac{\sqrt{n}}{2}\right)$
≤ 1.025

$\therefore\ P\left(Z\leq 1.96-0.9\times\dfrac{\sqrt{n}}{2}\right)\leq 0.050$

주어진 표에서 $P(0\leq Z\leq 1.64)=0.450$ 이므로

$$P(Z\leq -1.64)=0.050$$

$$\therefore\ 1.96-0.9\times\frac{\sqrt{n}}{2}\leq -1.64$$

$\therefore\ \sqrt{n}\geq 8 \qquad \therefore\ n\geq 64$

따라서 자연수 n의 최솟값은 **64**

10-10. $n=100$일 때, 신뢰도 95 %의 신뢰구간의 길이는

$$2\times 1.96\times\frac{2}{\sqrt{100}}=1.96\times\frac{2}{5}$$

$n=25$일 때, 신뢰도 $100(1-\alpha)$ %의 신뢰구간의 길이는

$$2\times k\times\frac{2}{\sqrt{25}}=\frac{4}{5}k\ (k\text{는 신뢰계수})$$

따라서 $1.96\times\dfrac{2}{5}=\dfrac{4}{5}k$ 에서

$$k=0.98$$

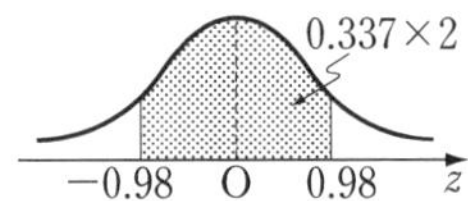

주어진 표준정규분포표에 의하여 위의 그림의 점 찍은 부분의 넓이는 0.337×2이다. 이 넓이의 백분율이 $100(1-\alpha)$와 같으므로

$$0.337\times 2\times 100=100(1-\alpha)$$
$$\therefore\ \boldsymbol{\alpha}=\mathbf{0.326}$$

11-1. 모비율이 $p=0.36$이고 표본의 크기가 $n=100$이므로 표본비율 $\hat{p}$의 평균과 분산은

$$E(\hat{p})=p=0.36,$$
$$V(\hat{p})=\frac{pq}{n}=\frac{0.36\times 0.64}{100}=0.048^2$$

그런데 n이 충분히 크므로 $\hat{p}$은 근사적으로 정규분포 $N(0.36,\ 0.048^2)$을 따른다.

따라서 $Z=\dfrac{\hat{p}-0.36}{0.048}$ 으로 표준화하면

$$P\left(\frac{30}{100}\leq\hat{p}\leq\frac{42}{100}\right)=P(-1.25\leq Z\leq 1.25)$$
$$=2P(0\leq Z\leq 1.25)$$
$$=2\times 0.3944=\mathbf{0.7888}$$

11-2. 모비율이 $p=0.8$이고 표본의 크기가 $n=100$이므로 표본비율 $\hat{p}$의 평균과 분산은

$\mathrm{E}(\hat{p})=p=0.8,$

$\mathrm{V}(\hat{p})=\dfrac{pq}{n}=\dfrac{0.8\times0.2}{100}=0.04^2$

그런데 n이 충분히 크므로 $\hat{p}$은 근사적으로 정규분포 $\mathrm{N}(0.8,\ 0.04^2)$을 따른다.

따라서 $\mathrm{Z}=\dfrac{\hat{p}-0.8}{0.04}$로 표준화하면

$$\mathrm{P}\left(\hat{p}\le\frac{74}{100}\right)=\mathrm{P}(\mathrm{Z}\le-1.5)=\mathrm{P}(\mathrm{Z}\ge1.5)$$
$$=0.5-\mathrm{P}(0\le\mathrm{Z}\le1.5)$$
$$=0.5-0.4332=\mathbf{0.0668}$$

11-3. 모비율이 $p=\dfrac{4}{16+4}=0.2$이고 표본의 크기가 $n=64$이므로 표본비율 $\hat{p}$의 평균과 분산은

$\mathrm{E}(\hat{p})=p=0.2,$

$\mathrm{V}(\hat{p})=\dfrac{pq}{n}=\dfrac{0.2\times0.8}{64}=0.05^2$

그런데 n이 충분히 크므로 $\hat{p}$은 근사적으로 정규분포 $\mathrm{N}(0.2,\ 0.05^2)$을 따른다.

따라서 $\mathrm{Z}=\dfrac{\hat{p}-0.2}{0.05}$로 표준화하면

$$\mathrm{P}\left(\hat{p}\le\frac{16}{64}\right)=\mathrm{P}(\mathrm{Z}\le1)$$
$$=0.5+\mathrm{P}(0\le\mathrm{Z}\le1)$$
$$=0.5+0.3413=\mathbf{0.8413}$$

****Note*** 이항분포를 이용하여 풀 수도 있다.

11-4. 표본비율을 $\hat{p}$이라고 하면 $\hat{p}=0.2$이고, 표본의 크기가 충분히 크므로 모비율 p에 대한 신뢰도 95 %의 신뢰구간은

$$0.2-1.96\sqrt{\frac{0.2\times0.8}{400}}\le p$$
$$\le0.2+1.96\sqrt{\frac{0.2\times0.8}{400}}$$

$\therefore\ 0.1608\le p\le0.2392$

$\therefore\ [\mathbf{0.1608,\ 0.2392}]$

11-5. 표본비율을 $\hat{p}$이라고 하면 $\hat{p}=0.64$이고 n이 충분히 크므로 모비율 p에 대한 신뢰도 95 %의 신뢰구간은

$$0.64-1.96\sqrt{\frac{0.64\times0.36}{n}}\le p$$
$$\le0.64+1.96\sqrt{\frac{0.64\times0.36}{n}}$$

$\therefore\ b-a=2\times1.96\sqrt{\dfrac{0.64\times0.36}{n}}$

$=0.12544$

$\therefore\ \sqrt{n}=\dfrac{2\times1.96\times0.8\times0.6}{0.12544}=15$

$\therefore\ \boldsymbol{n=225}$

11-6. 크기가 n인 표본을 임의추출할 때, 99 %의 신뢰도로 최대 허용 표본오차는 $2.58\sqrt{\dfrac{1}{4n}}$ 이므로

$$2.58\sqrt{\frac{1}{4n}}<0.03$$

$\therefore\ \sqrt{n}>43\quad\therefore\ n>1849$

따라서 표본의 크기 n의 최솟값은

1850

11-7. n번의 시행에서 주사위의 1의 눈이 나올 확률을 $\hat{p}$이라고 하면 $p=\dfrac{1}{6}$이므로

$$|p-\hat{p}|\le1.96\sqrt{\frac{pq}{n}}$$
$$=1.96\sqrt{\frac{\frac{1}{6}\left(1-\frac{1}{6}\right)}{n}}\le\frac{1}{100}$$

$\therefore\ \sqrt{n}\ge196\sqrt{\dfrac{1}{6}\times\dfrac{5}{6}}$

$\therefore\ n\ge196^2\times\dfrac{1}{6}\times\dfrac{5}{6}=5335.5\times\times$

따라서 **5336**번 이상 던져야 한다.

11-8. 표본비율이 $\hat{p}$, 표본의 크기가 n일 때, 신뢰도 95 %의 신뢰구간의 길이에 대하여

$$2\times1.96\sqrt{\frac{\hat{p}(1-\hat{p})}{n}}\le0.28$$

$\therefore\ \sqrt{\dfrac{\hat{p}(1-\hat{p})}{n}}\le\dfrac{1}{14}$

$$\therefore \sqrt{n} \ge 14\sqrt{\hat{p}(1-\hat{p})}$$

$$\therefore n \ge 14^2 \hat{p}(1-\hat{p}) \qquad \cdots\cdots①$$

여기에서

$$\hat{p}(1-\hat{p}) = -\left(\hat{p}-\frac{1}{2}\right)^2 + \frac{1}{4}$$

이므로 $\hat{p}=\frac{1}{2}$일 때 최댓값은 $\frac{1}{4}$이다.

이때, ①에서

$$n \ge 14^2 \times \frac{1}{4} \qquad \therefore n \ge 49$$

따라서 표본의 크기 n의 최솟값은 **49**

****Note*** 신뢰도 95%의 신뢰구간의 최대 길이는

$$2 \times 1.96\sqrt{\frac{1}{4n}}$$

이므로 이를 이용하여

$$2 \times 1.96\sqrt{\frac{1}{4n}} \le 0.28$$

을 풀어도 된다.

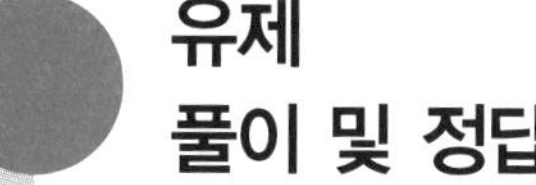

유제
풀이 및 정답

유제 풀이 및 정답

1-1. (1) $A \longrightarrow B \longrightarrow D$의 경우
$4\times2=8$(가지)
$A \longrightarrow B \longrightarrow C \longrightarrow D$의 경우
$4\times2\times1=8$(가지)
$A \longrightarrow C \longrightarrow D$의 경우
$3\times1=3$(가지)
$A \longrightarrow C \longrightarrow B \longrightarrow D$의 경우
$3\times2\times2=12$(가지)
따라서 구하는 경우의 수는
$8+8+3+12=\mathbf{31}$

(2) $A \longrightarrow B \longrightarrow D \longrightarrow C \longrightarrow A$의 경우 $4\times2\times1\times3=24$(가지)
$A \longrightarrow C \longrightarrow D \longrightarrow B \longrightarrow A$의 경우 $3\times1\times2\times4=24$(가지)
따라서 구하는 경우의 수는
$24+24=\mathbf{48}$

1-2. 100원짜리 동전은 1개 또는 2개 사용할 수 있다. 각각의 경우 가능한 동전의 개수는 아래 표와 같다.

100원	1(0)	2(1)
50원	3(2)	1(0)
10원	3(2)	3(2)

따라서 100원, 50원, 10원 순으로
1개, **3**개, **3**개 또는 **2**개, **1**개, **3**개

**Note* 세 종류의 동전을 각각 적어도 1개 사용해야 하므로 잔액
$280-(100+50+10)=120$(원)
을 7개 이하의 100원, 50원, 10원짜리로 지불하는 방법은 위의 표에서 ( ) 안의 숫자 부분이다. 여기에 각각 1을 더하면 구하는 답이 된다.

1-3. (i) A와 C의 색이 같은 경우
A에는 4가지, B에는 3가지, D에는 3가지가 가능하므로
$4\times3\times3=36$(가지)
(ii) A와 C의 색이 다른 경우
A에는 4가지, B에는 3가지, C에는 2가지, D에는 2가지가 가능하므로
$4\times3\times2\times2=48$(가지)
따라서 구하는 경우의 수는
$36+48=\mathbf{84}$

1-4. $126=2^1\times3^2\times7^1$이므로
약수의 개수는
$(1+1)(2+1)(1+1)=\mathbf{12}$
약수의 총합은
$(2^0+2^1)(3^0+3^1+3^2)(7^0+7^1)=3\times13\times8$
$=\mathbf{312}$

1-5. (1) $6=6\times1=3\times2$이므로 각 경우의 최소의 수는 2^5, $2^2\times3^1$이다.
두 수 중에서 작은 수는
$2^2\times3^1=\mathbf{12}$
(2) $15=15\times1=5\times3$이므로 각 경우의 최소의 수는 2^{14}, $2^4\times3^2$이다.
두 수 중에서 작은 수는
$2^4\times3^2=\mathbf{144}$
(3) $30=30\times1=15\times2=10\times3$
$=6\times5=5\times3\times2$
이므로 각 경우의 최소의 수는
2^{29}, $2^{14}\times3^1$, $2^9\times3^2$,
$2^5\times3^4$, $2^4\times3^2\times5^1$
이다.

이 중에서 가장 작은 수는

$2^4\times3^2\times5^1=\mathbf{720}$

1-6. (1) 문제의 조건으로부터

$a+b+c=24$ ……①

$a\ge b\ge c$ ……②

$b+c>a$ ……③

②에서 $c\le a,\ b\le a$이고, ③에 의하여 $a+b+c>2a$이므로

$2a<a+b+c\le 3a$ ⇦ ①

$\therefore\ 2a<24\le 3a$ $\quad\therefore\ 8\le a<12$

a는 자연수이므로

$a=8,\ 9,\ 10,\ 11$ ……④

또, $b\ge c$이고, ①에서

$b+c=24-a$이므로 $2b\ge 24-a$

$\therefore\ \dfrac{24-a}{2}\le b\le a$ ……⑤

따라서 ④의 a의 값에 대하여 ⑤를 만족시키는 b의 개수를 구하면

a의 값	8	9	10	11
b의 개수	1	2	4	5

각 경우에 대하여 c의 값은 하나로 정해진다.

따라서 구하는 삼각형의 개수는

$1+2+4+5=\mathbf{12}$

****Note*** ④에서 $a=8,\ 9,\ 10,\ 11$이므로 각 경우 ①, ②, ③을 만족시키는 $(a,\ b,\ c)$를 직접 찾아도 된다.

(2) 이등변삼각형이 되는 $(a,\ b,\ c)$는 $(8,\ 8,\ 8),\ (9,\ 9,\ 6),\ (10,\ 10,\ 4),$ $(10,\ 7,\ 7),\ (11,\ 11,\ 2)$ 이므로 구하는 개수는 **5**

2-1. (1) $n(n-1)=72$

$\therefore\ (n+8)(n-9)=0$

$n\ge2$이므로 $\mathbf{n=9}$

(2) 양변을 5!로 나누면 ${}_4\mathrm{P}_r=24$

$\therefore\ {}_4\mathrm{P}_r=4\times3\times2$ 또는

${}_4\mathrm{P}_r=4\times3\times2\times1$

$\therefore\ \mathbf{r=3,\ 4}$

(3) $n(n-1)+4n=28$

$\therefore\ (n-4)(n+7)=0$

$n\ge2$이므로 $\mathbf{n=4}$

(4) $n(n-1)(n-2)(n-3)(n-4)(n-5)$

$=20n(n-1)(n-2)(n-3)$

그런데 $n\ge6$이므로 양변을 $n(n-1)(n-2)(n-3)$으로 나누면

$(n-4)(n-5)=20$ $\quad\therefore\ n(n-9)=0$

$n\ge6$이므로 $\mathbf{n=9}$

(5) $3n(3n-1)(3n-2)(3n-3)(3n-4)$

$=98\times3n(3n-1)(3n-2)(3n-3)$

그런데 $3n\ge5$이므로 양변을 $3n(3n-1)(3n-2)(3n-3)$으로 나누면

$3n-4=98$ $\quad\therefore\ \mathbf{n=34}$

2-2. (1) $(\text{우변})=n\times\dfrac{(n-1)!}{\{(n-1)-(r-1)\}!}$

$=\dfrac{n!}{(n-r)!}={}_n\mathrm{P}_r$

$\therefore\ {}_n\mathrm{P}_r=n\times{}_{n-1}\mathrm{P}_{r-1}$

(2) $(\text{좌변})=\dfrac{n!}{\{n-(r+1)\}!}+(r+1)\times\dfrac{n!}{(n-r)!}$

$=\dfrac{n!}{(n-r-1)!}\left(1+\dfrac{r+1}{n-r}\right)$

$=\dfrac{n!\times(n+1)}{(n-r)!}=\dfrac{(n+1)!}{(n-r)!}$

$={}_{n+1}\mathrm{P}_{r+1}$

$\therefore\ {}_n\mathrm{P}_{r+1}+(r+1){}_n\mathrm{P}_r={}_{n+1}\mathrm{P}_{r+1}$

(3) $(\text{좌변})=\dfrac{n!}{(n-l)!}\times\dfrac{(n-l)!}{\{(n-l)-(r-l)\}!}$

$=\dfrac{n!}{(n-r)!}={}_n\mathrm{P}_r$

$\therefore\ {}_n\mathrm{P}_l\times{}_{n-l}\mathrm{P}_{r-l}={}_n\mathrm{P}_r$

2-3. (1) 5명에서 3명을 뽑는 순열의 수이므로 $_5P_3=\mathbf{60}$(가지)

(2) A를 제외한 4명에서 2명을 뽑는 순열의 수이므로 $_4P_2=\mathbf{12}$(가지)

(3) A, C를 제외한 3명에서 1명을 뽑는 순열의 수이므로 $_3P_1=\mathbf{3}$(가지)

2-4. (1) 9명에서 9명을 택하는 순열의 수이므로

$$_9P_9=9!=\mathbf{362880}\text{(가지)}$$

(2) 3루수를 제외한 8명을 일렬로 나열하는 방법의 수와 같으므로

$$_8P_8=8!=\mathbf{40320}\text{(가지)}$$

2-5. (1) 10명에서 10명을 뽑는 순열의 수이므로

$$_{10}P_{10}=10!=\mathbf{3628800}$$

(2) 10명에서 3명을 뽑는 순열의 수이므로 $_{10}P_3=\mathbf{720}$

(3) 10명에서 n명을 뽑는 순열의 수는 $_{10}P_n$이므로

$$_{10}P_n=90=10\times9 \quad \therefore \boldsymbol{n=2}$$

2-6. (1) 천의 자리에는 0이 올 수 없으므로 천의 자리에 올 수 있는 숫자는 6개이다. 이 각각에 대하여 백, 십, 일의 자리에는 천의 자리에 온 숫자가 올 수 없으므로 $_6P_3$개이다.

$$\therefore 6\times{}_6P_3=\mathbf{720}\text{(개)}$$

(2) 일의 자리가 0, 2, 4, 6이어야 하므로

$\times\times\times0 \longrightarrow {}_6P_3$(개)
$\times\times\times2 \longrightarrow 5\times{}_5P_2$(개)
$\times\times\times4 \longrightarrow 5\times{}_5P_2$(개)
$\times\times\times6 \longrightarrow 5\times{}_5P_2$(개)

$$\therefore {}_6P_3+3\times5\times{}_5P_2=\mathbf{420}\text{(개)}$$

***Note** (1) $_7P_4-{}_6P_3=\mathbf{720}$(개)

(2) $_6P_3+3\times({}_6P_3-{}_5P_2)=\mathbf{420}$(개)

2-7. (1) 큰 수부터 나열하면

⑤○○○○ ⟶ 4!=24(개)
④○○○○ ⟶ 4!=24(개)
③⑤○○○ ⟶ 3!= 6(개)
③④○○○ ⟶ 3!= 6(개)
③②○○○ ⟶ 3!= 6(개)
} **66**개

(2) 일의 자리 숫자가 5이므로

①○○○⑤ ⟶ 3!=6(개)
②○○○⑤ ⟶ 3!=6(개)
③①○○⑤ ⟶ 2!=2(개)
} **14**개

2-8. ①○○○○○ 꼴의 자연수는 5!=120(개)이다.

따라서 122번째는 ②○○○○○ 꼴의 자연수 중에서 작은 순서로 나열하여 2번째의 것이다.

따라서 201345, 201354, ···에서

201354

2-9. (1) 수학책 3권을 묶어 한 권으로 보면 모두 7권이므로 이 7권을 일렬로 나열하는 방법은 7!가지이고, 이 각각에 대하여 묶음 속의 수학책 3권을 일렬로 나열하는 방법은 3!가지이다.

$$\therefore 7!\times3!=\mathbf{30240}$$

(2) 국어책은 국어책끼리, 수학책은 수학책끼리 묶어 각각 한 권으로 보면 영어책 두 권과 합하여 모두 4권이므로 이 4권을 일렬로 나열하는 방법은 4!가지이고, 이 각각에 대하여 묶음 속의 국어책 4권, 수학책 3권을 일렬로 나열하는 방법은 4!×3!가지이다.

$$\therefore 4!\times4!\times3!=\mathbf{3456}$$

(3) 국어책, 영어책을 일렬로 나열하는 방법은 6!가지이고, 이 각각에 대하여 양끝과 국어책, 영어책 사이의 7개의 자리 중에서 3개의 자리에 수학책을 일렬로 나열하는 방법은 $_7P_3$가지이다.

$$\therefore 6!\times{}_7P_3=\mathbf{151200}$$

2-10. (1) ○ [ⓠ○○○ⓣ] ○○○

(i) q와 t 사이에 3개의 문자가 들어가는 순열의 수는 ${}_7\mathrm{P}_3$이다.

(ii) q와 t를 서로 바꾸는 순열의 수는 $2!$이다.

(iii) ⓠ○○○ⓣ를 한 묶음으로 보면 전체 순열의 수는 $5!$이다.

$\therefore\ {}_7\mathrm{P}_3\times2!\times5!=\mathbf{50400}$(가지)

(2) 왼쪽 끝에 자음(q, t, n, s)이 오고 오른쪽 끝에 모음(e, u, a, i, o)이 오는 경우의 수는 ${}_4\mathrm{P}_1\times{}_5\mathrm{P}_1$, 왼쪽 끝에 모음이 오고 오른쪽 끝에 자음이 오는 경우의 수는 ${}_5\mathrm{P}_1\times{}_4\mathrm{P}_1$이고, 나머지 7개의 문자를 일렬로 나열하는 방법의 수는 $7!$이다.

$\therefore\ {}_4\mathrm{P}_1\times{}_5\mathrm{P}_1\times2\times7!=\mathbf{201600}$(가지)

(3) 전체 순열의 수는 $9!$이고, 양 끝에 모두 모음이 오는 순열의 수는 모음 e, u, a, i, o 중에서 두 개를 택하여 양 끝에 나열한 후 나머지 7개를 나열하는 방법의 수이므로 ${}_5\mathrm{P}_2\times7!$이다.

$\therefore\ 9!-{}_5\mathrm{P}_2\times7!=\mathbf{262080}$(가지)

2-11. (i) 여섯 자리 자연수의 개수

○○○○○○
↓
5 × ${}_6\Pi_5$

십만 자리에는 0이 올 수 없으므로 십만 자리에 올 수 있는 숫자는 1, 2, 3, 4, 5의 5개이다.

이 각각에 대하여 나머지 자리에는 0, 1, 2, 3, 4, 5의 어느 숫자가 중복하여 와도 되므로 ${}_6\Pi_5$개이다.

$\therefore\ 5\times{}_6\Pi_5=5\times6^5=\mathbf{38880}$

(ii) 네 자리 자연수의 개수

(i)과 같은 방법으로 하면

$5\times{}_6\Pi_3=5\times6^3=\mathbf{1080}$

2-12. (1) 함수의 개수는 ${}_3\Pi_2=\mathbf{9}$

일대일함수의 개수는 ${}_3\mathrm{P}_2=\mathbf{6}$

(2) 함수의 개수는 ${}_n\Pi_m=\boldsymbol{n^m}$

일대일함수의 개수는 ${}_n\mathbf{P}_m$

2-13. (1) ${}_3\Pi_3=\mathbf{27}$ (2) ${}_3\mathrm{P}_3=\mathbf{6}$

2-14. (1) 양 끝에 s를 고정하고, 나머지 5개의 문자 u, c, c, e, s를 일렬로 나열하는 방법의 수를 구하면 된다.

$\therefore\ \dfrac{5!}{2!}=\mathbf{60}$

(2) 세 개의 s가 모두 이웃하므로 이를 묶어 하나의 문자 S로 생각하고, 5개의 문자 S, u, c, c, e를 일렬로 나열하는 방법의 수를 구하면 된다.

$\therefore\ \dfrac{5!}{2!}=\mathbf{60}$

2-15. (1) A ⟶ P ⟶ S ⟶ B의 경로를 잡으면 되므로

$$\frac{5!}{3!2!}\times1\times\frac{3!}{2!}=10\times1\times3=\mathbf{30}\text{(가지)}$$

(2) P를 지나지 않고 A에서 B까지 가는 방법의 수와 같으므로

$$\frac{9!}{5!4!}-\frac{5!}{3!2!}\times\frac{4!}{2!2!}=126-10\times6=\mathbf{66}\text{(가지)}$$

2-16.

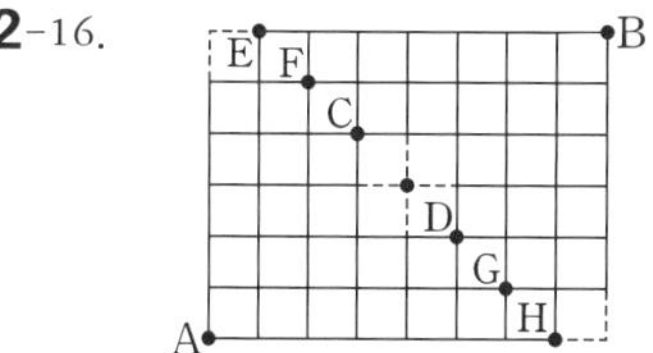

(1) 위의 그림과 같이 점선 부분을 포함하는 길을 생각하고 A에서 B까지 가는 방법의 수를 구한 다음, 점선 부분을 지나는 방법의 수를 빼면 되므로

$$\frac{14!}{8!6!}-\left(1+1+\frac{7!}{4!3!}\times\frac{7!}{4!3!}\right)=3003-(1+1+35\times35)=\mathbf{1776}\text{(가지)}$$

(2) 조건에 적합한 길잡이 방법은

$A \longrightarrow E \longrightarrow B$,

$A \longrightarrow F \longrightarrow B$,

$A \longrightarrow C \longrightarrow D \longrightarrow B$,

$A \longrightarrow D \longrightarrow C \longrightarrow B$,

$A \longrightarrow G \longrightarrow B$,

$A \longrightarrow H \longrightarrow B$

이므로

$$\frac{6!}{5!}\times1+\frac{7!}{2!5!}\times\frac{7!}{6!}+\frac{7!}{3!4!}\times\frac{7!}{3!4!}+\frac{7!}{5!2!}\times\frac{7!}{5!2!}+\frac{7!}{6!}\times\frac{7!}{2!5!}+1\times\frac{6!}{5!}$$

$$=6+21\times7+35\times35+21\times21+7\times21+6=\mathbf{1972}\text{(가지)}$$

2-17.

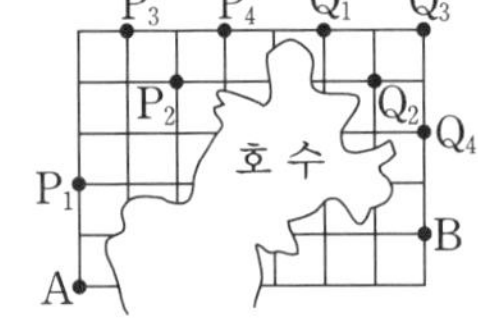

A에서 P_4까지 가는 방법은

$A \longrightarrow P_1 \longrightarrow P_2 \longrightarrow P_4$,

$A \longrightarrow P_1 \longrightarrow P_3 \longrightarrow P_4$

의 두 경우가 있으므로

$$1\times\frac{4!}{2!2!}\times2+1\times\frac{4!}{3!}\times1$$

$$=6\times2+4=16\text{(가지)}$$

또, Q_1에서 B까지 가는 방법은

$Q_1 \longrightarrow Q_2 \longrightarrow Q_4 \longrightarrow B$,

$Q_1 \longrightarrow Q_3 \longrightarrow Q_4 \longrightarrow B$

의 두 경우가 있으므로

$2\times2\times1+1\times1\times1=5$(가지)

따라서 구하는 방법의 수는

$16\times1\times5=\mathbf{80}$

2-18.

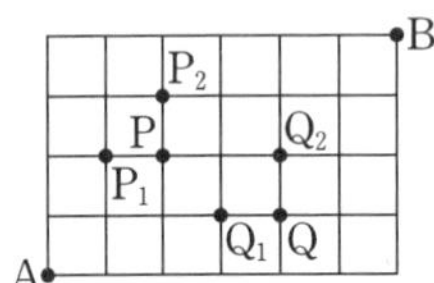

$A \longrightarrow B$로 가는 경우의 수에서 P 또는 Q에서 좌회전을 하는 경우의 수를 빼면 된다.

그런데 P에서 좌회전을 하는 경우는

$A \longrightarrow P_1 \longrightarrow P \longrightarrow P_2 \longrightarrow B$

로 가는 경우이고, Q에서 좌회전을 하는 경우는

$A \longrightarrow Q_1 \longrightarrow Q \longrightarrow Q_2 \longrightarrow B$

로 가는 경우이므로

$$\frac{10!}{6!4!}-\left(\frac{3!}{2!}\times1\times1\times\frac{5!}{4!}+\frac{4!}{3!}\times1\times1\times\frac{4!}{2!2!}\right)$$

$$=210-(3\times5+4\times6)=\mathbf{171}$$

2-19. (1) A에서 B로 가는 방법의 수에서 P, Q, R, S, T를 모두 지나는 방법의 수를 빼면 된다.

그런데 A에서 P로, P에서 Q로, Q에서 R로, R에서 S로, S에서 T로, T에서 B로 가는 방법의 수는 각각 2이므로

$$\frac{12!}{6!6!}-2^6=924-64=\mathbf{860}$$

(2)

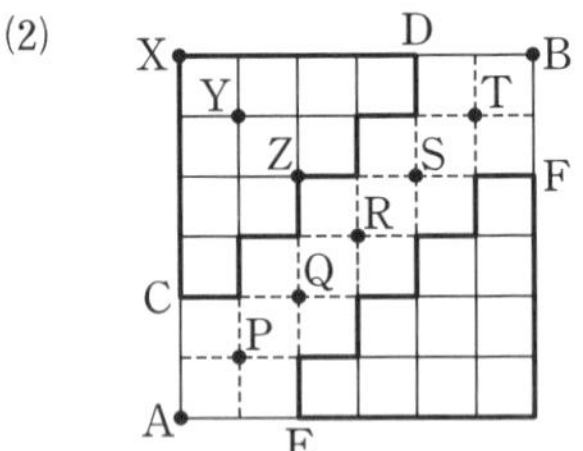

A에서 실선을 따라 C, D를 거쳐 B까지 최단 거리로 가는 방법의 수는

$A \longrightarrow C \longrightarrow X \longrightarrow D \longrightarrow B$: 1

$A \longrightarrow C \longrightarrow Y \longrightarrow D \longrightarrow B$:

$$1\times\frac{4!}{3!}\times\frac{4!}{3!}\times1=1\times4\times4\times1=16$$

$A \longrightarrow C \longrightarrow Z \longrightarrow D \longrightarrow B$:

$$1\times\left(\frac{4!}{2!2!}-1\right)\left(\frac{4!}{2!2!}-1\right)\times1$$

$=1\times5\times5\times1=25$

이므로 $1+16+25=42$

같은 방법으로 하면 A에서 실선을 따라 E, F를 거쳐 B까지 최단 거리로 가는 방법의 수도 42이다.

따라서 구하는 방법의 수는

$42+42=\mathbf{84}$

2-20. 각 쌍의 부부와 각 쌍의 약혼자를 각각 한 사람으로 보면

(i) 원탁 A에는 2명이 앉으므로 그 방법의 수는 $(2-1)!$이고, 이 각각에 대하여 부부끼리 바꾸어 앉는 방법의 수는 $2!\times2!$이므로 A에 두 쌍의 부부가 앉는 방법의 수는

$(2-1)!\times2!\times2!=4$

(ii) 원탁 B에는 3명이 앉으므로 그 방법의 수는 $(3-1)!$이고, 이 각각에 대하여 약혼자끼리 바꾸어 앉는 방법의 수는 $2!\times2!\times2!$이므로 B에 세 쌍의 약혼자가 앉는 방법의 수는

$(3-1)!\times2!\times2!\times2!=16$

(i), (ii)에서 구하는 방법의 수는

$4\times16=\mathbf{64}$

2-21. (1) 1명을 오른쪽 그림의 Ⓐ자리에 고정하는 경우 나머지 5명을 나열하는 방법의 수는 5!이다.

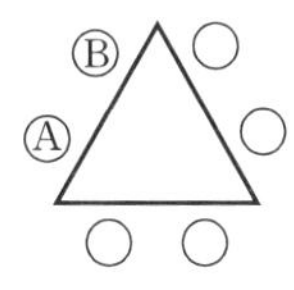

또, 1명을 Ⓑ자리에 고정하는 경우 나머지 5명을 나열하는 방법의 수도 5!이므로 $5!\times2=\mathbf{240}$

(2) 1명을 오른쪽 그림의 Ⓐ자리에 고정하는 경우 나머지 5명을 나열하는 방법의 수는 5!이다.

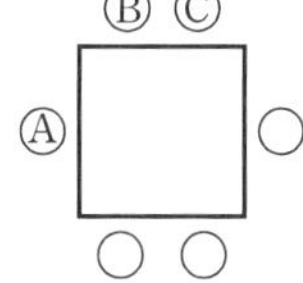

같은 방법으로 1명을 Ⓑ, Ⓒ자리에 고정하는 경우 나머지를 나열하는 방법의 수도 각각 5!이므로

$5!\times3=\mathbf{360}$

(3) 1명을 오른쪽 그림의 Ⓐ자리에 고정하는 경우 나머지 9명을 나열하는 방법의 수는 9!이다.

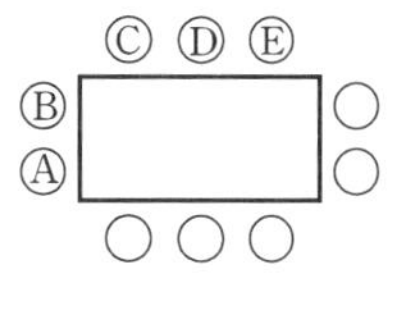

같은 방법으로 1명을 Ⓑ, Ⓒ, Ⓓ, Ⓔ 자리에 고정하는 경우 나머지를 나열하는 방법의 수도 각각 9!이므로

$9!\times5=\mathbf{1814400}$

3-1. (1) ${}_n\mathrm{C}_4=\dfrac{{}_n\mathrm{P}_4}{4!}=\dfrac{1680}{4!}=\mathbf{70}$

(2) ${}_n\mathrm{C}_5=\dfrac{{}_n\mathrm{P}_5}{5!}$이므로

${}_n\mathrm{P}_5=56\times5!=\mathbf{6720}$

3-2. (1) ${}_{n+2}\mathrm{C}_n={}_{n+2}\mathrm{C}_{n+2-n}={}_{n+2}\mathrm{C}_2$

이므로 준 식은

$$\frac{(n+2)(n+1)}{2\times1}=21$$

$\therefore\ n^2+3n-40=0$

$\therefore\ (n+8)(n-5)=0$

n은 자연수이므로 $\boldsymbol{n=5}$

*__Note__ 준 식에서

$$\frac{(n+2)!}{n!(n+2-n)!}=21$$

$\therefore\ (n+2)(n+1)=42$

(2) ${}_8\mathrm{C}_{n-2}={}_8\mathrm{C}_{2n+1}$에서

$n-2=2n+1$

또는 $n-2=8-(2n+1)$

$n\ge2$이므로 $\boldsymbol{n=3}$

(3) $n(n-1)(n-2)-2\times\dfrac{n(n-1)}{2\times1}$

$=n(n-1)$

$n\ge3$이므로 양변을 $n(n-1)$로 나누면

$(n-2)-1=1 \quad \therefore \ \boldsymbol{n=4}$

(4) $\dfrac{n(n-1)}{2\times1}+\dfrac{n(n-1)(n-2)}{3\times2\times1}=2\times2n$

$n\ge3$이므로 양변을 n으로 나누고 정리하면

$3(n-1)+(n-1)(n-2)=24$

$\therefore \ n^2=25$

$n\ge3$이므로 $\boldsymbol{n=5}$

3-3. 준 식에서

$\dfrac{{}_nC_{r-1}}{3}=\dfrac{{}_nC_r}{4}=\dfrac{{}_nC_{r+1}}{5}$

$\therefore \ 4\times{}_nC_{r-1}=3\times{}_nC_r \quad \cdots\cdots①$

$5\times{}_nC_r=4\times{}_nC_{r+1} \quad \cdots\cdots②$

①에서

$\dfrac{4\times n!}{(r-1)!(n-r+1)!}=\dfrac{3\times n!}{r!(n-r)!}$

$\therefore \ 4r=3(n-r+1) \quad \cdots\cdots③$

②에서

$\dfrac{5\times n!}{r!(n-r)!}=\dfrac{4\times n!}{(r+1)!(n-r-1)!}$

$\therefore \ 5(r+1)=4(n-r) \quad \cdots\cdots④$

③, ④를 연립하여 풀면

$\boldsymbol{n=62,\ r=27}$

3-4. (우변)

$=n\times\dfrac{(n-1)!}{(r-1)!\{(n-1)-(r-1)\}!}$

$=\dfrac{n!}{(r-1)!(n-r)!}$

$=r\times\dfrac{n!}{r!(n-r)!}$

$=r\times{}_nC_r=$(좌변)

3-5. (1) 특정한 남학생 1명과 여학생 1명을 미리 뽑아 놓고 나머지 10명 중에서 2명의 대표를 뽑는 경우와 같으므로

${}_{10}C_2=\boldsymbol{45}$(가지)

(2) 남녀 합하여 12명 중 4명을 뽑는 방법은 ${}_{12}C_4$가지이고, 남학생 5명 중 4명을 뽑는 방법은 ${}_5C_4$가지이므로

${}_{12}C_4-{}_5C_4=\boldsymbol{490}$(가지)

(3) 남녀 합하여 12명 중 4명을 뽑는 방법 중에서 모두 남학생만 뽑는 방법과 모두 여학생만 뽑는 방법을 빼면 되므로

${}_{12}C_4-({}_5C_4+{}_7C_4)=\boldsymbol{455}$(가지)

3-6. (1) 남자 5명 중에서 3명을 뽑는 방법의 수는 ${}_5C_3$이고, 여자 4명 중에서 2명을 뽑는 방법의 수는 ${}_4C_2$이다.

또, 이들 남녀 5명을 일렬로 세우는 방법의 수는 $5!$이다.

$\therefore \ {}_5C_3\times{}_4C_2\times5!=\boldsymbol{7200}$

(2) 남자 5명 중에서 3명을 뽑는 방법의 수는 ${}_5C_3$이고, 여자 4명 중에서 3명을 뽑는 방법의 수는 ${}_4C_3$이다.

또, 이들 남녀 6명을 원탁에 앉히는 방법의 수는 $(6-1)!$이다.

$\therefore \ {}_5C_3\times{}_4C_3\times(6-1)!=\boldsymbol{4800}$

3-7. 남자를 x명이라고 하면 20명 중 2명을 뽑는 방법은 ${}_{20}C_2$가지이고, 남자 x명 중 2명을 뽑는 방법은 ${}_xC_2$가지이므로

${}_{20}C_2-{}_xC_2=124 \quad \therefore \ x(x-1)=132$

$\therefore \ (x-12)(x+11)=0$

$x\ge2$이므로 $x=\boldsymbol{12}$(명)

3-8. 5개의 홀수 중에서 3개를 뽑는 방법은 ${}_5C_3$가지이고, 4개의 짝수 중에서 2개를 뽑는 방법은 ${}_4C_2$가지이다.

또, 이들 5개의 숫자를 일렬로 나열하는 방법은 $5!$가지이다.

$\therefore \ {}_5C_3\times{}_4C_2\times5!=\boldsymbol{7200}$(개)

3-9. a가 천의 자리 숫자이고 $a\le b\le c<d$이므로 0은 뽑을 수 없다.

따라서 1, 2, 3, 4, 5, 6 중에서 조건에 맞게 뽑는 경우의 수를 구하면 된다.

(i) $a<b<c<d$인 경우

서로 다른 6개의 숫자 중에서 서로 다른 4개를 뽑는 경우의 수와 같으므

로 $_6C_4=15$

(ii) $a=b<c<d$ 인 경우

서로 다른 6개의 숫자 중에서 서로 다른 3개를 뽑는 경우의 수와 같으므로 $_6C_3=20$

(iii) $a<b=c<d$ 인 경우

(ii)와 마찬가지로 $_6C_3=20$

(iv) $a=b=c<d$ 인 경우

서로 다른 6개의 숫자 중에서 서로 다른 2개를 뽑는 경우의 수와 같으므로 $_6C_2=15$

(i)~(iv)에서 $15+20+20+15=\mathbf{70}$

3-10. 한 직선 위에 있는 세 점은 삼각형을 만들 수 없으므로 이를 뺀다.

(1) $_7C_3-{}_4C_3=\mathbf{31}$

(2) $_{10}C_3-5\times{}_4C_3=\mathbf{100}$

3-11.

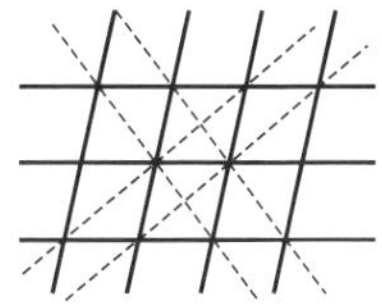

(1) 가로줄 3개 중 2개와 세로줄 4개 중 2개에 의하여 하나의 평행사변형이 결정되므로 평행사변형의 개수는

$_3C_2\times{}_4C_2=\mathbf{18}$

(2) 마름모의 개수는 $3\times2+2\times1=8$이므로 마름모가 아닌 평행사변형의 개수는

$18-8=\mathbf{10}$

(3) 12개의 점 중에서 3개의 점을 택하는 방법의 수는 $_{12}C_3$이다.

이 중에서 3개의 점이 한 직선 위에 있어서 삼각형이 만들어지지 않는 것의 개수는 다음과 같다.

(i) 평행한 가로줄 위의 4개의 점 :

$_4C_3\times3=12$

(ii) 평행한 세로줄 위의 3개의 점 :

$_3C_3\times4=4$

(iii) 그림에서 점선 위의 3개의 점 :

$_3C_3\times4=4$

$\therefore\ {}_{12}C_3-(12+4+4)=\mathbf{200}$

3-12. (i) a를 3개 포함하는 경우

조합의 수 : 1, 순열의 수 : 1

(ii) a를 2개만 포함하는 경우

조합의 수 : $_5C_1=5$

순열의 수 : $_5C_1\times\dfrac{3!}{2!}=15$

(iii) 3개가 모두 다른 문자인 경우

조합의 수 : $_6C_3=20$

순열의 수 : $_6C_3\times3!=120$

따라서 구하는

조합의 수 : $1+5+20=\mathbf{26}$

순열의 수 : $1+15+120=\mathbf{136}$

3-13. 5, 5, 5, 6, 7, 8의 6개의 숫자 중에서 4개를 뽑아 네 자리 자연수를 만드는 방법의 수를 구하면 된다.

(i) 5를 3개 뽑는 경우

$_3C_1\times\dfrac{4!}{3!}=12$(개)

(ii) 5를 2개 뽑는 경우

$_3C_2\times\dfrac{4!}{2!}=36$(개)

(iii) 5를 1개 뽑는 경우

$_3C_3\times4!=24$(개)

(i), (ii), (iii)에서 $12+36+24=\mathbf{72}$(개)

3-14. (1) 10명을 4명, 6명의 두 조로 나누는 방법의 수는

$_{10}C_4\times{}_6C_6=\mathbf{210}$

(2) 10명을 5명, 5명의 두 조로 나누는 방법의 수는

$_{10}C_5\times{}_5C_5\times\dfrac{1}{2!}=\mathbf{126}$

3-15. (1) 15송이를 5송이씩 세 묶음으로 나누는 방법의 수는

$_{15}C_5\times{}_{10}C_5\times{}_5C_5\times\dfrac{1}{3!}=\mathbf{126126}$

(2) 15송이를 5송이씩 세 묶음으로 나누고, 다시 세 사람에게 나누어 주는 방법의 수이므로

$${}_{15}C_5\times{}_{10}C_5\times{}_5C_5\times\frac{1}{3!}\times3!=\mathbf{756756}$$

***Note** 똑같이 5송이씩으로 나누지만 (2)의 경우는 각 묶음을 세 사람 중 누구에게 주는가에 의하여 구별되므로

$${}_{15}C_5\times{}_{10}C_5\times{}_5C_5$$

와 같이 계산해도 된다.

3-16. (i) 특정한 2명을 3명의 조에 넣는 경우의 수는 나머지 8명을 1명, 3명, 4명의 세 조로 나누는 경우의 수와 같으므로

$${}_8C_1\times{}_7C_3\times{}_4C_4=280$$

(ii) 특정한 2명을 4명의 조에 넣는 경우의 수는 나머지 8명을 3명, 3명, 2명의 세 조로 나누는 경우의 수와 같으므로

$${}_8C_3\times{}_5C_3\times{}_2C_2\times\frac{1}{2!}=280$$

따라서 10명을 세 조로 나누는 방법의 수는 280+280=560이고, 이 세 조를 세 개의 호텔에 투숙시키는 방법의 수는 3! 이므로 $560\times3!=\mathbf{3360}$

3-17. 8명을 2명씩 네 조로 나누는 방법의 수는

$${}_8C_2\times{}_6C_2\times{}_4C_2\times{}_2C_2\times\frac{1}{4!}=105$$

네 조에서 시합을 할 두 조를 고르는 방법의 수는 ${}_4C_2=6$이고, 나머지 두 조에서 심판을 보는 조를 고르는 방법의 수는 ${}_2C_1=2$이다.

$$\therefore\ 105\times6\times2=\mathbf{1260}$$

3-18. 서로 다른 꽃 6송이를

(i) 1송이, 1송이, 4송이로 나누는 방법의 수는

$${}_6C_1\times{}_5C_1\times{}_4C_4\times\frac{1}{2!}=15$$

(ii) 1송이, 2송이, 3송이로 나누는 방법의 수는

$${}_6C_1\times{}_5C_2\times{}_3C_3=60$$

(iii) 2송이, 2송이, 2송이로 나누는 방법의 수는

$${}_6C_2\times{}_4C_2\times{}_2C_2\times\frac{1}{3!}=15$$

(i), (ii), (iii)에서 세 묶음으로 나누는 방법의 수는 15+60+15=90이므로 서로 다른 3개의 꽃병에 꽂는 방법의 수는

$$90\times3!=\mathbf{540}$$

3-19. 서로 다른 책 9권을 세 사람에게 2권 이상씩 나누어 주려면 나누어 주는 책의 수가 2, 2, 5 또는 2, 3, 4 또는 3, 3, 3 이어야 한다.

(i) 2권, 2권, 5권씩 나누는 방법의 수는

$${}_9C_2\times{}_7C_2\times{}_5C_5\times\frac{1}{2!}=378$$

(ii) 2권, 3권, 4권씩 나누는 방법의 수는

$${}_9C_2\times{}_7C_3\times{}_4C_4=1260$$

(iii) 3권, 3권, 3권씩 나누는 방법의 수는

$${}_9C_3\times{}_6C_3\times{}_3C_3\times\frac{1}{3!}=280$$

(i), (ii), (iii)에서 세 묶음으로 나누는 방법의 수는 378+1260+280=1918이므로 세 사람에게 나누어 주는 방법의 수는

$$1918\times3!=\mathbf{11508}$$

3-20. A의 원소 1, 2, 3, 4를 세 묶음으로 나누어 B의 원소 a, b, c에 분배하는 방법의 수를 구한다.

이때, 각 묶음은 적어도 한 개의 원소를 포함해야 하므로 1개, 1개, 2개로 나누면 된다.

$$\therefore\ {}_4C_1\times{}_3C_1\times{}_2C_2\times\frac{1}{2!}\times3!=\mathbf{36}$$

***Note** 1° (i) 함수 f의 개수는

$${}_3\Pi_4=3^4=81$$

(ii) 치역의 원소가 1개인 f의 개수는

$${}_3C_1=3$$

(iii) 치역의 원소가 2개인 f의 개수는

$$_3C_2 \times ({}_2\Pi_4 - 2) = 42$$

따라서 구하는 함수의 개수는

$$81 - (3 + 42) = \mathbf{36}$$

***Note 2°** A의 원소 1, 2, 3, 4에

(a, a, b, c), (a, b, b, c),

(a, b, c, c)

꼴의 모든 순열을 대응시키는 것으로 생각하면 되므로

$$\frac{4!}{2!} \times 3 = \mathbf{36}$$

3-21. 방정식 $x+y+z=11$에서

(1) 구하는 개수는 세 문자 x, y, z에서 중복을 허락하여 11개를 택하는 중복조합의 수와 같으므로

$$_3H_{11} = {}_{3+11-1}C_{11} = {}_{13}C_{11} = \mathbf{78}$$

(2) $x=a+1$, $y=b+1$, $z=c+1$

(a, b, c는 음이 아닌 정수)

로 놓으면

$$(a+1)+(b+1)+(c+1)=11$$

$$\therefore\ a+b+c=8$$

따라서 구하는 개수는 세 문자 a, b, c에서 중복을 허락하여 8개를 택하는 중복조합의 수와 같으므로

$$_3H_8 = {}_{3+8-1}C_8 = {}_{10}C_8 = \mathbf{45}$$

(3) $x=2l+1$, $y=2m+1$, $z=2n+1$

(l, m, n은 음이 아닌 정수)

로 놓으면

$$(2l+1)+(2m+1)+(2n+1)=11$$

$$\therefore\ l+m+n=4$$

따라서 구하는 개수는 세 문자 l, m, n에서 중복을 허락하여 4개를 택하는 중복조합의 수와 같으므로

$$_3H_4 = {}_{3+4-1}C_4 = {}_6C_4 = \mathbf{15}$$

(4) $x=p$, $y=q+1$, $z=r+2$

(p, q, r는 음이 아닌 정수)

로 놓으면

$$p+(q+1)+(r+2)=11$$

$$\therefore\ p+q+r=8$$

따라서 구하는 개수는 세 문자 p, q, r에서 중복을 허락하여 8개를 택하는 중복조합의 수와 같으므로

$$_3H_8 = {}_{3+8-1}C_8 = {}_{10}C_8 = \mathbf{45}$$

3-22. 방정식 $x+y+z+w^2=10$에서

(i) $w=0$일 때, $x+y+z=10$이므로

음이 아닌 정수해는

$$_3H_{10} = {}_{3+10-1}C_{10} = {}_{12}C_{10} = 66(\text{개})$$

양의 정수해는 없다.

(ii) $w=1$일 때, $x+y+z=9$이므로

음이 아닌 정수해는

$$_3H_9 = {}_{3+9-1}C_9 = {}_{11}C_9 = 55(\text{개})$$

양의 정수해는

$$_3H_6 = {}_{3+6-1}C_6 = {}_8C_6 = 28(\text{개})$$

(iii) $w=2$일 때, $x+y+z=6$이므로

음이 아닌 정수해는

$$_3H_6 = {}_{3+6-1}C_6 = {}_8C_6 = 28(\text{개})$$

양의 정수해는

$$_3H_3 = {}_{3+3-1}C_3 = {}_5C_3 = 10(\text{개})$$

(iv) $w=3$일 때, $x+y+z=1$이므로

음이 아닌 정수해는

$$_3H_1 = {}_{3+1-1}C_1 = {}_3C_1 = 3(\text{개})$$

양의 정수해는 없다.

(i)~(iv)에서 음이 아닌 정수해의 개수는 $66+55+28+3=\mathbf{152}$

또, 양의 정수해의 개수는

$$28+10=\mathbf{38}$$

3-23. a, b, c, d 중에서 홀수 2개를 정하는 경우의 수는 $_4C_2=6$

a, b, c, d 중 두 홀수를 $2p+1$, $2q+1$, 두 짝수를 $2r+2$, $2s+2$라고 하자.

단, p, q, r, s는 음이 아닌 정수이다.

$a+b+c+d=14$에서

$$(2p+1)+(2q+1)+(2r+2)+(2s+2)=14$$

$$\therefore\ p+q+r+s=4$$

이를 만족시키는 순서쌍 (p, q, r, s)의 개수는

$${}_4\mathrm{H}_4={}_{4+4-1}\mathrm{C}_4={}_7\mathrm{C}_4=35$$

따라서 구하는 순서쌍의 개수는

$$6\times35=\mathbf{210}$$

3-24. (1) A의 원소 a, b, c에, B의 원소 1, 2, 3, 4, 5 중 서로 다른 3개를 뽑아 이것을 크기 순서로 대응시키면 된다.

$$\therefore\ {}_5\mathrm{C}_3=\mathbf{10}$$

(2) A의 원소 a, b, c에, B의 원소 1, 2, 3, 4, 5 중 중복을 허락하여 3개를 뽑아 이것을 크기 순서로 대응시키면 된다.

$$\therefore\ {}_5\mathrm{H}_3={}_{5+3-1}\mathrm{C}_3={}_7\mathrm{C}_3=\mathbf{35}$$

3-25. (1) A의 서로 다른 원소에 B의 서로 다른 원소가 대응하는 경우이므로 f는 일대일함수이다. $\therefore\ {}_n\mathbf{P}_m$

(2) B의 원소 중에서 서로 다른 m개의 원소를 뽑아 A의 원소에 크기 순서로 대응시키면 된다. $\therefore\ {}_n\mathbf{C}_m$

(3) B의 원소 중에서 중복을 허락하여 m개의 원소를 뽑아 A의 원소에 크기 순서로 대응시키면 된다. $\therefore\ {}_n\mathbf{H}_m$

4-1. (1) 전개식의 일반항은

$${}_6\mathrm{C}_r x^{6-r}\left(-\frac{1}{x^2}\right)^r=(-1)^r{}_6\mathrm{C}_r x^{6-3r}$$

상수항일 때 $6-3r=0$이므로

$$r=2$$

$$\therefore\ (-1)^r{}_6\mathrm{C}_r=(-1)^2\times{}_6\mathrm{C}_2=\mathbf{15}$$

(2) 전개식의 일반항은

$${}_6\mathrm{C}_r(3x^2)^{6-r}\left(-\frac{1}{x}\right)^r$$

$$=3^{6-r}(-1)^r{}_6\mathrm{C}_r x^{12-3r}$$

(i) 상수항일 때 $12-3r=0$이므로

$$r=4$$

$$\therefore\ 3^{6-r}(-1)^r{}_6\mathrm{C}_r=3^2\times(-1)^4\times{}_6\mathrm{C}_4$$

$$=\mathbf{135}$$

(ii) x^3항일 때 $12-3r=3$이므로

$$r=3$$

$$\therefore\ 3^{6-r}(-1)^r{}_6\mathrm{C}_r=3^3\times(-1)^3\times{}_6\mathrm{C}_3$$

$$=\mathbf{-540}$$

(3) 전개식의 일반항은

$${}_7\mathrm{C}_r(2x)^{7-r}(-y)^r$$

$$=2^{7-r}(-1)^r{}_7\mathrm{C}_r x^{7-r}y^r$$

x^4y^3항일 때 $7-r=4$, $r=3$이므로

$$r=3$$

$$\therefore\ 2^{7-r}(-1)^r{}_7\mathrm{C}_r=2^4\times(-1)^3\times{}_7\mathrm{C}_3$$

$$=\mathbf{-560}$$

(4) 전개식의 일반항은

$${}_9\mathrm{C}_r x^{9-r}\left(-\frac{1}{y}\right)^r=(-1)^r{}_9\mathrm{C}_r\frac{x^{9-r}}{y^r}$$

$\dfrac{x^5}{y^4}$항일 때 $9-r=5$, $r=4$이므로

$$r=4$$

$$\therefore\ (-1)^r{}_9\mathrm{C}_r=(-1)^4\times{}_9\mathrm{C}_4=\mathbf{126}$$

4-2. 전개식의 일반항은 ${}_7\mathrm{C}_r x^{7-r}a^r$

x^4의 계수가 280이므로 $r=3$일 때

$${}_7\mathrm{C}_3 a^3=280 \quad \therefore\ a^3=8$$

a는 실수이므로 $a=2$

따라서 x^5의 계수는 $r=2$일 때

$${}_7\mathrm{C}_2 a^2=21\times2^2=\mathbf{84}$$

4-3. 전개식의 일반항은

$${}_7\mathrm{C}_r(ax)^{7-r}\left(-\frac{1}{x^2}\right)^r$$

$$=a^{7-r}(-1)^r{}_7\mathrm{C}_r x^{7-3r}$$

$\dfrac{1}{x^2}$항일 때 $7-3r=-2$이므로 $r=3$

이때, 계수는

$$a^{7-3}\times(-1)^3\times{}_7\mathrm{C}_3=-35a^4$$

$$\therefore\ -35a^4=-35 \quad \therefore\ a^4=1$$

a는 실수이므로 $\boldsymbol{a=\pm1}$

4-4. (1) $(x^2-2y)^{10}$의 전개식의 일반항은

$${}_{10}\mathrm{C}_r(x^2)^{10-r}(-2y)^r$$

$$=(-2)^r{}_{10}\mathrm{C}_r x^{20-2r}y^r$$

y^3을 포함한 항은 $r=3$일 때

$(-2)^3{}_{10}C_3x^{14}y^3$이고, 이 항과 $x+1$의 x항을 곱하면 $x^{15}y^3$항이 되므로 구하는 계수는

$$(-2)^3{}_{10}C_3=\mathbf{-960}$$

(2) $(1+x)^2$, $(2+x)^5$의 전개식의 일반항은 각각 ${}_2C_rx^r$, ${}_5C_s2^{5-s}x^s$

따라서 $(x+1)^2(x+2)^5$의 전개식의 일반항은

$${}_2C_rx^r\times{}_5C_s2^{5-s}x^s$$
$$={}_2C_r\times{}_5C_s2^{5-s}x^{r+s}\ \cdots①$$

x항일 때 $r+s=1$이므로

$$(r,\ s)=(0,\ 1),\ (1,\ 0)$$

따라서 x의 계수는 ①에서

$${}_2C_0\times{}_5C_1\times2^4+{}_2C_1\times{}_5C_0\times2^5=\mathbf{144}$$

*Note (2)는 다음과 같이 풀 수도 있다.

$$(x+1)^2(x+2)^5=(1+x)^2(2+x)^5$$
$$=(1+2x+x^2)({}_5C_0\,2^5+{}_5C_1\,2^4x+\cdots)$$

따라서 x의 계수는

$$1\times{}_5C_1\times2^4+2\times{}_5C_0\times2^5=\mathbf{144}$$

4-5. (1) $\displaystyle\sum_{k=1}^{n}{}_nC_k={}_nC_1+{}_nC_2+{}_nC_3+\cdots+{}_nC_n$

$$=({}_nC_0+{}_nC_1+{}_nC_2+\cdots+{}_nC_n)-{}_nC_0$$
$$=2^n-1$$

이므로

$$\sum_{n=1}^{50}\left(\sum_{k=1}^{n}{}_nC_k\right)=\sum_{n=1}^{50}(2^n-1)$$
$$=\sum_{n=1}^{50}2^n-\sum_{n=1}^{50}1=\frac{2(2^{50}-1)}{2-1}-50$$
$$=\mathbf{2^{51}-52}$$

(2) $\displaystyle\sum_{k=0}^{49}{}_{99}C_k={}_{99}C_0+{}_{99}C_1+{}_{99}C_2+\cdots+{}_{99}C_{49}$

$$={}_{99}C_{99}+{}_{99}C_{98}+{}_{99}C_{97}+\cdots+{}_{99}C_{50}$$

한편

$${}_{99}C_0+{}_{99}C_1+{}_{99}C_2+\cdots+{}_{99}C_{49}+{}_{99}C_{50}+{}_{99}C_{51}+\cdots+{}_{99}C_{99}=2^{99}$$

이므로

$$\sum_{k=0}^{49}{}_{99}C_k=\frac{1}{2}\times2^{99}=\mathbf{2^{98}}$$

4-6. ${}_nC_0+{}_nC_1+{}_nC_2+\cdots+{}_nC_n=2^n$

이므로

$${}_nC_1+{}_nC_2+\cdots+{}_nC_n=2^n-1$$

따라서 준 식은

$$4000<2^n-1<5000$$
$$\therefore\ 4001<2^n<5001$$

그런데

$$2^{11}=2048,\ 2^{12}=4096,\ 2^{13}=8192$$

이고, n은 자연수이므로 $\boldsymbol{n=12}$

4-7. (1) $\displaystyle\sum_{k=0}^{n}2^k{}_nC_k=\sum_{k=0}^{n}({}_nC_k\times1^{n-k}\times2^k)$

$$=(1+2)^n=\mathbf{3^n}$$

(2) $\displaystyle(\text{준 식})=\sum_{k=0}^{10}{}_{10}C_k\left(\frac{1}{4}\right)^{10-k}\left(\frac{3}{4}\right)^k$

$$-{}_{10}C_0\left(\frac{1}{4}\right)^{10}-{}_{10}C_1\left(\frac{1}{4}\right)^9\left(\frac{3}{4}\right)$$
$$=\left(\frac{1}{4}+\frac{3}{4}\right)^{10}-\left(\frac{1}{4}\right)^9\left(\frac{1}{4}+\frac{30}{4}\right)$$
$$=1-\frac{31}{4^{10}}=\mathbf{1-\frac{31}{2^{20}}}$$

(3) $\displaystyle(\text{준 식})=\sum_{k=1}^{n}{}_nC_k(2p)^kq^{n-k}$

$$=\sum_{k=0}^{n}{}_nC_k(2p)^kq^{n-k}-{}_nC_0q^n$$
$$=\boldsymbol{(2p+q)^n-q^n}$$

4-8. $\displaystyle a_n=\sum_{r=0}^{n}{}_nC_r\left(-\frac{1}{2}\right)^r$

$$=\sum_{r=0}^{n}\left\{{}_nC_r\times1^{n-r}\times\left(-\frac{1}{2}\right)^r\right\}$$
$$=\left(1-\frac{1}{2}\right)^n=\left(\frac{1}{2}\right)^n$$

$$\therefore\ \sum_{n=1}^{m}a_n=\sum_{n=1}^{m}\frac{1}{2^n}=\frac{\frac{1}{2}\left(1-\frac{1}{2^m}\right)}{1-\frac{1}{2}}$$
$$=1-\frac{1}{2^m}$$

그런데 $1-\dfrac{1}{2^m}<1$이므로

$$1-\left(1-\frac{1}{2^m}\right)<0.01 \quad \therefore\ 2^m>100$$

$2^6=64$, $2^7=128$이므로 자연수 m의 최솟값은 **7**

4-9. $f(x)={}_{20}C_x\left(\frac{1}{4}\right)^{20-x}\left(\frac{3}{4}\right)^x$에서

(1) $f(0)+f(1)+f(2)+\cdots+f(20)$

$={}_{20}C_0\left(\frac{1}{4}\right)^{20}+{}_{20}C_1\left(\frac{1}{4}\right)^{19}\left(\frac{3}{4}\right)$

$+{}_{20}C_2\left(\frac{1}{4}\right)^{18}\left(\frac{3}{4}\right)^2+\cdots+{}_{20}C_{20}\left(\frac{3}{4}\right)^{20}$

$=\left(\frac{1}{4}+\frac{3}{4}\right)^{20}=\mathbf{1}$

(2) $f(0)+f(2)+f(4)+\cdots+f(20)$

$={}_{20}C_0\left(\frac{1}{4}\right)^{20}+{}_{20}C_2\left(\frac{1}{4}\right)^{18}\left(\frac{3}{4}\right)^2$

$+{}_{20}C_4\left(\frac{1}{4}\right)^{16}\left(\frac{3}{4}\right)^4+\cdots+{}_{20}C_{20}\left(\frac{3}{4}\right)^{20}$

한편

$(a+b)^{20}={}_{20}C_0a^{20}+{}_{20}C_1a^{19}b+{}_{20}C_2a^{18}b^2$

$+{}_{20}C_3a^{17}b^3+\cdots+{}_{20}C_{20}b^{20}$

양변에 $a=\frac{1}{4}$, $b=\frac{3}{4}$을 대입하면

${}_{20}C_0\left(\frac{1}{4}\right)^{20}+{}_{20}C_1\left(\frac{1}{4}\right)^{19}\left(\frac{3}{4}\right)$

$+{}_{20}C_2\left(\frac{1}{4}\right)^{18}\left(\frac{3}{4}\right)^2+\cdots+{}_{20}C_{20}\left(\frac{3}{4}\right)^{20}$

$=\left(\frac{1}{4}+\frac{3}{4}\right)^{20}$ ……①

양변에 $a=\frac{1}{4}$, $b=-\frac{3}{4}$을 대입하면

${}_{20}C_0\left(\frac{1}{4}\right)^{20}-{}_{20}C_1\left(\frac{1}{4}\right)^{19}\left(\frac{3}{4}\right)$

$+{}_{20}C_2\left(\frac{1}{4}\right)^{18}\left(\frac{3}{4}\right)^2-\cdots+{}_{20}C_{20}\left(\frac{3}{4}\right)^{20}$

$=\left(\frac{1}{4}-\frac{3}{4}\right)^{20}$ ……②

①+②하면

$2\left\{{}_{20}C_0\left(\frac{1}{4}\right)^{20}+{}_{20}C_2\left(\frac{1}{4}\right)^{18}\left(\frac{3}{4}\right)^2\right.$

$\left.+\cdots+{}_{20}C_{20}\left(\frac{3}{4}\right)^{20}\right\}=1+\left(\frac{1}{2}\right)^{20}$

$\therefore\ {}_{20}C_0\left(\frac{1}{4}\right)^{20}+{}_{20}C_2\left(\frac{1}{4}\right)^{18}\left(\frac{3}{4}\right)^2$

$+\cdots+{}_{20}C_{20}\left(\frac{3}{4}\right)^{20}=\mathbf{\frac{1}{2}\left(1+\frac{1}{2^{20}}\right)}$

*__Note__ (1) $f(0)+f(1)+f(2)$

$+\cdots+f(20)$

$=\sum_{x=0}^{20}f(x)=\sum_{x=0}^{20}{}_{20}C_x\left(\frac{1}{4}\right)^{20-x}\left(\frac{3}{4}\right)^x$

$=\left(\frac{1}{4}+\frac{3}{4}\right)^{20}=\mathbf{1}$

4-10. (준 식)$=2\sum_{k=1}^{n}{}_{2n}C_{2k-1}2^{2k-1}$

$=2({}_{2n}C_1\times2+{}_{2n}C_3\times2^3$

$+\cdots+{}_{2n}C_{2n-1}\times2^{2n-1})$

한편

$(1+x)^{2n}={}_{2n}C_0+{}_{2n}C_1x+{}_{2n}C_2x^2$

$+\cdots+{}_{2n}C_{2n}x^{2n}$

에서 양변에 $x=2$, $x=-2$를 각각 대입하면

$(1+2)^{2n}={}_{2n}C_0+{}_{2n}C_1\times2+{}_{2n}C_2\times2^2$

$+\cdots+{}_{2n}C_{2n}\times2^{2n}$ …①

$(1-2)^{2n}={}_{2n}C_0-{}_{2n}C_1\times2+{}_{2n}C_2\times2^2$

$-\cdots+{}_{2n}C_{2n}\times2^{2n}$ …②

①−②하면

$2({}_{2n}C_1\times2+{}_{2n}C_3\times2^3+\cdots$

$+{}_{2n}C_{2n-1}\times2^{2n-1})=\mathbf{3^{2n}-1}$

4-11. $21^{21}=(1+20)^{21}$

$=1+{}_{21}C_1\times20+{}_{21}C_2\times20^2$

$+{}_{21}C_3\times20^3+\cdots+20^{21}$

여기에서 셋째 항 이후는 40으로 나누어 떨어지므로 셋째 항 이후의 합을 40으로 나눈 몫을 k라고 하면

$21^{21}=421+40k=40(k+10)+21$

따라서 구하는 나머지는 **21**

4-12. $0.99^{10}=(1-0.01)^{10}$

$=1+{}_{10}C_1(-0.01)+{}_{10}C_2(-0.01)^2$

$+{}_{10}C_3(-0.01)^3+{}_{10}C_4(-0.01)^4$

$+\cdots+(-0.01)^{10}$

$=1-10\times0.01+45\times0.0001$
$\quad -120\times0.000001+210\times0.00000001$
$\quad -\cdots+(-0.01)^{10}$
$=1-0.1+0.0045-0.00012$
$\quad +0.0000021-\cdots+(-0.01)^{10}$
$=0.90438+0.0000021-\cdots+(-0.01)^{10}$

여기에서 0.0000021 이하는 소수점 아래 넷째 자리까지에 영향을 미치지 않으므로 구하는 값은 차례로 **9, 0, 4, 3**

4-13. 전개식의 일반항은

$$\frac{6!}{p!q!r!}\times a^p b^q c^r \quad (p+q+r=6)$$

a^3b^2c항은 $p=3,\ q=2,\ r=1$일 때이고, 이때 계수는

$$\frac{6!}{3!2!1!}=\mathbf{60}$$

* ***Note*** $\{(a+b)+c\}^6$의 전개식에서 c를 포함한 항은

$${}_6C_1(a+b)^{6-1}c={}_6C_1(a+b)^5c$$

또, $(a+b)^5$의 전개식에서 b^2을 포함한 항은

$${}_5C_2a^{5-2}b^2={}_5C_2a^3b^2$$

$$\therefore\ {}_6C_1\times{}_5C_2=\frac{6!}{1!5!}\times\frac{5!}{2!3!}$$
$$=\frac{6!}{3!2!1!}=\mathbf{60}$$

4-14. 전개식의 일반항은

$$\frac{6!}{p!q!r!}\times(x^2)^p x^q\times1^r$$
$$=\frac{6!}{p!q!r!}\times x^{2p+q} \quad (p+q+r=6)$$

x^3항일 때

$2p+q=3,\ p+q+r=6$

$p,\ q,\ r$는 음이 아닌 정수이므로

$(p,\ q,\ r)=(0,\ 3,\ 3),\ (1,\ 1,\ 4)$

$$\therefore\ \frac{6!}{0!3!3!}+\frac{6!}{1!1!4!}=\mathbf{50}$$

4-15. 전개식의 일반항은

$$\frac{8!}{p!q!r!}\times x^p(2y)^q(-z)^r$$
$$=(-1)^r2^q\frac{8!}{p!q!r!}x^py^qz^r$$
$$(p+q+r=8)$$

$x^2y^3z^3$항은 $p=2,\ q=3,\ r=3$일 때이고, 이때 계수는

$$(-1)^r2^q\frac{8!}{p!q!r!}=(-1)^3\times2^3\times\frac{8!}{2!3!3!}$$
$$=\mathbf{-4480}$$

5-1. 일어날 수 있는 모든 경우의 수는

$6\times6=36$

한 개의 주사위를 두 번 던져서 첫 번째 나온 눈의 수를 a, 두 번째 나온 눈의 수를 b라고 하자.

(1) $a=1$일 때 $b=4,\ 5,\ 6$
$a=2$일 때 $b=5,\ 6$
$a=3$일 때 $b=6$
$a=4$일 때 $b=1$
$a=5$일 때 $b=1,\ 2$
$a=6$일 때 $b=1,\ 2,\ 3$

$$\therefore\ \frac{12}{36}=\mathbf{\frac{1}{3}}$$

(2) $a,\ b$가 모두 짝수일 때
$3\times3=9$(가지)
$a,\ b$가 모두 홀수일 때
$3\times3=9$(가지)

$$\therefore\ \frac{18}{36}=\mathbf{\frac{1}{2}}$$

(3) $a=1$일 때 $b=2,\ 3,\ 4,\ 5,\ 6$
$a=2$일 때 $b=3,\ 4,\ 5,\ 6$
$a=3$일 때 $b=4,\ 5,\ 6$
$a=4$일 때 $b=5,\ 6$
$a=5$일 때 $b=6$

$$\therefore\ \frac{15}{36}=\mathbf{\frac{5}{12}}$$

(4) $a=1$일 때 $b=1,\ 2,\ 3,\ 4,\ 5,\ 6$
$a=2$일 때 $b=1,\ 2,\ 4,\ 6$
$a=3$일 때 $b=1,\ 3,\ 6$

$a=4$일 때 $b=1,\ 2,\ 4$
$a=5$일 때 $b=1,\ 5$
$a=6$일 때 $b=1,\ 2,\ 3,\ 6$

$$\therefore\ \frac{22}{36}=\mathbf{\frac{11}{18}}$$

5-2. 10개의 제품 중에서 2개의 제품을 뽑는 경우의 수는 ${}_{10}C_2$이다.

(1) 2개가 모두 불량품인 경우의 수는 ${}_3C_2$이므로

$$\frac{{}_3C_2}{{}_{10}C_2}=\mathbf{\frac{1}{15}}$$

(2) 1개는 정상품, 1개는 불량품인 경우의 수는 ${}_7C_1\times{}_3C_1$이므로

$$\frac{{}_7C_1\times{}_3C_1}{{}_{10}C_2}=\mathbf{\frac{7}{15}}$$

5-3. 32명 중에서 2명을 뽑는 경우의 수는 ${}_{32}C_2$이다.

(i) 지윤이는 미리 뽑아 놓고, 나머지 31명 중에서 1명을 뽑으면 되므로

$$\frac{{}_{31}C_1}{{}_{32}C_2}=\mathbf{\frac{1}{16}}$$

(ii) 2명이 같은 조에 속하는 경우는 A, B, C, D의 4개 조 중 하나이므로 4가지이고, 8명 중에서 2명을 뽑는 경우는 ${}_8C_2$가지이므로

$$\frac{4\times{}_8C_2}{{}_{32}C_2}=\mathbf{\frac{7}{31}}$$

5-4. 2개의 공을 꺼낼 때 2개 모두 검은 공이 나올 통계적 확률은 $\frac{1}{5}$이다.

한편 주머니의 6개의 공 중에서 x개가 검은 공이라고 하면 2개의 공을 꺼낼 때 2개 모두 검은 공일 수학적 확률은 $\frac{{}_xC_2}{{}_6C_2}$이다.

$$\therefore\ \frac{{}_xC_2}{{}_6C_2}\fallingdotseq\frac{1}{5} \qquad \therefore\ {}_xC_2\fallingdotseq\frac{1}{5}\times{}_6C_2$$

$$\therefore\ \frac{x(x-1)}{2}\fallingdotseq\frac{1}{5}\times\frac{6\times5}{2}$$

$$\therefore\ (x-3)(x+2)\fallingdotseq0$$

$x\ge2$이므로 $x\fallingdotseq3$

따라서 검은 공이 **3**개 들어 있다고 할 수 있다.

5-5. 두 장의 카드를 차례로 뽑는 경우의 수는 $100\times99=9900$

(1) $|1-y|\le10$을 만족시키는 y의 값은 2부터 11까지의 자연수이므로 10가지이다.

$$\therefore\ \frac{10}{9900}=\mathbf{\frac{1}{990}}$$

(2) $|2-y|\le10$을 만족시키는 y의 값은 1과 3부터 12까지의 자연수이므로 11가지이다.

$$\therefore\ \frac{11}{9900}=\mathbf{\frac{1}{900}}$$

5-6. 9개의 공 중에서 4개의 공을 동시에 꺼내는 경우의 수는

$${}_9C_4=126$$

꺼낸 공에 적힌 수 중 가장 큰 수를 M, 가장 작은 수를 m이라고 하자.

(i) $m=1$, M$=6$일 때, 2부터 5까지의 수 중에서 두 개를 택해야 하므로
${}_4C_2=6$(가지)

(ii) $m=1$, M$=7$일 때, 2부터 6까지의 수 중에서 두 개를 택해야 하므로
${}_5C_2=10$(가지)

(iii) $m=1$, M$=8$일 때 ${}_6C_2=15$(가지)

($m=1$, M$=9$일 때는 합이 9 이하가 아니므로 제외)

같은 방법으로

(iv) $m=2$, M$=5$일 때 ${}_2C_2=1$(가지)
(v) $m=2$, M$=6$일 때 ${}_3C_2=3$(가지)
(vi) $m=2$, M$=7$일 때 ${}_4C_2=6$(가지)
(vii) $m=3$, M$=6$일 때 ${}_2C_2=1$(가지)

(i)~(vii)에서 조건을 만족시키는 경우는

$$6+10+15+1+3+6+1=42\text{(가지)}$$

이므로 구하는 확률은 $\frac{42}{126}=\mathbf{\frac{1}{3}}$

* ***Note*** m이 4 이상이면 M은 7 이상이므로 두 수의 합이 9보다 크게 된다.

5-7.

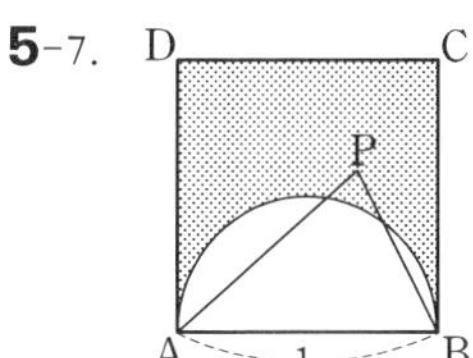

점 P가 선분 AB를 지름으로 하는 반원의 외부에 있으면 $\angle \mathrm{APB}<90^\circ$이므로 $\triangle \mathrm{ABP}$는 예각삼각형이다.

따라서 구하는 확률은

$$\frac{(\text{반원 밖의 넓이})}{(\square\mathrm{ABCD}\text{의 넓이})}=\frac{1-\pi\left(\frac{1}{2}\right)^2\times\frac{1}{2}}{1}$$

$$=\mathbf{1-\frac{\pi}{8}}$$

5-8.

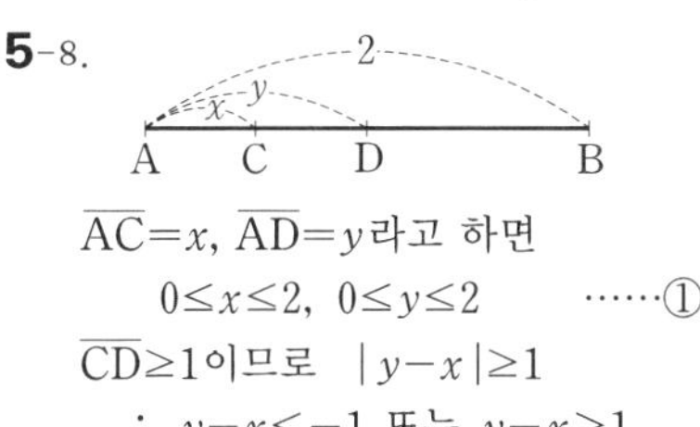

$\overline{\mathrm{AC}}=x$, $\overline{\mathrm{AD}}=y$라고 하면

$0\le x\le 2,\ 0\le y\le 2$ ……①

$\overline{\mathrm{CD}}\ge 1$이므로 $|y-x|\ge 1$

$\therefore\ y-x\le -1$ 또는 $y-x\ge 1$

$\therefore\ y\le x-1$ 또는 $y\ge x+1$ …②

좌표평면에서 ①, ②를 동시에 만족시키는 점 (x, y)가 존재하는 영역은 아래 그림의 점 찍은 부분(경계 포함)이다.

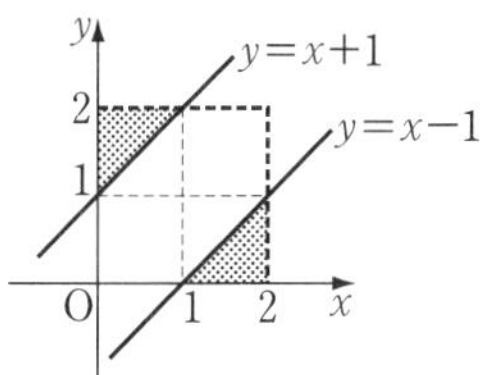

따라서 구하는 확률은

$$\frac{(\text{점 찍은 부분의 넓이})}{(\text{정사각형의 넓이})}=\frac{2\times\frac{1}{2}\times1\times1}{2^2}$$

$$=\mathbf{\frac{1}{4}}$$

6-1. 적어도 1개가 흰 공인 사건을 A라고 하면 여사건 A^c은 2개 모두 검은 공인 사건이므로

$$\mathrm{P}(\mathrm{A}^c)=\frac{{}_3\mathrm{C}_2}{{}_8\mathrm{C}_2}=\frac{3}{28}$$

$$\therefore\ \mathrm{P}(\mathrm{A})=1-\mathrm{P}(\mathrm{A}^c)=1-\frac{3}{28}=\mathbf{\frac{25}{28}}$$

6-2. 카드에 적힌 두 수의 곱이 2의 배수 또는 3의 배수인 사건을 A라고 하면 여사건 A^c은 두 수의 곱이 2의 배수도 아니고 3의 배수도 아닌 사건이다.

그런데 1부터 10까지의 자연수 중 2의 배수도 아니고 3의 배수도 아닌 수는 1, 5, 7이므로

$$\mathrm{P}(\mathrm{A}^c)=\frac{{}_3\mathrm{C}_2}{{}_{10}\mathrm{C}_2}=\frac{1}{15}$$

$$\therefore\ \mathrm{P}(\mathrm{A})=1-\mathrm{P}(\mathrm{A}^c)=1-\frac{1}{15}=\mathbf{\frac{14}{15}}$$

6-3. 적어도 1개가 불량품이 나오는 사건을 A라고 하면 여사건 A^c은 2개 모두 정상품이 나오는 사건이다.

조건에서 $\mathrm{P}(\mathrm{A})=\frac{8}{15}$이므로

$$\mathrm{P}(\mathrm{A}^c)=1-\mathrm{P}(\mathrm{A})=1-\frac{8}{15}=\frac{7}{15}$$

이때, 불량품의 개수를 x라고 하면 정상품의 개수는 $(10-x)$이므로

$$\frac{{}_{10-x}\mathrm{C}_2}{{}_{10}\mathrm{C}_2}=\frac{7}{15}$$

$$\therefore\ \frac{(10-x)(9-x)}{10\times9}=\frac{7}{15}$$

$$\therefore\ (x-3)(x-16)=0$$

$0<x<10$이므로 $\mathbf{x=3}$

6-4. 일어날 수 있는 모든 경우의 수는 6^4이다.

이 중에서 조건을 만족시키는 사건을 A라고 하면 여사건 A^c은

$$(x-y)(x-u)(x-v)\times(y-u)(y-v)(u-v)\neq0$$

곧, $x\neq y$이고 $x\neq u$이고 $x\neq v$이고 $y\neq u$이고 $y\neq v$이고 $u\neq v$

를 만족시키는 사건이다.

그런데 A^c이 일어나는 경우는 x, y, u, v가 모두 다른 경우이므로 ${}_6P_4$가지이다.

$$\therefore\ P(A^c)=\frac{{}_6P_4}{6^4}=\frac{5}{18}$$

$$\therefore\ P(A)=1-P(A^c)=1-\frac{5}{18}=\mathbf{\frac{13}{18}}$$

6-5. 어떤 문제를 A, B가 푸는 사건을 각각 A, B라고 하면

$$P(A)=p,\ P(B)=q,$$
$$P(A\cap B)=r$$

이 문제를 A, B 중 적어도 한 사람이 푸는 사건은 $A\cup B$이므로

$$P(A\cup B)=P(A)+P(B)-P(A\cap B)$$
$$=\boldsymbol{p+q-r}$$

6-6. (i) $P(A\cap B\cap C^c)$

$$=P(A\cap B)-P(A\cap B\cap C)$$
$$=0.2-0.1=\mathbf{0.1}$$

(ii) $P(A\cup B\cup C)$

$$=P(A)+P(B)+P(C)$$
$$-P(A\cap B)-P(B\cap C)$$
$$-P(C\cap A)+P(A\cap B\cap C)$$

에서

$$0.9=P(A)+0.5+0.6-0.2$$
$$-0.3-0.4+0.1$$
$$\therefore\ P(A)=\mathbf{0.6}$$

6-7. 흰 공이 2개 이상인 사건을 A라고 하면 여사건 A^c은 흰 공 1개, 붉은 공 3개이거나 흰 공 0개, 붉은 공 4개인 사건이고, 이 두 사건은 서로 배반사건이므로

$$P(A^c)=\frac{{}_6C_1\times{}_4C_3}{{}_{10}C_4}+\frac{{}_4C_4}{{}_{10}C_4}$$
$$=\frac{24}{210}+\frac{1}{210}=\frac{5}{42}$$
$$\therefore\ P(A)=1-P(A^c)=1-\frac{5}{42}=\mathbf{\frac{37}{42}}$$

6-8. 20장의 지폐 중에서 3장을 꺼내는 경우의 수는 ${}_{20}C_3$이다.

3장이 모두 10000원짜리 지폐인 사건을 A, 3장이 모두 5000원짜리 지폐인 사건을 B, 3장이 모두 1000원짜리 지폐인 사건을 C라고 하면 세 사건 A, B, C는 서로 배반사건이므로

$$P(A\cup B\cup C)=P(A)+P(B)+P(C)$$
$$=\frac{{}_4C_3}{{}_{20}C_3}+\frac{{}_{10}C_3}{{}_{20}C_3}+\frac{{}_6C_3}{{}_{20}C_3}$$
$$=\frac{4}{1140}+\frac{120}{1140}+\frac{20}{1140}$$
$$=\mathbf{\frac{12}{95}}$$

7-1. (1) $P(E\cup F)=P(E)+P(F)-P(E\cap F)$

이므로

$$0.4=0.3+0.2-P(E\cap F)$$
$$\therefore\ P(E\cap F)=\mathbf{0.1}$$

(2) $P(E|F)=\dfrac{P(E\cap F)}{P(F)}=\dfrac{0.1}{0.2}=\mathbf{0.5}$

(3) $P(E^c|F^c)=\dfrac{P(E^c\cap F^c)}{P(F^c)}$

$$=\frac{1-P(E\cup F)}{1-P(F)}=\frac{0.6}{0.8}$$
$$=\mathbf{0.75}$$

7-2. $P(B^c|A)=2P(B|A)$에서

$$\frac{P(B^c\cap A)}{P(A)}=\frac{2P(B\cap A)}{P(A)}$$
$$\therefore\ P(B^c\cap A)=2P(B\cap A)$$

이때, $P(B\cap A)=0.25$이므로

$$P(B^c\cap A)=0.5$$
$$\therefore\ P(A)=P(A\cap B)+P(A\cap B^c)$$
$$=0.25+0.5=\mathbf{0.75}$$

7-3. $P(B|A^c)=0.5$에서

$$\frac{P(B\cap A^c)}{P(A^c)}=0.5$$

그런데 $P(A)=0.4$이므로

$$P(A^c)=0.6$$
$$\therefore\ P(A^c\cap B)=0.5\times0.6=0.3$$

또, $P(A^c|B)=0.6$에서

$$\frac{P(A^c\cap B)}{P(B)}=0.6$$

$\therefore\ \frac{0.3}{P(B)}=0.6 \quad \therefore\ P(B)=\mathbf{0.5}$

이때,

$$P(A\cap B)=P(B)-P(A^c\cap B)$$
$$=0.5-0.3=0.2$$

이므로

$$P(A\cup B)=P(A)+P(B)-P(A\cap B)$$
$$=0.4+0.5-0.2=\mathbf{0.7},$$
$$P(A|B)=\frac{P(A\cap B)}{P(B)}=\frac{0.2}{0.5}=\mathbf{0.4}$$

***Note** $P(A|B)=\frac{P(A\cap B)}{P(B)}$

$$=\frac{P(B)-P(A^c\cap B)}{P(B)}$$
$$=1-P(A^c|B)$$
$$=1-0.6=\mathbf{0.4}$$

$$P(B|A^c)=\frac{P(B\cap A^c)}{P(A^c)}=\frac{P(B\cap A^c)}{1-P(A)}$$

에서

$$P(B\cap A^c)=P(B|A^c)\{1-P(A)\}$$
$$=0.5\times(1-0.4)=0.3$$
$$\therefore\ P(A\cup B)=P(A)+P(B\cap A^c)$$
$$=0.4+0.3=\mathbf{0.7}$$

$$P(A\cup B)=P(A)+P(B)-P(A\cap B)$$
$$=P(A)+P(B)-P(B)P(A|B)$$

에서

$$0.7=0.4+P(B)-P(B)\times0.4$$
$$\therefore\ P(B)=\mathbf{0.5}$$

7-4. 남학생을 택하는 사건을 A, 휴대 전화를 가지고 있는 학생을 택하는 사건을 B라고 하면

$$P(A)=\frac{2}{5},\quad P(B)=\frac{7}{10},$$
$$P(A\cap B)=\frac{1}{5}$$

(1) 구하는 확률은 사건 A가 일어났을 때의 사건 B의 조건부확률이므로

$$P(B|A)=\frac{P(A\cap B)}{P(A)}=\frac{1/5}{2/5}=\mathbf{\frac{1}{2}}$$

(2) 구하는 확률은 사건 B^c이 일어났을 때의 사건 A^c의 조건부확률이므로

$$P(A^c|B^c)=\frac{P(A^c\cap B^c)}{P(B^c)}$$

이때,

$$P(B^c)=1-P(B)=1-\frac{7}{10}=\frac{3}{10},$$
$$P(A^c\cap B^c)=P\big((A\cup B)^c\big)$$
$$=1-P(A\cup B)$$
$$=1-\{P(A)+P(B)-P(A\cap B)\}$$
$$=1-\left(\frac{2}{5}+\frac{7}{10}-\frac{1}{5}\right)=\frac{1}{10}$$
$$\therefore\ P(A^c|B^c)=\frac{P(A^c\cap B^c)}{P(B^c)}$$
$$=\frac{1/10}{3/10}=\mathbf{\frac{1}{3}}$$

***Note** (1)은 표본공간을 A라고 할 때 A∩B가 일어날 확률을 구하는 문제이다.

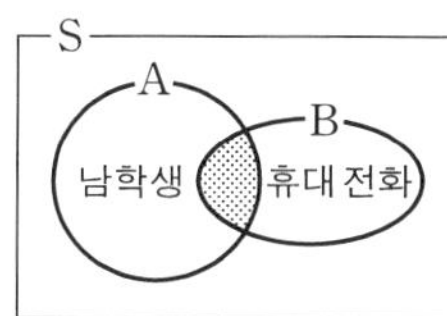

이를 다음과 같이 표현할 수 있다.

- 이 학교의 남학생 중에서 임의로 한 학생을 택할 때, 이 학생이 휴대 전화를 가지고 있을 확률을 구하여라.
- 이 학교의 학생 중에서 임의로 택한 한 학생이 남학생일 때, 이 학생이 휴대 전화를 가지고 있을 확률을 구하여라.
- 이 학교의 학생 중에서 임의로 택한 한 학생이 남학생이었을 때, 이 학생

이 휴대 전화를 가지고 있을 확률을 구하여라.

◦ 이 학교의 학생 중에서 임의로 택한 한 학생이 남학생일 때, 이 학생이 휴대 전화를 가지고 있었을 확률을 구하여라.

7-5. (i) A가 당첨이 되는 사건을 A라고 하면 $\mathrm{P(A)}=\boldsymbol{\frac{r}{n}}$

(ii) B가 당첨이 되는 사건을 B라고 하자. B가 당첨이 되는 경우는 A가 당첨되고 B도 당첨되는 경우와 A가 당첨되지 않고 B는 당첨되는 경우이다.

$$\therefore \mathrm{P(B)=P(A\cap B)+P(A^c\cap B)}$$
$$=\mathrm{P(A)P(B|A)}+\mathrm{P(A^c)P(B|A^c)}$$
$$=\frac{r}{n}\times\frac{r-1}{n-1}+\frac{n-r}{n}\times\frac{r}{n-1}$$
$$=\frac{r(r-1+n-r)}{n(n-1)}=\boldsymbol{\frac{r}{n}}$$

7-6. 주머니 B에는 검은 공만 4개 있으므로 두 번의 시행 이후 주머니 B에 흰 공이 남아 있으려면 주머니 A에서 2개의 공을 꺼낼 때 그중에 흰 공이 포함되어야 한다.

따라서 주머니 A에서 흰 공 1개, 검은 공 1개를 꺼내어 주머니 B에 넣은 다음, 주머니 B에서 검은 공 2개를 꺼내어 주머니 A에 넣어야 하므로 구하는 확률은

$$\frac{{}_1\mathrm{C}_1\times{}_3\mathrm{C}_1}{{}_4\mathrm{C}_2}\times\frac{{}_5\mathrm{C}_2}{{}_6\mathrm{C}_2}=\boldsymbol{\frac{1}{3}}$$

7-7. 첫 번째에 흰 공을 꺼내는 사건을 A, 붉은 공을 꺼내는 사건을 B라 하고, 두 번째에 2개의 공을 꺼낼 때 적어도 1개의 흰 공을 꺼내는 사건을 E라고 하자.

첫 번째에 흰 공 1개를 꺼낸 다음 흰 공 1개를 더하여 상자에 넣으면 상자에는 흰 공이 4개, 붉은 공이 2개 있으므로

$$\mathrm{P(A\cap E)=P(A)P(E|A)}$$
$$=\frac{3}{5}\times\left(1-\frac{{}_2\mathrm{C}_2}{{}_6\mathrm{C}_2}\right)=\frac{14}{25}$$

첫 번째에 붉은 공 1개를 꺼낸 다음 붉은 공 1개를 더하여 상자에 넣으면 상자에는 흰 공이 3개, 붉은 공이 3개 있으므로

$$\mathrm{P(B\cap E)=P(B)P(E|B)}$$
$$=\frac{2}{5}\times\left(1-\frac{{}_3\mathrm{C}_2}{{}_6\mathrm{C}_2}\right)=\frac{8}{25}$$
$$\therefore \mathrm{P(E)=P(A\cap E)+P(B\cap E)}$$
$$=\frac{14}{25}+\frac{8}{25}=\boldsymbol{\frac{22}{25}}$$

****Note*** 사건 E의 여사건 $\mathrm{E^c}$은 붉은 공만 2개를 꺼내는 사건이다.

7-8. 비가 오는 경우를 ○로, 비가 오지 않는 경우를 ×로 나타내면 월요일에 비가 왔을 때 같은 주 목요일에 비가 오는 경우와 이때의 확률은 다음 표와 같다.

월	화	수	목	확 률
○	×	×	○	$\frac{1}{2}\times\frac{2}{3}\times\frac{1}{3}=\frac{1}{9}$
○	×	○	○	$\frac{1}{2}\times\frac{1}{3}\times\frac{1}{2}=\frac{1}{12}$
○	○	×	○	$\frac{1}{2}\times\frac{1}{2}\times\frac{1}{3}=\frac{1}{12}$
○	○	○	○	$\frac{1}{2}\times\frac{1}{2}\times\frac{1}{2}=\frac{1}{8}$

이 네 사건은 서로 배반사건이므로

$$\frac{1}{9}+\frac{1}{12}+\frac{1}{12}+\frac{1}{8}=\boldsymbol{\frac{29}{72}}$$

7-9. **필수 예제 7-6**의 **모범답안**에서

$$\mathrm{P(A)}=\frac{1}{5},\ \mathrm{P(C)}=\frac{16}{125},\ \mathrm{P(E)}=\frac{61}{125}$$

이므로

$$\mathrm{P(A|E)}=\frac{\mathrm{P(A\cap E)}}{\mathrm{P(E)}}=\frac{\mathrm{P(A)}}{\mathrm{P(E)}}$$
$$=\frac{1}{5}\times\frac{125}{61}=\boldsymbol{\frac{25}{61}},$$

$$P(C|E)=\frac{P(C\cap E)}{P(E)}=\frac{P(C)}{P(E)}$$
$$=\frac{16}{125}\times\frac{125}{61}=\mathbf{\frac{16}{61}}$$

7-10. 첫 번째, 두 번째에 검은 공이 나오는 사건을 각각 A, B라고 하자.

사건 B가 일어나는 경우는
(검은 공, 검은 공), (흰 공, 검은 공)
의 두 가지이고, 이 각각은 서로 배반사건이므로

$$P(B)=\frac{5}{8}\times\frac{7}{10}+\frac{3}{8}\times\frac{5}{10}=\frac{5}{8},$$
$$P(A\cap B)=\frac{5}{8}\times\frac{7}{10}=\frac{7}{16}$$
$$\therefore\ P(A|B)=\frac{P(A\cap B)}{P(B)}=\frac{7}{16}\times\frac{8}{5}$$
$$=\mathbf{\frac{7}{10}}$$

7-11. 병아리가 실제로 수컷인 사건을 A, 실제로 암컷인 사건을 B라 하고, 감별사가 수컷으로 판정하는 사건을 E라고 하면

$$P(A\cap E)=P(A)P(E|A)$$
$$=0.4\times0.98=0.392,$$
$$P(B\cap E)=P(B)P(E|B)$$
$$=0.6\times0.03=0.018$$
$$\therefore\ P(E)=P(A\cap E)+P(B\cap E)$$
$$=0.392+0.018=0.41$$
$$\therefore\ P(B|E)=\frac{P(B\cap E)}{P(E)}=\frac{0.018}{0.41}=\mathbf{\frac{9}{205}}$$

7-12. 이 질병에 걸려 있는 사건을 A, 혈액 검사의 결과가 양성으로 나오는 사건을 B라고 하면

$$P(A)=0.005,\ P(A^c)=0.995,$$
$$P(B|A)=0.95,\ P(B|A^c)=0.01$$

필수 예제 7-9의 (1)에 의하여

$$P(A|B)$$
$$=\frac{P(B|A)P(A)}{P(B|A)P(A)+P(B|A^c)P(A^c)}$$
$$=\frac{0.95\times0.005}{0.95\times0.005+0.01\times0.995}$$
$$=\mathbf{\frac{95}{294}}$$

7-13. (1) 사건 A와 B가 서로 독립이면

$$P(A\cap B)=P(A)P(B)$$
$$\therefore\ P(A\cap B^c)=P(A)-P(A\cap B)$$
$$=P(A)-P(A)P(B)$$
$$=P(A)\{1-P(B)\}$$
$$=P(A)P(B^c)$$

따라서 사건 A와 B^c은 서로 독립이다.

(2) $P(B|A)=P(B)$이면

$$P(A\cap B)=P(A)P(B|A)$$
$$=P(A)P(B)$$

그런데

$$P(A^c\cap B)=P(B)-P(A\cap B)$$
$$=P(B)-P(A)P(B)$$

이므로

$$P(B|A^c)=\frac{P(A^c\cap B)}{P(A^c)}$$
$$=\frac{P(B)-P(A)P(B)}{1-P(A)}$$
$$=\frac{P(B)\{1-P(A)\}}{1-P(A)}=P(B)$$

역으로 $P(B|A^c)=P(B)$이면

$$P(B\cap A^c)=P(B)P(A^c)$$

그런데

$$P(A\cap B)=P(B)-P(B\cap A^c)$$
$$=P(B)-P(B)P(A^c)$$
$$=P(B)\{1-P(A^c)\}$$
$$=P(B)P(A)$$

이므로

$$P(B|A)=\frac{P(A\cap B)}{P(A)}$$
$$=\frac{P(A)P(B)}{P(A)}=P(B)$$

곧, $P(B|A)=P(B)$이면
$P(B|A^c)=P(B)$이고,

$P(B|A^c)=P(B)$이면 $P(B|A)=P(B)$이다.

따라서 $P(B|A)=P(B)$와 $P(B|A^c)=P(B)$는 서로 필요충분조건이다.

7-14. A, B가 20년 후까지 생존하는 사건을 각각 A, B라고 하면 두 사건 A, B는 서로 독립이다. 이때, 두 사건 A, B^c은 서로 독립이고, 두 사건 A^c, B도 서로 독립이다. ⇦ 유제 **7**-13의 (1)

따라서 적어도 한 사람이 20년 후까지 생존할 확률은

$$P(A\cup B)=P(A)+P(B)-P(A)P(B)$$
$$=0.2+0.25-0.2\times0.25$$
$$=\mathbf{0.4}$$

또, 한 사람만 20년 후까지 생존할 확률은

$$P(A\cap B^c)+P(A^c\cap B)$$
$$=P(A)P(B^c)+P(A^c)P(B)$$
$$=0.2\times(1-0.25)+(1-0.2)\times0.25$$
$$=\mathbf{0.35}$$

**Note* 적어도 한 사람이 20년 후까지 생존하는 사건을 E라고 하면 여사건 E^c은 A, B 모두 20년 후까지 생존하지 못하는 사건이다.

$$\therefore P(E^c)=P(A^c\cap B^c)$$
$$=P(A^c)P(B^c)$$
$$=(1-0.2)(1-0.25)=0.6$$
$$\therefore P(E)=1-P(E^c)=1-0.6=\mathbf{0.4}$$

7-15. A, B, C가 합격하는 사건을 각각 A, B, C라고 하면 사건 A, B, C는 서로 독립이다.

A, B, C 중 적어도 한 사람이 합격하는 사건을 E라고 하면 여사건 E^c은 A, B, C 세 사람이 모두 불합격하는 사건이다.

세 사건 A, B, C가 서로 독립이면 세 사건 A^c, B^c, C^c도 서로 독립이므로

$$P(E^c)=P(A^c\cap B^c\cap C^c)$$
$$=P(A^c)P(B^c)P(C^c)$$
$$=(1-0.4)(1-0.5)(1-0.8)$$
$$=0.06$$
$$\therefore P(E)=1-P(E^c)=1-0.06=\mathbf{0.94}$$

**Note* 세 사건 A, B, C가 서로 독립이면 세 사건 A^c, B^c, C^c에 대하여 두 사건끼리는 서로 독립이고

$$P(A^c\cap B^c\cap C^c)$$
$$=P\big((A\cup B\cup C)^c\big)$$
$$=1-P(A\cup B\cup C)$$
$$=1-\{P(A)+P(B)+P(C)$$
$$-P(A)P(B)-P(B)P(C)$$
$$-P(C)P(A)+P(A)P(B)P(C)\}$$
$$=\{1-P(A)\}\{1-P(B)\}\{1-P(C)\}$$
$$=P(A^c)P(B^c)P(C^c)$$

이므로 세 사건 A^c, B^c, C^c도 서로 독립이다.

7-16. 각 주머니 속의 흰 공의 수와 붉은 공의 수가 변하지 않으려면 주머니 P에서 흰 공을 꺼내면 주머니 Q에서도 흰 공을 꺼내면 되고, 주머니 P에서 붉은 공을 꺼내면 주머니 Q에서도 붉은 공을 꺼내면 된다.

(i) 주머니 P에서 흰 공을 꺼내고 주머니 Q에서도 흰 공을 꺼낼 확률은

$$\frac{4}{7}\times\frac{3}{8}=\frac{12}{56}$$

(ii) 주머니 P에서 붉은 공을 꺼내고 주머니 Q에서도 붉은 공을 꺼낼 확률은

$$\frac{3}{7}\times\frac{5}{8}=\frac{15}{56}$$

(i), (ii)는 서로 배반사건의 확률이므로

$$\frac{12}{56}+\frac{15}{56}=\mathbf{\frac{27}{56}}$$

7-17. 흰 공을 꺼내는 경우를 ○로, 검은 공을 꺼내는 경우를 ●로 나타내자.

(1) A가 이기는 경우는

1회 때 ⟶ ○

3회 때 ⟶ ●●○

이므로

$$\frac{2}{5}+\frac{3}{5}\times\frac{2}{4}\times\frac{2}{3}=\mathbf{\frac{3}{5}}$$

(2) 4회 이내의 시행에서 B가 이기는 경우는

2회 때 ⟶ ●○

4회 때 ⟶ ●●●○

이므로

$$\frac{3}{5}\times\frac{2}{5}+\left(\frac{3}{5}\right)^3\times\frac{2}{5}=\mathbf{\frac{204}{625}}$$

7-18. 앞면이 2개 이상 나오는 사건을 A라고 하면 여사건 A^C은 앞면이 1개 나오거나 앞면이 나오지 않는 사건이다.

$$\therefore\ P(A^C)={}_4C_1\left(\frac{1}{2}\right)^1\left(\frac{1}{2}\right)^3+{}_4C_0\left(\frac{1}{2}\right)^0\left(\frac{1}{2}\right)^4=\frac{4}{16}+\frac{1}{16}=\frac{5}{16}$$

$$\therefore\ P(A)=1-P(A^C)=1-\frac{5}{16}=\mathbf{\frac{11}{16}}$$

7-19. 7문제 중 5문제, 6문제, 7문제를 맞게 풀 확률을 각각 P_5, P_6, P_7이라고 하면

$$P_5={}_7C_5\left(\frac{1}{2}\right)^5\left(\frac{1}{2}\right)^2=\frac{21}{128},$$

$$P_6={}_7C_6\left(\frac{1}{2}\right)^6\left(\frac{1}{2}\right)^1=\frac{7}{128},$$

$$P_7={}_7C_7\left(\frac{1}{2}\right)^7\left(\frac{1}{2}\right)^0=\frac{1}{128}$$

5문제 이상 맞게 풀면 합격하므로

$$P_5+P_6+P_7=\frac{21}{128}+\frac{7}{128}+\frac{1}{128}=\mathbf{\frac{29}{128}}$$

7-20. 꺼낸 5개의 제품 중에서 3개, 4개, 5개가 불량품일 확률을 각각 P_3, P_4, P_5라고 하면

$$P_3={}_5C_3\left(\frac{1}{10}\right)^3\left(\frac{9}{10}\right)^2=\frac{810}{100000},$$

$$P_4={}_5C_4\left(\frac{1}{10}\right)^4\left(\frac{9}{10}\right)^1=\frac{45}{100000},$$

$$P_5={}_5C_5\left(\frac{1}{10}\right)^5\left(\frac{9}{10}\right)^0=\frac{1}{100000}$$

따라서 3개 이상이 불량품일 확률은

$$P_3+P_4+P_5=\frac{810+45+1}{100000}=\mathbf{\frac{107}{12500}}$$

7-21. 적어도 3문제가 맞는 사건을 A라고 하면 여사건 A^C은 두 문제가 맞거나 한 문제가 맞거나 한 문제도 맞지 않는 사건이다.

$$\therefore\ P(A^C)={}_6C_2\left(\frac{1}{2}\right)^2\left(\frac{1}{2}\right)^4+{}_6C_1\left(\frac{1}{2}\right)^1\left(\frac{1}{2}\right)^5+{}_6C_0\left(\frac{1}{2}\right)^0\left(\frac{1}{2}\right)^6=\frac{15}{64}+\frac{6}{64}+\frac{1}{64}=\frac{11}{32}$$

$$\therefore\ P(A)=1-P(A^C)=1-\frac{11}{32}=\mathbf{\frac{21}{32}}$$

7-22. (i) 꺼낸 2개의 공이 서로 다른 색일 확률은 $\dfrac{{}_4C_1\times{}_3C_1}{{}_7C_2}=\dfrac{4}{7}$

이때, 한 개의 동전을 3번 던져서 앞면이 2번 나올 확률은

$${}_3C_2\left(\frac{1}{2}\right)^2\left(\frac{1}{2}\right)^1=\frac{3}{8}$$

(ii) 꺼낸 2개의 공이 서로 같은 색일 확률은 $1-\dfrac{4}{7}=\dfrac{3}{7}$

이때, 한 개의 동전을 2번 던져서 앞면이 2번 나올 확률은

$${}_2C_2\left(\frac{1}{2}\right)^2\left(\frac{1}{2}\right)^0=\frac{1}{4}$$

(i), (ii)에서 구하는 확률은

$$\frac{4}{7}\times\frac{3}{8}+\frac{3}{7}\times\frac{1}{4}=\mathbf{\frac{9}{28}}$$

7-23. 한 개의 주사위를 던져서 짝수의 눈이 나올 확률은 $\dfrac{3}{6}=\dfrac{1}{2}$이고, 홀수의 눈이 나올 확률은 $1-\dfrac{1}{2}=\dfrac{1}{2}$이다.

점 O를 출발점으로 하여 주사위를 다섯 번 던진 후 점 A에 도착하려면 짝수의 눈이 세 번 나오고 홀수의 눈이 두 번 나오면 되므로

$${}_5\mathrm{C}_3\left(\frac{1}{2}\right)^3\left(\frac{1}{2}\right)^2=\mathbf{\frac{5}{16}}$$

7-24. 점 Q가 $x=k$에 있을 확률을 $\mathrm{P}(k)$라고 하자.

(1) 점 Q가 원점에 있을 확률 P(0)은 한 개의 동전을 10회 던져서 앞면이 5회, 뒷면이 5회 나올 확률이므로

$$\mathrm{P}(0)={}_{10}\mathrm{C}_5\left(\frac{1}{2}\right)^5\left(\frac{1}{2}\right)^5=\mathbf{\frac{63}{256}}$$

(2) 점 Q가 $x=2$에 있을 확률 P(2)는 한 개의 동전을 10회 던져서 앞면이 6회, 뒷면이 4회 나올 확률이므로

$$\mathrm{P}(2)={}_{10}\mathrm{C}_6\left(\frac{1}{2}\right)^6\left(\frac{1}{2}\right)^4=\mathbf{\frac{105}{512}}$$

(3) 점 Q와 원점 사이의 거리가 3 이하인 경우는 점 Q가 $x=0$, $x=2$, $x=-2$에 있는 경우이므로 거리가 3 이하일 확률은 $\mathrm{P}(0)+\mathrm{P}(2)+\mathrm{P}(-2)$이다.

그런데 점 Q가 $x=-2$에 있을 확률 $\mathrm{P}(-2)$는 한 개의 동전을 10회 던져서 앞면이 4회, 뒷면이 6회 나올 확률이므로

$$\mathrm{P}(-2)={}_{10}\mathrm{C}_4\left(\frac{1}{2}\right)^4\left(\frac{1}{2}\right)^6=\frac{105}{512}$$

$$\therefore\ \mathrm{P}(0)+\mathrm{P}(2)+\mathrm{P}(-2)=\frac{63}{256}+\frac{105}{512}+\frac{105}{512}=\mathbf{\frac{21}{32}}$$

8-1.

x_i	f_i	x_if_i
50	1	50
60	6	360
70	13	910
80	12	960
90	8	720
합	40	3000

위에서 평균을 m이라고 하면

$$m=\frac{\sum x_if_i}{\sum f_i}=\frac{3000}{40}=\mathbf{75}$$

x_i	f_i	$(x_i-m)^2f_i$
50	1	$(50-75)^2\times1$
60	6	$(60-75)^2\times6$
70	13	$(70-75)^2\times13$
80	12	$(80-75)^2\times12$
90	8	$(90-75)^2\times8$
합	40	4400

위에서 표준편차를 σ라고 하면

$$\sigma^2=\frac{\sum(x_i-m)^2f_i}{\sum f_i}=\frac{4400}{40}=110$$

$$\therefore\ \sigma=\mathbf{\sqrt{110}}$$

*Note

x_i	f_i	$x_i^2f_i$
50	1	$50^2\times1$
60	6	$60^2\times6$
70	13	$70^2\times13$
80	12	$80^2\times12$
90	8	$90^2\times8$
합	40	229400

위의 표에서

$$\sigma^2=\frac{\sum x_i^2f_i}{\sum f_i}-m^2=\frac{229400}{40}-75^2=110\quad\therefore\ \sigma=\mathbf{\sqrt{110}}$$

8-2. 변량 x_i의 평균을 m, 표준편차를 σ라 하고, 변량이 모두 $p\%$만큼 증가했을 때의 평균을 m', 표준편차를 σ'이라 하면

$$m'=\frac{\sum(1+0.01p)x_if_i}{\sum f_i}=(1+0.01p)\frac{\sum x_if_i}{\sum f_i}=(1+0.01p)m$$

$$\sigma'^2=\frac{\sum\{(1+0.01p)x_i-m'\}^2f_i}{\sum f_i}=\frac{\sum\{(1+0.01p)x_i-(1+0.01p)m\}^2f_i}{\sum f_i}$$

$$=(1+0.01p)^2\frac{\sum(x_i-m)^2f_i}{\sum f_i}$$
$$=(1+0.01p)^2\sigma^2$$
$$\therefore\ \sigma'=(1+0.01p)\sigma$$

따라서 평균과 표준편차는

모두 **p%** 증가한다.

8-3. X가 가질 수 있는 값은 0, 1, 2이고,

$$P(X=0)=\frac{{}_4C_0\times{}_6C_2}{{}_{10}C_2},$$
$$P(X=1)=\frac{{}_4C_1\times{}_6C_1}{{}_{10}C_2},$$
$$P(X=2)=\frac{{}_4C_2\times{}_6C_0}{{}_{10}C_2}$$

이므로 X의 확률질량함수는

$$\mathbf{P(X=k)=\frac{{}_4C_k\times{}_6C_{2-k}}{{}_{10}C_2}\ (k=0,\ 1,\ 2)}$$

8-4. X가 가질 수 있는 값은 0, 1, 2이고,

$$P(X=0)=\frac{{}_2C_0\times{}_4C_2}{{}_6C_2}=\frac{6}{15},$$
$$P(X=1)=\frac{{}_2C_1\times{}_4C_1}{{}_6C_2}=\frac{8}{15},$$
$$P(X=2)=\frac{{}_2C_2\times{}_4C_0}{{}_6C_2}=\frac{1}{15}$$

이므로 X의 확률분포는 아래와 같다.

X	0	1	2	합
P(X=x)	$\frac{6}{15}$	$\frac{8}{15}$	$\frac{1}{15}$	1

따라서 평균 E(X)와 분산 V(X)는

$$E(X)=0\times\frac{6}{15}+1\times\frac{8}{15}+2\times\frac{1}{15}=\mathbf{\frac{2}{3}}$$
$$V(X)=0^2\times\frac{6}{15}+1^2\times\frac{8}{15}+2^2\times\frac{1}{15}-\left(\frac{2}{3}\right)^2=\mathbf{\frac{16}{45}}$$

****Note*** 1° 흰 공과 파란 공을 같은 색의 공으로 보고 붉은 공이 2개, 붉은색이 아닌 공이 4개 있다고 생각하면 된다.

2° X의 확률질량함수는

$$P(X=k)=\frac{{}_2C_k\times{}_4C_{2-k}}{{}_6C_2}\ (k=0,\ 1,\ 2)$$

이다.

8-5. X가 가질 수 있는 값은 0, 1, 2이고,

$$P(X=0)=\frac{{}_{20}C_0\times{}_{80}C_2}{{}_{100}C_2}=\frac{316}{495},$$
$$P(X=1)=\frac{{}_{20}C_1\times{}_{80}C_1}{{}_{100}C_2}=\frac{160}{495},$$
$$P(X=2)=\frac{{}_{20}C_2\times{}_{80}C_0}{{}_{100}C_2}=\frac{19}{495}$$

이므로 X의 확률분포는 아래와 같다.

X	0	1	2	합
P(X=x)	$\frac{316}{495}$	$\frac{160}{495}$	$\frac{19}{495}$	1

따라서 평균 E(X)와 분산 V(X)는

$$E(X)=0\times\frac{316}{495}+1\times\frac{160}{495}+2\times\frac{19}{495}=\mathbf{\frac{2}{5}}$$
$$V(X)=0^2\times\frac{316}{495}+1^2\times\frac{160}{495}+2^2\times\frac{19}{495}-\left(\frac{2}{5}\right)^2=\frac{784}{2475}$$
$$\therefore\ \sigma(X)=\sqrt{\frac{784}{2475}}=\mathbf{\frac{28\sqrt{11}}{165}}$$

8-6. (1) X가 가질 수 있는 값은

40, 120, 200

이고, 이에 대응하는 확률은 각각

$${}_2C_0\left(\frac{1}{2}\right)^2,\ {}_2C_1\left(\frac{1}{2}\right)^2,\ {}_2C_2\left(\frac{1}{2}\right)^2$$

이므로 X의 확률분포는 아래와 같다.

X	40	120	200	합
P(X=x)	$\frac{1}{4}$	$\frac{2}{4}$	$\frac{1}{4}$	1

(2) $E(X)=40\times\frac{1}{4}+120\times\frac{2}{4}+200\times\frac{1}{4}$

$=\mathbf{120}$(원)

$$V(X)=40^2\times\frac{1}{4}+120^2\times\frac{2}{4}+200^2\times\frac{1}{4}-120^2=\mathbf{3200}$$

8-7. 받는 금액을 X원이라고 하면 X가 가질 수 있는 값은 1400, −700이고, 이에 대응하는 확률은 각각

$$\frac{{}_4C_2+{}_3C_2}{{}_7C_2}=\frac{3}{7},\quad \frac{{}_4C_1\times{}_3C_1}{{}_7C_2}=\frac{4}{7}$$

이므로 X의 확률분포는 아래와 같다.

X	1400	−700	합
$P(X=x)$	$\frac{3}{7}$	$\frac{4}{7}$	1

따라서 기대 금액은

$$E(X)=1400\times\frac{3}{7}+(-700)\times\frac{4}{7}$$
$$=\mathbf{200}\text{(원)}$$

8-8. 두 주사위를 A, B라고 하면 눈의 수의 합은 다음 표와 같다.

A \ B	1	2	3	4	5	6
1	2	3	4	5	6	7
2	3	4	5	6	7	8
3	4	5	6	7	8	9
4	5	6	7	8	9	10
5	6	7	8	9	10	11
6	7	8	9	10	11	12

따라서 X의 확률분포는 아래와 같다.

X	2	3	4	5	6	7
$P(X=x)$	$\frac{1}{36}$	$\frac{2}{36}$	$\frac{3}{36}$	$\frac{4}{36}$	$\frac{5}{36}$	$\frac{6}{36}$

X	8	9	10	11	12	합
$P(X=x)$	$\frac{5}{36}$	$\frac{4}{36}$	$\frac{3}{36}$	$\frac{2}{36}$	$\frac{1}{36}$	1

$$\therefore\ E(X)=2\times\frac{1}{36}+3\times\frac{2}{36}+4\times\frac{3}{36}+\cdots+11\times\frac{2}{36}+12\times\frac{1}{36}$$
$$=\mathbf{7}$$

$$V(X)=2^2\times\frac{1}{36}+3^2\times\frac{2}{36}+4^2\times\frac{3}{36}+\cdots+11^2\times\frac{2}{36}+12^2\times\frac{1}{36}-7^2=\mathbf{\frac{35}{6}}$$

8-9. X가 가질 수 있는 값은

0, 1, 2, 3, 4, 5

이고, 이에 대응하는 확률을 각각 구하여 X의 확률분포를 표로 나타내면 아래와 같다.

X	0	1	2	3	4	5	합
$P(X=x)$	$\frac{6}{36}$	$\frac{10}{36}$	$\frac{8}{36}$	$\frac{6}{36}$	$\frac{4}{36}$	$\frac{2}{36}$	1

$$\therefore\ E(X)=0\times\frac{6}{36}+1\times\frac{10}{36}+2\times\frac{8}{36}+3\times\frac{6}{36}+4\times\frac{4}{36}+5\times\frac{2}{36}$$
$$=\mathbf{\frac{35}{18}}$$

8-10. 공의 개수를 N이라고 하면

$$N=\sum_{k=1}^{n}k=\frac{n(n+1)}{2}$$

$$\therefore\ P(X=k)=\frac{k}{N}=\mathbf{\frac{2k}{n(n+1)}}$$
$$\mathbf{(k=1,\ 2,\ 3,\ \cdots,\ n)}$$

$$\therefore\ E(X)=\sum_{k=1}^{n}kP(X=k)$$
$$=\sum_{k=1}^{n}\left\{k\times\frac{2k}{n(n+1)}\right\}$$
$$=\frac{2}{n(n+1)}\sum_{k=1}^{n}k^2$$
$$=\frac{2}{n(n+1)}\times\frac{n(n+1)(2n+1)}{6}$$
$$=\mathbf{\frac{2n+1}{3}}$$

$$V(X)=\sum_{k=1}^{n}k^2P(X=k)-\{E(X)\}^2$$
$$=\sum_{k=1}^{n}\left\{k^2\times\frac{2k}{n(n+1)}\right\}-\left(\frac{2n+1}{3}\right)^2$$

$$=\frac{2}{n(n+1)}\left\{\frac{n(n+1)}{2}\right\}^2-\left(\frac{2n+1}{3}\right)^2$$
$$=\frac{(\boldsymbol{n}-\mathbf{1})(\boldsymbol{n}+\mathbf{2})}{\mathbf{18}}$$

8-11. $p+q+\frac{1}{4}=1$,

$E(X)=0\times p+1\times q+a\times\frac{1}{4}=1$,

$V(X)=0^2\times p+1^2\times q+a^2\times\frac{1}{4}-1^2=\frac{1}{2}$

연립하여 풀면

$p=\frac{1}{4},\ q=\frac{1}{2},\ a=2$

$\therefore\ P(X=0)=p=\mathbf{\frac{1}{4}}$

8-12. $q+\frac{1}{4}+p=1$에서

$p+q=\frac{3}{4}$ ……①

$E(X)=0\times q+2\times\frac{1}{4}+3\times p$
$=3p+\frac{1}{2}$

이므로

$V(X)=0^2\times q+2^2\times\frac{1}{4}+3^2\times p-\left(3p+\frac{1}{2}\right)^2$
$=-9\left(p-\frac{1}{3}\right)^2+\frac{7}{4}$

따라서 $\boldsymbol{p}=\mathbf{\frac{1}{3}}$일 때 분산은 최대이다.

이때, ①에서 $\boldsymbol{q}=\mathbf{\frac{5}{12}}$

8-13. $E(X)=(-3)\times\frac{1}{4}+(-2)\times\frac{1}{4}+2\times\frac{1}{4}+3\times\frac{1}{4}$
$=0$

$V(X)=(-3)^2\times\frac{1}{4}+(-2)^2\times\frac{1}{4}+2^2\times\frac{1}{4}+3^2\times\frac{1}{4}-0^2$
$=\frac{13}{2}\quad\therefore\ \sigma(X)=\sqrt{\frac{13}{2}}$

$\therefore\ E(Y)=E(2X+1)=2E(X)+1=\mathbf{1}$

$\sigma(Y)=\sigma(2X+1)=2\sigma(X)$
$=2\sqrt{\frac{13}{2}}=\sqrt{\mathbf{26}}$

8-14. $E(X)=m,\ V(X)=\sigma^2$이므로

$E(Z)=E\left(\frac{X-m}{\sigma}\right)=\frac{1}{\sigma}E(X)-\frac{m}{\sigma}$
$=\frac{m}{\sigma}-\frac{m}{\sigma}=0$

$V(Z)=V\left(\frac{X-m}{\sigma}\right)=\frac{1}{\sigma^2}V(X)$
$=\frac{1}{\sigma^2}\times\sigma^2=1$

$\therefore\ \sigma(Z)=1$

***Note** 평균이 m, 표준편차가 σ인 확률분포를 이루는 모든 확률변수 X에 대하여

$$\mathbf{Z}=\frac{\mathbf{X}-\boldsymbol{m}}{\boldsymbol{\sigma}}$$

으로 놓으면 확률변수 Z는 평균이 0, 표준편차가 1이 됨을 보이고 있다.

이는 앞으로 p. 177에서 공부하게 될 정규분포 $N(m,\ \sigma^2)$을 따르는 확률변수 X를 표준정규분포 $N(0,\ 1^2)$을 따르는 확률변수 Z로 표준화할 때 이용된다.

8-15. $E(X)=540,\ \sigma(X)=10$이므로

$E(Y)=E(aX+b)=aE(X)+b$
$=540a+b=50$ ……①

$\sigma(Y)=\sigma(aX+b)=|a|\sigma(X)$
$=10a=20$ ……②

①, ②에서 $\boldsymbol{a}=\mathbf{2},\ \boldsymbol{b}=\mathbf{-1030}$

8-16. X는 이항분포 $B\left(4,\ \frac{1}{6}\right)$을 따르므로

$E(X)=4\times\frac{1}{6}=\mathbf{\frac{2}{3}}$

$V(X)=4\times\frac{1}{6}\times\left(1-\frac{1}{6}\right)=\mathbf{\frac{5}{9}}$

8-17. X는 이항분포 $B(50,\ 0.1)$을 따르므로

$E(X)=50\times0.1=\mathbf{5}$

$\sigma(X)=\sqrt{50\times0.1\times(1-0.1)}=\dfrac{\mathbf{3\sqrt{2}}}{\mathbf{2}}$

* ***Note*** X의 확률질량함수는

$$P(X=k)={}_{50}C_k\left(\frac{1}{10}\right)^k\left(\frac{9}{10}\right)^{50-k}$$

$(k=0,\ 1,\ 2,\ \cdots,\ 50)$

이다.

8-18. 1회 시행에서 흰 공을 꺼낼 확률은 $\dfrac{7}{10}$이므로 X는 이항분포 $B\left(5,\ \dfrac{7}{10}\right)$을 따른다.

$\therefore\ E(X)=5\times\dfrac{7}{10}=\dfrac{\mathbf{7}}{\mathbf{2}}$

$V(X)=5\times\dfrac{7}{10}\times\left(1-\dfrac{7}{10}\right)=\dfrac{21}{20}$

$V(X)=E(X^2)-\{E(X)\}^2$이므로

$E(X^2)=V(X)+\{E(X)\}^2$

$=\dfrac{21}{20}+\left(\dfrac{7}{2}\right)^2=\dfrac{\mathbf{133}}{\mathbf{10}}$

8-19. 각 환자가 치유되는 사건은 서로 독립이므로 X는 이항분포 $B(5,\ 0.6)$을 따른다.

(1) $P(X\ge4)=P(X=4)+P(X=5)$

$={}_5C_4\times0.6^4\times0.4^1$

$+{}_5C_5\times0.6^5\times0.4^0$

$=\mathbf{0.33696}$

(2) $E(X)=5\times0.6=\mathbf{3}$

$V(X)=5\times0.6\times(1-0.6)=\mathbf{1.2}$

(3) $V(X)=E(X^2)-\{E(X)\}^2$이므로

$E(X^2)=V(X)+\{E(X)\}^2$

$=1.2+3^2=\mathbf{10.2}$

8-20. 앞면이 나오는 개수를 확률변수 X라고 하면 X는 이항분포 $B\left(10,\ \dfrac{1}{2}\right)$을 따르므로 X의 확률질량함수는

$$P(X=k)={}_{10}C_k\left(\frac{1}{2}\right)^k\left(\frac{1}{2}\right)^{10-k}$$

$(k=0,\ 1,\ 2,\ \cdots,\ 10)$

이다. 따라서

$E(3^X)=\displaystyle\sum_{k=0}^{10}3^k P(X=k)$

$=\displaystyle\sum_{k=0}^{10}3^k\,{}_{10}C_k\left(\frac{1}{2}\right)^k\left(\frac{1}{2}\right)^{10-k}$

$=\displaystyle\sum_{k=0}^{10}{}_{10}C_k\left(\frac{3}{2}\right)^k\left(\frac{1}{2}\right)^{10-k}$

$=\left(\dfrac{3}{2}+\dfrac{1}{2}\right)^{10}=2^{10}=\mathbf{1024}$(원)

9-1. (1) $\displaystyle\int_0^1 f(x)dx=\int_0^1 ax(1-x)dx$

$=\left[\dfrac{1}{2}ax^2-\dfrac{1}{3}ax^3\right]_0^1$

$=\dfrac{a}{6}=1\quad\therefore\ \boldsymbol{a=6}$

(2) $P(0.5\le X\le0.7)=\displaystyle\int_{0.5}^{0.7}f(x)dx$

$=\displaystyle\int_{0.5}^{0.7}6x(1-x)dx$

$=\left[3x^2-2x^3\right]_{0.5}^{0.7}$

$=\mathbf{0.284}$

(3) $E(X)=\displaystyle\int_0^1 xf(x)dx$

$=\displaystyle\int_0^1 6x^2(1-x)dx$

$=\left[2x^3-\dfrac{3}{2}x^4\right]_0^1=\dfrac{\mathbf{1}}{\mathbf{2}}$

$V(X)=\displaystyle\int_0^1 x^2f(x)dx-\{E(X)\}^2$

$=\displaystyle\int_0^1 6x^3(1-x)dx-\left(\frac{1}{2}\right)^2$

$=\left[\dfrac{3}{2}x^4-\dfrac{6}{5}x^5\right]_0^1-\dfrac{1}{4}$

$=\dfrac{3}{10}-\dfrac{1}{4}=\dfrac{\mathbf{1}}{\mathbf{20}}$

$E(2X+3)=2E(X)+3$

$=2\times\dfrac{1}{2}+3=\mathbf{4}$

$V(2X+3)=2^2V(X)$

$=4\times\dfrac{1}{20}=\dfrac{\mathbf{1}}{\mathbf{5}}$

9-2. $\displaystyle\int_0^b f(x)dx=\int_0^b ax\,dx=\left[\frac{1}{2}ax^2\right]_0^b$

$$=\frac{1}{2}ab^2=1$$

$\therefore\ ab^2=2$ ……①

$$E(X)=\int_0^b xf(x)dx$$
$$=\int_0^b ax^2dx=\left[\frac{1}{3}ax^3\right]_0^b$$
$$=\frac{1}{3}ab^3=\frac{2}{3}b \quad ⇦ ①$$
$$V(X)=\int_0^b x^2f(x)dx-\{E(X)\}^2$$
$$=\int_0^b ax^3dx-\left(\frac{2}{3}b\right)^2$$
$$=\left[\frac{1}{4}ax^4\right]_0^b-\frac{4}{9}b^2$$
$$=\frac{1}{4}ab^4-\frac{4}{9}b^2=\frac{1}{18}b^2 \quad ⇦ ①$$

$V(X)=2$이므로

$\frac{1}{18}b^2=2 \quad \therefore\ b^2=36$

$b>0$이므로 $\boldsymbol{b=6}$

①에 대입하면 $\boldsymbol{a=\frac{1}{18}}$

$f(x)=\frac{1}{18}x\ (0\le x\le 6)$이므로

$$P(0\le X\le 3)=\int_0^3 \frac{1}{18}x\,dx=\left[\frac{1}{36}x^2\right]_0^3=\boldsymbol{\frac{1}{4}}$$

9-3. 학생의 키를 확률변수 X라고 하면 X는 정규분포 $N(171,\ 4^2)$을 따른다.

$Z=\frac{X-m}{\sigma}=\frac{X-171}{4}$로 표준화하면

$$P(X\ge 175)=P(Z\ge 1)$$
$$=0.5-P(0\le Z\le 1)$$
$$=0.5-0.3413=0.1587$$
$$P(X\le 165)=P(Z\le -1.5)$$
$$=0.5-P(0\le Z\le 1.5)$$
$$=0.5-0.4332=0.0668$$

이때, $500\times 0.1587=79.35$,

$500\times 0.0668=33.4$

이므로 구하는 학생은 대략

$79+33=$**112**(명)

9-4. 건전지의 전압을 확률변수 X라고 하면 X는 정규분포 $N(2.1,\ 0.05^2)$을 따른다.

$Z=\frac{X-m}{\sigma}=\frac{X-2.1}{0.05}$로 표준화하면

$$P(X\le 2)=P(Z\le -2)=P(Z\ge 2)$$
$$=0.5-P(0\le Z\le 2)$$
$$=0.5-0.4772=0.0228$$

따라서 구하는 건전지는 대략

$10000\times 0.0228=$**228**(개)

9-5. 집에서 시장까지의 거리를 확률변수 X라고 하면 X는 정규분포 $N(1500,\ 250^2)$을 따른다.

$$Z=\frac{X-m}{\sigma}=\frac{X-1500}{250}$$

으로 표준화하면

$$P(X\ge 2000)=P(Z\ge 2)$$
$$=0.5-P(0\le Z\le 2)$$
$$=0.5-0.48=0.02$$

따라서 집에서 시장까지의 거리가 2000 m 미만인 사건을 A, 자가용을 이용하여 온 고객인 사건을 E라고 하면

$$P(E)=P(A\cap E)+P(A^c\cap E)$$
$$=0.98\times 0.05+0.02\times 0.15$$
$$=0.052$$
$$\therefore\ P(A|E)=\frac{P(A\cap E)}{P(E)}$$
$$=\frac{0.98\times 0.05}{0.052}=\boldsymbol{\frac{49}{52}}$$

9-6. 점수를 확률변수 X라고 하면 X는 정규분포 $N(65,\ 13^2)$을 따른다.

상위 100등 안에 들려면 $\frac{100}{400}=0.25$ 안에 들어야 한다.

최저 점수를 x라 하고, $Z=\frac{X-65}{13}$로 표준화하면

$$P(X\ge x)=P\left(Z\ge\frac{x-65}{13}\right)\le 0.25$$
$$\therefore\ 0.5-P\left(0\le Z\le\frac{x-65}{13}\right)\le 0.25$$

$\therefore\ P\left(0\le Z\le\dfrac{x-65}{13}\right)\ge 0.25$

문제의 조건에서

$P(0\le Z\le 0.67)=0.25$

이므로

$\dfrac{x-65}{13}\ge 0.67 \quad \therefore\ x\ge 73.71$

$\therefore$ **74점** 이상

9-7. X는 이항분포 $B\left(1200,\ \dfrac{1}{4}\right)$을 따르므로 평균을 m, 분산을 σ^2이라고 하면

$m=1200\times\dfrac{1}{4}=300,$

$\sigma^2=1200\times\dfrac{1}{4}\times\dfrac{3}{4}=15^2$

그런데 시행 횟수 1200은 충분히 크므로 X는 근사적으로 정규분포 $N(300,\ 15^2)$을 따른다.

$Z=\dfrac{X-300}{15}$으로 표준화하면

(1) $P(X\le 324)=P(Z\le 1.6)$
$=0.5+P(0\le Z\le 1.6)$
$=0.5+0.4452=\mathbf{0.9452}$

(2) $P(X\ge 315)=P(Z\ge 1)$
$=0.5-P(0\le Z\le 1)$
$=0.5-0.3413=\mathbf{0.1587}$

9-8. 제품의 무게를 확률변수 X라고 하면 X는 정규분포 $N(30,\ 5^2)$을 따른다.

$Z=\dfrac{X-30}{5}$으로 표준화하면

$P(X\ge 40)=P(Z\ge 2)$
$=0.5-P(0\le Z\le 2)$
$=0.5-0.48=0.02$

따라서 불량품의 개수를 확률변수 Y라고 하면 Y는 이항분포 $B(2500,\ 0.02)$를 따른다.

$\therefore\ E(Y)=2500\times 0.02=50$
$V(Y)=2500\times 0.02\times 0.98=7^2$

그런데 2500은 충분히 크므로 Y는 근사적으로 정규분포 $N(50,\ 7^2)$을 따른다.

$Z=\dfrac{Y-50}{7}$으로 표준화하면

$P(Y\ge 57)=P(Z\ge 1)$
$=0.5-P(0\le Z\le 1)$
$=0.5-0.34=\mathbf{0.16}$

9-9. (1) 예약 고객 중에서 승선한 인원수를 확률변수 X라고 하면 X는 이항분포 $B\left(400,\ \dfrac{4}{5}\right)$를 따른다.

$\therefore\ E(X)=400\times\dfrac{4}{5}=320$
$V(X)=400\times\dfrac{4}{5}\times\dfrac{1}{5}=8^2$

그런데 400은 충분히 크므로 X는 근사적으로 정규분포 $N(320,\ 8^2)$을 따른다.

$Z=\dfrac{X-320}{8}$으로 표준화하면

$P(X\le 340)=P(Z\le 2.5)$
$=0.5+P(0\le Z\le 2.5)$
$=0.5+0.4938=\mathbf{0.9938}$

(2) 예약 고객 중에서 승선한 인원수를 확률변수 X라고 하면 X는 이항분포 $B\left(625,\ \dfrac{4}{5}\right)$를 따른다.

$\therefore\ E(X)=625\times\dfrac{4}{5}=500$
$V(X)=625\times\dfrac{4}{5}\times\dfrac{1}{5}=10^2$

그런데 625는 충분히 크므로 X는 근사적으로 정규분포 $N(500,\ 10^2)$을 따른다.

한편 여객선의 좌석 수를 x라고 하면 $P(X\ge x)\le 0.001$을 만족시켜야 한다.

$Z=\dfrac{X-500}{10}$으로 표준화하면

$P\left(Z\ge\dfrac{x-500}{10}\right)\le 0.001$

$\therefore\ 0.5-P\left(0\le Z\le\dfrac{x-500}{10}\right)\le 0.001$

$\therefore\ P\left(0\le Z\le\dfrac{x-500}{10}\right)\ge 0.499$

문제의 조건에서

$$P(0\le Z\le 3.1)=0.4990$$

이므로

$$\frac{x-500}{10}\ge 3.1 \quad \therefore\ x\ge 531$$

따라서 여객선의 좌석 수의 최솟값은 **531**

10-1. $\sum P(X=x)=1$이므로

$$\frac{1}{4}+a+\frac{1}{4}=1 \quad \therefore\ a=\frac{2}{4}$$

X의 평균을 m, 분산을 σ^2이라고 하면

$$m=2\times\frac{1}{4}+4\times\frac{2}{4}+6\times\frac{1}{4}=4,$$

$$\sigma^2=2^2\times\frac{1}{4}+4^2\times\frac{2}{4}+6^2\times\frac{1}{4}-4^2=2$$

$$\therefore\ E(\overline{X})=m=\mathbf{4}$$

$$V(\overline{X})=\frac{\sigma^2}{n}=\frac{2}{10}=\mathbf{0.2}$$

10-2. 모평균이 1800, 모표준편차가 100이므로 표본의 크기가 100인 표본평균 $\overline{X}$의 평균과 분산은

$$E(\overline{X})=m=1800,$$

$$V(\overline{X})=\frac{\sigma^2}{n}=\frac{100^2}{100}=10^2$$

$n=100$은 충분히 크므로 표본평균 $\overline{X}$는 근사적으로 정규분포 $N(1800,\ 10^2)$을 따른다.

$Z=\dfrac{\overline{X}-1800}{10}$으로 표준화하면

(1) $P(1780\le\overline{X}\le 1820)$
$=P(-2\le Z\le 2)$
$=2P(0\le Z\le 2)$
$=2\times 0.4772=\mathbf{0.9544}$

(2) $P(\overline{X}\le 1830)=P(Z\le 3)$
$=0.5+P(0\le Z\le 3)$
$=0.5+0.4987=\mathbf{0.9987}$

10-3. 한 병의 용량을 확률변수 X라고 하면 X는 정규분포 $N(m,\ 10^2)$을 따른다.

따라서 크기가 25인 표본으로부터 얻은 표본평균을 $\overline{X}$라고 하면 $\overline{X}$는 정규분포

$$N\left(m,\ \frac{10^2}{25}\right) \quad \text{곧, } N(m,\ 2^2)$$

을 따른다.

$Z=\dfrac{\overline{X}-m}{2}$으로 표준화하면

$$P(\overline{X}\ge 2000)=P\left(Z\ge\frac{2000-m}{2}\right)$$

이고, $P(\overline{X}\ge 2000)=0.9772$이므로

$$0.5+P\left(0\le Z\le\frac{m-2000}{2}\right)=0.9772$$

$$\therefore\ P\left(0\le Z\le\frac{m-2000}{2}\right)=0.4772$$

표준정규분포표에서

$$\frac{m-2000}{2}=2 \quad \therefore\ \boldsymbol{m=2004}$$

****Note*** $P(\overline{X}\ge 2000)=0.9772>0.5$이므로 $m>2000$이다.

10-4. 모집단의 분포는 정규분포 $N(m,\ \sigma^2)$을 따르므로 크기가 n인 표본으로부터 얻은 표본평균 $\overline{X}$는 정규분포 $N\left(m,\ \dfrac{\sigma^2}{n}\right)$을 따른다.

따라서 $Z=\dfrac{\overline{X}-m}{\frac{\sigma}{\sqrt{n}}}$으로 표준화하면

$\overline{X}-m=\dfrac{\sigma}{\sqrt{n}}Z$이므로

$P\left(|\overline{X}-m|\le\dfrac{\sigma}{4}\right)$
$=P\left(-\dfrac{\sigma}{4}\le\dfrac{\sigma}{\sqrt{n}}Z\le\dfrac{\sigma}{4}\right)$
$=P\left(-\dfrac{\sqrt{n}}{4}\le Z\le\dfrac{\sqrt{n}}{4}\right)$
$=2P\left(0\le Z\le\dfrac{\sqrt{n}}{4}\right)$

문제의 조건에서

$$2P\left(0\le Z\le\frac{\sqrt{n}}{4}\right)\ge 0.95$$

$\therefore\ \mathrm{P}\left(0\le \mathrm{Z}\le \dfrac{\sqrt{n}}{4}\right)\ge 0.475$

표준정규분포표에서

$\mathrm{P}(0\le \mathrm{Z}\le 1.96)=0.475$

이므로

$\dfrac{\sqrt{n}}{4}\ge 1.96 \quad \therefore\ \sqrt{n}\ge 7.84$

$\therefore\ n\ge 61.4656$

따라서 자연수 n의 최솟값은 **62**

10-5. (1) 모평균을 m이라고 하면 표본의 크기가 충분히 크므로

$3.35-1.96\times\dfrac{0.4}{\sqrt{64}}\le m \le 3.35+1.96\times\dfrac{0.4}{\sqrt{64}}$

$\therefore\ 3.252\le m\le 3.448$

$\therefore$ **[3.252, 3.448]**

(2) 표본의 크기를 n이라고 하면 신뢰도 95 %로 모평균과 표본평균의 차의 최대는

$1.96\dfrac{\sigma}{\sqrt{n}}=1.96\times\dfrac{0.4}{\sqrt{n}}$

이므로 문제의 조건에서

$1.96\times\dfrac{0.4}{\sqrt{n}}\le 0.01$

$\therefore\ \sqrt{n}\ge 78.4 \quad \therefore\ n\ge 6146.56$

$\therefore$ **6147**명 이상

10-6. 신뢰도 95 %의 신뢰구간은

$12.34-1.96\times\dfrac{\sigma}{\sqrt{16}}\le m \le 12.34+1.96\times\dfrac{\sigma}{\sqrt{16}}$

이 신뢰구간이 $11.36\le m\le a$와 일치해야 하므로

$12.34-1.96\times\dfrac{\sigma}{4}=11.36 \quad \cdots\cdots①$

$12.34+1.96\times\dfrac{\sigma}{4}=a \quad \cdots\cdots②$

①에서 $1.96\times\dfrac{\sigma}{4}=0.98$

$\therefore\ \boldsymbol{\sigma=2}$

②에 대입하면 $\boldsymbol{a=13.32}$

11-1. 모비율이 $p=\dfrac{3}{4}$이고 표본의 크기가 $n=300$이므로 표본비율 $\hat{p}$의 평균과 분산은

$\mathrm{E}(\hat{p})=p=\dfrac{3}{4},$

$\mathrm{V}(\hat{p})=\dfrac{pq}{n}=\dfrac{\frac{3}{4}\times\frac{1}{4}}{300}=\left(\dfrac{1}{40}\right)^2$

그런데 n이 충분히 크므로 $\hat{p}$은 근사적으로 정규분포 $\mathrm{N}\left(\dfrac{3}{4},\ \left(\dfrac{1}{40}\right)^2\right)$을 따른다.

따라서 $\mathrm{Z}=\dfrac{\hat{p}-\frac{3}{4}}{\frac{1}{40}}$으로 표준화하면

$\mathrm{P}\left(\hat{p}\ge\dfrac{240}{300}\right)=\mathrm{P}(\mathrm{Z}\ge 2)$

$=0.5-\mathrm{P}(0\le \mathrm{Z}\le 2)$

$=0.5-0.4772=\mathbf{0.0228}$

11-2. 표본비율을 $\hat{p}$이라고 하면

$\hat{p}=\dfrac{10}{100}=0.1,$

$\hat{q}=1-\hat{p}=0.9,\ n=100$

모비율을 p라고 하면 표본의 크기가 충분히 크므로

$0.1-2.58\times\sqrt{\dfrac{0.1\times 0.9}{100}}\le p \le 0.1+2.58\times\sqrt{\dfrac{0.1\times 0.9}{100}}$

$\therefore\ 0.0226\le p\le 0.1774$

$\therefore$ **[2.26 %, 17.74 %]**

11-3. n개 이상의 표본을 검사해야 한다고 하면 $1.96\sqrt{\dfrac{\hat{p}(1-\hat{p})}{n}}\le 0.05$에서 $\hat{p}=0.16$을 대입하면

$0.05\sqrt{n}\ge 1.96\sqrt{0.16\times 0.84}$

$\therefore\ \sqrt{n}\ge 39.2\sqrt{0.16\times 0.84}$

$\therefore\ n\ge 206.52\times\times \quad \therefore$ **207**개 이상

11-4. (1) $2.58\sqrt{\dfrac{1}{4n}}\le 0.04$에서

$\sqrt{n}\ge 32.25 \quad \therefore\ n\ge 1040.0625$

따라서 표본의 크기 n의 최솟값은

1041

(2) $2\times 2.58\sqrt{\dfrac{1}{4n}}\le 0.04$에서

$\sqrt{n}\ge 64.5 \quad \therefore\ n\ge 4160.25$

따라서 표본의 크기 n의 최솟값은

4161

표준정규분포표

$$P(0 \leq Z \leq z) = \int_0^z \frac{1}{\sqrt{2\pi}} e^{-\frac{x^2}{2}} dx$$

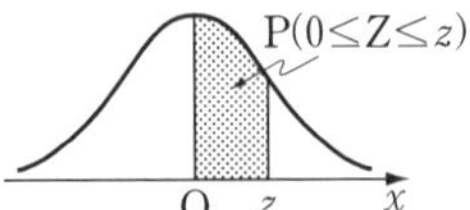

z	0.00	0.01	0.02	0.03	0.04	0.05	0.06	0.07	0.08	0.09
0.0	.0000	.0040	.0080	.0120	.0160	.0199	.0239	.0279	.0319	.0359
0.1	.0398	.0438	.0478	.0517	.0557	.0596	.0636	.0675	.0714	.0753
0.2	.0793	.0832	.0871	.0910	.0948	.0987	.1026	.1064	.1103	.1141
0.3	.1179	.1217	.1255	.1293	.1331	.1368	.1406	.1443	.1480	.1517
0.4	.1554	.1591	.1628	.1664	.1700	.1736	.1772	.1808	.1844	.1879
0.5	.1915	.1950	.1985	.2019	.2054	.2088	.2123	.2157	.2190	.2224
0.6	.2257	.2291	.2324	.2357	.2389	.2422	.2454	.2486	.2517	.2549
0.7	.2580	.2611	.2642	.2673	.2704	.2734	.2764	.2794	.2823	.2852
0.8	.2881	.2910	.2939	.2967	.2995	.3023	.3051	.3078	.3106	.3133
0.9	.3159	.3186	.3212	.3238	.3264	.3289	.3315	.3340	.3365	.3389
1.0	.3413	.3438	.3461	.3485	.3508	.3531	.3554	.3577	.3599	.3621
1.1	.3643	.3665	.3686	.3708	.3729	.3749	.3770	.3790	.3810	.3830
1.2	.3849	.3869	.3888	.3907	.3925	.3944	.3962	.3980	.3997	.4015
1.3	.4032	.4049	.4066	.4082	.4099	.4115	.4131	.4147	.4162	.4177
1.4	.4192	.4207	.4222	.4236	.4251	.4265	.4279	.4292	.4306	.4319
1.5	.4332	.4345	.4357	.4370	.4382	.4394	.4406	.4418	.4429	.4441
1.6	.4452	.4463	.4474	.4484	.4495	.4505	.4515	.4525	.4535	.4545
1.7	.4554	.4564	.4573	.4582	.4591	.4599	.4608	.4616	.4625	.4633
1.8	.4641	.4649	.4656	.4664	.4671	.4678	.4686	.4693	.4699	.4706
1.9	.4713	.4719	.4726	.4732	.4738	.4744	.4750	.4756	.4761	.4767
2.0	.4772	.4778	.4783	.4788	.4793	.4798	.4803	.4808	.4812	.4817
2.1	.4821	.4826	.4830	.4834	.4838	.4842	.4846	.4850	.4854	.4857
2.2	.4861	.4864	.4868	.4871	.4875	.4878	.4881	.4884	.4887	.4890
2.3	.4893	.4896	.4898	.4901	.4904	.4906	.4909	.4911	.4913	.4916
2.4	.4918	.4920	.4922	.4925	.4927	.4929	.4931	.4932	.4934	.4936
2.5	.4938	.4940	.4941	.4943	.4945	.4946	.4948	.4949	.4951	.4952
2.6	.4953	.4955	.4956	.4957	.4959	.4960	.4961	.4962	.4963	.4964
2.7	.4965	.4966	.4967	.4968	.4969	.4970	.4971	.4972	.4973	.4974
2.8	.4974	.4975	.4976	.4977	.4977	.4978	.4979	.4979	.4980	.4981
2.9	.4981	.4982	.4983	.4983	.4984	.4984	.4985	.4985	.4986	.4986
3.0	.4987	.4987	.4987	.4988	.4988	.4989	.4989	.4989	.4990	.4990
3.1	.4990	.4991	.4991	.4991	.4992	.4992	.4992	.4992	.4993	.4993

찾 아 보 기

실력 수학의 정석

확률과 통계

1966년 초판 발행
총개정 제12판 발행

지 은 이 홍 성 대 (洪 性 大)

도 운 이 남 진 영
박 재 희

발 행 인 홍 상 욱

발 행 소 **성지출판(주)**

06743 서울특별시 서초구 강남대로 202
등록 1997.6.2. 제22-1152호
전화 02-574-6700(영업부), 6400(편집부)
Fax 02-574-1400, 1358

인쇄 : 동화인쇄공사 · 제본 : 광성문화사

ISBN 979-11-5620-032-1 53410

수학의 정석 시리즈

홍성대 지음

개정 교육과정에 따른

수학의 정석 시리즈 안내

기본 수학의 정석 수학(상)
기본 수학의 정석 수학(하)
기본 수학의 정석 수학 I
기본 수학의 정석 수학 II
기본 수학의 정석 미적분
기본 수학의 정석 확률과 통계
기본 수학의 정석 기하

실력 수학의 정석 수학(상)
실력 수학의 정석 수학(하)
실력 수학의 정석 수학 I
실력 수학의 정석 수학 II
실력 수학의 정석 미적분
실력 수학의 정석 확률과 통계
실력 수학의 정석 기하